rororo

rororo

Zu diesem Buch:
Getrieben von der Gier nach Geld, Macht und Ruhm brachte der belgische König Leopold II. den Kongo 1885 in seinen Privatbesitz. Zwei Jahrzehnte lang ließ er das Land mit einer auch für damalige Verhältnisse beispiellosen Grausamkeit ausbeuten und plündern. Geiselnahme, Vergewaltigung, Misshandlung und Mord waren die Instrumente, die Leopolds Gouverneure einsetzten, um den Bewohnern des Kongo die geforderten Quoten an Kautschuk und Elfenbein abzupressen. Als die Kampagnen der Menschenrechtsbewegung um Edmund Morel den König 1908 zur Aufgabe seiner Kolonie gezwungen hatten, war die Bevölkerung des Kongo um etwa 10 Millionen geschwunden.

Adam Hochschild geht den Spuren dieser Schreckensherrschaft nach. Er erzählt von den Abenteurern, die das riesige und nahezu undurchdringliche Gebiet um den Kongo-Strom erforschten, von politischen Ränkespielen und von der Entschlossenheit, mit der Männer wie Morel ohne Rücksicht auf ihre Karriere und allen Repressalien zum Trotz den Kampf gegen Leopolds Terrorsystem aufnahmen.

Der Autor:
Adam Hochschild lehrt an der Graduate School of Journalism der University of California, Berkeley. Er lebt als Autor und Journalist in San Francisco. 1998 erhielt er den PEN / Spielvogel-Diamonstein Award for the Art of the Essay.

Adam Hochschild

Schatten über dem Kongo

Die Geschichte eines der großen, fast vergessenen Menschheitsverbrechens

Deutsch von
Ulrich Enderwitz, Monika Noll
und Rolf Schubert

Rowohlt Taschenbuch Verlag

Veröffentlicht im Rowohlt Taschenbuch Verlag GmbH,
Reinbek bei Hamburg, März 2002

Die Originalausgabe erschien unter dem Titel
«King Leopold's Ghost. A Story of Greed, Terror and Heroism
in Colonial Africa»
im Verlag Mifflin, Boston / New York

Umschlaggestaltung any.way, Barbara Hanke / Cordula Schmidt
Satz Caslon 540 PostScript (PageMaker)
bei Pinkuin Satz und Datentechnik, Berlin
Druck und Bindung Clausen & Bosse, Leck
Printed in Germany
ISBN 3 499 61312 3

Die Schreibweise entspricht den Regeln
der neuen Rechtschreibung.

Inhalt

Teil II

Ein König in Bedrängnis

Einleitung

Die Anfänge dieser Geschichte liegen weit zurück in der Vergangenheit, und die Erschütterungen, die sie auslöste, schwingen bis heute nach. Einen zentralen, strahlenden Augenblick, der viele Jahrzehnte vorher und nachher erhellt, stellt für mich die blitzartige moralische Einsicht eines jungen Mannes dar.

Man schreibt das Jahr 1897 oder 1898. Versuchen wir, ihn uns vorzustellen, wie er flotten Schrittes von Bord eines Kanaldampfers geht, ein kraftvoller, stämmiger Mann Mitte zwanzig mit Schnauzbart. Er ist selbstbewusst und kann sich gut ausdrücken, auch wenn seinem Englisch der Schliff von Eton oder Oxford fehlt. Er ist gut gekleidet, aber seine Kleider kommen nicht aus der Bond Street. Er hat für eine sieche Mutter, eine Frau und eine wachsende Familie zu sorgen und ist deshalb eigentlich nicht der Typ Mensch, der sich einer idealistischen Sache verschreibt. Sein Denken ist durch und durch konventionell. Vom Scheitel bis zur Sohle macht er den Eindruck eines nüchternen, achtbaren Geschäftsmannes – und er ist es auch.

Edmund Dene Morel ist ein bewährter Angestellter bei einer Liverpooler Schifffahrtslinie. Eine Tochtergesellschaft der Firma besitzt das Monopol auf allen Frachtverkehr mit dem «Freien Kongostaat», wie damals das riesige Gebiet in Zentralafrika genannt wird, das als einzige Kolonie der Welt von einem einzigen Mann beansprucht wird. Dieser Mann ist Leopold II., König der Belgier, ein Herrscher, der überall in Europa als «philanthropischer» Monarch große Bewunderung genießt. Er hat seine Kolonie für christliche Missionare geöffnet; seine Truppen, heißt es, haben Sklavenhändler bekämpft und besiegt, die der dortigen

Bevölkerung nachstellten; seit über einem Jahrzehnt preisen ihn europäische Zeitungen dafür, dass er mit seinem persönlichen Vermögen öffentliche Arbeiten zum Wohle der Afrikaner finanziere.

Weil Morel fließend Französisch spricht, schickt ihn seine Gesellschaft alle paar Wochen nach Belgien, damit er dort das Beladen und Entladen der Schiffe überwacht, die die Kongoroute befahren. Obwohl die Angestellten, mit denen er zusammenarbeitet, diesen Schiffsverkehr seit Jahren abwickeln, ohne einen Gedanken daran zu verschwenden, fängt Morel an, Dinge wahrzunehmen, die ihn beunruhigen. Er sieht, wie an den Docks des großen Antwerpener Hafens Schiffe seiner Firma anlegen, die bis zu den Ladeluken mit Gummi und Elfenbein voll gestopft sind.[1] Wenn sie ihre Leinen loswerfen, um zurück in den Kongo zu fahren, spielen Militärkapellen auf dem Kai, und die Reling des Schiffes wird von tatendurstigen jungen Männern in Uniform gesäumt; die Fracht besteht zum größten Teil aus Armeeoffizieren, Schusswaffen und Munition. Handel findet hier nicht statt. Wenig oder nichts wird gegen den Gummi und das Elfenbein getauscht. Während Morel zusieht, wie die Reichtümer nach Europa strömen und fast keine Güter als Gegenleistung nach Afrika geschickt werden, begreift er, dass diese Schätze nur aus einer einzigen Quelle stammen können: aus Sklavenarbeit.

Mit dem Bösen konfrontiert, wendet sich Morel nicht ab. Stattdessen entscheidet, was er sieht, über den Gang seines Lebens und über den Verlauf einer außerordentlichen Bewegung, der ersten großen internationalen Bewegung für Menschenrechte, die das 20. Jahrhundert kennt. Kaum je hat ein einzelner Mensch geschafft, was dank seines leidenschaftlichen Engagements, seiner Beredtheit, seines großartigen Organisationstalents und seiner fast übermenschlichen Tatkraft ihm gelang – nämlich fast im Alleingang mehr als ein Jahrzehnt lang ein Thema auf die Titelseiten der Welt zu bringen. Nur wenige Jahre nachdem er auf den Docks von Antwerpen gestanden hatte, wurde Morel im Weißen Haus empfangen und betonte gegenüber dem amerikanischen Präsidenten Theodore Roosevelt die besondere Verpflichtung der USA, in Sachen Kongo etwas zu unternehmen. Er organisierte Abordnungen an das britische Außenministerium. Er bewog alle möglichen Leute, von Booker T. Washington über Anatole France bis zum Erzbischof von Canterbury, dazu, sich seiner Sache anzuschließen. Auf über zweihundert Massenveranstaltungen in allen Teilen der USA wurde gegen die Sklavenarbeit im Kongo protestiert. Versammlungen in England in sogar noch größerer Zahl – auf dem Höhepunkt der Kampagne waren es fast 300 pro Jahr[2] – brachten jeweils bis zu 5000 Teilnehmer auf die Beine. In London erhielt die *Times* ein Protestschreiben[3] gegen die Verhältnisse im Kongo, das von elf Mitgliedern des Oberhauses, neunzehn Bischöfen, sechsundsiebzig Abgeordneten des Unterhauses, den Präsidenten von sieben Handelskammern, dreizehn Herausgebern großer Zeitungen und sämtlichen Oberbürgermeistern des Landes unterzeichnet war. Selbst noch im fernen Australien hielt man Reden, in denen die schrecklichen Zustände im Kongo des Königs Leopold angeprangert wurden. In Italien duellierten sich zwei Männer wegen der Geschichte. Wie der keineswegs zu Übertreibungen neigende britische Außenminister Sir Edward Grey erklärte, hatte «seit mindestens dreißig Jahren keine außenpolitische Frage das Land so stark und so heftig bewegt».[4]

Das vorliegende Buch handelt von dieser Bewegung, von dem grausamen Verbrechen, gegen das sie sich richtete, von der langen Zeit der Forschungsreisen und Eroberungen, die vorausgingen, und von dem Vergessen, dem die Welt einen der großen Massenmorde der jüngeren Geschichte überantwortet hat.

Über die Geschichte des Kongo wusste ich fast nichts, bis mir vor einigen Jahren in einem Buch, das ich gerade las, eine Anmerkung auffiel. Wenn man etwas besonders Eindrucksvolles liest, erinnert man sich später oft noch, wann und wo das war. In diesem Fall saß ich mitten in der Nacht steif und müde auf einem der hintersten Sitze in einem Flugzeug, das in westlicher Richtung die USA überquerte.

Die Anmerkung war ein Zitat von Mark Twain; es stamme, so wurde erläutert, aus der Zeit seines Engagements in der weltweiten Bewegung gegen die Sklavenarbeit im Kongo, die fünf bis acht Millionen Menschen das Leben gekostet habe. Weltweite Bewegung? Fünf bis acht Millionen Tote? Ich war verblüfft.

Zahlen über Massenmorde sind häufig schwer nachzuweisen. Aber wenn diese Zahl sich auch nur als halb so hoch erwies, dachte ich, dann machte das den Kongo zu einer der großen Vernichtungsstätten der Moderne. Warum tauchten diese Morde in der üblichen Aufzählung der Schreckenstaten unseres Jahrhunderts nicht auf? Und warum hatte ich noch nie von ihnen gehört? Ich schrieb seit Jahren über Menschenrechte und hatte im Verlaufe des halben Dutzends Reisen, die ich nach Afrika unternahm, einmal auch den Kongo besucht.

Das war im Jahr 1961 gewesen. In einer Mietwohnung in Leopoldville hatte ich zugehört, wie ein Mann von der CIA, der schon ein bisschen viel gekippt hatte, mit Genugtuung schilderte, wo und wann genau der erste Ministerpräsident des Landes, Patrice Lumumba, ein paar Monate zuvor umgebracht worden war. Er hielt es für selbstverständlich, dass jeder Amerikaner, sogar ein Gaststudent wie ich, seine Erleichterung über den gewaltsamen Tod eines Mann teilte, den die Regierung der USA als gefährlichen linken Unruhestifter einstufte. Als ich ein oder zwei Tage danach das Land verließ und frühmorgens mit der Fähre den Kongofluss überquerte, ging mir die Unterhaltung immer noch durch den Kopf, während die Sonne über dem Wasser emporstieg und die dunklen, geschmeidigen Wellen gegen den Schiffsrumpf schwappten.

Mehrere Jahrzehnte später stieß ich auf jene Anmerkung und damit auf meine eigene Unkenntnis der frühen Geschichte des Kongo. Dann fiel mir ein, dass ich wie Millionen andere Menschen doch etwas über den Ort und die Zeit gelesen hatte: Joseph Conrads *Herz der Finsternis*. Mit Hilfe meiner Seminaraufzeichnungen über die Erzählung, in denen viel von Freud'schen Untertönen, mythologischen Anklängen und seelischen Eindrücken die Rede war, hatte ich indes das Buch als Phantasieprodukt abgehakt, statt es als Schilderung von Wirklichkeit ernst zu nehmen.

Ich fing an zu lesen. Je tiefer ich in die Materie eindrang, um so klarer wurde mir, dass der Kongo vor einem Jahrhundert tatsächlich Todesraten von der Größenordnung eines Holocaust erlebt hatte. Gleichzeitig fand ich mich unverhofft von den Personen gefesselt, die diesen geschichtsträchtigen Flecken Erde bevölkert hatten. Auch wenn Edmund Dene Morel das Verdienst zukommt, eine Bewegung ausgelöst zu haben, war er doch nicht der erste Außenstehende, der sah, was mit dem Kongo König Leopolds los war, und der sich bemühte, die Aufmerksamkeit der Welt darauf zu lenken. Das war vielmehr George Washington Williams, ein schwarzer amerikanischer Journalist und Historiker, der etwas tat, das noch keiner vor ihm getan hatte, der nämlich Afrikaner nach ihren Erfahrungen mit den weißen Eroberern befragte. Ein anderer schwarzer Amerikaner, William Sheppard, berichtete von einer Szene, deren Zeuge er im Regenwald des Kongo geworden war und die sich dem Weltgewissen als Inbegriff kolonialer Brutalität einprägte. Es gab auch noch andere Helden; einer der Tapfersten von ihnen endete an einem Galgen in London. Und dann war da natürlich der junge Seekapitän Joseph Conrad, der mitten in die Geschichte hineinsegelte und erwartete, das exotische Afrika seiner Kinderträume zu finden, und der stattdessen nichts weiter antraf als, wie er sich ausdrückte, «die verkommenste, beutegierigste Balgerei, die je die Geschichte des menschlichen Gewissens verunstaltet hat».[5] Und über allem ragt drohend König Leopold II. empor, ein Mann, der es in seiner Gier und Schläue, seiner Doppelzüngigkeit und charmanten Art mit den vielschichtigsten Schurken Shakespeares aufnehmen kann.

Während ich die sich überschneidenden Lebensläufe dieser Männer nachvollzog, fiel mir noch etwas anderes auf, das für die Schreckensereignisse im Kongo und die Auseinandersetzungen, die sich daran entzündeten, bezeichnend war: Hier handelte es sich um die erste große internationale Gräueltat und Skandalgeschichte im Zeitalter des Telegrafen und des Fotoapparats. In der Art, wie sich industriell betriebenes Blutvergießen, Königshaus, Sex und Persönlichkeitskult mit konkurrierenden lobbyistischen Aktivitäten und mit Medienkampagnen mischten, die in einem halben Dutzend Ländern auf beiden Seiten des Atlantik tobten, wirkt das Ereignis überraschend modern. Hinzu kommt, dass König Leopold II. im Unterschied zu anderen historischen Räubern wie Dschingis Khan oder den spanischen Konquistadoren keinen einzigen Tropfen mutwillig vergossenes Blut fließen sah. Er setzte nie einen Fuß in den Kongo. Auch das mutet höchst modern an, so modern wie der Bomberpilot in der Stratosphäre über den Wolken, der keine Schreie hört und nie die zertrümmerten Häuser und zerfetzten Leiber zu sehen bekommt.

Auch wenn Europa die Opfer im Kongo des Königs Leopold längst vergessen hat, so stieß ich doch auf eine riesige Menge Arbeitsmaterial, um ihr Schicksal zu rekonstruieren: Erinnerungen an den Kongo, die von Forschern, Dampfbootkapitänen und Militärs aufgezeichnet wurden, Unterlagen aus Missionsstationen, Untersuchungsberichte von Regierungsstellen und das für die viktorianische Zeit typische Phänomen der Reiseschilderungen, niedergeschrieben von Herren (und manchmal auch Damen) der besseren Gesellschaft, die es in der Welt umgetrieben hatte. Die viktorianische Ära war das goldene Zeitalter des Briefeschreibens und der Tagebücher; man gewinnt den Eindruck, dass sämtliche Besucher des Kongo und alle dort tätigen Beamten ein umfangreiches Tagebuch führten und jeden Abend damit verbrachten, am Flussufer zu sitzen und Briefe in die Heimat zu schreiben.

Ein Problem ist natürlich, dass nahezu die gesamte Flut von Schriftzeugnissen europäischer und amerikanischer Herkunft ist. Als die Europäer in den Kongo kamen, existierte dort keine geschriebene Sprache, und das brachte die historische Überlieferung zwangsläufig in eine Schieflage. Wir haben dutzendweise Lebenserinnerungen, die von weißen Verwaltungsbeamten des Gebiets verfasst wurden, wir kennen die wechselnden Ansichten der Schlüsselfiguren im britischen Außenministerium manchmal so genau, dass wir den Prozess von einem Tag zum anderen verfolgen können. Hingegen verfügen wir aus dem Zeitraum der schlimmsten Schreckensherrschaft über keinerlei ausführliche schriftliche Aufzeichnungen oder mündliche Überlieferungen eines Kongolesen. Statt afrikanischer Stimmen dringt aus dieser Zeit praktisch nur Schweigen an unser Ohr.

Und dennoch sah ich, während ich mich in das Material vertiefte, wie aufschlussreich es war. Die Männer, die den Kongo in ihre Gewalt brachten, trompeteten ihre Mordtaten oft in die Welt hinaus und brüsteten sich mit ihnen in Büchern und Zeitungsartikeln. Manche führten erstaunlich offenherzige Tagebücher, die weit mehr enthüllen als vom Schreiber beabsichtigt; und das gilt auch von einer umfangreichen Anleitung für Kolonialbeamte, die durchaus kein Blatt vor den Mund nimmt. Hinzu kommt, dass mehrere Offiziere der Privatarmee, die den Kongo besetzte, Gewissensbisse wegen des Blutes bekamen, das an ihren Händen klebte. Nicht zuletzt ihr Zeugnis und die Dokumente, die sie herausschmuggelten, gaben der Protestbewegung Auftrieb. Selbst aufseiten der brutal unterdrückten Afrikaner ist das Schweigen nicht komplett. Etliche ihrer Handlungen und Äußerungen lassen sich immer noch erkennen und vernehmen, sosehr sie auch durch die Berichte der Eroberer, in denen sie auftauchen, gefiltert sein mögen.

Das schlimmste Blutvergießen im Kongo fand zwischen 1890 und 1910 statt; die Anfänge indes reichen viel weiter zurück, in die Zeit, als Europäer und Afrikaner erstmals miteinander in Kontakt kamen. Und um den Ursprung unserer Geschichte zu erreichen, müssen wir mehr als 500 Jahre in die Vergangenheit zurückspringen, bis zu den Tagen, als ein Schiffskapitän sah, wie das Meer die Farbe wechselte und ein König Nachricht von einer seltsamen Erscheinung erhielt, die dem Inneren der Erde entstiegen war.

Prolog

«Die Händler schnappen und entführen Leute aus unserem Volk»

Als die Europäer begannen, sich eine Vorstellung vom Afrika südlich der Sahara zu bilden, malten sie sich eine Traumszenerie aus, ein Phantasiereich, in dem Furchterregendes und Übernatürliches ihren Ort hatten.[1] Laut Ranulf Higden, einem Benediktinermönch, der um 1350 eine Weltkarte anfertigte, gab es in Afrika einäugige Menschen, die ihre Füße gebrauchten, um den Kopf zu bedecken. Ein Geograph des folgenden Jahrhunderts verkündete, der Kontinent beherberge Menschen mit einem Bein, drei Gesichtern und Löwenköpfen. Im Jahre 1459 erklärte ein italienischer Mönch namens Fra Mauro Afrika zur Heimat des Riesenvogels Rock, der so groß sei, dass er einen Elefanten durch die Lüfte tragen könne.

Im Mittelalter war fast niemand in Europa in der Lage, zu beurteilen, ob Afrika Riesenvögel, einäugige Menschen und Ähnliches mehr beherbergte. An der Mittelmeerküste Afrikas lebten die feindlichen Mauren, und kaum ein Europäer traute sich dorthin, geschweige denn, dass er durch die Sahara nach Süden vorgestoßen wäre. Und was den Versuch betraf, mit dem Segelschiff die westafrikanische Küste hinunterzufahren, so war allgemein bekannt, dass man hinter den Kanarischen Inseln in das Mare Tenebrosum, das Meer der Finsternis, gelangte.

> «In der mittelalterlichen Vorstellung [schreibt Peter Forbath] war dies eine absolut schreckenerregende Region … wo vom Himmel ein Flammenmeer herabregnet und die Gewässer kochen … wo Felsen voller Schlangen und Inseln mit menschenfressenden Unge-

heuern auf den Seemann warten, wo die riesige Hand Satans aus unergründlichen Tiefen herauffährt und nach ihm greift, wo sein Gesicht und Körper schwarz werden, weil Gott ihn dafür bestraft, dass er sich erdreistet hat, in diese verbotene, geheimnisvolle Zone vorzudringen. Und wenn es ihm wider Erwarten gelingt, all diese gespenstischen Gefahren zu bestehen und heil hindurchzusegeln, so gelangt er ins Meer der Finsternis und verschwindet auf ewig in den Dünsten und im Morast am Rande der Welt.»[2]

Erst im 15. Jahrhundert, als das Zeitalter der Hochseeschifffahrt anbrach, begannen die Europäer, systematisch nach Süden vorzustoßen, allen voran die Portugiesen. In den vierziger Jahren des 15. Jahrhunderts entwickelten Lissabonner Schiffsbauer die Karavelle, ein gedrungenes Schiff, mit dem sich besonders gut gegen den Wind kreuzen ließ. Obwohl es nur selten länger als gut dreißig Meter war, trug dieses robuste Schiff die Seefahrer auf ihren Entdeckungsreisen weit hinab entlang der Westküste Afrikas, dorthin, wo man Gold, Gewürze und Edelsteine zu finden hoffte. Aber die Entdecker wurden nicht nur von der Gier nach Reichtümern getrieben. Irgendwo in Afrika befand sich, wie sie wussten, die Quelle des Nil, und dieses Geheimnis faszinierte die Europäer bereits seit dem Altertum. Ein Ansporn war für sie auch einer der unverwüstlichsten mittelalterlichen Mythen, die Legende vom Priester Johannes, einem christlichen König, der in einem Palast aus durchscheinendem Kristall und kostbaren Steinen über zweiundvierzig kleinere Könige sowie über eine Vielzahl von Zentauren und Riesen herrschte. Nie wurde einem Reisenden verwehrt, sich an seiner Tafel aus schierem Smaragd, die für Tausende Platz bot, zum Mahle niederzulassen. Priester Johannes würde doch gewiss seine Reichtümer bereitwillig mit seinen christlichen Glaubensgenossen teilen und ihnen auf ihrem Weg zu den sagenhaften Schätzen Indiens weiterhelfen.

Aufeinander folgende portugiesische Expeditionen tasteten

sich immer weiter nach Süden vor. Im Jahre 1482 brach ein erfahrener Seekapitän namens Diogo Cão zu der bis dahin kühnsten Entdeckungsfahrt auf. Während er nahe an der westafrikanischen Küste entlangsegelte, sah er nach Überschreiten des Äquators den Polarstern vom Himmel verschwinden und fand sich weit südlicher als irgendein Europäer je zuvor.

Eines Tages stieß Cão auf ein Phänomen, das ihm die Sprache verschlug. Rings um das Schiff nahm das Meerwasser eine dunkle Tönung aus Schiefergrau und Gelb an, und gegen die nahe gelegenen Strände brandeten lehmfarbene Wellen. Als er auf eine viele Kilometer breite Einbuchtung in der Küste zufuhr, musste seine Karavelle gegen eine Strömung von acht bis neun Knoten ankämpfen. Außerdem zeigte sich, als man das Wasser um das Schiff kostete, dass es süß, nicht salzig war. Cão war auf die Mündung eines gewaltigen, schlammigen Stromes gestoßen, der größer war als alles, was Europäer je zu Gesicht bekommen hatten. Den Eindruck, den seine Unermesslichkeit auf Kapitän und Besatzung machte, spiegelt ein zeitgenössischer Bericht wider:

> «Zwanzig Seemeilen ins Meer hinein bewahrt [der Fluss] sein Süßwasser ungeschwächt durch die salzigen Wogen, die ihn von allen Seiten einfassen, als sei dieser edle Strom entschlossen, seine Kräfte in offener Feldschlacht mit dem Ozean selbst zu messen und diesem als Einziger den Tribut zu verweigern, den ihm alle anderen Flüsse der Welt widerstandslos entrichten.»[3]

Die moderne Ozeanographie kennt noch weitere Beweise für die große Kraft, die der Strom in seiner «offenen Feldschlacht mit dem Ozean» beweist: Die Strömung hat in den Meeresboden eine 150 Kilometer lange Rinne gegraben, die bis zu 1700 Meter tief ist.

Cão ging in der Flussmündung an Land und errichtete eine Säule aus Kalkstein mit einem Kreuz auf der Spitze und dem eingemeißelten königlichen Wappen nebst der Inschrift:

«Im Jahre 6681 nach Erschaffung der Welt und im Jahre 1482 nach der Geburt unseres Herrn Jesus Christus befahl der erhabenste, vorzüglichste und mächtigste Fürst, König João II. von Portugal, dem Diogo Cão, einem Edelmann an seinem Hof, dieses Land zu entdecken und diese Steinsäule zu errichten.»[4]

Den Fluss, bei dem er gelandet war, sollten fast fünfhundert Jahre lang die Europäer unter dem Namen *Kongo* kennen. Wo er ins Meer floss, befand sich das nördliche Ende eines blühenden afrikanischen Königreichs, eines herrschaftlichen Territoriums, das zwei bis drei Millionen Menschen umfasste. Seit damals haben die Geographen den Fluss und die europäische Kolonie, die schließlich an seinen Ufern entstand, meist mit demselben Namen bezeichnet, während sie das einheimische Königreich anders nannten.

Das Königreich am Kongo bedeckte eine Fläche von gut 650 Quadratkilometern und schloss Gebiete ein, die heute zu mehreren Ländern gehören. Seine Hauptstadt war Mbanza Kongo[5] – Mbanza bedeutet «königlicher Hof» –, das zehn Tage Fußmarsch von der Küste entfernt auf einem die Umgebung beherrschenden Hügel liegt und sich heute südlich der Grenze zwischen Angola und Kongo auf angolanischem Gebiet befindet. Im Jahre 1491, neun Jahre und etliche Entdeckungsreisen nach dem Landgang von Diogo Cão, legte eine Gruppe von tief beeindruckten Priestern und Gesandten diese zehn Tagesmärsche zurück, um sich als ständige Vertretung ihres Landes am Hofe des Königs vom Kongo einzurichten. Ihre Ankunft markiert den Beginn der ersten kontinuierlichen Begegnung zwischen Europäern und einem schwarzafrikanischen Gemeinwesen.

Als die Portugiesen eintrafen, bestand das Kongoreich bereits seit wenigstens hundert Jahren. Sein Herrscher, der ManiKongo,[6] wurde von einer Versammlung von Stammeshäuptlingen gewählt. Wie seine europäischen Kollegen saß er auf einem Thron, der in seinem Fall aus Holz und eingelegtem Elfenbein bestand. Als Zeichen königlicher Macht hielt der ManiKongo eine Peitsche aus Zebraschwanz in der Hand, hatte den Gürtel mit den

Fellen und Köpfen von Jungtieren behängt und trug eine kleine Mütze.

In der Hauptstadt hielt der König Gericht, ließ sich huldigen und nahm unter einem Feigenbaum auf einem großen öffentlichen Platz die Parade seiner Truppen ab. Wer ihm nahte, musste das auf allen vieren tun. Bei Strafe des Todes durfte ihn niemand beim Essen oder Trinken beobachten. Ehe er das eine oder andere tat, schlug einer aus dem Gefolge zwei Eisenstangen gegeneinander, und jeder im Umkreis musste sich mit dem Gesicht nach unten auf den Boden werfen.

Der ManiKongo, der damals auf dem Thron saß, hieß die Portugiesen herzlich willkommen. Seine Begeisterung war wahrscheinlich nicht so sehr dem Heiland geschuldet, von dem seine unerwarteten Gäste ihm erzählten, sondern der Hilfe, die er sich von Feuer speienden Zauberwaffen bei der Unterdrückung eines lästigen Aufstandes in der Provinz versprach. Die Portugiesen waren ihm gern gefällig.

Die Ankömmlinge bauten Kirchen und Missionsschulen. Wie so viele der weißen Verkündiger des Evangeliums, die nach ihnen kamen, waren auch sie entsetzt über die Vielweiberei; sie glaubten, die Gewürze im Essen der Afrikaner seien schuld an diesem schrecklichen Brauch. Aber trotz ihrer Verachtung für die Kultur am Kongo mussten die Portugiesen widerstrebend zugeben, dass es sich bei dem Königreich um einen hoch entwickelten und voll ausgebildeten Staat[7] handelte – das führende Staatswesen an der Westküste Zentralafrikas. Der ManiKongo ernannte Statthalter für jede der Provinzen, deren Zahl sich auf etwa ein halbes Dutzend belief, seine Herrschaft übte er mittels einer ausgetüftelten Zivilverwaltung, die so spezialisierte Funktionen wie den *mani vangu vangu* umfasste, einen obersten Richter, der für Fälle von Ehebruch zuständig war. Die Bewohner des Landes kannten zwar weder die Schrift noch das Rad, aber sie schmiedeten Schmuck aus Kupfer und Waffen aus Eisen und woben Kleidung aus Fasern, die ihnen die Blätter der Bambuspalme lieferten. Der Mythologie zufolge war der Kongostaat von einem Schmiedekönig begründet worden; die Eisenbearbeitung war deshalb Privileg des Adels. Die Menschen bauten Yamswurzeln, Bananen sowie andere Früchte und Gemüse an; sie züchteten Schweine, Rinder und Ziegen. Entfernungen maßen sie in Tagesmärschen, für die Zeitmessung verwendeten sie einen Mondkalender und eine Viertagewoche, bei der jeweils der erste Tag ein Feiertag war. Der König besteuerte seine Untertanen und kontrollierte wie so viele seiner Kollegen die Geldzufuhr: Kaurimuscheln, die auf einer unter königlicher Verwaltung stehenden Küsteninsel gefunden wurden.

Wie in einem Großteil Afrikas gab es auch im Kongoreich Sklaverei. Die Sklaverei in Afrika hatte je nach Gebiet unterschiedlichen Charakter, der auch zeitlichen Veränderungen unterworfen war; bei den meisten Sklaven allerdings handelte es sich um Kriegsgefangene. Bei anderen wiederum hatten strafbare Handlungen oder Schulden zum Sklavenstatus geführt, oder sie waren von ihren Familien im Zusammenhang mit einer Mitgiftzahlung in die Sklaverei gegeben worden. Wie jedes System, das Menschen totale Macht über andere verleiht, konnte auch die Sklaverei in Afrika furchtbar sein. Einige Völker im Kongobecken opferten bei bestimmten Gelegenheiten – wie etwa beim Abschluss eines Vertrages zwischen Häuptlingsherrschaften – einen Sklaven; man brach ihm die Knochen und überließ ihn einem langsamen Tod, um deutlich zu machen, welches Schicksal den erwartete, der den Vertrag brach. Unter Umständen wurden auch ein paar Sklaven geopfert, damit ein verstorbener Häuptling bei seiner Reise in die andere Welt Begleiter hatte.

In anderer Hinsicht war die afrikanische Sklaverei weniger unerbittlich und menschenfreundlicher als das System, das schon bald die Europäer in der Neuen Welt einführen sollten. Im Laufe von ein oder zwei Generationen konnten sich Sklaven oft ihre Freiheit verdienen, oder sie bekamen sie geschenkt; es kam auch vor, dass sich Freie und Sklaven miteinander verheirateten. Dennoch erwies sich die Tatsache, dass der Handel mit Menschen überhaupt existierte, als katastrophal für Afrika, weil die

Europäer, indem sie als Abnehmer unzähliger Schiffsladungen von Sklaven in Erscheinung traten, auf afrikanische Häuptlinge trafen, die ihnen diese bereitwillig verkauften.

Die Sklavenkäufer ließen nicht lange auf sich warten. Zuerst kamen sie in kleiner Zahl, aber bald schon ließen Entwicklungen jenseits des Atlantik das Rinnsal zum Strom anschwellen. Im Jahre 1500, nur neun Jahre nachdem die ersten Europäer in Mbanza Kongo eingetroffen waren, kam eine portugiesische Expedition durch einen Sturm vom Kurs ab und wurde nach Brasilien verschlagen. Binnen weniger Jahrzehnte verwandelte sich die westliche Hemisphäre in einen riesigen, gewinnträchtigen, fast unersättlichen Markt für afrikanische Sklaven. Sie wurden zu Millionen als Arbeiter ebenso in brasilianischen Bergwerken und Kaffeeplantagen verwendet wie auf den Karibischen Inseln, wo andere europäische Mächte rasch damit begannen, auf den üppigen, fruchtbaren Landflächen Zucker anzubauen.

Im Kongoreich verloren die Portugiesen die Suche nach dem Priester Johannes aus den Augen. Das Sklavenfieber packte sie. Männer, die von Lissabon nach Mbanza Kongo geschickt worden waren, um dort als Steinmetze oder Lehrer zu arbeiten, scheffelten bald weitaus mehr Geld damit, dass sie Afrikaner in Ketten kolonnenweise zur Küste trieben, um sie an die Kapitäne von Karavellen zu verkaufen, deren Transportgut Sklaven waren.

Die Gier nach Profiten aus dem Sklavenhandel ergriff sogar einige der Priester, die ihr Predigeramt im Stich ließen, sich schwarze Frauen als Konkubinen nahmen, eigene Sklaven hielten und ihre Schüler und Konvertiten in die Sklaverei verkauften. In einer Hinsicht allerdings hielten die Priester, die vom rechten Weg abkamen, an ihrem Glauben fest: Nach der Reformation bemühten sie sich, sicherzustellen, dass ihre menschliche Ware nicht in protestantische Hände fiel. Es sei gewiss unrecht, meinte einer, «katholisch getaufte Personen an Leute zu verkaufen, die ihrem Glauben Feind sind».[8]

Ein Dorf in der Nähe von Diogo Cãos Steinsäule am Südrand der Kongomündung wurde zu einem Hafen für den Sklavenhandel; von dort verschiffte man in den dreißiger Jahren des 16. Jahrhunderts bereits fünftausend Sklaven pro Jahr. Bis zum nächsten Jahrhundert stieg die Gesamtzahl der Sklaven, die aus dem Kongoreich jährlich exportiert wurden, auf fünfzehntausend.[9] Die Händler führten gewissenhaft Buch über ihr Beutegut. Eine Bestandsliste aus dieser Gegend, die uns erhalten geblieben ist, führt «68 Stück» Sklaven mit Namen, körperlichen Mängeln und jeweiligem Barwert auf, wobei den Anfang die Männer machen, die am meisten wert waren, und am Ende zu lesen ist: «Kind, Name unbekannt, da sie im Sterben liegt und nicht sprechen kann, männliche Person ohne Wert, und ein kleines Mädchen Callenbo, ohne Wert, weil im Sterben liegend; außerdem ein kleines Mädchen Cantunbe, ohne Wert, weil im Sterben liegend.»[10]

Viele der Sklaven, die in die beiden amerikanischen Kontinente verschifft wurden, kamen aus dem Kongoreich selbst; viele andere wurden von afrikanischen Sklavenhändlern gefangen, deren Einzugsbereich sich mehr als tausend Kilometer weit ins Landesinnere erstreckte, wo sie Sklaven bei Stammeshäuptlingen und Dorfältesten kauften. Bei den Gewaltmärschen an die Küste, auf denen sie ein hölzernes Joch um den Hals tragen mussten, bekamen die Sklaven selten ausreichend zu essen; weil die Karawanen gewöhnlich in der Trockenzeit reisten, tranken sie oft abgestandenes Wasser. Die Fährten zu den Sklavenhäfen waren bald schon von bleichenden Knochen gesäumt.

Nachdem man sie ordnungsgemäß getauft, in Sackleinwand von alten Frachtverpackungen gehüllt und in den Laderäumen der Schiffe aneinander gekettet hatte, brachte man den Großteil der Sklaven aus dieser Region nach Brasilien, dem nächstgelegenen Teil der Neuen Welt. Seit dem 17. Jahrhundert allerdings ließen sich viele Schiffskapitäne durch die wachsende Nachfrage dazu verführen, die längere Fahrt in die britischen Kolonien in Nordamerika zu machen. Von den Sklaven, die in die nordamerikanischen Südstaaten importiert wurden, um dort auf den Baumwoll- und Tabakplantagen zu arbeiten, begann ungefähr jeder vierte seine Reise über den Atlantik in Äquatorialafrika, einschließlich des Kongoreiches. Die KiKongo-Sprache, die im Umkreis der Mündung des Kongo gesprochen wird, gehört zu den afrikanischen Idiomen, deren Spuren die Linguisten in dem Gullah-Dialekt gefunden haben, den die heutigen Schwarzamerikaner auf den Küsteninseln von South Carolina und Georgia sprechen.

Als der atlantische Sklavenhandel anfing, die Bevölkerung des Kongo zu dezimieren,[11] stand das Staatswesen unter der Herrschaft eines ManiKongo namens Nzinga Mbemba Affonso, der im Jahre 1506 den Thron bestiegen hatte und fast vierzig Jahre lang als Affonso I. regierte. Affonsos Leben umspannte eine entscheidende Phase. Als er zur Welt kam, wusste noch niemand im Königreich, dass es Europäer gab. Als er starb, war sein gesamtes Reich von dem fieberhaften Sklavenhandel bedroht, den sie ins Leben gerufen hatten. Er war ein Mann von tragischer Klarsicht, und er hinterließ seine Spuren. Rund dreihundert Jahre später erklärte ein Missionar: «Die Eingeborenen des Kongo kennen die Namen von drei Königen: sie kennen den gegenwärtigen Herrscher, seinen Vorgänger und Affonso.»[12]

Als die Portugiesen im Jahre 1491 erstmals in Mbanza Kongo erschienen, war er Anfang dreißig und ein Häuptling in der Provinz. Zum Christentum bekehrt, nahm er den Namen Affonso an, legte sich einige portugiesische Berater zu und studierte zehn Jahre lang bei den Priestern in Mbanza Kongo. Einer von ihnen schrieb an den König von Portugal:

> «[Affonso] kennt besser als wir die Propheten, das Evangelium unseres Heilands Jesus Christus, das Leben sämtlicher Heiliger und alles, was mit unserer heiligen Mutter Kirche zu tun hat. Könnte Eure Hoheit ihn sehen, Ihr wäret erstaunt. Er spricht so gut und mit solcher Sicherheit, dass mir immer scheint, als spräche der Hei-

lige Geist durch seinen Mund. Mein Fürst, er verbringt die ganze Zeit mit Studieren; häufig schläft er über seinen Büchern ein, und viele Male vergisst er, zu essen und zu trinken, weil er über unseren Heiland spricht.»[13]

Schwer zu sagen, wie viel von diesem überschwänglichen Bild dem Versuch des Priesters gedankt ist, beim König Eindruck zu machen, und wie viel dem Bemühen Affonsos, den Priester zu beeindrucken.

In der Sprache späterer Zeiten war Affonso ein Neuerer. Er bemühte sich eifrig, Bildung, Waffen und Waren aus Europa zu erwerben, um seine Herrschaft zu stärken und sie gegen die destabilisierende Kraft der Weißen im Lande zu festigen. Als er zum Beispiel das Interesse der Portugiesen an Kupfer bemerkte, tauschte er es gegen europäische Produkte, um sich mit diesen die Botmäßigkeit entlegener Provinzen zu erkaufen. Affonso, der ohne Frage ein ungewöhnlich kluger Mann war, versuchte, etwas zu schaffen, was damals ebenso schwer war wie heute: eine *selektive* Modernisierung.[14] Er begeisterte sich für die Kirche, für das geschriebene Wort, für europäische Medizin sowie für die Holz- und Steinbearbeitung und sonstige handwerkliche Fertigkeiten, die sich von den Portugiesen lernen ließen. Als ihm hingegen sein königlicher Kollege in Lissabon einen Gesandten schickte, der ihn drängen sollte, portugiesisches Recht und portugiesisches Hofzeremoniell zu übernehmen, war er nicht interessiert. Und er bemühte sich mit allen Kräften, die Schürfer nach Edelmetallen vom Land fern zu halten, weil er fürchtete, die Europäer würden von seinem Land vollständig Besitz ergreifen, falls sie auf die Gold- und Silbervorkommen stießen, nach denen sie gierten.

Weil praktisch alles, was wir während der folgenden Jahrhunderte über das Land erfahren, von seinen weißen Eroberern stammt, bietet uns König Affonso I. etwas Seltenes und Kostbares: eine afrikanische Stimme. Tatsächlich sind vor dem 20. Jahrhundert nur ganz wenige zentralafrikanische Stimmen zu hören, und die seine zählt dazu. Seine Gewandtheit im Portugiesischen nutzte er, um an zwei aufeinander folgende portugiesische Könige eine Reihe von bemerkenswerten Briefen zu diktieren, die ersten uns bekannten Schriftstücke,[15] die ein Schwarzafrikaner in einer europäischen Sprache verfasst hat. Etliche Dutzend dieser Briefe sind erhalten geblieben, darunter seine Signatur mit ihrem königlichen Schnörkel in Form einer unterstreichenden Doppellinie. Die Briefe haben den förmlichen Ton, in dem Monarchen miteinander verkehren, und beginnen gewöhnlich mit «Höchster und mächtigster Fürst und königlicher Bruder ...» Aber wir hören nicht einfach nur einen König sprechen, wir hören auch die Stimme eines Menschen, der entsetzt sieht, wie sein Volk in immer größerer Zahl auf Sklavenschiffen entführt wird.

Affonso war kein Anhänger der Antisklavereibewegung. Wie die meisten afrikanischen Herrscher der damaligen Zeit und auch später besaß er Sklaven, und mindestens einmal schickte er einige von ihnen an seinen königlichen «Bruder» in Lissabon, zusammen mit Leopardenfellen, Papageien und kupfernen Fußspangen. Aber dieser herkömmliche Austausch von Geschenken unter Königen war in Affonsos Augen etwas völlig anderes, als wenn Tausende seiner vorher freien Untertanen in Ketten übers Meer transportiert wurden. Hören wir, was er an den portugiesischen König João III. im Jahre 1526 schreibt:

> «Tag für Tag schnappen und entführen die Händler Leute aus unserem Volk – Kinder dieses Landes, Söhne unserer Edlen und Vasallen, sogar Leute aus unserer eigenen Familie ... Diese Verderbnis und Schlechtigkeit ist so verbreitet, dass unser Land völlig entvölkert wird ... Wir benötigen in diesem Königreich nur Priester und Lehrer und keine Handelsgüter, außer wenn es sich um Wein und Mehl für die Messe handelt ... Wir wünschen, dass dieses Königreich kein Ort für den Handel oder den Transport von Sklaven sei.»[16]

Später im selben Jahr:

> «Viele unserer Untertanen gelüstet es nach portugiesischen Handelsgütern, die Eure Untertanen in unsere Ländereien gebracht haben. Um dieses zügellose Gelüst zu befriedigen, ergreifen sie viele von unseren schwarzen freien Untertanen. ... Sie verkaufen sie ... nachdem sie diese Gefangenen heimlich oder nachts [zur Küste] geschafft haben ... Sobald die Gefangenen in die Hände weißer Männer gelangen, wird ihnen mit einem rot glühenden Eisen ein Brandzeichen eingebrannt.»[17]

Immer wieder kommt Affonso auf die Zwillingsthemen des Sklavenhandels und der verführerischen Palette von Stoffen, Werkzeugen, Schmuck und sonstigem Schnickschnack zu sprechen, womit die portugiesischen Händler ihre menschliche Fracht zu kaufen pflegten:

> «Diese Handelsgüter üben auf einfache und unwissende Menschen einen solchen Reiz aus, dass sie zum Gegenstand ihres Glaubens werden und der Glaube an Gott in Vergessenheit gerät ... Mein Fürst, eine ungeheure Gier treibt unsere Untertanen, sogar Christen, dazu, die Angehörigen ihrer eigenen Familien und der unseren zu ergreifen, um Geschäfte zu machen und sie als Gefangene zu verkaufen.»[18]

Affonso bittet den portugiesischen König, ihm statt der Händler Lehrer, Apotheker und Ärzte zu schicken, und räumt ein, dass die Flut materieller Güter seine Autorität untergräbt. Seine Untertanen «können sich nun in viel größerer Menge, als wir das können, die Dinge beschaffen, die wir einst benutzten, um sie gehorsam und zufrieden zu erhalten».[19] Affonsos Klage war prophetisch; nicht zum letzten Mal geschah es, dass die Begehrlichkeit nach dem großen Füllhorn europäischer Waren die traditionelle Lebensweise andernorts unterminierte.

Der portugiesische König zeigte kein Mitgefühl. Er erwiderte: «Du ... sagst mir, du wollest keinen Sklavenhandel in deinem Herrschaftsgebiet, weil dieser Handel dein Land entvölkere ... Die Portugiesen hingegen, die sich dort aufhalten, berichten mir, der Kongo sei riesig und so dicht bevölkert, dass man den Eindruck habe, nicht ein einziger Sklave habe die Region verlassen.»[20]

Affonso verhandelte mit seinen Herrscherkollegen von Christ zu Christ; keine der damals üblichen Sichtweisen fehlte. Über die Priester, aus denen Sklavenhändler geworden waren, schrieb er:

> «In diesem Königreich ist der Glaube so zerbrechlich wie Glas; daran ist das schlechte Beispiel der Männer schuld, die hierher kamen, um zu lehren; denn die Begierden der Welt und die Verlockung des Reichtums haben sie von der Wahrheit abfallen lassen. Genauso wie die Juden den Sohn Gottes aus Begehrlichkeit kreuzigten, wird er heute, mein Bruder, abermals gekreuzigt.»[21]

Mehrere Male schickte Affonso seine Appelle, den Sklavenhandel zu beenden, direkt an den römischen Papst, aber die Portugiesen nahmen die Gesandten an den Vatikan in Haft, kaum dass sie in Lissabon an Land gingen.

Affonsos Verzweiflung erreichte ihren Gipfelpunkt im Jahre 1539, nicht lange vor seinem Lebensende, als er hörte, dass zehn junge Neffen, Enkel und andere Verwandte von ihm, die man zum Zweck ihrer religiösen Erziehung nach Portugal geschickt hatte, unterwegs verschwunden waren. «Wir wissen nicht, ob sie tot oder am Leben sind», schrieb er in tiefer Verzweiflung, «und auch nicht, wie sie vielleicht gestorben sind oder was wir ihren Vätern und Müttern über sie sagen können.»[22] Man kann sich vorstellen, wie entsetzt der König darüber war, dass er nicht einmal mehr für die Sicherheit seiner eigenen Familie Sorge tragen konnte. Portugiesische Händler und Seekapitäne entlang der Route nach Europa brachten manch ein Frachtschiff, das zwischen dem Kongoreich und Portugal verkehrte, in ihre Gewalt; wie sich herausstellte, endeten diese jungen Leute als Sklaven in Brasilien.

Durch seinen Hass auf den überseeischen Sklavenhandel und die Wachsamkeit, mit der er den Verfall seiner Autorität registrierte, zog sich Affonso die Feindschaft einiger portugiesischer Kaufleute zu, die in seiner Hauptstadt lebten. Er kam mit einem Einschussloch im Saum seines königlichen Gewandes davon, aber zwei seiner Vornehmen wurden getötet und zwei andere verwundet.

Nach Affonsos Tod nahm die Macht des Kongostaates Schritt für Schritt ab, weil die Provinzhäuptlinge und Dorfältesten, die ihrerseits durch den Verkauf von Sklaven reich geworden waren, dem königlichen Hof in Mbanza Kongo kaum noch Gehorsam bewiesen. Gegen Ende des 16. Jahrhunderts waren bereits andere europäische Nationen am Sklavenhandel beteiligt; britische, französische und holländische Schiffe kreuzten auf der Suche nach Menschenfracht die afrikanische Küste auf und ab. Im Jahre 1665 kämpfte die Armee des geschwächten Kongoreiches in einer Schlacht gegen die Portugiesen. Sie unterlag, und der Mani-Kongo wurde geköpft. Innere Streitigkeiten erschöpften das Königreich noch weiter; Ende des 19. Jahrhunderts war das gesamte Territorium Bestandteil europäischer Kolonien.

Sieht man von Affonsos Briefen ab, so zeigen die schriftlichen Zeugnisse dieser Jahrhunderte die Verhältnisse noch ganz und gar aus der Perspektive der Weißen. Wie erschienen die Europäer, angefangen bei Diogo Cão und seinen drei Schiffen mit den verblassten roten Kreuzen auf den Segeln, den Menschen, die an der Mündung des großen Stromes lebten? Um die Dinge aus ihrer Sicht zu betrachten, müssen wir uns an die Mythen und Legenden halten, die durch den Filter einer jahrhundertelangen Überlieferung auf uns gekommen sind. Anfangs scheinen die Afrikaner in den weißen Matrosen nicht Männer, sondern *vumbi* – Ahnengeister[23] – gesehen zu haben, da die Menschen am Kongo glaubten, die Haut einer Person färbe sich beim Übergang ins Reich der Toten kalkweiß. Und es lag auf der Hand, dass dies der Ort war, woher die bedrohlichen weißen *vumbi* kamen: Schließlich konnten die Menschen von der Küste aus sehen, wie zuerst die Mastspitzen des nahenden Schiffes, dann seine Aufbauten, dann sein Rumpf sichtbar wurden. Offenbar brachte das Schiff seine Passagiere aus ihren Wohnstätten unter der Erde herauf. Hören wir, wie das Eintreffen der Portugiesen von Mukunzo Kioko, einem Geschichtenerzähler aus dem Pende-Volk, geschildert wird:

> «Unsere Väter lebten angenehm … Sie hatten Rinder und Feldfrüchte; sie hatten Salzsümpfe und Bananenbäume.
> Plötzlich sahen sie ein großes Schiff aus dem Ozean emporsteigen. Dieses Schiff hatte vollständig weiße Flügel, die wie Klingen funkelten.
> Weiße Männer kamen aus dem Wasser und sprachen Worte, die niemand verstand.
> Unsere Vorfahren ergriff die Furcht; sie sagten, das seien *vumbi*, Geister, die von den Toten zurückkehrten.
> Sie trieben sie mit Pfeilhageln zurück ins Meer.
> Die *vumbi* aber spien mit Donnergeräusch Feuer. Viele Menschen wurden getötet. Unsere Vorfahren flohen.
> Die Häuptlinge und weisen Männer sagten, diese *vumbi* seien die früheren Besitzer des Landes …
> Von damals bis zum heutigen Tage haben die Weißen uns nichts gebracht als Kriege und Elend.»[24]

Der transatlantische Sklavenhandel schien die Annahme zu bestätigen, dass die Europäer aus dem Totenreich kamen, denn nachdem die Schiffsladungen mit den Sklaven in See gestochen waren, kehrten die Gefangenen nie mehr zurück. Wie die Europäer lange Zeit von der Vorstellung eines afrikanischen Kannibalismus besessen waren, so glaubten auch die Afrikaner das Gleiche von den Europäern. Man nahm an, die Europäer machten aus dem Fleisch ihrer Gefangenen Salzfleisch, aus ihrem Gehirn Käse und aus ihrem Blut den Rotwein, den die Europäer tranken. Die Knochen der Afrikaner würden verbrannt, und die graue Asche diene als Schießpulver. In den riesigen rauchenden Kupferkesseln, die man auf Segelschiffen sehen konnte, fing nach allgemeiner Überzeugung der ganze tödliche Umwandlungsprozess an.[25] Die Zahl von Toten auf den voll gestopften Schiffen wuchs noch dadurch, dass sich einige Sklaven weigerten, zu essen, was man ihnen gab, weil sie glaubten, sie äßen vom Fleisch derer, die vor ihnen die Fahrt gemacht hatten.

Im Laufe der Jahre entstanden neue Mythen, um die geheimnisvollen Dinge zu erklären, die von den Fremden aus dem Land der Toten mitgebracht wurden. Im 19. Jahrhundert berichtete zum Beispiel ein Missionar, was nach afrikanischer Ansicht passierte, wenn ein Kapitän in die Laderäume hinabstieg, um Handelsgüter wie etwa Tuch heraufzuholen. Die Afrikaner glaubten, diese Güter stammten nicht aus dem Schiff selbst, sondern kämen durch ein Loch im Schiffsrumpf, das ins Meer führte. Dieses Tuch werde von Wassergeistern «in einer Fabrik im Meer [gewoben], und sooft wir Tuch brauchen, geht der Kapitän … zu diesem Loch und läutet eine Glocke». Die Wassergeister reichten ihm ihr Tuch herauf, und der Kapitän «wirft ihnen daraufhin die Leichen von ein paar Schwarzen hinunter, die er von den bösen eingeborenen Händlern gekauft hat, die ihre Landsleute verhexen und sie an die weißen Männer verkaufen».[26] Der Mythos war nicht gar so weit entfernt von der Realität. Denn was war in den nordamerikanischen Südstaaten die Sklaverei schließlich anderes als ein System, durch das die Arbeitskraft der Körper von Schwarzen mittels Baumwollplantagen in Tuch umgewandelt wurde?

Weil die afrikanischen Mittelsleute die Gefangenen direkt zu den Schiffen brachten, drangen die portugiesischen Händler selten weit ins Landesinnere vor. Tatsächlich wussten die Europäer fast vier Jahrhunderte nachdem Diogo Cão auf den Kongostrom gestoßen war, immer noch nicht, wo dieser herkam. Aus ihm ergießen sich rund 52 000 Kubikmeter Wasser pro Sekunde in den Ozean; nur der Amazonas führt noch eine größere Menge Wasser. Abgesehen von seinen enormen Ausmaßen und seinem unbekannten Verlauf stellte der Kongo noch in anderer Hinsicht ein Rätsel dar. Den Seeleuten fiel auf, dass der Durchfluss im Vergleich zur Wassermenge anderer tropischer Ströme im Laufe des Jahres relativ geringen Schwankungen unterworfen war. Ströme wie der Amazonas und der Ganges hatten Phasen mit extrem hohen und niedrigen Wasserständen, je nachdem, ob die Gebiete, die sie entwässerten, gerade eine Trocken- oder Regenzeit erlebten. Warum war das beim Kongo anders?

Dass mehrere Jahrhunderte verstrichen, ehe Reisende die Quelle des Kongo erforschten, hatte seinen Grund darin, dass sie den Strom nicht hinaufsegeln konnten. Jeder, der das versuchte, musste feststellen, dass sich der Fluss in eine Felsschlucht verwandelte, an deren oberem Ende unpassierbare Stromschnellen lagen.

Das Stromgebiet des Kongo befindet sich, wie wir wissen, zum großen Teil auf einer Hochebene im Inneren Afrikas. Vom westlichen Rand dieser fast 300 Meter hohen Ebene braucht der Strom gerade einmal 330 Kilometer, um auf Meeresniveau herabzufallen. Bei diesem stürmischen Abstieg zwängt sich der Fluss durch enge Schluchten, türmt sich zu 13 Meter hohen Wellen auf und stürzt durch 32 verschiedene Katarakte. Das Gefälle und die Menge des Wassers sind derart groß, dass der Strom auf diesen 330 Kilometern über ein ebenso großes Potenzial an hydroelektrischer Energie verfügt wie sämtliche Seen und Flüsse der USA zusammengenommen.

Wer genug Kühnheit besaß, sein Schiff zu verlassen und die Reise zu Fuß fortzusetzen, musste die Erfahrung machen, dass der Landweg, auf dem man die Stromschnellen umgehen konnte, bergauf durch schroffes, felsiges Land führte, das wegen seiner gefährlichen Steilhänge und Klüfte ebenso gefürchtet war wie wegen der Malaria und anderer Krankheiten, gegen die Europäer nicht immun waren. Nur mit enormer Mühe gelang es einigen Missionaren aus dem Kapuzinerorden zweimal, für kurze Zeit bis zu den großen Stromschnellen im Landesinneren vorzudringen. Eine portugiesische Expedition, die versuchte, diese Strecke noch einmal zu erkunden, kehrte nie zurück. Zu Anfang des 19. Jahrhunderts wussten die Europäer immer noch nichts über das Innere Zentralafrikas oder darüber, wo der Fluss seinen Anfang nahm.

Im Jahre 1816 machte sich eine britische Expedition unter Leitung von Kapitän James K. Tuckey auf die Suche nach der Quelle des Kongo. Auf seinen zwei Schiffen fuhr das sonderbarste Sammelsurium von Leuten mit: Matrosen der königlichen Marine, Zimmerleute, Schmiede, ein Wundarzt, ein Gärtner von den königlichen Gärten in Kew, ein Botaniker und ein Anatom. Der Anatom war unter anderem angewiesen, eine sorgfältige Untersuchung des Flusspferdes durchzuführen und «in Alkohol und wenn möglich in drei Exemplaren das Hörorgan dieses Tieres zu konservieren».[27] Ein Mr. Cranch war im Logbuch des Schiffes als Sammler von naturgeschichtlichen Objekten eingetragen; ein anderes Mitglied der Expedition firmierte dort schlicht und einfach als Freiwilliger und aufmerksamer Beobachter von Stand.

Als er in der Mündung des Kongo eintraf, zählte Tuckey dort acht Sklavenschiffe verschiedener Nationalität, die auf ihre Fracht warteten. Er segelte mit seinen eigenen Schiffen so weit wie möglich stromaufwärts und zog dann los, um die brausenden Stromschnellen auf dem Landweg zu umgehen. Aber ihn und seine erschöpften Männer entmutigte, dass sie ohne Ende «fast senkrechte Hänge hinaufkraxeln und über große Quarzformationen klettern mussten».[28] Diese erhielten in der Folge den Namen *Crystal Mountains*. Der Fluss war eine einzige Masse schäumender Stromschnellen und riesiger Strudel. Angesichts eines ruhigen Flussabschnitts macht Tuckey die einigermaßen bornierte Bemerkung: «... die Landschaft war herrlich und konnte neben jeder Szenerie an den Ufern der Themse bestehen».[29] Einer nach dem anderen erkrankten die Engländer an einer unbekannten Krankheit, bei der es sich höchstwahrscheinlich um Gelbfieber handelte. Nach gut 250 Kilometern verließ Tuckey der Mut, und sein Trupp machte kehrt. Er starb, kurz nachdem er auf sein Schiff zurückgekehrt war. Als die arg mitgenommenen Überlebenden der Expedition endlich wieder in England eintrafen, waren von den vierundfünfzig Männern, die ausgezogen waren, einundzwanzig tot. Die Quelle des Kongostroms und das Phänomen seiner gleich bleibenden Wassermenge waren nach wie vor ein Geheimnis. Für Europa blieb Afrika ein Lieferant wertvoller Rohstoffe – der Kontinent lieferte Menschenleiber und Stoßzähne von Elefanten. Ansonsten aber war er für die Europäer gesichtslos, unbestimmt, leer, ein Fleck auf der Karte, der darauf wartete, erforscht zu werden, und zu dessen Bezeichnung immer häufiger ein Ausdruck verwendet wurde, der mehr über den Betrachter als über das Betrachtete aussagt: der Schwarze Kontinent.

Teil I

Der Weg ins Verderben

1

«Ich werde die Jagd nicht aufgeben»

Am 28. Januar 1841, ein Vierteljahrhundert nach Tuckeys gescheiterter Expedition, kam der Mann, der auf spektakuläre Weise vollbringen sollte, was Tuckey vergeblich versucht hatte, in der kleinen walisischen Marktstadt Denbigh zur Welt. Im Geburtenregister der Kirchengemeinde von St. Hilary wurde er mit «John Rowlands, Bankert» eingetragen.[1] Dieses Attribut war prägend für das ganze Leben des Jungen, ein Leben, das dem verbissenen Bemühen diente, die schamvolle Herkunft vergessen zu machen. Der junge John war das erste von fünf unehelichen Kindern, die das Hausmädchen Betsy Parry zur Welt brachte. Sein Vater könnte John Rowlands gewesen sein, ein ortsansässiger Trunkenbold, der an Delirium tremens starb. Es könnte sich aber auch um einen angesehenen, verheirateten Rechtsanwalt namens James Vaughan Horne handeln oder um einen Jugendfreund von Betsy Parry, mit dem sie ein Verhältnis hatte, während sie in London angestellt war.

Nach der Niederkunft vertrieb die Schande Betsy Parry aus Denbigh; sie ließ ihr Baby in der Obhut seiner zwei Onkel und seines Großvaters mütterlicherseits zurück; dieser huldigte der Überzeugung, dass ein Junge «tüchtige Prügel»[2] brauche, wenn er sich nicht benehme. Als John fünf Jahre alt war, starb sein Großvater, und die Onkel entledigten sich sogleich ihres ungeliebten Neffen, indem sie ihn für eine halbe Krone wöchentlich bei einer ortsansässigen Familie in Pflege gaben. Als die Familie mehr Geld wollte, lehnten das die Onkel ab. Eines Tages erklärte die Pflegefamilie John, der Sohn des Hauses, Dick, werde ihn zu einem Besuch einer «Tante Mary» in ein anderes Dorf bringen:

«Der Weg schien beschwerlich und endlos … Zuletzt setzte [Dick] mich vor einem ungeheuren Steingebäude von den Schultern zur Erde nieder und riss, durch ein eisernes Gittertor schreitend, an einer Schelle, die ich im geräumigen Innern lärmend widerhallen hörte. Ein finster blickender fremder Mann erschien in der Tür, der mich trotz meines Sträubens an der Hand ergriff und ins Haus zog, während Dick meine Angst durch die schöne Versprechung zu beschwichtigen suchte, er ginge ja nur fort, um Tante Mary zu holen. Die Tür schloss sich hinter ihm, und bei dem widerhallenden Klang durchlebte ich zum ersten Mal das furchtbare Gefühl äußerster Verlassenheit.»[3]

Der sechsjährige John Rowlands war nun Insasse im Arbeitshaus St. Asaph Union.

Die Berichte über das Leben in St. Asaph sind gewöhnlich in einen Schleier viktorianischer Beschönigungen gehüllt; immerhin klagte eine Lokalzeitung, der Leiter des Arbeitshauses sei ein Alkoholiker, der sich «ungehörige Freiheiten» gegenüber seinem weiblichen Personal herausnehme. Eine Untersuchungskommission, die im Jahre 1847 – etwa zu der Zeit, als John Rowlands dort eintraf – das Arbeitshaus inspizierte, berichtete, die männlichen Erwachsenen frönten «allen nur denkbaren Lastern», und die Kinder schliefen zu zweit in einem Bett, ein älteres Kind mit einem jüngeren, was zur Folge habe, dass sie anfingen, «Dinge zu üben und zu verstehen, die ihnen noch verschlossen sein sollten».[4] Sein ganzes Leben lang legte John Rowlands Angst vor sexueller Intimität jedweder Art an den Tag.

Was auch immer John im Schlafsaal des Arbeitshauses erlitten oder erlebt haben mag, im Klassenzimmer ging es ihm gut. Für seine Leistungen wurde er vom Bischof der Gemeinde mit einer Bibel belohnt. Geographie faszinierte ihn. Er verfügte über eine ungewöhnliche Fähigkeit, die Handschrift anderer Leute nachzuahmen, nachdem er sich nur ein paar Minuten mit ihr beschäftigt hatte. Seine eigene Handschrift war auffällig elegant; die Unterschrift, die er als Jugendlicher ausbildete, wirkte flott und war nach vorn geneigt, wobei die Grundstriche und Schleifen der Buchstaben nach oben und unten spektakulär über die Zeile hinausragten. Es war, als versuchte er, sich durch seine Handschrift der Schande zu entziehen und im Schriftzug seines Lebens Gepflegtheit an die Stelle der Verwahrlosung treten zu lassen.

Als John zwölf war, kam eines Abends der Aufsichtführende «während der Essenszeit, als alle Insassen versammelt waren, zu mir herauf, deutete auf eine hoch gewachsene Frau mit länglich rundem Gesicht und einem großen Knäuel schwarzer Haare am Hinterkopf und fragte mich, ob ich sie erkenne.

‹Nein, Herr Lehrer.›

‹Was, kennst du deine eigene Mutter nicht einmal?›

Ich fuhr mit flammendem Antlitz zusammen, guckte scheu nach ihr hin und bemerkte, dass sie mich mit kaltem, durchdringend kritischem Blick musterte. Mir war gewesen, als hätte ich vor Zärtlichkeit gegen sie überströmen sollen, aber ihr Ausdruck war so abkältend, dass sich meine Herzklappen wie mit einem Knall schlossen.»[5]

Dass seine Mutter zwei neue uneheliche Kinder nach St. Asaph mitbrachte, einen Jungen und ein Mädchen, trug zu Johns Erschütterung noch zusätzlich bei. Einige Wochen später zog die Mutter wieder aus dem Arbeitshaus aus. Wie schon so oft sah sich John erneut im Stich gelassen.

Mit fünfzehn verließ John St. Asaph und kam nacheinander zu verschiedenen Verwandten, die allesamt wenig glücklich darüber waren, dass sie einen Vetter aus dem Armenhaus aufnehmen mussten. Während er mit siebzehn bei einem Onkel in Liverpool lebte und als Austräger für einen Metzger arbeitete, fürchtete er abermals, dass man ihn bald vor die Tür setzen werde. Eines Tages lieferte er Fleisch auf ein amerikanisches Handelsschiff namens *Windermere*, das im Hafen lag. Der Kapitän musterte diesen klein gewachsenen, aber stämmigen jungen

Mann und sagte: «Ich meine, du möchtest wohl gerne mit uns fahren?»[6]

Im Februar 1859 legte die *Windermere* nach siebenwöchiger Fahrt in New Orleans an, und dort ging der Neuankömmling von Bord. Er erinnerte sich noch lange an die faszinierende Palette von Gerüchen, von denen die Stadt erfüllt war: Teer, Salzwasser, grüne Kaffeebohnen, Rum und Melasse. Als er auf der Suche nach Arbeit die Straßen durchwanderte, erspähte er auf dem Vorbau eines Lagerhauses einen Mann mittleren Alters mit einem Zylinder auf dem Kopf, einen Baumwollmakler, wie sich herausstellte; ihn sprach er an und fragte: «Können Sie einen Jungen brauchen, Herr?»[7]

Der Baumwollmakler, beeindruckt durch Johns einzige Referenz, die Belobigungsbibel mit der Widmung des Bischofs, stellte den walisischen Halbwüchsigen an. Nicht lange danach entschied der junge John Rowlands, da er jetzt in der Neuen Welt lebe, müsse er auch einen neuen Namen haben. Der Änderungsprozess ging schrittweise vor sich. In den Volkszählungslisten von New Orleans aus dem Jahre 1860 ist er als «J. Rolling» eingetragen. Eine Frau, die ihn aus dieser Zeit kannte, hat ihn als John Rollins in Erinnerung: «Ein aufgeweckter Bursche, der gern prahlte, eine große Lippe riskierte und das Blaue vom Himmel herunter erzählte.»[8] Nach wenigen Jahren indes fing er an, den Vor- und Nachnamen des Kaufmanns zu benutzen, der ihn angestellt hatte. Mit dem mittleren Namen experimentierte er weiter und benutzte Morley, Morelake und Moreland, ehe er sich schließlich für Morton entschied. Und so wurde aus dem Jungen, der als John Rowlands in das Arbeitshaus St. Asaph Union gekommen war, der Mann, der in aller Welt unter dem Namen Henry Morton Stanley bekannt wurde.

Stanley gab sich nicht nur einen neuen Namen; er versuchte auch sein ganzes Leben lang, sich eine neue Biographie zu geben. Der Mann, der zum bekanntesten Entdecker seiner Zeit wurde und als genauer Beobachter der Natur und Geographie Afrikas Berühmtheit erlangte, erwies sich im Blick auf seine frühen Lebensjahre als ein Vernebler erster Ordnung. So schildert er etwa in seiner Autobiographie seinen Weggang aus dem Arbeitshaus als ein höchst melodramatisches Ereignis. Er sei, behauptet er, über einen Gartenzaun gesprungen und ausgerissen, nachdem er einen Aufstand der obersten Klasse gegen einen Aufseher namens James Francis angezettelt habe, der mit der ganzen Klasse auf gemeinste und brutalste Weise umgesprungen sei. «‹Nimmermehr›, schrie ich empört, mich über meine eigene Kühnheit wundernd. Die Worte waren mir kaum entschlüpft, als ich mich an meinem Jackenkragen in die Luft hochgeschleudert und zu einem leblosen Klumpen auf die Bank niedergeschmettert fühlte. Dann stieß mich das rasende Vieh in den Magen, bis ich nach Atem ringend hintenüberfiel. Wieder wurde ich emporgehoben und mit einem Krach auf die Bank geknallt, der mir fast das Rückgrat gebrochen hätte.»[9] Stanley war damals ein gesunder, kräftiger fünfzehnjähriger Junge und wäre für Francis, einen ehemaligen Bergmann, der bei einem Grubenunglück eine Hand verloren hatte, kein so hilfloses Opfer gewesen. Andere Schüler konnten sich später an keinen Aufstand erinnern, geschweige denn an einen von Stanley angeführten; sie hatten Francis als freundlichen Menschen in Erinnerung und Stanley als seinen Lieblingsschüler, der oft von ihm begünstigt und gelobt wurde und auf die Klasse aufpassen musste, wenn Francis weg war. Die Akten des Arbeitshauses weisen aus, dass Stanley die Einrichtung nicht als Ausreißer verließ, sondern um bei seinem Onkel zu wohnen, während er noch die Schule besuchte.

Ebenso phantasievoll berichtet Stanley über seine Zeit in New Orleans. Er habe im Haus seines Wohltäters, des Baumwollmaklers Henry Stanley, und dessen engelsgleicher, zarter Frau gelebt, berichtet er. Als eine Gelbfieberepidemie die Stadt heimgesucht habe, sei sie erkrankt und gestorben, in einem Bett mit weißen Musselinvorhängen; aber im Augenblick ihres Todes habe sie ihre sanften Augen geöffnet und, wie von weit her, gesagt: «Bleib ein guter Junge! Gott segne dich!»[10]

Nicht lange danach habe der trauernde Witwer seinen Untermieter und Angestellten in die Arme genommen und erklärt: «... in Zukunft wirst du meinen Namen führen: ‹Henry Stanley›.»[11] Dann hätten sich, behauptet Stanley, zwei idyllische Jahre angeschlossen, in denen er mit dem Mann, von dem er als von seinem «Vater»[12] spricht, auf Geschäftsreisen unterwegs gewesen sei. Sie seien auf Flussdampfern den Mississippi hinauf und hinunter gefahren, seien zusammen an Deck auf und ab gewandelt, hätten einander vorgelesen und über die Bibel geredet. Aber zu Stanleys großer Betrübnis sei der großherzige Stiefvater 1861 seiner geliebten Frau in die andere Welt nachgefolgt. «Zum ersten Mal erfuhr ich, welch stechender Schmerz die Seele durchfährt, wenn eine geliebte Person mit gefalteten Händen und eiseskalt im ewigen Schlaf liegt. Während ich auf den Leichnam herabsah, quälte ich mich mit Fragen: Hatte ich mich so untadelig verhalten, wie ich mir das jetzt wünschte? Hatte ich es an irgendetwas fehlen lassen? Hatte ich ihm die Achtung erwiesen, die er verdiente?»[13]

Eine rührende Geschichte – nur beweisen die Akten, dass beide älteren Stanleys erst 1878, siebzehn Jahre später, starben. Sie hatten zwar tatsächlich zwei Kinder adoptiert, aber beide waren Mädchen. Adressbüchern der Stadt und Volkszählungsunterlagen lässt sich entnehmen, dass der junge Stanley nicht bei ihnen zu Hause, sondern in einer Reihe von Pensionen wohnte. Und Stanley, der Kaufmann, hatte einen heftigen Streit mit seinem Angestellten, der zum Bruch führte; danach bestand er darauf, dass der Name des jungen Mannes nie wieder in seiner Gegenwart erwähnt wurde.

Mit dieser Schilderung seiner Jugend, die von Wunschdenken diktiert ist, steht Stanley unverkennbar in der Schuld seines Zeitgenossen Charles Dickens, der eine ähnliche Vorliebe für Szenen am Totenbett, engelsgleiche Frauen und betuchte Wohltäter hatte. Maßgebend für sie war auch, dass Stanley das Gefühl hatte, er müsse, um seinem in Schande gehüllten Leben zu entrinnen, die Person, als die er sich der Welt präsentieren wollte, frei erfinden. Er dachte sich nicht nur in seiner Autobiographie

Ereignisse aus; mehr noch finden sich in seinem Tagebuch Eintragungen von einem dramatischen Schiffbruch und anderen Abenteuern, die nie stattfanden. Manchmal gab er von einer Episode seiner afrikanischen Reisen auffallend unterschiedliche Darstellungen, je nachdem, wo er von ihr berichtete – ob in seinem Tagebuch, in Briefen, in den Zeitungsartikeln, die er nach Hause schickte, oder in den Büchern, die er nach jeder Expedition schrieb. Für Psychohistoriker ein gefundenes Fressen!

Eine der aufschlussreicheren Episoden, die Stanley schilderte oder erfand, ereignete sich kurz nach seiner Ankunft in New Orleans, als er in einer Pension ein Bett mit Dick Heaton teilte, einem anderen jungen Mann, der als Deckshelfer von Liverpool herübergekommen war.

> «Ich beobachtete beim Ausziehen mit stiller Verwunderung, dass er zu schüchtern war, sich beim Kerzenlicht hinzulegen, und dass er, wenn er ins Bett gestiegen war, ganz weit von mir ab auf den Bettrand hinrückte. Als ich am Morgen aufstand, sah ich, dass er sich gar nicht ausgekleidet hatte …» Eines Tages «erwachte ich … und sah zu Dick hinüber, der noch fest schlief, als ich verblüfft etwas an ihm gewahrte, was ich für zwei Geschwülste auf der Brust hielt … Triumphierend richtete ich mich hoch und rief mit dem Stolz eines Entdeckers: ‹Jetzt weiß ich's, Dick, jetzt weiß ich's, du bist ein Mädchen!›»

Am Abend des gleichen Tages war Dick, der mittlerweile gestanden hatte, dass er Alice hieß, verschwunden.

> «Nie habe ich sie wieder gesehen, noch etwas von ihr gehört; aber ich habe mich stets mit der Hoffnung getröstet, dass das Schicksal gegen sie ebenso gnädig gewesen sein möge, wie es darin weise war, zwei junge und einfältige Geschöpfe voneinander zu trennen, die durch

zu großen Gefühlsüberschwang leicht zu Torheiten hätten verführt werden können.»[14]

Wie seine Dickens'sche Szene am Totenbett klingt auch diese Geschichte nach einem Märchen – die Geschichte von dem Mädchen, das sich als Junge verkleidet, um als Soldat dienen oder zur See fahren zu können. Egal aber, ob sie wirklich oder erfunden ist, ihre emotionale Botschaft bleibt dieselbe: die Vorstellung, sich in solcher Nähe zu einer Frau zu befinden, war für Stanley entsetzlich.

Als der Amerikanische Bürgerkrieg ausbrach, trat Stanley in die Armee der Konföderierten ein; im April 1862 zog er mit seinem Regiment von Arkansas-Freiwilligen in die Schlacht bei Shiloh in Tennessee. Am zweiten Tag der Schlacht sah er sich von einem halben Dutzend Soldaten der Nordstaaten umringt und fand sich bald danach in einem überfüllten, typhusverseuchten Kriegsgefangenenlager nahe Chicago wieder. Wie er herausfand, bestand der einzige Weg, diesem trostlosen Ort zu entfliehen, darin, sich von der Armee der Unionisten anwerben zu lassen; das tat er auch prompt, nur um ebenso prompt an der Ruhr zu erkranken und aus medizinischen Gründen seinen Abschied von der Armee zu erhalten. Nachdem er als Matrose die Atlantikroute befahren hatte, trat er im Jahre 1864 in die Marine der Nordstaaten ein. Seine schöne Handschrift verschaffte ihm einen Posten als Schiffssekretär auf der Fregatte *Minnesota*. Als das Schiff eine Festung der Konföderierten in North Carolina beschoss, konnte Stanley sich rühmen, zu den wenigen Menschen zu gehören, die im Bürgerkrieg auf beiden Seiten den Kampf miterlebt hatten. Als die *Minnesota* Anfang 1865 in den Hafen zurückkehrte, desertierte der ruhelose Stanley.

Das Tempo seiner Aktivitäten beschleunigt sich nun. Es ist, als hätte er die Geduld für beschränkende, geordnete Einrichtungen wie das Arbeitshaus, ein Handelsschiff oder das Militär verloren. Zuerst geht er nach St. Louis, lässt sich als freier Mitarbeiter bei einer lokalen Zeitung unter Vertrag nehmen und schickt aus immer weiter westlich gelegenen Orten – aus Denver, Salt Lake City, San Francisco – eine Reihe von blumigen Korrespondentenberichten. Er äußert sich missbilligend über «Verderbtheit und Zügellosigkeit» in den Städten an der Grenze zum Wilden Westen und schildert sie als «Sündenpfuhl».[15]

Nach einer abenteuerlichen Reise in die Türkei kehrte Stanley in den Westen der USA zurück, und sein Aufstieg als Zeitungskorrespondent begann. Den Großteil des Jahres 1867 hindurch berichtete er von den Indianerkriegen und schickte Artikel nicht nur nach St. Louis, sondern auch an Zeitungen der amerikanischen Ostküste. Dass der lange, hoffnungslose Widerstand der südlichen Prärieindianer fast zu Ende war, dass der Feldzug, den Stanley begleitete, nahezu kampflos verlief, dass den größten Teil des Jahres über Friedensverhandlungen geführt wurden – das alles war egal; Stanleys Zeitungen wollten Berichte über dramatische Schlachten, und die lieferte er ihnen auch:

> «Der Indianerkrieg ist endlich voll entbrannt. … getreu ihren blutrünstigen Instinkten, ihrem wilden Hass gegen die weiße Rasse und den Lehren ihrer Vorfahren haben die Indianer ihre Versprechen wahr gemacht und befinden sich auf dem Kriegspfad.[16]

Diese Berichte erregten die Aufmerksamkeit von James Gordon Bennett jun., dem extravaganten, ehrgeizigen Herausgeber des *New York Herald*. Er beauftragte Stanley, über einen exotischen kleinen Krieg zu berichten, der hohe Auflagenzahlen versprach: eine Strafexpedition der britischen Regierung gegen den Kaiser von Abessinien. Unterwegs zum Kriegsschauplatz, bestach Stanley in Suez den leitenden Telegraphenbeamten; er sollte dafür sorgen, dass beim Eintreffen der Korrespondentenberichte von der Front Stanleys Bericht als erster nach Amerika telegraphiert wurde. Seine kluge Voraussicht zahlte sich aus: sein überschwänglicher Bericht von der einzigen größeren Schlacht, dank deren die Briten den Krieg für sich entschieden, drang als erster in die Welt hinaus. Ein glücklicher Zufall wollte es, dass, unmittelbar nachdem Stanley seine Schilderungen abgeschickt hatte, das Telegraphenkabel durch das Mittelmeer ausfiel. Die Berichte seiner aufgebrachten Konkurrenten und sogar die offiziellen Armeeberichte mussten einen Teil des Weges nach Europa mit dem Schiff befördert werden. Im Juni 1868 konnte Stanley in einem Hotel in Kairo nicht nur seinen Presseknüller, sondern auch die Nachricht feiern, dass der *Herald* ihn zu seinem ständigen «rasenden Reporter» fürs Ausland ernannt hatte. Er war damals siebenundzwanzig Jahre alt.

Stanley, der jetzt seinen Stützpunkt in London hatte, konnte ringsumher das erste Donnergrollen der, wie es später genannt wurde, «Balgerei um Afrika» hören. In einem Europa, das voll Selbstvertrauen in das Industriezeitalter überwechselte und von dem Machtgefühl strotzte, mit dem die Entwicklung von Eisenbahn und Hochseedampfer es erfüllte, trat eine neue Art von Heros in Erscheinung: der Erforscher Afrikas. Für diejenigen, die schon jahrtausendelang in Afrika lebten, gab es natürlich «nichts zu entdecken, wir waren die ganze Zeit hier»[17], wie es später ein afrikanischer Staatsmann formulierte. Wenn aber die Europäer des 19. Jahrhunderts einen Forschungsreisenden feierten, weil er irgendeinen neuen Winkel Afrikas «entdeckt» hatte, dann bereitete sich darin psychologisch die Überzeugung vor, dass der Kontinent nur darauf wartete, in Besitz genommen zu werden.

In einem Europa, das durch die Telegraphie, durch Vortragsreisen und durch Tageszeitungen mit weiter Verbreitung immer enger verknüpft wurde, zählten die Erforscher Afrikas zu den ersten Persönlichkeiten mit internationalem Bekanntheitsgrad; ihr Ruhm war ebenso grenzüberschreitend wie heute der von Sportgrößen oder Filmstars. Von der Ostküste Afrikas unternahmen die Engländer Richard Burton und John Speke eine kühne Expedition ins Landesinnere, um den Tanganjikasee, den langgestrecktesten Süßwassersee der Welt, und den Victoriasee, das größte Wasserreservoir des Kontinents, zu finden; ihr Abenteuer krönten sie mit einem Spektakel, mit dem Berühmtheiten das Publikum immer erfreuen können, nämlich mit einem heftigen, öffentlich ausgetragenen Streit. Von der Westküste Afrikas brachte der Franzose Paul Belloni du Chaillu die Felle und Skelette von Gorillas mit zurück und schilderte seinen hingerissenen Zuhörerschaften, wie die großen, haarigen Bestien Frauen in ihre Urwaldverstecke entführten, mit Absichten, die zu abscheulich seien, um sie beim Namen zu nennen.[18]

Die europäische Aufregung entsprang zum großen Teil der Hoffnung, Afrika werde sich als Quelle für Rohstoffe erweisen, um die industrielle Revolution in Gang zu halten, wie ja auch bereits die Suche nach «Rohmaterial» – Sklaven – für die koloniale Plantagenwirtschaft in den früheren Geschäften mit Afrika eine maßgebende Rolle gespielt hatte. Die Erwartungen stiegen ins Unermessliche, als im Jahre 1867 Prospektoren in Südafrika Diamanten und etwa zwei Jahrzehnte später Gold fanden. Die Europäer allerdings sahen sich gerne von höheren Motiven getrieben. Besonders die Briten glaubten inbrünstig an ihre Mission, den Eingeborenen die «Zivilisation» und das Christentum zu bringen; sie waren neugierig, was sich im unbekannten Inneren Afrikas verbarg, und erfüllt vom Gefühl der Rechtschaffenheit, weil sie gegen die Sklaverei kämpften.

Natürlich war der Anspruch Großbritanniens auf die Rolle des Moralapostels in Sachen Sklaverei höchst zweifelhaft. Britische Schiffe hatten lange Zeit den Sklavenhandel beherrscht, und erst im Jahre 1838 wurden im britischen Empire die letzten Überbleibsel der Sklaverei abgeschafft. Aber das alles vergaßen die Engländer rasch, wie sie auch vergaßen, dass es zu Sklavenaufständen auf den Westindischen Inseln gekommen war und dass wirtschaftliche Faktoren die Einträglichkeit des Sklavenhandels gemindert und damit seine Beendigung befördert hatten. Nach ihrer Überzeugung gab es für die Abschaffung der Sklaverei in einem Großteil der Welt nur einen einzigen Grund: die britische Moralität. Als im Jahre 1872 das Albert Memorial in London erbaut wurde, stellte eine seiner Statuen einen jungen schwarzen Afrikaner dar, der bis auf einen Lendenschurz, der aus ein paar Blättern bestand, nackt war. Im Handbuch, das zur Einweihung der Gedenkstätte erschien, stand zu lesen, der Afrikaner stelle «einen Vertreter der unzivilisierten Rassen» dar, der den Unterweisungen einer europäischen Frau lausche, wobei die «zerbrochenen Ketten an seinen Füßen auf die Rolle verweisen, die Großbritannien bei der Sklavenbefreiung gespielt hat».[19]

Bezeichnenderweise richtete sich die Empörung über die Sklaverei, von der in den sechziger Jahren des 19. Jahrhunderts Großbritannien und Frankreich ergriffen wurden, nicht gegen Spanien und Portugal, die in ihren Kolonien Sklaverei zuließen, oder gegen Brasilien mit seinen Millionen von Sklaven. Stattdessen ergoss sich der gerechte Zorn der Engländer und Franzosen über einen fernen, schwachen und definitiv nicht weißen Adressaten: die so genannten arabischen Sklavenhändler, die in Afrika von Osten her einfielen. Auf den Sklavenmärkten von Sansibar verkauften die Händler ihre menschliche Beute an arabische Plantagenbesitzer auf der Insel selbst und an andere Käufer aus Persien, Madagaskar und den verschiedenen Sultanaten und Fürstentümern auf der Arabischen Halbinsel. Die Europäer fanden hier eine ideale Zielscheibe für ihre moralische Entrüstung: zwei «unzivilisierte» Rassen, von denen die eine die andere versklavte.

Arabisch war eine irreführende Bezeichnung; *afroarabisch* wäre korrekter gewesen. Auch wenn die Gefangenen oft in der arabischen Welt landeten, so waren doch die Händler auf dem afrikanischen Kontinent weitgehend suahelisprachige Afrikaner aus dem Gebiet, auf dem sich heute die Staaten Kenia und Tansania befinden. Viele von ihnen kleideten sich nach Art der Araber und hatten sich zum Islam bekehrt, aber die meisten waren nicht einmal partiell arabischer Herkunft. Das änderte nichts daran, dass von Edinburgh bis Rom in Büchern, Reden und Predigten die bösen «arabischen» Sklavenhändler voll Empörung angeprangert wurden – und damit stillschweigend auch die Vorstellung, dass irgendein Teil Afrikas von jemand anderem als von den Europäern kolonisiert werden könnte.

All diese Motive, die Europäer mit Afrika verbanden – Begeisterung für den Kampf gegen die Sklaverei, Suche nach Rohstoffen, christliche Verkündigung und schiere Neugier –, verkörperte *ein* Mann, David Livingstone. Seit Anfang der vierziger Jahre des 19. Jahrhunderts wanderte er als Arzt, Schürfer, Missionar, Forschungsreisender und einmal sogar als britischer Konsul kreuz und quer durch Afrika. Er forschte nach der Quelle des Nil, wetterte gegen die Sklaverei, fand die Victoriafälle, suchte nach Mineralien und predigte das Evangelium. Als erster Weißer, der den Kontinent von einer Küste zur anderen durchquerte, wurde er in England zu einem Nationalhelden.[20]

Im Jahre 1866 brach Livingstone zu einer weiteren langen Expedition auf, um nach Sklavenhändlern, potenziellen Christen, dem Nil oder irgendetwas anderem Ausschau zu halten, was danach verlangte, entdeckt zu werden. Die Jahre vergingen, und er kam nicht zurück. Als die Leute anfingen, sich Gedanken darüber zu machen, was ihm widerfahren sein mochte, witterte James Gordon Bennett, der Herausgeber des *New York Herald*, seine große Chance. Im Jahre 1869 – so jedenfalls lautete später die Stanley'sche Version der Ereignisse – erhielt Stanley ein Eiltelegramm von Bennett, seinem Chef: «KOMMEN SIE SOFORT NACH PARIS WEGEN WICHTIGER GESCHÄFTE.» Ein Journalist, so schrieb Stanley mit dem Eigendünkel, der mittlerweile Bestandteil der Persönlichkeit war, die er die Öffentlichkeit sehen ließ, sei «wie ein Gladiator in der Arena ... Ein Zaudern, ein Zurückschrecken – und er ist verloren. Der Gladiator bietet dem Schwert die Brust, für die es geschärft ist – der fliegende Korrespondent stellt sich dem Befehl, der ihn vielleicht in den Tod schickt.» Er sauste nach Paris, um seinen Chef im Grand Hotel zu treffen. Dort gipfelte eine dramatische Unterhaltung über Livingstone darin, dass Bennett erklärte: «Ich will, dass Sie losziehen und ihn aufspüren, wo immer Sie hören, dass er sich aufhält, und dass Sie aus ihm herausholen, was Sie können, und vielleicht ... leidet der alte Mann Not: – nehmen Sie genug mit, um ihm helfen zu können, wenn er Hilfe braucht ... tun Sie, was Sie für richtig halten – ABER FINDEN SIE LIVINGSTONE!»[21]

Die Szene war wie geschaffen, um die Eingangspassage zu Stanleys erstem Buch, *How I Found Livingstone (Wie ich Livingstone fand),* zu bilden; sie ließ Bennett, dem das Buch gewidmet ist, als den vorausblickenden Initiator des großen Abenteuers erscheinen. Indes scheint keinerlei Unterhaltung dieser Art stattgefunden zu haben. Die Seiten in Stanleys Tagebuch, die den Zeitraum betreffen, in den die angebliche Unterhaltung fiel, sind herausgerissen, und tatsächlich fing Stanley erst über ein Jahr danach an, sich auf die Suche nach Livingstone zu machen.

So übertrieben Stanleys Geschichte von dem dramatischen Marschbefehl Bennetts auch sein mochte, sie förderte den Absatz seines Buches, und darauf kam es ihm an. Stanley war nicht bloß darauf aus, als Forschungsreisender berühmt zu werden; sein Sinn für Melodramatik ließ ihn, wie ein Historiker bemerkt hat, «zum Ahnherrn aller späteren professionellen Reiseschriftsteller»[22] werden. Seine Artikel, Bücher und Vortragsreisen trugen ihm größere Summen ein als irgendeinem anderen Reiseschriftsteller seiner Zeit und wahrscheinlich sogar des folgenden Jahrhunderts. Bei jedem Schritt, den er in Afrika machte, legte sich Stanley bereits die Geschichte zurecht, die er zu Hause darüber erzählen würde. Wie er ständig an den Details seiner eigenen Prominenz feilte, erinnert stark an unser Jahrhundert.

Um mögliche Konkurrenten bei der Suche nach Livingstone auf eine falsche Fährte zu locken, streute Stanley, während er unterwegs nach Afrika war, mit Bedacht das Gerücht aus, er habe vor, den Rufiji zu erforschen. Er ging zuerst nach Sansibar, um Träger für seine Vorräte anzuheuern; von dort schrieb er eine Flut von Briefen an Katie Gough-Roberts, eine junge Frau in seiner Heimatstadt Denbigh. Unterbrochen von seinen vielen Reisen zur Erledigung journalistischer Aufträge, hatte er sie über kurze Zeit in steifer, verkrampfter Manier umworben; in seinen Briefen indes schüttete er ihr sein Herz aus und gestand ihr das schmerzliche Geheimnis seiner unehelichen Geburt. Stanley hatte vor, sie zu heiraten, sobald er von seiner Suche nach Livingstone zurückgekehrt war.

Im Frühjahr 1871 brach Stanley endlich auf, begleitet von einem Hund namens Omar sowie von Trägern, einer bewaffneten Leibwache, einem Dolmetscher, Köchen, einem Führer, der die amerikanische Fahne trug, und zwei britischen Matrosen – insgesamt rund 190 Mann, die größte Forschungsexpedition, die Afrika bis dahin gesehen hatte. Er marschierte von der Ostküste ins Landesinnere, um Livingstone zu suchen, den mittlerweile seit fünf Jahren kein Europäer mehr zu Gesicht bekommen hatte. «Wo auch immer er ist», erklärte Stanley gegenüber der Leserschaft seiner New Yorker Zeitung, «seien Sie versichert, dass ich die Jagd nicht aufgeben werde. Wenn er lebt, werden Sie hören, was er zu sagen hat; ist er tot, werde ich seine Gebeine finden und Ihnen bringen.»[23]

Stanley musste über acht Monate lang marschieren, ehe er den Forscher aufspürte und sein berühmtes «Dr. Livingstone, nehme ich an?» loswerden konnte. Dank dem Strom von Berichten, die Stanley schickte, und der Tatsache, dass Bennett sich bewusst war, für seine Zeitung eine der großen, menschlich ergreifenden Sensationsgeschichten des Jahrhunderts am Wickel zu haben, wurde aus der langen Suche ein legendäres Ereignis. Weil Stanley, was die Suche betraf, ein Informationsmonopol besaß (seine zwei weißen Begleiter starben während der Expedition, und die Träger zu interviewen kam niemandem in den Sinn), bewahrte die Legende einen durchweg heroischen Charakter. Da waren die Monate anstrengenden Marschierens, die schrecklichen Sümpfe, die bösen «arabischen» Sklavenhändler, die geheimnisvollen tödlichen Krankheiten, die gefährlichen Angriffe der Krokodile und schließlich Stanleys triumphale Entdeckung des freundlichen Dr. Livingstone.

In Stanleys Schriften trägt Dr. Livingstone einen Heiligenschein: Er war die edle Vaterfigur, nach der sich Stanley lange gesehnt hatte und die er in einem gewissen Maße hier tatsächlich fand. Stanley zufolge wurden der weise Alte und er, der kühne junge Held, enge Freunde, während sie einige Monate lang gemeinsam das Gebiet erforschten. (Sie segelten rund um das Nordende des Tanganjikasees in der Hoffnung, den Nilausfluss zu entdecken, fanden aber zu ihrer Enttäuschung nur einen weiteren Zufluss in den See.) Der Ältere gab seine Erfahrung an den Jüngeren weiter, ehe sie einander Lebewohl sagten und für immer schieden. Dass Livingstone in Afrika blieb und kurze Zeit später starb, konnte Stanley nur recht sein. So konnte er nicht mehr nach Hause kommen und den Ruhm mit Stanley teilen oder eine völlig andere Geschichte erzählen. Stanley würzte seine Schilderung der Ereignisse raffiniert mit pittoresken Häuptlingen, exotischen Sultanen und treuen Dienern; an den Anfang stellte er Pauschalurteile, die es seinen Lesern erlaubten, sich in einer unvertrauten Welt gleich zu Hause zu fühlen: «Der Araber bleibt sich immer gleich»; «Der Banyan ist ein geborener Händler»; «Für die Mischlinge hege ich tiefste Verachtung».[24]

Anders als der friedfertige, väterliche Livingstone, der ohne einen großen Trupp schwer bewaffneter Gefolgsleute reiste, war Stanley ein strenger und brutaler Arbeitgeber. «Die Schwarzen machen mir eine Menge Schwierigkeiten, sie sind für meinen Geschmack zu undankbar»,[25] schrieb er unterwegs. Wenngleich wiederholte Überarbeitungen für eine Milderung des Tons gesorgt haben, lassen seine Schriften doch deutlich werden, dass er zu Wutausbrüchen neigte. Er trieb seine Männer erbarmungslos auf Berge und durch Sümpfe. «Wenn Schlamm und Nässe den zur Faulheit Neigenden die Kraft geraubt hatte, tat eine Hundepeitsche ihrem Rücken gut und ließ sie eine gesunde – manchmal sogar eine außerordentliche – Tatkraft zurückgewinnen.»[26] Ein halbes Dutzend Jahre zuvor war Stanley selbst aus der Marine der USA desertiert, aber jetzt stellte er mit Genugtuung fest, wie «die unverbesserlichen Deserteure … ordentlich ausgepeitscht und in Ketten gelegt wurden».[27] Ohne weiteres möglich, dass die Expedition in den Dörfern, durch die ihr Marsch führte, für eine Sklavenkarawane gehalten wurde!

Wie so viele Weiße, die nach ihm kamen, betrachtete Stanley Afrika als ein im Grunde unbewohntes Gebiet. «Unbevölkertes Land» nannte er es. «Was für eine Siedlung ließe sich in diesem Tal errichten! Sieh doch, es ist weit genug, um eine große Bevölkerung zu ernähren. Denke dir dort einen Kirchturm, wo die Tamarinde ihre dunkle Laubkrone emporreckt, und stelle dir vor, wie gut sich ein oder zwei Dutzend hübsche Bauernhäuser anstelle jener Haufen von Dornbüschen und Gummibäumen ausnähmen!»[28] Oder an anderer Stelle: «Es gibt noch reichlich ... Pilgerväter unter den Angehörigen der angelsächsischen Rasse, und wenn Amerika mit ihren Nachkommen gefüllt ist, wer weiß, ob dann Afrika ... nicht ihr nächster Rastplatz sein wird?»[29]

Für ihn und sein Publikum war seine Zukunft nunmehr fest mit Afrika verknüpft. Bei seiner Rückkehr nach Europa stellte die französische Presse die Tatsache, dass er Livingstone gefunden hatte, den Alpenüberquerungen Hannibals und Napoleons an die Seite. Zu Stanleys großmäuligen Erklärungen vor der Expedition, er werde jeden niederschießen, der sich ihm in den Weg stelle, passte sogar noch besser, dass sich General William Tecumseh Sherman mit dem Forschungsreisenden in Paris zum Frühstück traf und Stanleys Großtat mit seinem eigenen «Marsch zum Meer»[30] verglich, auf dem er eine Strategie der verbrannten Erde verfolgt hatte.

Die Briten verhielten sich eher feindselig. Die Königliche Geographische Gesellschaft hatte verspätet eine Expedition ausgerüstet, die Livingstone finden sollte; deren Mitglieder waren entsetzt, als sie in Afrika Stanley über den Weg liefen, der gerade triumphierend das Schiff bestieg, um nach Hause zurückzukehren. Zwischen den Zeilen ungnädiger Erklärungen konnte man lesen, wie entrüstet die Funktionäre der Gesellschaft darüber waren, dass ihr Landeskind von jemandem aufgespürt worden war, bei dem es sich weder um einen richtigen Forscher noch um einen richtigen Engländer, sondern um einen Zeilenschinder handelte, der für die amerikanische Boulevardpresse schrieb. Außerdem fiel manch einem in England auf, dass Stanleys amerikanischer Akzent ins Walisische changierte, sobald er sich aufregte. Die Gerüchte über seine walisische Abstammung und seine uneheliche Geburt machten Stanley große Sorgen, weil er als Reporter, der für eine chauvinistische und antibritische New Yorker Zeitung schrieb, nachdrücklich darauf bestand, in Amerika geboren und amerikanischer Herkunft zu sein. (Manchmal ließ er durchblicken, er stamme aus New York; manchmal gab er St. Louis an. Mark Twain schrieb an seinen «missourischen Landsmann»[31], um ihn für den Erfolg seiner Suche nach Livingstone zu beglückwünschen.)

Stanley, der sich ohnehin leicht abgelehnt fühlte, insbesondere von Engländern aus besseren Kreisen, sah sich nun auch von seiner Verlobten zurückgewiesen. Während er in der Weltgeschichte herumreiste, hatte Katie Gough-Roberts, wie er feststellen musste, einen Architekten namens Bradshaw geheiratet. Stanley bemühte sich verzweifelt, die Briefe zurückzubekommen, die er ihr geschickt hatte, vor allem den einen, in dem er ihr von seiner Herkunft erzählt hatte. Aber als er ihr schrieb und sie um die Briefe bat, wollte sie diese nur ihm persönlich zurückgeben. Bei einem Vortrag, den er in Manchester hielt, befanden sie und ihr Mann sich unter den Zuhörern. Anschließend kam sie zu dem Haus, in dem er sich aufhielt, und bat den Butler, Stanley zu sagen, dass sie den Brief mithabe. Stanley schickte den Butler mit dem Auftrag zurück, den Brief entgegenzunehmen, aber erneut weigerte sie sich, ihn jemand anderem zu übergeben. Er seinerseits weigerte sich, an die Tür zu kommen, und so ging sie weg und nahm den Brief wieder mit. Sein gekränkter Stolz blieb eine schwärende Wunde. Es dauerte nicht lange, da suchte er Trost in einer neuerlichen Afrikareise.

2

Der Fuchs überquert den Bach

Als im Frühjahr 1872 die Nachricht, dass Stanley Livingstone gefunden hatte, als Eilmeldung durch die Telegraphen tickerte, gab es einen Menschen, der diese Meldung mit eifrigem Interesse aufnahm: einen hoch gewachsenen, hoheitsvollen sechsunddreißigjährigen Mann mit spatenförmigem Bart, der auf einem niedrigen Hügel am Rande von Brüssel in dem weiträumigen Schloss Laeken residierte.

Sieben Jahre zuvor hatte Leopold II.[1] beim Tod seines Vaters den Titel «König der Belgier» geerbt, unter dem die Monarchen des Landes firmierten. Belgien selbst war kaum älter als sein junger König. Nachdem es eine Zeit lang unter spanischer, österreichischer, französischer und holländischer Herrschaft gestanden hatte, erlangte das Land im Anschluss an einen Aufstand gegen die Holländer seine Unabhängigkeit. Jedes Land, das auf sich hielt, brauchte natürlich einen König; deshalb hatte sich die junge Nation auf die Suche nach einem Regenten gemacht und ihn schließlich in der Gestalt eines mit der britischen Königsfamilie verwandten deutschen Fürsten gefunden, der den belgischen Thron als Leopold I. bestieg.

Die kleine Nation war ein unausgegorenes Amalgam aus Französischsprachigen und solchen, die Flämisch sprachen, wie das Holländische genannt wurde, das man in der Nordhälfte Belgiens sprach. Am Hof seines Vaters redete der spätere Leopold II. von Kindesbeinen an Französisch und Deutsch; bald lernte er auch fließend Englisch sprechen. Flämisch hingegen, das mehr als die Hälfte seiner Untertanen sprachen, machte er sich nie die Mühe zu lernen, obwohl er ab und an ein paar flämische Wendungen in Reden einflocht. Mit diesem Snobismus stand Leopold nicht allein, denn die schroffe sprachliche Aufspaltung des Landes war damals nicht nur ein regionales, sondern auch ein klassenspezifisches Problem. Selbst im Norden neigten Geschäftsleute und die Angehörigen der akademischen Berufe dazu, Französisch zu sprechen und auf die armen flämischsprachigen Land- und Fabrikarbeiter herabzublicken.

Die Ehe der Eltern Leopolds entsprang einer politischen Zweckheirat; Liebe war nicht im Spiel. Der ältere Sohn war ein schlaksiges Kind, das sich unbeholfen durch die Welt bewegte; die Eltern zogen ihm seine jüngeren Geschwister, einen Bruder und eine Schwester, eindeutig vor. Als Leopold vierzehn war, schrieb seine Mutter ihm: «Es hat mich sehr beunruhigt, im Bericht des Obersten zu lesen, dass du wieder so faul warst und deine Schulaufgaben so schlecht und nachlässig gemacht hast. Du hast mir etwas anderes versprochen; ich hoffe, du wirst dir ein bisschen mehr Mühe geben und deine Schularbeiten besser erledigen. Deinen Vater hat der letzte Bericht ebenso aufgebracht wie mich.»[2] Der junge Thronerbe war wenig lernbegierig; bezeichnenderweise bildete die einzige Ausnahme das Fach Geographie. Als er zehn Jahre alt war, begann seine militärische Ausbildung; mit fünfzehn bekleidete er bereits einen Leutnantsrang in der belgischen Armee, mit sechzehn wurde er Hauptmann, mit achtzehn Major, mit neunzehn Oberst, und mit zwanzig hatte er es zum Generalmajor gebracht. Ein offizielles Porträt, das vor seinem zwanzigsten Lebensjahr entstand, zeigt ihn mit Schwert, karminfarbener Schärpe und Ordensschmuck. Der ungelenke Leopold ist dünn wie ein Strich; die Goldepauletten wirken zu groß für die Schultern, der Kopf zu groß für den Körper.

Wollte Leopold seinen Vater sehen, so musste er um eine Audienz nachsuchen. Hatte der Vater dem Sohn etwas mitzuteilen, tat er das durch einen seiner Sekretäre. In dieser kalten Atmosphäre, in der er als Halbwüchsiger am Hof seines Vaters lebte, gewann Leopold erstmals Übung in der Kunst, ein Netz von Leuten um sich zu sammeln, die seine Gunst zu gewinnen hofften. Wie sich herausstellte, waren Hofbeamte nur zu bereit, sich beim künftigen König lieb Kind zu machen, ihm Dokumente zu zeigen, ihn in die Regierungstätigkeit einzuführen, seine Sucht nach Landkarten und nach Informationen über abgelegenste Weltgegenden zu befriedigen.

Auch wenn die Zuneigung zwischen Vater und Sohn zu wünschen übrig ließ, war der alte König doch ein scharfer Beobachter. «Leopold ist raffiniert und durchtrieben», erzählte er einem seiner Minister. «Er ist immer auf der Hut. Kürzlich ... beobachtete ich einen Fuchs, der unbemerkt einen Bach überqueren wollte: Zuerst tauchte er eine Pfote vorsichtig ins Wasser, um zu sehen, wie tief es war; dann wechselte er unter tausend Sicherheitsvorkehrungen langsam ans andere Ufer. Das ist Leopolds Art!»[3] Leopold war nicht immer vorsichtig; manchmal übernahm er sich oder verriet zu viel von dem, wohinter er her war. Aber etwas von der Gerissenheit eines Fuchses lag in der Art und Weise, wie es dieser konstitutionelle Monarch eines kleinen, sich immer stärker demokratisierenden europäischen Landes auf einem anderen Kontinent zum totalitären Herrscher über ein riesiges Reich brachte. Wie der Fuchs, der Verschlagenheit und Verstellung braucht, um in einer Welt der Jäger und der größeren Raubtiere zu überleben, baute auch Leopold auf diese Eigenschaften.

Im Jahre 1853, als Leopold achtzehn Jahre alt wurde, brachte ihn sein Vater, der auf eine Verbindung mit Österreich-Ungarn erpicht war, nach Wien und verlobte ihn mit einer passenden jungen Habsburgerin, der Erzherzogin Marie-Henriette.

Keine eheliche Verbindung hätte katastrophaler sein können. Am bekanntesten war die Braut für ihre Vernarrtheit in Pferde und für ihr unköniglich heiseres Lachen. Leopold hatte eine deutliche Neigung, vom Pferd zu fallen, und verfügte über keinen erkennbaren Sinn für Humor. Er war ein linkischer, arroganter junger Mann, den seine älteste Cousine, Königin Victoria von England, «sehr seltsam» fand und dem sie die Angewohnheit bescheinigte, «den Leuten unliebenswürdige Dinge zu sagen».[4] Leopold, der damals den Titel eines Herzogs von Brabant trug, hegte ein pedantisches Interesse für Handelsfragen, was jedermann verblüffte. In Wien charakterisierte eine der Damen bei Hof diese merkwürdige Verlobung als Verbindung zwischen einem Stallburschen und einer Nonne, und mit der Nonne meine sie den Herzog von Brabant.[5]

Bei Leopold und Marie-Henriette war es Abscheu auf den ersten Blick; ihre Gefühle füreinander haben sich offenbar nie geändert. Bei der Hochzeit lief alles nur Erdenkliche schief. Leopold erkrankte an Scharlach. Der Zug, der den königlichen Hof zu einer sorgfältig geplanten Willkommenszeremonie für Marie-Henriette an die belgische Grenze brachte, hatte eine halbe Stunde Verspätung, weil ein halbwüchsiger Bahntelegraphist seinen Posten verlassen hatte, um einer Militärkapelle zuzuhören, die zur Feier des Tages aufspielte. Mit ihrem Stallburschenlachen erregte Marie-Henriette bei sämtlichen Rathausempfängen, die in Belgien für das Paar gegeben wurden, Aufsehen. Während ihrer Flitterwochen in Venedig vergoss sie in der Öffentlichkeit Tränen, als Leopold ihr nicht erlaubte, mit gemieteten Bootsleuten und Musikanten eine Gondelfahrt zu machen. Leopold sprach tagelang kein Wort mit ihr. «Wenn Gott meine Gebete erhört», schrieb sie einen Monat nach der Heirat an eine Freundin, «werde ich nicht mehr viel länger weiterleben.»[6]

Wie damals vielen jungen Paaren, erschien auch diesen Neuvermählten die Sexualität als Furcht erregendes Geheimnis. Nur wenigen allerdings war es wie ihnen beschieden, Aufklärung durch die Frau zu empfangen, die dem Zeitalter seinen Namen gab. Als sie ihrer Cousine Victoria in England einen Besuch abstatteten, äußerte die Königin in einem Brief an Leopolds Vater taktvoll Zweifel daran, dass die Ehe bereits vollzogen sei. Sie nahm Marie-Henriette beiseite, um ihr zu erklären, was von ihr erwartet werde; das Gleiche tat ihr Mann, Prinz Albert, mit dem achtzehnjährigen künftigen König. Das war vermutlich das erste Mal, dass sich überhaupt jemand diese Mühe machte, denn als

Marie-Henriette mehrere Jahre später schwanger wurde, schrieb Leopold an Albert: «… der kluge und praktische Rat, den du mir gabst … hat nunmehr Frucht getragen».[7] Die Ehe blieb allerdings unglücklich. Marie-Henriette floh die königliche Residenz Laeken und brachte einen Großteil ihrer Tage mit Reiten zu. Leopold sollte Kompensation für seine Enttäuschungen auf einem größeren Schauplatz finden.

Wenn er an den Thron dachte, den er erben sollte, hielt er mit seinem Unmut nicht hinterm Berg. *«Petit pays, petits gens»* (Kleines Land, kleine Leute), äußerte er einmal über Belgien. Das Land, das flächenmäßig weniger als halb so groß war wie West Virginia, lag zwischen dem viel imposanteren Frankreich Napoleons III. und dem in raschem Aufstieg begriffenen und auf die Reichsgründung zusteuernden Deutschland. Der junge Thronerbe reagierte verdrießlich und ungeduldig. Das Land, das er erben sollte, war für seine Ambitionen zu klein.

Er richtete die Augen nach draußen. Noch vor seinem zwanzigsten Lebensjahr hatte Leopold, mit Schreibstift und Notizbuch in der Hand, bereits den Balkan, Konstantinopel, die Ägäis und Ägypten besucht, war standesgemäß auf britischen und türkischen Kriegsschiffen gereist und hielt nach der Rückkehr weitschweifige Reden über die denkbare Rolle Belgiens im Welthandel. Wo er hinkam, hielt er Ausschau nach imperialistischen Entfaltungsmöglichkeiten. Den ägyptischen Khediven bewog er zur Einwilligung in eine gemeinsame Dampfschiffgesellschaft, die zwischen Alexandria und Antwerpen verkehren sollte. Er versuchte, Seen im Nildelta zu kaufen, um sie trockenlegen und das Land als Kolonie beanspruchen zu können. Er schrieb:

> «Man könnte für 30 000 Francs in Abessinien ein kleines Königreich erstehen … Würde sich das Parlament, statt ständig von Neutralität zu reden, um unseren Handel kümmern, Belgien würde eines der reichsten Länder der Erde.»[8]

Wie auch heute noch war Sevilla im 19. Jahrhundert ein großartiges Arrangement von Brunnen und ummauerten Gärten, von roten Ziegeldächern, weißen Stuckmauern und Fenstern hinter schmiedeeisernem Gitterwerk, von Orangen- oder Zitronenbäumen und Palmen. Durch die spanische Stadt schlängelten sich enge Kopfsteingassen, voll gestopft mit Besuchern, die gekommen waren, um eine der größten gotischen Kathedralen Europas zu besichtigen.

Als der siebenundzwanzigjährige Leopold im März 1862 in Sevilla eintraf, kam er nicht, um die Kathedrale oder die berühmten Mosaiken und Innenhöfe des mit farbigen Ziegeln ausgekleideten Alcázar zu sehen. Vielmehr verbrachte er einen ganzen Monat in der Casa Lonja, der Alten Börse, einem massiven, quadratischen Bauwerk gegenüber der Kathedrale.

Zwei Jahrhunderte lang war Sevilla der Hafen, durch den Gold, Silber und andere Reichtümer aus den Kolonien nach Spanien flossen; ungefähr achtzig Jahre vor Leopolds Besuch hatte König Karl III. verfügt, dass aus dem ganzen Land sämtliche Erlasse, regierungsamtliche Unterlagen und Akten des Hofes, Karten und architektonische Zeichnungen, die mit der spanischen Eroberung Amerikas zu tun hatten, zusammengetragen und in diesem Gebäude aufbewahrt werden sollten. Unter einem Dach versammelt, haben diese sechsundachtzig Millionen handgeschriebenen Seiten, unter ihnen das Vorratsverzeichnis eines der Schiffe des Kolumbus, das Generalarchiv für Westindien zu einer der weltweit größten Fundgruben der Wissenschaft werden lassen. Sowenig sich Leopold als Junge um Schularbeiten gekümmert hatte, sowenig er sich für Kunst, Musik oder Literatur interessierte: wenn es um das Thema Profite ging, entpuppte er sich als lerneifriger Forscher. Während des Monats, den er in Sevilla verbrachte, schrieb er an einen Freund nach Hause: «Ich bin hier sehr eifrig damit beschäftigt, die westindischen Archive zu durchforsten und den Gewinn zu berechnen, den Spanien aus seinen Kolonien gezogen hat und bis heute zieht.»[9] Der Mann, dessen späteres Imperium im 20. Jahrhundert aufs Engste mit multinationalen Konzernen verflochten sein sollte, begann seine Laufbahn damit, dass er die Aufzeichnungen der Konquistadorenzeit studierte.

Die Forschungen regten seinen Appetit an und versetzten ihn in Unruhe. Unter dem Vorwand, seine Ärzte hätten ihm lange Kreuzfahrten in heißen Klimazonen verordnet, und im Bemühen, seinem traurigen Familienleben zu entrinnen, wagte er sich weiter hinaus. Im Jahre 1864 brach der mittlerweile Neunundzwanzigjährige, den Kolonien stärker faszinierten als je zuvor, zu einem Besuch der britischen Besitzungen in Ceylon, Indien und Burma auf. Er besuchte auch den Ostindischen Archipel, der zu seinem Unmut dem unmittelbaren Nachbarn Belgiens gehörte; seine geringe Größe hatte Holland nicht daran gehindert, lukrative Kolonien zu erwerben.

Das Interesse des künftigen Königs an Niederländisch-Ostindien wurde durch eine merkwürdige zweibändige Abhandlung mit dem Titel *Java; or, How to Manage a Colony* geweckt. Der von dem Buch faszinierte Leopold begann einen Briefwechsel mit dem Autor, einem englischen Rechtsanwalt, der den passenden Namen J. W. B. Money trug. Money hatten die Kaffee-, Zuckerrohr-, Indigo- und Tabakplantagen in Java beeindruckt, mit deren Gewinnen im Mutterland Holland Eisenbahnlinien und Kanalbauten finanziert wurden. Im Hinblick auf Leopolds spätere Aktionen kann man sich denken, was ihn an dem Buch fesselte. Money beschrieb zum Beispiel ein Handelsmonopol, für das eine Privatgesellschaft die Konzession erhielt, zu deren Hauptanteilseignern der König von Holland zählte. Zur Steigerung der Produktion zahlten die holländischen Plantagenbesitzer in Java Prämien an die Aufseher, deren Höhe sich am Ernteertrag bemaß. Und schließlich hielt Money auch fest, dass die gewaltigen holländischen Profite in Java auf Zwangsarbeit beruhten. Leopold stimmte dem zu und bemerkte, Zwangsarbeit sei «der einzige Weg, diese faulen und verkommenen Völker des Fernen Ostens zu zivilisieren und zu bessern».[10]

Nur wenige Belgier teilten Leopolds Traum von Kolonien.

Sie ließen sich durch praktische Überlegungen abschrecken, die in seinen Augen Lappalien waren – etwa durch die Tatsache, dass ihr Land über keine Handelsflotte und keine Marine verfügte. Bei der Rückkehr von einer seiner Reisen überreichte er dem Finanzminister, der kolonialistische Ambitionen erklärtermaßen ablehnte, ein Geschenk: ein Stück Marmor von den Ruinen der Akropolis mit einem Medaillon, das Leopolds Bild enthielt, eingerahmt von der Inschrift *Il faut à la Belgique une colonie* (Belgien braucht unbedingt eine Kolonie).

Aber wo eine finden? Im Alter zwischen zwanzig und dreißig suchte er die Welt ab. An einen Berater schrieb er:

> «Ich bin besonders interessiert an der argentinischen Provinz Entre Rios und der äußerst kleinen Insel Martín García, die am Zusammenfluss des Uruguay und des Paraná liegt. Wem gehört diese Insel? Könnte man sie kaufen und dort unter dem moralischen Schutz des Königs der Belgier einen Freihafen einrichten? … Nichts wäre leichter, als in den argentinischen Staaten Eigentümer von Ländereien zu werden, die drei oder vier Mal so groß wären wie Belgien.»[11]

Er investierte in die Suezkanal-Gesellschaft. Er bat einen Helfer, sich um den Erwerb von Fidschi zu bemühen, weil man «sich solch eine herrliche Beute nicht entgehen»[12] lassen dürfe. Er fasste Eisenbahnlinien in Brasilien und Pachtland auf der Insel Formosa ins Auge.

Leopolds Briefe und Mitteilungen, in denen er unablässig Leute drängt, sich um den Erwerb einer Kolonie zu bemühen, deuten auf einen Menschen hin, der als Kind keine Liebe empfangen hat und der jetzt von der fixen Idee besessen ist, sich einen emotionalen Ersatz beschaffen zu müssen; Leopold wirkt wie jemand, der sich mit einem Geschwister in einen endlosen Disput um eine Erbschaft verstrickt hat oder der sich mit einem Nachbarn um die Grundstücksgrenze streitet. Die Gier nach mehr kann zu einem unstillbaren Bedürfnis werden, dessen scheinbare Befriedigung das ursprüngliche Gefühl des Entzugs nur verschärft und den Zwang, noch mehr zu erwerben, verstärkt.

Als im 19. Jahrhundert die Europäer nach Besitzungen in Afrika und Asien strebten, rechtfertigten sie ihren Kolonialismus auf verschiedene Weise: Sie behaupteten etwa, die Heiden christianisieren oder die Wilden zivilisieren oder aller Welt die wunderbaren Segnungen des freien Handels bringen zu wollen. Im Hinblick auf Afrika war mittlerweile ein neuer Vorwand aufgetaucht: die Zerschlagung des «arabischen» Sklavenhandels. In diesem Frühstadium seiner Laufbahn unternahm indes der künftige Leopold II. keinen Versuch, seine Ambitionen durch rhetorische Anstrengungen zu kaschieren. Für ihn existierten Kolonien zu einem einzigen Zweck: ihn und sein Land reich zu machen. «Belgien zieht keinen Nutzen aus der Welt», klagte er gegenüber einem seiner Berater. «Das ist ein Geschmack, auf den wir das Land bringen müssen.»[13]

Leopold war es egal, ob der begehrte koloniale Reichtum den Edelmetallen entsprang, hinter denen die Spanier in Südamerika her waren, oder der Landwirtschaft oder aber – wie dann der Fall war – einem Rohstoff, von dessen Potenzial sich noch niemand etwas träumen ließ. Ein möglichst großer Profit – darauf allein kam es ihm an. Sein Streben nach Kolonien war allerdings nicht nur vom Verlangen nach Geld, sondern auch vom Bedürfnis nach Macht bestimmt. In Westeuropa änderten sich schließlich die Zeiten, und das Königsamt war nicht mehr so ersprießlich wie einst. Am meisten ärgerte ihn, dass in Belgien ebenso wie in den benachbarten Ländern die königliche Gewalt allmählich der Macht eines gewählten Parlaments wich. Jemand versuchte einmal, Leopold mit der Bemerkung zu schmeicheln, er würde in «einer Republik einen hervorragenden Präsidenten» abgeben. Voll Ingrimm wandte er sich zu seinem treuen Hofarzt, Jules Thiriar, und fragte ihn: «Wie fänden Sie es, Doktor, wenn Sie jemand als ‹großen Veterinär› feierte?»[14]

Nach seiner Thronbesteigung im Jahre 1865 nahm Leopolds Ruhelosigkeit noch zu. Einem französischen Marschall, der ihn 1867 bei einem Empfang in Paris sah, fiel an ihm «sein hoher Wuchs, seine große Nase und sein großer Bart» auf; «mit seinem Schwert, das ihm an die Beine schlug, sah er aus wie ein Würdenträger, der seine Uniform angelegt hatte, ohne zu wissen, wie man sie trug.»[15] Seine Nase beeindruckte alle. «Die Nase», schrieb Disraeli, «ist wie bei einem jungen Märchenprinzen, den eine böse Fee verwunschen hat.»[16]

Zu Hause verschlimmerten sich die Verhältnisse zusehends. Im Jahre 1869 fiel der neun Jahre alte Sohn des Königs in einen Teich, bekam Lungenentzündung und starb. Bei seiner Beerdigung brach Leopold das einzige Mal in seinem Leben vor aller Augen zusammen, fiel neben dem Sarg auf die Knie und schluchzte hemmungslos. Allerdings versäumte er es nicht, das Parlament um ein Gesetz zu bitten, das dem Staat die Kosten für das königliche Begräbnis aufbürdete.

Was den Verlust seines einzigen Sohnes so besonders verheerend machte, war die feste Überzeugung des Königs, dass Throne und königlicher Besitz nur etwas für Männer seien. Im Laufe ihrer Ehe schenkte indes Königin Marie-Henriette drei Töchtern, Louise, Stéphanie und Clémentine, das Leben, keinem weiteren Sohn. Als die letzte Tochter, Clémentine, zur Welt kam, war der König ihrer Schwester Louise zufolge «rasend vor Zorn und weigerte sich fortan, mit seiner vortrefflichen Gattin noch irgendetwas zu tun zu haben».[17] Von Anfang an, schrieb sie, «schenkte der König mir oder meinen Schwestern wenig Beachtung».[18] Erfolglos bemühte sich Leopold darum, für sich eine Ausnahme von einem belgischen Gesetz zu erwirken, das den eigenen Kindern Erbansprüche auf das Vermögen sicherte.

Marie-Henriette fand Trost bei ihren geliebten Pferden, die sie selbst dressierte. Prinzessin Louise sah einst zu, wie die Königin ein Pferd dazu brachte, ins Schloss Laeken einzutreten, die Treppe zu ihren Gemächern hinaufzuklettern und dann wieder hinunterzusteigen. Marie-Henriette freundete sich mit dem

Kriegsminister an und wurde zum Erstaunen der Militärattachés bei Manövern gelegentlich eingeladen, Kavallerieattacken anzuführen.

Da ihm nach wie vor die Kolonie fehlte, über die er herrschen konnte, konzentrierte sich Leopold auf Bauprojekte zu Hause. Er hatte ein Faible für Monumente, große Parks, breite Prachtstraßen und großartige Paläste. Bald nachdem er den Thron bestiegen hatte, fing er mit einem Renovierungsprogramm in Laeken an, das sich als lebenslange Aufgabe herausstellen sollte. Durch Aufkäufe und Enteignungen erweiterte er die Fläche des königlichen Anwesens um ein Mehrfaches. Als einer der dort Ansässigen sich weigerte, den Platz zu räumen, befahl Leopold, um das Gut des widerborstigen Grundbesitzers einen Erdwall zu ziehen. Zu den neuen Gebäuden in Laeken zählte eine ganze Kette von Gewächshäusern.[19] Als sie schließlich fertig waren, konnte man durch sie, das Schloss und die verbindenden Durchgänge einen Kilometer lang marschieren, ohne ins Freie treten zu müssen. In späteren Jahren, als der König seinem Neffen Prinz Albert einige im Bau befindliche Anlagen zeigte, sagte dieser: «Onkel, das wird ja ein kleines Versailles!» «Ein kleines?»[20], antwortete Leopold.

Wäre Leopold eine Romanfigur, dann würde sein Schöpfer vielleicht eine Kontrastperson, eine weniger bedeutende Nebenfigur einführen, um durch deren verhängnisvolles Schicksal anzudeuten, wohin großmannssüchtig imperiale Träume führen können. In Leopolds Leben gab es indes bereits eine solche Person, die wie geschaffen für diese Rolle war und die kein Autor besser hätte ersinnen können. Das war seine Schwester.

Das belgische Königshaus, das stets auf Verbindungen mit den Habsburgern erpicht war, hatte Leopolds jüngere Schwester Charlotte an Erzherzog Maximilian, den Bruder des österreichischen Kaisers, verheiratet. Im Jahre 1864 setzte Napoleon III. von Frankreich Maximilian und seine Frau, deren Name zweckentsprechend in Carlota umgeändert worden war, als kaiserliche Marionetten in Mexiko ein, weil er bemüht war, dort ein mit Frankreich verbündetes Regime an die Macht zu bringen. Leopold unterstützte begeistert das imperialistische Unternehmen, auf das sich seine Schwester einließ. Als Maximilian und Carlota zu ihren neuen Besitzungen aufbrachen, jubelte die europäische Öffentlichkeit dem jungen Paar zu, das nach der damals gängigen Darstellung in die Fußstapfen der Konquistadoren trat. Verständlicherweise lehnten es die meisten Mexikaner ab, sich solche Herrscher aufdrängen zu lassen, und erhoben sich gegen sie. Kaum aus der Taufe gehoben, brach das mexikanische Kaiserreich wieder zusammen; Maximilian wurde im Juni 1867 von den Aufständischen gefangen genommen und hingerichtet. Sein Tod war zwar wenig ruhmreich, hatte aber Stil: er schüttelte den Mitgliedern des Hinrichtungskommandos die Hand, überreichte jedem von ihnen ein Goldstück, deutete auf sein Herz und sagte: «Zielt gut, *Muchachos*.»[21]

Im Jahr zuvor war Carlota nach Europa zurückgekehrt, wo sie sich um Unterstützung für das vom Scheitern bedrohte Regime ihres Mannes bemühte. Napoleon III. war nicht bereit, seinen mexikanischen Ambitionen den erforderlichen militärischen Nachdruck zu verleihen; deshalb ging Carlota nach Rom, um Hilfe vom Papst zu erbitten. Auf dem Weg dorthin fing sie an, sich seltsam zu betragen. Die heutige Psychiatrie hätte ohne Frage eine genauere Diagnose zur Hand, aber der damalige Sprachgebrauch nannte die Sache beim Namen: Carlota wurde wahnsinnig. Einen Orgelspieler auf der Straße hielt sie für einen verkleideten mexikanischen Obersten; überall sah sie Spione, die versuchten, sie zu vergiften. Ihre Vorsichtsmaßregel bestand darin, nur Apfelsinen und Nüsse zu essen; sie überprüfte sorgfältig, ob sich jemand an den Schalen der Früchte zu schaffen gemacht hatte. Ihren Kutscher ließ sie am Trevibrunnen in Rom anhalten, um dort eine Kristallkaraffe mit Wasser zu füllen, das garantiert nicht vergiftet war. In ihrer Hotelsuite hatte sie einen kleinen Holzkohleherd; an Tischbeine waren mehrere Hühner angebunden, die nur unter ihren Augen geschlachtet und gekocht werden durften. Zur Verzweiflung ihres gehorsamen Personals füllten sich ihre Zimmer langsam mit Federn und Hühnerkot.

Außer sich und in Tränen stürzte Carlota eines Tages beim Papst herein, als er gerade sein Frühstück beendete, tunkte ihre Finger in seine heiße Schokolade, leckte sie gierig ab und rief: «Das wenigstens ist nicht vergiftet. Alles, was man mir gibt, ist mit Betäubungsmitteln versetzt, und ich verhungere, ich verhungere buchstäblich.»[22] Ein Kardinal und der Kommandeur der Schweizer Garde geleiteten sie mit sanfter Gewalt aus dem Zimmer; draußen übergab Carlota dem Kommandeur eine Liste der Angehörigen ihres Personals, die wegen Verrats verhaftet werden sollten.

Carlotas Berater schickten ein Eiltelegramm nach Brüssel an Leopold. Da er nicht wünschte, dass seine Schwester in diesem Zustand durch Europa geisterte, sie aber auch nicht in Laeken am Hals haben wollte, brachte er sie und ihre Wärter in verschiedenen belgischen Schlössern unter, abgeschirmt von der Öffentlichkeit. Nie wieder bekam die Welt sie zu sehen. Aus Angst, sie noch weiter aus dem Gleichgewicht zu bringen, traute sich einige Monate lang niemand, ihr von Maximilians Hinrichtung etwas zu sagen; als man es schließlich tat, weigerte sich Carlota, es zu glauben. Sie schickte ihm weiter Briefe und Gaben und war der Überzeugung, er würde in Kürze Kaiser von Frankreich, Spanien und Portugal werden.

Der Zusammenbruch, den in so kurzer Zeit das Reich seiner Schwester und seines Schwagers erlebte, dämpfte die Begeisterung, mit der Leopold nach einem eigenen strebte, keineswegs. Überall um sich herum sah er, wie eine neue kolonialistische Ära anbrach; der spätere südafrikanische Politiker und Diamantenmagnat Cecil Rhodes etwa erklärte damals: «Ich würde die Planeten annektieren, wenn ich könnte.» Im Jahre 1875 versuchte Leopold, Spanien die Philippinen abzukaufen, erlebte aber erneut eine Enttäuschung. «Im Augenblick sind weder die Spanier noch die Portugiesen noch die Holländer geneigt zu verkaufen», schrieb er im gleichen Jahr an einen seiner Beamten und fügte hinzu: «Ich beabsichtige, diskret herauszufinden, ob sich in Afrika etwas machen lässt.»[23]

Mitte der siebziger Jahre des 19. Jahrhunderts drängte sich das Afrika südlich der Sahara einem Möchtegern-Kolonialisten als Ort, an dem man fündig werden konnte, geradezu auf. Die Briten und Buren herrschten in Südafrika, und ein geschwächtes Portugal erhob Anspruch auf den Großteil des einstigen Kongoreichs wie auch auf Mosambik an der Ostküste. Entlang der großen Ausbuchtung im Westen Afrikas besaßen Portugal, Spanien, Großbritannien und Frankreich ein paar Inseln und verstreute kleinere Gebiete. Ansonsten wurden etwa 80 Prozent der gesamten Landfläche Afrikas nach wie vor von einheimischen Herrschern regiert. Der Kontinent schien geradezu darauf zu warten, unterworfen oder – wie sich Leopold nunmehr auszudrücken lernte – unter Schutz gestellt zu werden.

Leopold durchkämmte sorgfältig die Protokolle der Königlichen Geographischen Gesellschaft Großbritanniens nach Informationen über den Kontinent und verfolgte genau die Marschrouten der weißen Forschungsreisenden. Er häufte in nahezu unleserlicher Handschrift einen großen Ordner mit Notizen an. Als im Jahre 1875 berichtet wurde, dem schottischen Entdecker Verney Lovett Cameron, der gerade dabei war, als erster Europäer Afrika von Ost nach West zu durchqueren, gingen die Geldmittel aus, bot Leopold sofort einen Beitrag von 100 000 Francs an.[24] Wie sich herausstellte, wurde das Geld nicht benötigt, aber seine Geste trug dem König den Ruf eines Förderers der Erforschung Afrikas ein.

Henry Morton Stanley steckte damals mitten in einer weiteren afrikanischen Expedition. Er und sein wieder einmal riesiger Tross aus Bewaffneten und Trägern waren 1874 von der Ostküste ins Landesinnere aufgebrochen; ihr Ziel war der größte weiße Fleck auf der Landkarte, das äquatoriale Herz des Kontinents, wo noch kein Europäer hingelangt war. Unterwegs hatte er vor, mehrere der großen ostafrikanischen Seen zu kartographieren; dann wollte er weiter zu einem mächtigen, westlich der Seen gelegenen Fluss vorstoßen, bei dem es sich um die Anfänge des Nil oder des Kongo handeln konnte. Solange die Ostküste noch nahe war, brachten Boten Stanleys Zeitungsberichte dorthin; danach hörte man nichts mehr von ihm.

Livingstone, Stanley und die anderen Forschungsreisenden hatten, wie Leopold erkannte, die Europäer durch Schilderungen von elenden Sklavenkarawanen gerührt, die, angeführt von «arabischen» Sklavenhändlern, Gefangene in Ketten an die ostafrikanische Küste brachten. Er sah ein, dass er als König eines kleinen Landes, dessen Öffentlichkeit an Kolonien kein Interesse hatte, für seine eigenen kolonialen Ambitionen ein massives humanitäres Alibi brauchte. Bekämpfung des Sklavenhandels, Hebung der Moral, Förderung der Wissenschaft, das waren die Ziele, zu denen er sich fortan bekannte; über Profite wurde nicht gesprochen. Im Jahre 1876 nahm er ein Vorhaben in Angriff, das ihn als Philanthropen ausweisen und zugleich seine afrikanischen Absichten fördern sollte: die Veranstaltung eines Kongresses von Entdeckern und Geographen unter seiner Schirmherrschaft.

Er schickte einen Vertrauten nach Berlin, um dort deutsche Teilnehmer zu werben; er selbst stahl sich über den Kanal nach London und bezog in einer Suite im Claridges Quartier. Damals war er schon längst nicht mehr der linkische, naive Jüngling, der in seinen Flitterwochen Königin Victoria besucht hatte; seitdem waren über zwanzig Jahre vergangen. Wenn wir ihn beobachten, wie er sich in London bewegt, sehen wir ihn zum ersten Mal in seinem Leben kultiviert und kosmopolitisch, ungezwungen und auf stille Weise zielstrebig. Er bewegt sich hauptsächlich in einer Männerwelt, aber er hat die Namen der Ehefrauen und Kinder im Kopf und erkundigt sich stets aufs Herzlichste nach ihnen. Enttäuschungen verbirgt er, seine triebhafte Gier nach Kolonien wird durch das Bewusstsein gemäßigt, dass er, um sie zu befriedigen, auf List und Liebedienerei angewiesen ist. Er stattet der lieben Cousine Victoria im schottischen Balmoral Castle einen Besuch ab, diniert zweimal mit ihrem Sohn, dem Prinzen von Wales, und sucht bedeutende Geographen und Militärs auf. Er ist auch schlau genug, mit der Baronin Angela Burdett-Coutts, die für ihre Unterstützung der Missionsarbeit bekannt ist, zum Lunch zu gehen. Das Wichtigste aber ist, dass er sich mit dem Forschungsreisenden Cameron trifft, der gerade von seiner Afrikadurchquerung zurückgekehrt ist, und ihn über seine Reisen ausfragt. Zu seiner Genugtuung erfährt Leopold, dass sich die Briten für den großen Landstrich, den Cameron gerade erforscht hat, kaum interessieren. Man nimmt an, dass das Stromgebiet des Kongo einen beträchtlichen Teil der Region einnimmt, auch wenn Cameron selbst weit südlich des Flusses gereist ist und, wie alle in Europa, noch keine klare Vorstellung vom Verlauf des Flusses hat. Dies ist das Land, das nun für den König zum Objekt der Begierde wird.

Im September 1876 versammelte sich Leopolds Geographischer Kongress in Brüssel. In den Anweisungen für seine Untergebenen achtete er auf jede protokollarische Einzelheit, mochte sie auch noch so nebensächlich sein: «Die Namen müssen haargenau so buchstabiert werden, wie ich sie geschrieben habe. G. K. B. Großkreuz des Bath-Ordens. M. K. G. G. bedeutet Mitglied der Königlichen Geographischen Gesellschaft. K. B. bedeutet Komtur des Bath-Ordens ... Diese Buchstaben werden hinter die Namen gesetzt.»[25] Er schickte ein belgisches Schiff über den Kanal nach Dover, um die britischen Gäste abzuholen, und ließ sie den restlichen Weg in einem Sonderexpresszug zurücklegen. Er ordnete an, sämtliche Teilnehmer am Kongress ohne die üblichen Zollformalitäten die belgische Grenze überschreiten zu lassen. Die Teilnehmer, die aus allen größeren europäischen Ländern kamen, wurden von Leopold je nach Nationalität auf Englisch, Französisch oder Deutsch begrüßt.

Unter den dreizehn belgischen und vierundzwanzig ausländischen Gästen befanden sich berühmte Forschungsreisende wie der Marquis de Compiègne aus Frankreich, der den Ogowe-Fluss in Gabun hinaufmarschiert war, und Gerhard Rohlfs, der sich hatte beschneiden lassen, um sich bei seinen Expeditionen in abgelegene Gebiete der Sahara als Muslim ausgeben zu können; es erschienen Geographen wie Baron Ferdinand von Richthofen, der Präsident der Berliner Geographischen Gesellschaft, und Philanthropen wie Sir Thomas Fowell Buxton, der Präsident der britischen Gesellschaft gegen die Sklaverei, und Sir John Kennaway, der Präsident der Kirchlichen Missionsgesellschaft, Wirtschaftsführer wie William Mackinnon von der Britisch-Indischen Schifffahrtslinie und Militärs wie der Konteradmiral Sir Leopold Heath aus England, der die gegen den Sklavenhandel gerichteten Patrouillen der britischen Marine im Indischen Ozean geleitet hatte, und Vizeadmiral Baron de la Roncière-le-Noury, der Präsident der Pariser Geographischen Gesellschaft. Niemals sonst im 19. Jahrhundert waren so viele berühmte Europäer aus der Entdeckersparte auf einem Fleck versammelt; die Gäste genossen es, in der luxuriösen Umgebung des königlichen Palastes einander kennen zu lernen. Von denen, die im Ruf standen, Afrika zu kennen, war Stanley fast der Einzige, der fehlte; seine Arbeit würdigte der Kongress in einer offiziellen Erklärung. Allgemein hoffte man, dass er noch am Leben und irgendwo im Zentrum des Kontinents unterwegs war. Seit Monaten hatte man nichts mehr von ihm gehört.

Leopold wusste, dass selbst die Wohlhabenden und Hochgeborenen unter den Gästen goutieren würden, dass man sie in einem Schloss einquartierte. Die einzige Schwierigkeit bestand darin, dass das königliche Schloss im Zentrum von Brüssel eigentlich der Amtssitz des Königs war; das Heim der königlichen Familie befand sich im Schloss Laeken am Rande der Stadt. Also wurden im Stadtschloss die Räume für den Mitarbeiterstab des Königs und die Büros rasch in Gästezimmer verwandelt. Um Platz für die Besucher zu schaffen, mussten einige Mitglieder des Personals in Wäschestuben schlafen; Schreibtische, Bücher und Aktenschränke wurden in den Keller und in die Stallungen geschafft. Am Eröffnungstag stiegen die Kongressteilnehmer, von all der Pracht geblendet, eine neue barocke Haupttreppe aus weißem Marmor hinauf und wurden von Leopold in einem Thronsaal empfangen, den siebentausend Kerzen erhellten. Der König verlieh sämtlichen Eingeladenen den Leopoldsorden. «Ich habe ganz allein für mich eine prachtvolle Suite von Appartements – nichts als karminroter Damast und Gold», schrieb Generalmajor Sir Henry Rawlinson von der britischen Königlichen Geographischen Gesellschaft am ersten Abend seiner Frau. «Alles ist rot, sogar die Tinte und die Munition [Klosettpapier]!»[26]

Leopolds Begrüßungsrede[27] war ein Meisterwerk. Sie kleidete das ganze Unternehmen in hohe Rhetorik, umriss die künftige Rolle, die sich Leopold selbst zugedacht hatte, und sicherte seinem Vorhaben die Zustimmung der Gruppe, die zu Gast bei ihm weilte.

> «Der Zivilisation den einzigen Teil unseres Planeten zu erschließen, in den sie noch nicht vorgestoßen ist, die Dunkelheit zu durchdringen, die ganze Völkerschaften umhüllt, darf ich wohl als einen Kreuzzug bezeichnen, der diesem Zeitalter des Fortschritts wohl ansteht … Belgien, ein zentral gelegenes und politisch neutrales Land, schien mir ein passender Ort für eine solche Versammlung … Muss ich eigens erwähnen, dass kein Eigennutz mich leitete, als ich Sie nach Brüssel einlud? Nein, meine Herren, Belgien mag ein kleines Land sein, aber es ist glücklich und zufrieden mit seinem Los; kein anderer Ehrgeiz treibt mich, als meinem Land gut zu dienen.»

Er schloss mit einer Aufzählung der Aufgaben, die der Kongress, wie er hoffte, erfüllen würde; unter anderem sollte er darüber entscheiden, «wo in Zukunft die Wege ins Innere verlaufen sollten und an welchen Stellen sich Versorgungs-, Wissenschafts- und Befriedungsstationen anlegen ließen, um mit ihrer Hilfe den Sklavenhandel abzuschaffen, Frieden unter den Häuptlingen zu stiften und für eine gerechte und unparteiische Schiedsinstanz zu sorgen».

Soweit die üppigen Bankette ihnen Zeit dazu ließen, zogen die Kongressteilnehmer ihre Landkarten hervor und markierten in dem weißen Flecken Zentralafrikas Stellen für die Anlage solcher «Versorgungs-, Wissenschafts- und Befriedungsstationen». Jede von ihnen war, so entschieden die von hohem Idealismus erfüllten Gäste, mit etwa einem halben Dutzend unbewaffneter Europäer zu besetzen – mit Naturwissenschaftlern, Sprachforschern und Handwerkern, die den Eingeborenen praktische Fertigkeiten beibringen sollten. Zu jedem Stützpunkt sollten Laboratorien gehören, die der Erforschung des Bodens, des Klimas, der Flora und der Fauna dienten; außerdem sollten sie gut ausgestattet sein mit den Dingen, die Forschungsreisende brauchten: mit Landkarten, Handelswaren, Ersatzkleidung, Werkzeug für die Reparatur wissenschaftlicher Instrumente, einer Krankenstation einschließlich modernster Medikamente.

Den Vorsitz beim Kongress – Leopold hielt sich bescheiden im Hintergrund – führte der russische Geograph Pjotr Semenow. Um ihn für seine wagemutige Erforschung des Tienschan-Gebirges in Zentralasien zu ehren, hatte der Zar ihm das Recht verliehen, seinem bürgerlichen Namen den Ehrennamen *Tienschanski* anzuhängen. Über Afrika wusste Semenow allerdings so gut wie nichts – was Leopold hervorragend ins Konzept passte. Er vermochte mit Leichtigkeit Semenow so zu lenken, dass die Kette von Stützpunkten, für die der Kongress sich aussprach, quer durch das Kongoflussbecken verlief, für das sich Leopold am meisten interessierte. Die britischen Teilnehmer hätten einige dieser Stationen gern in größerer Nähe zu britischen Besitzungen gesehen.

Ehe die Gäste sich wieder zerstreuten und in ihre jeweiligen Länder zurückkehrten, beschlossen sie die Gründung einer Internationalen Afrikanischen Gesellschaft. Für den Hauptsitz der Gesellschaft stellte Leopold großzügig Räumlichkeiten in Brüssel zur Verfügung. Neben einer internationalen Kommission sollten in allen beteiligten Ländern nationale Kommissionen eingerichtet werden. Leopold wurde durch Akklamation zum ersten Präsidenten der internationalen Kommission gewählt. Voll Selbstverleugnung erklärte er, den Vorsitz nur ein Jahr lang führen zu wollen, sodass dieser zwischen Vertretern verschiedener Länder wechseln könne. Jeder Teilnehmer bekam ein goldgerahmtes Porträt von ihm überreicht, das ihn in Galauniform zeigte, und dann machten sich die tief beeindruckten Würdenträger und Forschungsreisenden auf den Heimweg.

Die neue Organisation wurde in ganz Europa begrüßt. Prominente Bürger von den Rothschilds bis zum Vicomte Ferdinand de Lesseps, dem Erbauer des Suezkanals, beeilten sich, mit Spenden zu helfen. Die eindrucksvoll klingenden nationalen Kommissionen sollten von Großherzögen, Prinzen und anderen Fürstlichkeiten geleitet werden, kamen aber in der Mehrzahl gar nicht zustande. Die internationale Kommission trat im folgenden Jahr noch einmal zusammen, wählte Leopold trotz seiner früheren Beteuerungen, das Amt nach einem Jahr abgeben zu wollen, erneut zum Präsidenten und löste sich dann in Luft auf.

Leopold aber hatte – Fuchs, der er war – einen Schritt voran gemacht. Seine vielen Versuche, eine Kolonie zu kaufen, hatten ihn gelehrt, dass keine zum Verkauf stand; er würde eine erobern müssen. Tat er das offen, konnte er allerdings sicher sein, dass er sowohl das belgische Volk als auch die großen Mächte Europas gegen sich aufbringen würde. Wollte er ein Stück Afrika an sich reißen, konnte er das nur, wenn er alle Welt davon zu überzeugen vermochte, dass er damit rein altruistische Interessen verfolgte. Dank der Internationalen Afrikanischen Gesellschaft gelang ihm das hervorragend. Vicomte de Lesseps etwa erklärte Leopolds Pläne zum «größten humanitären Werk unserer Zeit».[28]

Treten wir einen Schritt zurück und schauen wir uns Leopold in dieser Phase an, so können wir in ihm das politische Gegenstück zu einem ehrgeizigen Theaterregisseur erkennen. Er hat Organisationstalent und eine gute Presse, wie sein erfolgreicher Geographischer Kongress beweist. Er verfügt über eine besondere Art von Kapital: über die großen Public-Relations-Möglichkeiten, die ein Thron verleiht. Er hat ein Drehbuch: den Traum von einer Kolonie, der ihm seit seinen Jugendjahren im Kopf herumgeistert. Aber er hat noch keinen Schauplatz, keine Schauspieler. Eines schönen Tages im September 1877 indes, während der königliche Regisseur gerade über seinen nächsten Schachzug nachdenkt, ist einer Meldung aus einer kleinen Stadt an der Westküste Afrikas, die im Londoner *Daily Telegraph* erscheint, Bemerkenswertes zu entnehmen. Hier bietet sich genau die Gelegenheit, auf die Leopold gewartet hat. Schauplatz und Bühnenstar sind da, und das Theaterstück kann beginnen.

3

Der grandiose Kuchen

Die Stadt Boma liegt am Nordufer des Kongo, rund 75 Kilometer von der Atlantikküste landeinwärts. Neben den afrikanischen Einwohnern gab es dort sechzehn Weiße – die meisten von ihnen Portugiesen –, raue, harte Männer, die an den Umgang mit Peitsche und Gewehr gewöhnt waren;[1] sie betrieben eine kleine Handelsniederlassung. Wie schon ihre europäischen Vorgänger seit mehreren Jahrhunderten waren auch diese Händler nie ins Landesinnere vorgedrungen; gar zu abweisend erschien das Felsgewirr auf beiden Seiten des 450 Kilometer langen, von ständigen Stromschnellen unterbrochenen, tosenden Abschnitts, durch den sich der große Fluss auf Meeresniveau herabsenkte.

Am 5. August 1877, eine Stunde nach Sonnenuntergang, traten vier durchnässte Schwarze aus dem Busch und hielten Einzug in Boma. Sie kamen aus einem Dorf, das etwa zwei Tagesmärsche landeinwärts lag, und trugen einen Brief, der «An irgendeinen Herrn in Embomma, der Englisch versteht» adressiert war.

> «Geehrter Herr!
> Ich bin in diesem Orte von Zanzibar aus angekommen, mit 115 Seelen, Männern, Weibern und Kindern. Wir befinden uns jetzt in einem dem Hungertode sehr nahen Zustande … wenn aber Ihre Lieferungen zu rechter Zeit ankommen, so werde ich Embomma in vier Tagen erreichen können … erwünschter als alles würden 10–15 mit Reis oder Korn beladene Träger sein … Diese Lieferungen müssen innerhalb zwei Tagen ankommen oder ich

werde eine entsetzliche Zeit mitten unter Sterbenden durchleben müssen … Ihr ergebener H. M. Stanley, Befehlshaber der Anglo-amerikanischen Expedition zur Erforschung von Afrika.»[2]

Am nächsten Tag im Morgengrauen schickten die Händler Lastenträger mit Kartoffeln, Fisch, Reis und Konserven an Stanley. Ihnen war sofort klar, was der Brief bedeutete: Stanley hatte den gesamten afrikanischen Kontinent von Ost nach West durchquert. Anders aber als Verney Lovett Cameron, der einzige Europäer, der dies vor ihm geschafft hatte, war er an der Kongomündung wieder aufgetaucht. Er musste also dem Fluss gefolgt sein; das heißt, er hatte als erster Weißer den Flussverlauf kartographisch erfasst und eine Antwort auf die Frage gefunden, wo der Kongo herkam.

Mit knapper Not dem Hungertod entronnen, schleppten sich Stanley und die abgezehrten Überlebenden der Expedition das letzte Stück Weg nach Boma. Seit ihrem Aufbruch von Sansibar, der unmittelbar vor der Ostküste gelegenen Insel, waren über zweieinhalb Jahre vergangen, in denen sie fast 12 000 Kilometer Zickzackkurs zurückgelegt hatten.

Als Waliser in der Maske eines gebürtigen Bürgers der USA repräsentierte Stanley sowohl das englische als auch das amerikanische Element in seiner Anglo-amerikanischen Expedition. Mit dem Expeditionsnamen trug er außerdem der Tatsache Rechnung, dass seine Reise, die hinsichtlich Kosten und ehrgeiziger Zielsetzung die Suche nach Livingstone weit in den Schatten stellte, sowohl von James Gordon Bennetts *New York Herald* als auch von Edward Levy-Lawsons *Daily Telegraph* in London finanziert wurde. Stanleys Berichte erschienen in beiden Zeitungen; die Namen seiner Arbeitgeber verewigte er auf seinem Weg quer durch Afrika geographisch: Mount Gordon-Bennett, Gordon-Bennett River, Levy Hills, Mount Lawson. Seinen eigenen Namen erhielten die Stanley Falls, die Wasserfälle im Zentrum des Kontinents, und eine Stelle ungefähr 1500 Kilometer weiter stromabwärts, oberhalb der Katarakte, wo sich der Kongo zu einem See weitet. Er behauptete, die Namensgebung für den See sei ein Einfall seines Stellvertreters im Kommando Frank Pocock gewesen, der «bei diesem Anblick aus(rief): ‹… und diese breite Wasserfläche wollen wir Stanley Pool nennen.›»[3] Pocock konnte das nicht mehr bestätigen; er war im Fluss ertrunken, kurz nachdem er diesen Teil des Gewässers getauft oder, wenn man so will, verwünscht hatte.

Am Vorabend seiner gewaltigen Afrikadurchquerung hatte sich Stanley erneut verliebt, diesmal in Alice Pike, eine siebzehn Jahre alte reiche Erbin aus Amerika. Sich unmittelbar vor Antritt einer dreijährigen Reise in einen koketten Teenager zu verlieben, der gerade einmal halb so alt war wie man selbst, stellte nicht gerade den sichersten Weg zum Eheglück dar; für Stanley, der sich unverändert vor Frauen fürchtete, mag dies allerdings gerade der Reiz bei der Sache gewesen sein. Er und Alice kamen überein, nach seiner Rückkehr zu heiraten, unterzeichneten einen Ehevertrag und legten den Hochzeitstag fest.

Das entscheidende Transportmittel der Expedition benannte Stanley nach seiner neuen Liebe. Die *Lady Alice* war ein dreizehn Meter langes Boot aus spanischem Zedernholz, das in vier Teile zerlegbar war. Wurden die Teile miteinander verbunden, konnte man in dem Boot afrikanische Seen und Flüsse entlangrudern; trennte man die Teile und hängte sie an Tragstangen, so konnten Gruppen von Trägern sie Hunderte von Kilometern über Land schleppen.

Stanley fühlte sich stets unwohl, wenn er mit jemandem zu tun hatte, der ihm möglicherweise überlegen war. Aus den zwölfhundert Männern, die sich um die Teilnahme an der Expedition bewarben und unter denen sich höchst erfahrene Forschungsreisende befanden, wählte er drei ungeeignete Kandidaten aus: die Brüder Frank und Edward Pocock, die als Matrosen und Fischer gearbeitet hatten, und einen jungen Hotelangestellten namens Frederick Barker. Edward Pocock scheint sich hauptsächlich darauf verstanden zu haben, das Horn zu blasen. Keiner von den dreien hatte Erfahrungen als Entdeckungsreisender vorzuweisen.

Als die vier Weißen an der Spitze der Anglo-amerikanischen Expedition ins Landesinnere marschierten, führten sie eine Gruppe an, die fast doppelt so groß war wie die bei der Suchexpedition für Livingstone – insgesamt 356 Personen. Sechsundvierzig von ihnen waren Frauen und Kinder, weil einigen älteren Afrikanern gestattet worden war, ihre Familien mitzunehmen. Diese Miniaturarmee schleppte über 16 000 Pfund an Waffen, Ausrüstung und Waren mit sich, die man unterwegs gegen Lebensmittel eintauschen konnte. Die Marschsäule hatte eine Länge von einem Dreiviertelkilometer, sodass Edward Pocock das Horn blasen musste, wenn Halt gemacht werden sollte.

Die Hornsignale passten gut; bei Stanley waren Entdeckungsreisen immer mit ständigen Kämpfen verknüpft. Er hielt sich nie damit auf, die Toten zu zählen, die den Weg der Expedition säumten, aber die Zahl muss in die Hunderte gegangen sein. Stanleys Trupp war mit den neuesten Gewehren und einer Elefantenbüchse mit Sprengmunition ausgerüstet, während ihre unglücklichen Gegner nur über Speere, Pfeile und Bogen und bestenfalls über altertümliche Musketen verfügten, die sie Sklavenhändlern abgekauft hatten. «Wir haben 28 Städte und fünf oder sieben Dutzend Dörfer angegriffen und zerstört»,[4] schrieb er in sein Tagebuch. Die meisten Kämpfe wurden auf Seen und Flüssen ausgefochten, wobei der Entdecker und seine Mannen die britische und die amerikanische Fahne wehen ließen und aus der *Lady Alice* und aus Einbäumen das Feuer eröffneten. Aus seiner Neigung, jedes Anzeichen von Feindseligkeit als tödliche Beleidigung aufzufassen und zu ahnden, machte der dünnhäutige Stanley bemerkenswert wenig Hehl. Fast scheint es, als sei bei seinem Gewaltmarsch quer durch den Kontinent Rachsucht die treibende Kraft gewesen. Während er zum Beispiel die *Lady Alice* auf dem Tanganjikasee zu einer bestimmten Stelle steuerte, «war das Ufer dicht besetzt mit Leuten, die uns heftig anfeindeten und verhöhnten … wir bemerkten, dass uns mehrere Kanus folgten und dass in einigen von ihnen Speere gegen uns geschüttelt wurden … Ich eröffnete mit dem Winchester-Repetiergewehr das Feuer auf sie. Sechs Schüsse und vier Tote reichten aus, die Spötter zum Schweigen zu bringen.»[5]

Während der Anfangsmonate der Reise konnte Stanley solche Scharmützel noch in Zeitungsberichten schildern, die Boten zur nahe gelegenen Ostküste brachten, von wo sie dann per Schiff und per Telegraph nach England gelangten. Dort erregten sie einen Sturm der Entrüstung bei humanitären Gruppen wie der Gesellschaft zum Schutz der Aborigines und der Gesellschaft gegen die Sklaverei. Stanley «schießt Neger, als wären es Affen»,[6] kommentierte der Forschungsreisende und Schriftsteller Richard Burton. Der britische Außenminister indes schien weit mehr erbost über die Tatsache, dass dieser unverfrorene Zeitungsfritze, der behauptete, Amerikaner zu sein, die britische Flagge hisste. Er schickte eine hochtrabende Botschaft an Stanley und erklärte dessen Verhalten für unstatthaft.

Dem vehement antibritischen Herausgeber des *New York Herald*, James Gordon Bennett jun., bereitete der Streit einen Heidenspaß. Stanleys Kritiker geißelte er enthusiastisch als «die heulenden Derwische der Zivilisation … die wohl behütet in London sitzen»,[7] «die Philanthropen … [deren] weltfremder Ansicht zufolge ein Anführer … zulassen muss, dass seine Männer von den Eingeborenen abgeschlachtet werden, und sich selbst abschlachten und sein Entdeckungsunternehmen vor die Hunde gehen lassen muss, unter keinen Umständen aber gegen diese Art von menschlichem Ungeziefer den Abzug betätigen darf».[8]

In Bezug auf diese erste Phase seiner Reise nahm Stanley das Verdienst in Anspruch, den Herrscher von Uganda über die Zehn Gebote informiert und zum Christentum bekehrt zu haben. Ein französischer Offizier allerdings, der um dieselbe Zeit Uganda besuchte, erklärte später, Stanley habe den Herrscher nur überzeugt, weil er ihm erzählt habe, die Christen hätten elf Gebote, wobei das elfte laute: «Ehre und achte Könige, denn sie sind die Gesandten Gottes.»[9]

Nachdem sie monatelang schwere Lasten hatten schleppen müssen, meuterten viele der Träger der Expedition, stahlen Vorräte und machten sich aus dem Staub. Wieder und wieder reagierte Stanley darauf mit unverzüglichen Strafmaßnahmen: «Der Mörder von Membé», schrieb er in sein Tagebuch, «wurde zu 200 Peitschenhieben verurteilt ... die zwei Trunkenbolde zu je 100 Peitschenhieben und zu sechsmonatigem Kettentragen».[10] An späterer Stelle schrieb er über seine Träger: «Sie sind treulose, verlogene, diebische, faule Strolche, die einen Mann nur dazu bringen können, sich zu verachten, weil er so töricht ist zu glauben, er könne ein so großes Werk mit solch elenden Sklaven vollbringen.»[11]

Gegenüber Alice Pike, seiner Verlobten, schlug er einen anderen Ton an; anlässlich des ersten Weihnachtsfestes, das er auf der Expedition verbrachte, schrieb er ihr: «Wie würde dein gutes Frauenherz mich und die Meinen bemitleiden ... Das Lager befindet sich im tiefsten Elend, und die Leute wirken, als wären sie drauf und dran, sich das Leben zu nehmen, oder hätten beschlossen, sich bis zum erlösenden Tod nicht mehr zu regen und von der Stelle zu rühren.»[12] Stanley, der ihr sorgsam in Wachstuch gehülltes Foto immer bei sich trug, zeichnete auf seiner Landkarte eine Alice-Insel und Lady-Alice-Stromschnellen ein.

«Ich tanze so schrecklich gern», schrieb Alice ihm: «Lieber würde ich in die Oper gehen ... als auf eine Gesellschaft ... Fast jeden Abend kommen irgendwelche Leute zu Besuch – sie langweilen mich so schrecklich ... Meine Finger sind entsetzlich wund, überall Blasen vom Harfespielen. Ich komme ganz gut damit zurecht, nur übe ich nie.» Sie hatte offenbar kaum eine Vorstellung davon, wo sich Stanley aufhielt beziehungsweise dass Briefe von ihm, falls sie überhaupt befördert werden konnten, monatelang durch den Busch getragen werden mussten. «Du schreibst mir überhaupt nicht mehr», klagte sie, «und ich möchte bloß wissen, warum??? Ich bin richtig wütend auf Zentralafrika.»[13]

In dem Buch über diese Expedition, das er später unter dem Titel *Through the Dark Continent* (dt. *Durch den dunkeln Welttheil)* schrieb, wandte Stanley mehrere Verfahrensregeln an, die er auch bei folgenden Büchern beachtete: Er dehnte den Bericht auf zwei Bände aus (in diesem Fall auf insgesamt 960 Seiten), benutzte im Titel stets das Wörtchen «dunkel» *(In Darkest Africa* [dt.: *Im dunkelsten Afrika]* und *My Dark Companions and Their Strange Storys* schlossen sich an) und machte bei der Präsentation der Geschichte von jeder verfügbaren Darstellungsform Gebrauch. Es finden sich Vorher/Nachher-Fotos vom Autor, die zeigen, wie die Reise ihn hat ergrauen lassen, «Auszüge aus meinem Tagebuch» (vergleicht man sie mit Stanleys tatsächlichem Tagebuch, stellt man fest, dass sie nichts dergleichen sind), eine aufwendige Faltkarte, in der die Reiseroute verzeichnet ist, mehr als hundert Zeichnungen – von Schlachten, dramatischen Begegnungen, einem Kanu, das in einen Strudel gerissen wird –, Grundrisse von afrikanischen Häusern, Straßenpläne von Dörfern, Vorratslisten. Eine Fülle von Diagrammen führt alles Mögliche vor, angefangen von den Stammbäumen afrikanischer Könige bis hin zu verschiedenen Formen von Kanupaddeln. Stanley hatte ein feines Gespür dafür, dass sich seine Leser, eben weil sie von Afrika keine Ahnung hatten, durch die profansten Einzelheiten faszinieren ließen, wie etwa durch eine Preisliste, der sie entnehmen konnten, dass ein Huhn in Abbadi eine Perlenkette kostete, während in Ugogo sechs Hühner zehn Meter Stoff wert waren. Die Leser bekamen etwas für ihr Geld. Obwohl das Multimedia-Zeitalter noch nicht angebrochen war, handelte es sich bei Stanleys Büchern bereits um multimediale Erzeugnisse.

Liest man Stanley aus heutiger Sicht, so wird einem klar, wie sehr für ihn Reisen ein Akt der Besitzergreifung war. Ständig ist er damit befasst, Dinge zu messen und tabellarisch zu erfassen: Temperaturen, zurückgelegte Strecken, die Tiefe von Seen, Breitengrade, Längengrade, Höhenlagen (die er dadurch ermittelte, dass er den Siedepunkt von Wasser maß). Träger, denen er besonders vertraute, trugen zerbrechliche Lasten von Thermometern,

Barometern, Uhren, Kompassen und Schrittmessern. Er wirkt fast wie ein Landvermesser, der den Kontinent, den er durchquert, für seine künftigen Eigentümer kartographisch erfasst.

Zur großen epischen Entdeckungstat wird Stanleys Reise in ihrer zweiten Hälfte. Vom Tanganjikasee, wo er mehrere Jahre zuvor Livingstone aufspürte, marschieren er und seine zusammengeschmolzene Gruppe von Trägern, darunter auch etliche aufrührerische, die den Marsch in Ketten antreten, nach Westen ins Landesinnere und erreichen nach einigen Wochen einen großen Fluss, der in der Gegend unter dem Namen Lualaba bekannt ist. Livingstone hatte ihn für die lang gesuchte Quelle des Nil gehalten, da der Lualaba hier nach Norden, geradewegs in Richtung Ägypten fließt.

Stanley indes vertritt die Ansicht, dass der Lualaba viel zu groß ist, um als Quelle des Nil infrage zu kommen; eine Zeit lang hält er es für möglich, dass es sich um den Niger handelt, dessen Mündung wie die des Nil weit im Norden liegt. Als er dann den Fluss hinabfährt, gewinnt er zunehmend die Überzeugung, dass es der Kongo ist. Er ist sich allerdings nicht sicher, denn die einen halben Kontinent entfernte Stelle, wo sich der Kongo in den Atlantik ergießt, liegt *südlich* des Punktes, an dem sich Stanley nach Maßgabe der Himmelsbeobachtungen befindet, die er am Ufer des nordwärts fließenden Lualaba anstellt. Auf europäischen Landkarten bildet alles Dazwischenliegende einen weißen Fleck.

Glaubt man Stanley, so steht er an den Ufern des geheimnisvollen Flusses und richtet an seine versammelte Gefolgschaft diese Worte:

> »In welche See sich auch dieser große Strom ergießen mag, wir wollen ihm dahin folgen … Von eurem Leben hängt mein eigenes ab; wenn ich euer Leben aufs Spiel setze, so bringe ich zugleich das meinige in Gefahr. So wie ein Vater sorgsam nach seinen Kindern sieht, so sehe ich nach euch … Deshalb, meine Kinder, fasst jetzt, wo

> wir genau in der Mitte dieses Festlandes sind und wo es ebenso schlimm sein würde, umzukehren wie weiterzureisen, fasst muthig den Entschluss, wie ich ihn schon gefasst habe, dass wir unsere Reise fortsetzen, dass wir uns auf diesem Fluss und keinem anderen weiter und weiter nach der großen Salzsee durcharbeiten.»

Frank Pocock, der treue Gehilfe, fragt: «Ehe wir nun definitiv abreisen, erlauben Sie mir die Frage, ob Sie wirklich in Ihrer innersten Seele an das Gelingen unseres Unternehmens glauben?» Darauf antwortet Stanley:

> «Glauben? Ja, ich glaube wirklich, dass wir alle wieder zu seiner Zeit aus diesen dunkeln Regionen an das Licht hinaustreten werden. Es ist allerdings wahr, dass unsere Aussichten jetzt so dunkel sind wie diese Nacht … Ich glaube, es wird sich zeigen, dass [dieser Fluss] der Congo ist; wenn dies der Fall sein sollte, so müssen viele Wasserfälle zu erwarten sein … Auf alle Fälle, mag es nun der Congo, der Niger oder der Nil sein, bin ich vorbereitet … *Glauben?* Ich sehe mich bei Thurm und Stadt vorbeigleiten, und mein Geist will nicht den geringsten Zweifel aufkommen lassen. Gute Nacht, mein Junge! Gute Nacht! Und mögen glückliche Traumgesichte von der See und Schiffen und von Freude und Trost und Erfolg dir in deinem Schlaf erscheinen!»[14]

Hat Stanley tatsächlich am Flussufer gestanden und Worte gesprochen, die dem Obigen auch nur entfernt nahe kamen? Wir werden es nie erfahren, weil keiner der anderen drei weißen Teilnehmer an der Expedition überlebte. Lange bevor Frank Pocock ertrank, «überfielen» Fred Barker «kalte Fieberschauer und das Blut schien ihm in den Adern zu stocken … Sie … häuften Decke über Decke auf ihn, aber das gerinnende Blut wollte bald nicht mehr fließen und um 11 Uhr vormittags war der arme junge

Mann eine Leiche.»[15] Edward Pocock fiel ins Delirium. «Ich sprang zu ihm hin – doch nur noch zeitig genug, um ihn seinen Geist aufgeben zu sehen.»[16]

Sollte der Lualaba sich als Kongo herausstellen, so musste der Fluss, wie Stanley wusste, irgendwo eine Kurve von 180 Grad beschreiben. Während er und seine Expedition den Fluss hinuntertrieben oder anfangs manchmal auch noch an seinem Ufer entlangmarschierten, maß er immer wieder Breiten- und Längengrad. Mehrere hundert Kilometer lang behielt der Fluss rätselhafterweise seine nördliche Richtung bei. Aber schließlich fing er an, einen weiten Bogen gegen den Uhrzeigersinn, also nach Westen, zu schlagen, und floss schließlich in südwestlicher Richtung den grässlichen Katarakten und dem Atlantik entgegen.

Stanleys Entdeckungsreise löste ein weiteres geographisches Rätsel. Der Kongo beginnt und endet südlich des Äquators, aber der obere Teil des großen Halbkreises, den er beschreibt, liegt nördlich des Äquators. In Zentralafrika bildet der Äquator in etwa die Trennlinie zwischen Trocken- und Regenzeit: wenn die eine nördlich des Äquators herrscht, dann herrscht südlich davon die andere. Zu jeder Jahreszeit führt deshalb der Lauf des Kongo sowohl durch Landstriche, in denen es regnet, als auch durch trockene Landstriche. Und daraus erklärt sich dann, warum die Wassermenge des Kongo im Laufe eines Jahres viel geringeren Schwankungen unterworfen ist als die Wassermenge anderer tropischer Flüsse.

Wie Stanley feststellte, war der riesige, stetig breiter werdende Fluss eine ergiebige Nahrungsquelle für die Menschen, die in seiner Nähe lebten. Seit damals hat die Wissenschaft mehr als fünfhundert Fischarten in dem Strom registriert. Diese nähren sich von einer Vielzahl verschiedener Insekten, dienen sich gegenseitig als Futter und leben von Früchten und Blättern, die im Wasser landen, besonders in Hochwasserzeiten, wenn der Fluss über seine Ufer tritt und die angrenzenden Wälder und Auen überflutet.

Höchst bedauerlich ist, dass wir keine anderen afrikanischen

Stimmen vernehmen als die von Stanley höchstpersönlich aufgezeichneten. Immer wieder einmal hört er in Wirklichkeit oder in seiner Einbildung solch eine Stimme, als hätte er einen verstohlenen, halb schuldbewussten Blick in den Spiegel riskiert. Einen solchen kurzen Blick finden wir in seinem Tagebuch unter dem Datum des 12. September 1876, zufällig am selben Tag, an dem die hohen Herrschaften in Abendgarderobe die Marmorstufen des königlichen Palastes in Brüssel emporstiegen, um der Eröffnung des Geographischen Kongresses durch Leopold II. beizuwohnen:

> «Der Weiße Mann aus Sicht der Waguhha:
> ‹Wie kann der ein guter Mann sein, der nicht kommt, um Handel zu treiben, dessen Füße man niemals sieht, der immer in Kleider gehüllt auftritt, anders als alle anderen Völker? Nein, er hat etwas sehr Geheimnisvolles, vielleicht auch Böses an sich, ist vielleicht ein Zauberer; jedenfalls tut man gut daran, ihn in Ruhe zu lassen und nicht zu stören.›»[17]

Stanleys blutige Fahrt den Fluss hinunter fand Eingang in die mündliche Überlieferung der dortigen Bevölkerung; manchmal nahm sie legendäre Züge an, denn die Reichweite und Treffsicherheit seiner Flinten erschienen denen, die noch nie solche Waffen gesehen hatten, übernatürlich. Ein Reisender, der sich einige Jahre später dort aufhielt, hörte eine der Schilderungen:

> «Der Häuptling der Fremden war in Tuch gehüllt, und sein Gesicht war weiß und leuchtete wie Sonnenlicht auf dem Fluss … Der fremde Häuptling hatte nur ein Auge … Es befand sich mitten auf seiner Stirn … Als die Basoko in ihren Kriegskanus auf den Fluss hinausfuhren, um die Fremden zu bekämpfen und gefangen zu nehmen, brüllten sie: ‹Fleisch! Fleisch!›, denn sie hatten vor, ihre Körper zu essen, aber sie ließen sich nicht fangen und töteten viele der Basoko mit Stöcken, die Donner und Blit-

ze spien. Sie sprachen Worte in einer fremden Zunge. Sie … trieben weiter den Fluss hinab und fuhren mit Hohngelächter an den starken Basoko vorbei.»[18]

Dieses Bild von Stanley als von einem Einäugigen mag eine durch vielfältige Nacherzählung gefilterte Erinnerung der Basoko daran sein, wie er durch ein Teleskop oder über die Kimme eines Gewehrs spähte. Es steht zugleich in merkwürdiger Korrespondenz zu den einäugigen Geschöpfen, als die sich manche mittelalterliche Geographen die Afrikaner vorstellten. Aus einem späteren Brocken mündlicher Überlieferung wissen wir, dass viele glaubten, die Europäer hätten Hufe; da sie noch nie Schuhe gesehen hatten, hielten etliche der entlang dem Fluss lebenden Afrikaner diese für einen Teil der Anatomie der Weißen.[19]

Nachdem er bereits mehrere hundert Kilometer flussabwärts zurückgelegt hatte, musste Stanley landen, um Katarakte zu umgehen, die er *Stanley Falls* taufte. Danach gab es 1500 Kilometer lang – das heißt bis zum Stanley Pool – keine natürlichen Hindernisse mehr, die sich dem Fortgang seiner Reise in den Weg hätten stellen können. Für die *Lady Alice* und die Flotte von etwa zwei Dutzend Kanus, die sich die Expedition bei Anrainern des Flusses zusammengekauft beziehungsweise zusammengestohlen hatte, war die Bahn frei.

Stanley und die Träger und Soldaten, die er aus Sansibar mitgebracht hatte, beobachteten voll ehrfürchtigem Staunen, wie der Strom immer größer wurde und zuzeiten eine solche Breite erreichte, dass man kaum das andere Ufer sehen konnte. Verstreut auf der weiten Fläche lagen rund viertausend Inseln, von denen viele bewohnt waren. In den Sprachen, die man entlang seinen Ufern sprach, hieß er nicht Kongo, sondern – wegen seiner zahlreichen Nebenflüsse – Nzadi oder Nzere*, was so viel be-

* Merkwürdigerweise war es eine portugiesische Verballhornung dieses Wortes, Zaire, die der kongolesische Diktator Mobutu Sese-Seko aufgriff, als er im Jahre 1971 seinem Land einen neuen Namen gab.

deutet wie «der Fluss, der alle Flüsse verschlingt». Stanley wagte sich nicht in diese Seitenflüsse hinein, aber während er einen nach dem anderen passierte und sah, dass jeder von ihnen Hunderte von Metern in der Breite maß, war er gebührend von ihrer Größe beeindruckt. Und das mit Fug und Recht. Einer der Kongozuflüsse, der Kasai, führt allein genauso viel Wasser wie die Wolga und ist anderthalbmal so lang wie der Rhein. Ein anderer, der Ubangi, ist sogar noch länger. Stanley erkannte sofort, dass in diesem System von Wasserläufen Dampfboote große Strecken überwinden konnten. Es war, als hätte er einen Ersatz für Tausende von Kilometern Eisenbahnschienen gefunden. «Ich könnte Ihnen nachweisen», schrieb er, «dass diejenige Macht, welche den Kongo besitzt … den Handel des ganzen dahinter liegenden ungeheuren Beckens an sich ziehen würde. Dieser Fluss ist und wird auch in Zukunft die große Handelsstraße nach dem westlichen Centralafrika sein.»[20]

Die letzte Etappe der außergewöhnlichen Reise Stanleys erwies sich als der mit Abstand beschwerlichste Teil. Am oberen Ende des abschließenden, 350 Kilometer langen Stromschnellenabschnitts, wo der Fluss sich zum Stanley Pool weitete, fand die bequeme Fahrt flussabwärts ihr Ende. Der Entdecker war darauf gefasst, dass die Boote um Katarakte und Wasserfälle herumgetragen werden mussten, aber er hatte nicht vorhergesehen, welch lange Strecken der Strom auf seinem Weg hinab zum Meer durch Felsenschluchten schoss, die das Wasser in reißende, unbefahrbare Rutschbahnen aus weißem Schaum verwandelten.

Seine Bestürzung wuchs. Er maß das Tempo, mit dem Baumstämme vorübertrieben, und gelangte zu der Schätzung, dass sich an vielen Stellen die Strömung auf 45 Stundenkilometer belief.

> «Man nehme einen vier Meilen langen und eine halbe Meile breiten Streifen des Oceans und lasse einen Orkan auf ihm wüthen, und man wird von diesen hochaufspringenden Wogen einen ziemlich genauen Begriff er-

halten … Zuerst rauschte das Wasser auf einer schiefen Ebene in den Grund eines ungeheuren Troges hinunter, und dann hob sich bloß durch die Wucht seines mechanischen Gewichts das enorme Wasservolumen steil empor, bis es, zu einem förmlichen Bergrücken angesammelt, plötzlich sich 6 bis 9 Meter hoch senkrecht emporschleuderte, bevor es sich zum nächsten Troge hinabwälzte … dabei war zu beiden Seiten der Uferrand, der aus einer langen Reihe zu Mauern aufgethürmter, riesiger Felsblöcke bestand, in dem wilden Aufruhr der ungestümen Brandung vergraben. Der Lärm war fürchterlich und betäubend. Ich kann ihn nur mit dem Donnern eines durch einen Felsentunnel fahrenden Schnellzuges vergleichen.»[21]

In der Hoffnung auf ruhige Flussabschnitte zwischen solchen Katarakten – eine Hoffnung, die sich zumeist als eitel herausstellte – setzte sich der Entdecker über den Rat ortsansässiger Afrikaner hinweg und klammerte sich mit einem Starrsinn, der ihm fast zum Verderben wurde, an die *Lady Alice* und seine Einbäume. Eine besondere Tortur war der Überlandtransport der Kanus, denn sie ließen sich nicht zerlegen und stückweise tragen wie die *Lady Alice.* Das größte Kanu war 16,5 Meter lang und wog drei Tonnen. Die Männer mussten entlang dem unebenen Pfad Buschwerk abhauen und aufschichten, um darauf das Kanu vorwärts zu ziehen. Manchmal bauten sie Bahnen aus Holzstämmen und legten andere Stämme quer, um sie als Rollen zu benutzen. Sie brauchten 37 Tage, um eine Strecke von 50 Kilometern zurückzulegen. Wieder und wieder türmten die gezackten Crystal Mountains Barrieren vor ihnen auf; einmal mussten die erschöpften, ausgemergelten Männer die Boote 400 Meter hoch hieven, dann über knapp fünf Kilometer relativ ebenen Bodens ziehen und schließlich wieder hinunterschaffen. Die Regenzeit begann und brachte Platzregen, die täglich fünf oder sechs Stunden anhielten.

Das ständige Getöse von den Katarakten wurde immer bedrückender. Manche fielen vor Hunger in Ohnmacht. Stanleys letztes Paar Schuhe löste sich in seine Einzelteile auf. Einer seiner besten Männer wurde verrückt und raste in den Busch davon; das Einzige, was er mitnahm, war ein Papagei. Nachdem sie Monate mit dem Schleppen der längst nutzlos gewordenen Boote vergeudet hatte, ließ die Expedition sie schließlich zurück. Während Stanley voll Verzweiflung in seinem Tagebuch unablässig von Todesfällen, Massenflucht und Meutereien berichtet, wird seine elegante Handschrift fast unleserlich und seine Prosa verworren. Insgesamt brauchten er und seine verhungernde, sieche Gruppe fast viereinhalb Monate, um auf dem Landweg die annähernd vierhundert Kilometer vom Stanley Pool bis zum Meerhafen Boma zurückzulegen.

So ungenau und widersprüchlich der Entdecker in seinen Zahlenangaben war, die Expedition forderte unter den Teilnehmern ungeheure Opfer. Viele starben an schwärenden Wunden oder erlagen der Ruhr, den Pocken oder dem Typhus; verschärft wurde die Krankheitssituation noch durch den Hunger, den die Gruppe immer wieder litt. Den Trägern, die an Pocken erkrankt waren, gestattete Stanley nicht, zurückzubleiben und sich zu erholen oder auch nur sich in die Büsche zu schlagen, um dort zu sterben; er zwang sie, ihre Lasten zu tragen, bis sie darunter zusammenbrachen. Und er sprang mit sich selbst fast so hart um wie mit seinen Männern; auf der Reise verlor er über 60 Pfund Körpergewicht. Mehrere Male wurden die Trinkwasservorräte gefährlich knapp; Schlangen und Nilpferde griffen die Expedition an, scharfkantiges Gras, Würmer, die sich in die Fußsohlen der Träger bohrten, und Pfade, die über messerscharfe Felsen führten, machten ihr zu schaffen. Als die Überlebenden Boma erreichten, waren sie benommen vor Erschöpfung und befanden sich in einem Zustand, den man heute als «posttraumatisches Stresssyndrom» bezeichnen würde. Mehrere starben bald darauf ohne ersichtliche Ursache, während sie darauf warteten, mit dem Schiff die Heimreise anzutreten.

«Wie kann ich dir die Liebe, von der mein Herz überquillt, mitteilen», hatte Stanley aus dem Zentrum des Kontinents an Alice Pike geschrieben, «außer durch diesen Brief, der tausend Meilen weit durch das Gebiet der Wilden hindurch und alle Gefahren des Wassers, Feuers und Kampfes bestehen muss, bevor er das Meer erreicht? ... Lass dir also sagen, dass meine Liebe zu dir unverändert ist, dass du mein Traumbild, mein Ein und Alles, mein Leuchtfeuer bist, und glaube mir, dass ich dich auf diese Weise werthalten werde, bis ich dich wieder sehe.»[22]

Als er die übrig gebliebenen Träger und Soldaten per Schiff zurück zu ihrem Ausgangspunkt in Sansibar brachte, erwartete ihn ein schwerer Schock. Unter der Post von zwei Jahren, die sich angesammelt hatte, befand sich ein achtzehn Monate alter Zeitungsausschnitt, der darüber informierte, dass Alice Pike sich mit dem Spross eines Eisenbahnmagnaten aus Ohio namens Albert Barney verheiratet hatte. Stanley versank in tiefe Schwermut und sah Alice niemals wieder.*

In öffentlichen Erklärungen nach seiner Expedition verdammte Stanley wie üblich den «arabischen» Sklavenhandel, forderte Missionare auf, nach Afrika zu kommen, erregte sich darüber, dass die Afrikaner in «unanständiger Nacktheit»[23] herumliefen, und verkündete, Ziel seiner Reise sei es gewesen, «über der westlichen Hälfte des dunklen Welttheils eine hell leuchtende Fackel zu entzünden».[24] Die geschäftliche Perspektive allerdings behielt er stets im Hinterkopf. Als er eine Region

* Der Entdecker hat nie erfahren, dass die neue Mrs. Barney angesichts seines wachsenden Ruhms einen Großteil ihres Lebens damit zubrachte, zu bedauern, dass sie nicht Mrs. Stanley geworden war. Lange nach seinem Tod erhob sie in einem äußerst verklärenden, halb romanhaften unveröffentlichten Lebensbericht den Anspruch, ihn zu seiner großen Kongoreise inspiriert zu haben: «Sie ermöglichte es ihm. Hätte ihr Geist ihn nicht dazu angeregt, er hätte es nie vollbracht, hätte nicht einmal den Wunsch verspürt, jene abgründigen Finsternisse erneut zu durchdringen ... ‹Lady Alice› hatte Afrika erobert!» Zit. nach Bierman, S. 214.

verließ, in der er unter der Desertion seiner Leute und einer Überschwemmung gelitten hatte, vermerkte er in seinem Tagebuch:

> «Zum Teufel mit der Gegend … bis irgendein großzügiger und bemittelter Philanthrop mir oder jemand anderem gestattet, mit einer Streitmacht diesen Stolperstein für den Handel mit Zentralafrika aus dem Weg zu räumen.»[25]

Der bemittelte Philanthrop stand schon bereit.

Tatsächlich war der Philanthrop außer sich vor Begeisterung. Bevor Stanley in Boma auftauchte, hatte Leopold mehrere Monate lang eifrig jeden Tag die *Times of London* durchforstet, um zu erfahren, was aus ihm geworden war. Bei einer Gelegenheit schrieb er einem Berater: «Für den wichtigsten Programmpunkt … halte ich wiederholte Nachforschungen darüber, ob Stanley den Lualaba erreicht hat.»[26] Kaum war Stanley wieder aufgetaucht, schickte ihm der König ein Glückwunschtelegramm.

Jetzt konnte Leopold die langen Artikel im *Daily Telegraph* lesen, die Stanley über seine Reise veröffentlichte, wie auch die umfangreichen Presseberichte von den Lobeshymnen und Banketten, mit denen man den Entdecker in Kapstadt, Kairo und den anderen Orten ehrte, an denen er auf der Rückreise nach England Station machte. Die beiden Häuser des amerikanischen Parlaments beglückwünschten ihn in einer gemeinsamen Beschlussfassung, und Entdeckerkollegen priesen seine Fahrt den Kongo hinunter als die Großtat des Jahrhunderts. Leopold war sich nunmehr sicher, dass dieses riesige Gebiet mitten in Afrika, das wunderbarerweise noch von keiner europäischen Macht beansprucht wurde, die Kolonie werden konnte, nach der er sich verzehrte. Endlich konnte er das Stück, von dem er schon so lange träumte, auf die Bühne bringen – mit Stanley als seinem Star.

Der König wies seinen Gesandten in London an, ihn auf dem Laufenden zu halten, was Nachrichten über Stanley betraf. Hinter der eleganten Camouflage seiner Internationalen Afrikanischen Gesellschaft manövrierte Leopold mit großem Geschick. Dem Gesandten schärfte er Diskretion ein:

> «Ich bin sicher, dass die Engländer intervenieren würden, falls ich Stanley ganz offen mit der Aufgabe betrauen würde, in meinem Namen Teile Afrikas in Besitz zu nehmen. Ziehe ich sie ins Vertrauen, tun sie es auch. Ich glaube, ich werde Stanley einfach den Auftrag erteilen, irgendeine Expedition durchzuführen, an der niemand Anstoß nimmt und die uns die Stützpunkte verschafft, die wir dann später übernehmen können.»

Vor allem aber, ließ Leopold seinen Mann in London wissen, «möchte ich nicht Gefahr laufen ... die herrliche Chance zu verpassen, mir ein Stück dieses grandiosen afrikanischen Kuchens zu sichern».[27]

Mittels einer Salve von Telegrammen traf Leopold Vorkehrungen, Stanley auf seiner Heimreise abzufangen und nach Brüssel zu locken. In Alexandria, wo der Entdecker ein paar Tage Station machte, nutzte jemand in Leopolds Auftrag ein Diner, das auf der Yacht des früheren Präsidenten der USA, Ulysses S. Grant, zu Stanleys Ehren gegeben wurde, um diesem den Gedanken an einen Besuch in Brüssel nahe zu bringen. Für den nächsten Schritt seines Werbens um Stanley suchte Leopold Hilfe bei einem in Brüssel lebenden befreundeten Amerikaner, General Henry Shelton Sanford. Das war eine grandiose Wahl: Wer hätte bei Stanley, der so erpicht darauf war, sich als Amerikaner zu präsentieren, wohl mehr erreichen können als ein Amerikaner von gesellschaftlichem Rang?

General Sanford übernahm den ehrenvollen Auftrag nur zu gern. Der Spross einer wohlhabenden Familie aus Connecticut war von Abraham Lincoln als amerikanischer Gesandter nach Belgien geschickt worden und dort geblieben, nachdem seine achtjährige Amtszeit zu Ende war. Er und seine erheblich jüngere Frau, eine berühmte Schönheit, gaben in ihrem türmchenbewehrten dreistöckigen Landhaus außerhalb von Brüssel aufwendige Gesellschaften. Ausgestattet mit Zylinderhut, Gehstock mit goldenem Knauf, Monokel und stattlichem kastanienbraunem Schnurrbart, verkehrte Sanford in den besten Kreisen der Hauptstadt und war dort eine vertraute Erscheinung. Als Soldat hatte er allerdings nie gedient; der «General» wie auch das Schwert und die blau-goldene Uniform, die er einige Jahre lang trug, waren der Dank dafür, dass er im Amerikanischen Bürgerkrieg einem Infanterieregiment eine Geschützbatterie zur Verfügung gestellt hatte.

Sanford hatte in amerikanische Eisenbahnen und in Grundbesitz im Westen der USA, außerdem in riesige Zitrusfruchtplantagen und andere Unternehmen in Florida investiert; der Stadt, die zur Unterbringung der dort Beschäftigten entstand, gab er seinen Namen.[28] Aber wie mit seinem militärischen Rang war es auch mit seiner Tüchtigkeit als Finanzier nicht weit her. Er verfügte über die Eleganz eines Menschen, der mit einem Vermögen aufgewachsen war, nicht hingegen über die Gewieftheit, die man braucht, um ein Vermögen zu machen; fast bei allen seinen Unternehmungen zahlte er drauf. Die großen Summen, die er in seltsame Patente steckte – einen Wollwebstuhl, eine neue Art von Whiskey-Destillierapparat, einen kleinen Kasten, der die Achsen von Eisenbahnwagen mit Wasser statt mit Öl schmieren sollte –, sah er niemals wieder. Eine Silbermine in Nevada und eine Zinkmine in Arkansas erwiesen sich als große Pleiten. Eine Eisenbahnlinie in Minnesota machte Bankrott. Seine Baumwollernte auf einer Plantage in South Carolina fiel dem Raupenfraß zum Opfer.[29]

Je mehr Sanford sein ererbtes Vermögen dahinschwinden sah, umso größere Bedeutung gewannen für ihn seine Beziehungen zum belgischen Hof. Er nannte sogar einen seiner Söhne Leopold. Der König, der bei der Beurteilung anderer Menschen immer Scharfsicht bewies, begriff, welch große Bedeutung die königliche Gönnerschaft für Sanford hatte; er schmeichelte ihm unablässig, weil er wusste, dass er ihn eines Tages würde benutzen können. Nach einem seiner vielen vergeblichen Versuche, einen anderen amerikanischen Diplomatenposten zu ergattern, erhielt Sanford von einem Berater Leopolds, Jules Greindl, ein Schreiben, in dem stand: «Der König ist entzückt darüber, dass Sie weiter unter uns weilen werden, wo alle Welt Sie liebt und schätzt.»[30] Wie so viele Amerikaner hatte Sanford eine Schwäche für Fürstenhäuser; Leopold, so fand er, würdigte ihn mehr als sein eigenes Heimatland.

Im Januar 1878 sandte Leopold Sanford und Greindl heimlich nach Frankreich, wo Stanley, der sich immer noch auf dem Rückweg nach London befand, Station machte, um eine weitere Runde von Ordensverleihungen und Banketten über sich ergehen zu lassen; sie sollten den Entdecker dort abfangen. Sie trafen den abgezehrten, kranken und erschöpften Stanley im Bahnhof von Marseille und folgten ihm nach Paris, wo sie ihm in aller Form einen Posten in der Internationalen Afrikanischen Gesellschaft anboten. Er schlug ihre Einladung aus, war aber unverkennbar geschmeichelt. Stanley, dem immer viel daran lag, welche Aufnahme er in höheren Gesellschaftskreisen fand, vergaß nie, dass Höflinge des Königs von Belgien – und zwar niemand Geringerer als ein Baron und ein General – ihm bei seiner Rückkehr nach Europa ihre Aufwartung gemacht hatten.

Von Frankreich kehrte Stanley endlich nach London zurück, wo ihn ein triumphaler Empfang erwartete. Auch wenn er sich als Amerikaner ausgab, schlug sein Herz doch immer noch für England. Der Union Jack, verkündete er unermüdlich auf den vielen Banketten oder Abendgesellschaften, die ihm zu Ehren gegeben wurden, sei die Fahne, die eigentlich über dem Stromgebiet des großen Flusses wehen müsse. Stanleys Hoffnung, das Interesse der Briten am Kongobecken wecken zu können, stieg, als der Prinz von Wales erschien, um ihn berichten zu hören; aber danach hatte der Thronfolger Stanley nur mitzuteilen, dass er seine Orden nicht in der richtigen Anordnung trage. Ein großer Teil der Weltkarte hatte sich bereits mit britischen Kronländern, Kolonien und Schutzgebieten der einen oder anderen Art gefüllt; angesichts der wirtschaftlichen Rezession zu Hause und verschiedener kolonialer Krisen und Aufstände in Übersee, die dem Mutterland schwer zu schaffen machten, schienen nur wenige Briten interessiert an einem neuen Kolonialgebiet, dessen Haupttransportweg durch eine Vielzahl berüchtigter Katarakte blockiert war.

«Die Engländer verstehe ich einfach nicht», schrieb Stanley. «Entweder sie verdächtigen mich irgendeines Eigeninteresses, oder sie schenken mir keinen Glauben ... Die Rettung Livingstones lohnten sie mir damit, dass sie mich einen Schwindler nannten; die Durchquerung Afrikas trug mir den Ruf eines Freibeuters ein.»[31] Und auch in den USA konnte er niemanden für eine koloniale Eroberung des Kongo begeistern. In New York wollte James Gordon Bennett jun. Stanley nunmehr auf die Suche nach dem Nordpol schicken.

Leopold verfolgte beharrlich seinen Plan. Er ließ seinen Gesandten in London Stanley zum Essen einladen. Er schickte Sanford zu einem erneuten Gespräch mit dem Entdecker hinüber nach England. Und er sorgte dafür, dass Stanley Andeutungen zu hören bekam, Leopold werde möglicherweise mit einem anderen Entdecker handelseinig. Der König kannte seinen Pappenheimer. Fünf Monate nach seinem Wiedereintreffen in Europa nahm Stanley eine Einladung nach Belgien an.

4

«Durch die Verträge müssen wir unbeschränkte Verfügungsgewalt erlangen»

Am 10. Juni 1878 brachte ein Dampfer Henry Morton Stanley über den Ärmelkanal zu seiner ersten Zusammenkunft mit dem König der Belgier. Wir wissen nicht, wie sich Leopold beschäftigte, während er in seinen Amtsräumen im königlichen Schloss Stanley erwartete und sein monatelanges Werben um den berühmten Entdecker endlich Früchte zu tragen schien. Aber man kann sich durchaus vorstellen, dass dieser geographieversessene König wieder einmal seine Landkarten studierte.

Dabei konnte er nur bestätigt finden, dass nirgends sonst als in Afrika sein Traum vom Erwerb einer Kolonie – zumal einer, die weit größer als Belgien sein würde – in Erfüllung gehen konnte. Auf dem amerikanischen Kontinent gab es keine Gebiete mehr, die niemand beanspruchte, und das katastrophale Abenteuer Maximilians und Carlotas in Mexiko war eine Mahnung, die einem vor Augen führte, was passieren konnte, wenn man ein unabhängiges Land unter seine Herrschaft zu bringen suchte. Und auch in Asien waren mittlerweile keine weißen Flecke mehr zu finden: das russische Reich erstreckte sich bis zum Pazifik, die Franzosen hatten sich Indochina geschnappt, die Holländer Ostindien, und das restliche Südasien, von Aden bis Singapur, trug zum größten Teil das Scharlachrot des britischen Empire. Nur Afrika blieb noch.

Stanley war dem Kongo rund 2300 Kilometer weit gefolgt. Offenbar hatte er aber noch nicht alles von dem Strom gesehen, denn dort, wo er ihn erreicht hatte, weit oben am Oberlauf, war dieser bereits fast anderthalb Kilometer breit. Eine vollständige Erforschung würde Jahre dauern, aber nachdem er Stanleys Zeitungsartikel begierig verschlungen hatte, war Leopold in etwa klar, was Stanley entdeckt hatte.

Die genauen statistischen Daten kamen später. Der Kongo entwässert ein Gebiet von über 2,9 Millionen Quadratkilometern, mehr als die Fläche Indiens. Sein Wasserkraftpotenzial wird auf ein Sechstel des weltweiten Gesamtpotenzials geschätzt. Vor allem aber und für imperiale Ambitionen im 19. Jahrhundert am wichtigsten: Der Strom und sein fächerförmiges Geflecht aus Zuflüssen bildet ein Netz von annähernd 11 000 Kilometern Wasserstraße, ein natürliches Transportsystem, dem nur wenige Orte auf der Erde etwas Vergleichbares an die Seite stellen können. Hatte man erst einmal zerlegte Dampfboote um die großen Katarakte herum in dieses Wasserstraßensystem gebracht, fanden sie dort direkt neben den Anlegeplätzen das nötige Holz, um ihre Kessel zu heizen; zum größten Teil führten die schiffbaren Flüsse durch den schnellwüchsigen Regenwald, der die halbe Fläche des Stromgebiets bedeckte.

Über die Menschen, die im Kongobecken lebten, wusste man in Europa noch kaum etwas. Wenn er sie nicht gerade ins Visier seines Gewehrs nahm, interessierten sie Stanley hauptsächlich als Nachschubquelle, als Leute, bei denen man Kinkerlitzchen oder Stoffe gegen Lebensmittel eintauschen konnte. Zwei wichtige Dinge hatte er allerdings über die Bewohner der Gegend herausgefunden. Zum einen hatte er entdeckt, dass sie keine militärische Bedrohung darstellten: Seine fast drei Dutzend Schlachten hatten gezeigt, dass ihre Speere, Pfeile und altersschwachen Musketen seinen neuen Snider-Hinterladern nicht gewachsen waren. Seine zweite Entdeckung war, dass sich entlang dem entscheidenden Transportweg, dem Kongo, kein einzelner, übermächtiger Staat befand, der erst unterworfen werden musste. Bei der weiteren Erforschung der Zuflüsse des Kongo sollte man zwar noch auf mehrere große Königreiche stoßen; aber die Jahrhunderte währende Sklavenjagd, die von der östlichen wie auch von der westlichen Küste Afrikas aus betrieben worden war, hatte die meisten dieser Reiche ernsthaft mitgenommen. Viele der Völker, die das

Kongobecken bewohnten, bestanden nur aus kleinen Populationen. Wie die nächste Runde von Forschungsexpeditionen bald zeigen sollte, gab es über 200 verschiedene ethnische Gruppen mit mehr als 400 unterschiedlichen Sprachen und Dialekten. Angesichts eines so zersplitterten Gegners musste die Eroberung des Gebiets relativ leicht fallen.

Als Leopold im Jahre 1878 in seinen Amtsräumen der lange ersehnten Begegnung mit Stanley entgegensah, war er 43 Jahre alt. Die pedantische Unbeholfenheit seiner Jugendjahre hatte er längst abgelegt; die königliche Rolle verstand er nachgerade hervorragend zu spielen. Auch wenn der 37-jährige Stanley immerhin einen Kopf kleiner war als der König und sich mit seinem mangelhaften Französisch unbehaglich fühlte, hatte doch auch er zu sich selbst gefunden. Der Tunichtgut und Marinedeserteur von vor gerade einmal 13 Jahren war mittlerweile ein Bestsellerautor und galt als einer der größten lebenden Entdecker. Sein strenges, schnauzbärtiges Gesicht erschien überall in den Zeitschriften unter einer Stanley-Mütze, seiner eigenen Erfindung. Die hatte eine hohe Krone, um die sich Lüftungslöcher herumzogen, einen Schirm über den Augen und einen herabhängenden Tuchüberzug, um Ohren und Nacken vor der Sonne zu schützen. Aus heutiger Sicht sieht der Helm wie eine Kreuzung zwischen der Kopfbedeckung eines Fremdenlegionärs und einer Portiersmütze aus – was in gewisser Weise ja auch Stanleys Persönlichkeit trifft: die eine Hälfte ein Titan von robuster Kraft und einem Selbstvertrauen, das Berge versetzen konnte, die andere Hälfte ein verletzlicher, unehelicher Spross aus kleinen Verhältnissen, der eifrig bestrebt war, bei den Mächtigen Anerkennung zu finden. Auf Fotos glaubt man beide Hälften zu erkennen: Die Augen des Entdeckers zeigen einen ebenso wild entschlossenen wie verwundeten Menschen.

Gleich zu Anfang ihrer ersten Begegnung nahm Leopold seinem Gast dadurch alle Befangenheit, dass er ihn in fließendem Englisch ansprach. Die Männer, die in diesem Juni einander begegneten, repräsentierten klassenspezifische Typen, die in der

Folge zu vertrauten Erscheinungen wurden. Bei dem großen Griff nach den afrikanischen Gebieten stammten die Kommandeure der Bodentruppen – die Weißen, die Soldaten in den Busch führten, das Gewehr- und Maschinengewehrfeuer befehligten und die Landvermessungsinstrumente handhabten, während sie Malaria, Ruhr und Typhus trotzten – wie Stanley häufig aus der Unterklasse oder der unteren Mittelschicht ihrer Heimatländer. Für sie stellte Afrika eine Chance dar, den sozialen Aufstieg zu schaffen und Reichtum und Ruhm zu erlangen. Die Leute hingegen, die – wie Leopold – bei der Balgerei um Afrika am meisten gewannen, waren häufig solche, die schon über Reichtümer verfügten und auf ihnen aufbauen konnten.

Auch wenn er auf Yachten und in Palästen ein verhätscheltes Leben geführt hatte, war Leopold der Weltklügere von beiden. Er hatte sich ein klares Urteil über Stanleys Ehrgeiz, seine ungeheure Fähigkeit zu harter Arbeit, sein Verlangen nach ständigen Schmeicheleien und sein Bedürfnis nach einem hohen Gönner gebildet. Stanley, dem das mangelnde britische Interesse am Kongo immer noch im Magen lag, war beglückt, einem Monarchen zu begegnen, der bewunderte, was er geleistet hatte, und der den Wunsch hegte, dass er noch mehr vollbrachte.

Nach dieser Begegnung bereiste Stanley den Rest des Jahres 1878 Europa, machte Reklame für *Durch den dunkeln Welttheil,* traf sich mit Mitgliedern des neu gegründeten Stanley-Klubs in Paris und nahm überall Ehrungen entgegen. Leopold schickte ihm Botschaften und Abgesandte nach, um den Fisch am Haken zu halten. Ehe das Jahr vorüber war, hatten sich die beiden über die Bedingungen geeinigt, unter denen Stanley in den Kongo zurückkehren sollte, diesmal in Diensten des Königs. Stanleys Vertrag lief über fünf Jahre; für die Zeit, die er in Europa verbrachte, sollte Stanley 25 000 Francs jährlich erhalten und 50 000 Francs (knapp 500 000 DM nach heutiger Währung) Jahresgehalt für die Zeit seines Aufenthalts in Afrika.[1] Und natürlich bezahlte Leopold das Expeditionskorps, das Stanley begleiten würde.

Sie kamen überein, dass Stanley als Erstes einen Stützpunkt

in der Nähe der Flussmündung errichten und dann eine Straße zur Umgehung der Katarakte durch die Crystal Mountains bauen sollte – im Vorgriff auf eine spätere Eisenbahnstrecke. Über diese Straße sollten Träger mehrere in kleine Teile zerlegte Dampfboote schleppen, die Stanley später zusammenbauen und für die Fahrt stromaufwärts benutzen würde, wobei die Fahrt dem Zweck diente, entlang dem ca. 1500 Kilometer langen schiffbaren Hauptstrang des Kongo eine Reihe von Handelsstationen einzurichten. Danach konnte er dann ein Buch über seine Erlebnisse schreiben – das Recht zur Veröffentlichung des Buches behielt sich allerdings Leopold vor.

Unter den Reichtümern, die Leopold im Kongo zu finden hoffte, ließ seine Phantasie ihm das Elfenbein am begehrenswertesten erscheinen. Europäische und amerikanische Kaufleute erstanden Elfenbein bereits eifrig auf den Märkten von Sansibar. Weil es sich leicht schnitzen ließ, stellte es im 19. Jahrhundert eine seltenere und kostspieligere Version des heutigen Kunstharzes dar, wobei ihm die exotische Herkunft zusätzlichen Wert verlieh – den der Kult der Öffentlichkeit um die Afrikareisenden noch steigerte. Aus dem Elfenbein von Elefantenzähnen wurden Messergriffe, Billardkugeln, Kämme, Fächer, Serviettenringe, Klavier- und Orgeltasten, Schachfiguren, Kruzifixe, Schnupftabakdosen, Spangen und kleine Figürchen geschnitzt. Dass auch falsche Zähne daraus gefertigt wurden, ließ vage seine ursprüngliche Funktion anklingen. Obwohl das Elfenbein von den Lebensräumen der Elefanten tief im Landesinnern über weite Entfernungen transportiert werden musste, war es für jeden Händler entlang den Transportstrecken attraktiv, weil es wie Drogen oder Edelmetalle einen hohen Wert und ein relativ geringes Volumen hatte. Die hundert Pfund Elfenbein, die in einem durchschnittlich großen Paar Elefantenstoßzähne steckten, reichten aus, um Hunderte von Klaviertasten oder Tausende von falschen Zähnen herzustellen. Die Elfenbeinhändler gaben afrikanischen Elefantenstoßzähnen den Vorzug vor indischen, und die Elefanten in Äquatorialafrika, wozu auch das

Kongobecken zählte, hatten im Schnitt die größten Stoßzähne von allen. Elfenbein gab es, wie Stanley festgestellt hatte, in solchem Überfluss, dass es in afrikanischen Häusern als Material für Türpfosten verwendet wurde.

Im Augenblick waren allerdings solche Reichtümer für Leopold noch Zukunftsmusik und würden etliche Jahre zumindest noch auf sich warten lassen, denn zuerst musste Stanley seine Straße bauen. In dem detaillierten Beschaffungsplan, den er für den König ausarbeitete, fehlte nichts: Es gab kleine Boote, zerlegbare Holzhäuser, Seile, Werkzeuge, afrikanische Träger und europäische Aufseher. Zu den Letzteren gehörten zwei junge Engländer, die, im Einklang mit Stanleys traditionellem Hang zu untüchtigen Untergebenen, England bis dahin noch nie verlassen hatten. Nachdem er seine Neulinge angeheuert hatte, konnte er sich über ihre Unerfahrenheit das Maul zerreißen:

> «Ich habe auf keiner Expedition auch nicht einen einzigen Freund gehabt – nicht einen, der auch nur annähernd mein Gefährte hätte sein können – außer Livingstone … Wie kann jemand, der viele Kriege mitgemacht, auf Verständnis hoffen bei jemandem, der nichts Furchtbareres gesehen hat als Nasenbluten?»[2]

Stanley war schlau genug, sich von Leopold im Voraus bezahlen zu lassen, weil trotz einer Fülle von Verträgen unklar blieb, für wen er eigentlich arbeitete: War sein Arbeitgeber der König selbst, die *Internationale Afrikanische Gesellschaft*, die dahinzuwelken schien, oder eine neue, einigermaßen dunkelmännische Gesellschaft, die den Titel *Komitee für die Erforschung des Oberen Kongo* trug? Die Finanziers des Komitees waren offiziell eine kleine Gruppe von holländischen und britischen Geschäftsleuten sowie ein belgischer Bankier – der tatsächlich als Leopolds Strohmann einen Großteil der Anteile besaß. Ein zuverlässiger Gefolgsmann des Königs, Oberst Maximilien Strauch, hatte im Komitee den Vorsitz.

So ehrgeizig seine und Stanleys Pläne auch sein mochten,

Leopold war entschlossen, den Schein eines rein philanthropischen Unternehmens zu wahren. Die Verträge, die Stanley mit seinen europäischen Mitarbeitern abschloss, verboten diesen, irgendetwas über den eigentlichen Zweck ihrer Arbeit[3] verlauten zu lassen. «Ausschließlich wissenschaftliche Forschungen sind beabsichtigt»,[4] versicherte Leopold einem Journalisten. Jeden, der nachhakte, konnte er auf eine Klausel in der Satzung des Komitees verweisen, die explizit die Verfolgung politischer Absichten verbot. Der König wollte sich vor dem in Belgien weit verbreiteten Bewusstsein schützen, dass für ein kleines Land eine Kolonie eine kostspielige Extravaganz darstelle. Er wollte auch um jeden Preis vermeiden, dass irgendwelche mächtigen Rivalen auf dieses Appetit erregende Stück vom afrikanischen Kuchen aufmerksam wurden; besonders fürchtete er Frankreich, das Interesse zu zeigen begann.

Im Februar 1879 stahl sich Stanley unter dem Namen M. Henri auf ein Dampfschiff und brach erneut nach Afrika auf. Hinter ihm, in Europa, spielte sich ein neuer Akt der Geschichte ab. Eine holländische Gesellschaft, die ein wichtiger Anteilseigner im Komitee für die Erforschung des Oberen Kongo war, machte Bankrott; ihr Direktor, so berichtete man, sei nach New York geflohen und arbeite dort als Droschkenkutscher. Leopold war das egal; er nutzte den Schock, den der Zusammenbruch der holländischen Gesellschaft auslöste, um den übrigen Anteilseignern die Übernahme ihrer Aktien anzubieten. Sie nahmen dankbar an, und noch vor Jahresschluss hatte das Komitee, rechtlich gesehen, aufgehört zu existieren. Als Camouflage war es allerdings immer noch nützlich, und deshalb redete der König von ihm, als sei es immer noch funktionsfähig und als finanzierten nach wie vor die alten Anteilseigner Stanley, und nicht er allein, und träfen die Entscheidungen. Stanley selbst erfuhr erst ein Jahr später von der Auflösung des Komitees.

Um die Verhältnisse noch mehr zu vernebeln und seinen afrikanischen Operationen einen Namen zu geben, der als Bezeichnung für eine politische Einheit taugte, schuf der Meisterstratege eine weitere Deckorganisation, die *Internationale Gesellschaft des Kongo*. Der Name war bewusst so gewählt, dass die neue Gesellschaft der von Kronprinzen und Forschungsreisenden gegründeten «philanthropischen» Internationalen Afrikanischen Gesellschaft, die mittlerweile in den letzten Zügen lag, zum Verwechseln ähnelte. «Es sollte nach Möglichkeit im Unklaren gelassen werden, dass die Gesellschaft des Kongo und die Afrikanische Gesellschaft zweierlei ist», wies Leopold einen seiner Berater an. «Die Öffentlichkeit begreift das nicht.»[5] Um die Verwirrung der Öffentlichkeit komplett zu machen, verwendeten die neue Internationale Gesellschaft des Kongo und das nicht mehr funktionsfähige Komitee für die Erforschung des Oberen Kongo die gleiche Flagge, die sich die Internationale Afrikanische Gesellschaft auf ihrer ersten und letzten Sitzung unter großem Tamtam zugelegt hatte – ein goldener Stern vor blauem Hintergrund, Symbol des Hoffnungsfunkens, der im sprichwörtlichen afrikanischen Dunkel erglomm.

Noch ehe er seinen Handel mit Stanley abschloss, hatte Leopold die Hand nach seinem Stück Kuchen auszustrecken begonnen, und zwar durch Finanzierung eines Versuchs, das Kongobecken von der afrikanischen Ostküste aus zu erreichen. Drei weitere Expeditionen der gleichen Art folgten, allesamt ebenso pressewirksam wie untauglich. Eine von ihnen setzte als Gepäckträger vier indische Elefanten[6] ein, die auf die geziemend exotischen Namen Sundergrund, Naderbux, Sosankall und Pulmalla hörten. Wie sich herausstellte, brauchten die Elefanten fünfzig Helfer, die mit Äxten und Macheten vor ihnen herzogen und Bäume und Äste aus dem Weg räumten, damit sie mit ihren Lasten durchkamen.* Bevor indes die Elefanten wegen verschiede-

* Schon die Anlandung der Elefanten hätte fast in einer Katastrophe geendet. Das Schiff, das sie von Indien herbrachte, hievte sie in Tragriemen über Bord und ließ sie ins Wasser hinab, aber statt brav zum Strand zu schwimmen, versuchten die Elefanten wieder an Bord zu klettern. Als die Schiffsboote sie zur Küste schleppen wollten, begannen die Elefanten, die Boote ins Meer hinauszuziehen.

ner Krankheiten zusammenbrachen und das Zeitliche segneten, leisteten sie einem Journalisten noch Liebesdienste. Die europäischen Leser, die jeder Etappe der unglücklichen Reise der Tiere gespannt folgten, bekamen gar nicht mit, dass sich die wirkliche Geschichte an der gegenüberliegenden Küste Afrikas abspielte, wo Stanley still und heimlich an seiner Umgehungsstraße für die Katarakte arbeitete.

Fast unmerklich änderte der Name Kongo seine Bedeutung und bezeichnete nun nicht einfach mehr einen Fluss, sondern ein ganzes Gebiet. Als die Öffentlichkeit schließlich begann, auf die neue Kolonie, die da im Entstehen war, aufmerksam zu werden, lief der König mit seinen Taschenspielertricks zu neuer Hochform auf. Ihm oder einem seiner Kulissenschieber gelang es immer wieder, den Vorhang zu einer auf das jeweilige Publikum zugeschnittenen völlig neuen Bühne aufzuziehen. Henry Shelton Sanford, Vorstandsmitglied in jener Erscheinungsform des Leopold'schen Unternehmens, die Internationale Afrikanische Gesellschaft hieß, gab der ganzen Sache fast den Anstrich eines Jugendherbergswerks. Als er 1879 eine Reise in die USA unternahm, um nach seinen dortigen Verlustgeschäften zu sehen, hielt Sanford in New York eine Rede, in der er erklärte, Ziel des Königs sei es, «eine Kette von Stützpunkten oder Hospizen zu gründen, die ebenso wissenschaftlich tätig wie gastfreundlich sein und Reisenden Informationen und Unterstützung bieten sollen … um schließlich durch ihren humanisierenden Einfluss die Abschaffung des Sklavenhandels zu erreichen».[7] Seine neue Internationale Gesellschaft des Kongo sei, so erklärte Leopold in einem Artikel, den er unter der Deckadresse «von einem belgischen Korrespondenten» in die Londoner *Times* einzurücken vermochte, eine Art von «Rotkreuz-Gesellschaft; ihre Entstehung verdankt sich dem noblen Vorsatz, der Sache des Fortschritts bleibende und uneigennützige Dienste zu leisten».[8] Sprach er die kriegerischer gesinnten Deutschen an, wechselte Leopold flink das Szenarium und verglich seine Männer im Kongo mit den Rittern der Kreuzzüge. Fast alle ließen sich hinters Licht führen.

Die Baronin Burdett-Coutts, die britische Schutzherrin des Missionswesens, ließ ihm für seine humanitären Bemühungen eine Schenkung über 50 000 Francs zukommen. In den USA erklärte ein Autor, Leopolds großes Werk sei dazu angetan, «einem Amerikaner den Glauben an Könige für immer zurückzugeben».[9] Währenddessen ließ Leopold verlauten, Stanley solle im Kongo den Grund für eine «Konföderation freier Negerrepubliken» legen,[10] einen Bund schwarzer Stämme, deren Präsident in Europa residieren und unter der Anleitung des belgischen Köngis regieren solle. Besonders dieses Trugbild, das die Vorstellung einer Staatenunion beschwor, war geeignet, in der Öffentlichkeit der Vereinigten Staaten Anklang zu finden. Den Europäern hingegen erzählte der König etwas von freien Städten. «Bremen, Lübeck, Hamburg waren lange Zeit freie Städte», schrieb einer seiner Helfer. «Warum sollte es nicht ein paar im Kongo geben?»[11] Hinter den Kulissen wusste man indes, dass in beiden Fällen das «frei» ein bloßes Requisit war, das sofort verschwinden würde, wenn der Vorhang fiel. Einer von Leopolds Untergebenen nahm in diesem Punkte gegenüber Stanley kein Blatt vor den Mund:

> «Dass Negern die mindeste politische Macht eingeräumt wird, ist ausgeschlossen. Das wäre absurd. Die Weißen als Leiter der Stationen behalten alle Macht.»[12]

Fünf Jahre lang war Stanley Leopolds Mann im Kongo. Die Kampfkraft des Entdeckers richtete sich jetzt hauptsächlich gegen die abweisende Landschaft des Gebiets, nicht gegen seine Bewohner. Seine Arbeitstrupps bahnten einen Weg um die großen Stromschnellen, mehr Trasse als Straße, wobei sie in manchen Gegenden vorhandene Pfade nutzten, während sie in anderen eine Schneise durch Buschwerk und Wald schlugen, Löcher ausfüllten und Bohlenbrücken über Schluchten bauten. Anschließend beförderten sie über 50 Tonnen Vorräte und Ausrüstung über diese Trasse. Zugtiere wie Pferde und Ochsen konnten bei dem Klima und den Krankheiten des Kongogebiets nicht überleben, deshalb wurde der Nachschub zumeist auf den Köpfen von Trägern transportiert.

Nachdem sie zwei Jahre lang gebaut, gezogen und geschleppt hatten, waren am oberen Ende der Katarakte zwei kleine Dampfschiffe fahrbereit, die stromaufwärts schnauften und Gruppen absetzten, die an den Ufern weitere Stützpunkte errichteten. Die Namen ließen keinen Zweifel daran, um wessen Kolonie es sich hier handelte. Die Station, die direkt oberhalb der großen Katarakte, in Hörweite ihres donnernden Lärms, errichtet wurde und ein stark befestigtes Blockhaus sowie einen Gemüsegarten umfasste, wurde Leopoldville getauft. Über ihr erhob sich der Leopold-Berg. Bald schon wiesen Landkarten einen Leopold-II.-See und einen Leopold-Fluss aus. Eines der Dampfboote, das später dazukam und kurze Zeit vom berühmtesten Schiffsoffizier des Kongo gesteuert wurde, war die *Roi des Belges* (König der Belgier).

Stanley war ein strenger Zuchtmeister. «Die beste Strafe sind Eisen», erklärte er in einem Brief nach Brüssel, «weil sie, ohne den Körper zu verwunden, zu verunstalten oder zu peinigen, Scham und Unbehagen bereiten.»[13] (Weiße wurden selbstverständlich nicht in Eisen gelegt, nur Schwarze.) Krankheiten und andere Gefahren übertrafen an Tödlichkeit sogar noch Stanleys Zorn. Allein im ersten Jahr kamen von den Leuten unter seinem Kommando sechs Europäer und 22 Afrikaner um, darunter einer, der von einem Krokodil gefressen wurde.

Zum ersten Mal sind wir nun in der Lage, Stanley in Afrika durch andere als seine eigenen Augen zu sehen. Ein Dampfbootingenieur namens Paul Nève erkrankte und schrieb nach Hause:

> «Mr. Stanley hat sich während dieser schlimmen Tage sehr um mich gekümmert … auf die gleiche Art, wie sich ein Schmied um die Reparatur eines Werkzeugs kümmert, das von entscheidender Wichtigkeit und durch allzu rücksichtslosen Gebrauch in die Brüche gegangen

> ist … mit wütend zusammengebissenen Zähnen hämmert er auf dem Amboss herum und überlegt, ob er es zum Schrott werfen muss oder noch einmal imstande sein wird, es wie gewohnt zu gebrauchen.»[14]

Nève starb einige Wochen später.

Stanley selbst hätte gegen den Vergleich mit dem Schmied vielleicht gar nichts einzuwenden gehabt.

> «In jedem freundlich blickenden Eingeborenen lese ich das gegebene Versprechen, dass er mir helfen will, ihn aus dem Zustande der Unproduktivität, in welchem er jetzt lebt, zu befreien. Ich betrachte ihn etwa mit demselben Interesse wie ein Landmann seinen kräftig gebauten Sohn: er ist ein zukünftiger Rekrut der Soldatenarbeiter.»[15]

Es war in dieser Zeit, in der er seine Männer so hart schuften ließ, dass Stanley von den afrikanischen Arbeitern den Namen *Bula-Matadi* oder *Bula-Matari*, «Steinbrecher», bekam. Stanley selbst zog die großartigere Übersetzung «Felsenbrecher»[16] vor und behauptete, er habe den Namen bekommen, als er den tief beeindruckten Afrikanern beigebracht habe, wie man einen Vorschlaghammer benutzt, und als sie beim Bau der Trasse durch die Crystal Mountains der Sprengung riesiger Felsblöcke beigewohnt hätten.

In dem Bericht über seine Herkulesarbeit äußert sich Stanley verächtlich über Afrikaner, die von Natur faul, und über Weiße, die «schwachmüthig» seien. Er predigt «das Evangelium des Unternehmens» und verkündet:

> «… der europäische Vermittler, welcher seine Heimat in Europa und sein Herz in Afrika hat, das sind vielmehr die Leute, welche man gebraucht … Sie sind die Missionare

des Handels, die sich für kein Land so gut eignen wie fü das Kongobecken, wo es so viele müßige Hände und sol che reiche Gelegenheiten innerhalb einer natürlichen Ringmauer gibt.»[17]

Und nirgends entwickelt er so viel Leidenschaft wie dort, wo seine Gier, Geld zu scheffeln, und seine viktorianische Prüderie zusammentreffen. Von der Idee, die «unbekleideten und übermäßig tätowierten» Afrikaner ihre «keine Scham kennende Nacktheit»[18] ablegen zu lassen und sie in europäische Kleider zu stecken, ist er geradezu besessen:

> «So ... sah ich doch eine glänzende Zukunft für Afrika voraus, wenn ich das wunderbare Glück hätte und die Millionen Schwarzen im Innern überreden könnte, ihre aus Gras hergestellte Kleidung abzulegen und dafür sich mit den alten Kleidern zu versorgen, die man auf den Trödelmärkten unserer Hauptstädte findet. Welch ungeheurer Markt für alte Kleider wäre hier gefunden! Die abgelegten Uniformen der europäischen militärischen Helden, der Clublakaien, der Livreediener der modernen Pharaonen, die Talare der Juristen, die Gehröcke der Kaufleute oder eines Rothschild, ja vielleicht auch der ehrwürdige Frack meines Verlegers würden sämmtlich unter den angesehenen Häuptlingen des Kongo Liebhaber finden und von diesen getragen werden ...»[19]

Während Stanley zu Fuß durch die zerklüftete, feuchte Landschaft hin und her sauste, um den Bau der Trasse zu überwachen, achtete er sorgfältig darauf, dass sein Äußeres nicht verwahrloste; jeden Tag rasierte er sich und wichste seinen Bart. Während dieses Aufenthalts wie auch während der ganzen Zeit, die er in Afrika verbrachte, überstand sein robuster, stämmiger Körper die Krankheiten, die so viele europäische Besucher früh ins Grab brachten. Mehrere Male warf ihn das Fieber ins Delirium, und zweimal war er dem Tode nah. Bei einem Malariaanfall habe er 20 Pfund abgenommen, schrieb er; am Ende sei er zu schwach gewesen, um zu sprechen oder die Arme zu heben. Zwei Wochen lang habe er in seinem Zelt gelegen, überzeugt davon, dass sein Ende nahe sei; dann habe er seine europäischen Offiziere in ihren Tropenhelmen und seine afrikanischen Arbeiter zusammengerufen, um letzte Anweisungen zu erteilen, sich zu verabschieden und – behauptet er – eine letzte Loyalitätsbekundung loszuwerden: «Sagt dem König, (…) wie sehr ich es bedaure, dass ich die Mission, mit der er mich betraut hat, nicht zu Ende führen kann.»[20]

Er kam wieder auf die Beine, erkrankte aber einige Monate später abermals, wurde flussabwärts geschafft und in Leopoldville bewusstlos an Land gebracht. Noch kaum imstande zu gehen, kehrte er 1882 nach Europa zurück, um sich dort zu erholen; er reiste auf einem langsamen portugiesischen Dampfer. Auf diesem Schiff, schäumte er, wurden «die ungeschlachten Passagiere zweiter Kajüte» auf das Deck gelassen, das für «die Passagiere erster Kajüte … reserviert bleiben sollte», wo sie «in der ungeniertesten Weise spuckten, rauchten und sich umherwälzten». Schlimmer noch waren «die dritter Klasse fahrenden Frauen und ein halbes Dutzend halb nackte Kinder», die den «Hauptdeckraum» vor dem «Salon der ersten Kajüte»[21] okkupierten. Endlich kam das Schiff in Europa an, und er musste diese erniedrigenden Verhältnisse nicht länger ertragen. Die Ärzte warnten Stanley vor einer Rückkehr in den Kongo, die tödlich für ihn sein könne, aber Leopold bestand darauf, dass er zurückging: es bleibe noch so viel zu tun. Der König wollte nicht nur seine Kolonie gesichert sehen, er wollte auch Stanley für ein paar weitere Jahre aus dem Weg schaffen, weil der Entdecker, der in der Öffentlichkeit immer gern den Mund aufriss, offen über seine Hoffnungen auf eine britische Kolonie Kongo sprach. Leopold ließ den königlichen Charme spielen: «Mr. Stanley, Sie denken doch wohl nicht ernstlich daran, mich jetzt, wo ich Sie am dringendsten brauche, im Stich zu lassen?»[22] Gleichzeitig gegen einen schmerzhaften

Krankheitsrückfall ankämpfend und mit der Beschaffung ganzer Ladungen von Ausrüstungsgegenständen und Vorräten befasst, kehrte Stanley nach nur zwei Monaten in den Kongo zurück.

Nun, da er den Lotteriegewinn, nach dem er strebte, fast in Händen hielt, wollte Leopold so viel Land wie möglich im Kongogebiet ergattern, und er wollte es *auf der Stelle*. Seine Anweisungen und Briefe an Stanley während all dieser Jahre vibrieren geradezu von dieser Gier nach Territorium.

> «Ich nutze die gute Gelegenheit, Ihnen ein paar Zeilen in meinem schlechten Englisch zu schicken … Es ist unerlässlich, dass Sie … so viel Land kaufen, wie Sie erlangen können, und dass Sie so bald wie möglich und ungesäumt alle die Häuptlinge von der Mündung des Kongo bis zu den Stanley Falls einen nach dem anderen … der Oberhoheit … unterwerfen … Sobald Sie mich wissen lassen, dass Sie diese Anweisungen ausführen, werde ich Ihnen unverzüglich weitere Leute und mehr Material senden. Vielleicht chinesische Kulis.»[23]

Während er mit frommem Augenaufschlag dem britischen Gesandten in Brüssel versicherte, sein Unternehmen in Afrika habe «keinen kommerziellen Charakter» und diene nicht dazu, «Handel zu treiben»,[24] hatte Leopold Stanley bereits schriftlich angewiesen:

> «Ich wünsche sehr, dass Sie alles Elfenbein aufkaufen, das sich im Kongo finden lässt, und dass Sie Oberst Strauch wissen lassen, welche Waren er an Sie abgehen lassen soll, um dafür zu bezahlen, und wann er das tun soll. Ich empfehle auch, dass Sie auf den Abschnitten der Straße, die Sie dem Verkehr erschlossen haben, Schranken errichten und Wegezoll erheben. Das ist nur gerecht und in Übereinstimmung mit den Gepflogenheiten in sämtlichen Ländern.»[25]

Leopold und Stanley wussten, dass andere Europäer anfingen, im Umkreis des Kongobeckens herumzuschnüffeln. Ihre Hauptsorge galt dem französischen Entdecker und Marineoffizier Pierre Graf Savorgnan de Brazza, der an der Küste nördlich des Kongoflusses gelandet war und landeinwärts vordrang. Während er immer noch mit dem Bau seiner Trasse zur Umgehung der Katarakte befasst war, sah Stanley eines Tages zu seinem Schrecken den vornehmen Franzosen mit weißem Helm und blauem Marinemantel vor seinem Zelt auftauchen. Ein noch größerer Schock erwartete ihn am Stanley Pool, wo er feststellte, dass de Brazza mit einem Häuptling einen Vertrag abgeschlossen hatte, der Frankreich einen Landstreifen am Nordufer einräumte. De Brazza hatte dort einen Stützpunkt errichtet, der unter dem Kommando eines Feldwebels stand und über dem die französische Fahne flatterte.

Stanley war ein Mensch, der keine Rivalen dulden konnte, und während der folgenden zwei Jahre trugen er und de Brazza einen lautstarken Streit aus. Stanley zufolge hatte sich der französische Entdecker den Vertrag durch List und Tücke erschlichen; de Brazza wiederum nannte Stanley einen Kriegsherrn, der es nicht gut mit den Afrikanern meine. Die Pariser Presse war begeistert. Während Leopold mit Stanley beratschlagte, wie man de Brazza überlisten könne, lud er hinter Stanleys Rücken den Franzosen nach Brüssel ein, verlieh ihm den Leopoldsorden und versuchte erfolglos, ihn in seine Dienste zu nehmen.

Die Geschäftigkeit Stanleys und de Brazzas begann andernorts Aufmerksamkeit zu erregen. Das altersschwache Portugal erneuerte seine alten Ansprüche auf das Land rings um die Mündung des Kongo. Großbritannien, dem das französische Interesse am Kongo Sorgen machte, unterstützte die Portugiesen. Leopold war klar, dass er keine Zeit mehr verlieren durfte.

Unter Druck gesetzt, trieb Stanley seine Männer noch unerbittlicher an. Weiße Untergebene, die zu viel tranken oder die Umgebung ihrer Flussstationen von Unkraut überwuchern ließen, trieben ihn zur Weißglut.

«Diese Leute hatten mir schon mehr Unannehmlichkeiten bereitet als alle afrikanischen Stämme zusammen und mir einen solchen Abscheu eingeflößt, dass ich lieber verurteilt sein möchte, mein ganzes Leben Schuhputzer als Vormund über Geschöpfe zu sein, welche keinen höhern Anspruch an Männlichkeit haben, als dass sie die hübsche äußere Gestalt eines Mannes besitzen.»[26]

Ungeachtet seiner eigenen kurzen und wenig ruhmreichen militärischen Karriere bei den beiden Kontrahenten des amerikanischen Bürgerkrieges war Stanley von ganzem Herzen Soldat. Er schätzte Ordnung und Disziplin und war ein ebenso Furcht erregender wie effektiver Befehlshaber. Mittlerweile hatte er eine machtvolle Privatarmee zusammengebracht, die über tausend Schnellfeuergewehre, ein Dutzend kleiner Kruppkanonen und vier Maschinengewehre verfügte. Unter seinen Soldaten aus Sansibar kursierte ein Suaheli-Sprichwort: *«Bunduki sultani ya bara bara»* (Das Gewehr ist Sultan im Busch).

Leopold hatte unterdessen einen Gelehrten aus Oxford, Sir Travers Twiss, angeheuert, der ihm eine wissenschaftliche Beglaubigung des Rechts privater Gesellschaften lieferte, bei Verträgen mit Eingeborenenhäuptlingen wie souveräne Staaten aufzutreten. Stanley hatte Anweisung, mit seinen gut bewaffneten Streitkräften den Fluss hinauf- und hinunterzuziehen und ebensolche Verträge abzuschließen. «Die Verträge müssen so kurz wie möglich sein», ordnete Leopold an, «und durch ein paar Artikel müssen wir unbeschränkte Verfügungsgewalt erlangen.»[27]

Es geschah, wie er befohlen hatte. Als Stanley und seine Offiziere fertig waren, flatterte die blaue Fahne mit dem goldenen Stern, wenn man Stanley glauben darf, über den Dörfern und Territorien von mehr als 450 Häuptlingen im Kongobecken. Die Texte variierten, aber viele der Verträge verschafften dem König ein vollständiges Handelsmonopol – just zu der Zeit, da er zu Hause europäische und amerikanische Frager mit der Behauptung beruhigte, er sei dabei, Afrika dem Freihandel zu öffnen.

Wichtiger noch: Die Häuptlinge überschrieben Leopold ihr Land, und das für ein Trinkgeld. Bei Isangila in der Nähe der großen Katarakte kaufte Stanley, wie er zu erzählen wusste, Land für einen Stützpunkt, indem er einige Häuptlinge «mit einer Anzahl hübscher Kleidungsstücke, bunter Livreen und goldbordierter Uniformen sowie einer großen Auswahl verschiedener marktfähiger Waren ... reichlich beschenkt und auch nicht vergessen hatte, ein paar Flaschen Branntwein hinzuzufügen».[28] Die Eroberer Afrikas stellten wie die des Wilden Westens fest, dass Alkohol ebenso wirksam war wie das Maschinengewehr.

Schon das Wort *Vertrag* ist ein Euphemismus, denn viele Häuptlinge hatten keine Ahnung, was sie unterzeichneten. Wenige hatten vorher schon einmal Schrift zu sehen bekommen, und sie wurden aufgefordert, ihr X unter Schriftstücke zu setzen, die in einer fremden Sprache und zudem in unverständlichem Juristenjargon abgefasst waren. Dass zwischen zwei Sippen oder Dörfern ein Freundschaftspakt geschlossen wurde, damit war man vertraut; dass man sein Land jemandem von jenseits des Ozeans übertrug, damit konnte niemand etwas anfangen. Hatten zum Beispiel die Häuptlinge von Ngombi und Mafela eine Vorstellung von der Übereinkunft, in die sie am 1. April 1884 einwilligten? Als Gegenleistung für «ein Stück Zeug monatlich an jeden der unterzeichneten Häuptlinge, außer einem Geschenk an Stoffen als Darangabe» versprachen sie,

> «aus freien Stücken, für sich und ihre Erben und Nachfolger für alle Zeiten der genannten Association die Souveränität und alle souveränen und Herrscherrechte über ihre sämtlichen Gebiete [zu übertragen] ... und ihren Einfluss ... dahin auszuüben ... dass alle Arbeiten, Verbesserungen oder Expeditionen, welche die genannte Association zu irgendwelcher Zeit in irgendeinem Teile dieser Gebiete veranlassen wird, durch Arbeitskräfte oder auf andere Weise unterstützt werden ... Alle Straßen und Wasserläufe, welche sich in diesem Lande befinden, das

Recht, auf denselben Abgaben zu erheben, alle Jagd-, Fischerei-, Minen- und Waldgerechtsame sowie irgendwelche nicht occupierte Ländereien, welche die genannte Association sich zu irgendwelcher Zeit später auswählen wird, sollen ihr absolutes Eigenthum sein.»[29]

Durch Arbeitskräfte oder auf andere Weise. Mit seinen Stoffbahnen erwarb Stanley nicht nur Land, sondern auch Arbeitskraft. Das war ein noch üblerer Kuhhandel, als ihn die Indianer für Manhattan abgeschlossen hatten.

Was für Gesellschaften lebten in diesem Land, das Stanley ohne Wissen der meisten seiner Bewohner so eifrig für den König der Belgier absteckte? Die Frage lässt sich nicht so einfach beantworten, denn wenn man diesen Kongostaat in den Grenzen, die er am Ende aufwies, auf die Karte Europas abbilden würde, entspräche die Fläche dem Gebiet zwischen Zürich, Moskau und der Zentraltürkei. Der Kongo war so groß wie die gesamten USA östlich des Mississippi. Obwohl er in der Hauptsache aus Regenwald und Steppe bestand, umfasste er auch Vulkanberge und schnee- und gletscherbedeckte Gebirge, deren Gipfel höher aufragten als die der Alpen.

Die Vielfalt der Menschen in diesem riesigen Gebiet entsprach der Vielgestaltigkeit des Landes.[30] Die Palette reichte von Bürgern großer, hochorganisierter Königreiche bis zu den Pygmäen des Regenwaldes am Ituri, die in kleinen Horden ohne Häuptlinge und ohne förmliche Herrschaftsstruktur lebten. Die Königreiche, deren Hauptstädte aus großen Siedlungen bestanden, lagen normalerweise in der Steppe, wo sich große Entfernungen leichter überbrücken ließen. Im Regenwald, wo man mit dem Hackmesser Wege durch das dichte, schnellwüchsige Unterholz bahnen musste, waren die Gemeinschaften gewöhnlich viel kleiner. Diese Waldbewohner führten manchmal ein halb nomadisches Leben: Wenn zum Beispiel eine Gruppe von Pygmäen einen Elefanten erlegt hatte, ließ sie sich ein oder zwei schwelgerische Wochen lang an dem betreffenden Ort nieder, weil es leichter war, ein Dorf zu transportieren als einen toten Elefanten.

Manche Völker im Kongo wie etwa die Pygmäen waren zwar bewundernswert friedfertig, dennoch wäre es falsch, Muster natürlicher Unschuld in ihnen zu sehen. Viele praktizierten Sklaverei und rituellen Kannibalismus und neigten ebenso dazu, Krieg gegen andere Stämme oder ethnische Gruppen zu führen, wie die Menschen anderswo auf der Erde. Und die herkömmliche Kriegführung in diesem Teil Afrikas, wo manchmal als Beweismittel dafür, dass man einen anderen im Kampf getötet hatte, eine abgeschnittene Hand oder ein abgetrennter Kopf dienten, war genauso grausam wie der Krieg andernorts.[31] In manchen Gegenden des Kongo wurden alle Frauen durch eine Zwangsbeschneidung der Klitoris verstümmelt, ein Brauch, der teilweise bis heute ausgeübt wird und dem die Tatsache, dass es sich bei ihm um einen kulturellen Initiationsritus handelt, nichts von seiner Brutalität nimmt.

Wie viele Eingeborenenvölker hatten die Bewohner des Kongobeckens gelernt, in einem ökologischen Gleichgewicht mit ihrer Umwelt zu leben. Manche Gruppen hatten Verhaltensnormen ausgebildet, die praktisch auf eine Geburtenkontrolle hinausliefen: So mussten sich etwa Paare des Geschlechtsverkehrs enthalten, bevor die Männer auf eine Jagdexpedition zogen oder solange die Frauen Kleinkinder stillten. Mit Stoffen, die sich in bestimmten Blättern und Baumrinden fanden, ließen sich Fehlgeburten herbeiführen oder empfängnisverhütende Wirkungen erzielen. All diese Methoden zur Eindämmung des Bevölkerungswachstums ähnelten übrigens auffällig denen, die in einem anderen Regenwald jenseits des Ozeans, im Amazonasgebiet, Anwendung fanden.

Am meisten stachen bei den traditionellen Gesellschaften des Kongo ihre bemerkenswerten kunsthandwerklichen Leistungen ins Auge: das Herstellen von Körben, Matten, Tongeschirr, Kupfer- und Eisenverarbeitung und vor allem Holzschnitzerei. Es sollten noch zwei Jahrzehnte vergehen, ehe die Europäer auf diese Kunst ernstlich aufmerksam wurden. Ihre Entdeckung übte dann einen starken Einfluss auf Braque, Matisse und Picasso aus – der bis zu seinem Tod afrikanische Kunstobjekte in seinem Studio aufbewahrte. Der Kubismus war nur für Europäer neu, denn teilweise hatten zu ihm bestimmte afrikanische Kunstwerke angeregt, von denen einige von den Völkern der Pende und der Songye stammen, die im Flussbecken des Kasai, eines der großen Nebenflüsse des Kongo, beheimatet sind.

Es fällt nicht schwer, die unverkennbare Großartigkeit dieser Kunst zu gewahren, die Picasso und seine Kollegen so sehr fesselte, als sie ihr bei einer Ausstellung in Paris 1907 zum ersten Mal begegneten. Bei diesen Figuren aus Zentralafrika sind einige Körperteile überbetont, während andere geschrumpft sind; die Augen treten hervor, die Wangen sind eingesunken, die Münder verschwinden, die Körper sind überlang; die Augenhöhlen haben eine solche Ausdehnung, dass sie fast das ganze Gesicht bedecken; Gesicht und Gestalt erscheinen zerlegt und in Formen und Maßverhältnissen neu zusammengesetzt, die der Sichtweise des traditionellen europäischen Realismus bis dahin fremd waren.

Diese Kunst entsprang Kulturen, die von den islamischen oder christlichen Kulturen unter anderem unterschied, dass sie eine weniger scharfe Trennlinie zwischen diesseitiger und jenseitiger Welt wie auch zwischen der Sphäre der Menschen und dem Reich der Tiere zogen. Bei dem kongolesischen Volk der Bolia zum Beispiel wurde der König von einem Ältestenrat gewählt, durch Ahnen, die ihm im Traum erschienen, und schließlich durch wilde Tiere, die während einer Nacht, die der Anwärter auf den Königsthron an einer bestimmten Stelle im Regenwald verbringen musste, ihre Zustimmung durch Brüllen bekundeten.[32] Vielleicht waren es solche mehr fließenden Grenzen, die den Künstlern in Zentralafrika eine Freiheit der Darstellung gestatteten, wie sie die Künstler in Europa noch nicht entdeckt hatten.

Im Juni 1884 hatte Stanley seine Arbeit für Leopold beendet und stach mit einem Bündel Verträge in See, um zurück nach Europa zu fahren. Er murrte ein bisschen über die Gier seines Arbeitgebers; der König, so klagte er, besitze die «ungeheure Gefräßigkeit, über zwei Millionen Quadratkilometer zu verschlingen, und dies mit einem Schlund, durch den nicht einmal ein Hering passt».[33] Stanley allerdings war es, der dieses große Fressen ermöglichte.

Als er sich in England niederließ, um seinen üblichen tausendseitigen, zweibändigen Reisebericht zu verfassen, fand er sich in einem Europa wieder, dessen Interesse für Afrika erwacht war. Die Jagdsaison war eröffnet. Der Vertrag, den de Brazza am Stanley Pool abgeschlossen hatte, sollte bald eine französische Kolonie am Nordwestufer des Kongoflusses zur Folge haben. Reichskanzler Otto von Bismarck wünschte afrikanische Kolonien. Die Briten, die auf dem afrikanischen Kontinent schon am besten Fuß gefasst hatten, fingen an, sich Sorgen wegen der unerwünschten Konkurrenz zu machen.

Leopold war sich darüber im Klaren, dass keine dieser größeren Mächte darauf aus sein würde, die Ein-Mann-Kolonie, die Stanley für ihn abgesteckt hatte, anzuerkennen. Die diplomatische Anerkennung ist indes teilweise davon abhängig, ob sich ein Präzedenzfall schaffen lässt. Hat erst einer der größeren Staaten die Existenz eines politischen Gebildes anerkannt, wächst die Wahrscheinlichkeit, dass sich andere Länder dem anschließen. Für den Fall, dass kein größeres europäisches Land diesen wichtigen Schritt machte, beschloss Leopold, sich anderweitig umzutun. Ohne dass es auf seinem heimischen Kontinent jemand mitbekam, hatte Leopold bereits in aller Stille ein atemberaubendes Umgehungsmanöver in die Wege geleitet.

5

Von Florida bis Berlin

Es war bereits Frühjahr, und ungewöhnlich später Schnee überzog den Rasen des Weißen Hauses, als Präsident Chester A. Arthur, einen seidenen Zylinder auf dem Kopf, einen Salonwagen bestieg, den ihm die Pennsylvania-Eisenbahngesellschaft zur Verfügung gestellt hatte, und gen Süden fuhr, um Ferien zu machen. Hoher Blutdruck und andere Beschwerden setzten ihm zu, so hatte er seinen Mitarbeitern erklärt; er wolle in Florida einmal ordentlich ausspannen. Begleitet wurde der Präsident, als er am 5. April 1883 Washington verließ, vom Marineminister sowie von seinem Kammerdiener, seinem Privatsekretär und seinem französischen Koch, den ein Journalist, der im Zug mitfuhr, als einen «Herrn mit gut entwickelter Taillenregion … augenscheinlich kein schlechter Esser»[1] beschrieb. Eine Freundin des Präsidenten war ebenfalls an Bord, und etliche Cousins seiner verstorbenen Frau schlossen sich der Gesellschaft auf dem Weg nach Süden an. Hinter Petersburg in Virginia, als der Salonwagen an einen anderen Zug angehängt worden war, erregte ein graubärtiger Schaffner große Heiterkeit, weil er in den Wagen kam, die Reisenden abzählte und bei ihnen 47,50 Dollar für Fahrkarten kassieren wollte. Am nächsten Halt erwartete ihn ein Telegramm, das ihn anwies, den Präsidenten und seine Gesellschaft nicht weiter zu behelligen.

In Jacksonville, Florida, wurden der Präsident und seine Gefolgschaft mit einem Salut von einundzwanzig Schüssen begrüßt. Sie bestiegen sodann einen Schaufelraddampfer und fuhren die Windungen des St.-Johns-Flusses hinauf, den Zypressen und Schwärme von Reihern und Kranichen säumten. Weitere Freunde und Verwandte schlossen sich unterwegs dem geselligen Präsidenten an, und an den Flussufern stiegen Feuerwerkskörper in den Himmel. Am nächsten Tag machte der Dampfer in etwa fünfzig Kilometern Entfernung vom heutigen Disney-World-Gelände am Ufer fest, und die Gesellschaft stieg in Kutschen, um das elegante Herrenhaus der Orangenplantage Belair zu besuchen. Man probierte diverse Sorten der köstlichsten Orangen der Plantage, und der Marineminister stieg auf einen der Bäume, um sich einige Orangen zu pflücken, die ihm besonders in die Augen stachen. Am Abend unterhielt eine Truppe von sechs schwarzen Jungen aus der Gegend das Präsidentengefolge mit einer Gesangs- und Tanzdarbietung, begleitet von Banjomusik.[2]

Chester A. Arthur, einer der amerikanischen Präsidenten, die man sich nicht unbedingt merken muss, war ein liebenswürdiger Mensch, der es noch vier Jahre zuvor gerade einmal zum Zolleinnehmer im New Yorker Hafen gebracht hatte, aber diesen Posten im Zusammenhang mit Vorwürfen der Korruption und Misswirtschaft, die gegen ihn erhoben wurden, hatte räumen müssen. Bald danach verschafften ihm seine guten Beziehungen zum mächtigen New Yorker Parteiapparat der Republikaner die Nominierung zum Kandidaten für das Amt des Vizepräsidenten. Zum nahezu allgemeinen Entsetzen zog er in das Weiße Haus ein, als Präsident James A. Garfield der Kugel eines Attentäters zum Opfer fiel. Die Geschichte erinnert sich an den eleganten Arthur mit seinen Koteletten, der ein guter Erzähler und ein Salonlöwe war und Whiskey, Zigarren und teure Kleider schätzte, vielleicht am ehesten wegen seines Ausspruchs: «Ich bin vielleicht Präsident der USA, aber mein Privatleben hat, verdammt nochmal, niemanden zu interessieren.» Bei dieser Reise nach Florida allerdings kam sein Privatleben den Interessen eines anderen denkbar gut zupass. Der Eigentümer der Orangenplantage Belair war General Henry Shelton Sanford, der Mann, der Leopold dabei geholfen hatte, Stanley anzuwerben.

Sanford machte sich nicht die Mühe, von seinem Heim in Belgien nach Florida zu reisen, um beim Besuch des Präsidenten zugegen zu sein. Mit dem Selbstbewusstsein des Superreichen spielte er den Gastgeber in Abwesenheit. Er sorgte dafür, dass der Präsident und seine Gesellschaft von seinem persönlichen Vertreter empfangen wurden und dass sie die besten Zimmer im Hotel Sanford House bekamen, das an einem palmengesäumten Seeufer in der Stadt Sanford stand. Wenn der Präsident und seine Gäste nicht draußen waren, um Barsche, Forellen und Welse zu fangen oder Alligatoren zu schießen oder die Gegend per Dampfschiff zu erkunden, dann war fast eine Woche lang das Sanford House ihr Domizil. Wer die Hotelrechnung bezahlte, ist nicht überliefert, aber höchstwahrscheinlich blieb der Präsident dabei ebenso unbehelligt wie bei der Eisenbahnfahrt nach Süden.

Ironischerweise stellte sich die riesige Orangenplantage Sanfords, die von den Washingtoner Besuchern so bewundert wurde, als eine ebensolche Pleite heraus wie seine anderen Investitionen.[3] Einige schwedische Vertragsarbeiter fanden die Arbeitsbedingungen zu hart und versuchten, sich als blinde Passagiere auf einem Dampfschiff abzusetzen. Ein Schlachthaus, in das Sanford investierte, hatte eine Produktionskapazität, die den Bedarf des dortigen Marktes um das Fünfzigfache überstieg, und ging Bankrott. Eine von ihm in Auftrag gegebene Kaianlage von 180 Metern Länge und mit einem Lagerhaus am Ende wurde durch eine Flut weggespült. Der Manager eines seiner Hotels in Sanford, der Schulden bei ihm hatte, setzte sich ab. Aufseher versäumten es, Zäune zu ziehen, sodass streunende Kühe die Orangenbäume anknabbern konnten. Aber wenn auch alles, was Sanford als Geschäftsmann anfasste, danebenging, als Leopolds Komplize war er Spitze.

Sanford unterstützte schon lange die Republikanische Partei von Präsident Arthur. Zwei Jahre lang hatte er mit Arthur und anderen hochrangigen Beamten der USA wegen Leopolds Kongo-Plänen im Briefwechsel gestanden. Jetzt, nach der Florida-Reise des Präsidenten, war er zuversichtlich, bei Arthur Gehör zu finden, und ließ weitere Briefe folgen. Sieben Monate danach schickte Leopold Sanford über den Atlantik, um dessen gute Verbindungen zum Weißen Haus, die ihm sehr gelegen kamen, zu nutzen. Der Mann, der einst als amerikanischer Botschafter nach Belgien geschickt worden war, kehrte nun als persönlicher Gesandter des belgischen Königs nach Washington zurück.

Sanford brachte nach Washington einen Spezialcode[4] mit, um verschlüsselte Telegramme nach Brüssel schicken zu können: *Constance* bedeutete «Verhandlungen machen befriedigende Fortschritte», mit *Achille* war Stanley gemeint, *Eugénie* bezeichnete Frankreich, *Alice* die Vereinigten Staaten, *Joseph* bedeutete «Hoheitsrechte» und mit *Émile* war die Hauptzielscheibe, der Präsident, gemeint. *Bonheur* (Glück) hieß «Vereinbarung heute unterzeichnet». Die Vereinbarung, um die es Leopold ging, betraf die Bereitschaft der USA, dem Anspruch Leopolds auf den Kongo die volle diplomatische Anerkennung zu gewähren.

Sanford brachte auch einen Brief des Königs an den Präsidenten mit, den er selbst sorgfältig überarbeitet und übersetzt hatte. «Ganze Territorien, die uns souveräne Häuptlinge abgetreten haben, sind von uns als unabhängige Staaten konstituiert worden», erklärte Leopold; Stanley, der damals gerade seine Tätigkeit am Kongostrom abschloss, hätte über diese Behauptung nicht schlecht gestaunt. Von Arthur wollte Leopold nichts weiter als «die offizielle Erklärung, dass die Regierung der Vereinigten Staaten einen freundschaftlichen Flaggengruß ... der blauen Standarte mit dem goldenen Stern entbieten [wird], die mittlerweile über 17 Stationen, vielen Territorien, 7 Dampfbooten, die mit der Zivilisationstätigkeit der Gesellschaft befasst sind, sowie über einer Population von mehreren Millionen Menschen weht».[5]

Am 29. November 1883, nur zwei Tage nachdem sein Schiff in New York angekommen war und er den Nachtzug nach Washington bestiegen hatte, wurde Sanford von Präsident Arthur im Weißen Haus empfangen. Leopolds großes Zivilisierungswerk, erzählte er dem Präsidenten und jedem, den er in Washington traf, habe große Ähnlichkeit mit dem hochherzigen Werk, das die USA selbst in Liberia vollbracht hätten, wo seit 1820 freigelassene amerikanische Sklaven angesiedelt wurden, die bald schon einen eigenständigen afrikanischen Staat ins Leben riefen. Das war ein klug gewählter Vergleich, weil die «Wiederansiedlung» der ehemaligen Sklaven nicht von der amerikanischen Regierung, sondern von einer Privatgesellschaft nach Art der Leopold'schen Internationalen Gesellschaft für den Kongo organisiert worden war.

Wie alle Mitwirkenden unter Leopolds hochprofessioneller Regie war Sanford mit allen erforderlichen Requisiten ausgestattet. Er behauptete zum Beispiel, Leopolds Verträge mit den Häuptlingen am Kongo seien denen vergleichbar, die der puritanische Geistliche Roger Williams, der bekanntlich für die Rechte der Indianer eingetreten war, im 17. Jahrhundert auf Rhode Island abgeschlossen hatte – und wie von ungefähr hatte er auch gleich Abschriften jener Verträge bei sich. Außerdem versprach Leopold in seinem Brief an Präsident Arthur, amerikanischen Bürgern werde es freistehen, Land im Kongo zu erwerben; außerdem würden amerikanische Waren dort Zollfreiheit genießen. Zur Untermauerung dieser Versprechen hatte Sanford als Muster die Abschrift eines der Verträge dabei, die mit den Häuptlingen am Kongo abgeschlossen worden waren. Die Abschrift war allerdings in Brüssel geändert worden,[6] damit nichts von dem Handelsmonopol ruchbar wurde, das sich Leopold hatte einräumen lassen; mit dieser Änderung wurde nicht nur Arthur, sondern auch Sanford hinters Licht geführt, der ein glühender Verfechter des Freihandels war und wünschte, dass der Kongo amerikanischen Geschäftsleuten, wie er selbst einer war, offen stand.

In Washington behauptete Sanford, Leopolds zivilisierender Einfluss werde den Machenschaften der furchtbaren «arabischen» Sklavenhändler einen Riegel vorschieben. Und stellten diese «unabhängigen Staaten», über welche die Kongogesellschaft hochherzig ihre schützende Hand halte, nicht eigentlich eine Art von Vereinigten Staaten des Kongo dar? Ganz zu schweigen davon, dass der Kongo «von einem Amerikaner entdeckt wurde»,[7] wie Sanford an den amerikanischen Außenminister Frederick Frelinghuysen schrieb (Stanley setzte nach wie vor alles daran, sich der Welt als jemand zu verkaufen, der in den USA geboren und aufgewachsen war). Nur eine Woche nachdem Sanford in Washington eingetroffen war, fügte der Präsident frohgemut in seine Jahresbotschaft an den Kongress einen nur leicht überarbeiteten Text ein, den Sanford für ihn entworfen hatte und der von Leopolds edelmütigen Bemühungen im Kongo handelte:

> «Das reiche und dicht bevölkerte Tal des Kongo wird von einer Gesellschaft namens Internationale Afrikanische Gesellschaft erschlossen, deren Präsident der König der Belgier ist … Große Landstriche wurden der Gesellschaft von Eingeborenenhäuptlingen überlassen, Straßen wurden gebaut, Dampfschiffe auf dem Fluss stationiert und der Anfang mit der Bildung von Staaten gemacht … unter einer Flagge, die Handelsfreiheit bietet und den Sklavenhandel unterbindet. Die Absichten der Gesellschaft sind philanthropischer Natur. Sie zielt nicht auf dauerhafte politische Herrschaft, sondern bemüht sich um Neutralität für das Tal.»[8]

Leopold war entzückt, zu hören, dass seine eigene Propaganda dem Präsidenten so leicht von den Lippen ging. Sein Adjutant Oberst Maximilien Strauch telegraphierte an Sanford: «ENTZÜCKT VON ÉMILE».[9]

Als Nächstes machte sich Sanford daran, den Kongress zu bearbeiten. Er mietete das Haus Nr. 1925 G Street, ein paar Blocks vom Weißen Haus entfernt, telegraphierte an seine Frau und seinen Küchenchef, sie sollten aus Belgien herüberkommen, und fing an, Senatoren, Abgeordnete und Mitglieder des Kabinetts fürstlich zu bewirten. Es war Sanfords große Stunde, denn sein umgängliches Wesen, das ihn ebenso sehr zum Lebemann machte, wie es seine Geschäftstüchtigkeit beeinträchtigte, prädestinierte ihn zum Lobbyisten. Er besaß einen ausgezeichneten Weinkeller und galt als «gastronomischer Diplomat», der einen «Feldzug mit gastronomischen Mitteln»[10] führte. «Was war das in

Ihrem Haus für ein reizendes Diner, und was für eine Königin saß der Tafel vor»,[11] schrieb ihm ein Besucher. Außenminister Frelinghuysen war häufig zu Gast. Präsident Arthur und Mitglieder des Kongresses und des Kabinetts sahen sich mit Kisten voller Orangen aus Florida eingedeckt.

Während er im Kongress Unterstützung für Leopolds Anspruch auf den Kongo sammelte, stieß Sanford auf einen unverhofften Verbündeten. Senator John Tyler Morgan aus Alabama, einstiger Brigadegeneral bei den Konföderierten, war Vorsitzender des Senatsausschusses für Auswärtige Angelegenheiten. Wie damals für die meisten Politiker aus den Südstaaten war für ihn die Vorstellung, die befreiten Sklaven und ihre Nachkommen könnten Gleichheitsträume hegen, ein Schreckgespenst. Der grimmig dreinblickende, schnauzbärtige Senator, der klein gewachsen, aber ein großer Polterer war, ließ sich lauthals und Unheil verkündend über die Gefahr einer «mit Gewalt durchgesetzten Negerherrschaft» aus, da Schwarze «in weiße Familien … eingeschmuggelt» würden, wo sie dann unter Umständen «unschuldigen weißen Frauen ein schlimmeres Schicksal als den Tod»[12] bereiteten. Morgan zerbrach sich jahrelang den Kopf über das «Problem» dieser wachsenden schwarzen Bevölkerung. Seine Lösung, die von vielen unterstützt wurde, war einfach: Zurück nach Afrika mit ihnen!

Morgan, der stets entschieden für einen «allgemeinen Exodus»[13] der Schwarzen aus den Südstaaten eintrat, sprach sich zu anderen Zeiten seiner langen Karriere auch dafür aus, sie nach Hawaii, nach Kuba und auf die Philippinen zu verfrachten – wobei er die letzteren Inseln, vielleicht weil sie so weit weg waren, zur «angestammten Heimat des Negers»[14] erklärte. Den Vorzug allerdings gab er stets Afrika. Für Morgan war Leopolds neuer Staat ein Geschenk des Himmels. Benötigte dieses Gebiet für seine Entwicklung nicht Arbeitskräfte? Und würden die Kongolesen nicht liebend gern Handel mit den USA treiben, wenn die Amerikaner, denen sie begegneten, die gleiche Hautfarbe hätten wie sie? Und konnte der Kongo nicht zu einem Absatzmarkt für die Baumwollüberschüsse des Südens werden? Afrika, so verkündete er später im Sitzungssaal des Senats, «war ebenso gewiss für den Neger geschaffen wie der Garten Eden für Adam und Eva … Im Kongobecken treffen wir den besten Typus der Negerrasse an, und der amerikanische Neger … findet hier das ideale Feld für seine Bemühungen.»[15]

Sanford stimmte dem voll und ganz zu. Er war zwar in Connecticut zur Welt gekommen, aber als er anfing, im Süden zu investieren, passte er sich rasch an die Ab-mit-ihnen-nach-Afrika-Stimmung der dortigen weißen Geschäftsleute an. Der Kongo, meinte er, könne als «ein Betätigungsfeld … für den Unternehmungsgeist und den Ehrgeiz unserer Farbigen» dienen, die sich dort «in ihnen gemäßeren Bereichen als der Politik»[16] tummeln könnten. An seinem Lebensende propagierte er dieses neue «Kanaan für unsere heutigen Israeliten»,[17] wohin sich «die geballte Elektrizität aus jener schwarzen Wolke, die sich über die Südstaaten ausbreitet»,[18] entladen könne. Sanford und Morgan verstanden sich blendend, und auch Morgan erhielt fortan Orangenkisten aus Florida.

Anfang 1884 brachte Morgan einen Senatsbeschluss zur Unterstützung der Ansprüche Leopolds auf den Kongo ein, nachdem er den Rohentwurf an Sanford geschickt hatte. Wie alle Lobbyisten, denen man den kleinen Finger reicht, griff Sanford nach der ganzen Hand. Morgans Formulierung, in der von einem Gebiet die Rede war, «aus dem der Kongo sein Wasser bezieht», ergänzte er durch die Worte «mit seinen Nebenflüssen und angrenzenden Wasserläufen»,[19] was sich so interpretieren ließ, dass ganz Zentralafrika inbegriffen war. Der Senat schwächte diese Formulierung wieder ab und verabschiedete bald eine modifizierte Fassung der Morgan'schen Resolution. Er gab auch in einer Auflage von 1000 Exemplaren einen langen Bericht über den Kongo heraus, der Morgans Namen trug, aber in der Hauptsache von Sanford abgefasst war. «Es lässt sich mit Fug und Recht sagen», hieß es in dem Bericht, «dass kein barbarisches Volk jemals die hegende Zuwendung eines wohltätigen Unternehmens derart bereitwillig angenommen hat, wie das die Stämme des Kongo tun, und dass niemals aufrichtigere und praktischere Anstrengungen zu seinem Wohle … unternommen wurden.»[20]

Da Sanford wusste, wie genau die Republikaner Präsident Arthurs auf die Signale aus der Geschäftswelt achteten, sorgte er dafür, dass die New Yorker Handelskammer einen Beschluss veröffentlichte, in dem die Anerkennung der Leopold'schen Gesellschaft durch die USA befürwortet wurde. Wohlwollende Berichte über die philanthropische Arbeit des Königs erschienen in allen großen amerikanischen Zeitungen; angeregt hatte sie Sanford, wie damals üblich, durch finanzielle Zuwendungen. Sanfords auf mehreren Ebenen geführte Kampagne dürfte der ausgeklügeltste Fall von Lobbyismus zugunsten eines ausländischen Herrschers gewesen sein, den Washington im 19. Jahrhundert erlebte. Am 22. April trug Sanfords Arbeit Früchte. Der Außenminister erklärte, die USA erkennten den Anspruch von König Leopold II. auf den Kongo an. Die USA spielten damit den Vorreiter.

Leopold wusste, dass er diesen großen Coup Sanford verdankte; er wusste auch, dass dem «General» eine königliche Belobigung mehr wert war als Geldeslohn. Er lud Sanfords Frau Gertrude, die nach Belgien zurückgekehrt war, zum Frühstück ein. «Ich kann dir gar nicht sagen», schrieb sie danach ihrem Mann, «wie viel Schmeichelhaftes der König über dich geäußert hat … Mein Lieber, *niemand* hätte dir mehr schmeicheln oder mir zuvorkommender begegnen können als der König und die Königin.»[21]

Während seiner gekonnten lobbyistischen Aktivitäten in Washington hatte Sanford Dokumente zirkulieren lassen, die ein gelungenes Verwirrspiel mit den Namen der vollständig von Leopold kontrollierten Internationalen Gesellschaft des Kongo und der Internationalen Afrikanischen Gesellschaft trieben, die zu diesem Zeitpunkt zwar bereits zu existieren aufgehört hatte, an die man sich aber noch als an eine philanthropische Gesellschaft von berühmten Entdeckern, Kronprinzen und Großherzögen vage erinnerte. Das Durcheinander war allgemein perfekt. In seiner offiziellen Erklärung zur Anerkennung der Ansprüche Leopolds schaffte es Außenminister Frelinghuysen sogar, beide Namen in ein und denselben Satz zu packen:

> «Die Regierung der Vereinigten Staaten bekundet, dass sie die wohltätigen Absichten der Internationalen Gesellschaft des Kongo, die erklärtermaßen die Interessen der dort gegründeten Freistaaten vertritt, mit Anteilnahme und Beifall zur Kenntnis nimmt; sie wird die Offiziere der Vereinigten Staaten zu Lande wie auch zur See anweisen, die Flagge der Internationalen Afrikanischen Gesellschaft als die Flagge eines befreundeten Landes zu betrachten.»[22]

Wie die meisten derartigen amtlichen Dokumente verschwand auch dieses rasch in den Aktenschränken der Verwaltung. Es wurde allerdings später auf merkwürdige Weise abgewandelt, ohne dass dies jemandem aufgefallen zu sein scheint. Als Stanley im folgenden Jahr das Dokument in seinem Buch *Der Kongo und die Gründung des Kongostaates: Arbeit und Forschung* abdruckte, einem Bestseller, der in viele Sprachen übersetzt und überall auf der Welt gelesen wurde, hatte sich der Wortlaut verändert.[23] Die entscheidende Abwandlung bestand darin, dass nur noch von der Internationalen Gesellschaft des Kongo, die sich vollständig im Besitz des Königs befand, die Rede war. Der Redakteur, der diese Veränderung vornahm, war höchstwahrscheinlich der König selbst, der Kapitel für Kapitel Stanleys Manuskript sorgfältig Korrektur las. Lange vor Stalin, der ebenfalls eigenhändig die Manuskripte von Autoren korrigierte, wusste Leopold bereits, wie nützlich es sein kann, Geschichte umzuschreiben.

«Die Anerkennung durch die Vereinigten Staaten war für die Association, deren Existenz durch gegnerische Interessen und Bestrebungen ernstlich bedroht war, die Geburt zu neuem Leben»,[24] schrieb Stanley, und er hatte Recht. Während Sanford noch seine triumphale Rückkehr nach Belgien vorbereitete, schloss Leopold bereits eine ähnliche Vereinbarung mit Frankreich ab. Wie in Washington hatte der König auch in Paris einen eigenen Kontaktmann, einen Kunsthändler namens Arthur Stevens, der über gute Verbindungen verfügte. Er stand in direkten Verhandlungen mit Premierminister Jules Ferry, während Leopold einem Journalisten der einflussreichen Zeitung *Le Temps* ein hohes Monatssalär zahlte,[25] um sicherzustellen, dass es wohlwollende Artikel über seine Aktivitäten im Kongo regnete.

Die Franzosen fühlten sich durch das winzige Belgien oder durch den großen Umfang der von Leopold beanspruchten Territorien nicht bedroht. Ihre Hauptangst war, Leopold werde, wenn ihm bei der Verwirklichung seines Planes, die Katarakte durch eine Eisenbahnlinie zu umgehen, das Geld ausging – sie waren sicher, dass dies der Fall sein würde! –, das ganze Gebiet an ihren Hauptkonkurrenten in Sachen Kolonialismus, Großbritannien, verkaufen. Schließlich hatte doch Stanley wiederholt auf einen britischen Kongo gedrängt!

Nach Leopolds Einschätzung konnten Stanleys unüberlegte anglophile Salven ihm jetzt tatsächlich von Nutzen sein. «Wir sollten gar nicht versuchen, das richtig zu stellen», hatte der König einige Monate zuvor nach einem solchen Stanley'schen Ausbruch dem Oberst Strauch anvertraut. «Es schadet nicht, wenn Paris befürchtet, im Kongo könnte ein britisches Protektorat entstehen.»[26] Zur Beschwichtigung der französischen Ängste hatte Leopold ein Mittel zur Hand. Wenn Frankreich seinen Anspruch respektiere, werde er dem Land ein Vorkaufsrecht auf den Kongo einräumen – die heutigen Immobilienanwälte sprechen von einem «Recht, die Annahme der ersten Offerte zu verweigern». Die erleichterten Franzosen stimmten rasch zu. Da sie sicher waren, dass die geplante Eisenbahn Leopold in den Bankrott treiben werde und dass er dann das Land ihnen werde verkaufen müssen, glaubten sie, ein hervorragendes Geschäft gemacht zu haben. Die Amerikaner hatte Sanfords Leutseligkeit so bezaubert, dass sie sich nicht damit aufgehalten hatten, die genauen Grenzen des weit entfernten Gebiets zu klären, das sie implizit als Leopolds Eigentum anerkannten. Frankreich hingegen war willens, diese Grenzen auf einer Karte festzulegen, und zwar so, dass sie den Großteil des Flussbeckens des Kongo umfassten.

In seinem Brief an Präsident Arthur hatte Leopold von «unabhängigen Staaten» gesprochen. In seinen Verlautbarungen während der folgenden Monate wurde daraus indes schlicht und einfach «Staat». Was die Gesellschaft betraf, so war sie «eine rein vorläufige Organisation», die «verschwinden werde, sobald ihre Arbeit beendet sei»,[27] wie ein belgischer Journalist 1884 in Darlegung der Vorstellungen des Königs erklärte. Durch solche Taschenspielertricks verwandelte sich das Gebilde, das im Laufe des folgenden Jahres von immer mehr Ländern anerkannt wurde, allmählich aus einem Staatenbund unter dem menschenfreundlichen Schutz einer wohltätigen Gesellschaft in eine Kolonie, über die ein einziger Mann herrschte.

Leopold stellte fest, dass die härteste Nuss, die er knacken musste, der deutsche Reichskanzler Bismarck war. Anfangs brachte seine Gier den König in Schwierigkeiten. Neben dem Kongobecken, schrieb er an Bismarck, beanspruche er Gebiete von nicht eindeutig bestimmtem Umfang, die «Ägypten geräumt hat und wo der Sklavenhandel weiterhin gedeiht. Damit diese [Provinzen] einem neuen Staat einverleibt und von ihm verwaltet werden können, wäre es das Beste, das Übel bei der Wurzel zu packen und auszurotten.»[28] Bismarck, der nicht dumm war, kritzelte neben diese Passage an den Rand das Wort «Schwindel». Neben einen Abschnitt, in dem es um einen Bund von Freistaaten ging, setzte er den Vermerk «Hirngespinste». Als Leopold schrieb, die genauen Grenzen des neuen Staates oder Staatenbundes würden später festgelegt, äußerte Bismarck gegenüber einem Adjutanten, Seine Majestät lege die Anmaßung und den naiven Egoismus eines Italieners an den Tag, der meine, dass er sich aufgrund seines Charmes und seines guten Aussehens alles erlauben könne.[29]

Am Ende allerdings überlistete Leopold sogar den Eisernen

Kanzler; auch diesmal wieder bediente er sich dabei eines bestens geeigneten Mittelsmannes. Gerson Bleichröder, der Bankier Bismarcks und Finanzier des Gotthard-Tunnels sowie zahlreicher anderer Projekte, übte in Berlin hinter den Kulissen großen Einfluss aus.[30] Der König hatte ihn einige Jahre zuvor in dem vornehmen belgischen Badeort Ostende kennen gelernt und in ihm einen Mann erkannt, der ihm nützlich sein konnte. Mit Hilfe einer königlichen Spende von 40 000 Francs an die Berliner Afrikanische Gesellschaft machte Bleichröder ganz diskret Stimmung für Leopold. Er schickte Berichte über die neuesten Entwicklungen am kaiserlichen Hof in Berlin und brachte schließlich seinen Freund, den Kanzler, dazu, Leopolds Anspruch auf den Kongo zu akzeptieren. Als Gegenleistung erhielt Bleichröder einige Bankgeschäfte von Beratern Leopolds zugeschanzt; außerdem stellte man ihm in Aussicht, er könne im Kongo selbst investieren. Eine Pianistin, mit der Bleichröder angeblich eine Romanze verband, wurde zu einem Konzert an den belgischen Hof geladen, wo sie von Leopold einen Orden erhielt.

Kurz nachdem Stanley im Sommer 1884 nach Europa zurückgekehrt war, traten die Verhandlungen des Königs mit Bismarck in ihr entscheidendes Stadium. Fünf Tage lang weilte der Entdecker bei Leopold zu Gast, der im königlichen Chalet in Ostende, einer von Zinnen und Türmchen gekrönten, ausladenden Villa am Meer, Ferien machte. Der König schaffte eigens einen Koch herbei, der Stanley jeden Morgen ein traditionelles englisches Frühstück zubereiten musste; die Gespräche der beiden Männer dauerten bis tief in die Nacht. Gerade als Stanley im Begriff war abzureisen, kam eine Botschaft von Bismarck, der über die Grenzen des neuen Kongostaates Auskunft haben wollte; also blieb Stanley noch ein paar Stunden länger, um sie auf einer großen Karte an der Wand des königlichen Arbeitszimmers einzuzeichnen. Bismarck ließ sich davon überzeugen, dass es besser war, wenn der Kongo an das schwache, kleine Belgien fiel und dem deutschen Handel offen stand, als wenn Frankreich oder Portugal mit ihrem Protektionismus oder gar das mächtige England von dem Gebiet Besitz ergriffen. Gegen Freihandelsgarantien für den Kongo (wie allen anderen war auch Bismarck der vollständige Text der Verträge Leopolds mit den Häuptlingen unbekannt) erkannte das Deutsche Reich den neuen Staat an.

In Europa war die Gier nach afrikanischen Gebieten förmlich spürbar. Eine Reihe widerstreitender Ansprüche bedurften der Vermittlung, und es lag auf der Hand, dass im Blick auf die weitere Aufteilung des afrikanischen Kuchens ein paar Grundregeln festgelegt werden mussten. Bismarck erbot sich, eine diplomatische Konferenz nach Berlin einzuberufen, auf der einige der Probleme erörtert werden sollten. Leopold sah in der Konferenz wieder eine Gelegenheit, seine Herrschaft über den Kongo zu festigen.

Am 15. November 1884 versammelten sich Vertreter der europäischen Mächte in Bismarcks backsteingelbem Amtssitz in der Wilhelmstraße um einen hufeisenförmigen Tisch mit Blick auf den Garten. Zu den Ministern und Bevollmächtigten im Staatsornat, die ihre Plätze unter dem von der Gewölbedecke des Raumes herabhängenden glitzernden Kronleuchter einnahmen, zählten Grafen, Barone, Oberste und ein Wesir aus dem Osmanischen Reich. Bismarck, der ein scharlachfarbenes Hofgewand trug, begrüßte sie in Französisch, der Verkehrssprache der damaligen Diplomatie; anschließend machten sich die Delegierten, die vor einer großen Karte Afrikas saßen, an die Arbeit.

Mehr als irgendjemand sonst hatte Stanley mitgeholfen, den großen Landrausch zu entfachen, aber selbst ihm war unwohl angesichts der Gier, die zu spüren war. Sie erinnere ihn, erklärte er, an die Art und Weise, wie «sich meine schwarzen Begleiter auf unseren Reisen mit gezückten Messern auf ein erlegtes Wild stürzten».[31] Die Berliner Konferenz war der Offenbarungseid eines Zeitalters, dessen neu entdeckte Begeisterung für die Demokratie eindeutige Grenzen hatte und das erlegtem Wild kein Mitspracherecht einräumte. Sogar John Stuart Mill, der große philosophische Verkünder menschlicher Freiheit, schrieb in seinem Essay *On Liberty*: «Beim Umgang mit Barbaren ist Despotie eine legitime Form der Regierung, vorausgesetzt, sie bezweckt deren Besserung.»[32] Nicht ein einziger Afrikaner saß in Berlin mit am Tisch.

Die Tatsache, dass sein im Ansatz vorhandener Staat bereits von den USA und von Deutschland anerkannt war und dass er mit Frankreich die gutnachbarliche Vorkaufsvereinbarung getroffen hatte, verschaffte Leopold eine starke Stellung. Seine Internationale Gesellschaft des Kongo war keine Regierung – tatsächlich schienen die Delegierten auf der Konferenz nicht recht zu wissen, worum es sich dabei eigentlich handelte – und deshalb in Berlin auch nicht offiziell vertreten. Leopold fiel es indes nicht schwer, von Belgien aus den Überblick über die Entwicklungen auf der Konferenz zu behalten. Einmal war da sein Freund Bleichröder, der in der deutschen Hauptstadt die Ohren offen hielt; er lud unter anderem die Delegierten zu einem erlesenen Diner ein. Außerdem stand der König in Verbindung mit nicht weniger als drei nationalen Gesandtschaften.

Erstens waren die belgischen Repräsentanten seine treuen Untergebenen; einem von ihnen wurde die Rolle des Schriftführers bei dem Treffen übertragen. Zweitens war Leopold ungewöhnlich gut über vertrauliche Angelegenheiten im britischen Außenministerium informiert, weil der persönliche Assistent des Außenministers einem Geschäftsfreund des Königs, der an der Finanzierung der Stanley'schen Expedition beteiligt gewesen war, eine große Geldsumme schuldete.[33] Hinzu kam, dass Sir Travers Twiss, der erst kürzlich ein Gutachten über die Verträge mit den Kongo-Häuptlingen für Leopold angefertigt hatte, als Rechtsberater der britischen Delegation fungierte. Und wen hatten die USA schließlich zu einem ihrer beiden Konferenzvertreter ernannt? Keinen anderen als Henry Shelton Sanford, der Leopold fast täglich informative Depeschen schickte. Und wer spielte den «fachlichen Berater» der amerikanischen Delegation, obwohl er nach wie vor in Leopolds Sold stand? Henry Morton

Stanley. Zwischen den einzelnen Sitzungen der Konferenz schickte Leopold Sanford nach Paris und Stanley nach London, damit sie dort als diplomatische Lobbyisten die Trommel für ihn rührten.

Wenngleich seine Rolle in Berlin hauptsächlich darin bestand, Leopolds Ansprüchen auf den Kongo als Galionsfigur zu dienen, wurde Stanley von jedermann zum Helden des Tages gemacht und durfte sich in seinem Ruhm sonnen. «Heute Abend hatte ich die Ehre, mit dem Fürsten Bismarck und seiner Familie zu speisen», notierte er in sein Tagebuch. «Der Fürst ist ein großartiger Mann, ein liebevoller Vater und herrlich schlicht im Umgang mit seiner Familie … Der Fürst fragte mich nach Afrika aus und bewies mir, dass er im großen Ganzen die Situation dieses Kontinents sehr gut begreift.»[34] Bismarck, der gerade damit begann, ein ansehnliches deutsches Kolonialreich in Afrika zu erwerben, war froh, mit Hilfe des berühmten Entdeckers das deutsche Interesse an dem Kontinent anregen zu können. Er sorgte dafür, dass Stanley zu Banketten und Vorträgen nach Köln, Frankfurt und Wiesbaden eingeladen wurde.

In dem verschneiten Berlin hatte fast keiner der Konferenzteilnehmer, Stanley ausgenommen, mehr von Afrika gesehen als die Zeichnungen afrikanischer Landschaften auf den Speisekarten zu den Bismarck'schen Banketten. Wenn sich also jemand fragte, warum Leopold so gigantische Ansprüche erhob, konnte Stanley mit der Autorität eines Mannes, der gerade fünf Jahre im Kongo verbracht hatte, für den König in die Bresche springen. Wie einer der Diplomaten berichtete, dauerte es nicht lange, da ging Stanley zu der großen Karte von Afrika «und fesselte sogleich alle Delegierten durch eine lebendige Schilderung der Verhältnisse im Kongobecken und schließlich in dem [angrenzenden] Land, das zusammen mit ihm einer Herrschaft unterstehen müsse, um die größtmögliche Freiheit der Verkehrsverbindungen sicherzustellen».[35]

Ständig wechselten Telegramme zwischen Berlin und Brüssel, wo Leopold jeden Schritt verfolgte. Dass auf der Berliner

Konferenz Afrika verteilt worden sei, ist ein Märchen; die Beutestücke waren zu groß, und es brauchte noch viele weitere Verträge, um sie alle aufzuteilen. Aber durch die Schlichtung einiger widerstreitender Ansprüche (und durch eine Separatvereinbarung, die der König mit Frankreich abschloss) war die Konferenz Leopold in der Tat in einem wichtigen Punkte von Nutzen: Der König, Frankreich und Portugal erhielten allesamt Gebiete in der Nähe der Kongomündung; der König aber bekam, was er am dringendsten haben wollte: den Seehafen Matadi am Unterlauf des Flusses und das Land, das er brauchte, um eine Eisenbahn zu bauen, die von dort um die Stromschnellen herum zum Stanley Pool führte.

Wichtiger noch war für Leopold das Netz von bilateralen Abkommen, die er mit anderen Ländern während und nach der Konferenz schloss und durch die seine entstehende Kolonie anerkannt und ihre Grenzen festgelegt wurden. Bei den Verhandlungen mit den Briten zum Beispiel deutete er an, dass er sich vollständig aus Afrika zurückziehen werde, wenn er nicht alle Gebiete bekomme, die er haben wolle; nach dem Vorkaufsvertrag, den er mit Frankreich abgeschlossen hatte, hätte dies den Verkauf des Kongo an Frankreich bedeutet. Der Bluff funktionierte, und England gab nach.

Für die Europäer war der Reichtum Afrikas immer noch ein weitgehend mit den Küsten verknüpftes Phänomen, und deshalb stieß Leopold mit seinem Ansinnen, ihm solch riesige Gebiete im Innern des Kontinents zu überlassen, auf bemerkenswert wenig Widerstand. Ein Hauptgrund dafür, dass er so viel an sich reißen konnte, bestand darin, dass andere Länder glaubten, sie gäben ihre Zustimmung zu einer Art von internationaler Kolonie – die zwar ohne Frage unter der Schirmherrschaft des Königs der Belgier stand, aber Kaufleuten aus ganz Europa frei zugänglich war. Abgesehen davon, dass man sich routinemäßig für einen freien Schiffsverkehr, für eine friedliche Beilegung von Streitigkeiten, für die Entsendung christlicher Missionare und Ähnliches mehr aussprach, erbrachte Berlin als Hauptvereinbarung dies, dass ein Großteil von Zentralafrika einschließlich des Leopold'schen Gebiets im Kongobecken eine Freihandelszone bilden sollte.

Die Konferenz endete im Februar 1885 mit der Unterzeichnung eines Abkommens und einer abschließenden Reihe von Ansprachen. Niemand profitierte von der Zusammenkunft mehr als der Mann, der nicht an ihr teilgenommen hatte, König Leopold II. Als während der feierlichen Unterzeichnung des Abkommens Leopolds Name genannt wurde, erhoben sich die Anwesenden und applaudierten. In seiner Schlussansprache an die Delegierten erklärte Kanzler Bismarck, dem neuen Kongostaat falle bei der künftig zu leistenden Arbeit eine besonders wichtige Rolle zu; deshalb möge er sich rasch entwickeln und die noblen Bestrebungen seines illustren Schöpfers Wirklichkeit werden lassen.[36] Wie ein verspätetes Ausrufezeichen hinter Bismarcks Erklärung wirkte, dass zwei Monate danach ein Schiff der US-Marine, die *Lancaster*, vor der Kongomündung auftauchte und zu Ehren der blauen Flagge mit dem goldenen Stern einen Salut von zwanzig Kanonenschüssen abfeuerte.

Die meisten Belgier hatten der fieberhaften afrikanischen Diplomatie, die ihr König betrieb, wenig Beachtung geschenkt; aber als es dann vorbei war, begannen sie staunend festzustellen, dass seine neue Kolonie größer war als England, Frankreich, Deutschland, Spanien und Italien zusammengenommen. Sie umfasste ein Dreizehntel des afrikanischen Kontinents und war über sechsundsiebzigmal größer als Belgien selbst.

Im Interesse einer klaren Unterscheidung zwischen seinen beiden Rollen erwog der König der Belgier anfangs, sich «Kaiser des Kongo» zu nennen; er spielte auch mit der Idee, treue Häuptlinge mit Uniformen auszustatten, die denen der berühmten rot gewandeten Beefeaters am Londoner Tower nachempfunden waren. Schließlich beschloss er, schlicht und einfach der «unumschränkte Herrscher» des Kongo zu sein. In späteren Jahren bezeichnete sich Leopold gelegentlich – und zutreffender, weil ja sein Hauptinteresse an dem Territorium darin bestand, jedes Quäntchen Reichtum aus ihm herauszupressen – als «Inhaber» des Kongo.[37] Seine Macht als Herrscher über die Kolonie musste er in keiner Weise mit der belgischen Regierung teilen, deren Minister nicht weniger überrascht als alle Übrigen waren, wenn sie ihre Zeitungen aufschlugen und erfuhren, dass der Kongo ein neues Gesetz verabschiedet oder einen neuen internationalen Vertrag abgeschlossen hatte.

Obwohl das Gebilde, das die Berliner Konferenz und verschiedene Staaten offiziell anerkannt hatten, die Internationale Afrikanische Gesellschaft oder die Internationale Gesellschaft des Kongo war (das amerikanische Außenministerium, das nicht mehr wusste, wo ihm der Kopf stand, akzeptierte sogar beides gleichzeitig), beschloss Leopold einen erneuten Namenswechsel. Der Vorwand, dass beim Kongo eine philanthropische «Gesellschaft» im Spiel war, durfte nunmehr fallen gelassen werden. Unverändert blieb nur die blaue Fahne mit dem goldenen Stern. Durch königlichen Erlass gab Leopold am 29. Mai 1885 seinem neuen Land, das er als Privatmann beherrschte, den Namen *État Indépendant du Congo,* Freistaat Kongo. Bald schon gab es auch eine Nationalhymne, die mit den Worten «Auf in die Zukunft» begann. Endlich, mit 50, besaß Leopold die Kolonie, von der er so lange geträumt hatte.

6

Unter der Flagge des Yachtklubs

Während es mit seiner Macht in Übersee aufwärts ging, verschlechterten sich Leopolds familiäre Verhältnisse zu Hause immer mehr. In wachsendem Maße suchte er Zuflucht in den Betten verschiedener Geliebter; einer von ihnen gaben die Belgier prompt den Spitznamen «Königin des Kongo». Im April 1885, nur sechs Wochen nach seinem diplomatischen Triumph in Berlin, wurde der König vor einem britischen Gericht als Kunde eines Edelbordells genannt,[1] gegen das vom Londoner Komitee für die Bekämpfung des kontinentalen Handels mit englischen Mädchen Klage angestrengt worden war. Leopold hatte, wie ein früherer Diener des Bordells aussagte, 800 Pfund monatlich für eine regelmäßige Belieferung mit jungen Frauen gezahlt, von denen einige zwischen zehn und fünfzehn Jahre alt waren und deren Jungfräulichkeit garantiert wurde. Eine Pariser Zeitung gab Gerüchte wieder, denen zufolge Leopold heimlich in seiner Yacht nach England gefahren war und die Bordellchefin mit einer fürstlichen Geldsumme bedacht hatte, um sicherzustellen, dass sein Name nicht wieder erwähnt wurde. Wahrscheinlicher allerdings dürfte sein, dass der Fall deshalb mit ungewöhnlicher Hast zum Abschluss gebracht wurde, weil angeblich auch der britische Kronprinz in diesem Etablissement verkehrte. Der britische Innenminister schickte einen Sonderbeobachter zu den Gerichtsverhandlungen, wodurch offenbar allen Beteiligten in versteckter Form bedeutet wurde: «Je weniger ausgepackt wird, umso besser!» Die Bordellchefin bekannte sich schuldig und kam mit einer bemerkenswert milden Strafe davon.

Seine älteste Tochter Louise verheiratete Leopold, als sie

siebzehn war, an ein viel älteres Mitglied des Hauses Österreich. Nach Festlichkeiten, an denen ganz Brüssel teilnahm, verlief die Hochzeitsnacht des Paares so traumatisch, dass Louise in ihrem Nachthemd in die Schlossgärten flüchtete und von einer Dienerin zurückgeholt werden musste, um sich von ihrer Mutter eine Standpauke über die ehelichen Pflichten einer Frau anzuhören. Ein paar Jahre später verwickelte sie sich in ein Gewirr aus zweifelhaften Geldforderungen und eine ehebrecherische Affäre mit einem Kavallerieoffizier. Nachdem der Offizier sich mit ihrem Mann duelliert hatte, steckten ihn die österreichischen Behörden ins Gefängnis und stellten Louise vor die Wahl, zu ihrem Mann zurückzukehren oder sich in eine Anstalt für Geisteskranke aufnehmen zu lassen. Sie entschied sich für die Anstalt, und Leopold weigerte sich, je wieder ein Wort mit ihr zu wechseln. Da er Angst vor weiteren Unannehmlichkeiten hatte, drang er auf ihre sichere Verwahrung. Schließlich wurde der Kavallerieoffizier aus dem Gefängnis entlassen und rettete Louise in einer dramatischen Aktion aus der Anstalt, nur um nicht lange danach das Zeitliche zu segnen. Ihr restliches unglückliches Leben lang kaufte Louise Kleider mit derselben Besessenheit, mit der ihr Vater versucht hatte, Länder zu kaufen; diesem Zwang opferte sie ihr königliches Erbteil und mehr. Ihren aufgebrachten Gläubigern gelang es schließlich, einen Teil ihrer Garderobe zu beschlagnahmen und zu versteigern: 68 Schleier, 90 Hüte, 27 Abendkleider, 21 Seiden- oder Samtgewänder und 58 Regen- und Sonnenschirme.[2]

Auch seiner mittleren Tochter Stéphanie war Leopold kein besserer Vater. Sie war kaum sechzehn, da verlobte er sie mit dem schwarzbärtigen Erzherzog und Thronfolger Rudolf von Österreich, damit sie eines Tages Kaiserin würde. Leopold beneidete die Habsburger insbesondere deshalb, weil ihnen im Unterschied zu ihm Parlamente und Verfassungen nur wenig zu schaffen machten. Als böses Omen erwies sich allerdings, dass Rudolf, als er zu seiner ersten Begegnung mit Stéphanie nach Brüssel kam, die Frau mitbrachte, die sich gerade seiner Gunst erfreute.

Seine neue Kolonie bot Leopold die wichtigste Ablenkung von dem Elend zu Hause. Der Kongo, so erinnerte sich Louise später, «war das Einzige, worüber ich um mich herum reden hörte».[3] Und verglichen mit seinen familiären Angelegenheiten entwickelten sich die Dinge im Kongo bestens. Wie er den idealen politischen Augenblick erwischt hatte, um sein neues Territorium zu erwerben, so fand er auch die geeigneten technischen Bedingungen vor, um das Gebiet unter seine Kontrolle zu bringen. Als er sich daranmachte, die gewaltige Kolonie zu entwickeln, konnte er sich auf eine Reihe von Instrumenten stützen, die den Begründern früherer Kolonialreiche noch nicht zur Verfügung gestanden hatten. Diese Instrumente waren entscheidend, denn sie sollten bald schon wenigen tausend Weißen im Dienste des Königs erlauben, an die 20 Millionen Afrikaner zu beherrschen.

Da waren als Erstes die Waffen. Die primitiven Vorderlader, die meist das waffentechnisch Beste darstellten, das sich die Kongolesen beschaffen konnten, entsprachen etwa noch den Musketen in George Washingtons Heer. Den Europäern hingegen standen seit den späten sechziger Jahren des 19. Jahrhunderts Hinterladergewehre zur Verfügung, die ihre tödliche Durchschlagskraft gerade erst auf den Schlachtfeldern des Amerikanischen Bürgerkriegs unter Beweis gestellt hatten. Sie schossen viel weiter und waren viel zielgenauer; statt mit losem Schießpulver, das bei Regen nutzlos war, arbeiteten sie mit schnell ladbaren, wasserdichten Messingpatronen.

Und rasch folgte ein noch entscheidenderer Fortschritt: das Repetiergewehr, das ein Dutzend oder mehr Schüsse abfeuern konnte, ohne nachgeladen werden zu müssen. Bald danach kam das Maschinengewehr. Wie schrieb doch der Dichter Hilaire Belloc:

Wir fürchten uns vor keinem noch so harten Strauß,
Denn das Maxim-Gewehr haben wir ihnen voraus.[4]

Ein weiteres Instrumentarium, das den Europäern erlaubte, in den zwei Jahrzehnten, die auf die Berliner Konferenz folgten, praktisch vom ganzen tropischen Afrika Besitz zu ergreifen, waren die medizinischen Kenntnisse. Mitte des 19. Jahrhunderts hatten die Forschungsreisenden die Malaria noch auf alles Mögliche zurückgeführt, so zum Beispiel auf «Ausdünstungen der Sümpfe» oder auf Schlafen im Mondschein; unabhängig von der Frage der Ursache fanden sie indes heraus, dass Chinin ein nützliches Gegenmittel war. Um die Jahrhundertwende fing man an, Malaria und Hämaturie besser zu verstehen; die Forschung wurde auch mit Gelbfieber und anderen Erkrankungen besser fertig, und die Schrecken erregend hohen Todesraten für Europäer in den afrikanischen Tropen begannen zu sinken.

Wegen der ungewöhnlichen Geographie des Kongo gewann schließlich ein anderes Instrument für Leopold sogar noch größere Bedeutung als für andere Imperialisten: das Dampfboot, das wir ja bereits in Aktion gesehen haben. Die Afrikaner des Kongo kannten es unter dem Namen «Haus, das auf dem Wasser geht» oder bezeichneten es lautmalerisch als *kutu-kutu*. Das Dampfboot war durch das ganze 19. Jahrhundert hindurch ein Kolonisierungsmittel und stand – von den Briten auf dem Ganges in Indien bis zu den Russen an Ob und Irtysch in Sibirien – jedermann zur Verfügung. Unter den Dampfbooten auf dem Kongo gab es sowohl Seitenrad- als auch Heckraddampfer; alle hatten sie Schutzdächer gegen die tropische Sonne. Normalerweise waren sie lang und schmal und hatten nur geringen Tiefgang, um nicht an den zahllosen Sandbänken des Hauptstroms und der Zuflüsse aufzulaufen. Manchmal hingen vom Sonnendach Drahtnetze herab, um dem Kapitän und dem Mann am Ruder Schutz vor Pfeilen zu bieten.

Mittlerweile hatte die Dampfkraft auch auf dem Meer schon weitgehend die Segel verdrängt, was die lange Reise von Europa hinunter zur afrikanischen Küste stark beschleunigte und einem festen Fahrplan näher brachte. Diese Dampfschiffe transportierten den nächsten Schwall von Agenten Leopolds nach Afrika. Gegen Ende des Jahres 1889 arbeiteten bereits 430 Weiße im Kongo:[5] Händler, Soldaten, Missionare und Verwaltungsbeamte des noch in den Kinderschuhen steckenden Leopold'schen Staates. Weniger als die Hälfte von ihnen waren Belgier, denn Leopolds Heimatland zeigte immer noch wenig Interesse an der neuen Besitzung des Königs. Bezeichnenderweise handelte es sich bei fast allen Agenten Leopolds im Kongo um Offiziere aus der belgischen oder aus anderen europäischen Armeen, die sich für den Aufenthalt auf längere Zeit hatten beurlauben lassen.

Mit dem Personal vor Ort und den Instrumenten zur Hand machte sich Leopold daran, die für die Ausbeutung einer Kolonie erforderliche Infrastruktur aufzubauen. Ganz oben auf seiner Prioritätenliste rangierte ein einfaches Transportsystem, ohne das sich die Reichtümer des Gebiets, woraus immer sie bestehen mochten, nicht zur Küste schaffen ließen, es sei denn, sie wurden getragen. Im Jahre 1887 begann ein Trupp Landvermesser die Route für eine Eisenbahnlinie abzustecken, mit der die berüchtigten 330 Kilometer Stromschnellen umgangen werden sollten. Stechmücken, Hitze, Fieber und die von tiefen Schluchten zerklüftete Felsenlandschaft forderten schwere Opfer; erst nach drei Jahren konnten die Arbeiter damit anfangen, die Schienen zu verlegen.

Während diese Arbeiten in Gang kamen, entstand nicht nur in der Kolonie selbst, sondern auch in Belgien ein Verwaltungsapparat für den Kongo. Henry Shelton Sanford versuchte, einen Posten als leitender Kolonialbeamter in Brüssel zu ergattern; hoffnungsvoll schrieb er an seine Frau:

> «Das ist genau die Art von Arbeit, die ich gern machen würde und mit der sich sowohl Ansehen erwerben als auch Geld verdienen und die Befriedigung finden lässt, dass man ein gutes Werk tut … Ich denke, ich werde … einen Operationsplan vorlegen und meine Dienste anbieten.»[6]

Er hoffte vergebens, denn Leopold wusste, dass der Sanford'schen Fähigkeit, in Washington Abendgesellschaften zu geben, kein Verwaltungstalent oder Durchsetzungsvermögen entsprach, wie es der König im Kongo brauchte. Stattdessen erteilte Leopold Sanford die Lizenz, Elfenbein und andere Produkte im Kongo zu sammeln, und sagte ihm Hilfe in Form von Trägern, Baulichkeiten und Dampfschifftransporten zu (wie sich herausstellen sollte, blieb es bei dem Versprechen). Sanfords Erschließungsexpedition,[7] wie sich das Unternehmen schönrednerisch nannte, ging allerdings bald den Weg, den alle Geschäftsunternehmen Sanfords gingen. Wie üblich versuchte er, alles von Belgien aus zu erledigen, wo ihn wachsende Schulden zwangen, einen Teil seiner Kunstsammlung zu verkaufen und in ein kleineres *château* umzuziehen. Unterdes verfiel sein Vertreter im Kongo der Trunksucht, während die Kessel für Dampfboote am Straßenrand vor sich hin rosteten.

Leopold war ein weit besserer Geschäftsmann als Sanford, aber auch er fing an, finanziell unter Druck zu geraten. Er hatte ein beträchtliches Vermögen geerbt, doch hatten Ende der achtziger Jahre des 19. Jahrhunderts die Expeditionen, Dampfboote, Söldner, Waffen und anderen Ausgaben für den Kongo fast alles davon aufgezehrt. Damit er aber aus der Ausbeutung des Gebiets Gewinn ziehen konnte, mussten all diese Ausgaben weitergehen, ja, sogar noch in gesteigerter Form. Wo sollte das Geld herkommen? Den belgischen Staat zur Kasse zu bitten war schwierig, weil eine Klausel in der Verfassung des Landes die Zustimmung des Parlaments für den Fall verlangte, dass Leopold Monarch eines anderen Staates wurde. Um diese Zustimmung zu erlangen, hatte er sich verpflichten müssen, den Kongo nie zu einer finanziellen Belastung für Belgien werden zu lassen. Die skeptischen Gesetzgeber hatte er, der Wahrheit zum Trotz, davon zu überzeugen vermocht, dass er über genügend Mittel für die Erschließung des Kongo verfüge.[8]

Von 1885 bis 1890 brachte der König die meiste Zeit mit der Suche nach Geldquellen zu. Eine Zeit lang konnte er bei Banken Anleihen aufnehmen, aber irgendwann drehten ihm seine Hauptgeldgeber, die Rothschilds, den Kredithahn zu. Hunderte von Briefen, die er in dieser Periode schrieb, zeigen, wie besessen er von dem Gedanken an Geld war. Er nahm ab und litt an Schlaflosigkeit; seine Minister fanden, dass er grau aussehe und zerstreut wirke. Er war bekannt für seinen ungeheuren Appetit (oft bestellte er nach einer vollen Mahlzeit ein weiteres Gericht; in einem Pariser Restaurant verzehrte er einmal hintereinander zwei ganze gebratene Fasane) und ließ die Öffentlichkeit, um sie zur Anteilnahme und zum Kauf von Anleihen zu bewegen, wissen, dass er aus Sparsamkeit täglich einen Gang weniger zu Mittag esse. Königin Marie-Henriette soll eines Tages geschrien haben: «Leopold, du ruinierst uns noch mit deinem Kongo!»[9]

Ein bisschen Geld beschaffte Leopold durch den Verkauf von Obligationen, wenn auch weit weniger, als er gehofft hatte. Er schrieb an den Papst und drängte die katholische Kirche, Kongo-Obligationen zu kaufen, um die Ausbreitung des Evangeliums zu befördern. Für die Eisenbahn und ein paar andere Projekte konnte er private Investoren gewinnen, allerdings zu Bedingungen, die zu Lasten der gewaltigen Profite gingen, die er zuversichtlich für sich selbst erhoffte. Er kam zu dem Schluss, dass die einzige Lösung für seine finanzielle Notlage in einem massiven Darlehen bestand. Angesichts der gewichtigen Schuldenlast, die ihn bereits drückte, kam das belgische Parlament noch am ehesten als Darlehensgeber infrage. Leopold hoffte, dass die gesetzgebende Versammlung mit der Zeit seine früheren Versprechen vergessen werde; deshalb wartete er noch mit seinem Bittgang zum Parlament. Und während er wartete, beschäftigte er sich wieder einmal damit, seinen Ruf als Philanthrop und Menschheitsapostel aufzupolieren.

Die Menschen in Europa empörten sich nach wie vor über den «arabischen» Sklavenhandel, der seine Stützpunkte auf Sansibar und an der Ostküste Afrikas hatte. Zugegeben, die Sklavenhändler schlugen in der Tat eine breite Schneise des Terrors durch einen großen Teil des östlichen und zentralen Afrika; die Sklaven, die sie fingen, verkauften sie wie gehabt überall an der Nordostküste des Indischen Ozeans und am Persischen Golf. Allerdings war der gerechte Zorn der Europäer mehr denn je verquickt mit einem wachsenden Verlangen nach afrikanischen Kolonien. Es fügte sich gut, dass die Sklavenhändler zumeist Muslime waren; das machte es den Europäern noch leichter, ihre eigenen Ambitionen mit einem guten Gewissen zu verbinden. Leopold erntete viel Lob für die Förderung, die er in seiner neuen Kolonie christlichen Missionaren angedeihen ließ; er beeindruckte die Leute mit seinen heftigen Attacken gegen den Sklavenhandel so sehr, dass ihn die Gesellschaft zum Schutz der Aborigines, eine ehrwürdige britische Menschenrechtsorganisation, zum Ehrenpräsidenten wählte.[10]

Zur großen Genugtuung des Königs wurde Brüssel zum Veranstaltungsort für eine Konferenz der führenden Mächte gegen die Sklaverei erkoren, die ab November 1889 acht Monate lang mit Unterbrechungen tagte. Der königliche «Menschenfreund» spielte mit Vergnügen den Gastgeber für die Delegierten, in deren Konferenzraum, der sich im belgischen Außenministerium befand, ein gegabeltes Sklavenjoch zu bestaunen war. «All die Festessen, Empfänge und Bälle», ließ der leitende britische Vertreter sein Außenministerium wissen, «sind harte Arbeit.»[11] Aus diplomatischen Gründen musste die Türkei an der Konferenz gegen die Sklaverei beteiligt werden, obwohl diese dort gesetzlich erlaubt war. Die türkischen Delegierten bogen sich vor Lachen, als Redner den islamischen Harem als ein Motiv für den Sklavenhandel anprangerten.

Für die Diplomaten war die Konferenz eine einzige lange Festlichkeit. Aus ihrem Konferenzraum sah man hinaus auf eine elegante Straße der Innenstadt, und ein Beamter erinnerte sich an Graf Khevenhüller, den Repräsentanten der Donaumonarchie:

> «Sobald ein Frauenhut auftauchte, sprang er auf und eilte zum Fenster, wie ein aufgezogenes Uhrwerk. Und jedes Mal war das für ihn ein Anlass zu großer Begeisterung. Damit er keine Gelegenheit verpasste, seinem Lieblingssport zu frönen, machten ihn schließlich die Teilnehmer von allen Ecken und Enden des grün bezogenen Konferenztisches durch Zurufe aufmerksam, sobald eine neue hübsche Frau nahte.»[12]

Die Anti-Sklaverei-Konferenz war ein Segen für Leopold, denn die Teilnehmer unterbrachen ihre Beobachtung der Straßenszene immerhin lange genug, um ein paar Plänen zur Bekämpfung der Sklaverei zuzustimmen, die der König vorschlug. Wie von ungefähr wiesen diese Pläne eine auffällige Übereinstimmung mit den Planungen für die kostspielige verkehrstechnische Infrastruktur auf, die er im Kongo zu verwirklichen hoffte. Dem König zufolge war es nötig, für befestigte Stützpunkte, Straßen, Eisenbahnen und Dampfboote zu sorgen, damit Truppenkontingente die Sklavenhändler verfolgen konnten. Zur Erreichung dieses hehren Zieles bot er mit großer Geste die Dienste des neuen Kongostaates an und verlangte als einzige Gegenleistung, dass die Konferenz ihn ermächtigen sollte, zur Finanzierung des Kampfes gegen die Sklaverei Einfuhrzölle zu erheben. Die anderen Mächte stimmten schließlich zu, was faktisch bedeutete, dass zu Leopolds Gunsten das Berliner Abkommen geändert wurde, das den Kongo als Freihandelszone garantiert hatte.

Henry Shelton Sanford, der als amerikanischer Delegierter an der Anti-Sklaverei-Konferenz teilnahm, war entsetzt. Sechs Jahre zuvor hatte er gegen ein von ihm persönlich unterzeichnetes Freihandelsversprechen für den Kongo Leopolds die Anerkennung der USA erlangt; jetzt plötzlich wollte Leopold Zölle einführen. Seine naive Bewunderung für den König zerbrach, Sanford fühlte sich von ihm hintergangen.[13] Von Gicht und Schlaflosigkeit geplagt, mit ergrauendem Bart und mit einem Gesicht, in dem das Alter und die finanziellen Sorgen ihre Spuren hinterlassen hatten, war Sanford ein anderer Mann als der glanzvolle Gesandte mit Zylinder, als der er sich vor einem halben Dutzend Jahren präsentiert hatte. Er starb in dem auf die Konferenz folgenden Jahr, bitter enttäuscht von Leopold und hoch verschuldet. Seine Investitionen im Kongo blieben fruchtlos, das Einzige, was an ihn erinnerte, war ein Dampfboot von sechs Tonnen, das den Namen *Général Sanford* trug.

Während die Konferenz noch tagte, lud Leopold Stanley für eine Woche nach Belgien ein. Stanley sprach mit den Delegierten, und Leopold verlieh ihm das Großkreuz des Kongo, veranstaltete zu seinen Ehren ein Bankett und einen Galaabend in der Oper und quartierte ihn in den Prachtgemächern des Königlichen Schlosses ein, die normalerweise für fürstliche Besucher reserviert waren. Stanley revanchierte sich dafür mit einer Rede, in der er seinen Gastgeber den Belgiern ans Herz legte:

> «Worin besteht die Größe eines Monarchen? Wenn ausschlaggebend die Größe seines Territoriums ist, dann ist der Zar von Russland der größte von allen. Wenn die Großartigkeit und Macht des Militärapparates entscheidend ist, dann gebührt Wilhelm II. der erste Platz. Wenn aber königliche Größe in der Weisheit und Güte eines Herrschers besteht, der über sein Volk so umsichtig wacht wie ein Hirt über seine Herde, dann ist der größte Herrscher der eure.»[14]

Leopold benutzte Stanley so, wie heutige amerikanische Präsidenten berühmte Kinostars für ihre Wahlkampagnen einspannen. Stanleys Besuch in Brüssel war zentraler Bestandteil einer sorgfältig geplanten Public-Relations-Kampagne aus Anlass des fünfundzwanzigsten Jahrestages der Thronbesteigung Leopolds. Der König lud auch 2500 Angehörige der belgischen Oberschicht zu einem Gartenfest in Laeken ein und öffnete für die tief beeindruckten Gäste die riesigen neuen, von Glaskuppeln gekrönten Gewächshäuser des Schlosses, deren breite Palette exotischer Pflanzen und Bäume die größte private botanische Sammlung der Welt darstellte. Sogar die Brüsseler Börse, deren Mitglieder lange gezögert hatten, Geld in die afrikanischen Projekte des Königs zu investieren, gab jetzt einen großen Empfang zu seinen Ehren und dekorierte die Wechselhalle mit afrikanischen Speeren und einem Blumenarrangement, wie man es sich ausgefallener kaum denken konnte: ein Blätterwald, dem 100 Elefantenstoßzähne entsprossen.

Leopolds Kampagne hatte nur ein Ziel: Geld. Kurz bevor die Kampagne ihren Gipfelpunkt erreichte, verständigte er sich mit wichtigen Kabinettsmitgliedern, die einzusehen begannen, dass sich die afrikanischen Besitzungen des Königs eines Tages als ziemlich wertvoll erweisen mochten. Falls das Parlament ihm das gewünschte Darlehen gebe, erklärte Leopold, werde er Belgien den Kongo testamentarisch vermachen. Und so kam es, dass dieser großherzige Monarch, der im Rufe eines aufopferungsvollen Streiters wider die Sklaverei stand, den der berühmte Entdecker Stanley in den höchsten Tönen pries und den seine treuen Untertanen begeistert feierten, als er schließlich das Parlament zur Unterstützung der philanthropischen Arbeit, die er im Kongo leistete, um ein Darlehen über 25 Millionen Francs (in heutiger Währung an die 240 Millionen Mark) ersuchte, das Geld auch erhielt. Zinsfrei.

Vielleicht nirgends sonst wird Leopolds atemberaubende Arroganz so deutlich wie in dem merkwürdigen Dokument, in dem er eines seiner Länder wohlgemut dem anderen vermacht.

> «Wir, Leopold II., König der Belgier, Herrscher des Freistaats Kongo, wünschen Unserem geliebten Vaterland die Früchte der Arbeit zu sichern, die Wir viele Jahre lang auf dem afrikanischen Kontinent verfolgt haben … und erklären deshalb hiermit Unseren Willen, nach Unserem Tode Unsere herrschaftlichen Rechte über den Freistaat Kongo an Belgien zu vererben und zu übertragen.»[15]

Einen Winkelzug gab es bei der Sache noch. Als der König seine testamentarische Erklärung veröffentlichte, wurde sie rückdatiert, damit sein Vermächtnis als Akt der Großmut und nicht als Teil eines finanziellen Arrangements erschien.

Für Henry Morton Stanley waren die fünf Jahre vor dem fürstlichen Empfang, der ihm 1890 in Brüssel bereitet wurde, eine schwierige Zeit. Seit dem Ende der Berliner Konferenz im Jahre 1885 hatte Leopold sich gefragt, was er mit Stanley anfangen solle. Um sicherzustellen, dass der Entdecker nicht in den Dienst der Briten trat, behielt er ihn als Berater auf der Gehaltsliste. Was der König jetzt indes brauchte, waren keine Entdecker, sondern Landvermesser, Bergbauingenieure, Eisenbahnbauer, Dampfbootkapitäne, Soldaten und Verwaltungsbeamte. Jahre zuvor hatte Leopold Stanley versprochen, ihn zum obersten Verwaltungschef des künftigen Kongostaats zu machen. Um sich für die Anerkennung seines Kongo durch die Franzosen erkenntlich zu zeigen (die Stanley übel nahmen, dass er de Brazza, ihren Mann, als Entdecker ausgestochen und schlecht gemacht hatte), versprach er ihnen dann allerdings heimlich, dass er Stanley nie mehr im Kongo beschäftigen werde. Außer in der Öffentlichkeitsarbeit war der rastlose Stanley jetzt für den König von geringem Wert. Leopold, so bemerkte einmal ein belgischer Ministerpräsident, «behandelt Menschen wie Zitronen; wenn er sie ausgepresst hat, wirft er die Schale weg».[16]

Stanley erriet, dass Leopold ein Geheimabkommen mit den Franzosen getroffen hatte, und fühlte sich, wie so oft in seinem Leben, gekränkt. Seine Ausrüstung für eine weitere Reise nach Afrika war gepackt und fertig, aber es gab keinen Auftrag für ihn. Das Gehalt, das er von Leopold bezog, brauchte er nicht; mit seinen Vorträgen und Büchern verdiente er größere Summen. Er wahrte gegenüber dem König geradezu eine Nibelungentreue, obwohl dieser ihn auch weiter vertröstete und ihm, wie Stanley in einem Brief aus dem Jahre 1886 klagte, jedes Mal erklärte: «Wir wissen nicht genau, wann wir Sie brauchen werden, mein lieber Mr. Stanley, aber wir geben Ihnen rechtzeitig Nachricht, sodass Sie Zeit genug haben, Ihre Vorbereitungen zu treffen.»[17]

Wie stets, wenn er zum Aufbruch nach Afrika rüstete, trug sich Stanley mit Heiratsgedanken, auch wenn, wie er niedergeschlagen gestand, «ich mich einfach nicht mit Frauen unterhalten kann».[18] Über ein Jahr lang umwarb er diesmal auf die ihm eigene schüchterne, unbeholfene Art eine Londoner Malerin aus höheren Kreisen namens Dorothy Tennant. Sie malte griechische Nymphen, Londoner Straßengören und schuf auch ein Porträt von Stanley. Die beiden schienen gut zusammenzupassen, denn sie tat sich mit Männern genauso schwer wie er mit Frauen. Sie war vierunddreißig, teilte immer noch ihr Schlafzimmer mit ihrer Mutter und stand mittels Tagebuch im Gespräch mit ihrem längst verstorbenen Vater. Stanley vertraute Dorothy die unglückliche Geschichte an, wie seine Mutter ihn verlassen hatte, und machte ihr dann einen Heiratsantrag. Sie aber lehnte ab. Erneut zurückgewiesen, war Stanley überzeugt davon, dass sie ihm seine niedere Herkunft ankreide. «Diese Frau hat mich mit ihrer Anhimmelei und ihrer übertriebenen Verehrung in die Falle gelockt», schrieb er an einen Freund, «ihrem Schnickschnack, auf dem ‹Vergiss mein nicht› stand, und ihren süß duftenden, parfümierten Briefchen.»[19]

Während Stanley litt, wuchs Leopolds kolonialer Appetit. Auf den Geschmack gebracht, träumte er nun vom Niltal. «Mein lieber Minister», sagte er einmal zum belgischen Ministerpräsidenten, der ihm diese Phantasterei ausreden wollte, «erachten Sie die glorreiche Existenz eines Pharao für nichts?» Verglichen damit, meinte er, sei der Kongo etwas «Prosaisches». Der Nil dagegen, verkündete er, sei für ihn «die Krönung, und ich werde nie von ihm ablassen!»[20] Im Jahre 1886 trat eine Situation ein, die Leopold Gelegenheit bot, in einem Aufwaschen seine Träume hinsichtlich des Nil der Verwirklichung näher zu bringen, Stanley wieder mit einer Arbeit zu beauftragen und seine Herrschaft über den Kongo zu festigen.

Der Sudan, der vom Oberlauf des Nil und seinen Quellflüssen durchzogen wird, unterstand einer gemeinsamen anglo-ägyptischen Verwaltung. Die Entfernungen allerdings waren riesengroß, und das Gebiet ließ sich nur unvollkommen kontrollieren. Angehörige einer aufständischen muslimisch-fundamentalistischen Bewegung, der so genannten Mahdi-Bewegung, erhoben sich Mitte der achtziger Jahre, brachten den britischen Generalgouverneur um und schlugen die britischen Streitkräfte zurück, die gegen sie ausgeschickt wurden. England war erschüttert, aber weil das Land mit zu vielen Kolonialkriegen andernorts beschäftigt war, entschied es, sich vorerst nicht auf diesen Krieg einzulassen. Die Aufständischen drangen nach Süden vor, wo ihnen der Gouverneur der südlichsten sudanesischen Provinz Widerstand leistete. Dass die Provinz an den Kongo grenzte, kam Leopold sehr gelegen.

Der Gouverneur, Emin Pascha, bat um Hilfe aus Europa; einer seiner Briefe erschien in der *Times*, und es bildete sich eine Initiative zur Entsendung eines privaten Expeditionskorps, das dem Bedrängten zu Hilfe eilen sollte. Der *Times* zufolge war es ein «ebenso barmherziges wie gefährliches Unternehmen – Emin Pascha zu retten … der von wilden und feindlichen Stämmen eingekreist und von der Zivilisation und ihren Hilfsmitteln abgeschnitten ist».[21] Angeheizt von antiislamischem Eiferertum, gewann der Plan breite Unterstützung. Die Empörung der Briten wuchs noch, als der Mahdi, der Führer der Bewegung, verlangte, Königin Victoria solle in den Sudan kommen, sich seiner Herrschaft unterwerfen und zum Islam übertreten.

Die Briten hatten, was sie brauchten: muslimische Schurken und in Emin Pascha einen weißen Helden. Denn ungeachtet seines Titels *(emin* bedeutet «rechtgläubig») handelte es sich bei dem bedrängten Pascha um einen schmächtigen, kleinen deutschen Juden, dessen eigentlicher Name Eduard Schnitzer lautete. Auf Fotos sieht Emins unverwechselbar europäisches Gesicht mit dicken Brillengläsern unter einem roten Fez wie das eines kurzsichtigen Teilnehmers an einer Erweckungsversammlung aus. Von Beruf Arzt, war der Pascha ein hervorragender Linguist und ein Exzentriker; abgesehen davon, dass er seine Provinz zu regieren, Kranke zu heilen und gegen die Mahdi-Anhänger die Stellung zu halten suchte, sammelte er mit großer Sorgfalt Musterexemplare aus Flora und Fauna und trug für das Britische Museum eine Kollektion ausgestopfter Vögel zusammen.

Die Pläne für die Rettungsexpedition nahmen Gestalt an, und Spenden strömten herein. Die Lebensmittelhändler Fortnum und Mason spendeten Kisten voll Delikatessen; der Erfinder Hiram Maxim schickte das neueste Modell des nach ihm benannten Maschinengewehrs; ebenfalls für Emin bestimmt war eine neue Galauniform. Und um die Hilfsexpedition für Emin Pascha anzuführen, wer war da wohl geeigneter als Henry Morton Stanley? Der Entdecker nahm die Einladung begierig an. Ganz besonders entzückte ihn das Maxim-Gewehr, das er im Hause des Erfinders testete; er überzeugte sich davon, dass es tatsächlich die behaupteten 600 Schuss pro Minute abfeuern konnte. Das neue Maschinengewehr werde, so erklärte Stanley, «nützliche Dienste bei der Überwindung der Barbarei durch die Zivilisation»[22] leisten.

Als Stanley Leopold bat, ihn von seinem Beratervertrag zu entbinden, damit er die Expedition anführen könne, war der König einverstanden – unter zwei Bedingungen. Erstens sollte die Expedition, statt von der ostafrikanischen Küste auf der kürzeren und leichteren Route durch deutsche und britische Hoheitsgebiete vorzurücken, ihren Weg durch Leopolds Kongo nehmen, was eine Durchquerung des noch unerforschten Ituri-Regenwaldes bedeutete. Zweitens sollte Stanley, wenn er Emin Pascha gefunden hatte, ihn auffordern, Gouverneur seiner Provinz zu bleiben – allerdings diese dem Kongostaat einzugliedern.

Leopold würde auf diese Weise nicht nur einen unbekannten Winkel seines Territoriums erforscht und vielleicht erweitert bekommen, sondern das Ganze würde ihn auch keinen Heller kosten. Die Gelder für das Unternehmen stammten aus Quellen, die von der Königlich-Geographischen Gesellschaft Großbritanniens über britische Kaufleute, die an dem angeblichen Elfenbeinvorrat des Emin im Werte von 60 000 Pfund interessiert waren, bis zu Zeitungsmagnaten reichten, die wussten, dass eine neue Stanley-Expedition die Auflagenzahlen in die Höhe treiben würde. Als er 1887 aufbrach, hatte Stanley die Ansinnen seiner vielen Geldgeber mit Bravour unter einen Hut gebracht. Ein überraschter Augenzeuge, der später Stanley und seiner riesigen Streitmacht begegnete, während sie die unteren Katarakte des Kongo umgingen, stellte fest, dass der Standartenträger an der Spitze der Marschkolonne die Flagge des New Yorker Yachtklubs trug – womit Stanley einem Wunsch von James Gordon Bennett jun., dem Herausgeber des *New York Herald*, nachkam.

Stanleys üblicher zweibändiger, tausendseitiger Bestseller war, wie sich herausstellte, nur eines von vielen Büchern, die anschließend über die Rettungsexpedition für Emin Pascha geschrieben wurden. (Bei der Verpflichtung seiner Offiziere ließ Stanley jeden von ihnen einen Vertrag unterzeichnen, in dem der Betreffende versprechen musste, eventuelle Reiseschilderungen frühestens sechs Monate, nachdem Stanleys «offizieller» Bericht erschienen war, zu veröffentlichen.) Aber abgesehen von dem Profit, den die Expedition der Presse und den Verlagen brachte, erwies sie sich für fast alle Beteiligten als Katastrophe, sieht man einmal vom New Yorker Yachtklub ab, der immerhin darauf verweisen konnte, dass sein Banner quer durch einen Kontinent getragen worden war.

Stanley hatte seine üblichen Wutanfälle. Viermal feuerte er seinen Leibdiener und nahm ihn viermal in Gnaden wieder auf. Es kam zu lautstarken Zusammenstößen mit seinen weißen Offizieren – mehrere von ihnen zeichneten später ein wenig vorteilhaftes Bild von ihm. «Der kleinste Anlass», schrieb einer, «genügt, ihn zur Weißglut zu treiben.»[23] Die Probleme des vor dem Zusammenbruch stehenden Kongounternehmens von Henry Sanford verschärfte er, indem er dessen noch unfertiges Dampfboot als Truppentransporter requirierte und es mehrere Monate später arg ramponiert zurückgab. Das Wichtigste aber war der strategische Fehler, den er damit beging, dass er seine 800 Soldaten, Träger und Trossleute auf zwei Marschkolonnen verteilte, damit er mit der kleineren, beweglicheren Streitmacht Emin Pascha rascher erreichen und die dramatische, schlagzeilenträchtige Rettungsaktion schneller zum Erfolg führen konnte.

Wie stets leistete sich Stanley auch diesmal bei der Wahl seiner Untergebenen jede Menge Schnitzer. Der Offizier, dem er die Führung der hinteren Marschkolonne übertrug, Major Edmund Barttelot, verlor prompt den Verstand. Er sandte Stanleys persönliches Gepäck den Fluss hinunter. Einen anderen Offizier schickte er auf eine absurde, viereinhalbtausend Kilometer lange, dreimonatige Rundreise zur nächsten Telegraphenstation, damit er dort ein sinnloses Telegramm nach England aufgab. Als Nächstes entschied er, man wolle ihn vergiften, und sah an allen Ecken und Enden Verräter am Werk. Einen von ihnen verurteilte er zu 300 Peitschenhieben (mit tödlichem Ausgang). Er stach Afrikaner mit einem stahlspitzenbewehrten Stock, ließ mehrere Dutzend Leute in Ketten legen und biss eine Dörflerin. Ehe Barttelot noch weiteres Unheil anrichten konnte, erschoss ihn ein Afrikaner.

Stanley schleppte sich unterdes an der Spitze seines Vorauskommandos durch den Regenwald, verurteilte einen Deserteur zum Tod durch den Strang und verhängte mehrere Prügelstrafen, für deren Durchführung er eigenhändig Sorge trug. Dank eines heillosen Durcheinanders bei der Verpflegung waren seine Träger und Soldaten die meiste Zeit über dem Hungertod nahe. Den Menschen, die das Pech hatten, der Expedition in die Quere zu kommen, begegnete sie als Invasionsheer: Manchmal nahm sie Frauen und Kinder als Geiseln, bis der lokale Häuptling Nahrungsmittel lieferte. Einer von Stanleys Offizieren schrieb in sein Tagebuch: «Wir haben heute unsere letzte Banane aufgegessen … die Eingeborenen treiben keinen Handel und bieten es nicht einmal an. Da hilft nur noch, dass wir wieder einmal ein paar von ihren Frauen fangen.»[24] Als sie den Eindruck hatten, man wolle sie angreifen, so erinnerte sich ein anderer, «gab Stanley den Befehl, alle Dörfer im Umkreis niederzubrennen».[25] Ein anderer beschrieb das Gemetzel so seelenruhig, als hätte er an einer Jagd teilgenommen:

> «Es war höchst interessant, im Busch zu liegen und die Eingeborenen heimlich bei ihrer täglichen Arbeit zu beobachten. Einige Frauen ... machten Bananenmehl, indem sie getrocknete Bananen zerstampften. Wir konnten sehen, wie die Männer Hütten bauten und andere Arbeit verrichteten, während Jungen und Mädchen herumrannten und sangen ... Ich eröffnete die Jagd und schoss einen Kerl durch die Brust. Er stürzte wie ein Stein zu Boden ... Unmittelbar darauf prasselte eine Salve in das Dorf.»[26]

Ein Expeditionsmitglied packte den abgetrennten Kopf eines Afrikaners in einen Behälter mit Salz und schickte ihn nach London, um ihn von seinem Präparator am Piccadilly ausstopfen und als Trophäe herrichten zu lassen.[27]

Von den 389 Mann in Stanleys Vorauskommando kam mehr als die Hälfte um, während sie sich mit Macheten ihren Weg durch den Ituri-Regenwald bahnten und manchmal nur knapp 400 Meter pro Tag vorankamen. Als ihnen die Lebensmittel ausgingen, rösteten sie Ameisen. Sie kletterten über riesige Baumwurzeln und mussten ihre Zelte auf morastigem Grund aufschlagen, während tropische Regengüsse herunterprasselten, von denen einer siebzehn Stunden ohne Unterbrechung anhielt. Männer desertierten, gingen im Urwald verloren, ertranken oder erlagen dem Wundstarrkrampf, der Ruhr und brandigen Geschwüren. Andere kamen durch die Pfeile und vergifteten Fallgrubenpflöcke waldbewohnender Gruppen um, unter denen diese bewaffneten, halb verhungerten Fremden, die durch ihr Gebiet trampelten, Furcht und Schrecken verbreiteten.

Als sie schließlich Emin erreichten, waren Stanley und seine Männer ebenso erschöpft wie hungrig. Weil sich die meisten Vorräte Hunderte von Kilometern weiter hinten beim Rückwärtskommando seines durchgedrehten Befehlshabers befanden, konnte der Entdecker dem winzigen Pascha wenig bieten, abgesehen von ein bisschen Munition, Fanpost, ein paar Flaschen Champagner und der neuen Galauniform – die sich als viel zu groß erwies. Tatsächlich musste sich Stanley von Emin versorgen lassen. Der Pascha trat ihnen, wie Stanley berichtete, «in einem saubern, schön geplätteten und vorzüglich sitzenden, schneeweißen Anzug aus Baumwollendrillich» entgegen. «Das Gesicht zeigte keine Spur von Krankheit oder Sorge, sondern deutete eher gute Körperbeschaffenheit und friedliches Gemüth an.»[28] Emin, der nach wie vor frohgemut Musterexemplare für das Britische Museum sammelte, lehnte Leopolds Vorschlag, seine Provinz dem neuen Kongostaat anzugliedern, höflich ab. Am irritierendsten für das arg gebeutelte Vorauskommando der Emin-Pascha-Rettungsexpedition aber war, dass sich die Bedrohung durch den Mahdi-Aufstand seit Emins Briefen, die mittlerweile mehrere Jahre zurücklagen, vermindert hatte und er, wie sich zeigte, gar nicht mehr darauf erpicht war, gerettet zu werden.

Stanley wollte um keinen Preis ohne Emin zurück nach Hause fahren. Der Pascha schrieb in sein Tagebuch, ihm sei hinterbracht worden, für Stanley «komme … alles darauf an, mich mit sich zu führen, weil nur dann man seine Expedition als völlig gelungen betrachten werde … und er wolle diesmal eher zugrunde gehen, als ohne mich abzureisen».[29] Stanley überredete schließlich den widerstrebenden Pascha, mit ihm nach Europa zurückzukehren; zum Teil gelang ihm das deshalb, weil die Ankunft der großen, schießwütigen Rettungsexpedition die Mahdi-Rebellen wieder aufgestachelt hatte. Also begannen Stanley und Emin nebst Anhang ihren mehrmonatigen Zug zur ostafrikanischen Küste und erreichten das Meer bei einem kleinen deutschen Stützpunkt im heutigen Tansania.

Eine deutsche Batterie feuerte zu ihren Ehren eine Begrüßungssalve ab, und für die beiden wurde in der dortigen Offiziersmesse ein Bankett gegeben. Eine Marinekapelle spielte;

Stanley, Emin und ein deutscher Major hielten Reden. «… die Weine waren vorzüglich, gut ausgewählt und schön gekühlt»,[30] schreibt Stanley. Der kurzsichtige Emin, der an der Banketttafel hin und her ging, mit den Gästen plauderte und Champagner trank, trat durch ein im Oberstock gelegenes Fenster, das er offenbar für eine Verandatür hielt. Er stürzte auf die Straße und verlor das Bewusstsein. Er musste zwei Monate lang im dortigen deutschen Hospital liegen, weshalb es Stanley versagt blieb, ihn im Triumph nach Europa zu bringen. Am peinlichsten für Stanley war, dass sich Emin Pascha nach seiner Genesung weder bei seinen britischen Rettern noch bei Leopold, sondern bei den Deutschen verdingte.

Einige Monate nach Stanleys Rückkehr im Jahre 1890 entbrannte in England ein Streit, der sich darum drehte, dass über die Hälfte der Expeditionsmitglieder den Tod gefunden hatten, und um die Gräueltaten, die unter Stanleys Kommando verübt worden waren. Ein Wochenblatt höhnte:

«Und wenn die afrikanische Sonnenglut
Den Schweiß von der Stirn ließ fließen,
Wie wohltuend war es dann und wie gut,
ein bisschen Blut zu vergießen!»[31]

Die Rettungsexpedition für Emin Pascha hatte in der Tat an Brutalität nichts zu wünschen übrig gelassen. Aber diejenigen, die anprangerten, was dort geschehen war, hatten keine Ahnung, dass es sich im Vergleich zu dem Blutvergießen, das gerade um diese Zeit in Zentralafrika begann, nur um einen Nebenschauplatz handelte.

7

Der erste Abtrünnige

Leopold behandelte den Kongo so, als wäre er nichts weiter als ein unbewohntes Grundstück, über das der Eigentümer nach Gutdünken verfügen kann. Darin unterschied sich der belgische König in nichts von allen übrigen Europäern seiner Zeit, den Forschungsreisenden etwa oder den Journalisten und Imperiumsgründern, die allesamt, wann immer sie von Afrika redeten, so taten, als gäbe es dort keine Afrikaner: Für sie war Afrika ein riesiger leerer Raum, der förmlich danach verlangte, mit Städten und Eisenbahnlinien, den Wunderwerken der europäischen Industrie, voll gebaut zu werden.

Afrika demgegenüber als einen Kontinent anzusehen, auf dem in sich geordnete Gesellschaften lebten, mit je eigener Kultur und Geschichte, dazu bedurfte es eines ganz eigenständigen Einfühlungsvermögens, das, wenn überhaupt, nur ganz wenige der ersten europäischen beziehungsweise amerikanischen Besucher des Kongo aufzubringen vermochten. Es hätte nämlich bedeutet, dass man in Leopolds Regime nicht Fortschritt und Zivilisation, sondern einen Akt der Räuberei erblickt hätte, einen Akt, der die Menschen um Land und Freiheit brachte. Nun aber kam zum ersten Mal ein Reisender in den Kongo, der die Kolonie um sich herum mit anderen Augen sah. Wir wollen einen Moment an seiner Seite verweilen, wie er, an einem schwülen Tag Mitte Juli 1890, auf einem Stützpunkt am Kongofluss zum ersten Mal seine Eindrücke zu Papier bringt.

Leopold hatte in der Zwischenzeit am weit verzweigten Netz des Flusses eine ganze Reihe derartiger Kolonialstützpunkte anlegen lassen, die alle zugleich als Militärstützpunkt und Elfenbeinsammelstelle dienten. Jeder Stützpunkt besteht aus einigen wenigen, im Schutze von Palmen errichteten Gebäuden mit Strohdach und schattiger Veranda, die bezeichnenderweise die Schlafunterkünfte der weißen Kolonialbeamten beherbergen. Am Fahnenmast weht die blaue Flagge mit dem goldenen Stern. Einen Teil der Lebensmittel liefern die Bananenbäume, der Garten, in dem Maniok und anderes Gemüse wächst, und der Viehstall, in dem Hühner, Ziegen oder Schweine gehalten werden. Ein hölzernes Blockhaus mit Schießscharten, das auf einem kleinen, künstlich aufgeworfenen Hügel steht, bietet Schutz gegen Angreifer. Nicht selten gibt es auch eine Palisade. Stapel von Elefantenstoßzähnen liegen in einem Stall oder auch unter freiem Himmel und werden, bis zu ihrem Abtransport an die Küste, von bewaffneten Posten bewacht. Am Ufer liegen die Einbäume der Afrikaner, daneben aufgeschichtetes Holz, das als Heizmaterial für die Kessel der Dampfboote in kurze Klötze geschnitten ist. Einer der wichtigsten Stützpunkte liegt gut 1600 Kilometer stromaufwärts von Leopoldville an den Stanley Falls; sie bezeichnen die äußerste Grenze der Schiffbarkeit auf dem Hauptstrom des Kongo.

Auf diesem Stützpunkt an den Stanley-Fällen lässt sich an jenem Julitag, außer sich vor Zorn, ein 40-jähriger Mann an einem Tisch nieder und setzt in eleganter, aber energischer Handschrift einen Brief auf. Vielleicht sitzt er im Freien, den Rücken an den Stamm einer Palme gelehnt; vielleicht leiht er sich das Pult des Garnisonsschreibers aus. Wie wir der Hand voll offizieller Porträtaufnahmen entnehmen können, die wir von ihm besitzen, ist sein Haar kurz geschoren; der Schnurrbart läuft in langen, dünnen Spitzen aus; er trägt eine Fliege und einen hohen, weißen und gestärkten Hemdkragen. Vielleicht ist es an diesem Tag am Flussufer zu heiß für Kragen und Fliege, vielleicht aber auch nicht; manche Reisende tragen jederzeit Gesellschaftskleidung im Kongo.

Das Dokument, das der Verfasser an den nächsten ein, zwei Tagen zu Papier bringen sollte, kann als Meilenstein unter den

Verlautbarungen zu den Menschenrechten und als Paradebeispiel für investigativen Journalismus gelten. Es trägt die Überschrift *Ein Offener Brief an Seine Durchlaucht, König Leopold II., König der Belgier und Herrscher über den Unabhängigen Staat Kongo, von Oberst Geo. W. Williams, Ehrenwerter Abgesandter der Vereinigten Staaten von Amerika.*

George Washington Williams war in der Tat Amerikaner. Den Rang eines Obersten bekleidete er allerdings nicht; dass er sich diesen Titel anmaßte, sollte ihm denn auch später einige Probleme bereiten. Und im Übrigen war er ein Schwarzer. Hauptsächlich deswegen blieb er lange unbeachtet. Unter den Scharen wissbegieriger Reisender, die es in den Kongo zog, gerade als Leopold mit dessen Ausbeutung begann, war Williams der Erste, der als ausgemachter Dissident in Erscheinung trat. Und wie viele Forschungsreisende, die sich am Ende in einem Inferno der Unmoral wiederfanden, hatte auch er zunächst nach so etwas wie einem Paradies gesucht.

Williams' Weg in den Kongo hatte ihn über Stationen geführt, die allemal fast wie abgeschlossene Lebensabschnitte erschienen.[1] 1849 in Pennsylvania geboren, hatte er eine nur dürftige Schulbildung erhalten; 1869 meldete er sich, kaum des Lesens und Schreibens mächtig, noch minderjährig und unter einem Decknamen zum 41. Farbigenregiment der Nordstaatenarmee. In den Schlussmonaten des Kriegs nahm er während des Vorstoßes auf Richmond (Virginia) und Petersburg an mehreren Gefechten teil und wurde im Kampf verwundet.

Danach ging er, wie etliche Veteranen des Bürgerkriegs, die nach Beschäftigung suchten, zur Armee der Republik von Mexiko, die Kaiser Maximilian, den ehrgeizigen, aber glücklosen Schwager Leopolds II., vom Thron zu verjagen suchte. Wieder zu Hause, ohne andere berufliche Fertigkeiten als die des Soldatentums, meldete er sich erneut zur Armee der Vereinigten Staaten und brachte den größten Teil des Jahres damit zu, als Mitglied eines Kavallerieregiments die Prärieindianer zu bekämpfen. Irgendwann im Verlauf der zweiten Hälfte des Jahres 1867, als sich beide bei diversen Armeeposten in Kansas aufhielten, mag sich Williams' Lebensweg mit dem eines jungen Zeitungskorrespondenten namens Henry Morton Stanley gekreuzt haben.

Nachdem Williams im darauf folgenden Jahr den Dienst quittiert hatte, studierte er für kurze Zeit an der Howard-Universität, deren Name, wenn er in späteren Jahren von ihr sprach, bei ihm gelegentlich so ähnlich klang wie «Harvard-Universität». Im Alter machte er sogar einen Doktortitel geltend, den er nie erworben hatte.[2] Gleichwohl war er ein glänzender Student: Als er an die außerhalb Bostons gelegene Newton Theological Institution gegangen war, absolvierte er ein auf drei Jahre angelegtes Hauptstudium in Theologie in nur zwei Jahren. In Briefen aus der Zeit unmittelbar nach seinem Dienst bei der Armee ist noch kaum ein Wort korrekt geschrieben, und unter den Sätzen herrscht ein peinliches Durcheinander. Aber schon ein paar Jahre später konnte er fließend formulieren, in jenen dahinströmenden Satzfolgen, wie sie typisch waren für einen Kanzelredner im 19. Jahrhundert. Eine Rede, die er zur Abschlussprüfung in Newton im Jahre 1874 hielt, ließ bereits das Thema anklingen, das ihn sechzehn Jahre später in den Kongo führen sollte:

> «Fast drei Jahrhunderte lang ist Afrika seiner schwarzen Söhne beraubt worden … Der Neger in diesem Land mag sich denn also an seine weißen Brüder wenden und zu ihnen sprechen, wie Joseph zu seinen Brüdern sprach, die ihn so ruchlos verkauften, ‹… da wir eure Künste und Wissenschaften nunmehr erlernt haben, könnten wir wieder gen Ägypten ziehen und unsere übrigen Brüder befreien, die noch immer in Knechtschaft schmachten.› Dieser Tag wird kommen!»[3]

Williams hatte bereits über eine Knechtschaft geschrieben und gesprochen, die gar nicht so weit weg die Menschen bedrückte –

über die Lage der amerikanischen Schwarzen, die in den Jahren nach dem Bürgerkrieg, als Gegenbewegung gegen ihre Integration, überall in den Südstaaten die anhaltenden Lynchpogrome der Weißen mit den Gewaltorgien des Ku-Klux-Klan und die erneute Zementierung der weißen Vorherrschaft zu erdulden hatten. Als Kriegsveteran war er aufgebracht darüber, dass nur so wenige Hoffnungen in Erfüllung gegangen waren, die an den Krieg, der doch das Ende der Sklaverei gebracht hatte, geknüpft gewesen waren.

In dem Jahr nach seinem Abschluss am Predigerseminar heiratete Williams und wurde Pastor der Zwölften Baptisten-Kirche, die in Boston die größte schwarze Kirchengemeinde bildete. Diese Tätigkeit übte er – so wenig wie die vielen anderen, die noch kommen sollten – indessen nicht lange aus. Sein Leben scheint von Ruhelosigkeit geprägt gewesen zu sein, denn obwohl er in jedem neuen Beruf beträchtlichen Erfolg hatte, blieb er nie lange dabei.

Nach nur einem Jahr als Geistlicher zog er nach Washington und gründete dort eine Zeitung für Schwarze, die landesweit Verbreitung fand, den *Commoner*. In dessen erster Nummer druckte er voller Stolz die Glückwunschschreiben der berühmten Abolitionisten Frederick Douglass und William Lloyd Garrison ab; aber das Blatt konnte sich nicht lange halten, und so wandte sich Williams wieder dem geistlichen Amte zu, diesmal in Cincinnati. Er wurde Kolumnist bei einem Lokalblatt und gründete erneut eine eigene Zeitung. Dann, in einer weiteren abrupten Kehrtwendung, gab er das Pfarramt auf, studierte Jura und arbeitete als Gehilfe bei einem Anwalt. Im Jahre 1879 – er war 30 Jahre alt – wurde er als erster schwarzer Abgeordneter ins Parlament von Ohio gewählt, wo er Unmut auslöste, weil er sich um die Aufhebung eines Gesetzes bemühte, das Mischehen unter Strafe stellte. Er gab sein Mandat nach nur einer Legislaturperiode wieder auf.

Einen weitaus größeren Namen machte sich Williams mit seiner nächsten Tätigkeit; zwar zog es ihn auch danach wieder weiter, aber diesmal hinterließ er etwas Wesentliches und Bleibendes, nämlich ein dickes Buch mit dem Titel *Geschichte der Negerrasse in Amerika von 1619 bis 1880. Neger als Sklaven, als Soldaten und als Bürger, zusammen mit einer vorläufigen Betrachtung über die Einheit des Menschengeschlechts und einem Abriss der Geschichte Afrikas sowie einem Bericht über die Negerregierungen in Sierra Leone und Liberia.* Das Buch erschien in zwei Bänden in den Jahren 1882 und 1883 und führte seinen Lesern die lange Entwicklungsgeschichte von den frühen afrikanischen Königreichen bis zum amerikanischen Bürgerkrieg und der anschließenden Neuordnung vor Augen.

Unter den amerikanischen Historikern war Williams, was die Verwendung unüblicher Quellen angeht, nachgerade ein Pionier. Er hatte begriffen, was die meisten Fachhistoriker erst nahezu 100 Jahre später ganz allmählich erkennen sollten, dass nämlich für die Darstellung einer Geschichte der Macht- und Rechtlosen der Rückgriff auf die herkömmlichen, veröffentlichten Quellen keineswegs ausreicht. Gewiss hat Williams bei seinen Reisen quer durchs Land auch unzählige Bibliotheken durchforstet, aber er hat als Historiker noch viel mehr unternommen. So schrieb er einer landesweit erscheinenden Zeitung für Schwarze einen Brief, in dem er deren Leser bat, ihm «Gemeindeordnungen schwarzer Kirchengemeinden» und sonstige Unterlagen dieser Art zugänglich zu machen. Weiter wandte er sich an General William Tecumseh Sherman und holte dessen Meinung zu den schwarzen Truppenverbänden unter seinem Kommando ein. Er führte Gespräche mit Kriegsveteranen, die wie er am Bürgerkrieg teilgenommen hatten. Sein 1092 Seiten starkes Buch stieß denn auch bei Erscheinen auf ein breites und wohlwollendes Rezensentenecho. Einige Jahrzehnte früher, hieß es in der *New York Times* etwas herablassend, aber durchaus beeindruckt, «wäre ganz allgemein in Abrede gestellt worden, dass ein Angehöriger dieser Rasse der Verfasser eines solchen Buches hätte sein können, wozu es doch eine starke natürliche Veranlagung braucht».[4] Später sollte W. E. B. Du Bois Williams den «größten Historiker der Rasse»[5] nennen.

Williams ging anschließend auf Vortragsreise und wandte sich dabei an Veteranenverbände, diverse Interessenvereine und schwarze wie auch weiße Kirchengemeinden. Für jede Gelegenheit scheint er eine passende Rede parat gehabt zu haben, für die Feiern zum Unabhängigkeitstag ebenso wie für eine Veranstaltung der Philomathian Literary Society von Washington, und schon bald schloss er einen Vertrag mit James B. Pond ab, dem führenden Vortragsagenten jener Zeit, zu dessen Klienten auch Stanley gehörte. Er verstand es, mit allen wichtigen Leuten Bekanntschaft zu schließen, von Henry Wadsworth Longfellow bis zu den Präsidenten Grover Cleveland und Rutherford B. Hayes. Bei vielen, die ihn auf diese Weise kennen lernten, hinterließ der ernste junge Mann einen positiven Eindruck. Weniger beeindruckt waren indessen viele schwarze Amerikaner, die der Meinung waren, dass sich Williams in seinem Eifer, mit den Höhergestellten und Mächtigen zu verkehren, denn doch zu eilig von ihnen abwandte.

Bei all seinen glänzenden Erfolgen konnte Williams das Geld, das er dadurch verdiente, nicht festhalten: Es glitt ihm durch die Finger, und so hing ihm stets eine Reihe wütender Gläubiger an den Rockschößen. Aber nach wie vor brachte er seine immense Energie in zahllose Projekte ein. Er schrieb ein zweites Buch, in dem er von den Erfahrungen schwarzer Soldaten im Bürgerkrieg berichtete. Er ging nach Neu-Mexiko, wo er Land für eine eventuelle Ansiedlung schwarzer Farmer zusammenzubringen suchte. Er schrieb einen Zeitungsartikel nach dem anderen. Er arbeitete als Anwalt für die Cape-Cod-Kanalgesellschaft. Er verfasste ein Theaterstück über den Sklavenhandel. Er stürzte sich in die Arbeit für die Veteranenverbände der Nordstaaten und erhielt dafür vom bedeutendsten dieser Verbände, der *Grand Army of the Republic*, den Ehrentitel eines Obersten. Er sprach sich vor dem Kongress für ein Denkmal zu Ehren der schwarzen Veteranen des Bürgerkriegs aus. Er wurde von Präsident Chester A. Arthur, für den er Wahlkampf gemacht hatte, zum Gesandten für Haiti ernannt. Doch Arthur trat zurück, und politische Gegner verbreiteten Gerüchte über Williams' Schulden, sodass die Ernennung nicht wirksam wurde.

Einmal hatte Williams im Weißen Haus eine Unterredung mit Präsident Arthur, als zur gleichen Zeit ein anderer Besucher den Präsidenten aufsuchte; es war dies Henry Shelton Sanford, der sich damals in Washington für die Anerkennung des Kongo-Staates von Leopold durch die Vereinigten Staaten stark machte. Präsident Arthur stellte seine beiden Besucher einander vor. In diesem noch kaum entwickelten Kongo-Staat, den Sanford ihm beschrieb, sah Williams eine Chance, jenen Traum zu verwirklichen, von dem er zum ersten Mal in seiner Prüfungsrede am theologischen Seminar gesprochen hatte.[6] Er wandte sich dementsprechend an einen von Leopolds Beratern mit dem Vorschlag, schwarze Amerikaner für die Arbeit im Kongo zu rekrutieren. In Afrika würde gewiss Aussicht auf die Erschließung von Neuland und gesellschaftliches Fortkommen bestehen, die den Schwarzen in den Vereinigten Staaten zu dieser Zeit verwehrt waren. Er brachte eine Eingabe vor den Senatsausschuss für Auswärtige Angelegenheiten, in der er auf die Anerkennung der Internationalen Gesellschaft des Kongo drang, und nahm den Kongo in die Liste seiner Vortragsthemen auf.

1889 erhielt Williams den Auftrag, für ein Zeitungssyndikat eine Artikelserie aus Europa zu schreiben. Auch bemühte er sich, allerdings vergeblich, um die Ernennung zum amerikanischen Delegierten auf der Anti-Sklaverei-Konferenz in Brüssel. Dessen ungeachtet gab er sich bei seinem Besuch in London als ein solcher Delegierter aus.[7] Brüssel war, seiner Ansicht nach, eine Stadt, in der es von Europäern, die sich in der Verurteilung der Sklaverei zu überbieten suchten, nur so wimmelte, und in einem solchen Milieu machte der junge Amerikaner, der doch der Sohn freigelassener Sklaven war, einen guten Eindruck. So imposant freilich die Liste seiner Leistungen auch war, er konnte sich doch nicht enthalten, sie noch auszuschmücken:

> «Oberst Williams [so berichtete die Zeitung *L' Indépendance Belge*], der seinen Offiziersrang während des Bürgerkriegs erwarb, hat mindestens fünf oder sechs Bücher

über die Neger geschrieben … Er war der Erste, der eine offizielle Anerkennung des Kongo-Staates durch die Vereinigten Staaten anregte; zu diesem Zweck wurde ihm gestattet, eine bedeutende Rede vor dem Senatsausschuss für Auswärtige Angelegenheiten in Washington zu halten, die in jeder Hinsicht von Erfolg gekrönt war.»[8]

Das Erste, was Williams von Belgien aus nach Hause schickte, war ein Zeitungsinterview, das er mit Leopold geführt hatte; Williams beschrieb den König darin als «einen liebenswürdigen und amüsanten Unterhalter. Haar und Vollbart sind sorgfältig geschnitten und reichlich mit grauen Strähnen durchsetzt. Seine Gesichtszüge sind energisch, scharf geschnitten und markant; seine Augen, strahlend und lebhaft, blitzten hinter seinen Brillengläsern voll verständiger Anteilnahme.»

Auf die Frage, was der König als Gegenleistung für all das Geld erwarte, das er in die Entwicklung des Kongo gesteckt habe, antwortete Leopold: «Was ich dort tue, tue ich in christlicher Pflichterfüllung für die armen Afrikaner, und ich möchte von all dem Geld, das ich ausgegeben habe, keinen einzigen Franc zurück.» Nach jener ersten Unterredung war Williams, wie viele andere Gesprächspartner Leopolds, wie geblendet von diesem Manne, hielt er ihn doch für «einen der erlauchtesten Monarchen der Welt; einen Herrscher, dessen höchstes Streben es ist, der Sache der christlichen Zivilisation zu dienen und die ureigensten Interessen seiner Untertanen zu fördern, und der dabei mit Weisheit, Barmherzigkeit und Gerechtigkeit regiert.»

Leopold begriff sofort, dass er diesen besonderen Gast dadurch würde für sich einnehmen können, dass er ein offenes Ohr für dessen Projekte hatte, und so berichtete Williams in dem gleichen Artikel denn auch, dass der König «sich als ein verständnisvoller Zuhörer erwies».[9] Was er anscheinend zu hören bekam, das war Williams' lang gehegter Plan, schwarze Amerikaner zur Arbeit nach Afrika zu entsenden. Williams vereinbarte mit einer belgischen Gesellschaft, dass er 40 ausgebildete Handwerker verpflichten und zur Arbeit in den Kongo bringen werde; zugleich fasste er den Plan zu einem Buch über das Kongo-Territorium. Nach seiner Rückkehr in die Vereinigten Staaten, wo er an einem College für Schwarze in Virginia seinen Rekrutierungsplan anpries, stieß er jedoch auf große Skepsis bei seinen Zuhörern, die ihm viele Fragen über das Leben in Afrika stellten, auf die er keine Antwort hatte. Daraufhin legte er seinen Anwerbungsplan vorläufig ad acta und beschloss, zunächst selbst in den Kongo zu gehen und Material für sein Buch zu sammeln.

Dies bescherte ihm das Problem, Geld für die Überfahrt mit dem Schiff, für Lebensmittel, Vorräte und Träger aufzutreiben, die er für seinen langen Treck zu den Stromschnellen benötigen würde. Als Hauptgönner seines Unternehmens hatte er den amerikanischen Eisenbahnbaron Collis P. Huntington erkoren, der eine kleinere Beteiligung an der geplanten Kongo-Eisenbahn gezeichnet hatte. Ihn suchte er auf, und seinem Besuch ließ er einen Schwall schmeichlerischer Briefe folgen, die ihm schließlich eine geringfügige Unterstützung für seine Afrikareisen eintrugen.

Im Dezember 1889 hatte Williams eine Unterredung mit Präsident Benjamin Harrison im Weißen Haus. Es ist unklar, ob Harrison mehr tat, als ihm eine gute Reise nach Afrika zu wünschen, aber, wie des Öfteren in seinem Leben, machte Williams sich diese Unterredung mit einem politisch Mächtigen zunutze, um später durchblicken zu lassen, dass er in einer bedeutsamen, vertraulichen Mission für den Präsidenten unterwegs sei.

Während Williams sich auf seine Reise vorbereitete und dabei Hinweise auf seine Verbindungen zum amerikanischen Präsidenten und zu Huntington fallen ließ, keimte in Leopold und seinen Beratern der Verdacht, dass er womöglich insgeheim der Absicht amerikanischer Geschäftsleute in die Hände arbeite, im Kongo-Territorium tätig zu werden. Bei seiner Durchreise durch Brüssel auf dem Weg in den Kongo, so schrieb Williams später,

> «wurde jeder nur denkbare Einfluss ausgeübt, um mich von meiner Mission abzubringen. Ein Offizier der König-

lichen Garde wurde zu diesem Zweck abgestellt, der mich überreden sollte, den Kongo nicht zu bereisen. Nachdrücklich verbreitete er sich über das mörderische Klima während der Regenzeiten, über die Gefahren und Beschwerlichkeiten des Reisens mit Karawanen und über die extremen Kosten einer solchen Expedition ... Anschließend schickte der König nach mir [und] sagte mir, ... dass das Reisen in diesem Lande beschwerlich sei und dass es noch schwieriger sei, gesunde Nahrungsmittel für Weiße zu bekommen; dass er hoffe, ich würde meine Reise in den Kongo um mindestens fünf Jahre verschieben, und dass alle erforderlichen Informationen mir in *Brüssel* zuteil werden würden. Ich erwiderte Seiner Majestät, dass ich *jetzt* in den Kongo zu fahren gedächte und dass meine Abreise in wenigen Tagen erfolgen werde.»[10]

Zwischen Januar 1890 und dem Beginn des folgenden Jahres umschiffte Williams den ganzen afrikanischen Kontinent, wobei er Huntington in regelmäßigen Abständen die dringende Bitte um mehr Geld zukommen ließ. Es gelang ihm, alle wichtigen Leute zu treffen, vom Vizepräsidenten der Burenrepublik Transvaal über den Sultan von Sansibar bis zum Khediven von Ägypten. Zudem wurde ihm die Ehrenmitgliedschaft im Englischen Klub von Sansibar angetragen, und er durfte einen Vortrag in der Khedivischen Geographischen Gesellschaft Kairos halten. Sein wichtigster Aufenthalt allerdings war der im Kongo, wo er sechs Monate zubrachte; er bereiste zu Fuß die unteren Stromschnellen und fuhr, mit zahlreichen Zwischenstopps, mit dem Dampfer flussaufwärts bis zu den Stanley-Fällen.

Das Befahren des Flusses mit dem Dampfer bedeutete zu jener Zeit, dass man jeden Tag vielleicht 50 Kilometer vorankam, zuweilen aber auch weniger, wenn man nämlich stromaufwärts fuhr. Das Schiff legte jeden Tag am späten Nachmittag an, manchmal bei einer staatlichen Niederlassung oder einer Missionsstation, häufiger allerdings wurde es über Nacht am Flussufer vertäut. Der Kapitän stellte Wachen auf und schickte einen Trupp schwarzer Holzfäller los, die als Brennmaterial für die nächste Tagesfahrt Bäume schlagen sollten. Ein Reisender beschreibt eine typische Szene folgendermaßen:

> «Bei Einbruch der Dunkelheit wurden riesige Feuer angezündet, und im Widerschein dieser Feuer schnitten die Männer die Stämme in kleine, runde Klötze von drei oder vier Fuß Länge ... Es war ein Anblick, der von ... dumpfen Schlägen begleitet war, von Schlägen der Äxte, dem Aufprall der umstürzenden Bäume, dann die Szenerie im Feuerschein mit dem Schaben der Sägen ... die Klötze wurden ... sodann per Hand von einem zum anderen geschubst, bis sie auf dem Dampfer verstaut waren.»[11]

Die europäischen oder amerikanischen Passagiere schliefen an Bord in Kabinen, für gewöhnlich auf dem Oberdeck; die Holzfäller schliefen an Land auf dem nackten Boden. Im Morgengrauen brachte ein Pfeifsignal die Mannschaft zurück an Bord beziehungsweise in Kanus oder einen Kahn, der am Schiff festgemacht wurde, und dann trieb das Schaufelrad am Heck den Dampfer langsam stromaufwärts.

Bei dieser gemächlichen Fahrt flussaufwärts in kleinen Etappen hatte Williams reichlich Gelegenheit, das Afrika in sich aufzunehmen, von dem er so lange geträumt hatte. Er war ein scharfer Beobachter und erfahrener Fragesteller, und er hatte die Fähigkeit – die unter Journalisten so rar ist wie unter Historikern –, sich nicht von dem beeindrucken zu lassen, was andere bereits geschrieben hatten. Und so fand er denn auch in den Dörfern, den staatlichen Niederlassungen und den Missionsstationen längs der Flussufer keineswegs jene von Stanley und anderen beschriebene, mit Milde regierte Kolonie vor, sondern etwas, das er «das Sibirien des afrikanischen Kontinents» nannte.[12] Seine Eindrücke fanden ihren Niederschlag in jenem bemerkenswerten Dokument, das er an den Stanley-Fällen schrieb, als er seinen Zorn nicht länger zurückhalten konnte.

In den Anfangssätzen seines *Offenen Briefes* an den König ist Williams durchaus noch ehrerbietig: «Guter und großmütiger Freund, ich habe die Ehre, Seiner Majestät zur gefl. Betrachtung einige Überlegungen hinsichtlich des Unabhängigen Kongo-Staates zu unterbreiten, die auf eingehendem Studium beruhen.»[13] Aber schon im zweiten Absatz verweist er Leopold an eine höhere Autorität, an den «König der Könige». Und Gott, so viel ist klar, ist *keineswegs* erfreut über das, was sich vor seinen Augen im Kongo zuträgt.

Der *Offene Brief* ist das Werk eines Mannes, der von einem doppelten Entsetzen gepackt ist: zum einen durch das, was er gesehen hat, und zum anderen als Folge dessen, «wie gründlich ich ernüchtert, enttäuscht und entmutigt worden bin» nach «all den rühmenden Dingen, die ich über das Kongoland, den Staat und den Monarchen gesagt und geschrieben habe». Fast unvermittelt kommt Williams dann zur Sache, wobei er den Ton eines Anwalts, einer der vielen von ihm ausgeübten Berufe, anschlägt: «Jede Beschuldigung, die ich nunmehr gegen die persönliche Herrschaft Eurer Majestät im Kongo vorzubringen habe, war Gegenstand einer sorgfältigen Ermittlung; eine Liste sachkundiger und verlässlicher Zeugen, Dokumente, Briefe, offizieller Berichte und Unterlagen ist nach bestem Wissen und Gewissen erstellt worden.»

Die Dokumente würden verwahrt, «bis eine Internationale Kommission geschaffen werden kann, die befugt ist, Personen und Akten anzufordern, Eide abzunehmen und die Wahrheit oder die Grundlosigkeit dieser Beschuldigungen zu beurkunden». Man kann sich leicht vorstellen, wie sehr Leopold außer sich gewesen sein muss, in diesem anklägerischen Ton von einem Ausländer angegangen zu werden, von jemandem, dem er hatte ausreden wollen, in den Kongo zu reisen, noch dazu von einem Schwarzen.

Wäre der *Offene Brief* in diesem Buch vollständig abgedruckt, hätte er einen Umfang von nur ungefähr zwölf Seiten. Und doch hat Williams auf diesem geringen Raum nahezu alle wichtigen Anklagepunkte vorweggenommen, die mehr als ein Jahrzehnt später von der internationalen Kongo-Protestbewegung vorgetragen werden sollten. Zwar waren bereits um 1890 in Europa vereinzelt kritische Äußerungen zu Leopolds Kongo-Staat veröffentlicht worden, aber diese Äußerungen richteten sich zumeist gegen die Diskriminierung ausländischer Kaufleute durch den König. Williams' Anliegen waren die Menschenrechte, und er war es denn auch, der die erste umfassende, die Sache systematisch anpackende Anklageschrift gegen Leopolds Kolonialregime zu Papier brachte. Die zentralen Punkte darin waren folgende:

– Stanley und seine weißen Helfershelfer bedienten sich einer Reihe von Tricks, indem sie etwa den Afrikanern weismachten, dass die Weißen übernatürliche Kräfte hätten, um so die Häuptlinge des Kongo dazu zu bringen, ihr Land Leopold zu übereignen. Zum Beispiel: «In London hatte man eine gewisse Zahl elektrischer Batterien gekauft, die unter der Kleidung an den Armen befestigt und mit einem Gummiband verbunden wurden, das über die Handfläche des weißen Bruders lief; wenn dieser dann dem schwarzen Bruder einen herzlichen Händedruck gab, war der schwarze Bruder höchst überrascht, dass sein weißer Bruder so stark war, dass es ihn fast von den Füßen riss … Wenn der Eingeborene nach dem Unterschied in der Körperstärke zwischen sich und dem weißen Bruder fragte, so wurde ihm erklärt, dass der weiße Mann Bäume ausreißen und die gewaltigsten Kraftakte vollbringen könne.» Ein anderer Trick bestand darin, dass ein Vergrößerungsglas zum Anzünden einer Zigarre benutzt wurde, woraufhin «der weiße Mann auf seine innige Beziehung zur Sonne verwies und verkündete, dass, wenn sie ihn hieße, das Dorf seines schwarzen Bruders abzubrennen, dies auf der Stelle geschehe.» Eine weitere List war die, dass ein weißer Mann demonstrativ ein Gewehr lud, aber heimlich die Kugel in seinem Ärmel verschwinden ließ. Er pflegte dann das Gewehr einem schwarzen Häuptling zu überreichen, ein paar Schritte zurückzutreten und den Häuptling aufzufordern, auf ihn zu zielen und zu schießen. Der weiße Mann blieb natürlich unverletzt, bückte sich und zog die Kugel aus seinem Schuh. «Mit diesen Methoden … und ein paar Kisten Gin wurden ganze Dörfer in den Besitz Eurer Majestät überschrieben.» Das auf diesem Wege gekaufte Land, schreibt Williams, ist «ein Territorium, auf das Eure Majestät genauso wenig rechtlichen Anspruch haben wie ich auf den Titel eines Oberkommandierenden der belgischen Armee.»

- Stanley war alles andere als ein großer Held, er war ein Tyrann. Sein «Name ruft, wenn man ihn nennt, ein Schaudern bei diesen einfachen Leuten hervor. Sie erinnern sich seiner nicht eingehaltenen Versprechen, seiner hemmungslosen Ruchlosigkeit, seines aufbrausenden Temperaments, seiner heftigen Schläge, seiner strengen und unerbittlichen Strafen, mit denen er sie um ihr Land brachte.» (Angemerkt sei, dass Williams unter der – für seine weißen Zeitgenossen unvorstellbaren – Prämisse argumentiert, dass Afrikaner ein Recht auf afrikanisches Land haben.) Unter den Hunderten von Europäern und Amerikanern, die in den ersten Jahren nach der Staatsgründung den Kongo bereisten, war Williams nachweislich der Erste, der die Afrikaner nach ihren persönlichen Erfahrungen mit Stanley befragte.
- Die Errichtung von Militärbasen längs des Flusses durch Leopold hatte eine Welle von Tod und Verderben ausgelöst, weil die afrikanischen Soldaten, die auf diesen Stützpunkten stationiert waren, selbst für ihre Ernährung zu sorgen hatten. «Diese räuberischen und freibeuterischen Garnisonstruppen nötigen die Eingeborenen mit vorgehaltener Muskete, sie mit Fisch, Ziegen, Geflügel und Gemüse zu versorgen, und wenn die Eingeborenen sich weigern …, kommen weiße Offiziere mit einem Expeditionskorps und brennen die Hütten der Eingeborenen ab.»

- «Euer Majestät Verwaltungapparat ist übertrieben grausam zu Häftlingen, die bereits für die geringsten Vergehen in Ketten gelegt werden ... Häufig fressen sich diese Ochsenketten in den Nacken der Häftlinge ein und reißen Wunden, über denen sich Fliegen sammeln, was die eitrige Wundstelle noch verschlimmert.»
- Leopolds Behauptung, sein neuer Staat stelle eine kluge Verwaltung und öffentliche Dienstleistungen bereit, war Betrug. Es gab keine Schulen und keine Krankenhäuser, abgesehen von ein paar Schuppen, «die sich nicht einmal eigneten, ein Pferd darin unterzustellen». Praktisch kein einziger Kolonialbeamter sprach irgendeine afrikanische Sprache. «Die Gerichte, die für Euer Majestät Verwaltung tätig werden, sind untauglich, ungerecht, parteiisch und verbrecherisch.» (An dieser Stelle, wie auch an anderen, gibt Williams ein beredtes Beispiel: Ein weißer Diener des Generalgouverneurs kommt nach dem Diebstahl von Wein ungestraft davon, während die schwarzen Diener zu Unrecht beschuldigt und geschlagen werden.)
- Weiße Kaufleute und Staatsbeamte entführen afrikanische Frauen und nehmen sie als Konkubinen.
- Weiße Offiziere erschießen Dorfbewohner, manchmal, um deren Frauen zu erbeuten, manchmal, um die Überlebenden als Zwangsarbeiter zur Arbeit zu erpressen, und manchmal auch nur zum Vergnügen. «Zwei belgische Armeeoffiziere erblickten vom Deck ihres Dampfers aus in einiger Entfernung einen Eingeborenen in seinem Kanu ... Die Offiziere schlossen eine Wette um 5 £ ab, dass sie den Eingeborenen mit ihren Gewehren treffen könnten. Es wurden drei Schuss abgefeuert, und der Eingeborene fiel tot um, mitten durch den Kopf geschossen.»
- Leopold ist mitnichten der edle Kreuzfahrer gegen die Sklaverei, als den er sich selbst darstellt, vielmehr ist «Euer Majestät Verwaltung aktiv im Sklavenhandel tätig, im Großhandel wie im Weiterverkauf. Sie kauft und verkauft und raubt Skla-

ven. Euer Majestät Verwaltung zahlt 3 £ pro Kopf für kerngesunde Sklaven, die Militärdienst leisten sollen … Die Arbeitskräfte in den Niederlassungen von Euer Majestät Verwaltung am oberen Flusslauf bestehen aus Sklaven jeden Alters und beiderlei Geschlechts.»

Williams war aber noch nicht fertig. Drei Monate nach der Niederschrift des *Offenen Briefs* verfasste er einen *Bericht über Staat und Land Kongo an den Präsidenten der Republik der Vereinigten Staaten von Amerika*. Präsident Harrison hatte vermutlich so wenig wie Leopold erwartet, dass Williams von sich hören lassen werde. In seinem Schreiben an den Präsidenten wiederholte Williams seine Beschuldigungen und fügte hinzu, dass die Vereinigten Staaten eine besondere Verantwortung gegenüber dem Kongo hätten, weil sie «diese afrikanische Regierung in die Gemeinschaft der Staaten eingeführt» hatten. Wie schon im *Offenen Brief* stützte er seine Anklagepunkte auf persönlich erlebte Beispiele.

«An den Stanley-Fällen wurden mir am helllichten Tag Sklaven angeboten; und in der Nacht entdeckte ich Kanuladungen von Sklaven, die fest aneinander gebunden waren.» Williams rief dazu auf, diese «tyrannische und grausame Regierung» durch ein neues Herrschaftssystem zu ersetzen, das «afrikanisch und nicht europäisch, international und nicht national, gerecht und nicht grausam» sein sollte.[14]

Gleich, ob Williams nun zu einer Selbstverwaltung oder zu einer internationalen Treuhänderschaft aufrief, auf jeden Fall sollten noch viele Jahre vergehen, ehe irgendjemand sonst aus Europa oder den Vereinigten Staaten eine solche Forderung aufstellte. In einem Brief an den amerikanischen Außenminister benutzte Williams eine Formulierung, die direkt dem mehr als ein halbes Jahrhundert später ergangenen Urteil der Nürnberger Prozesse entnommen scheint. Leopolds Kongo-Staat, so schreibt Williams dort, war der «Verbrechen gegen die Menschlichkeit» schuldig.[15]

Der *Offene Brief* wurde als Pamphlet gedruckt, und noch vor Ende des Jahres 1890, während der Verfasser also noch immer auf seiner Rundreise durch Afrika war, fand er bereits weite Verbreitung in Europa ebenso wie in den Vereinigten Staaten. Unklar ist, wer für den Vertrieb sorgte, aber wahrscheinlich war es eine holländische Handelsgesellschaft, die *Nieuwe Afrikaansche Handels Genootschap*, die im Kongo Handelsniederlassungen besaß und Eignerin eines Dampfbootes mit dem Namen *Holland* war, auf dem Williams gereist war. In der Geschäftsführung der Gesellschaft war man ärgerlich darüber, dass Leopold ausländische Kaufleute ohne viel Federlesens aus seiner neuen Kolonie ausschloss und den lukrativen Handel mit Elfenbein sich selbst und seinen Geschäftspartnern vorbehielt. Aber Williams war nicht geneigt, sich seine Botschaft durch die Gesellschaft zurechtbiegen zu lassen: Der *Offene Brief* streift den Punkt Freihandel nur sehr kurz und ziemlich weit hinten im Katalog seiner Anschuldigungen.

Nach der Veröffentlichung des *Offenen Briefes* fühlte sich der *New York Herald*, der ja Stanley nach Afrika entsandt hatte, bemüßigt, dem Thema eine ganze Spalte zu widmen, mit der Überschrift: AMERIKANISCHER STAATSBÜRGER ERKLÄRT REGIERUNG DES FREISTAATS FÜR BARBARISCH – UNTERSUCHUNG GEFORDERT. Im Artikel selbst wurde Stanley zitiert, der den *Offenen Brief* «einen vorsätzlichen Versuch der Erpressung» nannte.[16] Beunruhigender für Williams war freilich, dass Collis P. Huntington, sein Wohltäter, ihn für gröblich unfair gegenüber dem König hielt, welcher doch «auf das höchste Wohlergehen der Eingeborenen jenes Landes bedacht» sei.[17]

Zornentbrannt beschied der König den britischen Gesandten in Brüssel, dass er Williams kein Wort glauben solle. «Oberst Williams ist vielleicht tatsächlich all das, wofür ihn der König hält», schreibt der Diplomat in seinem Bericht an das Außenministerium in London, «aber ich habe den Verdacht, dass in seinen Pamphleten ein ganze Menge unangenehmer Wahrheit steckt.»[18] In seinen Memoiren erinnert sich einer von Leopolds Beratern an eine dringliche Unterredung, bei der erörtert wurde, wie man mit *«le pamphlet Williams»* umgehen solle, aus dem die Pariser Presse *«un vrai scandale»*[19] mache.

Leopold und seine Berater inszenierten umgehend einen Gegenangriff. Im *Journal de Bruxelles* wurde gefragt: «Zunächst, wer ist überhaupt Mr. Williams? Dieser Mann ist kein Oberst der Vereinigten Staaten.» In späteren Artikeln bezeichnete ihn die Zeitung als «angeblichen ‹Obersten›», als «Pseudo-Obersten», als «geistesgestörten Neger» und als «Mr. Williams, der kein Oberst ist».[20] (Natürlich hat die belgische Presse den Rang von «General» Henry Shelton Sanford nie infrage gestellt.) *Le Mouvement Géographique*, eine Zeitung, die ohnehin eng mit Leopolds Kongo-Abenteuer verbunden war, blies ebenfalls zur Attacke auf Williams und wies darauf hin, dass den Kongo-Eingeborenen durchaus nicht immer volle Gerechtigkeit widerfahre, aber das gelte auch für die amerikanischen Indianer.

Andere belgische Blätter nahmen Williams' Anschuldigungen dagegen ernst. «Angesichts der im Kongo vorherrschenden kommerziellen Erwartungen muss ein an die Person eines Einzelnen gebundenes, absolutes und keiner Kontrolle unterworfenes Regime zwangsläufig zu der Vielzahl schwerer Verfehlungen führen, auf die der amerikanische Forschungsreisende aufmerksam gemacht hat», schrieb die liberale Zeitung *La Réforme*.[21] «Wir sind nicht geneigt, alles als Bibelwahrheit hinzunehmen, was uns die Verwaltung des Kongo zu ihrer eigenen Verteidigung aufschwatzen möchte», hieß es in *Le Courier de Bruxelles*.[22] Auch in anderen Ländern wurde die Geschichte von den Zeitungen aufgegriffen, indem Williams' Aussagen dargestellt und hier und da längere Auszüge abgedruckt wurden.

Im Juni 1891 erreichte der entstandene Aufruhr das belgische Parlament, wo mehrere Abgeordnete sowie der Ministerpräsident zur Verteidigung des Königs das Wort ergriffen. Einige Wochen später ließ der Unabhängige Kongo-Staat einen 45 Seiten starken Bericht erscheinen, der von den ranghöchsten Verwaltungsbeamten abgezeichnet war. Es werde eindeutig darauf abgezielt, so berichtete die britische Gesandtschaft in Brüssel nach

London, «die von Oberst Williams und anderen vorgebrachten Anklagepunkte zurückzuweisen».[23]

Williams hatte inzwischen seine Rundreise um Afrika beendet und hielt sich in Ägypten auf, wo er ernstlich an Tuberkulose erkrankt war. Er hatte, wie üblich, keinen roten Heller mehr. Wie es seine Gewohnheit war, gab er sich auch in Ägypten das Ansehen eines Mannes, der in dringenden Geschäften für die politisch Mächtigen unterwegs war, und brachte damit den britischen Gesandten in Kairo, Sir Evelyn Baring, dazu, ihm einen Arzt ins Haus zu schicken, damit er sich seiner annähme. Bis auf die letzten 14 £ war er völlig abgebrannt und bombardierte dementsprechend Huntington mit verzweifelten Bitten um Geld. Nachdem er wieder etwas zu Kräften gekommen war, gelang es ihm, eine freie Überfahrt nach England auf einem britischen Dampfer zu ergattern. An Bord lernte er eine junge Engländerin kennen, die als Gouvernante bei einer britischen Familie in Indien gedient hatte; als beide schließlich in England an Land gingen, waren sie verlobte Leute. Williams ließ sich in London nieder, ungeachtet der Schwierigkeiten, die ihm durch Schulden erwuchsen, die er bei einem früheren Besuch Londons gemacht hatte. Indessen verschlimmerte sich seine Tuberkulose. Seine Verlobte und deren Mutter nahmen ihn mit nach Blackpool, in der Hoffnung, die Seeluft werde ihn kurieren, damit er die Arbeit an seinem Buch über Leopolds Kongo-Staat wieder aufnehmen könnte.

Ihrer beider Hoffnungen waren vergeblich. Am frühen Morgen des 2. August 1891 starb George Washington Williams im Beisein seiner Verlobten, ihrer Mutter, eines Geistlichen und eines Arztes. Er war 41 Jahre alt. In Belgien wurde sein Tod von der Zeitung *Le Mouvement Géographique* mit Zufriedenheit vermerkt; sie verglich ihn mit jenen, die den Tempel zu Delphi niedergebrannt hatten. «Sein früher Tod», schreibt S. J. S. Cookey, ein moderner Historiker der Geschichte der Diplomatie, «bewahrte die Kongo-Regierung vor jemandem, der ein unangenehm gefährlicher Gegner hätte werden können.»[24] Williams wurde in Blackpool in einem namenlosen Grab beigesetzt. Erst 1975 erhielt es einen ordentlichen Grabstein, und dies dank der Initiative seines Biographen, des Historikers John Hope Franklin.

Erst nach seinem Begräbnis wurde Williams' englische Verlobte gewahr, dass er in den Vereinigten Staaten eine Frau und einen 15-jährigen Sohn zurückgelassen hatte. Durch diese Irreführung, aber auch durch andere Verhaltensweisen – etwa seine Saumseligkeit hinsichtlich seiner Schulden oder sein Protzen mit einem nicht vorhandenen Doktortitel – hatte er etwas von einem Betrüger. In gewisser Weise indessen war dies die Kehrseite seiner außerordentlichen Beherztheit, die ihn dazu brachte, einem König, dessen Staatsbeamten, ja der ganzen rassistischen Grundstruktur der damaligen politischen Ordnung die Stirn zu bieten.

Als Gegenbeispiel führe man sich etwa das Verhalten von George Grenfell vor Augen, einem altgedienten englischen Missionar, den Williams am Kongo aufgesucht hatte. Auch er hatte mit eigenen Augen all die Missstände gesehen, darunter auch, dass Leopolds Staatsbedienstete in Ketten gelegte Sklaven kauften; aber, so schrieb er wenige Tage nach dem Treffen mit Williams nach Hause, er habe nicht das Gefühl, er dürfe «öffentlich die Maßnahmen des Staates infrage stellen».[25] Wie sehr Williams seinen Lebenslauf auch immer ausgeschmückt haben mag: fast alles, was er über den Kongo schrieb, wurde am Ende von anderen Berichterstattern mehr als bestätigt.

Williams' *Offener Brief* war ein Schrei der Empörung, der aus seinem tiefsten Inneren kam. Er brachte ihm nicht das Geringste ein. Vielmehr verlor er dadurch seinen Gönner Huntington. Der Brief sorgte dafür, dass Williams gar nicht erst, wie er gehofft hatte, dazu kam, die Schwarzen Amerikas in den Kongo zu bringen. Er trug ihm auch nicht das Geld ein, um das er zeit seines Lebens verlegen gewesen war; und in den wenigen Monaten, die ihm verblieben, bevor sein Leben in einem Badeort fern der Heimat endete, war ihm wenig anderes als Verleumdung beschieden. Zu der Zeit, als er den Kongo im Jahre 1890 bereiste, besuchten annähernd 1000 Europäer und Amerikaner das Gebiet oder arbeiteten dort. Williams war der Einzige, der rückhaltlos, mit Leidenschaft und mehrfach aussprach, was andere leugneten oder nicht sehen wollten. In den Folgejahren sollten seine Worte immer nachdrücklicher ihre prophetische Kraft erweisen.

8

Wo es keine Zehn Gebote gibt

Leopold richtete die Hauptstadt seines neuen Kongo-Staates in der Hafenstadt Boma ein, vom Atlantischen Ozean nur wenig den Fluss hinauf, dort, wo Stanley seine abenteuerliche Afrika-Durchquerung im Jahre 1877 beendet hatte. Zu Beginn der neunziger Jahre war Boma komplett[1] ausgestattet und besaß sogar eine Schmalspurstraßenbahn – ein dampfgetriebener Motorwagen, der mehrere Anhänger zog –, die die geschäftigen Docks und Lagerhäuser der Handelsgesellschaften mit dem kühleren Hochplateau verband. Dort standen die Regierungsbüros und die Häuser der Weißen, die in diesen Büros arbeiteten. Weiterhin hatte Boma eine katholische Kirche, ein Krankenhaus für Europäer, ein Postamt, einen Militärstützpunkt, dessen Kanone für jeden Neuankömmling von Bedeutung Salut feuerte, und ein zweistöckiges Hotel aufzuweisen. Dreimal am Tag – um 6 Uhr morgens, um Viertel vor zwölf und um halb sieben Uhr abends – fuhren an die 75 weiße Kolonialbeamte mit der Straßenbahn hügelabwärts und durch eine Bananenplantage zum Hotel, um in dessen Salon ihre Mahlzeiten einzunehmen. Der einzige Europäer, der nicht dort speiste, war der Generalgouverneur, dem das Essen in seinem altehrwürdigen viktorianischen Landsitz serviert wurde, welcher alles zu bieten hatte, was dazugehört: Kuppel, Terrassentüren und überdachte Vorbauten. Einmal im Jahr, zur Feier des königlichen Geburtstags, fand die Zeremonie der Truppenparade statt, zusammen mit einem Wettschießen und einer musikalischen Darbietung durch den schwarzen katholischen Kinderchor.

Ungeachtet seines eindrucksvollen Herrensitzes, der von afrikanischen Wachtposten mit blauer Uniform und rotem Fez geschützt wurde, hatte der Generalgouverneur des Kongo-Staates weitaus weniger Macht als ein britischer, französischer oder deutscher Kolonialgouverneur. Der Kongo wurde, mehr als jede andere afrikanische Kolonie, direkt von Europa aus verwaltet. Das wirkliche Hauptquartier des Unabhängigen Kongo-Staates befand sich nicht in Boma, sondern in mehreren Büros in Brüssel, eines auf dem Anwesen des königlichen Schlosses, die anderen in Gebäuden nebenan oder gegenüber. Die Beamten der höheren und mittleren Ebene wurden vom König selbst ausgesucht und befördert; ein engeres Kabinett mit nur drei oder vier Belgiern an der Spitze war Leopold in Brüssel unmittelbar zugeordnet.

Die Ein-Mann-Herrschaft Leopolds über ein solch riesiges Territorium stand in auffälligem Gegensatz zu seiner zunehmend eingeschränkten Macht im eigenen Land. Als er in späteren Jahren einmal in seinem Arbeitszimmer mit einigen Ministern seines Kabinetts sprach, öffnete Prinz Albert, sein Neffe und rechtmäßiger Nachfolger, ein Fenster, woraufhin durch einen Luftzug ein paar Unterlagen auf den Fußboden segelten. Leopold befahl Albert, sie wieder aufzuheben. «Lassen Sie ihn das tun», meinte der König zu einem seiner Minister, der sich eilends angeboten hatte, dies anstelle des Prinzen zu tun. «Ein künftiger konstitutioneller Monarch muss lernen, sich zu bücken.»[2] Im Kongo dagegen war Bücken nicht vonnöten, hier besaß Leopold die absolute Macht.

Auf der untersten Ebene wurde die Herrschaft des Königs über seine Kolonie von weißen Kolonialbeamten umgesetzt, denen in diesem riesengroßen Territorium die Verwaltung von Bezirken und Flussniederlassungen übertragen war. Einige Beamte hatten zuweilen über Monate keinen Besuch von Dampfbooten. Tief im Inneren des Landes blieb zwar die Praxis häufig weit hinter der Theorie zurück, aber wenigstens auf dem Papier stand noch dem einfachsten Vorsteher einer Niederlassung eine Flasche Rotwein pro Tag sowie ein reichlicher Vorrat an englischen Marmeladen, dänischer Butter, an Fleisch, Suppen und Gewürzen in Konserven und an *Foie gras* sowie weiteren Pasteten der Straßburger Firma Fischer zu.[3]

Eine Fülle von Orden, eingeteilt in Klassen, an denen sich die ausufernde Hierarchie imperialer Herrschaft ablesen ließ, lag für die Beamten bereit. Für jene, die stolze Träger des «Ordens des Afrikanischen Sterns» waren, gab es sechs Klassen, die von den *grands-croix* und *commandeurs* bis hinunter zu den simplen *médaillés* reichten. Der von Leopold «in Anerkennung der Verdienste und zum Dank für die Uns geleisteten Dienste» gestiftete «Königliche Löwenorden» war ebenfalls in sechs Klassen unterteilt. Für afrikanische Häuptlinge, die mit dem Regime zusammenarbeiteten, gab es einen speziellen Orden – mit Bronze-, Silber- oder Goldüberzug, je nach Ausmaß der geleisteten «Dienste». Auf der einen Seite war Leopolds Profil zu sehen, auf der anderen das Wappen des Kongo-Staates und die Devise TREUE UND ERGEBENHEIT.

Die weißen Beamten in Leopolds Kongo waren in der Regel Junggesellen, von denen viele sich eine oder mehrere afrikanische Konkubinen hielten. Um die Jahrhundertwende allerdings brachten einige wenige Beamte bereits ihre Frauen mit; einige von denen, die das nicht taten, wandten sich an eine geschäftstüchtige englische Heiratsvermittlung, die ihnen per Postbestellung Bräute aus Europa lieferte.[4]

Fotos entlegener Kongo-Niederlassungen aus den neunziger Jahren des 19. Jahrhunderts gleichen sich im Großen und Ganzen: Aus den langen Schatten kann man ersehen, dass es später Nachmittag sein muss. Die zwei oder drei weißen Männer auf dem Bild tragen Anzüge und Krawatten sowie einen länglichen Tropenhelm, ähnlich dem Helm der Londoner Bobbys, nur in Weiß. Sie sitzen auf Korbstühlen, mit einem Hund zu ihren Füßen, vor einem Zelt oder einem einfachen strohgedeckten Haus und lächeln. Hinter ihnen stehen, ohne ein Lächeln, ihre afrikanischen Diener und halten die Insignien ihres jeweiligen Status in der Hand: ein Tablett, ein Handtuch, das über einen Arm drapiert ist, eine Flasche, aus der gleich eingeschenkt wird. Weingläser oder Teetassen stehen, als Symbole des häuslichen Komforts, auf einem Tisch. Die weißen Männer tragen stets weiße Kleidung.

Genreszenen solcher Art waren zwangsläufiges Beiprodukt der königlichen Erlasse aus Brüssel, die in großer Zahl eingingen. Der erste und wichtigste Erlass war derjenige, der genau an dem Tag im Jahre 1885 erging, als die Geburt des Kongo-Staates formell verkündet wurde: Darin hieß es, dass das gesamte «unbebaute Land» Eigentum des Staates sei. Undefiniert blieb, aufgrund welcher Merkmale Land als unbebaut galt. In der ganzen Welt ist ja Land, das unbebaut *aussieht*, oftmals absichtlich brachgelegt worden, während zugleich an anderer Stelle neu gepflanzt wird; zumal in den Tropen, wo die Nährstoffe infolge der schweren Regenfälle aus dem Boden ausgewaschen werden, ist dies gang und gäbe.

Leopold hatte es auf alles abgesehen, was schnelle Ernte versprach. So gesehen behandelte er Land, das bebaut, wie Land, das nicht bebaut wurde, gleichermaßen als sein Eigentum und erhob Anspruch auf dessen gesamte Erzeugnisse. Er machte keinerlei Unterschied zwischen den Stoßzähnen eines in freier Wildbahn herumstreifenden Elefanten und den Gemüseanpflanzungen der Dorfbewohner, aus denen seine Soldaten versorgt werden konnten; all das war seins.

Allerdings verfügte er nicht über die Mittel, das Territorium insgesamt auszubeuten; daher wurde der Kongo mit Hilfe einer weiteren Serie von Erlassen in mehrere riesige Partien zerlegt, deren «nicht bebautes Land» für eine lange Laufzeit in Konzession an private Gesellschaften verpachtet wurde. Hinter diesen Konzessionsgesellschaften standen größtenteils, aber nicht ausschließlich belgische Anteilseigner, und unter ihnen bestanden Personalverflechtungen, in die zahlreiche hohe Staatsbeamte des Kongo einbezogen waren. Bei allen Gesellschaften hielt allerdings der Staat – was im Endeffekt hieß: Leopold – in der Regel 50 Prozent der Anteile. Mit dieser Gesellschaftsstruktur hatte

Leopold etwas Ähnliches geschaffen wie der Geschäftsführer eines Konsortialunternehmens auf Risikokapitalbasis von heute. Er hatte im Grunde einen Weg gefunden, Fremdkapital für seine Investitionsvorhaben aufzunehmen, während er selbst die Hälfte der Erlöse kassierte. Am Ende waren es – mit den diversen Steuern und Gebühren, die die Gesellschaften an den Staat zu entrichten hatten – deutlich mehr als die Hälfte.

Im Gegensatz allerdings zu einem auf dem Markt agierenden Risikokapitalisten ließ der König Truppen aufmarschieren, entsandte Regierungsbeamte und setzte Investitionsmittel ein. Dies alles benutzte er bedenkenlos, um sein Territorium nach Möglichkeit gegen jene geschäftlichen Unternehmungen abzuschotten, an denen er nicht beteiligt war. So sah sich die holländische Handelsgesellschaft, mit deren Dampfschiff Williams gereist war, beim Handel mit Elfenbein einer heftigen Konkurrenz vonseiten einiger Staatsbediensteter des Kongo gegenüber, die sich nicht scheuten, die Schiffe der Gesellschaft aufzuhalten, in einem Fall sogar mit Kanonenschüssen. Einmal sei, so heißt es in einer Geschichte der Gesellschaft, «für eine bestimmte Region der Belagerungszustand verkündet worden, was zur Folge hatte, dass sie für Kaufleute zu einem Sperrgebiet wurde. Nach Aufhebung des Belagerungszustandes war sämtliches Elfenbein verschwunden.»[5]

Unterdessen behauptete der König unverdrossen, Gewinne zu machen läge seinem Denken ganz und gar fern. «Ich danke Ihnen, dass Sie gestern den von den Feinden des Kongo-Staates in die Welt gesetzten Verleumdungen und Beschuldigungen der Heimlichtuerei und des Gewinnstrebens entgegengetreten sind», schrieb er im Anschluss an eine Parlamentsdebatte im Jahre 1891 an den Ministerpräsidenten. «Der Kongo-Staat ist durchaus kein Geschäftsunternehmen. Wenn auf gewissen Ländereien Elfenbein gesammelt wird, so nur, um das Staatsdefizit zu mindern.»[6] Und wenn Afrikaner dazu angehalten wurden, beim Sammeln des Elfenbeins mitzuhelfen, dann geschah das natürlich auch nicht, Gott bewahre, um Gewinn zu machen, sondern um diese unbedarften Menschen von ihrem Müßiggang zu erlösen.

Die Rede vom faulen Eingeborenen ist die Begleitmusik während des gesamten Zeitraums der Aneignung afrikanischen Bodens durch die Europäer, so wie sie auch als Rechtfertigung für die Eroberung Nord- und Südamerikas herhalten musste. Zu einem amerikanischen Reporter hat Leopold einmal geäußert: «Wenn man es mit einer Rasse zu tun hat, die über Jahrtausende hin aus Kannibalen bestand, dann ist es notwendig, sich eben jener Methoden zu bedienen, die sie am wirksamsten aus ihrer Trägheit aufrütteln und ihnen die heilige Pflicht zur Arbeit nahe bringen.»[7]

Zu Beginn der neunziger Jahre bestand die Arbeit, deren Heiligkeit Leopold über alles schätzte, im Einsacken allen Elfenbeins, dessen man habhaft werden konnte. Beamte des Kongo-Staates und deren afrikanische Hilfskräfte durchkämmten das Land auf Raubzügen nach Elfenbein: Elefanten wurden abgeknallt, Stoßzähne den Dorfbewohnern für ein paar Pfennige abgekauft oder gleich beschlagnahmt. Die Stämme im Kongo waren jahrhundertelang auf Elefantenjagd gegangen, jetzt aber wurde ihnen Verkauf oder Weitergabe von Elfenbein an Personen, die nicht im Auftrag Leopolds handelten, untersagt. Eine durchgreifende Verfeinerung der Sammelmethoden für das Elfenbein, die musterbildend für vieles wurde, was da noch kommen sollte, erfolgte mit einer Provisionsregelung, die Leopold 1890 verfügte; dank ihrer setzten seine Agenten eine Senkung des Marktwertes für Elfenbein durch, und zwar auf einer gleitenden Skala. Bei Elfenbein, das in Afrika für acht Francs das Kilo gekauft worden war, erhielt der betreffende Aufkäufer 6 Prozent vom weitaus höheren Preis, der auf dem europäischen Markt erzielt wurde. Indessen erhöhte sich die Provision schrittweise bis auf 10 Prozent, wenn er für das Kilo nicht mehr als vier Francs[8] gezahlt hatte. Die weißen Aufkäufer hatten also einen mächtigen Anreiz, die Afrikaner – notfalls mit vorgehaltenem Gewehr – zur Hinnahme extrem niedriger Preise zu zwingen.

Von diesen belgischen Francs landete letztlich kaum einer bei den kongolesischen Elefantenjägern. Die erhielten nur winzige Mengen an Tuch, Glasperlen und dergleichen oder aber jene Messingstäbe, die der Staat zur zentralen Landeswährung erklärt hatte. Den Afrikanern waren Geldgeschäfte verboten. Frei zirkulierendes Geld hätte ja das Wirtschaftsgefüge, das im Wesentlichen auf einer «Kommandowirtschaft» basierte, unterminieren können.

Vor allem ging es um das Kommando über die Arbeitskräfte. Anfangs hatte der Staat einen immensen Bedarf an Trägern. Jeder Staatsbedienstete, der sich wie Stanley vom Flusssystem abwandte und in den Busch vorwagte – um Elfenbein zu sammeln, neue Niederlassungen einzurichten oder einen Aufstand niederzuschlagen –, brauchte lange Trägerkolonnen, die von der Munition für Maschinengewehre bis hin zu den vielen Flaschen Rotwein oder dem Pâté alle Bedarfsgüter schleppen mussten. In der Regel wurden diese Zehntausende von Trägern für ihre Arbeit bezahlt, gelegentlich auch nur mit den Nahrungsmitteln, die nötig waren, um sie bei der Stange zu halten; die meisten von ihnen waren allerdings zwangsverpflichtet. Sogar Kinder wurden für diese Arbeit genommen: Ein Beobachter sah Sieben- bis Neunjährige mit Lasten von 22 Pfund.[9]

«Eine Reihe armer Teufel, die man am Hals aneinander gekettet hatte, trug meine Truhen und Kisten zum Anlegeplatz», merkt, wie selbstverständlich, ein Beamter des Kongo-Staats in seinen Erinnerungen an. Beim nächsten Halt auf seiner Reise werden für einen Abstecher über Land mehr Träger gebraucht:

> «Es waren ungefähr 100, die vor dem Aufseher, welcher mit einer Peitsche herumfuchtelte, vor Angst zitterten. Auf jeden stämmigen und breitschultrigen Kerl kamen ich weiß nicht wie viele Gerippe, ausgetrocknet wie Mumien, mit abgewetzter Haut, … von tiefen Narben übersät und mit eiternden Wunden bedeckt … Egal, alle wurden sie genommen.»[10]

Träger wurden vor allem an den Stellen benötigt, wo das Flusssystem durch Katarakte blockiert war, insbesondere – solange die Eisenbahn noch nicht gebaut war – für die dreiwöchige, gefährliche Reise zwischen dem Binnenhafen Matadi und Stanley Pool. Über diese Versorgungsroute lief flussaufwärts der Nachschub ins Landesinnere und flussabwärts der Transport von Elfenbein und anderen Reichtümern zum Meer. Die meisten Arbeitskräfte überhaupt wurden gebraucht, wenn es etwa darum ging, ein in seine Einzelteile zerlegtes Dampfschiff zum oberen Flussabschnitt zu schaffen: Es kam vor, dass ein Dampfer auf 3000 Lastträger verteilt wurde.[11] Edmond Picard, ein belgischer Senator, beschrieb folgendermaßen eine Trägerkarawane, die er 1896 auf der Route sah, die die großen Stromschnellen umgeht:

> «Ununterbrochen stießen wir auf diese Träger ... schwarz, elend, mit nichts als einem schrecklich schmutzigen Lendenschurz am Leib, kraushaarig und barhäuptig trugen sie die Lasten – Kisten, Ballen, Elfenbeinzähne ... Fässer; die meisten von ihnen schwächlich, ermattet unter einer Last, die durch Müdigkeit und unzureichende Kost – eine Hand voll Reis und ein bisschen stinkender Trockenfisch – noch beschwerlicher wurde; jämmerlich wankende Karyatiden, Lasttiere mit dünnen Affenbeinen, zusammengefallenen Gesichtern, die Augen starr und weit geöffnet, teils, weil sie angestrengt das Gleichgewicht zu halten suchen, teils, weil sie vor Erschöpfung wie benommen sind. Wie diese hier torkeln Tausende vorüber ... requiriert vom Freistaat, der über die Waffe einer allmächtigen Miliz verfügt, oder ausgeliefert von den Häuptlingen, deren Sklaven sie sind und die sich mit ihren Löhnen aus dem Staub machen; so trotten sie dahin mit gekrümmten Knien, vorgestrecktem Bauch, einen Arm in der Luft, um die Last zu sichern, den anderen auf einen langen Wanderstab gestützt, staubbedeckt und verschwitzt, Insekten, deren

zahllose Kolonnen in einer wahren Sisyphusarbeit über Berg und Tal ausschwärmen, die längs des Wegs krepieren oder nach dem Marsch in ihre Dörfer zurückkehren und dort vor Entkräftung sterben.»[12]

Besonders hoch war die Zahl der Sterbenden unter jenen Trägern, die man zwang, Lasten über große Entfernungen zu schleppen. So kehrte von den 300 Trägern, die im Jahre 1891 von Distriktkommissar Paul Lemarinel für einen Gewaltmarsch von mehr als 600 Meilen zwecks Errichtung eines neuen Militärpostens zwangsverpflichtet wurden, nicht ein einziger zurück.[13]

Stanislas Lefranc, ein frommer Katholik und Anhänger der Monarchie, war ein belgischer Staatsanwalt, der in den Kongo gekommen war, um dort als Richter tätig zu sein. Eines frühen Sonntagmorgens hörte er in Leopoldville ein vielstimmiges, verzweifeltes Kindergeschrei.

Als er dem Brüllen auf den Grund gekommen war, fand Lefranc «ungefähr dreißig Bälger, von denen etliche erst sieben oder acht Jahre alt waren, aufgereiht und darauf wartend, dass die Reihe an sie käme, die, zu Tode erschrocken, mit ansahen, wie ihre Kameraden ausgepeitscht wurden. Die meisten Kinder traten, in äußerstem Schmerz, dermaßen schrecklich um sich, dass die Soldaten, denen befohlen war, sie an Händen und Füßen festzuhalten, sie vom Boden hochheben mussten. ... 25 Mal sauste die Peitsche auf jedes der Kinder nieder.»[14] Lefranc erfuhr, dass die Kinder am Vorabend in Gegenwart eines weißen Mannes gelacht hatten; dieser befahl, dass alle bediensteten Boys der Stadt dafür 50 Hiebe erhalten sollten. Die Verabreichung der zweiten Rate von 25 Hieben war am nächsten Morgen um sechs Uhr fällig. Lefranc konnte erreichen, dass diese Strafaktion nicht stattfand, wurde aber gewarnt, weitere Einwendungen, die die Disziplin beeinträchtigen könnten, zu unterlassen.

Was Lefranc hier in Aktion sah, war ein entscheidendes Herrschaftsinstrument im Kongo-Staat König Leopolds, das in den Augen der Einheimischen mit der weißen Obrigkeit so unauflöslich verknüpft war wie das Dampfboot oder das Gewehr. Es war dies die *chicotte* – eine Peitsche aus ungegerbter, an der Sonne getrockneter Nilpferdhaut, die zu einem langen, scharfkantigen, korkenzieherartig gewundenen Streifen geschnitten war. In der Regel erhielt das Opfer die ihm zugedachten Schläge mit der *chicotte* auf das blanke Gesäß. Gewöhnlich hinterließen sie bleibende Narben; mehr als 25 Hiebe konnten Bewusstlosigkeit hervorrufen; 100 oder mehr Hiebe – als Strafe nicht ungebräuchlich – führten nicht selten zum Tode.

Lefranc sollte noch viele solcher Prügelaktionen mit der *chicotte* erleben, indessen fand die Beschreibung, die er davon in Broschüren und Zeitungsartikeln in Belgien veröffentlichte, nur ein klägliches Echo.

> «Der Standortkommandant wählt die Opfer aus … Zitternd, abgehärmt liegen sie mit dem Gesicht flach auf dem Erdboden … Zwei, manchmal auch vier ihrer Kameraden packen sie an Händen und Füßen und ziehen ihnen die baumwollenen Unterhosen aus … jedes Mal, wenn der Folterknecht die *chicotte* wieder in die Luft erhebt, ist ein rötlicher Streifen auf der Haut der erbarmungswürdigen Opfer zu sehen, die, wie standhaft sie auch bleiben, unter schrecklichen Verrenkungen keuchend nach Atem ringen … Bei den ersten Hieben stoßen die unglücklichen Opfer grässliche Schreie aus, die alsbald zu einem schwachen Stöhnen werden … Um die Abgefeimtheit ihres Tuns noch zu steigern, verlangen einige Offiziere – ich habe dies mit angesehen –, dass der Leidensmann, wenn er japsend wieder auf den Beinen ist, geziemend die militärische Ehrenbezeigung erweist.»[15]

Das blanke Entsetzen, das Lefranc in seiner Darstellung zum Ausdruck bringt, führte nur dazu, dass er am Ende den Ruf eines Sonderlings oder Unruhestifters hatte. Er «zeigt eine erstaunliche Unkenntnis bei Dingen, die er seiner Arbeit zufolge eigentlich besser wissen sollte. Ein mittelmäßiger Staatsdiener», schrieb der amtierende Generalgouverneur in einer persönlichen Beurteilung über Lefranc.[16] In dem Versuch, ihn und seine Beschwerden zum Schweigen zu bringen, so berichtet Lefranc, wurde von offizieller Seite angeordnet, dass bei Hinrichtungen an seinem Standort die Vollstreckung an einer anderen Stelle statt direkt neben seinem Haus durchgeführt werden solle.

Abgesehen von Lefranc haben nur wenige Europäer in Diensten des Kolonialregimes Berichte hinterlassen, in denen ihr Entsetzen beim Anblick des offiziell geduldeten Terrors zum Ausdruck kam. Jene Weißen, die das Gebiet als Armeeoffiziere, Dampfbootkapitäne, Staatsbedienstete oder Angestellte der Konzessionsgesellschaften durchquerten, nahmen in der Regel die Anwendung der *chicotte* ebenso gedankenlos hin, wie ein halbes Jahrhundert später Hunderttausende von Uniformträgern ihren Einsatz als Aufseher in den nationalsozialistischen und sowjetischen Konzentrationslagern akzeptierten. «Ungeheuer gibt es gewiss», schrieb Primo Levi über seine Erfahrungen in Auschwitz, «aber ihre Zahl ist zu klein, als dass sie wirklich gefährlich werden. Gefährlicher sind … Beamte, die, ohne Fragen zu stellen, bereit sind, zu glauben und zu handeln.»[17]

Wie war es möglich, dass die im Kongo tätigen Beamten so unbeeindruckt die *chicotte* in Aktion sehen und auch auf andere Weise, wie wir noch sehen werden, Schmerz zufügen und den Tod bringen konnten? Natürlich war das zunächst eine Frage der Rassenzugehörigkeit. Für die Europäer waren Afrikaner minderwertige Lebewesen: faul, unzivilisiert, nur wenig über dem Tier. Die meistverbreitete Art und Weise, sie für die Arbeit einzusetzen, war denn auch, sie wie Lasttiere zu benutzen. Für das Funktionieren eines Terrorsystems ist es vorab erforderlich, dass die Funktionäre in ihren Opfern minderwertige Menschen sehen, und dafür schufen die Rassenvorstellungen des viktorianischen Zeitalters die Voraussetzung.

Und natürlich kam hinzu, dass die Behörden den Terror im Kongo duldeten. Ein Weißer, der dagegen aufbegehrte, forderte zunächst einmal das System heraus, das ihm sein Auskommen sicherte. Jeder außer ihm machte mit. War man aufseiten des Systems, dann wurde man bezahlt, befördert und mit Orden belohnt. Und so kam es, dass Männer, die entsetzt gewesen wären, wenn jemand eine *chicotte* in den Straßen von Brüssel, Paris oder Stockholm benutzt hätte, eine solches Tun in dieser ganz anderen Umgebung als normal ansahen. Ein entferntes Echo dieser Denkweise ist, in einem anderen Zusammenhang, ein halbes Jahrhundert später in einer Äußerung von Franz Stangl über die Massentötungen in den Todeslagern von Sobibor und Treblinka zu der Zeit, als er dort Lagerkommandant war, zu vernehmen: «Um die Wahrheit zu sagen, (…) ja, man gewöhnte sich daran.»[18]

Eine geringfügige, symbolische und für das Opfer selbst unerhebliche Distanz zwischen dem verantwortlichen Funktionär und dem physischen Terrorakt als solchem ist unter einem derartigen Regime eben das, was den Funktionären hilft, «sich daran zu gewöhnen». Eine solche symbolische Distanz wurde von Nazis, die nach dem Zweiten Weltkrieg vor Gericht standen, häufig als Rechtfertigung ihrer Taten ins Feld geführt. Der SS-Arzt Dr. Johann Paul Kremer zum Beispiel, der seine pathologischen Untersuchungen am liebsten an noch frischem Gewebe durchführte, gab folgende Erklärung ab:

> «Der Patient wurde auf den Seziertisch gelegt, während er noch lebte. Ich trat dann an den Tisch und stellte dem Mann einige Fragen zu Einzelheiten, die mit meinen Untersuchungen zu tun hatten … Sobald ich meine Informationen zusammenhatte, trat der Sanitätsunteroffizier auf den Patienten zu und tötete ihn mit einer Injektion nahe dem Herzen … Ich selbst habe nie letale Injektionen gesetzt.»[19]

Ich selbst habe nie letale Injektionen gesetzt. Gewiss hatten einige der im Kongo tätigen Weißen Spaß daran, von der *chicotte* Gebrauch zu machen, die meisten aber legten eine durchaus vergleichbare symbolische Distanz zwischen sich und das grauenhafte Instrument. «Am Anfang … übernahm ich es selbst, jedem eine Strafe zuzumessen, der durch sein Verhalten am Vortag eine solche Behandlung zu rechtfertigen schien», schreibt Raoul de Premorel, der für eine im Kasai-Becken tätige Gesellschaft arbeitete. «Bald … hielt ich es jedoch für wünschenswert, die Verhängung der Urteile anderen unter meiner Aufsicht zu übertragen. Das beste Verfahren schien es zu sein, den *capita* [afrikanischen Vorarbeiter] die Strafe in seinem Trupp verabfolgen zu lassen.»[20]

Und so waren es Afrikaner, die das Gros der *chicotte*-Strafen an den Körpern ihrer afrikanischen Brüder vollstreckten. Für die Eroberer war dies in einer weiteren Hinsicht zweckdienlich, wurde doch dadurch unter den Besiegten eine Klasse von Aufsehern geschaffen; in den nationalsozialistischen Konzentrationslagern gab es die *Kapos*, im sowjetischen Gulag die *predurki* oder Verwalter. So wie die Terrorisierung der Menschen ein Teil ihrer Unterwerfung ist, so gehört ebenso dazu, dass man jemanden dazu zwingt, den Terror auszuüben.*

Ist der Terror erst einmal unhinterfragt an der Tagesordnung, dann wird es zur Mannestugend, ihn effizient anzuwenden, so

* War auf die Loyalität der Untergebenen kein Verlass, dann sicherten sich die Besatzer ab. Im Jahre 1900 wurden in Boma 18 meuternde schwarze Soldaten exekutiert; von dieser Hinrichtung gibt es ein Foto: Man sieht die zum Tode verurteilten Meuterer an Pfähle gefesselt; das aus loyalen schwarzen Soldaten bestehende Erschießungskommando hat gerade eine Salve abgefeuert. Für den Fall, dass die loyalen Soldaten wankend werden sollten, hat sich die gesamte weiße männliche Bevölkerung Bomas in einer im rechten Winkel zu beiden Schwarzengruppen postierten Kette aufgereiht. Jeder Weiße trägt einen Sonnenhelm und ein schussbereites Gewehr. Dieses bemerkenswerte Foto hat Jules Marchal ausgegraben; als Erster hat es Morel verwendet, bevor er Herausgeber der *West African Mail* wurde. Vgl. Marchal 1996, *L'Etat libre,* Bd. 2, S. 116; Marchal 1996, *E. D. Morel,* Bd. 1, S. 39.

wie Soldaten im Kampf die Gelassenheit schätzen lernen. Dies ist die sicherste Voraussetzung, um «sich daran zu gewöhnen». Georges Bricusse, der Kommandant eines Standorts, beschreibt in seinem Tagebuch folgendermaßen die Hinrichtung eines Mannes, den er 1895 wegen eines gestohlenen Gewehrs hat hängen lassen:

> «Der Galgen wird aufgebaut. Man befestigt das Seil, aber es hängt zu hoch. Der Neger wird angehoben, und man legt ihm die Schlinge um den Hals. Für ein paar Augenblicke dreht sich das Seil, dann, *krach*, der Mann zappelt über dem Boden. Ein Schuss in den Hinterkopf, und das Spiel ist aus. Diesmal hat es mir überhaupt nichts ausgemacht! Wenn ich daran denke, wie kreidebleich vor Angst ich war, als ich zum ersten Mal miterlebte, wie die *chicotte* angewendet wurde! Afrika ist schließlich doch zu etwas nutze. Ich könnte jetzt in ein Gefecht gehen wie zu einer Hochzeit.»[21]

Das Überwachungssystem, das Leopold in seinem Riesenreich errichtete, basierte auf dem Militär. Denn ohne eine Armee kann niemand gezwungen werden, Haus und Familie zu verlassen, um über Wochen und Monate 65 Pfund schwere Lasten zu schleppen. Der König war vor allem darüber glücklich, dass er in Afrika eine eigene Armee besaß, zumal er in Belgien in Dauerfehde mit dem Parlament lag, das für seinen Eifer, große Festungswerke zu errichten, Unsummen für die Armee auszugeben und den Wehrdienst einzuführen, überhaupt nichts übrig hatte.

Seit er Henry Morton Stanley losgeschickt hatte und dieser ihm, in den Jahren zwischen 1879 und 1884, seinen Anspruch sichern sollte, hatte sich Leopold afrikanischer Söldner bedient. Im Jahre 1888 bildete er dann aus diesen Söldnern seine *Force Publique*, die Armee seines neuen Staates. Im Laufe der folgenden zwölf Jahre wuchs diese Armee auf mehr als 19 000 Mann an, Offiziere eingeschlossen, und war damit die stärkste Streitmacht in Zentralafrika.[22] Gegen Ende der neunziger Jahre verschlang sie mehr als die Hälfte des Staatshaushalts.[23] Sie war gleichermaßen eine Truppe zur Bekämpfung der Guerilla, eine Besatzungsarmee und eine Polizeitruppe gegenüber den Unternehmensbelegschaften; um dieser Aufgabenstellung gerecht zu werden, war sie zumeist in kleine Garnisonen unterteilt, die in der Regel aus mehreren Dutzend schwarzer Soldaten unter dem Kommando von einem oder zwei weißen Offizieren bestanden und an den Flussufern stationiert waren. Die Zahl dieser Militärposten – anfangs nicht mehr als eine Hand voll – wuchs rasch an: Um 1900 bestanden bereits 183 und 1908 sogar 313.

Die *Force Publique* hatte wahrlich alle Hände voll zu tun, denn nicht wenige der neuen Untertanen Seiner Majestät gehörten kriegerischen Volksstämmen an und setzten sich durchaus zur Wehr. Mehr als ein Dutzend unterschiedlicher ethnischer Gruppen brachten gegen Leopolds Herrschaft nennenswerte Aufstandsbewegungen zustande.[24] Der Kampf des Yaka-Volkes gegen die Weißen dauerte mehr als zehn Jahre, ehe es schließlich im Jahre 1906 unterworfen wurde. Die Chokwe kämpften sogar 20 Jahre und brachten Leopolds Armee schwere Verluste bei. Die Boa und die Budja mobilisierten mehr als 5000 Mann in einem Guerillakrieg, den sie in den Tiefen des Regenwaldes führten. Ähnlich der schönfärberischen Ausdrucksweise der Amerikaner, die siebzig Jahre später in Vietnam von *Befriedung* sprachen, hießen die Militärexpeditionen der *Force Publique* im offiziellen Sprachgebrauch *reconnaissances pacifiques*, friedliche Erkundungsgänge.

Die Geschichte Zentralafrikas vor Ankunft der Europäer war nicht weniger von Kriegen und Eroberungen gekennzeichnet als die Europas, und auch unter Leopolds Herrschaft beschränkten sich die Gewalttätigkeiten im Kongo durchaus nicht auf Auseinandersetzungen zwischen Kolonialherren und Kolonisierten. Eben weil die Völker am Kongo einander in früheren Jahren so heftig bekriegt hatten, hatte die *Force Publique* häufig leichtes

Spiel, sich mit der einen ethnischen Gruppe zu verbünden, um eine andere zu besiegen. Früher oder später wurde indessen auch Erstere niedergeworfen. Leopolds Truppenkommandeure nutzten angesichts ihrer nur spärlich über das Riesenterritorium verteilten Kräfte dieses ständig wechselnde Bündnissystem geschickt für sich aus. Am Ende allerdings war es die überlegene Feuerkraft, die ihnen den Sieg sicherte und dafür sorgte, dass die Geschichte von den Siegern geschrieben wurde.

Manchmal freilich können wir sogar durch die historischen Darstellungen hindurch etwas von der Entschlossenheit derer ahnen, die sich dem König widersetzten. Im äußersten Süden des Kongo, in Katanga, wurden die Krieger des Volkes der Sanga von einem Häuptling namens Mulume Niama angeführt.[25] Obgleich die Armee des Kongo-Staates über Artillerie verfügte, lieferten die Stammeskrieger einen hartnäckigen Kampf, töteten einen Offizier und verwundeten drei Soldaten. Daraufhin zogen sie sich in ein ausgedehntes Kalkhöhlensystem zurück, das den Namen *Tshamakele* trug. Der Kommandeur der *Force Publique* befahl seinen Leuten, an den Zugängen zur Höhle Feuer anzuzünden, um die Rebellen auszuräuchern; nach einer Woche schickte er einen Emissär, der die Kapitulation Mulume Niamas aushandeln sollte. Der Häuptling und seine Männer lehnten es ab, sich zu ergeben. Die Soldaten zündeten erneut Feuer vor den Zugängen an und sperrten die Höhle drei Monate lang ab. Als die Truppe schließlich ins Innere vordrang, fand man 178 Leichen. Da die Männer der *Force Publique* keinerlei Hinweis auf ein Märtyrergrab zurücklassen wollten, lösten sie Erdrutsche aus, um jede Spur der Tshamakele-Höhle und der Leichen von Mulume Niama und seinen Männern auszulöschen.

Eine weitere Rebellion ereignete sich an der Karawanenroute in der Nähe der Stromschnellen am Unterlauf des Kongo. Ein berüchtigter Staatsbeamter, ein Belgier namens Eugène Rommel, errichtete dort eine Niederlassung, um Träger für den dreiwöchigen Treck zwischen Matadi und dem Stanley Pool zu beschaffen. Für diese Aufgabe brauchte der Staat Mitte der neunziger Jahre pro Jahr 50 000 Mann.[26] Im Gegensatz zu den protestantischen Missionsstationen und auch zu einigen privaten Kaufleuten, die selbst die von ihnen für diese Route benötigten Träger anheuerten und mit ihnen die Löhne aushandelten, setzte der Kongo-Freistaat auf ausdrückliche Anordnung Leopolds Zwangsarbeiter ein. Rommel gab seiner Niederlassung den Namen *Baka Baka,* was «fangen, fangen» bedeutet.

Ein örtlicher Häuptling namens Nzansu führte einen Aufstand an, in dessen Verlauf Rommel am 5. Dezember 1893 in einen Hinterhalt gelockt und getötet wurde; gleichzeitig wurde seine Niederlassung bis auf die Grundmauern niedergebrannt. Außerdem brannten die Rebellen in der Nähe noch zwei weitere Militärposten ab und plünderten sie, wobei sie zwei weiße Staatsbedienstete töteten und mehrere verwundeten. Mukimbungu, eine schwedische Mission an der Karawanenroute, wurde allerdings von Nzansu ausdrücklich geschont. Er übergab den Missionaren sogar einige Vorräte, die er verlassen längs der Route gefunden hatte, und gab Güter zurück, die seine Leute aus der Missionsstation hatten mitgehen lassen. Karl Teodor Andersson, einer der Missionare, schrieb an seine Gemeindemitglieder im heimatlichen Schweden:

> «Sollten sich die Freunde unserer Mission zu Hause Sorgen wegen unserer Sicherheit machen, so ist hier eine Reihe von Briefen und Zeitungsartikeln über die Unruhen hierzulande; ich möchte unsere Freunde beruhigen ... Häuptling Nzansu von Kasi, der Anführer der Rebellen, hat uns mitgeteilt, dass er niemandem von uns irgendein Leid antun wolle, da wir stets bewiesen hätten, dass wir Freunde der Schwarzen seien. Für jeden, der die Zustände hier draußen kennt, kann das keine Überraschung sein.»[27]

Für den Staat war zumal diese Rebellion ein Anlass zur Beunruhigung, da sie den Verkehr auf der entscheidenden Verbindungsroute zum Stanley Pool zum Erliegen brachte. Folglich entsandten die Behörden eine Militärabordnung aus 15 weißen Offizieren und 200 schwarzen Soldaten, die die Aufständischen vernichten sollte. C. N. Börrisson, ein anderer schwedischer Missionar, schrieb ein paar Wochen später einen Brief an seine Heimatgemeinde: «Die Rebellen haben nicht die Flucht ergriffen … vielmehr haben sie sich im Dorf ihres Anführers gesammelt, das sie jetzt bis zum letzten Atemzug verteidigen, obwohl ihre sämtlichen übrigen Dörfer bereits niedergebrannt wurden.»

Im weiteren Verlauf seines Briefes macht sich Börrisson ohne Umschweife für die Rebellen, die ja ansonsten für uns stumm bleiben, stark:

> «Der Mensch sät, was er erntet. In Wirklichkeit ist der Freistaat die eigentliche Ursache dieser Aufstände. Es ist merkwürdig, dass Leute, die behaupten, zivilisiert zu sein, meinen, sie könnten ihre Mitmenschen – auch wenn diese eine andere Hautfarbe haben – völlig nach ihrem Belieben behandeln … Zweifellos ist der zu Tode gekommene Herr Rommel einer der verrufensten [Beamten]. Man soll nicht schlecht über die Toten reden, aber ich muss doch ein paar kleinere Dinge erwähnen, aus denen deutlich wird, dass die Unruhen einen berechtigten Grund hatten … Er steckte Frauen ins Gefängnis, wenn sich die Leute weigerten, [Vorräte] zu transportieren und ihm Waren unter Marktpreis zu verkaufen … Er schämte sich nicht, bei unserer Missionsstation vorbeizukommen und unsere Schulmädchen zu entführen … und sie auf das Verwerflichste zu behandeln. Bruder Andersson und ich sind eines Sonntagmorgens in ein Nachbardorf gegangen, um dabei zu helfen, drei Frauen freizubekommen, die von seinen Soldaten ins Gefängnis geworfen worden waren, weil eine von ihnen die Rückgabe eines irdenen Krugs verlangt hatte, der ihr weggenommen worden war …

Was geschieht aber mit all den Frauen, die gefangen genommen werden? Einige werden freigelassen ... wenn ihre Männer alles nur Mögliche getan haben, um die, die ihnen am nächsten steht, zurückzubekommen. Andere Frauen müssen in den Feldern und auch als Prostituierte arbeiten ... Die hier am höchsten geachteten Männer ... haben uns mit Tränen in den Augen und voller Kummer gesagt, dass sie vor kurzem eine Gruppe von 700 aneinander geketteten Frauen gesehen hätten, die [auf Dampfbooten an die Küste] gebracht worden seien. ‹Und›, so sagten sie, ‹ob sie unsere Köpfe abschlagen oder die von Hühnern, für sie ist das alles egal ...›
Kann also wirklich jemand überrascht sein, dass ihr Verdruss schließlich offen ausbricht? Nzansu, der Anführer des Aufstands und Mörder [von Rommel], wollte nur der Engelbrekt des Kongo und der Gustav Wasa seines Volkes werden. Seine Anhänger sind ihm so treu ergeben, wie damals die Schweden es gegenüber ihren Anführern waren.»[28]

Der Missionar Börrisson vergleicht den Häuptling hier mit zwei schwedischen Patrioten des 15. und 16. Jahrhunderts, Adligen, die Aufstände schwedischer Bauern gegen unnachsichtige dänische Könige anführten. Wasa war erfolgreich und wurde später zum König von Schweden gewählt. Nzansu hatte weniger Glück. Er und seine Krieger kämpften acht Monate lang gegen Leopolds *Force Publique* und setzten, ungeachtet mehrerer Strafexpeditionen, die verbrannte Erde hinterließen, ihren Kampf mit Unterbrechungen noch weitere fünf Jahre fort. Über Nzansus Schicksal scheinen keine Aufzeichnungen vorhanden zu sein.[29]

Bei der *Force Publique* waren sämtliche Offiziere und einige Feldwebel Weiße; in der Mehrzahl waren dies Belgier, aber sie kamen auch aus anderen Ländern. Die Armeen der Herkunftsländer waren in der Regel froh darüber, diese Männer abstellen zu können, damit sie für ein paar Jahre Kampferfahrung sammeln konnten. Die gewöhnlichen Soldaten dagegen waren samt und sonders Schwarze. Die Söldner aus Sansibar und den britischen Westafrika-Kolonien, die in den Anfangsjahren das Gros der Truppe gestellt hatten, waren gegenüber Soldaten aus dem Kongo alsbald in der Minderzahl; diese waren zumeist zum Militärdienst gezogen worden. Aber sogar die Freiwilligen hatten sich nicht selten zum Militär gemeldet, weil sie, wie es einer einem Reisenden aus Europa erklärte, lieber «auf der Seite der Jäger als der Gejagten» sein wollten.[30] Ihr Sold war gering, die Kost schlecht, und wegen der geringsten Vergehen wurden sie mit der *chicotte* geprügelt; viele versuchten zu desertieren, und in den Anfangsjahren mussten die Offiziere viel Zeit damit zubringen, die Geflohenen wieder einzufangen. Daraufhin entsandte der Staat zur Eindämmung von Desertionen die frisch Eingezogenen in Bezirke fernab von ihrem Heimatbezirk. Ein auf sieben Jahre verpflichteter Soldat hatte am Ende seiner Dienstzeit womöglich eine Reise von mehreren hundert, ja bis zu weit über tausend Kilometern zu gewärtigen, um nach Hause zu kommen. Und manchmal erhielt er auch dann noch keine Abreiseerlaubnis.

Nicht selten steigerte sich der Missmut der Soldaten regelrecht zu Meutereien, die mitunter größere oder auch kleinere Ausmaße annahmen. Zu einer ersten großen Meuterei kam es 1895 auf der Militärbasis von Luluabourg, einem Ort im Savannenland im Süden Zentralkongos. Der Standortkommandant hieß Mathieu Pelzer, ein berüchtigter Schläger, der sich mit den Fäusten an seinen Untergebenen austobte und routinemäßig den Befehl erteilte, seinen Soldaten 125 Hiebe mit der *chicotte* zu verabreichen. Als seine afrikanische Konkubine einmal mit einem anderen Mann schlief, befahl er, sie zu töten.[31] Ein anderes Mal ließ er einen Soldaten bestrafen; bevor aber der Mann, der den Delinquenten mit der *chicotte* züchtigen sollte, richtig loslegen konnte, stieg ein Feldwebel namens Kandolo[32] zu ihm hinauf und schnappte ihm die Peitsche aus der Hand.[33] Die wenig später ausbrechende Rebellion gegen Pelzer wurde von wütenden Unteroffizieren angeführt, an ihrer Spitze stand Kandolo.

Pelzer wurde von Soldaten angegriffen und verwundet; er konnte aber in den Busch fliehen, wo er sich versteckte. Doch die Rebellen spürten ihn auf und töteten ihn. Unter Kandolos Kommando, der in weißer Uniform rittlings auf einem Bullen saß, schwärmten sie zu anderen Stellungen der *Force Publique* aus, gewannen die Unterstützung der schwarzen Soldaten und töteten mehrere europäische Offiziere. Über ein halbes Jahr lang kontrollierten die Rebellen den größten Teil der Kasai-Region. In den Buschwäldern teilten sie sich in kleine Gruppen auf, verteilten sich über ein größeres Gebiet und konnten so den immer wieder gegen sie in Marsch gesetzten, schwer bewaffneten Expeditionskorps erfolgreiche Gefechte liefern oder geschickt ausweichen. Ein Jahr später schätzten besorgte Offiziere der *Force Publique* die Zahl der immer noch auf freiem Fuße befindlichen Rebellen auf 400 bis 500; sie rekrutierten immer wieder neue Anhänger und verbündeten sich mit lokalen Stammeshäuptlingen gegen den Staat. Insgesamt mussten für die Niederwerfung der Revolte mehrere hundert schwarze Soldaten und Träger und 15 weiße Offiziere und Unteroffiziere der *Force Publique* ihr Leben lassen. Einer davon war ein Amerikaner, Leutnant Lindsay Burke, ein 26-jähriger junger Mann aus New Orleans, der sich gerade ein knappes Jahr in Afrika befand. Im Frühjahr 1897 geriet er in einen Hinterhalt und wurde dabei zusammen mit 27 seiner Männer getötet. Kandolo selbst, der Anführer der Rebellen, erlitt im Kampf tödliche Verwundungen, aber zwei seiner Unteroffiziere, Yamba-Yamba und Kimpuki, setzten als Guerillaführer den Kampf fort. Als sie 1908, noch immer unter Waffen, fielen, ging der Aufstand ins dreizehnte Jahr.[34]

Am geographisch anderen Ende, im äußersten Nordosten des Landes, brach 1897 eine große Meuterei unter 3000 Soldaten und ebenso vielen Trägern und Helfern aus. Diese Männer hatte man gezwungen, monatelang durch Wälder und Sümpfe zu marschieren, weil Leopold einen neuerlichen Versuch unternahm, sich in den Besitz des Quellgebiets des Nil zu bringen; schließlich reichte es ihnen. Die Kämpfe dauerten insgesamt drei Jahre, ein Bataillon nach dem anderen musste die *Force Publique* auf einem Gebiet von knapp 1000 Kilometer Wald und Savanne entlang der Seenkette an der Ostgrenze des Kongo gegen die Rebellen aufbieten. Diese gehörten verschiedenen ethnischen Gruppen an und kämpften unter ihrer eigenen rot-weißen Fahne; sie achteten auf militärische Disziplin und legten Hinterhalte, um ihre Vorräte an Waffen und Munition aufzufüllen. Sie erhielten Unterstützung von sympathisierenden Häuptlingen bis hin zu Warnungen durch Trommelsignale, wenn Truppen im Anmarsch waren. Sogar in der offiziellen Geschichtsschreibung der *Force Publique* wird anerkannt, dass die Rebellen im Kampf «einen Mut gezeigt haben, der wohl einer besseren Sache würdig gewesen wäre».[35]

Etwas mehr als zwei Jahre nach Ausbruch des Aufstands waren die Rebellen schon in der Lage, für einen Angriff auf schwer befestigte Militärstellungen 2500 Soldaten aufzubieten. So wurde etwa im Verlauf der kriegerischen Handlungen ein aus 300 Mann bestehendes Kontingent an Söldnern der *Force Publique* bis auf drei Mann völlig aufgerieben. Die Kämpfe dauerten bis zum Jahre 1900, als sich 2000 Aufständische über die Grenze auf deutsches Territorium, das heutige Ruanda und Burundi, zurückzogen, wo sie ihre Waffen abgaben und dafür das Recht erhielten, sich niederzulassen.

Diese mehrjährige Meuterei ist der einzige Fall in der Geschichte des Kongo-Staats, über den wir einen Augenzeugenbericht besitzen, aus dem wir erfahren, wie es hinter den Linien der Aufständischen aussah. Im April 1897 setzten sie einen französischen Priester, Pater Auguste Achte, fest, der ihnen – in der Annahme, das «riesige Militärlager», auf das er gestoßen war, müsse zu einer Expedition der *Force Publique* gehören – ungewollt in die Hände gefallen war.[36] Stattdessen fand er sich mitten unter 2000 Aufständischen wieder, deren Anführer erbeutete goldbetresste Offiziersuniformen und Pistolen trugen. Achte war natürlich zutiefst erschrocken, weil er den sicheren Tod vor Augen sah. Von einigen der Meuterer wurde er denn auch übel zugerichtet, hatten sie doch geschworen, wie sie ihm erzählten, alle Weißen zu töten. Doch die Anführer der Gruppe brachten sie davon ab, indem sie die Weißen danach unterschieden, wer für den verhassten Kongo-Staat arbeitete und wer nicht. Mulamba, der Häuptling dieser Rebellengruppe, so berichtet Achte, erklärte dem Priester, dass sie sein Leben schonen würden, weil «ich kein Gewehr hatte, Gottes Worte lehrte, mich um die kranken Eingeborenen kümmerte und (das entscheidende Argument) weil ich nie einen Schwarzen geschlagen hatte». Die Aufständischen waren nach Befragung von einem Dutzend junger Afrikaner, denen der Priester religiöse Unterweisung erteilt hatte, zu diesem Beschluss gekommen.

Zu Pater Achtes Überraschung wurde schließlich eine Ziege geschlachtet, man versorgte ihn mit Nahrung, brühte ihm eine Tasse Kaffee auf und überreichte ihm ein Geschenk aus Elfenbein, um ihn für das zu entschädigen, was man ihm weggenommen hatte, «damit Sie nicht nach Europa schreiben können, wir hätten Sie bestohlen». Nach einigen Tagen wurde er freigelassen. Die Aufständischen hatten ihm erklärt, sie hätten ihre belgischen Offiziere getötet, weil sie von ihnen wie Tiere behandelt worden seien, weil sie seit Monaten ihren Sold nicht erhalten hätten und weil Soldaten und Häuptlinge für das kleinste Vergehen ausgepeitscht oder gehängt würden. Sie erzählten von einem weißen Offizier, der an einem einzigen Tag 60 Soldaten erschossen habe, weil sie sich geweigert hatten, am Sonntag zu arbeiten, und von einem anderen, der «mit eigenen Händen Salz und Pfeffer in die von der *chicotte* herrührenden Wunden gestreut und befohlen habe, die Kranken seines Militärpostens lebendig in den Lualaba-Fluss zu werfen».

«Drei Jahre lang habe ich den Hass gegen die Belgier in meinem Herzen genährt und ihn unterdrückt», äußerte Mulamba zu

Achte. «Als ich dann Dhanis [Baron Francis Dhanis war der Oberkommandierende der *Force Publique* in diesem Gebiet] von Angesicht zu Angesicht mir und meinen aufständischen Landsleuten gegenüber sah, da zitterte ich vor Glück: Es war der Augenblick der Erlösung und der Rache.» Andere Rebellen erklärten Achte, sie hätten Mulamba zu ihrem König und zwei andere zu seinen Vertretern gewählt und sie hätten vor, einen unabhängigen Staat frei von der Herrschaft der Weißen zu errichten. Dieser Aufstand wie auch die anderen Rebellionen von Truppen der *Force Publique* waren mehr als nur Meutereien verärgerter Soldaten; sie waren die Vorreiter jener antikolonialen Guerillakriege, die seit Beginn der sechziger Jahre des 20. Jahrhunderts das zentrale und südliche Afrika erschütterten.[37]

Während Leopold mit großer Geste Edikte ergehen ließ, in denen der Sklavenhandel geächtet wurde, fand sich unter den Reisenden – mit der einen Ausnahme von George Washington Williams – im Grunde niemand, der wahrhaben wollte, was augenfällig war: dass nämlich nicht nur die Träger, sondern sogar die Soldaten der *Force Publique* letztlich Sklaven waren. Überdies gab es die vom König persönlich gebilligte Regelung, dass den weißen Staatsbeamten – je nach Zahl der Männer, die sie an die *Force Publique* überstellt hatten – eine Prämie ausgezahlt wurde. Gelegentlich kauften die Beamten die Schwarzen den kollaborierenden Häuptlingen ab, die ihre menschliche Ware in Ketten ablieferten. (Bei einem 1892 getätigten Geschäft, so geht aus den Aufzeichnungen eines Distriktkommissars hervor, betrug der Preis für die Lieferung von sechs Jugendlichen durch zwei Häuptlinge aus Bongata pro Kopf 25 Francs.)[38] Beamte des Kongo-Freistaats erhielten eine Sonderprämie für die «Senkung der Anwerbungskosten» – eine kaum verhüllte Aufforderung, dem Staat dadurch Geldausgaben zu ersparen, dass man die Männer einfach verschleppte, anstatt die Häuptlinge dafür zu bezahlen.[39]

Immer jedoch wurde das System der Sklavenhaltung mit schönrednerischen Wendungen verschleiert, die sogar von den Offizieren vor Ort benutzt wurden. «Gerade sind zwei Boote mit Feldwebel Lens und 25 Freiwilligen in Ketten aus Engwettra eingetroffen; zwei Männer bei Fluchtversuch ertrunken», schreibt etwa der Offizier Louis Rousseau in seinem Monatsbericht von Oktober 1892.[40] Tatsächlich starben ungefähr drei Viertel dieser «Freiwilligen», noch bevor sie überhaupt an die Standorte der *Force Publique* überstellt werden konnten, wie im gleichen Jahr ein besorgter höherer Beamter bemerkt. Zur Lösung des Problems dieser «Vergeudung» empfahl er unter anderem einen schnelleren Transport und leichte Stahlketten statt schwerer Eisenketten.[41] Unterlagen aus diesem Zeitraum belegen mehrfach, dass Beamte des Kongo-Staates Nachlieferungen von Ketten geordert haben. Ein Offizier spricht in seinen Aufzeichnungen das Problem der Kolonnen Zwangsverpflichteter an, die beim Überqueren eines Urwaldstroms über schmale Baumbrücken marschieren: Wenn die am Hals aneinander geketteten *libérés* [Freigelassenen] über eine Brücke gehen und es fällt dabei einer ins Wasser, dann zieht er die ganze Kolonne mit sich, und sie geht unter.»[42]

Weiße Offiziere, die mit den Dorfhäuptlingen über den Kauf von «freiwilligen» Soldaten und Trägern feilschten, hatten dabei manchmal mit den gleichen Bezugsquellen zu tun, die schon die afroarabischen Sklavenhändler von der Ostküste beliefert hatten. Der mächtigste dieser auf Sansibar stationierten Sklaventreiber war der stattliche, bärtige und kräftig gebaute Hamed bin Muhammed el Murjebi, im Volksmund bekannt unter dem Namen *Tippu Tip*. Sein Spitzname soll angeblich vom Geräusch des wichtigsten Arbeitsinstruments der Sklavenhändler herrühren, der Muskete.

Tippu Tip war ein gerissener, einfallsreicher Mann, der sowohl im Elfenbein- als auch im Sklavenhandel ein Vermögen gemacht hatte; dank Stanleys Entdeckung einer Route am Oberlauf des Kongo konnte er beide Geschäftsfelder drastisch ausweiten.* Leopold war sich dessen bewusst, dass Tippu Tip aufgrund seiner Macht und seiner Tüchtigkeit in Verwaltungsdingen so etwas wie der De-facto-Herrscher im östlichen Kongo war. Im Jahre 1887 bat er ihn daher, als Gouverneur in der Ostprovinz der Kolonie, mit Stanley Falls als Hauptsitz, tätig zu sein, und Tippu Tip akzeptierte; in der Folge besetzten etliche seiner Verwandten nachgeordnete Posten. In diesem frühen Stadium, als Leopolds militärische Kräfte nur dünn übers Land verteilt waren, war dieses Geschäft für beide Männer von Vorteil. (Der König verpflichtete sich überdies, mehrere tausend Sklaven von Tippu Tip freizukaufen, allerdings war eine Bedingung ihrer neuen Freiheit, wie diese «befreiten» Sklaven und viele andere rasch erfahren mussten, eine Verpflichtung für sieben Jahre bei der *Force Publique*.) Obgleich es Leopold fast immer verstand, allen Menschen jedes mögliche Bild von sich vorzugaukeln, so trug doch jenes Schauspiel, dass der Vorkämpfer gegen den Sklavenhandel sehr einträgliche Geschäfte mit Afrikas bekanntestem Sklavenhändler machte, dazu bei, dass sich in Europa ein erstes Murren gegen den König regte.

Am Ende aber gingen beide Männer verschiedene Wege. Ehrgeizige weiße Staatsbeamte, die im Osten des Kongo ihren Dienst versahen, veranstalteten, ohne Billigung ihrer Vorgesetzten in Brüssel, mehrere erfolgreiche Waffengänge gegen die afroarabischen Warlords der Region, Kriege, die im Nachhinein

* Tippu Tip hatte Stanley mit Trägern beliefert; dieser wusste nur zu gut Bescheid, als dass er groß gefragt hätte, warum die Träger manchmal angekettet waren. Bei zwei von Stanleys Expeditionen schlossen sich Tippu Tip und seine Begleitung ihm für eine gewisse Wegstrecke an. Ein Grund dafür, dass Stanleys unglückliche Rettungsaktion für Emin Pascha in Europa eine so starke Kritik auslöste, ist darin zu sehen, dass dieser in herrischem Ton ein Missionsdampfboot beschlagnahmte, um seinen Tross stromaufwärts zu transportieren. Die entgeisterten Gottesmänner mussten so mit ansehen, wie auf ihrem Boot ein Teil der Expedition befördert wurde, zu der auch Tippu Tip und seine 35 Frauen und Nebenfrauen gehörten.

in einen edelmütigen Feldzug gegen heimtückische «arabische» Sklavenhändler umgelogen wurden.[43] Die den Kolonialismus heroisierende Literatur sorgte dafür, dass diese Kämpfe in der offiziellen Mythologie jener Zeit einen zentralen Platz bekamen; einen Nachhall darauf kann man in Belgien bis zum heutigen Tage vernehmen. Indessen zeichnete das Militär des Kongo-Freistaates letztlich doch dies aus, dass es über die Jahre weitaus mehr Blut vergoss, wenn es galt, die zahlreichen Aufstände der Afrikaner zu bekämpfen, einschließlich der Rebellen in den eigenen Reihen. Sobald überdies der Feldzug gegen die Sklavenhändler, jenes Husarenstück von Schurken gegen Schurken, vorüber war, brachte Leopold viele von ihnen als Staatsbeamte wieder in Amt und Würden.

Was bedeutete es, von den weißen Eroberern des Landes verschleppt und versklavt zu werden? Immerhin wissen wir von einem Fall, wo eine Afrikanerin ihre Erfahrungen mitteilt. Ihr Bericht wurde von einem amerikanischen Staatsbediensteten namens Edgar Canisius aufgezeichnet, der die Swahili-Sprache beherrschte. Canisius fand sich ganz unvermutet angerührt von einer Geschichte, die ihm «eine Frau von großer Klugheit mit Namen Ilanga» erzählte. Als er dann später dem Offizier und den Soldaten begegnete, die sie verschleppt hatten, kam er zu dem Schluss, dass sie in der Tat die Wahrheit gesagt hatte. Die von ihr geschilderten Ereignisse trugen sich im östlichen Teil des Territoriums zu, nahe Nyangwe, der Stadt also, wo Stanley den riesigen Fluss zum ersten Mal erblickte, der sich dann als der Kongo erweisen sollte. In Canisius' Darstellung trug sich Ilangas Geschichte wie folgt zu:

> «Unser Dorf wird Waniendo genannt, nach unserem Häuptling Niendo … Es ist ein großes Dorf in der Nähe eines kleinen Flusses, um das Dorf herum liegen große Felder von *mohago* (Maniok) und *muhindu* (Mais) und an-

deren Nahrungsmitteln, denn wir alle leisteten schwere Arbeit auf unseren Anpflanzungen und hatten immer viel zu essen … Wir hatten nie Krieg in unserem Land, und außer Messern hatten die Männer kaum Waffen … Wir waren alle auf den Feldern und hackten auf unseren Pflanzungen, denn es war Regenzeit, und das Unkraut schoss rasch in die Höhe, als ein Läufer ins Dorf kam und berichtete, dass sich eine große Gruppe Männer nähere, dass sie alle rote Käppis und blaue Tracht trügen und Gewehre und lange Messer mit sich führten und dass viele weiße Männer dabei seien, deren Häuptling Kibalanga sei.* Niendo rief sofort alle wichtigen Männer in sein Haus, während die Trommeln geschlagen wurden, um die Leute ins Dorf zurückzurufen. Es wurde lange Beratung gehalten, und am Ende wurde uns allen gesagt, wir sollten ganz ruhig auf die Felder gehen und von dort Erdnüsse, Kochbananen und Maniok für die bald eintreffenden Krieger herbeiholen sowie Ziegen und Geflügel für die weißen Männer. Alle Frauen nahmen Körbe und füllten sie und stellten sie an die Straße … Niendo dachte, dass er durch so viele Essensgeschenke die Fremden dazu bringen könne, weiterzuziehen und uns in Frieden zu lassen. Und so sollte es dann auch sein …

Als die weißen Männer und ihre Krieger abgezogen waren, gingen wir wieder an die Arbeit und hofften, dass sie nicht zurückkehren würden; aber dies taten sie nach ganz kurzer Zeit. Wieder brachten wir ihnen große Mengen Nahrung; aber diesmal zog Kibalanga nicht gleich ab, sondern schlug sein Lager in der Nähe unseres Dorfes auf, und seine Soldaten kamen und nahmen uns all unser Federvieh und unsere Ziegen und rissen unseren

*Das war der afrikanische Name für Oscar Michaux, einen Offizier der *Force-Publique-Truppen*, dem einst von Leopold persönlich das Ehrenschwert verliehen worden war.

Maniok aus der Erde; wir machten uns aber nichts daraus, solange sie uns selbst nichts taten. Am nächsten Morgen … gleich nachdem die Sonne über dem Hügel aufgegangen war, kam ein großer Trupp von Soldaten ins Dorf, und wir gingen alle in unsere Häuser und setzten uns hin. Wir saßen noch nicht lange, da kamen Soldaten hereingestürzt und brüllten und bedrohten Niendo mit ihren Gewehren. Sie rannten in die Häuser und zerrten die Leute heraus. Drei oder vier kamen zu unserem Haus und ergriffen mich, ebenso meinen Mann Oleka und meine Schwester Katinga. Wir wurden auf die Straße geschleppt, und wir wurden mit Stricken an unseren Hälsen aneinander gebunden, sodass wir nicht fliehen konnten. Wir weinten alle, denn wir wussten, dass wir jetzt in die Sklaverei gebracht werden sollten. Die Soldaten schlugen uns mit den Eisenstäben ihrer Gewehre und zwangen uns, zum Lager von Kibalanga zu marschieren; der befahl, dass die Frauen getrennt angebunden werden sollten, zehn an jedem Strick, und genauso die Männer. Als man uns alle versammelt hatte – und da waren viele aus anderen Dörfern, die wir jetzt sahen, und viele aus Waniendo –, brachten die Soldaten uns Essenskörbe, die wir tragen sollten, in einigen war geräuchertes Menschenfleisch …
Wir marschierten dann sehr schnell los. Meine Schwester Katinga hatte ihr Baby auf dem Arm und war nicht gezwungen, einen Korb zu tragen; aber mein Mann Oleka musste eine Ziege tragen. Wir marschierten bis zum Nachmittag und lagerten dann in der Nähe eines großen Flusses, da waren wir froh, trinken zu können, denn wir waren sehr durstig. Wir hatten nichts zu essen, denn die Soldaten wollten uns nichts geben … Am nächsten Tag ging der Marsch weiter, und als wir gegen Mittag lagerten, gab man uns etwa Mais und Kochbananen, die man in der Nähe eines Dorfes gesammelt hatte, dessen Be-

wohner davongelaufen waren. So ging es jeden Tag weiter, bis zum fünften Tag, als die Soldaten meiner Schwester das Baby wegnahmen und es ins Gras warfen; dort ließen sie es zum Sterben liegen und zwangen meine Schwester, ein paar Kochtöpfe zu tragen, die sie in dem verlassenen Dorf gefunden hatten. Am sechsten Tag wurden wir sehr schwach, weil wir keine Nahrung bekamen und weil wir immer marschieren und im feuchten Gras schlafen mussten, und mein Mann, der mit der Ziege hinter uns marschierte, konnte nicht länger aufrecht stehen, und so setzte er sich neben den Pfad und wollte nicht weitergehen. Die Soldaten schlugen ihn, aber er weigerte sich immer noch, sich von der Stelle zu rühren. Dann schlug ihm einer mit dem Gewehrende auf den Kopf, und er fiel auf den Boden. Einer der Soldaten nahm die Ziege, während zwei oder drei andere mit den langen Messern, die sie auf das Ende ihrer Gewehre stecken, auf meinen Mann einstachen. Ich sah das Blut herausströmen, und dann sah ich ihn nie wieder, weil wir um den Rand eines Hügels gingen und er dadurch außer Sicht war. Viele junge Männer wurden auf die gleiche Weise getötet und viele Babys ins Gras geworfen, um sie sterben zu lassen … Nach zehn Tagesmärschen kamen wir an das große Wasser … und wurden mit Kanus hinüber zu der Stadt der weißen Männer bei Nyangwe gebracht.»[44]

Sogar Kindern blieb die Härte von Leopolds Herrschaft nicht erspart.[45] «Ich denke, wir müssen drei Kinderkolonien einrichten», vermerkt der König am 27. April 1890. «Eine im Oberen Kongo, nahe dem Äquator, mit speziell militärischem Charakter und Geistlichen zur religiösen Unterweisung und Berufsausbildung. Eine in Leopoldville unter geistlicher Aufsicht mit einem Soldaten für die militärische Ausbildung. Eine in Boma wie die in

Leo … Zweck dieser Kolonien ist vor allem, uns mit Soldaten zu versorgen. Wir müssen daher drei große Baracken in Boma, Leo und in der Nähe des Äquators bauen … jede muss 1500 Kinder und Verwaltungspersonal aufnehmen können.»[46] In Umsetzung der Befehle seines Königs wies der Generalgouverneur seine Bezirkskommissare an, für die drei staatlichen Kolonien «ab sofort möglichst viele männliche Kinder zusammenzuziehen».[47]

Im Laufe der Jahre wurden noch viele solcher Kinderkolonien von katholischen Missionaren eingerichtet. Im Gegensatz zu den protestantischen Missionaren im Kongo, die Ausländer waren und nicht Leopolds Kontrolle unterstanden, waren die katholischen Missionare größtenteils Belgier und loyale Anhänger des Königs und seines Regimes. (Ein belgischer Orden, die Scheut-Patres, benannte sogar eine Missionsstation nach dem Direktor einer der großen Konzessionsgesellschaften.) Leopold unterstützte die Katholiken aufs großzügigste und nutzte gelegentlich seine Finanzmacht, um Priester – fast so, als wären sie Soldaten – in Gegenden einzusetzen, in denen er seinen Einfluss stärken wollte.

Die Kinder, die von diesen Missionaren aufgenommen wurden, galten offiziell als «Waisen». Aber in den meisten intakten afrikanischen Gesellschaften mit ihrem stark ausgeprägten Sinn für die erweiterte Familie und für Clanbindungen gibt es ein Verwaistsein im europäischen Sinne überhaupt nicht. Insoweit diese Kinder wirklich Waisen waren, wurden sie es häufig deswegen, weil ihre Eltern von der *Force Publique* getötet worden waren. Im Anschluss an die mörderischen Überfälle, mit denen sie das ganze Territorium überzogen, sammelten die Soldaten oft die Überlebenden – Erwachsene wie Kinder – auf und brachten sie den katholischen Missionaren.

> So berichtete etwa ein katholischer Priester im Jahre 1899 seinem Superior: «Monsieur Devos versorgte uns mit fünf Gefangenen, die am Hals gefesselt waren, die für uns Ton ausgraben sollten zur Herstellung von Zie-

gelsteinen, sowie 25 Arbeiter zum Holzsammeln aus Ibembo ... Seit dem letzten Kindertransport aus Buta sind 25 weitere eingetroffen ... Hin und wieder haben wir einige der kleineren Kinder getauft, soweit Gefahr bestand, dass sie stürben ... Am 1. Juli haben wir den Nationalfeiertag des Unabhängigen Staates Kongo begangen. Um acht Uhr standen wir mit allen unseren Kindern und der Fahne vorneweg am Fuße der in das Kliff gehauenen Treppe, um Hauptmann Devos und seine Soldaten zu begrüßen. Bei der Rückkehr zur Mission marschierten die Kinder voraus und die Soldaten ihnen nach ... Während der Messe ... wurde bei der Darreichung der Hostie das ‹Präsentiert das Gewehr!› von Hörnern geschmettert.»[48]

Den Alltag dieser Kinderkolonien beherrschten für gewöhnlich die *chicotte* und die Kette. Entsprechend gab es viele Meutereien. Sofern sie ihre Verschleppung, den Transport und die Schulausbildung überlebten, wurden die meisten männlichen Absolventen der staatlichen Kolonien Soldaten, genau wie es Leopold angeordnet hatte. Diese Kinderkolonien waren die einzigen vom Staat finanzierten Schulen für Afrikaner im ganzen Kongo-Staat.

Unter diesen in die staatlichen und katholischen Kolonien verfrachteten, traumatisierten und schlecht ernährten Kindern grassierten Krankheiten, und die Sterblichkeitsrate war hoch, häufig über 50 Prozent.[49] Tausende starben überdies während der langen Märsche zu den Kolonien. Aus einem Trupp von 108 Jungen, die sich 1892/93 auf einem Gewaltmarsch zur staatlichen Kolonie in Boma befanden, trafen nur 62 dort auch tatsächlich ein, und von diesen starben dann noch acht im Laufe der nächsten Wochen.[50] Die Mutter Oberin einer katholischen Kolonie für Mädchen berichtete 1895 in einem Brief an einen hohen Staatsbeamten des Freistaats: «Mehrere Mädchen waren bei ihrer Ankunft so krank, dass ... unsere guten Schwestern ihnen nicht mehr helfen konnten, aber allen widerfuhr das Glück der heiligen Taufe; nunmehr sind sie kleine Engel im Himmel, die für unseren großen König beten.»[51]

Solchen Gebeten zum Trotz hatte der große König in der fernen Heimat eher häusliche Scherereien. Zum einen endeten seine Hoffnungen, seine Tochter Stéphanie als Kaiserin von Österreich und Königin von Ungarn zu sehen, mit einem Reinfall. Erzherzog Rudolf, ihr Ehemann, erwies sich als Alkoholiker und morphiumsüchtig. 1889 wurden er und seine Geliebte eines Tages tot im Jagdschloss Mayerling aufgefunden, ein offenkundiger Doppelselbstmord, obgleich noch nach Jahren Gerüchte umgingen, dass er von politischen Gegnern ermordet worden sei. Jedenfalls konnte Stéphanie nun nicht mehr Kaiserin werden. Leopold eilte nach Wien, wohin ihm das belgische Kabinett seine Beileidsbekundungen nachsandte. Der König, der zu diesem Zeitpunkt mitten in seiner Kampagne steckte, mit der er die Mittel für einen Kongo-Entwicklungsfonds aufzutreiben gedachte, schrieb als Antwort zurück:

> «Wir danken Ihnen für Ihre herzlichen Worte anlässlich des Unglücks, das Uns betroffen hat. Wir wissen um die Gefühle der Minister und sind Uns ihres Mitgefühls inmitten der schrecklichen Prüfungen gewiss, die Gott Uns auferlegt hat. Tun Sie, was immer in Ihren Kräften steht, um Monsieur Van Neuss [dem Generaladministrator für Finanzen des Kongo-Freistaates] zu helfen, mehr Aktien auf dem Markt zu platzieren; dies wäre mir überaus angenehm. Einmal mehr, ich danke Ihnen.»[52]

Die verwitwete Stéphanie heiratete später einen ungarischen Grafen, dessen Blut in den Augen Leopolds nicht königlich genug war; er sprach von seinem Schwiegersohn immer nur als von «diesem Schäfer».[53] Wie schon gegenüber ihrer Schwester Louise weigerte sich Leopold, an Stéphanie je wieder das Wort zu richten.

Neben seinen ungehorsamen Töchtern, über die er sich ärgern musste, hatte der König noch seine verrückte Schwester Carlota, die man in ihr Schloss am Rande von Brüssel eingeschlossen hatte und die offensichtlich immer noch glaubte, Kaiserin von Mexiko zu sein. Ihr Brautkleid, verwelkte Blumen und eine gefiederte mexikanische Götzenfigur hingen an der Wand. Man berichtete, dass sie ihre Tage damit zubringe, mit lebensgroßen Puppen zu reden, die in kaiserliche Gewänder gehüllt seien. Gerüchte über ihre Wahnvorstellungen lieferten der Regenbogenpresse ganz Europas unendlich Stoff. Als einmal in ihrem Schloss ein Feuer ausbrach, soll sich Carlota über eine Fensterbrüstung gebeugt und den Flammen zugerufen haben: «Das ist verboten! Das ist verboten!»[54]

Allerdings konnten familiäre Probleme dieser Art die Energie Leopolds nicht im Mindesten beeinträchtigen. Für ihn galt es wohl als ausgemacht, dass diese Seite seines Lebens erbärmlich war und bleiben sollte und dass er für ganz andere Dinge geboren sei, vor allem natürlich für seine Rolle als *Roi-Souverain*, als unumschränkter Herrscher des Kongo. Und wenn er sich, jetzt in den neunziger Jahren, umblickte, dann sah er, wie die zuvor desinteressierten Belgier sich allmählich seine Träume von Eroberung und Ruhm zu Eigen machten. Solche Phantasievorstellungen, die von dem seinerzeit verbreiteten Denken in Rassenkategorien durchdrungen waren, tauchten sogar in den Geschichten für Schuljungen auf. In einer dieser Erzählungen wurde ein junger belgischer Leutnant verherrlicht, als er bei der Niederschlagung der Meuterei von 1897 für die imperiale Sache den Märtyrertod erlitt:

> «Die Lage war verzweifelt. Alles schien verloren. Aber der tapfere Le Court sprang in die Bresche.
> Zusammen mit zwei anderen belgischen Offizieren und den Überresten ihrer Kompanien brachte er die schwarzen Teufel, die die Verfolgung ihrer Marschkolonne aufgenommen hatten, zum Stehen … Finstere, schwarze

Köpfe, die mit ihren weißen Zähnen knirschten, schienen aus jeder Ecke hervorzukommen …
Er fiel … Er begriff, dass der entscheidende Augenblick des Todes nun gekommen war … Lächelnd, voller Verachtung, erhaben, im Gedanken an seinen König und seine Fahne … er sah ein letztes Mal auf die brüllende Horde schwarzer Teufel …
So starb, in der Blüte seiner Jugend, Charles De Le Court, im Angesicht des Feindes.»[55]

Es waren die Jahre, als in Europa, sehr zum Kummer vieler junger Europäer, Friede herrschte. Für einen jungen Mann, der aufs Kämpfen aus war, zumal auf den Kampf gegen einen mangelhaft bewaffneten Feind, war der Kongo gerade der richtige Platz. Für den weißen Mann war der Kongo zugleich ein Ort, wo man reich werden und Macht erlangen konnte. Als Distriktkommissar konnte man zum Beispiel die Verantwortung für einen Bezirk haben, der so groß war wie Holland und Belgien zusammengenommen. Als Chef einer Niederlassung war man vielleicht Hunderte von Meilen vom nächsten weißen Beamten entfernt; man konnte ganz nach Gusto Steuern auf Arbeit, Elfenbein oder was immer erheben, man konnte sie eintreiben, wie immer man wollte, und man konnte Strafen verhängen, wie es einem beliebte. Falls man einmal die Kontrolle über sich verlor, wurde einem zur Strafe, wenn es denn eine gab, nur leicht auf die Finger geklopft. So bekam der Chef einer Niederlassung in Manyanga an den großen Stromschnellen, der im Jahre 1890 zwei seiner Leibdiener zu Tode geprügelt hatte, lediglich eine Geldstrafe von 500 Francs.[56] Entscheidend war, dass das Elfenbein weiter nach Belgien floss. Je mehr man dorthin schickte, desto mehr verdiente man. «*Vive le Congo,* es gibt nichts Besseres!», schrieb 1894 ein junger Offizier an seine Familie. «Wir haben die Freiheit, wir haben Unabhängigkeit, und das Leben hat unendliche Horizonte. Hier ist man frei und nicht bloß ein Sklave der Gesellschaft … Hier ist man alles! Krieger, Diplomat, *Händler*!! Warum nicht!»[57] Für solche Leute, wie etwa für den aus bescheidenen Verhältnissen stammenden Stanley, bot der Kongo die Chance auf eine beträchtliche Anhebung ihres gesellschaftlichen Status. Jemand, dem in Europa das Schicksal eines Bankangestellten in einer Kleinstadt oder eines Klempners bevorstand, konnte dort dagegen Warlord, Elfenbeinhändler, Großwildjäger oder Besitzer eines Harems werden.

Léon Rom, um ein Beispiel zu nennen, wurde in der belgischen Provinzstadt Mons geboren.[58] Mit sechzehn verpflichtete er sich bei der Armee; seine Ausbildung war aber unzureichend für eine Offizierskarriere. Danach arbeitete er als Buchhalter in einer Zollagentur, verlor aber rasch die Lust daran. 1886 kam er – er war 25 Jahre alt – auf der Suche nach Abenteuern in den Kongo. Sein Aufstieg geschah in einer Zeit, als es nur ein paar hundert Weiße auf dem ganzen Territorium gab, und war dementsprechend rapide. Schon bald wurde Rom zum Distriktkommissar von Matadi ernannt und führte in dieser Eigenschaft den Vorsitz bei der ersten standesamtlichen Trauung eines weißen Brautpaares im Kongo-Freistaat. Danach diente er kurze Zeit als Richter. Angesichts der Tatsache, dass nur eine Hand voll Weißer eine so riesengroße Kolonie verwaltete, konnte es keine klare Unterscheidung zwischen zivilen und militärischen Ämtern geben, und schon bald erhielt Rom den Auftrag, die schwarzen Truppen für die *Force Publique* auszubilden. Der Sold war überdies gut; nach seiner Beförderung zum Hauptmann verdiente er 50 Prozent mehr als ein Oberst der belgischen Armee im Mutterland.

Er erhielt mehrere Orden und erwarb sich einigen Ruhm wegen einer Episode in den Kämpfen gegen die «Araber», als er dreist ein feindliches Fort betrat, um die Kapitulationsbedingungen auszuhandeln. In einem Bericht heißt es dazu:

> «Rom meldete sich spontan als Freiwilliger ... Er verließ unser Lager unbewaffnet, nur in Begleitung eines Dolmetschers, und sah von dem als Treffpunkt vereinbarten Ort aus sämtliche arabischen Truppen hinter ihren Schutzwällen massiert, die Gewehre im Anschlag. Ein

Emissär, der den Koran des Sultans als Zeichen sicheren Geleits in Händen hielt, forderte ihn zum Betreten der Festung auf. Ungeachtet der Befürchtungen des Dolmetschers, der eine Falle witterte, drang Rom entschlossen in das Lager des Feindes ein. Nach zweistündigen Verhandlungen verließ er diesen Bau mit der arabischen Fahne in der Hand zum Zeichen der Kapitulation.»[59]

Roms eigene Darstellung ist sogar noch dramatischer: Gegen die verschlagenen Araber behauptete er sich nur dank seiner *attitude décidée*, während der entsetzte und am ganzen Leibe zitternde Dolmetscher unkte: «Master, sie werden Sie töten!»[60] Wir wissen nicht, ob es überhaupt je so riskant war, sich auf diese Kapitulationsverhandlungen einzulassen. Immerhin war es einer der Vorzüge des Dienstes in der *Force Publique*, dass der nächste Journalist in der Regel Tausende von Kilometern weit weg war, und dementsprechend konnte man mit ein paar Freunden die Darstellung der eigenen Heldentaten angemessen ausgestalten.

Roms Aufwärtsstreben beschränkte sich nicht bloß auf die militärische Rangordnung. Er mühte sich auch um «intellektuelles» Beiwerk. Bei jeder Rückkehr nach Europa brachte er viele Schmetterlingsexemplare mit und wurde nach einiger Zeit Mitglied in der Belgischen Entomologischen Gesellschaft.[61] Ehren wie diese und ebenso das Offiziersschwert und seine Mütze mit dem Stern des Kongo-Freistaats darauf, all das rückte das Leben eines Provinzbuchhalters in weite Ferne.

Hinter diesen eifrig wiederholten Geschichten über Reichtum und Ruhm, die jungen weißen Männern im Kongo winkten, verbarg sich für gewöhnlich noch etwas anderes: der verstohlene Hinweis darauf nämlich, dass man seine bürgerliche Moral in Europa zurücklassen könne. (Wir werden noch sehen, dass dies auch auf Léon Rom zutraf.) Für die zeitgenössischen Europäer boten die Kolonien, wo immer sie sich befanden, einen bequemen Zufluchtsort. Bei Kipling heißt es:

Nimm an Bord mich, fahr mich östlich Suez, irgendwo,
Wo das Schönste und das Ärgste keinen Deut sich
 scheiden,
Wo es keine Zehn Gebote gibt,
Und ein Mann den Durst noch löschen kann.[62]

Im Kongo wurden die Zehn Gebote sogar noch weniger befolgt als in den meisten anderen Kolonien. Belgien war klein, der Kongo war immens und die Sterblichkeitsrate der Weißen in den afrikanischen Tropen bekanntermaßen nach wie vor hoch. (Die Behörden versuchten mit allen Mitteln, diese Zahlen geheim zu halten; vor 1895 starb ein volles Drittel der weißen Staatsbediensteten des Kongo-Staates im Lande; von den Übrigen starben etliche nach ihrer Rückkehr nach Europa an den Auswirkungen der Krankheiten.)[63] Um daher ausreichend Männer als Personal für sein ausgedehntes Netz an Flussniederlassungen in einem malariaverseuchten Territorium zu finden, genügte es nicht, ausschließlich Belgier wie Léon Rom anzuheuern; vielmehr warb Leopold weiße junge Männer aus ganz Europa an, die er mit Anreizen für ein schnelles Reichwerden wie etwa der lukrativen Provisionsregelung beim Elfenbeinkauf anlockte. Viele, die in den Kongo gingen, ähnelten den Söldnern, die sich von der französischen Fremdenlegion anwerben ließen oder sich den Glücksrittern anschlossen, die in hellen Scharen zusammenströmten, als damals gleich zweimal ein großer Goldrausch, in Südafrika und am Klondike, ausbrach. Mit der Aussicht auf Kampf und Reichtum war der Kongo für die Europäer eine Kombination aus Goldrausch und Fremdenlegion.

Diese erste Welle von Bediensteten des Kongo-Staats brachte viele abgebrühte Männer ins Land, die den Schwierigkeiten ihrer Ehe, dem Konkurs oder dem Alkoholismus entkommen wollten. In einem volkstümlichen Lied wird die Stimmung jener Zeit recht gut getroffen; in seinen Erinnerungen beschreibt ein Beamter, wie er als Neuankömmling im Kongo jede Nacht von länger dienenden betrunkenen Kollegen am Schlafen gehindert wurde, die dieses Lied in einem fort an der Bar des schäbigen Hafenhotels grölten. Die erste Strophe lautet:

Da sind die, die gegen ihre Eltern /
ihren Kopf durchsetzen;
die sich verschulden, die völlig sinnlos /
den Verrückten spielen;
die eines Abends von ihrer Geliebten /
die Nase voll haben.
Sie hauen ab, voller Wehmut, nach 'm Kongo.[64]

Zur gleichen Zeit sangen die Afrikaner am Kongo ganz andere Lieder. Eines davon hat ein Missionar übertragen:

O Mutter, wie unglücklich sind wir doch! …
Aber die Sonne wird den weißen Mann töten,
Aber der Mond wird den weißen Mann töten,
Aber der Zauberer wird den weißen Mann töten,
Aber der Tiger wird den weißen Mann töten,
Aber das Krokodil wird den weißen Mann töten,
Aber der Elefant wird den weißen Mann töten,
Aber der Fluss wird den weißen Mann töten.[65]

9

Begegnung mit Mr. Kurtz

Anfang August 1890, mehrere Wochen nachdem er seinen wütenden *Offenen Brief* an König Leopold II. geschrieben hatte, beendete George Washington Williams die lange Rückreise den Kongo flussabwärts zur Handelsstation Kinshasa am Stanley Pool. Vielleicht in den Wassern des Pool oder auch, als es am Flussufer bei Kinshasa vor Anker lag – irgendwo jedenfalls kreuzte das Dampfboot, auf dem Williams reiste, das Kielwasser eines Schiffes, das gerade seine Fahrt flussaufwärts begonnen hatte, die *Roi des Belges*, ein langer, kastenförmiger Heckraddampfer mit Schornstein und Ruderhaus auf dem Oberdeck. Wäre es Williams gelungen, einen Blick auf die Besatzung dieses Schiffes zu werfen, dann hätte er einen stämmigen, dunkelbärtigen Offizier gesehen, dessen Augen, nach den Fotos, die wir von ihm haben, so aussehen, als müsse er sie gegen die Tropensonne ständig zusammenkneifen. Dieser angehende Offizier war ein Neuling im Kongo und sollte während der gesamten Reise den Fluss hinauf nicht von der Seite des Kapitäns weichen; er wollte sich mit dem Fluss vertraut machen und bereitete sich so auf das Kommando vor, das er demnächst selbst auf einem Dampfer übernehmen sollte.

Der Offiziersanwärter war in vieler Hinsicht charakteristisch für die Weißen, die zu jener Zeit in den Kongo kamen: ein unverheirateter junger Mann, der eine Arbeit suchte, sich nach Abenteuern sehnte und einige dunkle Flecken in seiner Vergangenheit hatte. Józef Teodor Konrad Naecz Korzeniowski war gebürtiger Pole und mit einem Bild von Afrika aufgewachsen, das sich aus dem diffusen Reiz des Unbekannten herleitete:

«Als ich so um die neun Jahre alt war …, habe ich einmal auf eine Landkarte Afrikas von damals geschaut und meinen Finger auf die leere Fläche gelegt, die Ausdruck des ungelösten Geheimnisses jenes Kontinents war, und ich sagte zu mir … ‹Wenn ich groß bin, werde ich *da hingehen.*›»[1]

Einen Teil seiner Jugend verbrachte er in Frankreich, hatte Schuldenprobleme, betrieb nebenher, wie er behauptet, Waffenschmuggel und machte einen Selbstmordversuch. Danach brachte er mehr als ein Jahrzehnt als Schiffsoffizier in der britischen Handelsmarine zu, lernte dabei Englisch, verlor jedoch nie seinen starken polnischen Akzent. Anfang 1890 suchte Korzeniowski vergeblich nach einer Stelle als Kapitän zur See. Während er sich in London um eine Stelle bemühte – durch die Stadt schwirrten gerade die Gerüchte über Stanleys soeben abgeschlossene Emin-Pascha-Expedition –, dachte er von neuem an seine Kinderphantasien. Er ging nach Brüssel, bewarb sich um eine Arbeit am Kongo-Fluss und kehrte für ein abschließendes Einstellungsgespräch noch einmal nach Belgien zurück, gerade als Stanleys Galabesuch in der Stadt dem Ende zuging.

Wie fast alle in Europa war auch der zu diesem Zeitpunkt 32-jährige Korzeniowski – so viel wurde in diversen Gesprächen deutlich –, bevor er seinen neuen Job antrat, der Ansicht, Leopold verfolge in Afrika eine edle und «zivilisatorische» Mission. Er verabschiedete sich anschließend von seinen Verwandten und brach mit dem Schiff, auf dem der erste Posten Schienen und Schwellen für die neue Eisenbahn transportiert wurde, zum Kongo auf. Wie alle Weißen, die ins Landesinnere reisten, musste auch er zunächst den langen Treck von Matadi um die Stromschnellen herum unter Zuhilfenahme einer Karawane schwarzer Träger hinter sich bringen. Als er schließlich den Fluss erreicht hatte, füllte er sein Tagebuch mit Eintragungen nach Art eines sachlich Fakten notierenden Seemanns, der Untiefen, Bunkerplätze und andere auf den im Handel befindlichen, simplen Navigationskarten nicht verzeichnete Einzelheiten vermerkt. Es dauerte indessen fast ein Jahrzehnt, bis der angehende Dampfbootkapitän all die Besonderheiten des Kongo zu Papier brachte, über die rein gar nichts in der Karte stand. Zu der Zeit sollte ihn die Welt freilich bereits unter dem Namen Joseph Conrad kennen.

Insgesamt brachte er etwa sechs Monate im Kongo zu, wobei er das teilweise fertige Manuskript seines ersten Romans *Almayers Wahn* mit sich führte.[2] Die Tausend-Meilen-Lehrfahrt flussaufwärts von Stanley Pool nach Stanley Falls dauerte nur vier Wochen, eine schnelle Reise für die damalige Zeit. Sandbänke, Felsen und Untiefen machten das Navigieren zu einer heiklen Aufgabe, zumal am Oberlauf des Flusses während der Regenzeit; und es war gerade Regenzeit. «Das gedämpft donnernde Brausen der Stanley-Fälle hing in der schweren Nachtluft über dem letzten schiffbaren Flussabschnitt des Oberen Kongo», schrieb er später, «und ich sagte zu mir voller Scheu: ‹Dies ist der eigentliche Ort meiner knäbischen Großtuerei› ... Welches Ende für die idealisierte Wirklichkeit der Tagträumereien eines kleinen Jungen!»[3]

In Stanley Falls erkrankten sowohl Conrad als auch der Kapitän des Dampfbootes. Conrad kam rascher wieder auf die Beine, und während des ersten Teils der Rückreise flussabwärts – mit dem Strom machte das Boot fast doppelt so viel Fahrt wie zuvor – war er es, der das Kommando auf der *Roi des Belges* hatte. Wenige Wochen nach dem Ende der Fahrt kündigte er indessen seinen Vertrag und trat seine lange Rückreise nach Europa an.

Einige bittere Enttäuschungen ließen Conrads Träume verfliegen. Gleich zu Beginn überwarf er sich mit einem Beamten der Gesellschaft, für die er arbeitete, welcher meinte, er werde wohl nie das Kommando eines Dampfers übernehmen. Später, nach der Fahrt flussabwärts, wurde er erneut krank, er bekam Malaria und Durchfall und musste sich auf der Missionsstation amerikanischer Baptisten in der Obhut eines schottischen Missionsarztes erholen.[4] Er war auch danach so schwach, dass er zur Küste zurückgebracht werden musste und nie wieder seine volle

Gesundheit zurückerlangte. Schließlich hatten ihn Gier und Brutalität unter den Weißen, die er im Kongo angetroffen hatte, so entsetzt, dass seine Auffassung von der Natur des Menschen dadurch für immer verändert wurde. Bis zum Zeitpunkt dieses sechsmonatigen Aufenthalts im Kongo, so schrieb er einmal seinem Freund, dem Literaturkritiker Edward Garnett, habe er «nicht einen Gedanken im Kopf» gehabt.[5]

Nach achtjährigem Nachdenken über seine Erlebnisse am Kongo schuf er aus ihnen *Das Herz der Finsternis*, den Kurzroman mit der vermutlich höchsten Auflage in englischer Sprache. Die nautischen Notizen in seinem Offizierslogbuch – «Lulonga-Passage ... Nordost-zu-Nord auf NNO. Backbord: Baumstümpfe. Wassertiefe in Faden; 2, 2, 2, 1, 2, 2, 2, 2»[6] – werden hier zu einer Prosa, die von keinem anderen Literaten, der im Laufe der Jahre den Kongo bereist, übertroffen werden sollte:

> «Diesen Fluss hochzufahren war wie eine Reise zurück zu den frühesten Tagen der Erde, als wirre Pflanzen sie überwucherten und die großen Bäume Könige waren. Ein leerer Strom, eine große Stille, ein undurchdringlicher Urwald. Die Luft war warm, dick, schwer, zäh. Im Glanz des Sonnenscheins lag keine Freude. Die langen Streckenabschnitte des Flusslaufs dehnten sich öde vor uns und führten ins Düster schattenverhangener Fernen hinein. Auf silbrig glänzenden Sandbänken sonnten sich nebeneinander Flusspferde und Krokodile. Wenn der Fluss breiter wurde, floss er zwischen unzähligen bewaldeten Inseln; man konnte sich wie in einer Wüste verirren und fuhr den lieben langen Tag auf Sandbänke auf, während man die Fahrrinne suchte, bis man dachte, man sei verhext und für alle Zeiten von allem getrennt, was man einst gekannt hatte.»[7]

Marlow, der Erzähler im *Herz der Finsternis* und Conrads Alter Ego, wird von einer Elfenbeinhandelsgesellschaft angeheuert, um ein

Dampfboot einen namenlosen Fluss hinaufzusteuern, dessen Verlauf «einer riesigen, ausgerollt liegenden Schlange glich, deren Kopf im Meer lag, während ihr ruhender Körper sich über ein weites Land ringelte; und der Schwanz lag irgendwo im Landesinneren verloren».[8] Zielort ist eine Niederlassung, auf der Mr. Kurtz stationiert ist, der brillante, ehrgeizige Haupthandelsagent der Gesellschaft. Kurtz hat sagenhafte Mengen von Elfenbein zusammengebracht, aber, wie Marlow allmählich herausbekommt, über ihn ist zugleich das Gerücht im Umlauf, er habe sich zu nicht näher bezeichneten Rohheiten hinreißen lassen. Marlows Dampfer übersteht heil einen Angriff von Schwarzen, nimmt eine Ladung Elfenbein auf sowie den erkrankten Kurtz, dieser erzählt von seinen großartigen Vorhaben, stirbt aber an Bord, während sie wieder flussabwärts fahren.

Obgleich mit nur wenigen kühnen Strichen skizziert, hat sich das Bild von Kurtz doch dem Gedächtnis von Millionen von Lesern eingeprägt: der einsame weiße Handelsagent weit oben am großen Fluss, mit seinen Träumen von Größe, seinen immensen Vorräten an kostbarem Elfenbein und seinem dem Urwald abgetrotzten Grundbesitz. Mehr noch vielleicht erinnern wir uns an Marlow, wie er auf dem Dampfboot steht und durch sein Fernglas etwas erblickt, das er für Zierknäufe oben auf den Zaunpfählen vor dem Haus von Kurtz hält – und mit einem Mal erkennt, dass jeder Knauf in Wirklichkeit ein Kopf ist, «schwarz, vertrocknet, eingefallen, mit geschlossenen Augenlidern – ein Kopf, der auf der Spitze dieses Pfahls zu schlafen schien und der, weil die eingeschrumpften, trockenen Lippen eine schmale weiße Reihe von Zähnen sehen ließen, auch lächelte …»[9]

Gymnasiallehrer und Universitätsprofessoren, die dieses Buch im Laufe der Jahre mit Tausenden von Schülern und Studenten diskutiert haben, neigen dazu, in ihren Interpretationen alle möglichen Gesichtspunkte zur Geltung zu bringen: Freud, Jung und Nietzsche werden angeführt, die klassische Mythologie, die Unschuld des Viktorianismus und die Erbsünde, die Postmoderne, der Postkolonialismus und der Poststrukturalismus. Europäer und Amerikaner, die sich schwer tun, die Völkermorddimension der Vorgänge in Afrika um die Jahrhundertwende anzuerkennen, haben den Roman von seinem historischen Ankerplatz losgemacht. Wir sollen ihn als eine Parabel auf alle Zeiten und Schauplätze lesen. Zwei- oder dreimal wurde die Geschichte verfilmt, am bemerkenswertesten in Francis Ford Coppolas *Apocalypse Now*, und dieser Film spielt nicht einmal in Afrika. Demgegenüber hat Conrad betont: «*Das Herz der Finsternis* ist Erleben, … ein bisschen (und nur ein ganz kleines bisschen) über die eigentlichen Fakten des Falles hinaus abgewandelt.»[10] Welchen Reichtum an Bedeutung das Buch als ein Stück Literatur ansonsten noch enthalten mag, für unsere Zwecke ist ausschlaggebend, wie präzise und detailliert die Schilderung «der eigentlichen Fakten des Falles» ist, die es uns liefert, nämlich des Kongo-Staates König Leopolds im Jahre 1890, zu einer Zeit, als die Ausbeutung des Riesenreichs tüchtig im Gange war.

Auch in der Erzählung beginnt Marlow, wie Conrad selbst es getan hatte, seine Reise mit der langen Umgehung der Stromschnellen:

> «Ein leises Klirren hinter mir veranlasste mich, den Kopf zu drehen. Sechs schwarze Männer kamen im Gänsemarsch näher, den Weg hochkeuchend. Sie gingen aufrecht und langsam, balancierten kleine, mit Erde gefüllte Körbe auf ihren Köpfen, und das Geklirr hatte denselben Takt wie ihre Schritte … Ich konnte jede Rippe sehen, die Gelenke ihrer Knochen waren wie Knoten in einem Seil; jeder hatte ein Band aus Eisen um seinen Hals, und alle waren durch eine Kette miteinander verbunden, die rhythmisch klirrend zwischen ihnen schwang.»[11]

Das waren die Arbeiter, die mit dem Bau von Leopolds Eisenbahn begannen.

Einige Seiten weiter beschreibt Marlow einen Ort, wo entkräftete Eisenbahnarbeiter sich abseits geschleppt hatten, um zu sterben. Im weiteren Verlauf ihres Marsches sieht er hier und da einen toten Träger, «mit seinem Joch im hohen Gras neben dem Pfad liegend, mit einem leeren Wasserkürbis und seinem langen Stab», und er verzeichnet das mysteriöse Vorkommnis der «Leiche eines Negers mittleren Alters mit einem Einschussloch in der Stirn».[12] Conrad gibt hier das wieder, was er selbst bei seinem Marsch um die Stromschnellen nach Stanley Pool sah. Seine Tagebucheintragung vom 3. Juli 1890 vermerkt: «Einen Off[izier] des Staats auf Inspektionsreise angetroffen; ein paar Minuten später am Lagerplatz die Leiche eines Backongo. Erschossen? Grässlicher Geruch.» Am nächsten Tag: «Sah eine weitere Leiche neben dem Weg liegen, in einer Haltung nachdenklicher Ruhe.» Und am 29. Juli: «Auf der Straße heute kamen wir an einem Skelett vorbei, das an einem Pfosten hing.»[13]

Während der Wanderung um die Stromschnellen schildert Marlow zugleich, dass die Menschen geflohen sind, um nicht als Träger zwangsverpflichtet zu werden: «Die Bevölkerung war vor langem schon abgehauen. Nun, wenn plötzlich viele viele geheimnisvolle Neger, bewaffnet mit Furcht erregenden Waffen aller Art, auf der Straße von Deal nach Gravesend [in England] dahergezogen kämen und alle dummen Bauern links und rechts einfingen, damit sie ihnen ihre schweren Lasten tragen, jede Wette, dass alle Höfe und Häuser weit herum sehr bald leer stünden … [Ich kam] durch mehrere verlassene Dörfer.»[14] Auch das entsprach dem, was Conrad selbst gesehen hatte. Die Träger der Karawane, in der sich auch Conrad befand, waren im Verlauf der Reise nahe daran zu meutern. Nur dreieinhalb Jahre später brach auf ebendieser Route ein erbitterter Aufstand aus, als nämlich Häuptling Nzansu und seine Männer ihren langen und letztlich vergeblichen Kampf gegen die *Force Publique* aufnahmen.

Bei seiner Darstellung der Trägerkarawane, die diese Route benutzt, liefert Marlow eine treffende Charakterisierung des Leopold'schen Wirtschaftssystems: «ein Strom aus … Baumwolltüchern miesester Qualität, Glaskugeln und Messingdraht floss in die Tiefen der Finsternis, und zurück kam ein kostbares Rinnsal aus Elfenbein.»[15] Im Jahre 1890 war das Elfenbein noch die höchstbewertete Ware. «Das Wort ‹Elfenbein› hing in der Luft, wurde geflüstert, geseufzt. Man hätte glauben können, sie beteten es an», sagt Marlow. Er erwähnt sogar Leopolds Provisionsregelung für die Handelsagenten: «Das einzige wahrhaftige Gefühl war der Wunsch, in eine Handelsstation versetzt zu werden, in der sie an Elfenbein herankommen und ihre Prozente verdienen konnten.»[16]

Auch bei der Gestaltung der charismatischen, mordlustigen Figur im Zentrum seines Romans – die ja der vielleicht berühmteste Bösewicht in der Literatur des 20. Jahrhunderts ist – hielt sich Conrad durchaus an die Realität. Mr. Kurtz war eindeutig inspiriert von einer Reihe leibhaftiger Personen, darunter zum Beispiel Georges Antoine Klein, ein französischer Handelsagent für eine Elfenbeinsammelgesellschaft in Stanley Falls. Klein war tödlich erkrankt und starb – wie die Romanfigur Kurtz – an Bord, während Conrad die *Roi des Belges* flussabwärts steuerte. Ein weiteres Vorbild, das dem Charakter nach mehr Ähnlichkeit mit Kurtz hat, war Major Edmund Barttelot, der Mann, dem Stanley das Kommando über die Nachhut der Emin-Pascha-Expedition anvertraute. Es war Barttelot, der – man erinnere sich – verrückt wurde und dann anfing, die Menschen zu beißen, auszupeitschen und zu töten; am Ende wurde er ermordet. Ein weiterer Prototyp für Kurtz war der Belgier Arthur Hodister, der berühmt war für seinen Harem afrikanischer Frauen und für die riesigen Mengen Elfenbein, die er zusammengerafft hatte.[17] Am Ende drängte Hodister etwas zu aggressiv auf das Territorium eines lokalen afroarabischen Warlords und Elfenbeinhändlers, der ihn daraufhin gefangen nahm und köpfte.[18]

Den Mann aber, der Mr. Kurtz am meisten von allen ähnelt, haben Conrads unzählige Biographen und die vielen Literaturkritiker nahezu völlig übersehen. Es ist jemand, dem wir schon begegnet sind: der prahlerische Hauptmann Léon Rom von der *Force Publique*.[19] Von Rom hat Conrad vielleicht das auffallendste

Merkmal seines Bösewichts übernommen, die Sammlung von Köpfen getöteter Afrikaner rund um Kurtz' Haus.

Die «Innere Station» des Romans – der Ort, den Marlow durch sein Fernglas erblickt und wo er Kurtz' Schrumpfkopfsammlung afrikanischer «Rebellen» vorfindet – ist vage lokalisiert in Stanley Falls. Léon Rom war dort nämlich im Jahre 1895, fünf Jahre nach Conrads Besuch an diesem Standort, als *chef de station* tätig. Ein britischer Journalist und Forscher, der im gleichen Jahr durch Stanley Falls kam, schildert die Folgen einer Strafexpedition gegen afrikanische Rebellen: «Viele Frauen und Kinder wurden verschleppt, und man brachte einundzwanzig Köpfe mit zurück an die Wasserfälle, die dann von Hauptmann Rom als Schmuck um eine Blumenrabatte vor seinem Haus verwendet wurden!»[20] Sollte Conrad diesen Bericht übersehen haben, als er in der viel gelesenen Zeitschrift *Century Magazine* erschien, dann hat er ihn mit großer Gewissheit vermutlich in *The Saturday Review* zur Kenntnis genommen, einer Zeitschrift, die er bewunderte und deren treuer Leser er war; dort nämlich wurde er am 17. Dezember 1898 noch einmal abgedruckt. Das war ein paar Tage bevor Conrad mit der Abfassung von *Das Herz der Finsternis* begann.

Überdies besteht die Möglichkeit, dass sich Rom und Conrad im Kongo begegnet sind.

Am 2. August 1890 beendete Conrad in Begleitung eines anderen Weißen und einer Trägerkarawane seinen einmonatigen Treck von der Küste ins Inland. Fünf Meilen vor dem Erreichen des Dorfes Kinshasa am Stanley Pool, wo die *Roi des Belges* auf sie wartete, musste die Karawane den Nachbarstandort Leopoldville durchqueren. Diese beiden Orte, Ansammlungen strohgedeckter Gebäude, lagen nur anderthalb Stunden Fußmarsch auseinander. (Sie wurden bald größer und verschmolzen zu einer Stadt, die von den Belgiern Leopoldville genannt wurde und heute Kinshasa heißt.) Als Conrads Karawane, die sich mühselig auf einem Pfad am Flussufer vorwärts schleppte, durch Leopoldville kam, hieß der dortige *chef de station* Léon Rom. Conrad machte am 2. August keinen Eintrag in sein Tagebuch, und Roms Notizbuch, in welchem ansonsten in Schönschrift jede Razzia oder jede Kampagne, die ihm einen weiteren Orden hätte eintragen können, vermerkt ist, weiß von keiner Expedition, die zu der Zeit aus Leopoldville abging. Falls Rom zur Stelle gewesen sein sollte, hätte er gewiss eine Karawane mit europäischen Neuankömmlingen begrüßt, denn es lebten nur ein paar Dutzend Weiße in Leopoldville und Kinshasa, und Neuzugänge gab es nicht jeden Tag. Was, wenn überhaupt, ausdrücklich oder unausgesprochen zwischen Rom und Conrad geschehen sein mag, werden wir nie erfahren. Roms Sammlung von einundzwanzig Köpfen getöteter Afrikaner gehört einem anderen Ort und einer anderen Zeit an, bis dahin wird noch ein halbes Jahrzehnt vergehen. Als Conrad indessen im Dezember 1898 in der Zeitschrift etwas über Rom las, da hat er möglicherweise eine Verbindung zu einem jungen Offizier hergestellt, dem er im Kongo begegnet war.[21]

Herz der Finsternis ist eine der vernichtendsten Anklagen gegen den Imperialismus in der gesamten belletristischen Literatur; eigenartigerweise jedoch hielt sich der Autor, soweit es um England ging, für einen glühenden Imperialisten. Die Ausplünderung des Kongo durch Leopold erkannte Conrad ohne Umschweife als das, was sie war: «Das Grauen! Das Grauen!»[22], so lauten die Worte seines Protagonisten Kurtz auf dem Sterbebett. Und Conrads Doppelgänger Marlow formuliert den Gedanken, dass die «Eroberung der Erde, die meistens darauf hinausläuft, dass man sie denen wegnimmt, die eine andere Hautfarbe oder etwas flachere Nasen als wir haben, keine hübsche Sache [ist], wenn wir ein bisschen genauer hinsehen».[23] Fast im gleichen Atemzug jedoch meint Marlow, dass die britischen Besitzungen, die auf einer Weltkarte rot eingezeichnet waren, «ein stets angenehmer Anblick [sind], weil man weiß, dass dort richtig gute Arbeit geleistet wird»,[24] und die britischen Kolonialisten sind für ihn «Träger eines Funkens der heiligen Flamme».[25] Marlow spricht hier für Conrad, dessen Liebe zu seiner Wahlheimat grenzenlos war: Er war der Ansicht, dass «Freiheit ... nur dort gefunden werden kann, wo überall auf der Welt die englische Flagge weht».[26] Just zu dem Zeitpunkt, als er in seinem Roman die Gier der Europäer nach den Reichtümern Afrikas brandmarkte, legte er sein Geld in einer Goldmine nahe Johannesburg an.

Auch in anderer Hinsicht war Conrad ein Mensch seiner Zeit und Gesellschaft. Auch er war zum Teil in dem befangen, was Mark Twain in einem anderen Zusammenhang «die Annahme des weißen Mannes» genannt hat, «er sei weniger wild als andere Wilde».[27] Conrads Erzählung hat in den letzten Jahren wegen ihrer Schilderung der Charaktere von Schwarzen, die immer nur wenige Worte von sich geben, berechtigte Kritik einstecken müssen. Im Grunde genommen reden sie überhaupt nicht: Sie grunzen, sie singen, sie produzieren «ein Gesumm unheimlicher Beschwörungen»[28] und einen «wilden und leidenschaftlichen Aufruhr»;[29] sie deklamieren «Ketten wahnsinniger Wörter, die in nichts den Klängen menschlicher Sprache glichen ... [wie] die Responsorien einer teuflischen Litanei».[30] Die eigentliche Botschaft des Buches sei, so hat der nigerianische Romanschriftsteller Chinua Achebe geltend gemacht, «Finger weg von Afrika oder anderswo! Mr. Kurtz ... hätte diese Warnung beachten sollen, dann hätte sich das schleichende Grauen in seinem Herzen, unlöslich an seinen Bau gekettet, nicht von der Stelle gerührt. Töricht, wie er war, setzte er sich indessen der unwiderstehlichen Verlockung des Dschungels aus, und siehe! Das Dunkel nahm ihn sich vor.»[31]

Wie sehr der Roman auch befrachtet sein mag mit dem Rassismus der viktorianischen Epoche, nach wie vor ist er eine der großartigsten belletristischen Darstellungen dessen, welche Formen das Hauen und Stechen der Europäer um Afrika angenommen hatte. Als Marlow sich von seiner Tante verabschiedet, um seinen neuen Job anzutreten, «sprach [sie davon], wie man ‹diesen unwissenden Millionen ihre entsetzlichen Bräuche austreiben› könne, bis ich mich, ich schwör's, ziemlich unbehaglich fühlte. Ich nahm das Risiko auf mich, sie darauf hinzuweisen, dass die Gesellschaft Gewinne machen wollte.»[32] Bei Conrad gehen die Weißen auf Raubzug durch den Kontinent, indem sie sich einreden, sie bewirkten die moralische Besserung der Eingeborenen, brächten ihnen die Zivilisation und dienten der «guten Sache».[33]

Alle diese Selbsttäuschungen finden Ausdruck in der Person von Mr. Kurtz. Er ist in einem ein mordlüsterner Kopfsammler und ein Intellektueller, «ein Botschafter ... der Wissenschaft und des Fortschritts».[34] Er ist Maler, Urheber einer «kleinen Ölskizze» von einer Frau, die eine Fackel trägt, ein Bild, welches Marlow in der Zentralstation vorfindet.[35] Und er ist Dichter und Journalist, Autor, unter anderem eines siebzehnseitigen Berichts – «vor Beredsamkeit bebend ... ein prächtiges Stück Literatur» – für die *Internationale Gesellschaft für die Unterdrückung wilder Bräuche*. Am Ende des Berichts, der vor hochtrabenden Gefühlen strotzt, kritzelt Kurtz mit zittriger Hand die Bemerkung: «Schlagt diese Bestien alle tot!»[36]

Mit den intellektuellen Ambitionen von Kurtz erfasst Conrad ein aufschlussreiches Charakteristikum der Aneignung des Kongo durch die Weißen, denn mehr als einmal folgte der Eroberung durch Flinte und Maschinengewehr die Annexion durch Feder und Tinte auf dem Fuße. Seit sich Stanley seinen Weg den Kongofluss abwärts freigeschossen und darüber umgehend einen zweibändigen Bestseller geschrieben hatte, hatten Elfenbeinhändler, Soldaten und Forschungsreisende versucht, es ihm nachzutun; auch sie verfassten Bücher und Tausende von Zeitschriftenartikeln über die Erforschung der Kolonien für geographische Gesellschaften und Publikumsblätter, die im ausgehenden 19. Jahrhundert ebenso populär waren, wie es in den Vereinigten Staaten heutzutage der *National Geographic* ist. Es war, als ob dadurch, dass Afrika «zu Papier gebracht» wurde, der endgültige Beweis für die Überlegenheit der europäischen Kultur erbracht worden wäre. Diese Seite der Figur des Kurtz gibt indessen einmal mehr Anlass zu der Vermutung, dass sich Conrad bei ihrer

Konzipierung zum Teil von Léon Rom hat inspirieren lassen. Dieser war, wie gesagt, ein Möchtegern-Entomologe. Außerdem malte er; wenn er nicht gerade Schmetterlinge oder Menschenköpfe sammelte, versuchte er sich in Porträts und Landschaften, von denen sich fünf derzeit in einem belgischen Museum befinden.[37] Aber vor allem ist interessant, dass er sich auch als Schriftsteller betätigte.

Im Jahre 1899 – Rom war inzwischen nach Belgien zurückgekehrt – veröffentlichte er ein eigenes Buch. *Le Nègre du Congo* ist ein merkwürdiges kleines Bändchen, unbekümmert und hochnäsig im Ton, summarisch und oberflächlich im Urteil. In kurzen Kapiteln wird «Le Nègre en général» abgehandelt: «die» schwarze Frau, die Ernährung, die Haustiere, die Medizin der Eingeborenen und so fort. Rom war ein begeisterter Jäger, der sich für ein Foto einmal überglücklich auf einem toten Elefanten ablichten ließ; sein Kapitel über die Jagd ist denn auch so lang wie die über religiöse Gebräuche bei den Kongolesen, über Begräbnisriten und die Nachfolgeregelung eines Häuptlings zusammengenommen.

Die Stimme, die aus Roms Buch spricht, ähnelt sehr dem Tonfall, in dem Mr. Kurtz seinen Bericht an die *Internationale Gesellschaft für die Unterdrückung wilder Bräuche* abgefasst haben könnte. Von der *race noire* sagt Rom, sie sei «das Produkt eines Zustands der Gedankenlosigkeit, ihre Gefühle sind grob, die Leidenschaften roh, ihre Instinkte viehisch, und überdies ist sie eingebildet und eitel. Die Hauptbeschäftigung des schwarzen Mannes, der er auch den größten Teil seines irdischen Lebens widmet, besteht darin, dass er sich in den warmen Sonnenstrahlen auf einer Matte ausstreckt wie ein Krokodil auf einer Sandbank ... Der schwarze Mann hat keine Vorstellung von der Zeit, und wenn er darüber von einem Europäer befragt wird, so antwortet er in der Regel mit irgendeinem Unsinn.»[38]

In diesem Ton geht es weiter. Wenn Rom zum Beispiel die Kongolesen beschreibt, die als Träger zwangsrekrutiert wurden, sagt er, sie hätten sich riesig gefreut. Als sich dann die Karawane am Morgen in Marsch gesetzt habe, seien die Träger alle geschäftig umhergeeilt, weil «jeder in der Trägerreihe einen Platz nach seinen Vorstellungen haben wollte, zum Beispiel neben einem Freund, mit dem er sich über die Träume der letzten Nacht würde austauschen oder mit dem er einen mehr oder weniger abwechslungsreichen und köstlichen Speiseplan für die Mahlzeit beim nächsten Halt würde aufstellen können.»[39]

Rom muss zu irgendeinem Zeitpunkt seiner Dienstzeit im Kongo mit der Planung seines Buches begonnen haben. Hat Rom vielleicht, als er feststellte, dass Conrad perfekt Französisch sprach, diesem seine literarischen Wunschträume anvertraut? Hat Conrad womöglich in Leopoldville eines von Roms Bildern an der Wand gesehen, wie Marlow eines von Kurtz' Bildern sieht? Oder war es reiner Zufall, dass beide, der wirkliche Kopfsammler Rom und der fiktive Kopfsammler Kurtz, Maler und Schriftsteller waren? Wir werden es nie erfahren.

Es gibt noch mehrere solcher reizvollen Parallelen zwischen Léon Rom und Mr. Kurtz. Im Roman bringt es Kurtz fertig, sich von den Afrikanern der Garnison im Landesinneren «anbeten (zu) lassen»[40]: Die Häuptlinge kriechen vor ihm auf dem Boden, die Menschen gehorchen ihm mit unterwürfiger Ehrerbietung, und eine wunderschöne schwarze Frau ist sichtlich seine Konkubine. Im Jahre 1895 vertraute ein Leutnant der *Force Publique* missbilligend seinem Tagebuch eine frappierend ähnliche Situation an, in die ein Offizierskamerad verwickelt war:

> «Seine Handelsagenten lässt er hungers sterben, während er die schwarzen Frauen seines Harems mit Unmengen von Lebensmitteln bedenkt (denn er möchte wie ein großer arabischer Häuptling handeln) ... Schließlich kam er in seinem Haus doch noch in seine Dienstuniform, rief seine Frauen zusammen, griff sich ein Stück Papier und tat so, als läse er ihnen vor, dass der König ihn zum großen Häuptling ernannt habe und dass die anderen Weißen auf der Station nur unbedeutende

> Würstchen seien … Einer armen kleinen Negerin gab er fünfzehn Hiebe, weil sie nicht seine Geliebte sein wollte, so gab er sie dann an einen Soldaten weiter.»

Bemerkenswert ist, dass der Tagebuchschreiber seinen Bericht über diesen Offizier mit der Bemerkung einleitet: «Dieser Mann möchte die Rolle eines zweiten Rom spielen.»[41]

Schließlich scheint das blutrünstige Treiben von Kurtz eine Erinnerung an ein weiteres Detail aus dem Leben Roms festzuhalten. Während Roms Dienstzeit als *chef de station* in Stanley Falls schickte der Generalgouverneur einen Bericht nach Brüssel, in dem von Handelsagenten die Rede war, die «den Ruf haben, zahllose Menschen aus nichtigen Gründen getötet zu haben». Er erwähnt Roms berüchtigtes Blumenbeet mit den Menschenköpfen und fügt an: «Vor seiner Station war ständig ein Galgen aufgestellt!»[42]

Wir wissen nicht, ob Rom, als im Jahre 1890 Conrad in Leopoldville vorbeikam, bereits seine Träume von Macht, Mord und Ruhm verwirklichte oder ob er bloß davon redete. Wie dem auch sei, die moralische Landschaft des Romans *Herz der Finsternis* wie die gespenstische Gestalt in seinem Zentrum sind nicht bloß Schöpfungen eines Romanciers, sondern eines wachen Beobachters, der das Wesentliche an der Realität einer bestimmten Zeit und eines bestimmten Ortes mit eindringlicher Präzision festhielt.

10

Das Holz, das Tränen vergießt

Es regnete in London an jenem 12. Juli 1890, aber der Menge, die sich draußen vor Westminster Abbey versammelt hatte, war das gleichgültig. Tausende drängten sich auf dem schlüpfrigen Pflaster und versuchten, einen Blick auf die Würdenträger zu erhaschen, die den Kutschen entstiegen und durch ein Spalier von Polizisten in die Kathedrale marschierten: der frühere Premierminister Gladstone, der Speaker des Unterhauses, der Lordkanzler, allerlei Herzöge und Fürsten, juwelenbehängte Damen und ordensgeschmückte Herren. Die Reichen und Berühmten drängten sich in der Abteikirche und standen sogar in den Seitenschiffen.

Schließlich fuhr eine Kutsche vor, und der Mann, auf den alle gewartet hatten, entstieg ihr unter Mühen; er sah kränklich aus, war blass und stützte sich auf einen Gehstock. Henry Morton Stanley war im Begriffe, etwas zu tun, das weitaus gefahrvoller war als irgendeines seiner Abenteuer in Afrika: Er begab sich vor den Traualtar.

Dorothy Tennant, die Braut, war jene exzentrische Porträtmalerin der High Society, die ihn früher schon einmal abgewiesen hatte. Während sich Stanley auf seinem strapaziösen Marsch durch den Dschungel auf der Suche nach Emin Pascha befand, hatte sie sich aber anders besonnen. Kaum war er zurück in England, fing sie an, ihm bemerkenswert leidenschaftliche Briefe zu schreiben:

> «Stellen Sie sich ein verwildertes, unbebautes Stück Land vor, und stellen Sie sich weiter vor, dass dieses

Land umgepflügt und dass Korn ausgesät wird. Könnte das Feld sprechen, würde es wohl sagen: ‹Ich habe nie Korn getragen, ich trage kein Korn, und ich werde kein Korn tragen.› Und doch liegt die ganze Zeit der Weizen im Schoße der Erde … Meine Liebe ist eine Flamme, die niemals erlischt, am Anfang war sie ein so kleiner Funke, dass Sie sie nicht leuchten sehen konnten, jetzt aber brennt sie wie eine Altarflamme.»[1]

Und zum Altar ging's denn auch. Die Nachricht verbreitete sich in Windeseile, die Preise für Tennants Bilder schnellten in die Höhe, und aus der ganzen Welt strömten Glückwünsche herein. Königin Victoria schenkte ein Medaillon mit 38 Diamanten, und Thomas Edison übersandte eine seiner neuen phonographischen Maschinen. Aus Brüssel schickte Leopold als Vertreter den Grafen d'Aarche; er sollte Trauzeuge sein.

Am Hochzeitstag selbst litt Stanley an einer schmerzhaften Gastritis, einer Entzündung der Magenschleimhaut. Auch früher schon hatte er daran herumlaboriert, aber der Rückfall zum jetzigen Zeitpunkt kam vermutlich nicht von ungefähr. Durch das Kirchenschiff von Westminster Abbey konnte er noch, wenn auch unsicheren Schrittes gehen, musste sich dann aber für einen Teil der Zeremonie in einen Sessel setzen. Nach der Trauung half man ihm in die Hochzeitskutsche. Diese fuhr unter dem Schutz einer berittenen Polizeieskorte durch eine schreiende und andrängende Menge, die fast die Weiterfahrt vereitelt hätte. Während des anschließenden Empfangs lag Stanley in einem abgedunkelten Nebenzimmer auf einer Couch und litt unerträgliche Schmerzen. Die Krankheit begleitete ihn in die Flitterwochen.

Zeit seines Lebens stritten in ihm das heftige Verlangen nach Anerkennung und die Angst vor Nähe miteinander. Die Angst war so stark, dass, so glaubt sein höchst sorgfältig recherchierender Biograph Frank McLynn, Stanleys Ehe nie vollzogen wurde. Der Nachweis stützt sich im Wesentlichen auf Indizien:

Dorothy Stanley bekam keine Kinder, und sie hatte selbst, entgegen dem Tenor ihrer Briefe, eindeutig schwere neurotische Störungen. Zudem bestand Stanley darauf, dass sein junger Assistent sie auf ihre Flitterwochen in die Schweiz begleitete. Und schließlich enthält Stanleys Tagebuch aus der Zeit ihrer Hochzeitsreise mehrere tintengeschwärzte Passagen, offensichtlich von der Hand seiner Frau nach Stanleys Tod. Der Schluss einer solchen Eintragung ist indessen noch leserlich: «Ich halte es dem Weibe nicht für gemäß, ihm Lustempfindungen zu verschaffen, um den Preis, dass ich mich am Ende wie ein Affe im Käfig fühle.»[2] Stanleys Angst vor Frauen war so groß, meint McLynn abschließend, dass er, «als er schließlich gefordert war, eine Frau zu befriedigen, daraufhin zusammenbrach und bekundete, Sexualität sei etwas für Tiere».[3]

Mag diese Schlussfolgerung nun richtig sein oder nicht, die Hemmungen, die Stanley so viel Kummer machten, sind jedenfalls ein Hinweis darauf, dass jene Forscher und Militärs, die Afrika für Europa in Besitz nahmen, keineswegs die kühnen, rauen und verwegenen Männer waren, wie sie uns die Legende präsentiert, sondern ruhelose, unglückliche, getriebene Menschen, auf der Flucht vor ihrer Vergangenheit oder vor sich selbst. Die ökonomischen Gründe, die für die Expansion der europäischen Mächte, für den Imperialismus, ins Feld geführt werden – die Suche nach Rohstoffen, Arbeitskräften und Märkten –, sind nach wie vor gültig, aber es gab auch psychische Antriebskräfte.

Stanleys Heirat markierte zugleich das Ende seines Forscherlebens; von da an widmete er sich ganz dem Berühmtsein. Da er nun endlich in die Oberschicht aufgestiegen war, wurde er so etwas wie eine Karikatur seiner selbst. Er reiste um die Welt, hielt Vorträge und Tischreden, wurde Ehrendoktor hier und Ehrendoktor dort, weihte Eisenbahnlinien ein und gab Interviews. Er wetterte gegen die Faulheit, den Sozialismus, die Unmoral, die «allgemeine Mittelmäßigkeit»[4], die Gewerkschaften, den irischen Nationalismus, den Acht-Stunden-Arbeitstag, gegen Journalistinnen und amerikanische Hoteldiener («unausgebildet, undiszipliniert, flegelhaft und ungezogen»).[5] Er wurde geadelt und ins Parlament gewählt. Als er eine Vortragsreise durch die Vereinigten Staaten und Kanada machte, nahm er wiederum seinen jungen Assistenten mit; seine Frau ließ sich von ihrer Mutter begleiten. So bereisten die Stanleys in Begleitung zweier Anstandswauwaus den ganzen Kontinent; sie reisten wie die Könige in einem Salonwagen eigens für sie, sogar ein Konzertflügel stand darin. Der Waggon erhielt den Namen *Henry M. Stanley*.

Kaum zwei Jahre nachdem Stanley ungelenk durch Westminster Abbey vor den Traualtar gehumpelt war, vollbrachte ein anderer Mann eine bemerkenswerte Forschungsgroßtat im Kongo. Im Gegensatz zu den Reisen, wie sie Stanley gemacht hatte, bewegte er sich umsichtig und ohne Gewaltanwendung durch das Land. Gleichwohl taucht William Sheppard nur selten in den Annalen der Forschungsreisen auf, entsprach er doch nicht dem geläufigen Bild eines weißen Forschungsreisenden.[6] Zunächst einmal: Er war nicht weiß.

Was allerdings ironischerweise Sheppard, einem schwarzen Amerikaner, überhaupt die Möglichkeit verschaffte, in den Kongo zu reisen, das war wenigstens zum Teil das Werk eines Predigers der weißen Vorherrschaft, des Senators von Alabama, John Tyler Morgan, der geholfen hatte, die Anerkennung von Leopolds Kongo-Staat durch die USA einzufädeln, weil er hoffte, dass die Schwarzen Amerikas dorthin auswandern würden. Morgan und seine Kumpane, die die Parole «Ab mit ihnen nach Afrika!» im Munde führten, hatten schon seit langem als ersten Schritt geplant, amerikanische schwarze Missionare in den fernen Kontinent zu entsenden. Sie würden so etwas wie ein Brückenkopf sein, so hoffte Morgan, für die Millionen schwarzer Amerikaner, die ihnen folgen sollten, je früher, desto besser. Bereits im Jahre 1865 – im selben Jahr, als die Südstaatler jede Hoffnung aufgeben mussten, die Schwarzen in der Stellung von Sklaven festhalten zu können – hatte die Generalversammlung der Presbyterianischen Kirche der Südstaaten ein Anwerbeprogramm für «Missionare [beschlossen], die der afrikanischen Rasse auf diesem Kontinent entstammen und das Evangelium der Gnade Gottes in die Häuser ihrer Vorfahren tragen möchten».[7]

Derlei Vorstellungen konnten allerdings erst einige Jahre nach Beendigung des Bürgerkriegs Gestalt annehmen. Zum einen hatten die *Southern Presbyterians*, deren ausgesprochene Begeisterung für die Sklaverei zu ihrer Abspaltung von den Glaubensbrüdern im Norden geführt hatte, nur wenige schwarze Mitglieder, was ja nicht verwunderlich war. Gleichwohl überschnitten sich die Ab-nach-Afrika-Pläne weißer rassistischer Dickschädel, wie Morgan einer war, zum Teil mit den Interessen einiger afrikanischer Amerikaner. Obschon nur wenige willens waren, auf Dauer nach Afrika zu gehen, war George Washington Williams beileibe nicht der einzige schwarze Amerikaner der damaligen Zeit, der dort arbeiten wollte. Reverend William Sheppard hatte das gleiche Ziel und womöglich aus dem gleichen, unausgesprochenen Grund: Vielleicht konnte man auf diese Weise den erniedrigenden Schranken der Rassentrennung entkommen.

Sheppard wurde 1865 in Virginia geboren und war an das staatliche Hampton Institute gegangen, eine der wenigen höheren Bildungsanstalten für Schwarze in den Südstaaten. Nach weiteren Studien am Theologischen Seminar für Schwarze in Tuscaloosa im Staate Alabama arbeitete er als presbyterianischer Pfarrer in Montgomery und Atlanta, wo er sich wegen seiner Tatkraft, seines Engagements und seiner körperlichen Stärke erhebliches Ansehen erwarb. Einmal rettete er jemanden vor dem Ertrinken, ein anderes Mal stürmte er drei Stockwerke hinauf in ein brennendes Haus, um eine Frau aus den Flammen zu holen, und trug bei dieser Rettungsaktion selbst Brandverletzungen davon.[8] Gegen Ende der achtziger Jahre kam Sheppard bei der Presbyterianischen Kirche des Südens mehrfach mit dem Antrag ein, ihn als Missionar nach Afrika zu schicken.

Die Presbyterianer hielten Sheppard zwei Jahre lang hin: Die Kirchenoberen wollten ihn nicht nach Afrika lassen, bevor nicht ein Weißer als Vorgesetzter zur Verfügung stand. Schließlich tauchte doch noch, bestärkt von Senator Morgan höchstpersönlich, ein weißer Missionarsanwärter auf, der Reverend Samuel Lapsley; er war ein Jahr jünger als Sheppard und der Sohn von Morgans früherem Kanzleipartner. Mochte auch der eine ein Abkömmling von Sklaven und der andere ein Nachfahr von Sklavenbesitzern sein, jedenfalls verstanden sich die beiden gut und brachen zusammen in den Kongo auf. Unterwegs hatte Lapsley, dank Empfehlungsschreiben von Morgan sowie Henry Shelton Sanford, eine Audienz sowohl bei Präsident Benjamin Harrison in Washington als auch bei König Leopold II. in Brüssel. Sheppard war, weil schwarz, natürlich nicht geladen. Sanford setzte durch, dass Lapsley für seine Fahrt zum königlichen Schloss und die Unterredung mit Leopold einen Seidenzylinder erhielt. Der König verstand es, Lapsley zu begeistern, wie er schon andere Besucher begeistert hatte.[9]

Sheppard und Lapsley kamen im Mai 1890 im Kongo an und blieben einige Wochen in einer Missionsstation am Rande von Matadi. Etwa zu dem Zeitpunkt, als die beiden für ihre Reise, die sie um die unteren Katarakte am Kongofluss herumführen sollte, Träger und Vorräte zusammenstellten, tat ein anderer – es war Joseph Conrad – auf den Straßen dieser Kleinstadt in den Hügeln genau das Nämliche. Er und seine Karawane traten ihren Weg Richtung Stanley Pool elf Tage nach den beiden Amerikanern an.

Nach Beratungen mit erfahrenen Missionaren in Stanley Pool und flussaufwärts beschlossen Lapsley und Sheppard, die erste presbyterianische Mission der Südstaaten weit oben am Oberlauf des Kasai zu gründen. Sheppard ging für mehrere Wochen in den Busch, um afrikanische Helfer zu rekrutieren; derweil blieb Lapsley in der amerikanischen Missionsstation in Leopoldville, wo seine und Conrads Wege sich ein weiteres Mal kreuzten. (Der Romancier hatte sich also nicht nur der Malaria und der Ruhr, sondern womöglich auch einer Bekehrungsaktion zu erwehren. Conrad, so schrieb Lapsley in einem Brief nach

Hause, «liegt krank in einem Raum am anderen Ende des Hofes. Von dort, wo ich sitze … blicke ich durch Obstbäume und Palmen hindurch direkt in sein Fenster. Er ist ein anständiger Bursche. Auf seinem Tisch liegt ein Neues Testament in englischer Sprache; es ist dies ein Punkt, bei dem ich hoffe, ansetzen zu können.»)[10]

Nach Abschluss ihrer Vorbereitungen machten sich die beiden jungen Missionare auf den Weg, den Kasai flussaufwärts. Die Briefe, die Lapsley in diesen Monaten nach Hause schickte, sind voll der Bewunderung für Sheppard, einer Bewunderung, die ein Weißer für einen Schwarzen zu Hause in den Staaten kaum so hätte äußern können. «Die Bateke glauben, dass es niemanden gibt wie ‹Mundéle Ndom›, der schwarze weiße Mann, wie sie Sheppard nennen.»[11] «Er hat ein lebhaftes und ausgeglichenes Gemüt – wirklich ein Mann von ungewöhnlichen Eigenschaften und Zügen eines starken Charakters. Daher danke ich Gott, dass Sheppard bei mir ist.»[12] Er beschreibt ihn als «geborenen Händler … Ich lasse ihn zumeist machen, wenn's ums Einkaufen geht»,[13] und spricht bewundernd von Sheppards körperlicher Ausdauer und seinem Geschick beim Jagen oder davon, wie er mit dem Sturm fertig wurde, der ihre Zelte wegzublasen drohte, und wie er sich einmal fünfzehn Fuß tief an der Ankerkette unter Wasser hangelte, um den verhakten Anker wieder frei zu bekommen. Ein anderes Mal schoss Sheppard ein Flusspferd, sprang dann ins Wasser, um ein Seil um das Tier zu legen, und entkam gerade noch einem Krokodil, das ebenfalls ein Auge auf das Nilpferd geworfen hatte. Eigentlich sollte der Schwarze der Juniorpartner bei diesem Missionsunternehmen sein, aber wenn man Lapsleys Briefe liest, fühlt man sich an James Barries Theaterstück *The Admirable Crichton* erinnert, in dem eine Gruppe von Briten aus der Oberschicht mit ihrer Yacht an einer Insel strandet und der erfinderische Butler zum Anführer der Gruppe wird.

William Sheppard war der erste schwarze amerikanische Missionar im Kongo. Wenn wir seiner Stimme zuhören, die aus seinem Buch, den Briefen und den Zeitschriftenartikeln spricht, die er in den nächsten zwei Jahrzehnten schreiben sollte, aber auch aus den Vorträgen, die er während seines Heimaturlaubs vor hingerissenen Zuhörern in Hampton oder anderswo hielt, dann hören wir jemanden, der sich auffällig von all jenen Amerikanern und Europäern unterscheidet, die vor ihm in Afrika waren. Zwar legt auch er gelegentlich gegenüber «der beschränkten Unwissenheit des Heidentums» und den «unzivilisierten, nackten Wilden, die vor Götzen niederfallen und voller Aberglaube und Sünde sind», die übliche Herablassung an den Tag.[14] Aber der Ton ist in der Regel doch ganz anders. «Ich wollte schon immer in Afrika leben», schreibt Sheppard an einen Freund in den Vereinigten Staaten: «Ich fühlte, dass ich hier glücklich sein würde, und glücklich bin ich.»[15] Er ist mit Eifer dabei, seine neue Umgebung am Kasai-Fluss in sich aufzunehmen: «Wir begannen sofort, ihre Sprache zu lernen, indem wir auf Gegenstände zeigten und die Namen aufschrieben, die sie uns nannten.»[16] Er kauft zahme Papageien und einen kleinen schwarzen Affen, den er zum Scherz Tippu Tip nennt, nach dem afroarabischen Sklavenhändler. Seine Stimme, die nun kräftiger und selbstsicherer klingt, ist die eines Mannes geworden, der das Gefühl hat – ein Gefühl, das er womöglich in politischer und religiöser Hinsicht gar nicht ganz ausloten mochte –, endlich nach Hause gekommen zu sein. Es macht ihm Freude, mit «meinen Leuten»[17] zusammen zu sein, in «dem Lande meiner Vorväter».[18] Zu Beginn des Jahres 1892 musste Lapsley in Missionsangelegenheiten in die Hauptstadt Boma fahren, und so ließ er Sheppard für einige Monate allein am Kasai zurück. Als Sheppard dann voller Freude zu der Anlegestelle des Dampfers ging, auf dem nach seiner Meinung Lapsley zurückkehren sollte, fand er zu seinem Erschrecken nur den Brief eines anderen Missionars vor:

> «Lieber Bruder Sheppard,
> Sie werden gewiss überrascht und bekümmert sein, dass Ihr Freund und Kamerad Reverend S. N. Lapsley wäh-

rend seines Aufenthalts hier an der Küste von einem gallen-hämaturischen Fieber niedergeworfen wurde und am 26. März verstorben ist.»[19]

Die Südstaatenpresbyterianer fanden sich damit in der Verlegenheit, einen Schwarzen als De-facto-Vorsteher ihrer neuen Kongo-Mission zu haben, und entsandten infolgedessen weitere weiße Presbyterianer in den Kongo. Als diese schließlich im Lande eintrafen, hatte Sheppard bereits mehrere Jahre Vorsprung an Erfahrung mit Land und Leuten und war, nach Einschätzung eines belgischen Kaufmanns, sehr populär «bei den Bakuba, deren Sprache, von allen Europäern, nur er spricht».[20]

Sheppard genoss auch weiterhin sein Leben. Er liebte die Jagd und war berühmt für seine charismatische Beredsamkeit und seine Körperkraft. Er fuhr ein Gefährt, von dem er fröhlich behauptete, es sei das erste Fahrrad in Zentralafrika. Es scheint gerade seine *joie de vivre* gewesen zu sein, die ihn bei fast jedermann, Weißen wie Schwarzen, beliebt machte. Wie populär er war, lässt sich daraus ersehen, dass ihm, als er in späteren Jahren vom Pfad der ehelichen Tugend abwich und mit einer eingeborenen Frau einen Sohn zeugte, dieses Vergehen keineswegs das Ende seiner kirchlichen Laufbahn bescherte.[21] Dem Jungen, der den Namen Shapit erhielt – den gleichen, mit dem die Afrikaner den Vater riefen –, oblag am Ende die Verantwortung für die Druckerpresse der Missionsanstalt.

Im Gegensatz zu anderen Missionaren, für gewöhnlich ein düster blickender Haufen, scheint Sheppard auf Fotos viel Spaß zu haben, ob er sich nun mit selbst erlegtem Wildbret in Pose wirft, glückstrahlend eine tote Riesenschlange präsentiert oder aber auf einem Banjo herumschrummelt. Groß und stämmig steht er inmitten einer Gruppe schwarzer Krieger mit Speeren und Schilden, und auch er hält einen Speer in der Hand. Ein Foto zeigt ihn mit einem Gewehr, übers ganze Gesicht grinsend, neben ihm aufgereiht Männer mit Bogen und Pfeil. Auf jedem Foto nimmt Sheppard eine andere Pose ein. Mal trägt er einen weißen Sonnenhelm, ein weißes Hemd, eine weiße Krawatte, einen weißen Leinenanzug, sogar weiße Segeltuchschuhe. Mal wölbt er die Brust vor; die Arme selbstbewusst in die Hüften gestemmt, steht er mitten in einer Traube von Afrikanern, mit einem warmen, zufriedenen, ja fast besitzerstolzen Lächeln. Er hat den besonderen Blick eines Football-Trainers, der mit einer Siegermannschaft protzt.

Die Region, in der Sheppard arbeitete, grenzte an die Wohngebiete des Volkes der Kuba. Die Kuba zählen zu Afrikas besten Künstlern; sie verfertigen Masken, Skulpturen, Stoffe und kunstvoll geschnitzte Werkzeuge. Sheppards Sammlung von Kunstgegenständen der Kuba, von denen viele eine Heimstatt in seiner Universität in Virginia fanden, war die erste bedeutende Sammlung, die ein Außenstehender zusammenbrachte. Daneben machte er ethnographische Aufzeichnungen über die Kuba und andere Völkerschaften der Kasai-Region, hielt die angestammten Mythen und Riten fest und verzeichnete die Ernteerträge. Wenngleich er offen und freimütig vermerkt, wenn ihm bestimmte Praktiken – etwa Menschenopfer oder das Töten von Frauen, die man zu Hexen erklärt hat – zuwider sind, so zeigen seine Aufzeichnungen eine mitfühlende und unaufdringliche Neugier für das Brauchtum der Afrikaner, die sich grundsätzlich von den schroffen und vorschnellen Urteilen eines Stanley unterscheidet. Besonders beeindruckt war Sheppard von den Kuba, die «einem das Gefühl vermitteln, dass man jetzt wieder in einem Kulturland ist … Vielleicht haben sie ihre Kultur von den Ägyptern – oder die Ägypter die ihre von den Bakuba!»[22] Ihn faszinierte der Anblick eines rituellen Kelchs, aus dem bei bestimmten Zeremonien Palmwein getrunken wurde. In den Kelch war ein Gesicht eingeschnitzt, mit Einzelheiten, die eine auffallende Ähnlichkeit mit denen auf alten ägyptischen Kultgegenständen aufwiesen. «Der Kelch ist aus Mahagoni», bemerkt Sheppard dazu, «und das Antlitz auf ihm scheint ihre Überlieferung zu bestätigen, dass sie vor vielen, vielen Jahren aus einem fernen Land gekommen sind.»[23]

Weil ihre Siedlungsgebiete tief im Inneren des Kongo lagen, waren die Kuba und ihr Königreich weitgehend von den Sklavenjägern, mochten sie ihr Handwerk von der Ostküste oder der Westküste Afrikas aus betreiben, verschont geblieben. Dem Volk der Kuba war seine Abgeschiedenheit lieb und teuer, und sie taten alles, was sie nur konnten, um Außenstehende abzuschrecken. Ihr Wohngebiet lag innerhalb der Grenzen des Territoriums, das die Europäer Leopold zuerkannt hatten, aber in dieser frühen Phase der Kolonisierung bestand Leopolds Oberherrschaft über weiter abgelegene Gebiete lediglich auf dem Papier. Nahezu ein Jahrzehnt lang hatten belgische Händler versucht, Zugang zum Königreich der Kuba zu bekommen, und waren wiederholt fortgejagt worden; Geschenke, die man dessen König geschickt hatte, waren wieder zurückgekommen.

Im Jahre 1892 gelang Sheppard etwas, wovon die meisten Anthropologen nur träumen können: Er war der erste Ausländer, der bis in die Stadt Ifuca vordrang, wo der König der Kuba, Kot aMbweeky II., mit seinem Hof residierte.[24] Der König hatte wiederholt gedroht, er werde jeden köpfen lassen, der Fremden dabei helfe, in das Stammesgebiet der Kuba einzudringen; daher hatte niemand gewagt, Sheppard die Richtung anzuzeigen. Er und seine kleine Gruppe von Afrikanern brauchten denn auch drei Monate, um den Weg in die Hauptstadt der Kuba zu finden, was ihnen schließlich dadurch gelang, dass sie heimlich der Spur einer Elfenbeinkarawane folgten. Bei der Ankunft trug Sheppard immer noch seine weiße Kleidung, einschließlich der weißen Segeltuchschuhe und dessen, «was einmal», wie er wehmütig schreibt, ein weißer Leinenanzug «gewesen war».

Wütend befahl der König, dass Sheppard und seine Gefolgsleute sowie jeder, der ihm geholfen hatte, vor Gericht gebracht und geköpft werden sollten. Dabei bemerkte er, dass der Eindringling dunkle Haut hatte und sich ein wenig in der Kuba-Sprache auskannte. Dies bedeute, so entschieden die Stammesältesten, dass er ein wiedererstandener Geist sei. Des Weiteren verkündeten sie, dass sie genau wüssten, wer er sei: Bope Mekabe, ein einstiger König.[25] Nichts von dem – so Sheppard selbst –, was er über seinen noch bedeutenderen Himmelskönig habe anführen können, habe sie von ihrer Überzeugung abbringen können.*

Dieser Besuch war einer der Höhepunkte in Sheppards Leben; er erbrachte zugleich eine Fülle von Informationen für spätere Wissenschaftler,[26] besaßen doch die Kuba eines der ausgeklügeltsten politischen Systeme in ganz Zentralafrika. Sheppard blieb vier Monate am Hof der Kuba, und da er an allem, was er sah, Interesse zeigte, machte er von allem auch Aufzeichnungen, vom höfischen Zeremoniell bis zur Arbeitsweise der königlichen Polizei bei ihrem Umgang mit Diebstahl und sonstigen Straftaten. Diener breiteten vor seinen Füßen Leopardenfelle aus, wann immer er sich dem König, der auf einem Elfenbeinthron saß und eine Krone aus Perlen und Federn trug, näherte.

«Ich habe die Bakuba inzwischen lieb gewonnen», schreibt er. «Sie sind die prächtigste Rasse, die ich in Afrika gesehen habe, würdevoll, anmutig, tapfer, mit einem offenen Lächeln im Gesicht und wirklich gastfreundlich. Ihre Kenntnis von Weben und Sticken, von Holzschnitzerei und Metallschmelzen war in Äquatorialafrika unübertroffen.»[27] Sheppard wohnte einem jährlichen Treffen der Häuptlinge und Stammesführer aus den Städten des Königreichs bei, auf dem alle nacheinander über die auf ihrem Herrschaftsgebiet vorgefallenen Geburten, Todesfälle, Ernten und sonstigen Ereignisse Bericht erstatteten und auf dem jeder einen rituellen Tanz vollführte. Das Buch, das Sheppard später über seine Erlebnisse in Afrika schrieb, trägt zwar den Titel *Presbyterianische Pioniere im Kongo,*[28] aber die ausgesprochen unpresby-

* Der bekannte Anthropologe Jan Vansina hat eine andere Deutung: Da der Name Bope Mekabe in der königlichen Ahnentafel der Kuba nicht erscheint, stellt er die These auf, dass die Kuba vielleicht begriffen hätten, wer Sheppard war, und dass sie ganz einfach versucht hätten, ihm so lange zu schmeicheln, bis er die Pläne anderer Europäer, die in das Königreich eindringen wollten, preisgeben würde. Vgl. Shaloff, S. 45.

terianischen Kuba schießen in der Geschichte dennoch den Vogel ab. Was Sheppard mitteilt, ist ein unschätzbarer, unverstellter Blick auf eines der letzten von europäischem Einfluss unberührten afrikanischen Königreiche. Der Schöpfungsmythos der Kuba, so berichtet Sheppard, «erzählt, dass ihre ersten Menschen, ein Mann und eine Frau, mit einem Seil vom Himmel heruntergelassen worden sind, dass sie sich losgebunden haben und das Seil wieder hochgezogen wurde».[29]

Nicht lange nach seinem ersten Besuch bei den Kuba fuhr Sheppard auf Heimaturlaub in die Vereinigten Staaten zurück. Während der Reise erhielt er die Einladung, einen Vortrag in der Exeter Hall in London zu halten. In Anerkennung seiner Reisen zu den Kuba und wegen der Entdeckung eines Sees, der den Europäern unbekannt geblieben war, wurde er als Mitglied in die *Royal Geographical Society* aufgenommen; er blieb der einzige presbyterianische Missionar, dem diese Ehre je zuteil wurde. Gleichzeitig verlieh die Gesellschaft seiner Entdeckung den Namen *Lake Sheppard*. In Washington überreichte Sheppard Präsident Grover Cleveland eine Bambusmatte der Kuba; bei einem späteren Besuch schenkte er Theodore Roosevelt eine Pfeife und eine Tagesdecke aus Palmfasern. Während seiner Aufenthalte in der Heimat hielt Sheppard zahllose Reden an Colleges, Universitäten und in Kirchen im ganzen Land, und durch seine glühenden Predigten über Afrika wurden weitere schwarze Missionare für die presbyterianische Glaubensgemeinschaft gewonnen. Eine solche Missionarin war auch Lucy Gantt, eine Lehrerin und begabte Sängerin, die er schon während seines Theologiestudiums kennen gelernt hatte und die er jetzt heiratete. Und weil auch weitere weiße Presbyterianer nach Afrika kamen, konnten am Ende mehrere Missionsstationen mit ausreichend Personal besetzt werden; allerdings wurde immer ein Weißer als Missionsvorsteher eingesetzt. In den offiziellen Personallisten der von den Südstaatenpresbyterianern betriebenen Missionsgesellschaft, die in den USA veröffentlicht wurden, erscheinen Sheppard und die von ihm angeworbenen Neuzugänge immer als «colored» (farbig) oder mit einem «c» hinter ihrem Namen. In Afrika selbst allerdings fühlte er sich nicht zu einem Bürger zweiter Klasse zurückgestuft: eines seiner Kinder nannte er, nach einem Sohn des Königs der Kuba, Maxamalinge.

Es kann nicht überraschen, dass das Volk der Kuba glücklich war mit der Art und Weise, wie es lebte, und dass es ungeachtet der freundschaftlichen Gesinnung gegenüber Sheppard wenig Neugier für das Christentum an den Tag legte. So gelangen denn auch der Missionsstation, die Sheppard unter den Kuba eingerichtet hatte, nur wenige Bekehrungen. Indessen war Sheppard aufgrund seiner Entdeckungen zu Hause so bekannt geworden, dass die Presbyterianer eine nachteilige Reaktion der Öffentlichkeit fürchteten, falls sie seine Mission bei den Kuba schlössen und ihn selbst in eine andere Mission versetzten.

Im Laufe der Zeit erlag die gesamte Kasai-Region ebenso wie der übrige Kongo dem immer festeren Zugriff des Kongo-Freistaates. Etwa acht Jahre nach Sheppards denkwürdigem Besuch erreichten schließlich auch Leopolds Truppen die Hauptstadt des Königreichs der Kuba und plünderten sie.

Dieser Vorstoß auf die Hauptstadt war, wie viele andere Ereignisse im Kongo, von einer Entdeckung ausgelöst worden, die an einem ganz anderen, weit entfernten Ort gemacht worden war. Wenige Jahre vor William Sheppards erster Abreise nach Afrika bastelte eines schönen Tages ein Tierarzt mit einem majestätischen Vollbart in seinem Haus im irischen Belfast am Dreirad seines Sohnes herum. John Dunlop versuchte sich an der Lösung eines Problems, mit dem sich Radfahrer schon viele Jahre herumgeplagt hatten: Wie ist ohne Federn ein sanftes Fahren möglich? Dunlop ersann schließlich ein praktisches Mittel, um zu der lang gesuchten Lösung zu kommen, nämlich einen aufblasbaren Gummischlauch. 1890 begann die Dunlop Company mit der Herstellung von Gummireifen; damit wurde eine wahre Fahrradmanie in Gang gesetzt und der Grundstein für eine neue Industrie gelegt, gerade rechtzeitig, wie sich herausstellen sollte, für das kommende Automobil.

In Europa kannte man Gummi, seit Christoph Kolumbus in der Karibik darauf aufmerksam geworden war. Gegen Ende des 18. Jahrhunderts gab ein britischer Naturwissenschaftler der Substanz ihren englischen Namen *rubber*, als er feststellte, dass man damit Bleistiftstriche ausradieren konnte *(to rub out)*. Der Schotte Charles Macintosh sorgte 1823 dafür, dass sein Name in die englische Umgangssprache einging, als er eine Möglichkeit zur Massenproduktion von etwas sah, das von den Indios in Amerika schon seit langer Zeit angewendet wurde: Gummi auf Stoff aufzubringen, um diesen wasserdicht zu machen. Sechzehn Jahre später schüttete der amerikanische Erfinder Charles Goodyear aus Versehen auf seinem Herd etwas Schwefel in heißen Gummi. Er stellte fest, dass die daraus entstandene Mischung nach dem Erkalten nicht wieder steif wurde und beim Erhitzen nicht stank oder klebte; eben darin hatten zuvor die Hauptprobleme bei der Herstellung von Gummistiefeln und Regenbekleidung bestanden. Der eigentliche, weltweite Boom des Gummis begann allerdings erst zu Beginn der neunziger Jahre, einige Jahre nachdem Dunlop den Luftreifen auf die Laufräder von seines Sohnes Dreirad montiert hatte. Die Industrie entwickelte im Handumdrehen einen regelrechten Heißhunger nicht nur auf Gummireifen, sondern auch auf Schläuche, Rohre, Dichtungen und Ähnliches sowie auf Gummiisolierungen beim Telegrafen, beim Telefon und bei elektrischen Leitungen, die nun zügig den Globus umspannten. Mit einem Mal konnte die Nachfrage der Fabriken nach diesem Wundermaterial kaum noch befriedigt werden, und entsprechend stieg sein Preis im Laufe der neunziger Jahre in immer neue Höhen. Nirgendwo auf der Welt wirkte sich dieser Boom dramatischer auf das Leben der Menschen aus als in den äquatorialen Regenwäldern – wo sich hoch in den Bäumen die Ranken des wilden Kautschuks schlängelten –, die fast die Hälfte von Leopolds Kongo-Staat bedeckten.

Für Leopold war diese Hochkonjunktur beim Kautschuk ein

wahres Gottesgeschenk. Er hatte sich mit seinen Investitionen für den Kongo in eine gefährliche Schuldensituation gebracht, jetzt aber war abzusehen, dass der Gewinn weitaus einträglicher sein würde, als er je gedacht hatte. Der Bedarf an Elfenbein war zwar weltweit nicht zurückgegangen, aber in den späten neunziger Jahren hatte der wilde Kautschuk das Elfenbein als Haupteinnahmequelle im Kongo bereits abgelöst. Nun, da sein Vermögen gesichert war, quetschte er die aus dem Kongo heimkehrenden Beamten ungeduldig nach Auskünften über die Kautschukernte aus; begierig machte er sich über Telegramme und Berichte her, die aus seiner Privatdomäne nach Brüssel strömten, versah sie mit Randbemerkungen und leitete sie zu weiterer Veranlassung an Berater weiter.[30] Die Briefe, die er in jener Zeit schrieb, sind angefüllt mit Zahlen: Warenpreise von den Weltmärkten, Zinssätze für Kredite, Zahl der Gewehre, die in den Kongo geliefert, Tonnen Gummi, die nach Europa verschifft werden, sowie die exakten Abmessungen des Triumphbogens, den er dank seiner neu erschlossenen Profite in Brüssel bauen lassen wollte. Blättert man in der Korrespondenz des Königs, dann hat man den Eindruck, man lese die Briefe des Vorstandsvorsitzenden einer Gesellschaft, die gerade ein profitträchtiges neues Produkt herausgebracht hat und sich nun beeilt, gegenüber der Konkurrenz einen Vorteil zu erlangen, bevor diese ihr Fließband anlaufen lassen kann.

Die Konkurrenz, die Leopold Kummer machte, kam vonseiten des Plantagenkautschuks, der nicht von einer Ranke, sondern aus einem Baum gewonnen wird. Kautschukbäume aber verlangen viel Pflege und müssen einige Jahre wachsen, bevor sie groß genug sind, um angezapft werden zu können. Der König forderte, unersättlich, wie er war, immer größere Mengen an Naturgummi aus dem Kongo, wohl wissend, dass der Preis dafür sinken würde, sobald die Kautschukbaumplantagen in Lateinamerika und Asien zur Erntereife gelangt waren. Das trat dann auch tatsächlich ein, aber bis dahin hatte der Kongo nahezu zwei Jahrzehnte lang einen Rohkautschukboom erlebt.

Wie die Männer, die das Elfenbein heranschafften, so wurden auch jene, die den Kongo-Staat oder die privaten Gesellschaften mit Kautschuk belieferten, entsprechend den von ihnen akquirierten Mengen bezahlt. So bekam zum Beispiel im Jahre 1903 ein besonders «produktiver» Staatsbediensteter eine Provision in Höhe des Achtfachen seines Jahressalärs.[31] Das wirklich große Geld allerdings floss direkt nach Antwerpen und Brüssel, in der Hauptstadt zum allergrößten Teil in die Rue Bréderode, und zwar zu beiden Seiten der Straße, denn diese schmale Gasse trennte die Rückseite des königlichen Schlosses von einigen Gebäuden, in denen Büros des Kongo-Freistaates und von im Kongo tätigen Geschäftsunternehmen untergebracht waren.

Zwar schöpfte der von Leopold persönlich kontrollierte Staat die Hälfte der Gewinne ab, die die staatlich konzessionierten Unternehmen abwarfen, aber weitaus mehr Geld brachte dem Monarchen jener Teil des Landes ein, der vom Staat unmittelbar selbst ausgebeutet wurde. Da allerdings die konzessionierten Gesellschaften nicht so geheimnistuerisch geführt wurden, wie der König die Geschäfte seines Staates betrieb, liegen darüber auch bessere Statistiken vor. Danach musste eines dieser Unternehmen, die Anglo-Belgian India Rubber and Exploration Company oder A.B.I.R., im Jahre 1897 für das Ernten von einem Kilo Kautschuk im Kongo samt Verschiffung an die Firmenzentrale in Antwerpen 1,35 belgische Francs aufwenden; dort wurde das gleiche Kilo zu einem Preis von bis zu 10 Francs verkauft, also mit einem Gewinn von mehr als 700 Prozent. Um 1898 betrug der Wert der A.B.I.R.-Aktie fast das 30fache des Kurses, zu dem sie sechs Jahre zuvor gehandelt worden war.[32] Die Gesamtgewinne aus dem Kautschukgeschäft des Kongo stiegen zwischen 1890 und 1904 um das 96fache.[33] Um die Jahrhundertwende war der *Etat Indépendant du Congo* zu der bei weitem profitabelsten Kolonie ganz Afrikas geworden. Und die Gewinne sprudelten deswegen so zügig, weil, von den Transportkosten einmal abgesehen, kein Anbau, keine Düngemittel und keine Kapitalinvestition in kostspielige Betriebsausrüstungen erforderlich war. Was nötig war, waren Arbeitskräfte.

Wie fand man nun diese Arbeitskräfte? Für die Machthaber im Kongo war dies ein Problem. Sie konnten sich nämlich nicht einfach die nötigen Männer schnappen, sie aneinander ketten und dann, unter den Augen eines Aufsehers mit *chicotte*, zur Arbeit antreiben, wie man es mit den Trägern machte. Um Rohkautschuk zu zapfen, mussten die Sammler weitflächig im Regenwald ausschwärmen und häufig auf Bäume klettern.

Kautschuk ist ein koagulierter Saft; das französische Wort für Gummi, *caoutchouc*, ist von einem Wort aus der Sprache südamerikanischer Indios abgeleitet, welches die Bedeutung hat: «das Holz, das Tränen vergießt». Im Kongo war das Holz, das Tränen vergießt, eine lang wachsende, schwammige Ranke aus der Gattung der *Landolphia*. Eine solche Ranke kann an der Basis bis zu 30 Zentimeter dick werden und windet sich für gewöhnlich um einen Baum auf einer Länge von 35 Meter und mehr vom Boden entfernt empor; in dieser Höhe kann sie dann an das Sonnenlicht herankommen. Dort verzweigt sie sich und windet sich nicht selten über Dutzende von Metern durch die oberen Hauptäste von fünf oder sechs weiteren Bäumen. Um den Kautschuk zu sammeln, musste die Ranke mit einem Messer angeritzt und ein Eimerchen oder ein irdener Topf zum Auffangen des tröpfelnden, dicklich-milchigen Saftes darunter aufgehängt werden. Dabei konnte ein Einschnitt zum Anzapfen der Ranke gemacht oder aber – was offiziell verboten, aber eine verbreitete Praxis war – die Ranke völlig durchhauen werden; dadurch wurde mehr Kautschuk produziert, die Ranke aber letztlich abgetötet. Waren die Ranken in der Nachbarschaft eines Dorfes samt und sonders ausgetrocknet, dann mussten die Arbeiter immer tiefer in den Wald hinein, bis die Sammler schließlich, nach gar nicht langer Zeit, mindestens einen oder zwei Tage unterwegs waren, bevor sie Saft führende Ranken fanden. Waren die Ranken in der Höhe, die man vom Boden aus erreichen konnte, trockengezapft, dann kletterten die Arbeiter in die Baumkronen, um an den Saft heranzukommen. «An der Landstraße stießen wir auf einen Mann, der sich das Rückgrat gebrochen hatte, als er beim Anzapfen einiger Ranken vom Baum stürzte», heißt es in dem Brief eines Missionars.[34] Zudem verwandelten sich weite Teile des Regenwaldes, in dem die Kautschukranken wuchsen, infolge der heftigen tropischen Regenfälle, die dort fast das ganze Jahr über niedergehen, in Sumpfland.

Kein Flitterkram oder Messingdraht reichte als Bezahlung aus, um die Menschen dazu zu bringen, manchmal tagelang in den überschwemmten Wäldern auszuharren und dort eine so anstrengende und körperlich schmerzende Arbeit zu verrichten. Ein Sammler musste nämlich den sirupartigen Kautschuk trocknen, damit er koagulieren konnte, und häufig bestand die einzige Möglichkeit, dies zu erreichen, darin, dass man die Substanz auf den Armen, den Hüften oder auf der Brust verstrich. «Die ersten paar Male geht es nicht ohne Schmerzen ab, wenn der Betreffende es von den behaarten Teilen seines Körpers wieder abzieht», vertraute etwa Louis Chaltin, ein Offizier der *Force Publique,* im Jahre 1892 seinem Tagebuch an. «Der Eingeborene hat nichts dafür übrig, Gummi zu produzieren. Er muss dazu gezwungen werden.»[35]

Wie sah dieser Zwang aus? Nachrichten und Gerüchte darüber drangen allmählich nach Europa. «Ein Beispiel dieser Praxis wurde mir am Ubangi[-Fluss] berichtet», schreibt der britische Vizekonsul im Jahre 1899:

> «Die Methode diese Offiziers … war die, dass man mit Kanus bei einem Dorf anlegte, dessen Einwohner daraufhin regelmäßig das Weite suchten; die Soldaten wurden dann an Land geschickt und begannen sogleich mit dem Plündern, wobei sie aus den Häusern alle Hühner, alles Korn usw. herausholten; danach griffen sie die Eingeborenen an, bis sie sich ihrer Frauen bemächtigen konnten; die Frauen wurden als Geiseln festgehalten, bis der Häuptling des Bezirks die geforderte Menge an Kilo-

gramm Kautschuk herbeigeschafft hatte. Wenn der Kautschuk dann zusammengebracht war, wurden die Frauen für ein paar Ziegen pro Kopf an ihre Besitzer zurückverkauft, und so verfuhr er in einem Dorf nach dem anderen, bis die gewünschte Menge an Kautschuk beisammen war.»[36]

Als Geiseln wurden manchmal Frauen, manchmal aber auch Kinder oder Stammesälteste beziehungsweise Häuptlinge genommen. Eigens für sie gab es an jedem Standort und in jeder Niederlassung des Kautschukgebiets einen Kerker. Für einen männlichen Dorfbewohner konnte die Weigerung, dem Befehl zum Kautschuksammeln nachzukommen, bedeuten, dass die verschleppte Ehefrau getötet wurde. Deren Tod war ohnehin mehr als wahrscheinlich, denn in den Kerkern war die Ernährung dürftig, und die allgemeinen Haftbedingungen waren hart. «Mit den Frauen, die während der letzten Razzia in Engwettra festgenommen wurden, habe ich nur Ärger», vermerkt Georges Bricusse, ein Offizier der *Force Publique*, am 22. November 1895 in seinem Tagebuch. «Alle Soldaten wollen eine haben. Die Wachen, die sie eigentlich beaufsichtigen sollen, binden dann die hübschesten los und vergewaltigen sie.»[37]

Leopold hat Geiselnahmen natürlich nie zur offiziellen Politik erklärt; wann immer Anklagen dieser Art erhoben wurden, zeigten sich die Behörden in Brüssel ungehalten und wiesen die Anwürfe zurück. Aber vor Ort in Afrika, wo es keine neugierigen Blicke gab, wurde jede Maske fallen gelassen. Ja, es wurden sogar Instruktionen zur Geiselnahme erteilt, wie man aus einem halboffiziellen Schulungsbuch ersehen kann, dem aufschlussreichen *Manuel du Voyageur et du Résident au Congo*, von dem die Kolonialverwaltung jedem Bediensteten und jedem Standort ein Exemplar aushändigte. Die fünf Bände dieses Handbuchs enthalten alles Wissenswerte, von der Erziehung zum Gehorsam gegenüber dem Dienstpersonal bis zum vorschriftsmäßigen Abfeuern des Artilleriesaluts. Geiselnahmen waren danach eher Routinesache:

> «Gefangene zu machen ist in Afrika ... eine leichte Sache, denn wenn sich die Eingeborenen verstecken, dann werden sie das nicht weit von ihrem Dorf tun, weil sie in den Gärten rund um das Dorf nach ihrer Nahrung suchen. Wenn man diese Gärten sorgsam im Auge behält, ist man sicher, die Leute schon nach kurzer Zeit gefangen nehmen zu können ... Wenn Sie sehen, dass Sie genug Gefangene haben, dann suchen Sie unter diesen eine ältere Person aus, vorzugsweise eine alte Frau. Machen Sie ihr ein Geschenk und schicken Sie sie zu ihrem Häuptling zurück, damit Verhandlungen aufgenommen werden können. Da der Häuptling seine Leute auf freiem Fuß sehen möchte, wird er sich gewöhnlich dafür entscheiden, Vertreter zu entsenden».[38]

Selten gewährt uns die Geschichte Einblick in einen derart ins Einzelne gehenden Katalog von Anweisungen vonseiten derjenigen, die im Begriff sind, ein Terrorregime zu errichten. Die Tipps, wie man Gefangene macht, erhält der Leser des Handbuchs in einem Band mit dem Titel *Praktische Fragen*, der von einem Redaktionskomitee aus etwa 30 Personen verfasst wurde. Einer der Redakteure, der an dem Buch für einen Zeitraum von zwei Jahren im Anschluss an seine Dienstzeit als kopfsammelnder Standortkommandant in Stanley Falls mitarbeitete, war Léon Rom.

Zumal durch seine Geiselnahmepraxis unterschied sich der Kongo von den übrigen, auf Zwangsarbeit basierenden Kolonialregimen. Und ebenso wie Jahrzehnte später im sowjetischen Gulag, der – als System der Sklavenarbeit – in gleicher Weise in die Rohstoffgewinnung eingespannt war, wurde auch im Kongo mit einem Liefersoll gearbeitet. In Sibirien wurde das Liefersoll in Kubikmetern von geschlagenem Holz oder in Tonnen von pro Tag von jedem Gefangenen gefördertem Golderz bestimmt. Im Kongo wurde das Liefersoll in Kilogramm Kautschuk festgelegt. In dem kautschukreichen Herrschaftsgebiet der A. B. I. R., unmittelbar südlich der großen, halbkreisförmigen Biegung des Kongoflusses, betrug zum Beispiel das übliche, jedem Dorf auferlegte Liefersoll drei bis vier Kilo getrockneter Kautschuk für jeden männlichen Erwachsenen in einem Zeitraum von 14 Tagen;[39] für die Männer bedeutete dies 14 Tage harte Arbeit ohne Unterbrechung. Andernorts lag das Soll höher und mag im Laufe der Zeit auch noch angehoben worden sein. Ein Staatsbeamter, dessen Zuständigkeitsgebiet das Mongolaflussbecken im äußersten Norden war, das von einer anderen Konzessionsgesellschaft, der *Société Anversoise du Commerce au Congo*, kontrolliert wurde, schätzte, dass die Kautschuksammler zur Erfüllung ihres Liefersolls pro Monat 24 Tage im Wald arbeiten mussten, wo sie sich primitive Käfige zimmerten, um sich, nicht immer erfolgreich, für die Nacht gegen Leoparden zu schützen.[40]

Um an die sehr weit vom Boden entfernt wachsenden Ranken heranzukommen, ging dieser oder jener Sammler, wenn er es darauf angelegt hatte, noch den letzten Tropfen Kautschuk herauszuholen, gelegentlich so vor, dass er die ganze Ranke herunterriss, sie in Stücke hackte und den Kautschuksaft herausquetschte.[41] Zwar hatte der Kongo-Staat strikte Befehle gegen ein derartiges Vernichten der Ranken erlassen, andererseits bekam jeder Sammler, der nicht genug Kautschuk heranschaffte, die *chicotte* zu spüren. Ohnehin war die *chicotte* das Maß aller Dinge. Ein Zeuge hat Afrikaner gesehen, die Wurzeln ausgruben, um ihr Liefersoll an Kautschuk zusammenzuklauben.

Das gesamte System dieser Sammeltätigkeit unterlag einer militärischen Organisation. Garnisonen der *Force Publique* waren über das ganze Land verteilt; von dort erhielten die staatlich konzessionierten Unternehmen häufig massive Schützenhilfe. Daneben verfügte jedes Unternehmen über seine eigene Miliz, die euphemistisch «Wachschutz» genannt wurde. In militärischen Angelegenheiten wie auch auf fast allen anderen Gebieten handelten die Unternehmen als verlängerter Arm des Kongo-

Staates; wenn es darum ging, Geiseln zu fangen oder ein aufständisches Dorf einzunehmen, dann rückte der Wachschutz einer Gesellschaft häufig Seite an Seite mit den Soldaten der *Force Publique* aus.

Dort, wo Kautschukranken wuchsen, unterlag die Bevölkerung einer strengen Aufsicht. Es war üblich, dass man die Genehmigung eines staatlichen oder Unternehmensbediensteten brauchte, wenn man einen Freund oder Verwandten in einem anderen Dorf besuchen wollte. In manchen Gegenden musste man um den Hals eine Metallscheibe mit eingravierter Nummer tragen, damit die Angestellten der Gesellschaft genau verfolgen konnten, ob der Betreffende sein Soll erfüllt hatte. Die Zahl der Afrikaner, die dieser Arbeiterarmee eingegliedert wurden, war riesig: Für das Jahr 1906 werden allein in den Unterlagen der A.B.I.R., die ja nur für einen winzigen Teil der Kautschukproduktion des Kongo-Staates verantwortlich zeichnete, 47000 Kautschuksammler aufgeführt.[42]

Überall entlang den Flüssen konnte man lange Reihen entkräfteter Männer sehen, die auf ihren Köpfen Körbe mit grauen Kautschukklumpen trugen und manchmal 30 Kilometer oder mehr zu ihren Sammelpunkten nahe den Häusern der Europäer marschieren mussten; diese saßen auf ihrer Veranda und wogen den gesammelten Kautschuk ab. An einer Sammelstelle hat ein Missionar einmal 400 Männer mit Körben gezählt.[43] Nach Ablieferung der Kautschukmilch wurde diese zu groben Platten geformt, die die Größe eines kleinen Reisekoffers hatten, und zum Trocknen in die Sonne gelegt. Diese wurden dann auf einen Kahn oder eine Schute verladen und im Schlepptau eines Dampfbootes flussabwärts geschafft; das war die erste Etappe ihrer langen Reise nach Europa.

Staat und Unternehmen zahlten den Dorfbewohnern für den abgelieferten Kautschuk in der Regel ein Stück Tuch, Glasperlen, ein paar Löffel Salz oder ein Messer. Das kostete so gut wie nichts; die Messer waren allerdings entscheidende Werkzeuge für das Sammeln größerer Mengen Kautschuk. Mindestens einmal erhielt ein Häuptling, der seine Leute zum Sammeln gezwungen hatte, als Bezahlung leibhaftige Menschen. Wegen eines Rechtsstreits zwischen zwei weißen Beamten in der Nähe von Stanley Falls ist folgender Wortwechsel aus dem Jahre 1901 aktenkundig geworden. Der Zeuge, der hier gehört wird, hieß Liamba und war Häuptling eines Dorfs namens Malinda:

> *Frage:* Hat Ihnen M. Hottiaux [Angestellter eines Unternehmens] jemals lebendige Frauen oder Kinder gegeben?
> *Antwort:* Ja, er gab mir sechs Frauen und zwei Männer.
> *Frage:* Zu welchem Zweck?
> *Antwort:* Als Bezahlung für den Kautschuk, den ich ihm in die Niederlassung gebracht hatte; er sagte mir, ich könne sie essen oder töten oder als Sklaven verwenden – ganz wie ich wolle.[44]

Der Regenwald entlang dem Kasai-Fluss war reich an Kautschuk; William Sheppard und die übrigen amerikanischen Presbyterianer, die in dieser Gegend ihrer Missionsarbeit nachgingen, gerieten damit in das Zentrum tief greifender Umwälzungen. Die Kasai-Region war zugleich Schauplatz einiger der heftigsten Widerstandsaktionen gegen Leopolds Herrschaftssystem.[45] Bewaffnete Männer eines mit dem Regime verbündeten Häuptlings zogen marodierend durch das Gebiet, in dem Sheppard tätig war, plünderten dort mehr als ein Dutzend Dörfer und brannten sie nieder. Ströme verzweifelter Flüchtlinge suchten Zuflucht und Hilfe in Sheppards Missionsstation.

1899 erhielt der widerstrebende Sheppard von seinen Missionsoberen die Anweisung, eine für ihn selbst nicht ungefährliche Reise durch den Busch zu unternehmen, um die Ursache der Kämpfe herauszufinden. Dabei stieß Sheppard auf blutgetränkte Erde, zerstörte Dörfer und viele Leichen; in der Luft hing drückend der Gestank verfaulenden Fleisches. Als er das Lager der Marodeure erreichte, fiel sein Blick auf eine beträchtliche

Anzahl von Gegenständen, die gerade geräuchert wurden. Der Häuptling «führte uns zu einem Rost aus Stöcken, unter denen ein Schwelfeuer brannte, und da lagen sie, lauter rechte Hände, ich zählte sie, 81 alles in allem».[46] Der Häuptling erklärte Sheppard, was es damit auf sich hatte: «Sehen Sie! Dies sind unsere Beweise. Ich muss immer die rechte Hand von allen abhacken, die wir töten, um dem Staat zu zeigen, wie viele wir getötet haben.»[47] Stolz präsentierte er Sheppard einige der Leichen, von denen die Hände stammten. Durch das Räuchern wurden die Hände in dem heißen und feuchten Klima konserviert, denn es konnte Tage oder Wochen dauern, bis der Häuptling Gelegenheit hatte, sie dem zuständigen Beamten vorzuführen und Anerkennung für die Tötungen zu bekommen.

Sheppard war damit auf einen der schauerlichsten Aspekte von Leopolds System der Kautschukgewinnung gestoßen. Wie die Geiselnahmen war auch das Abschneiden der Hände ausdrücklicher politischer Wille, wie sogar hohe Beamte später einräumen sollten. «Während meines Aufenthalts im Kongo war ich oberster Kommissar für den Äquatordistrikt», schreibt Charles Lemaire nach seiner Pensionierung. «Als es um Kautschuk ging, habe ich der Regierung umgehend geschrieben: ‹Wenn man in dem Distrikt Kautschuk sammeln will, dann muss man Hände, Nasen und Ohren abschneiden.›»[48]

Verweigerte sich ein Dorf dieser Praxis des Kautschuksammelns, dann konnte es passieren, dass die Truppen des Staates oder des Unternehmens oder deren Verbündete jeden erschossen, der ihnen vor die Flinte kam, damit die umliegenden Dörfer die Lektion auch verstanden. Aber in Situationen wie diesen wurden einige europäische Offiziere äußerst misstrauisch. Also verlangten sie für jede an ihre Soldaten ausgegebene Patrone den Beweis, dass sie auch verwendet worden war, um jemanden zu töten, und nicht etwa beim Jagen «vergeudet» oder möglicherweise, was noch schlimmer war, für einen Aufstand beiseite gelegt worden war. Als Standardbeweis galt die rechte Hand einer Leiche. Freilich nicht unbedingt nur von einer Leiche. «Manchmal», so ein Offizier gegenüber einem Missionar, «verschießen [die Soldaten] eine Patrone, wenn sie ein Tier jagen; dann schneiden sie einem Lebenden die Hand ab.»[49] In einigen Truppenteilen gab es sogar das Amt eines «Hüters der Hände»;[50] zu seinen Aufgaben gehörte auch das Räuchern.

Sheppard war nicht der erste ausländische Zeuge, der im Kongo abgeschnittene Hände zu Gesicht bekam, und er sollte auch nicht der letzte sein. Seine Artikel allerdings, die er über seine grässliche Entdeckung für Missionszeitschriften verfasste, wurden in Europa wie in den Vereinigten Staaten mehrfach abgedruckt und ausgiebig zitiert, und es ist zum Teil ihm zu danken, wenn die Menschen im Ausland beim Kongo automatisch an abgeschnittene Hände dachten. Einige Jahre nach Sheppards schrecklichem Fund sollte der belgische Sozialistenführer Emile Vandervelde bei seiner scharfen Kritik an den kostspieligen öffentlichen Bauten, die Leopold mit seinen Profiten aus dem Kongo errichten ließ, vor dem Parlament auf die «monumentalen Triumphbögen» hinweisen, «die eines Tages die Triumphbögen der Abgeschnittenen Hände heißen werden».[51] Dass William Sheppard die Schandtaten beim Namen genannt hatte, sollte ihm am Ende noch den Zorn der Obrigkeit eintragen, und was den Anwalt Vandervelde angeht, so sollte er in einem Gerichtssaal im Kongo eines Tages einen Auftritt als Sheppards Verteidiger haben. Aber das greift unserer Geschichte vor.

Der mit der Kautschukgewinnung verknüpfte Terror erstreckte sich auf das gesamte Gebiet des Regenwaldes; nicht wenigen prägte er sich unauslöschlich ein und suchte sie mit Erinnerungen heim, mit denen sie ein Leben lang nicht fertig wurden. So zitiert etwa ein katholischer Priester, der ein halbes Jahrhundert später mündlich mitgeteilte Geschichten aufzeichnet, einen Mann namens Tswambe, der von einem besonders verhassten Staatsbeamten mit Namen Léon Fiévez berichtet, der einen ca. 500 Kilometer nördlich von Stanley Pool am Fluss gelegenen Distrikt terrorisierte:

> «Alle Schwarzen sahen in diesem Mann den Teufel vom Äquator … Von allen Leichen, die bei den Kämpfen getötet worden waren, hatte man die Hände abzuschneiden. Er wollte die Zahl der Hände sehen, die jeder Soldat abgeschnitten hatte, man musste sie ihm in Körben bringen … Ein Dorf, das die Lieferung von Kautschuk verweigerte, wurde durchkämmt und restlos gesäubert. Als junger Mann sah ich, wie [Fiévez'] Soldat Molili, der gerade das Dorf Boyeka bewachte, sich ein großes Netz griff, zehn Verhaftete hineinsteckte, schwere Steine an das Netz band und das Ganze in den Fluss schubste … Der Kautschuk ist schuld an diesen Quälereien; darum wollen wir seinen Namen auch nicht mehr hören. Soldaten zwangen junge Männer, ihre Mutter oder ihre Schwestern zu töten oder zu vergewaltigen.»[52]

Ein Offizier der *Force Publique,* der im Jahre 1894 in Fiévez' Stützpunkt Station machte, gibt den Wortlaut wieder, mit dem dieser schildert, wie er vorgegangen sei, als die umliegenden Dörfer seine Truppen nicht mit den geforderten Fisch- und Maniokvorräten versorgt hätten:

> «Ich überzog sie mit Krieg. Ein Exempel reichte aus: hundert Geköpfte, und seither ist dieser Stützpunkt mit allem bestens versorgt. Mein Zweck ist letztlich ein humanitärer. Ich habe 100 Leute getötet … aber dadurch konnten 500 andere überleben.»[53]

Bei solchen «humanitären» Lebensregeln, zu denen auch das Abhacken von Händen und Köpfen gehörte, war der Dienst für Sadisten wie Fiévez ein einziger Spaß. Der Standortkommandant von M'Bima pflegte mit seinem Revolver Löcher in die Ohrläppchen von Schwarzen zu schießen.[54] Raoul de Premorel, der als Handelsagent längs des Kasai-Flusses arbeitete, hatte Spaß daran, Leuten, die er für Drückeberger hielt, große Mengen von

Rizinusöl zu verabreichen.[55] Ein anderer, der Handelsagent Albéric Detiège, zwang Dörfler, die bei ihrem verzweifelten Versuch, auf das geforderte Liefergewicht zu kommen, Kautschuk ablieferten, der mit Erde oder Steinchen vermischt war, das Mitgebrachte aufzuessen.[56] Als zwei Träger die vorgeschriebene Latrine nicht benutzten, ließ sie der Distriktkommissar Jean Verdussen vor der Truppe auf- und abmarschieren, wobei ihre Gesichter mit Fäkalien beschmiert waren.[57]

In dem Maße, wie sich die Berichte über die Soldaten des weißen Mannes und ihre Körbe voller abgeschlagener Hände im ganzen Kongo verbreiteten, gewann unter den Afrikanern eine Phantasievorstellung an Glaubwürdigkeit, die ein eigenartiges Widerspiel der Obsession war, die die Weißen vom Kannibalismus der Schwarzen hatten. Die Konservendosen mit Corned Beef, die man in den Häusern der Weißen sehen könne, enthielten, so hieß es, gar kein Tierfleisch, wie auf dem Etikett dargestellt; vielmehr seien abgehackte Hände drin.[58]

11

Eine Geheimgesellschaft von Mördern

Als Leopold und Kaiser Wilhelm II. in Berlin einmal eine Parade abnahmen, soll Leopold, grantelnd über den Zerfall der königlichen Autorität, zum Kaiser bemerkt haben: «Unsereinem bleibt wirklich nichts als das Geld!»[1] Tatsächlich sollte der Kautschuk einen Geldsegen über Leopold bringen, der jede Vorstellung sprengte, wenngleich der Kongo allein ihm nie genug war. Er träumte sich ein Imperium zusammen, das die beiden sagenumwobenen Flüsse Afrikas, den Nil und den Kongo, in sich vereinen sollte, und er sann über eine große Eisenbahnverbindung zwischen beiden Flüssen nach; im Frühjahr 1890 setzte er Expeditionen aus dem Nordosten des Kongo in Richtung auf das Niltal in Marsch. Eines der Expeditionskorps beanspruchte die alten Kupferminen von Bahr-el-Ghazal, wobei der Anspruch ausdrücklich für Leopold höchstpersönlich erhoben, der Kongo-Staat dagegen verpflichtet wurde, für den militärischen Schutz zu sorgen.

Frankreich unterband schließlich ein weiteres Vorrücken des Königs zum Nil, er aber träumte bereits von neuen Kolonien anderswo. «Ich möchte aus unserem kleinen Belgien mit seinen sechs Millionen Menschen das Zentrum eines immensen Weltreichs machen», sagte er. «Die Niederlande, Spanien und Portugal sind im Niedergang begriffen, und ihre Kolonien werden eines baldigen Tages auf den Markt kommen.»[2] Beim englischen Premierminister William Gladstone erkundigte er sich nach der Möglichkeit eines Pachtvertrags für Uganda.

Leopold war fix, wenn es darauf ankam, seine imperialen Vorhaben mit jeder humanitären Gesinnung zu verbrämen, die gerade in der Luft lag. 1896 zum Beispiel machte er einem anderen britischen Premierminister, Lord Salisbury, zu dessen Erstaunen den Vorschlag, eine sudanesische Armee unter dem Kommando von Offizieren des Kongo-Freistaats «zum Zwecke des Einmarsches in und der Besetzung von Armenien [einzusetzen], um auf diese Weise den Massakern [der Türken an den Armeniern] Einhalt zu gebieten, die Europa im Innersten aufwühlen».[3] (Königin Victoria meinte, ihr Vetter fange an zu delirieren.) Ein anderes Mal bot er anlässlich einer politischen Krise auf Kreta an, kongolesische Truppen könnten dazu beitragen, die Ordnung wiederherzustellen. Nachdem die Vereinigten Staaten als Sieger aus dem Spanisch-Amerikanischen Krieg hervorgegangen waren, kam er auf den Gedanken, eine Gesellschaft solle einige der verbliebenen spanischen Besitzungen wie etwa die Kanarischen Inseln im Atlantik oder die Karolinen im Südpazifik pachten. Diese Gesellschaft, so regte er an, könne in einem «neutralen» Staat wie zum Beispiel im Kongo-Freistaat ins Handelsregister eingetragen werden.

Allerdings hielt ihn keiner seiner weltpolitischen Träume davon ab, seine Haupteinkommensquelle zu pflegen. Die zunehmende Rentabilität des Kongo hielt er allerdings so geheim wie nur irgend möglich, damit bloß keine Forderungen laut würden, er solle den Riesenkredit der belgischen Regierung zurückzahlen. Solange Leopold es sich erlauben konnte, veröffentlichte der Kongo-Staat keinen Haushaltsentwurf. Als es schließlich unumgänglich war, wurden Zahlen zu den Einnahmen vorgelegt, die die wirklichen Gewinne des Staates maßlos untertrieben.[4]

Die Herrschaft über ein Land, das einem gehört, hat unter anderem den Vorteil, dass man Obligationen auflegen kann. Damit sollte sich Leopold am Ende eine nahezu ebenso lukrative Einkommensquelle erschließen, wie es der Kautschuk war. Alles in allem gab der König Obligationen im Werte von mehr als 100 Millionen Francs oder grob gerechnet von einer halben Milliarde Dollar nach heutiger Währung aus.[5] Einige der Papiere verkaufte er, andere schenkte er seinen Günstlingen, wieder andere verwahrte er als seinen persönlichen Wertpapierbesitz, und weitere benutzte er anstelle von Bargeld, um seine öffentlichen Bauvorhaben in Belgien zu bezahlen. Da die Obligationen auf eine Laufzeit von 99 Jahren ausgestellt waren, wusste Leopold nur zu gut, dass die Rückzahlung des Grundkapitals nicht sein Problem sein würde. Angeblich war das über die Obligationen aufgebrachte Geld für die Entwicklung im Kongo bestimmt, dort aber landete nur ein sehr kleiner Teil des Geldes.

Viel lieber gab Leopold dieses Geld – ebenso wie seine Gewinne aus dem Kongo-Kautschuk – in Europa aus. Bei allem Scharfsinn und auch Ehrgeiz, den er ansonsten an den Tag legte, war er ein bemerkenswert einfallsloser Mensch, was seinen künstlerischen Geschmack betraf; so verwendete er sein neu erworbenes riesiges Vermögen für Zwecke, die ihm eher einen Platz in Tourismusführern als in Geschichtsbüchern eintrugen. In ganz Belgien schossen in kurzer Folge Unmengen von Baudenkmälern, Schlossanbauten, Museen und Gartenpavillons aus dem Boden. In Ostende, seinem Lieblingsbadeort, steckte Leopold Millionen von Francs in eine Promenade, mehrere Parkanlagen und eine liebevoll mit Türmchen versehene und zur Eröffnung mit 85000 Geranien geschmückte Zuschauertribüne für die Pferderennbahn, die er regelmäßig aufsuchte. Des Weiteren flossen seine Kautschukeinnahmen in einen Golfplatz im benachbarten Klemskerke, in ein königliches Chalet in Raversijde sowie in unablässige Renovierungen und die Erweiterung des Schlosses in Laeken. Viele dieser Besitztümer übertrug Leopold offiziell und unter viel Tamtam als königliche Schenkung seinem Land, wenngleich er seine Burgen und Schlösser wie gehabt weiter bewohnte. Die wirkliche Absicht indessen, die er mit seiner königlichen Schenkung verfolgte, war die, sich den Unterhalt dieser Anwesen vom Land Belgien bezahlen zu lassen und sie zugleich dem Zugriff seiner drei Töchter zu entziehen, denen er nach belgischem Recht seinen persönlichen Besitz zu vermachen hatte.

1895 war Leopold 60 Jahre alt, und mit zunehmendem Alter

erwies er sich immer mehr als Hypochonder. Jeder Berater, der zu husten wagte, hatte eine mehrtägige Verbannung aus der Umgebung des Königs zu gewärtigen. Er war ständig in Angst, sich zu erkälten, und trug daher eine wasserdichte Hülle um seinen Bart, wenn er bei feuchtem Wetter das Haus verließ oder im Meer badete. Er verlangte, dass die Tischwäsche im Schloss jeden Tag gekocht werde, um die Keime abzutöten.

Wenn er nicht reiste, lebte er zumeist auf Schloss Laeken.[6] Er stand zeitig auf, nahm eine kalte Dusche, stutzte seinen Vollbart, bekam eine Massage, las die Frühpost und verleibte sich ein Riesenfrühstück ein – ein halbes Dutzend pochierte Eier, einen Stapel Toastbrotscheiben und einen ganzen Topf mit Marmelade. Dann verbrachte er den größten Teil des Tages mit Spaziergängen in seinen geliebten Gärten und Gewächshäusern. Häufig erledigte er dabei die Post und diktierte im Gehen seine Antworten. Seine Sekretäre mussten lernen, im Gehen zu schreiben. Das Mittagessen dauerte exakt eine halbe Stunde; der König las während des Essens Zeitungen und Briefe und kritzelte auf den Rand der Briefe manchmal Anweisungen in nahezu unleserlicher Handschrift, mit deren mühseliger Entzifferung seine Mitarbeiter jeden Tag bange Stunden zubrachten. Alle übrigen Familienmitglieder hatten bei Tisch den Mund zu halten.

Nachmittags wurde er zum königlichen Schloss in die Innenstadt gefahren, wo er Unterredungen mit seinen Beamten oder mit Besuchern hatte, zum Abendessen ging's zurück nach Laeken. Höhepunkt des Tages war das Eintreffen der *Times of London*. Jeden Nachmittag wurde ein sorgsam eingewickeltes Exemplar der an diesem Morgen erschienenen Zeitung bei der Durchfahrt des Zuges durch den mit dem königlichen Wappen verzierten Privatbahnhof Leopolds in Laeken aus dem Express Ostende–Basel geworfen. Ein Diener musste sodann die Zeitung bügeln – auch hier wieder die Angst vor Keimen –, und der König las sie zur Nacht im Bett. (Als sich die *Times* später in den Chor der Kritiker einreihte, war Leopold wütend und ließ mitteilen, er werde sein Abonnement kündigen. Insgeheim schickte er allerdings jeden Tag seinen Kammerdiener zum Brüsseler Bahnhof, um ihm ein Exemplar zu kaufen.)

Vielleicht schätzte Leopold die *Times*, weil sie eine Zeitung war, die für ein mächtiges und nicht für so ein kleines Land wie Belgien geschrieben wurde. Jedenfalls erstreckte sich sein Drang nach Kolonien unbeirrt in alle vier Himmelsrichtungen der Erde. 1897 fing er an, die Gewinne des Kongo-Staates in den Bau einer Eisenbahn in China zu investieren, und machte bei diesem Geschäft am Ende viel Geld. China betrachtete er genauso, wie er den «stattlichen afrikanischen Kuchen» gesehen hatte, nämlich als ein Festmahl, das zu verspeisen war; und er war wie immer willens, auch uneingeladen an der Tafel Platz zu nehmen. Über die Trasse, die er für seine Eisenbahn zu ergattern hoffte, sagte er: «Dies ist das Rückgrat Chinas; wenn ich es kriege, nehme ich auch ein paar Koteletts.»[7] Er bemühte sich um ein Tauschgeschäft – chinesische Arbeiter für den Kongo; kongolesische Soldaten für China –, durch das er, gleich anderen westlichen Mächten, die just zu diesem Zeitpunkt im Fernen Osten in Aktion traten, einen Fuß in der Tür haben würde. Auf Rechnung des Kongo-Freistaats kaufte er einige kleinere Parzellen Land in China. Als er zu den Verhandlungen eine Delegation des Kongo-Staates – natürlich ausschließlich Belgier – entsandte, setzte der chinesische Unterhändler eine überraschte Miene auf: «Gehe ich richtig in der Annahme, dass Afrikaner schwarz sind?»[8]

Im Kongo wiederum verlieh der Kautschuk-Boom dem größten Bauvorhaben des Landes, der Schmalspureisenbahn von Matadi nach Stanley Pool, mit der die großen Katarakte umgangen werden sollten, neuerliche Dringlichkeit. Für dieses Projekt wurden bis zu 60 000 Arbeiter auf einmal benötigt. Obwohl die Bahnlinie lediglich 387 Kilometer lang war und eine Spurweite von kaum mehr als der Hälfte des amerikanischen Standardgleises aufwies, sorgten Klima, Krankheiten und die topographische Beschaffenheit der Strecke dafür, dass dieser Eisenbahnbau zu den schlimmsten Bauvorhaben der Geschichte zählen sollte. Es dauerte drei Jahre, bis überhaupt die ersten 23 Kilometer fertig gestellt waren. Ein Vermesser, der schon frühzeitig in diesem abweisenden Landstrich tätig war, schildert das Gelände als eine Ansammlung «aufeinander getürmter, ungeheurer Steinblöcke, die mancherorts durch die Hand von Riesen übereinander geworfen zu sein scheinen».[9] Auf der gesamten Strecke mussten 99 Metallbrücken gebaut werden, die eine Länge von insgesamt mehr als 13 Kilometern hatten.[10]

Die Bauarbeiter wurden aus britischen und französischen Besitzungen in Westafrika, aus Hongkong und Macao sowie aus Britisch-Westindien herangeschafft. Leopold war nach wie vor fasziniert von der Idee, chinesische Arbeiter im Kongo einzusetzen. «Was würde es kosten», fragte er in einem Brief einen Berater, «fünf große chinesische Dörfer im Kongo einzurichten? Eins im Norden, ein weiteres im Nordosten, eins im Osten, eins im Süden und eines zwischen Matadi und Leopoldville. 2000 Chinesen zur Markierung unserer Grenzen, was würde das kosten?»[11] Die Idee mit diesen fünf chinesischen Dörfern war bald verflogen, Leopolds Traum indessen kostete zahlreiche Menschenleben unter den im Jahre 1892 für den Eisenbahnbau ins Land geholten 540 Chinesen. 300 von ihnen starben bei der Arbeit oder flohen in den Busch. Die meisten dieser Flüchtigen wurden nie wieder gesehen, einige fand man indessen mehr als 800 Kilometer im Binnenland wieder. Sie waren der aufgehenden Sonne entgegenmarschiert und hatten versucht, an Afrikas Ostküste und von da nach Hause zu gelangen.[12]

Mehreren hundert Arbeitern von der Karibikinsel Barbados war offenbar gesagt worden, dass sie für einen anderen Ort angeheuert werden sollten; als ihr Schiff im September 1892 in Boma anlegte und sie erkannten, dass sie im Kongo gelandet waren, rebellierten sie außer sich vor Wut. Die Soldaten eröffneten das Feuer und töteten zwei der Rebellen; die Zahl der Verwundeten war weitaus höher. Der Rest wurde noch am gleichen Tag zum Ausgangsbahnhof nach Matadi in Marsch gesetzt und dort an die Arbeit geschickt.

Der Eisenbahnbau war als Ingenieurleistung bescheiden; hingegen war er eine große menschliche Katastrophe. Die Männer wurden Opfer von Unfällen, sie erlagen der Ruhr, den Pocken, der Beriberi-Krankheit und der Malaria, Krankheiten, die durch schlechte Ernährung und unablässiges Prügeln vonseiten der 200 Mann starken Eisenbahnmiliz noch verschlimmert wurden. Die Lokomotiven entgleisten, Güterwagen voller Dynamit explodierten und rissen die Arbeiter, schwarze wie weiße, in Stücke. Manchmal gab es keine Schlafunterkünfte, und störrische Arbeiter wurden in Ketten zur Arbeit geschickt. Die Vorarbeiter und Ingenieure aus Europa konnten ihre Verträge kündigen und nach Hause fahren, und es gab immer welche, die das auch taten. Schwarze und asiatische Arbeiter konnten das nicht. Wenn morgens die Signalhörner ertönten, dann legten Trupps zorniger Arbeiter die Leichen ihrer während der Nacht verstorbenen Kameraden den europäischen Aufsehern vor die Füße.

Die lokale Überlieferung längs der Bahnstrecke gebraucht ein Bild, das man auch anderswo in Afrika wiederfindet: Jede Schwelle stehe für das Leben eines Afrikaners, jeder Telegrafenmast für das eines Europäers.[13] Sogar die schöngefärbten offiziellen Zahlen sprechen von einem hohen Blutzoll: 132 Weiße und 1800 Nicht-Weiße. Nach manchen Schätzungen jedoch gab es in den ersten beiden Jahren, die die schlimmsten waren, unter den Nicht-Weißen jeweils annähernd 1800 Todesopfer.[14] Längs der Strecke lag ein Friedhof neben dem anderen. Immer wieder versuchten die Arbeiter zu fliehen; so stürmten 300 Männer aus Sierra Leone, bewaffnet mit Hämmern, Schaufeln und Spitzhacken, den Hafen von Matadi und versuchten, ein am Kai liegendes Schiff in ihre Gewalt zu bringen, das sie nach Hause bringen sollte. Keulen schwingende Wachen, die selbst aus Sansibar angeworben worden waren, trieben sie zurück.[15] Andere Arbeiter traten in den Streik oder flohen in die benachbarte portugiesische Besitzung.

1898, acht Jahre nach Baubeginn, war es dann so weit: Die erste kurz gebaute und stämmige Dampflokomotive, die über und über mit Fahnen bedeckt war, zog zwei Eisenbahnwaggons die ganze Schmalspurstrecke von Matadi bis hinauf nach Stanley Pool. Dort war zu ihrem Empfang ein blumengeschmücktes, großes Zelt aufgebaut; Vertreter des Staates, Militärs, Eisenbahnbeamte und ein Bischof, sie alle schmausten und stießen mit Champagner auf Leopolds Gesundheit an. Die versammelten Persönlichkeiten verschraubten feierlich das letzte Gleis, eine Kanone feuerte einen Salut von 21 Schüssen, und alle in Stanley Pool liegenden Dampfer ließen ihre Schiffspfeifen ertönen. Die Repräsentanten des Staates errichteten ein Denkmal an der alten Karawanenroute, die die Eisenbahn nunmehr ersetzt hatte: drei lebensgroße Metallskulpturen von Trägern – einer trägt eine große Kiste auf seinem Kopf, die beiden anderen sind vor Erschöpfung neben ihm zusammengebrochen. Die Inschrift am Denkmal lautete: DIE EISENBAHN BEFREITE SIE VOM TRAGEN. Wer sie aber allererst zu Trägern gemacht hatte, darüber sagte die Inschrift nichts.

Mochte die Strecke auch viele Haarnadelkurven und kräftige Steigungen aufweisen, was schon die einfache Fahrt zu einer Zwei-Tage-Reise werden ließ, so trug die Eisenbahn doch enorm zum Zuwachs von Macht und Reichtum des Staates bei. Die mehr als elf Millionen Pfund Kautschuk, die der Kongo um die Jahrhundertwende jährlich produzierte, konnten nunmehr, ohne den langwierigen, dreiwöchigen Transport auf den Köpfen von Trägern, per Bahn von den Anlegestellen der Dampfer in Stanley Pool ans Meer gebracht werden. Auf Eisenbahnwaggons, die in entgegengesetzter Richtung fuhren, ließen sich fortan die Dampfer in größeren Einzelteilen, als die Träger je hätten tragen können, um die Katarakte herumtransportieren. Leopoldville wurde rasch zum betriebsamsten Binnenhafen Zentralafrikas und zum Standort von Dampfern bis zu 500 Tonnen. Auf dem

Fluss fuhr zum Beispiel ein Raddampfer mit Seitenantrieb, die 60 Tonnen schwere *Ville de Paris*, der früher einmal als Ausflugsdampfer auf der Seine Dienst getan hatte.

Abgesehen von denen, die für den Staat tätig waren oder an Projekten wie dem Eisenbahnbau mitarbeiteten, hütete sich Leopold vor Ausländern im Kongo. Eine bestimmte Gruppe von Ausländern hatte er allerdings am Hals, und das waren die etlichen hundert protestantischen Missionare wie William Sheppard und seine Amtsbrüder. Fast alle stammten aus England, den Vereinigten Staaten oder Schweden, Länder, bei denen sich Leopold lieb Kind zu machen suchte. Die Missionare waren in den Kongo gekommen, weil sie unbedingt bekehren, die Polygamie bekämpfen und den Afrikanern einen viktorianisch-zugeknöpften Begriff von Sünde vermitteln wollten.*

Es dauerte jedoch nicht lange, und der mit dem Eintreiben des Kautschuks zwangsläufig verbundene Terror führte dazu, dass die Missionare sich schwer taten, überhaupt einen Körper zu finden, den sie hätten einkleiden, oder eine Seele, die sie hätten erretten können. Die verängstigten Dorfbewohner verschwanden nämlich in der Regel für Wochen im Dschungel, sobald sie den Qualm eines nahenden Dampfbootes am Horizont sahen. Ein britischer Missionar wurde mehrfach von Afrikanern gefragt: «Hat der Erlöser euch von einer Macht erzählt, die uns aus unserem Unglück mit dem Kautschuk errettet?»[16] Die Missionare fanden sich also unerwartet, und gewiss ohne einen solchen Part anzustreben, in die Rolle von Beobachtern eines regelrechten Kriegs gedrängt, und Sheppard war keineswegs der

* Ein hoher Staatsbeamter, der die Hafenstadt Upoto am Kongo besuchte, vermerkt mit Erstaunen in seinem Tagebuch, dass ein britischer Missionar ihn um die Herausgabe eines Erlasses anging, demzufolge «die Eingeborenen Kleider tragen sollten (!?)»; Emile Wangermée, Tagebuch, 31. Januar 1899; zit. nach Lagergren, S. 294 Anm.

Einzige unter ihnen, der als ein solcher Zeuge auftrat. So hat etwa ein schwedischer Missionar 1894 ein wehmütiges kongolesisches Lied aufgezeichnet:

> «Wir sind es müde, unter dieser Tyrannei zu leben.
> Wir können es nicht ertragen, dass unsere Frauen und Kinder verschleppt werden
> und die weißen Ungeheuer mit ihnen machen, was sie wollen.
> Wir werden in den Krieg gegen sie ziehen …
> Wir wissen, dass wir sterben werden, aber wir wollen sterben.
> Wir wollen sterben.»[17]

Es ist also den Missionaren zu danken, wenn es Leopold ab Mitte der neunziger Jahre mit vereinzelten Protesten, wie etwa im Falle von Sheppards Artikeln, gegen das Abhacken der Hände und das Abschlachten der Afrikaner zu tun bekam. Diese Kritiker konnten jedoch anfangs kaum Aufmerksamkeit auf sich ziehen, da sie in Sachen Öffentlichkeitsarbeit längst nicht so versiert waren wie der König, der, um jene Kritiker abblitzen zu lassen, einen ungeheuren Charme an den Tag legte.

Als Erstes ermutigte er die Vertreter der Missionsgesellschaften, sich direkt an ihn zu wenden, ja, er bedrängte einen französischen Kirchenmann geradezu, diesen Weg zu beschreiten, «anstatt sich auf die Presse zu verlassen, die immer widerwärtig ist *[toujours déagréable]*».[18] Und dann setzte er geschickt gleichermaßen Versprechungen wie Drohungen ein. Während er gegenüber den Missionsoberen einen freundschaftlichen Ton pflegte, erinnerte er mit Bedacht die Missionsgesellschaften daran, dass der Kongo-Staat sehr wohl in der Lage sei, Steuern zu erheben oder die Genehmigung zum Bau neuer Missionen zu versagen. So hatte die Mission der *Southern Presbyterians,* auf der Sheppard arbeitete, unendliche Schwierigkeiten beim Erwerb von Neuland, auf dem sie bauen wollte.

E. V. Sjöblom, ein schwedischer Baptistenmissionar, war womöglich Leopolds energischster Kritiker in den ausgehenden neunziger Jahren; mit einer 1896 in schwedischen Zeitungen veröffentlichten, sehr ins Einzelne gehenden Attacke gegen den Kautschuk-Terror im Kongo wendete er sich an alle, die gewillt waren zuzuhören. Seine Kritik wurde von der Presse anderer Länder aufgegriffen. Im Jahr darauf erläuterte Sjöblom auf einer öffentlichen Veranstaltung in London, in welcher Form die schwarzen Soldaten der *Force Publique* für die von ihnen vorgelegten abgeschnittenen Hände entlohnt würden.

> «[Ein] Angestellter einer Niederlassung erzählte mir, dass er selbst gesehen habe, wie ein Staatsbeamter auf einem der Vorposten den Soldaten eine bestimmte Anzahl von Messingstäben (die heimische Währung) für die von ihnen mitgebrachten Hände bezahlt habe. Einer der Soldaten sagte mir ... ‹Der Kommissar hat uns versprochen, unsere Dienstzeit zu verkürzen, wenn wir viele Hände mitbringen. Ich habe schon viele Hände mitgebracht, und ich nehme an, dass meine Dienstzeit bald zu Ende ist.›»[19]

Sjöblom wurde im Kongo von Staatsbeamten bedroht, während zugleich in der belgischen und britischen Presse ein Gegenangriff gestartet wurde.

Einen weiteren intelligenten Gegner hatte Leopold in der Person von H. R. Fox Bourne; er war Sekretär der *Gesellschaft zum Schutz der Aborigines*. Diese hatte zwar Leopold ein Jahrzehnt zuvor zu ihrem Ehrenvorsitzenden gewählt, aber seither war sie um einiges klüger geworden. Es heißt, der König habe dem Büro der *Times* in London höchstpersönlich einen Besuch abgestattet, um die Zeitung zu veranlassen, keine Artikel von Fox Bourne mehr abzudrucken.[20] In der Öffentlichkeit indessen spielte Leopold den Unwissenden und erklärte sich zutiefst schockiert durch die Berichte über Verbrechen in seinem Herrschaftsbereich. Die meisten Beschuldigungen überstand er, ohne weiter Schaden zu nehmen, denn sie betrafen Gräueltaten an Afrikanern. Im Jahre 1895 allerdings sah er sich in Europa ernsten Unannehmlichkeiten ausgesetzt, nachdem ein besonders brutaler Offizier des Kongo-Staates – wie es ein sichtlich schockierter britischer Journalist formulierte – «es *gewagt hatte, einen Engländer zu töten*».[21]

Tatsächlich war das Opfer ein Ire: Charles Stokes, ein lebhafter, extravaganter Händler, der, wie die Briten damals zu sagen pflegten, wie die Eingeborenen lebte; er hatte nämlich eine Afrikanerin geheiratet. Stokes' Elfenbeinhandel stand in Konkurrenz zu jenem lukrativen Monopol, das Leopold im Osten des Kongo zu errichten suchte. Ihm wurde des Weiteren der Vorwurf gemacht, er verkaufe Waffen an die Afroaraber. Eine Expedition der *Force Publique* machte Stokes nahe der Ostgrenze des Freistaats ausfindig und erhängte ihn auf der Stelle. Die Londoner Presse schäumte ob dieser schweren Beleidigung. Auch im Deutschen Reich kam es zu einer Welle des Protests, denn Stokes' Heimatstützpunkt lag in Deutsch-Ostafrika, und der Kongo-Staat war angeblich offen für deutsche Händler. In dem vergeblichen Versuch, den Aufschrei der Entrüstung zu beschwichtigen, räumte die Kongo-Regierung ihren Fehler ein und zahlte erhebliche Entschädigungen sowohl an die britische als auch an die deutsche Regierung. Aber das war noch nicht das Ende der Geschichte. Eine deutsche Zeitung ließ verlauten, dass man doch einmal überlegen müsse, was dort womöglich den Eingeborenen angetan werde, wenn der Kongo schon so wenig Bedenken habe, einen Weißen hinzurichten. Ab sofort widmete die europäische Presse den Nachrichten über Gräueltaten im Kongo größere Aufmerksamkeit.

Leopold musste handeln. 1896 berief er die Kommission zum Schutz der Eingeborenen ein, in der sechs bedeutende Kongo-Missionare vertreten waren; drei davon waren Katholiken und stammten aus Belgien, die drei anderen waren ausländische Protestanten. Überall in Europa und zumal in England – die dortige Kritik hatte den König besonders getroffen – wurde die Einsetzung der Kommission als eine gute Sache begrüßt. «Es gereicht König Leopold ganz und gar zur Ehre, dass er sich offen und ehrlich den Fakten stellt, wie sie auf den Tisch kommen», kommentierte der *Manchester Guardian*.[22]

Nur wenige bemerkten, dass keines der Kommissionsmitglieder in einem der Hauptkautschukgebiete tätig war, aus denen doch die Berichte über Gräueltaten kamen; dass sie über mehr als anderthalbtausend Kilometer im Lande verstreut saßen; dass der König keinerlei Mittel bereitgestellt hatte, um den Kommissionsmitgliedern die Anreise zu ihren Zusammenkünften zu ermöglichen; dass eines der britischen Mitglieder zuvor seinen Missionskollegen empfohlen hatte, keinerlei Gräuelberichte zu veröffentlichen; dass ein anderes Mitglied für Leopold die Grenze zwischen dem Kongo und Angola inspiziert hatte; dass die Kommission keinerlei Befugnis hatte, außer der, die Behörden des Kongo-Staates über Missstände zu «informieren».

Die Kommission trat nur zweimal zusammen, und an jedem dieser Treffen konnten wegen der Entfernung und der Reisekosten überhaupt nur jeweils drei der sechs Mitglieder teilnehmen. Für Leopold indessen war dieser Schachzug ein Meisterstück in Öffentlichkeitsarbeit, und er sicherte seinen Triumph dadurch ab, dass er im Sommer 1897 England, Deutschland und Schweden besuchte. In den darauf folgenden Jahren waren die Briten durch den Burenkrieg abgelenkt; auch in der europäischen Presse kam es kaum noch zu irgendwelchen Attacken auf Leopold. Die Kritiker des Königs setzten zwar gelegentlich ihren Beschuss fort, aber niemand schien ihnen weiter Beachtung zu schenken.

Hätte es damals, in den allerletzten Jahren des Jahrhunderts, in Europa so etwas wie ein Politbarometer gegeben, Leopold hätte das Maximum an Zustimmung eingeheimst, und zwar sowohl im Ausland als auch zu Hause. In Belgien begann sich der koloniale Chauvinismus jetzt auch in Gedichtform zu regen:

Leopold
als junger Mann

Henry Morton Stanley,
bekleidet mit der von
ihm selbst für seine
Tropenreisen entworfe-
nen «Stanley-Mütze»

Henry Shelton Sanford, der reiche Aristokrat aus Connecticut, der Einfluss auf Politiker ausübte, dass die Vereinigten Staaten Leopolds Anspruch auf den Kongo anerkannten.

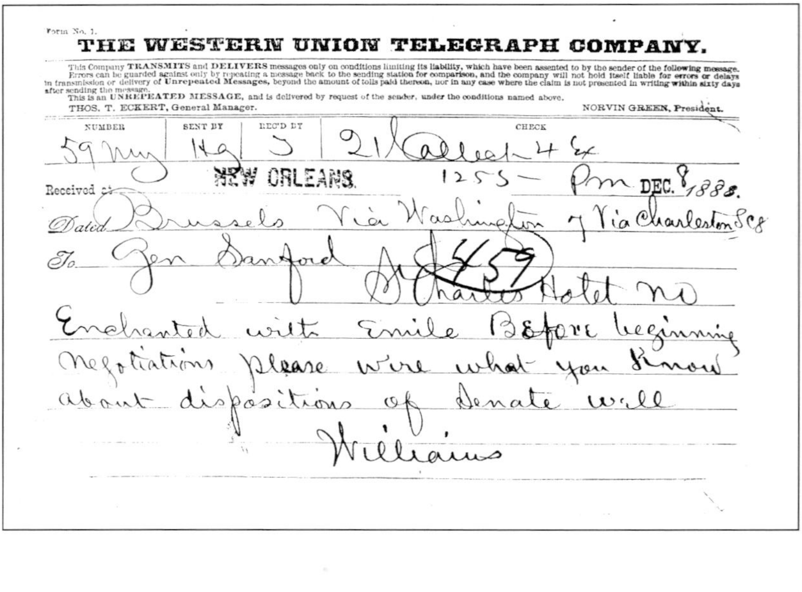

Form No. 1.

THE WESTERN UNION TELEGRAPH COMPANY.

This Company TRANSMITS and DELIVERS messages only on conditions limiting its liability, which have been assented to by the sender of the following message. Errors can be guarded against only by repeating a message back to the sending station for comparison, and the company will not hold itself liable for errors or delays in transmission or delivery of Unrepeated Messages, beyond the amount of tolls paid thereon, nor in any case where the claim is not presented in writing within sixty days after sending the message.

This is an UNREPEATED MESSAGE, and is delivered by request of the sender, under the conditions named above.

THOS. T. ECKERT, General Manager. NORVIN GREEN, President.

NUMBER	SENT BY	REC'D BY	CHECK
59 ny	Hg	J	21 Cable 4 Ex

Received at NEW ORLEANS 1255 — Pm DEC. 8 1888.

Dated Brussels Via Washington 7 Via Charleston SC 8

To Gen Sanford 459 St Charles Hotel NO

Enchanted with Emile Before beginning negotiations please wire what you know about dispositions of Senate well

Williams

König Leopold II.

Links: Verschlüsseltes Telegramm aus Brüssel mit Glückwünschen für den erfolgreichen Washington-Lobbyisten Sanford. «Emile» war Präsident Chester A. Arthur, der gerade in einer Rede vor dem Kongress das hohe Lob Leopolds gesungen hatte. «William» war Leopolds Spitzenberater für den Kongo, Oberst Maximilien Strauch.

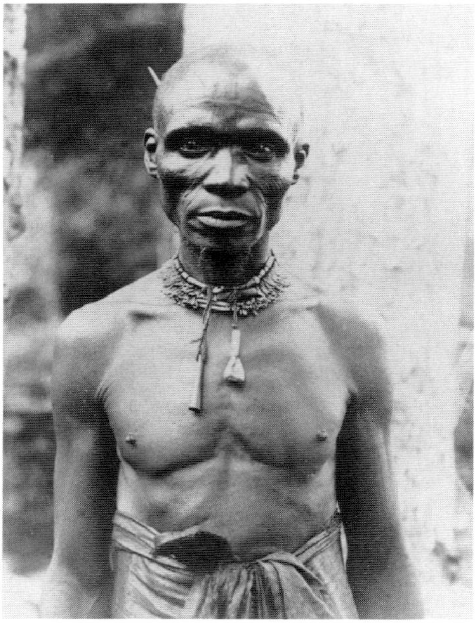

Twa Mwe, ein Kwango-Häuptling.
Die politischen Führer der Einheimischen standen häufig vor der Wahl, entweder ihre Leute als Kautschuksklaven zur Verfügung zu stellen oder selbst als Geisel genommen oder getötet zu werden.

Der britische Missionsdampfer *Goodwill*, ein typisches Beispiel für die Dampfboote, die in den neunziger Jahren des 19. Jahrhunderts auf den Flüssen des Kongo verkehrten.

George Washington Williams, Anwalt, Journalist, Geistlicher und Historiker, schrieb die erste umfassende Denkschrift über Leopolds Schreckensherrschaft im Kongo.

Eine Elfenbeinsammelstelle im Kongo, um 1890. Die Stoßzähne der Elefanten, die man den Afrikanern für einen lächerlich geringen Betrag abkaufte oder mit Waffengewalt konfiszierte, erzielten in Europa hohe Preise; sie dienten als Rohmaterial für alles Mögliche, von falschen Zähnen bis zu Klaviertasten.

Links: Joseph Conrad

Rechts: Eines der möglichen Vorbilder von Conrads Mr. Kurtz: Léon Rom. Dieser prahlerische Offizier der Force Publique wurde bekannt, weil er rund um seinen Garten eine Reihe abgeschlagener Köpfe von getöteten Ureinwohnern platziert hatte. Er schrieb auch ein Buch über afrikanische Sitten und Gebräuche, malte Porträts und Landschaften und sammelte Schmetterlinge.

Unten: Rom (mit Flinte) nach einer Jagd

Ein weiteres Vorbild für Kurtz: Guillaume Van Kerckhoven, der einem Mitreisenden einmal munter erzählte, er zahle seinen schwarzen Soldaten «5 Messingstäbe (2,5 Pence) für jeden Menschenkopf, den sie ihm bei einer von ihm geleiteten Militäroperation brächten. Er sagte, damit wolle er sie zur Tapferkeit vor dem Feind anspornen.» (Casement 1985, S. i)

E. D. Morel

Die Antwerpener Docks, wo dem jungen E. D. Morel der Verdacht kam, dass es im Kongo Sklavenarbeit gebe.

Rechte Seite unten: Reverend William H. Sheppard, presbyterianischer Missionar, Forschungsreisender und der erste Außenstehende, der die Hauptstadt des Königreichs der Kuba besuchte. Sheppards Schriften, in denen er die Brutalität des kongolesischen Staates dokumentiert, brachten ihm ein Ermittlungsverfahren und einen Prozess ein.

Oben links: Sir Roger Casement, britischer Konsul, engagierter Kronzeuge gegen die Kongo-Gräuel und irischer Patriot

Oben rechts: Hezekiah Andrew Shanu. Er erhielt Medaillen für seine Arbeit im Dienst des Regimes, wandte sich aber insgeheim gegen die Regierung, schickte wichtiges Beweismaterial an die Reformer im Ausland und wurde von Leopolds Beamten, die seine Aktivitäten aufdeckten, in den Selbstmord getrieben.

Nsala aus dem Bezirk Wala; er blickt auf die abgehackte Hand und den abgeschlagenen Fuß seiner fünfjährigen Tochter Boali, die den Milizionären der Anglo-Belgian India Rubber Company (A.B.I.R.) zum Opfer fiel.

Britische Missionare mit Männern, die abgeschnittene Hände zeigen; sie stammen von zwei Opfern der A.B.I.R.-Miliz namens Bolenge und Lingomo (1904).

Zwei Jugendliche aus dem Äquatorialbezirk. Sitzend Mola; seine Hände wurden durch Wundbrand zerstört, nachdem Soldaten ihm zu enge Fesseln angelegt hatten. Stehend Yoka; seine rechte Hand wurde ihm von Soldaten abgeschlagen, die ihn als Getöteten mitzählen wollten.

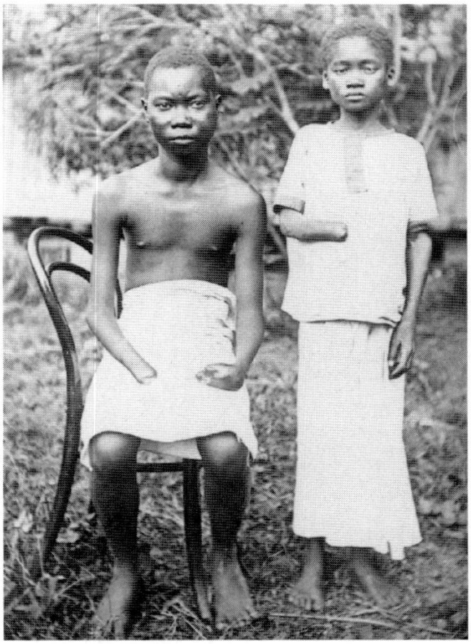

Die *chicotte* in Aktion

Weibliche Geiseln, die festgehalten wurden, damit ihre Männer in den Regenwald gingen und wild wachsenden Kautschuk sammelten

Das Dorf Baringa. In der Mitte auf einem Hocker sitzend der Häuptling; zur Rechten sein Haus. Durch die Dächer anderer Häuser steigen Rauchschwaden vom Essenkochen auf.

Baringa, dem Erdboden gleich gemacht, weil Platz für eine Kautschukplantage gebraucht wurde. Als der Nachschub an wildem Kautschuk ins Stocken geriet, gab das Regime die Anweisung, mehr Kautschukbäume anzupflanzen. Oft war es weniger kostspielig, eine bereits bestehende Lichtung – etwa dort, wo ein Dorf stand – zu nutzen, als den Wald zu roden.

. . GREAT . .

CONGO DEMONSTRATION.

THE

Protest of Christian England

. AT THE . .

ROYAL ALBERT HALL

. . ON . .

Friday, November 19, 1909,

AT **7.30** P.M.

Chairman: HIS GRACE

THE ARCHBISHOP OF CANTERBURY.

SPEAKERS:

The Right Rev. **THE LORD BISHOP OF LONDON,**

Rev. Dr. JOHN CLIFFORD, M.A.

The Right Rev. **THE LORD BISHOP OF OXFORD,**

Rev. J. SCOTT LIDGETT, M.A., D.D.

Rev. C. SILVESTER HORNE, M.A.

Supported by

The Lord Bishops of Rochester, Birmingham, Manchester, Carlisle, Ely, Newcastle, St. Asaph, Truro, Wakefield, Exeter, Gloucester, Lichfield, Liverpool, Durham;

Dr. CAMPBELL MORGAN, Rev. J. E. RATTENBURY, Dr. MONRO GIBSON, Rev. D. J. HILEY, Rev. SILAS K. HOCKING, Rev. J. H. SHAKESPEARE, Rev. J. D. JONES, Rev. GEO. HOOPER, Rev. THOMAS YATES, Prof. A. E. GARVIE, Dr. HORTON, Rev. F. B. MEYER.

RESERVED SEATS, *Price* 5/. 2/6 *and* 1/.

FREE RESERVED SEAT TICKETS may be obtained (by enclosing 1d. Stamp) from TRAVERS BUXTON, Esq. Hon. Treasurer, 51, Denison House, Vauxhall Bridge Road, S.W., who will gladly welcome offers of financial assistance.

THE ALBERT HALL is Ten minutes' walk from either of the following Stations
HIGH STREET KENSINGTON, SOUTH KENSINGTON,
(both on the District Railway.)

BUSES from all parts of London pass the Door.

Diese Karikatur erschien in Deutschland, begleitet von ein paar Knittelversen, in denen von Leopolds Faible für das Köpfe- und Couponschneiden die Rede war.

THE APPEAL.

"IN THE NAME OF ALMIGHTY GOD.—All the Powers exercising sovereign rights, or having influence in the said territories undertake to watch over the preservation of the native races, and the amelioration of the moral and material conditions of their existence."

Article VI. The Act of Berlin. 1885.

Die Kongoreformer verwiesen häufig auf die Berliner Kongoakte von 1885, die zu den vielen nicht eingehaltenen Versprechen in Bezug auf die Behandlung der Afrikaner gehört.

Punch, 1905: Eine von mehreren Karikaturen, die Leopold im Meinungsaustausch mit dem türkischen Sultan zeigen; auch dieser wurde wegen Massakern (an den Armeniern) kritisiert.

Punch, 1906

Punch, 1909

An den Gestaden, wohin sie
Die Stimme eines weisen Herrschers zieht,
Trotzen unsere Soldaten, reinen Herzens,
Dem bleiernen Klima, um dort
Des Afrikaners Ketten zu zerbrechen und
Den grausamen Araber zu züchtigen.[23]

Die Stimme des Herrschers *trieb* indessen seine Soldaten mehr den Landungsstellen zu, als dass sie sie zog; denn ungeachtet dessen, dass der Kongo in Leopolds Leben die alles beherrschende Leidenschaft war, hat er doch nie einen Fuß dahin gesetzt.

Warum sollte er auch? In Leopolds Vorstellung war der Kongo nicht das Land, in dem Träger verhungerten, Geiseln vergewaltigt, Kautschuksklaven geschunden und Hände abgehackt wurden. Der Kongo war das Reich seiner Träume, mit riesenhaften Bäumen, exotischen Tieren und mit Bewohnern, die dankbar waren für seine weise Herrschaft. Statt dorthin zu fahren, brachte Leopold den Kongo – jenen Kongo, das Theaterstück, das seiner Phantasie entsprang – zu sich nach Hause. Rotes Mahagoni aus dem Kongo gab die Täfelung für das Schlafzimmer seines Salonwagens ab, Tiere aus dem Kongo wurden in belgischen Zoos zur Schau gestellt, und neben der stattlichen Zahl riesiger Gewächshäuser in Laeken ließ Leopold ein Kongo-Gewächshaus bauen (das auch heute noch voller Palmen ist), über dem sich vier Glaskuppeln und ein achteckiger Aufbau auftürmten, welcher das Sternenemblem seines privaten Staates trug.

Mit diesem pittoresken Kulissen-Kongo seiner Phantasie brachte Leopold sich sogar seinem Volke näher. 1897 fand in Brüssel eine Weltaustellung statt; das meistdiskutierte Ausstellungsstück war am Rande der Stadt zu sehen, in Tervuren. Mehr als eine Million Besucher kamen, um sich diese Verherrlichung des Kongo anzuschauen: Ausgestellt wurden Gegenstände, die von jenem großartigen Instrument der Zivilisierung, das schon Stanley gerühmt hatte (er besuchte die Ausstellung gleich zweimal), dem Maxim-Gewehr, bis zu einer umfangreichen Kollektion von

Wandteppichen aus Leinen reichten, auf denen Barbarei und Zivilisation, Götzenkult und Christentum, Vielweiberei und Familienleben, Sklaverei und Freiheit dargestellt waren. Das ungewöhnlichste Schaubild allerdings war ein lebendes Bild: 267 Schwarze – Männer, Frauen und Kinder – als Direktimport[24] aus dem Kongo.*

Unter großem Getöse wurden sie mit dem Zug zur Brüsseler Gare du Nord gefahren, marschierten dann durchs Stadtzentrum und fuhren mit der Straßenbahn in den Vorort Tervuren. In einem dort angelegten Park standen eigens für sie gebaute Dörfer, in denen sie untergebracht wurden: ein Flussdorf, ein Dschungeldorf und ein «zivilisiertes» Dorf. Die Schau wurde komplettiert durch ein Pygmäenpaar. Die «unzivilisierten» Afrikaner in den zuerst genannten beiden Dörfern benutzten Werkzeug,

* Diese Schwarzen waren nicht die einzigen Eingeborenen, die um die Jahrhundertwende auf Weltausstellungen und anderswo zur Schau gestellt wurden. Der vermutlich schrecklichste Fall war der von Ota Benga, einem Pygmäen aus dem Kongo, der im September 1906 im Affenhaus des Zoos im New Yorker Stadtteil Bronx gezeigt wurde. Seinen Käfig musste er mit einem Orang-Utan teilen. Besucher begafften seine Zähne, die, wie Zeitungsartikel durchblicken ließen, zum Verzehr von Menschenfleisch zurechtgefeilt seien. Um diesen Eindruck noch zu fördern, legten die Zoowärter um ihn herum ein paar Knochen auf dem Boden aus. In einem in der *New York Times* veröffentlichten Gedicht hieß es, Ota Benga sei hergebracht worden: From his native land of darkness / To the country of the free, / In the interest of science / And of broad humanity. (Aus seinem heimatlichen Land der Dunkelheit / In das Land der Freien, / Im Interesse der Wissenschaft / Und der Menschheit insgesamt.) Veranstalter dieser Schau war ein früherer presbyterianischer Missionar, der das Predigen zugunsten einiger Geschäftsunternehmungen an den Nagel gehängt hatte. Erst einer Abordnung schwarzer Geistlicher gelang es schließlich, Ota Benga aus dem Zoo zu befreien. Er blieb in den Vereinigten Staaten und beging zehn Jahre später Selbstmord. Das obige Gedicht stammt von M. E. Buhler und erschien am 19. September 1906 in der *New York Times.* Wiederabdruck – zusammen mit anderen Presseausschnitten – in: Phillips Verner Bradford und Harvey Blume, *Ota Benga: The Pygmy in the Zoo,* New York 1992.

Trommeln und Kochtöpfe, die sie von zu Hause mitgebracht hatten. Sie tanzten und paddelten mit ihren Einbäumen auf einem Teich herum. Tagsüber wurden sie in afrikanischen Hütten aus «authentischem» Bambus mit überhängenden Strohdächern dem Publikum als Ausstellungsstücke vorgeführt. Weiße Männer, die einen Blick auf die sagenhaften nackten Brüste Afrikas zu werfen hofften, zogen enttäuscht wieder ab, da die Frauen für die Dauer der Weltausstellung baumwollene Kittel tragen mussten. Schließlich sei Kleidung, wie es in einer belgischen Zeitschrift hieß, «das erste Zeichen der Zivilisation».[25]

Leopold kam höchstpersönlich, um sich die Kongolesen, seinen in Fleisch und Blut Wirklichkeit gewordenen Traum, anzuschauen, und wurde einem ihrer Häuptlinge vorgestellt. Nachdem man ihm berichtet hatte, dass einige der Afrikaner infolge der Happen und Süßigkeiten, die ihnen von Besuchern zugesteckt worden waren, an Verdauungsstörungen litten, ordnete er an, dass eine Art «Füttern verboten»-Schild aufgestellt werden sollte. Auf dem Schild war zu lesen: DIE SCHWARZEN BEKOMMEN IHRE NAHRUNG VOM ORGANISATIONSKOMITEE. Sie aßen und schliefen in den königlichen Stallungen.

Die Lokalpresse kitzelte die Neugier ihrer Leser mit Spekulationen zu der Frage, ob denn nun diese «unzivilisierten» Afrikaner gefährlich seien. Ein Reporter näherte sich einem Kreis von Schwarzen.

> «In der Mitte sitzt, auf einem Holzklotz, der Häuptling, reglos und unnahbar. Zuerst hört man nur die Stimme eines Sängers; dann greift ein Chor einen Refrain auf, den er mit Händeklatschen und rhythmischem Stockschlagen auf Metallgegenstände sowie mit einer wiegenden Bewegung ihrer gebückten Leiber begleitet. Und wovon singen Solist und Chor? Von den erhabenen Taten des [Hauptmanns der *Force Publique*, Hubert] Lothaire, des großen Kriegers.»[26]

Kein Grund zur Sorge also. Zu den Afrikanern aus dem «zivilisierten» Dorf gehörten 90 Soldaten der *Force Publique,* von denen einige eine Militärkapelle bildeten. Die Soldaten marschierten, die Kapelle spielte, und gegen Ende ihres Aufenthalts wurden sie zu einem Bankett geladen. Ein schwarzer Feldwebel erhob sich und brachte einen Trinkspruch auf König Leopold II. aus. Als die Afrikaner wieder abreisten, schrieb eine Zeitung voller Begeisterung: «Belgiens Seele begleitet und beschützt sie gleich Jupiters Schild. Mögen wir so der Welt immer ein Beispiel an Menschlichkeit vor Augen führen!»[27]

Vielleicht kam das Schiff, das die Kongolesen in ihr Heimatland zurückbrachte, mit einer Fracht Kautschuk wieder nach Belgien retour, denn die Reichtümer des Kongo strömten nun nach einem regelmäßigen Fahrplan in Richtung Europa. Alle paar Wochen legte ein schöner, neuer, mit elektrischer Beleuchtung und Kühlräumen ausgerüsteter Dampfer in Antwerpen an, stets voll gestopft mit Kautschuk, Elfenbein und anderen Erzeugnissen. Die Dampfer gehörten einer Tochtergesellschaft von Elder Dempster, einer Schifffahrtslinie mit Heimathafen Liverpool, deren Schiffe lange Zeit die afrikanische Westküste befahren hatten. Das Unternehmen hatte das Monopol auf den Transport sämtlicher Frachten aus dem und in den Kongo. Um etwas über den Kongo-Staat in Erfahrung zu bringen, gab es in Europa nur wenige Jobs, die ein besseres strategisches Blickfeld eröffnet hätten als eine Stelle bei Elder Dempster. Es war etwa so, als wenn jemand, der in den Jahren 1942/43 hätte wissen wollen, was mit den Juden geschah, eine Stelle in der Generaldirektion der Deutschen Reichsbahn angetreten hätte.

Elder Dempster suchte jemanden, der häufig nach Belgien fahren konnte, um Ankunft und Auslaufen der Schiffe auf der Kongo-Route zu überwachen. Die Gesellschaft übertrug diese Aufgabe einem aufgeweckten und praktisch veranlagten jungen Mann unter ihren Mitarbeitern namens Edmund Dene Morel.

Morel war damals Mitte zwanzig und praktischerweise zweisprachig. Seine Mutter war Engländerin; sein Vater war in Frankreich ein niederer Beamter gewesen, der früh verstarb und seine Witwe und seinen kleinen Sohn ohne Pension zurückließ. Morel verlebte seine Kindheit immer hart am Rande der Armut, teils in England, teils in Frankreich, verließ die Schule mit fünfzehn Jahren, um durch seine Arbeit seine kränkelnde Mutter zu unterstützen. Ein paar Jahre später trat er bei Elder Dempster in Liverpool eine Stelle als Kontorist an.

Da er mit seinem schmalen Angestelltengehalt seine Mutter und sich selbst nicht angemessen unterhalten konnte, gab der junge Morel überdies Französischunterricht für zwei Shilling und sechs Pence die Stunde. Dann aber fand er eine lohnendere Nebenbeschäftigung: Er verfasste als freiberuflich tätiger Journalist Artikel zu Fragen des Afrikahandels für Zeitschriften wie den *Shipping Telegraph* und das *Liverpool Journal of Commerce*. Die Artikel brachten den Standpunkt des Geschäftsmanns zum Ausdruck: In ihnen wurde die Zunahme der Baumwollproduktion und der Schiffstonnage begrüßt, und nur selten wurde die damals gültige Doktrin infrage gestellt. Einige Artikel waren ein Loblied auf Leopolds Herrschaft. «Dem Kongo steht eine große Zukunft bevor», schrieb Morel in einem Aufsatz, «und ... jene immensen Territorien, die dem Land durch die weise Voraussicht König Leopolds II. gesichert wurden, werden sich eines Tages als ein großartiges Betätigungsfeld für [belgisches] Unternehmertum erweisen.»[28]

In dieser begeisterten Stimmung nahm Morel Ende der neunziger Jahre seine Reisetätigkeit zwischen Liverpool und dem Kontinent als Verbindungsmann seiner Gesellschaft zu offiziellen Vertretern des Kongo-Staates auf. Das, was er ein- oder zweimal pro Monat dabei zu sehen bekam, hat er später wie folgt geschildert:

«Der Kai in Antwerpen; ein Schiff hat längsseits festgemacht; vom Turm der alten Kathedrale spielt das Glockenspiel eine Melodie; die *Brabançonne* – die belgische Nationalhymne – erklingt. Auf dem Kai und auf dem Deck des Dampfers eine drängende, bunt gescheckte Menge. Uniformen, das Geflatter von Frauenkleidern. Schiffsoffiziere, die hin und her huschen. Die Luken werden dichtgemacht. Dampf steigt auf. Umringt von ihren Verwandten oder Zechkumpanen, Passagiere mit dem Ziel Kongo. Männer, an deren Eignung, im tropischen Afrika den Aufenthalt ertragen und Amtsgeschäfte ausüben zu können, schon ein Neuling seine Zweifel haben würde. Jung zumeist und meist dürftige Figuren, klein geraten, blässlich, Nichtsnutze. Manche heftig schluchzend; andere halb im Rausch umherstolpernd. Viele tragen breite Tropenhüte und Gewehre, die ihnen über die Schulter hängen; zum ersten Mal in ihrem Leben sind sie stolze Besitzer des einen wie des anderen. Hier und da ein sichtlich älteres, wettergebräuntes Individuum – jemand, der offenkundig dies alles schon durchgemacht hat. Ihre Gesichter haben entschieden nichts Beruhigendes an sich; gezeichnet von den Spuren der Rohheit, mit grausamen und gierigen Augen; Gesichter, von denen man sich in unwillkürlichem Schauder und mit dem Gefühl des Widerwillens abwendet.»[29]

Morel hatte als Vertreter von Elder Dempster in Belgien nicht bloß mit geschäftlichen Aktivitäten im Hafen, sondern mit Leopolds höchsten Verwaltungsbeamten für den Kongo zu tun. Später erinnerte er sich, wie eine bestimmte Episode seinen Argwohn weckte, die sich im Büro des in der Hierarchie am höchsten situierten Beamten zutrug:

«Ein Raum, dessen Fenster auf die Rückseite des königlichen Schlosses in Brüssel hinausgehen. Ein düsterer Raum mit dicken Teppichen und schweren Vorhängen: ein Raum, auf dem eine beklemmende Atmosphäre lastet. In seiner Mitte ein Mann, der an einem Schreibtisch sitzt. Ein Mann, dürr bis zur Auszehrung, hängende Schultern; mit fliehender Stirn, stark gekrümmter Nase, großen, weit hinten am Kopf sitzenden Ohren: hohlwangig, kalt blickende Augen. Ein unbewegtes Gesicht, unbeteiligt und mitleidlos, blutleer, versteinert, nichts als hervorstehende Knochen und eingefallene Partien: das Gesicht des damaligen Staatssekretärs für den Kongo-Freistaat ... Die Physiognomie des Staatssekretärs macht eine bemerkenswerte und verwirrende Wandlung durch. Ihrer bemächtigt sich eine Art unwillkürliches Zucken ... Es ist jetzt das Gesicht eines anderen Mannes, das uns anblickt. Die Maske untadeligen Beamtentums fällt ab wie ein gepuderter Handschuh von der Hand. Er beugt sich vornüber, und in schnellem Stakkato artikuliert er Beschwerden darüber, dass vertrauliche Mitteilungen über die Fracht des letzten abgehenden Dampfers an die Presse gegeben worden seien ... Der Passus wird uns präsentiert. Er sieht an sich recht harmlos aus, ist er doch nichts weiter als ein Verzeichnis der an Bord genommenen Artikel. Aber dieses Verzeichnis enthält eine Aufzählung der Kästen mit Vollpatronen [Gewehrkugeln], der Kisten mit Gewehren und Behälter mit Zündhütchenbüchsen [Gewehrtyp 19. Jahrhundert] ... Da liegt der Fehler. Da liegt der Verstoß gegen die professionelle Geheimhaltung. Als er die Ungeheuerlichkeit der Indiskretion brandmarkt, erhebt sich der Redner, seine leichenblassen Wangen röten sich, die Stimme bebt ... die langen, knochigen Hände fuchteln in der Luft herum. Er will keine Entschuldigungen hören; keine Unterbrechung dulden. Wieder und wieder stößt er die Worte *secret professionnel* mit heftigem Nachdruck hervor. Seine Gesten sind aufbrausend ... Der jüngste der Anwesenden verlässt den Raum, indem er sich fragt, warum eine so große Menge Kriegsmaterial nötig ist ... war-

> um dessen Ausfuhr geheim gehalten werden soll und warum die Regierung des Kongo wohl so überaus ungehalten über die ‹Indiskretion› ist.»[30]

Im Hafen von Antwerpen sah Morel dann mit eigenen Augen, welche Fracht die Schiffe von Elder Dempster an Bord nahmen. Aber schon bald stellte er fest, dass die Aufzeichnungen, die er mit aller Sorgfalt für seinen Arbeitgeber erstellte, nicht mit den Handelsstatistiken übereinstimmten, die der Kongo-Freistaat der Öffentlichkeit übergab. Als er die Diskrepanzen zwischen den beiden Zahlenwerken näher untersuchte, entdeckte er nach und nach ein Geflecht von Betrügereien. Drei Befunde schockierten ihn vor allem:

Das war zunächst die Tatsache, dass die in den Kongo verfrachtete Waffenladung, deren Aufdeckung den Staatssekretär so aufgebracht hatte, keine Ausnahme war; Waffentransporte waren die Regel:

> «Die von Elder Dempster im Kongo-Handel eingesetzten Dampfschiffe hatten in den letzten Jahren regelmäßig Unmengen von Vollpatronen und Tausende von Gewehren sowie Zündhütchenbüchsen geladen, die entweder für den Staat selbst oder für diverse belgische ‹Handelsgesellschaften› bestimmt waren ... Welche Verwendung haben diese Waffen gefunden?»[31]

Morels zweite Entdeckung war, dass irgendjemand gehörige Gewinne abschöpfte. Bis zu einer Größenordnung von zehn Millionen Dollar nach heutigem Wert musste «die Menge an Kautschuk und Elfenbein, die auf Elder-Dempster-Schiffen vom Kongo nach Europa gebracht wird,... in beträchtlichem Umfang über den von der Kongo-Regierung ausgewiesenen Gewinnen liegen ... In wessen Taschen wandern diese unerwähnt bleibenden Profite?[32]

Seine letzte Entdeckung lag im Hafen offen vor ihm, als er zuschaute, wie die Ladung der ein- und ausgehenden Schiffe gelöscht wurde, und sie fand Bestätigung in den Unterlagen von Elder Dempster. Aus ihnen ergab sich eine höchst bedenkliche Feststellung: «Unter den Importen, die in den Kongo gingen, waren zu ungefähr 80 Prozent Artikel, die nichts mit Handelszwecken zu tun hatten. Und doch exportierte der Kongo immer größere Mengen an Kautschuk und Elfenbein, für die, nach Maßgabe der Einfuhrstatistik, die Eingeborenen nichts oder fast nichts erhielten. Auf welche Weise wurden mithin dieser Kautschuk und dieses Elfenbein erworben? Gewiss nicht durch Handelsbeziehungen. Ins Land ging nichts, womit hätte bezahlt werden können, was aus dem Land herauskam.»[33]

Morel hatte Recht. Wir wissen heute, dass der Wert des Kautschuks, des Elfenbeins und anderer Reichtümer, die pro Jahr auf Schiffen der Reederei Elder Dempster nach Europa gelangten, annähernd fünfmal so hoch war wie der Wert der Güter, die in den Kongo gingen und für Afrikaner bestimmt[34] waren. Morel wusste so viel, dass die Menschen im Kongo als Gegenleistung für Kautschuk und Elfenbein unmöglich mit Geld bezahlt wurden, denn Geld durften sie nicht benutzen, und auch nicht mit Gütern, die von anderswoher kamen, denn Elder Dempster hatten das Frachtmonopol. Es war offenkundig: Sie wurden überhaupt nicht bezahlt.

In seinem späteren Leben freundete sich E. D. Morel mit Sir Arthur Conan Doyle an, dem Schöpfer von Sherlock Holmes. Indessen zog bereits der junge Morel aus seinen Feststellungen einen Schluss, der weiter reichende Folgen hatte als alles, was Holmes je zustande gebracht hat. Aus dem, was er im Hafen von Antwerpen sah, und aus dem Studium der Unterlagen seiner Firma in Liverpool schloss er, dass Tausende von Meilen von Europa entfernt, auf einem anderen Kontinent, die Sklaverei praktiziert wurde.

«Diese Zahlen erzählten ihre eigene Geschichte ... Nur mit Zwangsarbeit in einer ganz schrecklichen und kontinuierlich betriebenen Form ließen sich diese ungeheuren Profite erklären … Zwangsarbeit, deren unmittelbarer Nutznießer die Regierung des Kongo war; Zwangsarbeit, die von den engsten Mitarbeitern des Königs angeordnet wurde … Mir wurde schwindelig, und ich war entsetzt über die horrende Bedeutung meiner Entdeckungen. Es muss schon schlimm sein, wenn man zufällig auf einen Mord stößt. Ich war auf eine Geheimgesellschaft von Mördern mit einem König als Oberhalunken gestoßen.»[35]

Es war diese blitzartige Einsicht, die einem nicht weiter bekannten Angestellten einer Reederei eines Tages kam, der Leopold II. seinen gefährlichsten Gegner zu verdanken hatte.

Teil II

Ein König in Bedrängnis

12

David und Goliath

Zu der Zeit, als E. D. Morel seine Entdeckungen machte, hatten die meisten Menschen in Europa wie in den Vereinigten Staaten erstaunlich wenig Kenntnis von Leopolds Ausbeutungssystem. Nur wenige Europäer, die aus dem Kongo zurückkamen, äußerten sich in der Öffentlichkeit ausführlicher über das Blutvergießen, an dem sie beteiligt gewesen waren. Mit der Ausnahme George Washington Williams', der fast zehn Jahre zuvor im Kongo war, schrieben Journalisten, die dorthin reisten, ihre Lobeshymnen auf Leopolds Herrschaft für gewöhnlich bei Stanley ab. (So fuhren zum Beispiel 26 dieser Schreiberlinge 1898 in den Kongo, um die Eröffnung der Eisenbahn zu bestaunen.) Die ausländischen Missionare, die so viele Gräueltaten mit eigenen Augen gesehen hatten, waren im Umgang mit der Presse wenig geübt oder besaßen keinerlei politischen Einfluss. Leopolds Kritiker aus den Reihen der britischen philanthropischen Gesellschaften wurden in der Öffentlichkeit rasch als Relikte vergangener Schlachten wie etwa des Kampfes für die Abschaffung der Sklaverei abgetan oder galten als Leute, die sich immer über irgendetwas aufregten, was in irgendeiner dunklen Ecke der Welt passierte.

Mit Morel sollte sich diese Situation grundlegend ändern. Bis zu diesem Zeitpunkt hatte keiner von Leopolds Widersachern Zugang zu jenen Fakten und Zahlen der Kongo-Administration in Europa gehabt, die Morel aufgrund seiner Insider-Position bei Elder Dempster in Erfahrung gebracht hatte. Und bis jetzt hatte, abgesehen von dem früh verstorbenen Williams, auch niemand jene besondere Eigenschaft, die Morel alsbald an den

Tag legen sollte: ein seltenes Geschick, sein Anliegen der Öffentlichkeit zu vermitteln.

Nachdem er nun also seine aufregenden Entdeckungen gemacht hatte, wollte er nicht einfach ruhig bleiben. Als Erstes suchte er seinen Vorgesetzten auf, das war Sir Alfred Jones, der Direktor der Reederei Elder Dempster und Vorsitzende der Handelskammer von Liverpool – und Honorarkonsul des Kongo-Freistaates in Liverpool.

> «Er war nicht gerade einer der umgänglichsten Menschen. Er mochte es nicht, wenn ihm unerfreuliche Tatsachen unterbreitet wurden ... Am Tag darauf fuhr er nach Brüssel. Nachdem er von dort zurück war, ließ er, soweit es mich betraf, erst einmal nichts verlauten, und ich stellte eine deutliche Kühle in seinem Verhalten fest ... Er sagte mir, er habe mit dem König gesprochen und dieser habe ihm zugesagt, dass es Reformen geben werde und dass die Belgier große Dinge unternähmen und man ihnen die Zeit lassen müsse, ihr afrikanisches Haus in Ordnung zu bringen.»[1]

Für Morels Arbeitgeber stand viel auf dem Spiel. Würde er seine Erkenntnisse öffentlich machen und Leopold verärgern, dann bestand die Gefahr, dass die Gesellschaft den lukrativen Frachtvertrag für den Kongo verlor. Angesichts dessen wusste die Firmenleitung nicht, wie sie mit diesem aufstrebenden jungen Angestellten umgehen sollte, der seinen Vorgesetzten erzählte, dass er über ihren besten Kunden schreckliche Dinge ausfindig gemacht habe – und noch dazu verlangte, dass sie etwas dagegen unternähme.

In Belgien, so musste Morel feststellen, änderte sich schlagartig «die Atmosphäre, und auf vielfältige und subtile Weise wurde mir bedeutet, dass meine Anwesenheit nicht erwünscht war».[2] Am Hauptsitz der Firma in Liverpool wurde er geschnitten; schließlich versuchte das Unternehmen, sein Schweigen zu erkaufen, indem man ihm ein höheres Gehalt und eine Beförderung auf eine Stelle in irgendeinem anderen Land anbot. Als das fehlschlug, bot ihm Jones ein Jahressalär von 200 Pfund Sterling als Pro-forma-Berater, ein dürftig verhüllter Versuch, ihn abzufinden. Morel lehnte erneut ab. 1901 quittierte er dann seinen Job und widmete sich ganz dem Schreiben, mit dem festen «Entschluss, mein Bestes zu tun, um das, was ich zu diesem Zeitpunkt als legalisierte Schande ... begleitet von unvorstellbaren Gräueln und verantwortlich für eine ungeheure Vernichtung von Menschenleben erkannt hatte, zu entlarven und zu zerschlagen».[3]

Morel war bewusst, dass er damit einen folgenschweren Schritt getan hatte. «Ich hatte das Boot zu Wasser gelassen», schrieb er, «und jetzt gab es kein Zurück mehr».[4] Er war damals 28 Jahre alt.

Aus seiner Feder floss nun ein Sturzbach von Attacken gegen Leopold. Zunächst arbeitete er für eine englische Zeitung, die sich mit Afrika befasste; aber deren Chefredakteur machte Abstriche an dem, was Morel über den Kongo zu sagen hatte. Daher gründete er 1903 seine eigene Publikation; die Mittel dazu stammten von verschiedenen Geldgebern, darunter auch von John Holt, einem Liverpooler Geschäftsmann, der für seine Integrität bekannt war und für Morel so etwas wie ein Mentor wurde. Die *West African Mail*, «eine illustrierte Wochenzeitung, gegründet, um dem rasch wachsenden Interesse an west- & zentralafrikanischen Fragen zu begegnen», sollte ein Forum sein, wo ihm niemand würde hineinreden können.

Morel war ein Bild von einem Mann: sein dicker Schnauzbart und seine große, kräftige Gestalt vermittelten den Eindruck von Tatkraft; seine dunklen Augen blitzten vor Empörung. Die Millionen von Wörtern, die er in seinem weiteren Leben noch schreiben sollte, brachte er in einer Handschrift zu Papier, die in kühnen, vorwärts geneigten Linien über die Seite eilte – und sich dadurch abflachte –, so als wollten sie keine Zeit verschwenden, um ihr Ziel zu erreichen.

In gewisser Hinsicht ist Morel schwerer zu ergründen als irgendeine andere Figur aus der Kongo-Geschichte. Bei Stanley etwa lässt sich ohne weiteres vermuten, dass seine leidvolle Kindheit im Armenhaus seinen Hang zur Grausamkeit und seinen Drang verstärkt hat, der Welt seinen Stempel aufzudrücken. Das leidenschaftliche Verlangen nach Gerechtigkeit, das Morel beseelte, ist dagegen in dessen Biographie nicht von vornherein angelegt. Seine Jugend brachte er in der Geschäftswelt zu, nicht in der sozialistischen Bewegung, die um die Jahrhundertwende so viele Kämpfer für die gute Sache prägte. Als junger Mann war er in keiner politischen Partei aktiv und setzte sich auch nicht für soziale Anliegen ein. Einige seiner Vorfahren waren Quäker; die aber hat er womöglich erst spät in seinem Leben ausfindig gemacht, denn Unterlagen über eine etwaige Unterweisung in der Lehre der Quäker während seiner Kindheit gibt es nicht. Nach außen hin war er ein nicht gerade eifriges Mitglied der *Church of England*, aber in seinem Inneren konnte er, wie Thomas Paine, jener andere Störenfried mit einer Quäker-Ahnenreihe, wenig mit jedweder Form von Amtskirche anfangen. Er hatte bei seiner Kampagne gegen Leopold nichts zu gewinnen; stattdessen musste er eine durchaus viel versprechende Karriere bei Elder Dempster in den Wind schreiben. Er hatte eine kranke Mutter, eine Frau und eine sich alsbald vergrößernde Familie zu versorgen. Jedenfalls schien nichts darauf hinzudeuten, dass gerade er das Zeug hatte, Anführer eines bedeutenden moralischen Kreuzzugs zu werden. Seine erstaunliche Fähigkeit zur Empörung war ihm allem Anschein nach angeboren, wie andere ein außerordentliches musikalisches Talent haben. So schreibt er, nachdem er in Brüssel und Antwerpen gesehen hatte, was zu sehen war, «jetzt ruhig zu bleiben» wäre ihm «vom Temperament her unmöglich gewesen».[5]

Es war denn auch dieses stets wache Empfinden für begangenes Unrecht, das Morel in England binnen kurzem zu dem bedeutendsten Vertreter des investigativen Journalismus seiner Zeit werden ließ. Nachdem er einmal beschlossen hatte, alles, was nur in seinen Kräften stand, über die Machenschaften des Kongo-Staates in Erfahrung zu bringen und vor der Welt offen zu legen, produzierte er eine gewaltige, wenn auch gelegentlich sich wiederholende Stofffülle zu diesem Thema: drei komplette Bücher und Teile von zwei weiteren, Hunderte von Artikeln für fast alle großen britischen Zeitungen, dazu noch viele, die er für Blätter in Frankreich und Belgien auf Französisch schrieb, Hunderte von Leserbriefen und mehrere Dutzend Flugschriften (sechs davon schrieb er in einem Zeitraum von einem halben Jahr, darunter eine auf Französisch). Dies alles leistete er, während er zugleich die *West African Mail* herausgab, deren Artikel zum großen Teil aus seiner Feder stammten. Neben den Aufsätzen, die ihn als Verfasser ausweisen, scheinen viele Kolumnen, die mit «Africanus» oder «Ein Beobachter» unterzeichnet waren, das Werk des Herausgebers zu sein. Es dauerte nicht lange, und Morel gab darüber hinaus eine spezielle Monatsbeilage zu der Zeitung heraus, die ausschließlich der Schilderung des Unrechts im Kongo gewidmet war. Und trotz seines Arbeitsvolumens fand er noch Zeit für ein Steckenpferd: Er sammelte verschiedene Arten von Nachtfaltern.

In Morels Art zu schreiben verbanden sich der Ausdruck kontrollierter Wut und eine akribische Exaktheit. Jede Einzelheit in seinen Büchern war das Ergebnis sorgfältiger Ermittlungen, die Beweise wurden so gewissenhaft gesammelt wie in dem Schriftsatz eines Anwalts vor Gericht. Seine Bewunderer wie seine Gegner haben im Laufe der Jahre seine Arbeiten immer wieder nach sachlichen Fehlern durchsucht, mit kläglichem Erfolg. Geht man etwa den statistischen Angaben und Zitaten in nahezu sämtlichen Darstellungen, die man über das Eintreiben des Kautschuks in Leopolds Kongo lesen kann, auf ihre Quelle hin nach, so stellt man auch heute noch fest, dass ein Großteil nachweislich zuerst von Morel publiziert wurde.

Recht bald war Morel in England die vernehmlichste Stimme gegen die Gräuel im Kongo, aber sie war nicht die einzige. Es gab ein paar Parlamentsabgeordnete – an ihrer Spitze Sir Charles Dilke, einer der damals eloquentesten Verfechter der Menschenrechte –, die kein Blatt vor den Mund nahmen. Daneben gab es die philanthropischen Gruppen wie die *Gesellschaft gegen die Sklaverei* und die *Gesellschaft zum Schutz der Aborigines*. Sie predigten eine christlich begründete Mitmenschlichkeit, eine Einstellung, die zwar für unsere heutigen Ohren ein wenig paternalistisch klingt, mit der sie allerdings Gräueltaten in jeder Form und wo immer sie sich zutrugen, ob in den englischen Kolonien oder anderswo, an den Pranger stellten. Von diesen Gruppen unterschied sich Morel nicht allein durch seine nicht versiegende Energie, sondern auch durch seine innerste Überzeugung, dass der Kongo ein Sonderfall war, ein Staat, der als Ganzer mit Bedacht und systematisch auf Sklavenarbeit gegründet war. Jene, die den Gedanken der Mitmenschlichkeit gegen Leopold ins Feld führten, so schrieb Morel, betonten «den Abscheu erregenden Charakter der begangenen Taten, während mein Bestreben von Anfang an darauf gerichtet war zu zeigen, dass unter den gegebenen Umständen [dass nämlich Leopold das Land und alle seine Erzeugnisse als sein Eigentum betrachtete] ... diese Taten *mit Notwendigkeit* stattfinden mussten».[6]

Von großem Einfluss auf Morel war die Schriftstellerin Mary Kingsley, mit der er sich kurz vor ihrem Tod im Jahre 1900 anfreundete. Kingsleys 1897 erschienenes Buch *Travels in West Africa* ist gleichermaßen ein lebendig geschriebener Klassiker der Reiseliteratur und eines der ersten Werke eines Europäers, in dem die Afrikaner als Menschen behandelt werden. Sie sah in ihnen keine «Wilden», die der Zivilisation bedürfen, sondern Menschen, die in gegliederten Gesellschaften leben, die von Kolonialherren und Missionaren ohne jedes Verständnis für das Leben der Afrikaner zerschlagen werden.

Leopolds Erlass, der besagte, dass «unbebaute» Ländereien dem Staat gehören, zerstörte, wie Morel nach und nach begriff, grundsätzlich das traditionelle System des gemeinschaftlichen

Eigentums am Land und an seinen Erzeugnissen. Von Kingsley lernte er, dass nach uralter Sitte der größte Teil des Landes gemeinschaftlicher Besitz eines Dorfes, Clans oder Stammes war. Soweit es nicht für Anpflanzungen genutzt wurde, war es Jagdgrund oder Lieferant von Bauholz oder von Eisen für Werkzeuge und Waffen oder von anderen Materialien.

Abgesehen davon, dass sie bestohlen wurden, blieb den Afrikanern durch die Beschlagnahme ihres Landes nichts, womit sie hätten handeln können – was Morels besonderen Unwillen erregte, war dieser doch ein leidenschaftlicher Befürworter des Freihandels. Wie Kingsley war auch Morel der Überzeugung, dass einzig der Freihandel Afrika auf menschliche Weise in die Neuzeit geleiten werde. Mit dieser für einen Unruhestifter erstaunlich konventionellen These setzte Morel voraus, dass das, was für die Liverpooler Kaufleute gut war, auch für Afrika gut sein werde. Man kann seine Überzeugung verstehen, waren doch mehrere seiner Freunde unter den Liverpooler Geschäftsleuten Quäker, die die sittliche Verpflichtung ihrer Tätigkeit sehr ernst nahmen und Morel rückhaltlos unterstützten.

Nunmehr stürmte Morel vorwärts und verfasste Bücher, Reden, Artikel und Flugschriften über den Kongo. Es war gänzlich ausgeschlossen, dass er jetzt den Kongo bereiste, weil Leopold regelmäßig den ihm nicht wohl gesonnenen Journalisten Einreiseverbot erteilte. Aber das konnte ihn nicht beirren. Sobald Morel seine Position als bestinformierter und unerschrockenster Kritiker des Kongo-Freistaats abgesteckt hatte, wussten alle Insider in Leopolds Diensten, an wen sie sich zu wenden hatten, falls sie ein entlarvendes Dokument in die Öffentlichkeit zu bringen gedachten. Und je mehr Morel veröffentlichte, desto mehr ließen die Insider durchsickern. Sein Talent, an Insider-Informationen heranzukommen, war für den König und dessen Umgebung ein ständiges Ärgernis. Während Leopolds hochglanzpolierte Version des Kongo auf Weltausstellungen, in Gewächshäusern und Museen zur Schau gestellt wurde, wurde auf den Seiten der *West African Mail* ein gänzlich anderes Bild des Kongo gezeichnet.

Als etwa Leopolds Sprecher entrüstet in Abrede stellten, dass Frauen entführt würden, um ihre Männer zum Kautschuksammeln zu zwingen, druckte Morel ein französisches Formular ab, aus dem hervorging, dass jeder Bedienstete der Konzessionsgesellschaft A. B. I. R. «die im Monat – – 1903 in körperlichen Gewahrsam genommene Eingeborene» aufzuführen hatte. Die Seite enthielt mehrere Spalten, in die für jede Geisel entsprechende Eintragungen zu machen waren: «Name», «Dorf», «Grund der Inhaftierung», «Beginn», «Ende», «Bemerkungen».[7] Und es konnte kein Zweifel bestehen, aus welchem Grund diese Menschen sich «in körperlichem Gewahrsam» befanden. Weiterhin druckte er eine Anordnung der Direktion der A. B. I. R. ab, mit der den Bediensteten Anweisungen zu «Unterhalt und Ernährung der Geiseln» erteilt wurden.[8]

Im Kongo tätige Staats- oder Firmenangestellte, deren Meinung von den offiziellen Darstellungen abwich, konnten sich mitnichten direkt schriftlich an Morel wenden, wenn sie ihm etwas mitteilen wollten, denn in Boma gab es ein *cabinet noir*, ein Zensurbüro, wo ihre Post kontrolliert wurde. Allerdings brachten diese Männer bei der Rückkehr in ihre Heimatländer Unterlagen mit. Einer von Morels heimlichen Informanten war über Jahre hinweg der hochdekorierte Veteran der *Force Publique*, Raymond de Grez, ein mehrfach im Kampf verwundeter Haudegen; er versorgte Morel unter der Hand von einer Dienststelle in Brüssel aus mit einer Fülle von Insider-Informationen.[9] Ein anderer, der in der belgischen Zentrale einer großen Kongo-Gesellschaft arbeitete – der gleichen, die Joseph Conrad als Kapitän eines Dampfschiffs angeheuert hatte –, ließ Morel offenbar eine Sammlung von Briefen der im Kongo tätigen Firmenangestellten zukommen.[10] Und jedes Mal, wenn ein ernüchterter Kongo-Veteran nach Hause zurückkehrte und von einer Zeitung interviewt wurde, ob nun in Belgien oder Deutschland, in Schweden oder Italien, erhielt Morel von seinen Verbindungsleuten den entsprechenden Zeitungsausschnitt und sorgte dafür, dass die kritische Meldung in irgendeiner Form in die britische Presse gelangte.

Einmal verspottete er sogar die Behörden des Kongo-Staates, indem er, im französischen Original, eine lange, im Einzelnen spezifizierte Liste mit vertraulichen Memoranden, Briefen und anderen Unterlagen abdruckte, die ihm jemand zum Kauf angeboten hatte.[11]

Seine Kampagne ermutigte auch in Belgien die Opposition gegen Leopold, besonders unter den sozialistischen Parlamentsabgeordneten. Und sobald bei den Parlamentsdebatten Informationen zum Nachteil des Kongo-Staates ans Tageslicht kamen, wurden diese von Morel an die Adresse einer weitaus breiteren Leserschaft in England rasch nachgedruckt. Zum Beispiel konnte er als besonders entlarvendes Faktum einen Geheimbefehl an die Amtsträger vor Ort veröffentlichen, in dem es um die Prämien ging, die diesen für die Zwangsrekrutierung von Männern in die *Force Publique* ausgesetzt wurden:

> «90 Francs für jeden gesunden und kräftigen Mann, der als diensttauglich gilt und dessen Körpergröße mehr als 1 Meter 55 Zentimeter beträgt; 65 Francs für jeden Mann, der mindestens 1 Meter 35 Zentimeter groß ist; 15 Francs für ein männliches Kind. Die männlichen Kinder müssen mindestens 1 Meter 20 Zentimeter groß sein und kräftig genug, um die Strapazen des Marschierens auszuhalten … Die Prämie wird erst fällig, wenn die Männer an das Hauptquartier der einzelnen Militärdistrikte überstellt worden sind.»[12]

Der amtierende Generalgouverneur des Kongo schloss mit der Warnung an die Adressaten vor Ort, dass der ihnen vorliegende Befehl «unter keinem Vorwand aus dem Archiv entnommen werden darf. Untergebenen sind gegebenenfalls erforderliche Erläuterungen im Zusammenhang mit diesem Rundschreiben ausschließlich *mündlich* zu erteilen.»[13] Auch diese Warnung druckte Morel schadenfroh gleich mit ab.

Aus anderen Unterlagen, die im belgischen Parlament zur

Sprache gebracht wurden, zitierte Morel in seiner Zeitschrift den Brief eines Offiziers der *Force Publique* namens Edouard Tilkens an seinen Kommandeur:

> «Ich rechne mit einem allgemeinen Aufstand. Ich glaube, Herr Major, ich habe Sie bereits davor gewarnt ... Die Gründe sind immer dieselben. Die Eingeborenen sind ... die Trägerarbeit, das Kautschuksammeln und das Abliefern ihres Viehs leid ... Drei Monate dauern die Kämpfe schon, mit zehn Tagen Pause ... Ich habe 152 Gefangene. Zwei Jahre lang führe ich jetzt Krieg in diesem Land, immer mit einem Kommando von 40 bis 50 *Albinis* [mit Albini-Hinterladern bewaffnete Soldaten]. Und doch kann ich nicht behaupten, ich hätte dieses Volk unterworfen ... Sie sterben lieber ... Was soll ich tun?»[14]

Weitere entscheidende Informationen bezog er von einigen britischen, amerikanischen und schwedischen Missionaren. Deren Briefe konnte die staatliche Zensurbehörde des Kongo nicht einsehen, denn die Missionen hatten eigene Dampfer, und außerdem hatten die Schreiber Kollegen, die die Briefe gegebenenfalls persönlich mit nach Europa nahmen. Jahrelang hatten die Missionare hilflos dem Auspeitschen der Afrikaner mit der *chicotte*, den Überfällen vonseiten der *Force Publique*, dem Anzünden der Dörfer und anderen schlimmen Begleitumständen der praktizierten Kautschuksklaverei zusehen müssen. Plötzlich war da jemand, der nicht nur ein Interesse daran hatte, ihre Aussagen zu veröffentlichen, sondern auch daran, sie dem englischen Parlament zu übergeben. Morel bombardierte die Missionare mit Bitten um weitere Informationen. Sie entsprachen hocherfreut seinem Ersuchen und schickten ihm entsprechendes Material, das sich als wirkungsvolle Munition für seine Kampagne erweisen sollte: Fotos – Fotos von verwüsteten Dörfern, abgehauenen Händen und Kindern ohne Hände und Füße.

Von den Missionaren stammt auch einer der schrecklichsten

Berichte, die Morel in seiner Zeitschrift veröffentlichte. Darin schildert ein Amerikaner, dass er beobachtete, wie Soldaten des Kongo-Staates jemandem eine Hand abhackten, «während dessen bedauernswertes Herz stark genug schlug, um aus den abgeschnittenen Arterien das Blut ganze vier Fuß weit herausschießen zu lassen».[15] Ein englischer Baptist beschreibt, wie ein Staatsbeamter einige Männer wegen Kautschukdiebstahls bestrafte: «Zu diesem Zweck ließ er sie in der prallen Sonne für einen Tag und dann noch eine Nacht an Pfähle binden … Sie standen nackt da und blieben den ganzen Tag ohne Essen und Trinken, und ihre Qualen waren so groß, dass ihnen die Zunge heraushing.»[16]

Manchmal teilten die Missionare Morel die Namen der Getöteten mit, und auch diese veröffentlichte er wie eine Verlustliste in Kriegszeiten. Natürlich wurden diese Namen nirgendwo sonst veröffentlicht:

1. Bokangu … Häuptling … Getötet durch Schläge mit dem Gewehrkolben
2. Mangundwa … Häuptling … Getötet durch Schläge mit dem Gewehrkolben
3. Ekunja … Häuptling … Getötet durch Schläge mit dem Gewehrkolben

…

21. Ekumba … Mann … Erschossen
22. Monjangu … Mann … Erschossen
23. Gili … Frau … Erschossen
24. Akaba … Junge … Erschossen[17]

Weiterhin enttarnte er das Geflecht an groben und weniger groben Täuschungen, an dem Leopold und seine Bundesgenossen in einem fort wirkten. Dabei entging ihm kaum etwas. So vermerkte er zum Beispiel, dass der König alles daransetzte, die Verbindung zu Sir Hugh Gilzean Reid zu pflegen, der ein prominenter englischer Baptist, Zeitungseigentümer und zugleich ein ehemaliges Mitglied des Unterhauses war. Leopold lud ihn mehrmals nach Brüssel ins königliche Schloss ein, verlieh ihm den Leopold-Orden und erhob ihn zum Ritter und Kommandeur des Kronordens. Im Gegenzug leitete Gilzean Reid 1903 eine Delegation der Baptisten-Missionsgesellschaft nach Brüssel. Bei einem Frühstück mit dem König und anderen belgischen Persönlichkeiten überreichte die Gesellschaft dann eine «Gedenkschrift der Danksagungen», in der der Hoffnung Ausdruck verliehen wurde, dass «die Völker des Kongo auf ewig des Vorteils gerechter und redlicher Herrschaft genießen mögen». Geschickt hob Morel durch den Druck hervor, dass Gilzean Reid bei der Weitergabe dieser Nachricht an die Londoner *Morning Post* den Text in der Weise umgeschrieben hatte, dass nunmehr gegenüber dem König die Hoffnung geäußert wurde, «die Völker des Kongo-Staates möchten mehr und mehr der Vorzüge von Eurer Majestät aufgeklärter Herrschaft innewerden».[18]

Morels Attacken zogen recht bald eine Erwiderung aus dem königlichen Schloss nach sich. Bei einem Besuch in London erhielt Morel von Sir Alfred Jones, seinem früheren Firmenchef, eine Einladung zu einem Dinner. Die Beziehungen der beiden Männer waren, gelinde gesagt, angespannt, aber beim Essen herrschte eitel Freundlichkeit, und, wie Morel anmerkt, «die Weine waren auserlesen und flossen reichlich».[19] Nach dem Essen zogen sich Jones und die anderen Gäste zurück und ließen Morel allein mit einem aus Antwerpen angereisten Reedereidirektor namens Aerts, der keinen Zweifel daran ließ, dass er als Repräsentant Leopolds gekommen war.

Nach einem letzten Versuch, Morel davon zu überzeugen, dass der König es gut meine und Reformen bevorstünden, schlug der Besucher, nach Morels Schilderung, einen anderen Kurs ein:

> «Was bedeuteten mir die Kongo-Eingeborenen? Was habe es für einen Sinn, ein nicht zu verwirklichendes Ideal zu

verfolgen? Ich sei ein junger Mann. Ich hätte doch Familie – oder? Ich würde mich ernsten Risiken aussetzen. Und dann der vornehm, sehr vornehm verhüllte Hinweis, dass meinen langfristigen Interessen besser gedient wäre, wenn … ‹Eine Bestechung?› Lieber Gott, nein! Nicht so etwas Gemeines, Erniedrigendes. Allerdings gebe es immer Wege, diese Dinge zu arrangieren. Alles könne für beide Seiten ehrenhaft geregelt werden. Es war ein sehr unterhaltsames Gespräch und währte bis zu einer sehr späten Stunde. ‹Nichts kann also Ihren Entschluss ins Wanken bringen?› ‹Ich fürchte, nein.› Indem wir uns freundlich anlächelten, nahmen wir Abschied voneinander. Aber ich denke, mein Gesprächspartner dürfte ein wenig verstimmt gewesen sein. Ich für mein Teil amüsierte mich jedenfalls köstlich.»[20]

Einer der durch Augenzeugen belegten kritischen Berichte über Leopolds Regime, den Morel in seiner Zeitschrift abdruckte, bestand aus mehreren Artikeln eines Amerikaners, dessen Zeugnis, ausführlicher wiedergegeben in einem 1903 erschienenen Buch, eine verheerende Wirkung hatte [in Kap. 8 ist bereits eine längere Passage daraus zitiert worden]. Auf seiner letzten Dienstreise in den Kongo war Edgar Canisius offiziell als Handelsagent der *Société Anversoise du Commerce au Congo* aufgetreten, einer der großen Konzessionsgesellschaften für Kautschuk; in Wirklichkeit jedoch kommandierte er eine Anti-Guerilla-Truppe. Als der damals 34-jährige Canisius zu Anfang des Jahres 1900 auf seinem Stützpunkt nahe der Nordwestgrenze des Kongo eintraf, hatte die Gesellschaft schon über mehrere Jahre das Kautschuksammeln betrieben; die Ranken waren mittlerweile rar geworden. Die Sammler vom Budja-Stamm, so schreibt Canisius, «waren Sklaven der Gesellschaft geworden, denn das Kautschukernten nahm ihre ganze Zeit in Anspruch, weil die Betreffenden in einem weiten Umkreis nach den Riesenranken, deren Saft abgezapft wird, suchen müssen. Nicht einmal Nahrung bekommen sie von ihren Aufsehern; ihr einziger Lohn sind irgendwelche Handelsgüter oder *mitakos* [Stücke von Messingdraht] in lächerlich geringer Anzahl ... Die Eingeborenen klagen bitterlich über das Knapperwerden der Kautschuksaft führenden Lianen und bitten herzzerreißend um die Erlaubnis, einen anderen Dienst als das Kautschuksammeln versehen zu dürfen.»[21]

Rebellierende Budjas hatten inzwischen 30 Soldaten getötet, und mehrere Strafexpeditionen waren gegen sie ausgeschickt worden. Canisius und zwei weitere weiße Offiziere standen an der Spitze einer dieser Expeditionen; sie befehligten einen Trupp von 50 schwarzen Soldaten und 30 Trägern. Sie marschierten in menschenleere Dörfer ein, aus denen die Budjas geflüchtet waren, und ließen verbrannte Erde zurück. «Unser Kommando zog von einem Dorf zum nächsten ... Ein Zug mit Leuten hatte Fackeln und wurde zum Anzünden der Hütten abkommandiert ... Während unseres Vormarsches hingen über viele Meilen hin Rauchschwaden über dem Dschungel, die den Eingeborenen schon von weit her anzeigten, dass die Zivilisation heraufdämmerte.»[22] Träger schleppten den Nachschub der Soldaten.

> «Wir ... marschierten ... über natürliche Lichtungen, wo uns riesige Baumstämme zu Hunderten im Weg lagen. Wir mussten darüber hinwegklettern, und der Pfad schien auf jeden hohen Ameisenhügel in der Umgebung zu führen. Den Trägern ging es ganz besonders dreckig, denn viele von ihnen waren am Hals aneinander gekettet ... Sie trugen unsere Kisten, die an Stangen festgezurrt waren, und wenn einer hinfiel, dann zog er meistens alle seine Kameraden, die an der gleichen Kette gingen, mit zu Boden. Einige arme Teufel waren von diesem Marschieren so erschöpft, dass sie nur durch Schläge mit dem Gewehrkolben zum Weitergehen gebracht werden konnten. Bei manchen waren die Schultern durch die Stangen so wund gerieben, dass sie vor Schmerz buchstäblich kreischten.»[23]

Von einem weit im Landesinneren gelegenen Militärposten aus durchkämmten Canisius' Truppen den Dschungel nach Rebellen, und wenn sie welche gefangen genommen hatten, dann peinigten sie diese zu Tode: «Alle wurden gezwungen, schwere Lasten zu tragen, für deren Transport ansonsten immer zwei Mann erforderlich gewesen waren, ... bis sie schließlich vor Entkräftung zusammenbrachen und an Blattern krepierten.»[24]

Als die Kämpfe zunahmen, verlegte sich die Kompanie aufs Töten der Gefangenen, in einem Fall dreißig auf einmal. Als die Kampfhandlungen schließlich zu Ende waren, «hatten wir einen beschwerlichen, sechswöchigen Marsch hinter uns und über 900 Eingeborene, Männer, Frauen und Kinder, getötet.»[25] Ansporn – und Grund für das viele Töten – war die Möglichkeit, «die monatliche Ernte um volle 20 Tonnen zu erhöhen».[26]

Um das Jahr 1903 war es Morel und seinen Verbündeten im Parlament und in den philanthropischen Gesellschaften gelungen, die «Kongo-Frage» in der britischen Öffentlichkeit so nachhaltig zu einem Thema zu machen, wie es zuvor nicht der Fall gewesen war. Im Mai verabschiedete das Unterhaus im Anschluss an eine bedeutende Debatte einstimmig eine Entschließung, in der gefordert wurde, dass die «Eingeborenen [im Kongo] nach den Grundsätzen der Menschlichkeit regiert werden sollten».[27] Ferner protestierte die Entschließung gegen Leopolds Versäumnis, seine Zusagen zum Freihandel einzuhalten. Morel erwies sich in diesem Zusammenhang als geschickter Lobbyist. Hinter den Kulissen versorgte er die Befürworter der Entschließung mit Informationen; und so hielt er es auch bei den vielen Parlamentsdebatten über den Kongo, die in den folgenden Jahren noch geführt werden sollten.

Leopold war beunruhigt. Großbritannien war die damalige Supermacht und die wichtigste Kolonialmacht in Afrika. Sollte Großbritannien seinen Einfluss in voller Stärke gegen den Kongo geltend machen, dann wären seine Profite in Gefahr. Sollte ein

Journalist wie Morel in der Lage sein, einen solchen Umschwung auszulösen? Immerhin hatte er es verstanden, ein Sperrfeuer an Kritik in der Presse in Gang zu setzen und im Unterhaus eine Resolution zu initiieren; aber eine widerstrebende britische Regierung dazu zu bringen, Druck auf einen befreundeten Monarchen auszuüben, das war gewiss etwas ganz anderes. Leopold und seine Entourage waren sich dieses Unterschieds sehr wohl bewusst, hatte doch vor Jahren schon der Herausgeber einer belgischen Zeitung zur Person von Lord Salisbury, dem langjährigen englischen Premierminister, scharfsinnig angemerkt, dass er «nicht ein Mann ist, dem das Schicksal der Schwarzen besonders am Herzen liegt, ebenso wenig wie das der Armenier oder Bulgaren».[28]

Leopolds Herrschaft war rückhaltlos als das entlarvt worden, was sie wirklich war, aber sie hatte weiter Bestand. Im Augenblick herrschte zwischen Leopold und seinem Gegner eine Pattsituation. Keiner von beiden wusste, dass diese Herrschaft schon bald von einem Manne zerschlagen werden sollte, der – just an dem Tag, nachdem die Debatte im britischen Unterhaus zu Ende gegangen war – eine Schiffsreise den Kongofluss aufwärts angetreten hatte.

13

Einbruch in die Küche der Diebe

Nachdem im Mai 1903 Morels Bundesgenossen im Unterhaus die Protestresolution gegen den Kongo-Freistaat durchgebracht hatten, schickte das britische Außenministerium an den Konsul Seiner Majestät im Kongo ein Telegramm mit der Aufforderung, «so bald wie möglich ins Innere des Landes zu reisen und darüber umgehend Berichte zu übermitteln».[1]

Der Konsul, dem dieses Telegramm auf den Tisch kam, war ein Ire namens Roger Casement, der bereits zwanzig Jahre Afrikaerfahrung hatte.[2] Tatsächlich erscheint Casement zum ersten Mal im Zusammenhang mit dem Kongo auf einem Foto, das gut zwei Jahrzehnte früher aufgenommen worden war. Darauf ist eine Gruppe von vier jugendlichen Freunden zu sehen, die in der Frühzeit der Herrschaft Leopolds eine Arbeit in dessen Besitztum antraten. Sie tragen Jacketts, Krawatten und hohe, gestärkte Hemdkragen. Drei der Abgebildeten haben gutmütige, joviale britische Gesichter, Gesichter wie auf Tausenden anderer Gruppenfotos, auf denen sich Militärkadetten und Rugbyspieler in Pose geworfen haben. Der vierte junge Mann dagegen – er trägt einen stattlichen schwarzen Bart und hat schwarzes Haar und dichte Augenbrauen – hält seinen Kopf eigenartig schräg und hat einen nachdenklichen Gesichtsausdruck, der ihn von den drei Übrigen abhebt. «Nach Gestalt und Gesicht», schrieb der irische Schriftsteller Stephen Gwynn, der Casement erst später kennen lernen sollte, «schien er mir eines der bestaussehenden Geschöpfe zu sein, das mir je unter die Augen gekommen ist; und sein Benehmen hatte Charme und Würde und etwas edel Ritterliches. Er war ganz der fahrende Ritter.»[3]

Bereits 1883, im Alter von neunzehn Jahren, unternahm Roger Casement seine erste lange Überseereise in den Kongo, und zwar, wie es der Zufall so wollte, als Zahlmeister auf einem Schiff der Reederei Elder Dempster. Ein Jahr später kehrte er in den Kongo zurück und blieb für den Rest der achtziger Jahre im Land. Er hatte die Nachschubbasis für die vom Unglück verfolgte Sanford'sche Erschließungsexpedition unter sich und arbeitete für die Landvermesser, die die Trassierung der Eisenbahnstrecke aufnahmen, durch die die Katarakte umgangen werden sollten. Er sei der erste Weiße gewesen, so behauptete er einmal, der den vor Krokodilen wimmelnden Inkisi-Fluss schwimmend durchquert habe. Während seiner Zeit als Geschäftsführer einer Baptistenmissionsstation – dazu musste er den Baptisten nicht angehören – zog er sich einen milden Tadel seines Arbeitgebers zu, der der Ansicht war, dass er beim Kauf von Nahrungsmitteln nicht hart genug verhandele. «Er ist sehr gut zu den Eingeborenen, zu gut, zu großzügig, zu schnell bereit zu geben. Als Händler würde er nie Gewinne machen.»[4]

Als sich Stanley bei seiner Expedition zur Rettung von Emin Pascha durch den Dschungel quälte, war Casement eine Woche lang einer seiner Begleiter. «Das Musterexemplar eines tüchtigen Engländers», notierte der Forschungsreisende in sein Tagebuch, wobei er übersah, dass Casement Ire war.[5] Casement war, was Stanley anging, ein besserer Menschenkenner, denn obwohl dieser für ihn etwas von einem Helden behielt, erkannte er doch auch Stanleys sadistische Veranlagung. Nachdem er mitbekommen hatte, dass Stanleys Hund keinen Schwanz mehr besaß, musste er zu seinem Erschrecken erfahren, dass Stanley den Schwanz abgeschnitten, gekocht und ihn dem Hunde zu fressen gegeben hatte.[6]

Aber Casement musste noch ganz andere Gräueltaten vonseiten der Weißen in Afrika miterleben. Es lässt sich nicht mit Sicherheit sagen, ob es für ihn einen besonderen moralischen Wendepunkt gab, wie man ihn für E. D. Morel benennen kann, als dieser in den in Antwerpen und Brüssel eingesehenen Frachtpapieren seine Entdeckungen machte. Ein solcher Moment mag für Casement vielleicht im Jahre 1887 eingetreten sein, als er mit einem Dampfboot den Kongo hinauffuhr, an dessen Bord sich auch ein Offizier der *Force Publique* namens Guillaume Van Kerckhoven befand. Van Kerckhoven war ein hitzköpfiger Kommandeur und notorischer Draufgänger mit einem wüsten Grinsen im Gesicht und mit gestriegelten Schnurrbartspitzen; seine Expeditionen bezeichnete sogar der Generalgouverneur des Kongo als «Wirbelsturm, der über das Land herfällt und nichts als Zerstörung hinterlässt».[7] Mit Entsetzen vernahm Casement, wie Van Kerckhoven bereitwillig erzählte, er zahle seinen schwarzen Soldaten «5 Messingstäbe (2½ Pence) für jeden Menschenkopf, den sie ihm bei einer von ihm geleiteten Militäroperation bringen. Er sagte, damit wolle er sie zur Tapferkeit vor dem Feind anspornen.»[8]

1890 kam Joseph Conrad nach Matadi; in seinem Tagebuch findet sich dazu die Notiz: «Lernte Mr. Roger Casement kennen, was ich auch unter andern Umständen als ein großes Vergnügen betrachtet hätte ... Er denkt nach, spricht gut, äußerst intelligent und sehr sympathisch.»[9] Das Provisorium Matadi, eine heiße und feuchte Ansammlung von Wellblechhütten, die auf einem Hügel verstreut lagen, von dem aus man den Kongofluss überblicken konnte, war bevölkert von betrunkenen Seeleuten, schwarzen Prostituierten und jugendlichen Abenteurern aus Europa und Amerika, die hofften, durch den Elfenbein-Boom rasch reich zu werden. Casement wie Conrad war diese Goldsucher-Atmosphäre fremd; etwa zehn Tage lang, während Conrad darauf wartete, seine Reise ins Innere des Landes antreten zu können, teilten sie ein Zimmer und besuchten gemeinsam nahe gelegene Dörfer.

Jeder, dem er begegnete, hielt Casement für einen eindrucksvollen Redner. «Sein größter Reiz war seine Stimme, die sehr angenehm klang», erinnerte sich ein Kollege. «Casement spricht nicht zu jemandem, er umsäuselt ihn», meinte ein anderer, der ihn kannte.[10] Ob er nun sprach oder säuselte, Casement verfügte jedenfalls über einen Fundus an Geschichten, die einigen Schatten auf Conrads Vorstellung vom Kolonialismus in Afrika geworfen zu haben scheinen. Conrad traf noch einmal mit Casement zusammen, als er nach sechsmonatigem Aufenthalt im Kongo kurz davor stand, das Land zu verlassen.[11] Und noch einmal begegneten sich die beiden Männer anlässlich eines Dinners in London gegen Ende des Jahrzehnts; Conrad erinnerte sich, dass «wir von dort zusammen zum Sports Club gingen und uns bis drei Uhr in der Frühe unterhalten haben».[12] Einem Freund schrieb er über dieses Gespräch: «Er konnte einem Dinge erzählen! Dinge, die ich versuchte zu vergessen, Dinge, von denen ich keine Ahnung hatte.»[13] Eines dieser «Dinge» – und hier wäre ein mögliches weiteres Vorbild für Kurtz und seine Reihe menschlicher Schädel auf Pfählen zu suchen – könnte durchaus die Geschichte über Van Kerckhoven, den Sammler von Köpfen der Afrikaner, gewesen sein.

Im Jahre 1892 reiste Casement im Auftrag der britischen Kolonialverwaltung in das heutige Nigeria. Er hatte inzwischen ein durchaus waches Gespür für Ungerechtigkeiten, ungeachtet dessen, dass er für die damals führende Kolonialmacht tätig war. Sein erster, sozusagen aktenkundiger öffentlicher Protest ist ein empörter Brief, den er 1894 an die *Gesellschaft zum Schutze der Aborigines* schrieb, und er richtete sich gegen das Hängen von 27 zwangsverpflichteten schwarzen Soldaten samt ihren Frauen in der benachbarten deutschen Kolonie Kamerun. Die Männer hatten gemeutert, nachdem ihre Frauen ausgepeitscht worden waren. «Ich vertraue darauf, dass Sie etwas tun können, um in England einen lauten Protest gegen die grausame Haltung der Deutschen zu bewirken», schrieb Casement in seinem Brief. «Zwar waren die Männer Soldaten, aber wir alle haben als Menschen die Pflicht und das Recht, die Schwachen gegen die Starken zu schützen und gegen Gräuel in jeder Gestalt und Form zu protestieren.»[14]

Casement wechselte bald darauf in den britischen konsularischen Dienst; nachdem er an mehreren Standorten im südlichen Afrika Dienst getan hatte, wurde ihm die Aufgabe übertragen, das erste britische Konsulat im Kongo-Freistaat aufzubauen. Als er, auf dem Wege, seine neue Stelle anzutreten, auf der Durchreise nach Brüssel kam, erhielt er von König Leopold – der stets ein waches Auge für jeden hatte, der seiner Sache förderlich sein konnte – eine Einladung zum Mittagessen. Der kleine Konsulatsbeamte fand sich also plötzlich an der königlichen Tafel wieder und durfte mit König Leopold, Königin Marie-Henriette, beider Tochter Prinzessin Clémentine und Prinz Victor Napoléon von Frankreich zu Mittag speisen.[15]

Leopold lud Casement für den nächsten Tag erneut ein; dieser folgte der Einladung und musste einen König anhören, der sich anderthalb Stunden lang über seine zivilisatorischen Anstrengungen und seine Aufbauarbeit im Kongo verbreitete. Obwohl er einräumte, dass einige seiner Dienstbefohlenen sich möglicherweise Ausschreitungen hätten zuschulden kommen lassen, wie Casement berichtete, machte er doch auch geltend, dass «man unmöglich in allem die besten Leute in Afrika haben kann; zudem scheint das afrikanische Klima häufig die Ursache für eine Verrohung des Charakters zu sein».[16] Auch jetzt war der König wieder bemüht sicherzustellen, dass, sollte irgendeine abträgliche Nachricht zutage kommen, er der Erste sein würde, der sie erführe. «Beim Abschied bat mich Seine Majestät», so schreibt Casement, «ihm jederzeit privat und in aller Freimütigkeit zu schreiben, sollte sich irgendetwas von Interesse ereignen, zu dem ich ihm inoffiziell einen Rat geben könne.»[17] Im Gegensatz zu den meisten anderen Besuchern scheint Casement nicht dem Charme Leopolds erlegen zu sein. Er hatte schon zu viel gesehen vom Kongo.

Casement war auch in seinem Amt als Konsul nach wie vor von Afrika fasziniert, aber es war zugleich eine Zeit der Ruhelosigkeit in seinem Leben. Er war bald vierzig und schien beruflich in einer Art Sackgasse zu stecken, in der von seinen Fähigkeiten kein Gebrauch gemacht wurde. Das konsularische Korps war das arme Stiefkind des britischen diplomatischen Dienstes. Überdies war die konsularische Verantwortung für den Kongo nur ein schwacher Abklatsch des Amtes, das ein britischer Konsul etwa in Paris oder Berlin versah, eine Position, die vermutlich eher jemandem aus einer englischen Familie mit guten Beziehungen als einem Angehörigen der irischen Mittelschicht zugedacht war. Casement war der Überzeugung, dass er auf der Karriereleiter immer ganz unten stehe. Sein Alltag war ein einziger, unaufhörlicher Kampf gegen undichte Dächer, Moskitos, Durchfall und die Langeweile einer keinen Ruhm verheißenden Arbeit – «manchmal musste ich sogar aus dem Bett, obwohl ich krank war, nur um die Beschwerde eines betrunkenen Matrosen anzuhören».[18]

Zudem musste Casement auch auf anderen Gebieten Enttäuschungen einstecken. Seine Entrüstung über das Unrecht der Kolonialherrschaft konnte in seiner Arbeit als Konsul keinen Ausdruck finden. Er hatte ein diffuses Interesse an der Geschichte Irlands, aber in den Tropen konnte er diesem Interesse nicht weiter nachgehen. Er hatte schriftstellerische Ambitionen, fand dafür aber kein anderes Betätigungsfeld als weitschweifige Berichte, sehr zum Amüsement der Beamten im Londoner *Foreign Office*; nur wenige Konsuln außer ihm übermittelten regelmäßig zwanzigseitige Berichte aus westafrikanischen Hafenstädten. Er verfasste große Mengen mittelmäßiger Gedichte, brachte es allerdings fertig, dass nahezu kein einziges davon publiziert wurde.

Andere im Kongo tätige Weiße sahen in dem neuen britischen Konsul einen Exzentriker. Als er zum Beispiel das erste Mal als Konsul von Matadi nach Leopoldville reiste, benutzte er nicht die neue Eisenbahn; er marschierte mehr als 300 Kilometer – aus Protest gegen die hohen Beförderungsgebühren. Bei späteren Reisen nahm er dann zwar die Eisenbahn, aber, wie ein verblüffter Beamter des Kongo-Staates nach Brüssel berichtete, «er reiste stets zweiter Klasse. Bei all seinen Fahrten hat er immer eine große Bulldogge mit breitem Gebiss bei sich.»[19]

Indessen war da auch noch etwas anderes im hintersten Winkel seines Kopfes, das Casement nicht einmal seinen engen Freunden oder Verwandten mitteilen konnte, obgleich mancher seinen Verdacht hatte. Er war homosexuell. In einem Gedicht, das zeit seines Lebens nicht veröffentlicht werden konnte, bekannte er:

Durch Liebe nur sucht' ich dorthin zu gehn, /
wo Gott ein schrecklich Nein verfügt'.
…
Ich weiß nur dies, dass ich nicht sterben kann /
und von der Liebe lassen, die Gott gemacht, nicht ich.[20]

Casement lebte in einer Epoche, in der die Neigung zur Homosexualität, wenn sie herauskam, Schande oder Schlimmeres bedeutete. So war etwa Oscar Wilde, ein irischer Landsmann Casements, 1895 wegen «grober Unzucht mit anderen männlichen Personen» zu zwei Jahren Zuchthaus verurteilt worden. Und im Frühjahr 1903, als Casement von einem Heimaturlaub in Europa in den Kongo zurückkehrte, machte gerade ein anderer Fall Schlagzeilen. Generalmajor Sir Hector Macdonald, einer der höchstdekorierten britischen Soldaten seiner Zeit, hatte sich in einem Pariser Hotelzimmer das Leben genommen, nachdem er als Homosexueller bloßgestellt worden war und ihm ein Prozess vor dem Kriegsgericht drohte.

«Nachricht von Sir Hector Macdonalds Selbstmord in Paris!», notierte Casement am 17. April 1903 in sein Tagebuch. «Die angegebenen Gründe sind erbärmlich trostlos. Sicherlich der bedrückendste Fall dieser Art.» Zwei Tage später fügte er hinzu: «Mir tut Hector Macdonalds schreckliches Ende furchtbar Leid.» Elf Tage später, inzwischen war er in dem kongolesischen Hafen Banana eingetroffen, suchten ihn in seinen schlaflosen Nächten Gedanken an Macdonald heim: «Ein scheußliches Zimmer im Hotel. Stechfliegen. Machte kein Auge zu. Hector Macdonalds Tod ist sehr betrüblich.»[21]

Casement muss gewusst haben, dass er, sollte er je mächtige Feinde haben, jeder Erpressung ausgeliefert wäre. Und doch führte er in einem Anflug unbewusster Selbstzerstörung akribisch Tagebuch über seine heimlichen Rendezvous, fast alle gegen Geld. Auf eben dieser Fahrt von England zum Kongo forderte er das Schicksal heraus, indem er sämtliche Treffen mit Liebhabern, die er unterwegs hatte, aufschrieb. Madeira: «Agostinho küsste viele Male, 4 Dollar.» Las Palmas: «Keine Angebote.» An Bord des Schiffes: «Runter und oh! oh! schnell, ungefähr 18.» Boma: «Groß, ‹Wie viel Geld?›»[22] Würde das Tagebuch von jemandem entdeckt, der ihm übel wollte, er wäre geliefert. Bis dahin war es eine Zeitbombe mit einer Lunte von unbekannter Länge.

Im Mai 1903, also einen Monat nach den erwähnten Tagebucheintragungen zu Macdonalds Selbstmord, fand Casement etwas, worüber er glücklich sein konnte; zudem war es etwas, was ihm einen großen Karrieresprung verhieß. Seit zwei Jahren schon hatte er Berichte über die brutalen Zustände in Leopolds Kongo an das *Foreign Office* geschickt.[23] Jetzt allerdings, da die Protestresolution zum Kongo vom Unterhaus einstimmig verabschiedet worden war, musste die britische Regierung in Reaktion ein paar Register mehr ziehen.

Im Jahr zuvor hatte Casement in einem Telegramm London den Vorschlag unterbreitet, dass er auf Erkundungsreise in die Kautschuk produzierenden Gebiete im Landesinneren gehen wolle. Er bekam die Erlaubnis dazu, aber sein inzwischen angetretener Heimaturlaub in England und Irland brachte eine Verschiebung dieser Reise; allerdings wurde sie nun, im Anschluss an die Parlamentsdebatte, plötzlich wieder aktuell. Und so machte sich Casement nach seiner Rückkehr in den Kongo umgehend auf den Weg.[24]

Er wusste, dass diese Reise beschwerlich sein würde. In einem später an einen Freund geschriebenen Brief zitiert er ein afrikanisches Sprichwort: «Ein Mann geht nicht in die Dornen, es sei denn, eine Schlange ist hinter ihm her – oder er hinter einer Schlange.» Und dann setzte er noch hinzu: «Ich bin hinter einer Schlange her, gebe Gott, dass ich sie schnappe.»[25]

Casement hätte, um seine Ermittlungen aufzunehmen, die neue Eisenbahn nach Stanley Pool benutzen und ein paar Wochen damit zubringen können, jene Gebiete zu bereisen, die von dem komfortablen Backsteinhaus aus, das er dort bewohnte, leicht zu erreichen waren. Er tat es nicht. Stattdessen verbrachte er mehr als dreieinhalb Monate im Landesinneren. Um bei seiner Reise nicht auf die Behörden angewiesen zu sein – diese sicherten sich dadurch einen entscheidenden Einfluss auf die Reisenden –, mietete Casement von irgendwelchen amerikanischen Missionaren ein schmales, eisernes Dampfboot mit nur einem Deck und fuhr damit den Kongo aufwärts. Er brachte 17 Tage am Tumba-See zu, wo der Staat seine Kautschuk-Sklaven-Geschäfte ohne Zwischenhändler abwickelte; er besuchte die Gebiete der Konzessionsgesellschaften; er lenkte das Boot einige Nebenflüsse hinauf und ging zu Fuß weiter, wo diese nicht mehr schiffbar waren; er machte eine exakte Aufzählung der Geiseln, die in einem Dorf festgehalten wurden, weil die geforderten Mengen an Kautschuk nicht geliefert worden waren; er fuhr mit dem Kanu über einen Fluss und marschierte mehrere Meilen durch einen überfluteten Wald, um eines der Opfer der brutalen Sammelpraxis aufzusuchen und dessen Verletzungen persönlich in Augenschein zu nehmen.

Gelegentlich blieb Casement über Nacht auf einer Missionsstation, dann wieder kampierte er auf einer Lichtung am Fluss oder auf einer Insel. («Nilpferd flussab. Sah, ganz in unserer Nähe, drei Pelikane beim Fressen. Sah außerdem einen schönen ägyptischen Ibis, schwarzer Körper, weiße Flügel; ein wunderschönes Exemplar im schnellen Flug direkt über uns.»)[26] Wie immer reiste er mit John, seiner geliebten Bulldogge, und er hatte einen Koch und Helfer bei sich, einen ansonsten nicht identifizierten Mann, der in seinem Tagebuch nur als Hairy Bill erscheint. «Armer, alter Hairy Bill. Ein kurioses Leben.» Hairy Bills Repertoire als Küchenchef scheint auf drei Gerichte beschränkt gewesen zu sein: Hühnchen, Eiercreme und etwas, das als gekochter oder gedünsteter Zucker bekannt war. «Hühnchen,

Hühnchen, Eiercreme, Eiercreme … jeden Tag … Verdammt nochmal», schreibt Casement. Manchmal wird er sarakastisch: «Zur Abwechslung haben wir wieder Zucker gekocht und auch Eiercreme.» Oder: «Gedünsteter Zucker und wieder Eiercreme zweimal täglich einen Monat lang, ich bin völlig erledigt.»[27]

Casement schickte eine Flut von Depeschen ans *Foreign Office*. «Im Außenamt werden sie mich verfluchen», vermerkte er mit Befriedigung.[28] Und ganz ohne Zweifel verfluchten ihn auch andere. Er verfasste einen Schwall von Briefen an Vertreter des Kongo-Staates, in denen er besondere Gräueltaten anprangerte und, höchst undiplomatisch, die ganz Art und Weise verurteilte, wie die Kolonie verwaltet wurde.

> «Dieses System, Monsieur le Gouverneur-Général, ist falsch – hoffnungslos und durch und durch falsch … Anstatt die eingeborene Bevölkerung, die ihm unterworfen ist und darunter leidet, emporzuheben, kann es, würde es fortbestehen, am Ende nur zu deren Ausrottung und auf der ganzen Welt zum Verdammungsurteil über die zivilisierte Menschheit führen.»[29]

Es konnte nicht ausbleiben, dass von diesen Äußerungen auch etwas zu Leopold durchsickerte, den es bekümmerte, dass seinem Regime in dem Bericht des britischen Konsuls keine freundliche Behandlung widerfuhr. Ähnliche Meldungen drangen auch bis zu E. D. Morel durch, der ungeduldig auf Casements Rückkehr wartete. Für den britischen Außenminister, so frohlockte Casement in ganz und gar nicht konsularischer Manier, sei er «in die Küche der Diebe eingebrochen».[30]

Er war wie besessen. Sein Zorn über das, was er gesehen hatte, übte eine geradezu dramatische Wirkung auf die übrigen Europäer aus, mit denen er zusammenkam. Es war, als ob die ihm ins Gesicht geschriebene Empörung ihnen die Lizenz gab, ihre eigenen unterdrückten Gefühle herauszulassen. Zwei Missionare waren nach Casements Besuch bei ihnen von seinem Beispiel so angetan, dass sie sich sofort selbst auf Erkundungsreise machten; einer der beiden schrieb danach Briefe der Missbilligung an den Generalgouverneur.[31] Casement traf bei seiner Fahrt flussabwärts auf das Dampfschiff von George Grenfell, dem Veteranen unter den britischen Missionaren, der selbst flussaufwärts wollte. Die beiden Männer ließen ihre Schiffe ankern und hatten eine längere Unterredung. Grenfell hörte Casement an und beschloss auf der Stelle, sich aus Leopolds «Feigenblatt»-Kommission zum Schutz der Eingeborenen zurückzuziehen. (Eine, nebenbei bemerkt, erfolglose Geste: Der König hatte das Mandat der Kommission einige Monate zuvor auslaufen lassen, ohne irgendeines der Kommissionsmitglieder davon in Kenntnis zu setzen.) Der italienische Konsul im Kongo, den Casements Mitteilungen aufschreckten, ließ seine Urlaubspläne nach Europa sofort fallen und machte auf eigene Faust eine Untersuchungsreise, auf der er die Befunde Casements bestätigt sah.

Casements kontinuierliche Tagebucheintragungen lesen sich weitaus eindringlicher als sein sorgfältig formulierter offizieller Bericht; sein Entsetzen ist noch an den ansonsten unverständlichsten Stellen zu spüren.

> «*5. Juni:* Das Land ist menschenleer, keine Eingeborenen mehr da.
> *25. Juli:* Ich ging in die Dörfer und habe mir das nächstgelegene angesehen – Einwohnerzahl kolossal zurückgegangen – von mehreren hundert sind nur noch 93 Menschen übrig.
> *26. Juli:* Arme, kraftlose Menschen … – Staub zu Staub, Asche zu Asche – wo ist nur die gütige Seele, die mitleidsvolle Fürsorge – alles verschwunden.
> *6. August:* Habe viele Aufzeichnungen nach Aussagen der Eingeborenen gemacht … Sie werden grausam ausgepeitscht, wenn sie mit ihren [Kautschuk-]Körben zu spät dran sind … Sehr erschöpft.
> *13. August:* A. kam herein und sagte, es seien 5 Leute aus

der Gegend von Bikoro draußen mit abgehackten Händen, sie seien den ganzen Weg von Myanga bis hierher gekommen, um es mir zu zeigen.
22. August: Bolongo ist ziemlich ausgestorben. Ich kann mich noch gut an das Dorf im Nov. 1887 erinnern; damals war es voller Menschen, jetzt alles in allem 14 Erwachsene. Ich denke, die Menschen sind todunglücklich, beklagten sich bitterlich über die Kautschuksteuer ... Um 6:30 kamen wir in die menschenleere Gegend von Bokuta ... Mouzede sagt, die Menschen seien alle gewaltsam nach Mampoko gebracht worden. Arme, unglückliche Kerle.
29. August: Bongandanga ... den ‹Markt› für Kautschuk gesehen, nur Gewehre – ungefähr 20 bewaffnete Männer ... Die Bevölkerung ... 242 Männer mit Kautschuk, die wie Häftlinge bewacht werden. So was ‹Handel› zu nennen ist der Gipfel der Verlogenheit.
30. August: 16 Männer, Frauen und Kinder aneinander gefesselt aus einem Dorf Mboye nahe der Stadt. Schändlich. Die Männer werden ins Gefängnis gesteckt, die Kinder hat man auf mein Eingreifen hin freigelassen. Schändlich. Schändlich, ein schimpfliches Verfahren.
31. August: Mir zu Ehren wurde am Abend ein Tanz veranstaltet; alle Häuptlinge aus der Umgebung kamen (auf L.'s Befehl) mit ihren Frauen usw. her. Arme Kerle. Es tat mir so Leid; von allen erzwungenen Vergnügen, die ich je mitgemacht habe, hat dies den Vogel abgeschossen.
2. September: Sah 16 Frauen, die von Peeters Wachmannschaft festgenommen und ins Gefängnis gesteckt wurden.
9. September: Um 11.10 noch einmal durch Bolongo. Die armen Menschen kamen im Kanu, um mich um Hilfe anzuflehen.»[32]

Zu Casements Lebzeiten lag der Protest gegen die Sklaverei lange zurück und waren Organisationen wie Amnesty International noch lange nicht in Sicht; Casements Tagebucheintragungen hatten daher begreiflicherweise den Tonfall der Abolitionisten: «Schändlich. Schändlich, ein schimpfliches Verfahren.» Den offiziellen Bericht, den er im Anschluss aufsetzte, schrieb er indessen in einer Sprache, die sich später Amnesty International und ähnliche Gruppen zu Eigen machen sollten: förmlich und nüchtern, mit einer Einschätzung der Vertrauenswürdigkeit der verschiedenen Zeugen, versehen mit Verweisen auf Gesetze und Statistiken sowie mit einem dokumentarischen Anhang und eidesstattlichen Aussagen.

Gegen Ende des Jahres 1903 fuhr Casement wieder nach Europa, um seinen Bericht fertig zu stellen. Er verbrachte einige Wochen in London mit dem Diktieren und Korrigieren des Textes und nahm – nach einem Besuch bei Joseph Conrad und seiner Familie in deren Landhaus – während der Rückfahrt mit der Eisenbahn letzte Veränderungen vor. Leuten wie E. D. Morel und seiner kleinen Gruppe von Helfern waren die Aussagen in Casements Bericht weitgehend geläufig, aber sie wurden jetzt zum ersten Mal mit der Autorität eines Konsuls Seiner Majestät ausgebreitet. Der Bericht hatte umso mehr Gewicht, als Casement ein Afrika-«Veteran» war, der zahlreiche Vergleiche zwischen dem Kongo, den er einstmals gekannt hatte, und dem jetzigen, dem Terror der Kautschukproduktion unterworfenen Territorium anstellen konnte.

Immer wieder schildert Casement, wie Leichen die Hände abgehackt wurden. Nicht immer waren es die Hände. In seinem Bericht wird eine Zeugenaussage zitiert:

> «Die Weißen sagten zu ihren Soldaten: ‹Ihr tötet immer nur Frauen; ihr könnt keine Männer töten.› Als sie dann uns töteten (hier hielt P. P., der gerade sprach, inne und zögerte, dann zeigte er auf die Geschlechtsteile meiner Bulldogge – sie lag zu meinen Füßen und schlief),

schnitten sie diese Dinger ab und gingen damit zu den Weißen, die sagten: ‹Jetzt ist es eindeutig, ihr habt Männer getötet›.»[33]

Trotz ihres zurückhaltenden Tons und der sorgfältigen Dokumentation war die in dem Bericht enthaltene Darstellung abgeschnittener Hände und Penisse weitaus anschaulicher und überzeugender, als die britische Regierung erwartet hatte. Beim Außenministerium, das ohnehin beunruhigt war, liefen nunmehr dringende Bitten vonseiten Sir Constantine Phipps', des britischen Gesandten in Brüssel, ein, der ein glühender Anhänger Leopolds war, die Veröffentlichung des Berichts zu verschieben. Phipps war ein selbstgefälliger Mann von beschränkter Intelligenz und wollte nicht glauben, «dass Belgier, Mitglieder eines kultivierten Volkes, unter denen ich gelebt habe, selbst unter tropischem Himmel je derlei Akte raffinierter Grausamkeit begangen haben können».[34] Der einzige Grund, weswegen die Gesellschaften «Wachen» einsetzten, so erläuterte er dem Außenminister, sei der, die Kautschuksammler bei ihrer Arbeit zu *beschützen*. «Bitte veranlassen Sie, dass das Erscheinen des Berichts von Casement vor dem 10. d. M. unterbunden wird, da ich an diesem Tag pflichtgemäß eine Unterredung mit dem König der Belgier haben werde», depeschierte Phipps aus Brüssel. «Die Veröffentlichung würde mich zwangsläufig bei Hof in eine missliche Position bringen.»[35]

Aus einer anderen Ecke kamen noch deutlichere Pressionen. Bedrängt von einem nervös gewordenen Leopold, suchte Sir Alfred Jones von der Reederei Elder Dempster zweimal das *Foreign Office* auf, in dem Bemühen, den Bericht zu entschärfen oder zumindest für Leopold ein Vorausexemplar zu erhalten.

Casement bedrückten seine Beobachtungen im Kongo derart, dass seine Vorgesetzten im *Foreign Office* ihn nicht zügeln konnten und er der Londoner Presse mehrere Interviews gab. Nachdem diese erschienen waren, konnte der Bericht kaum mehr zensiert oder zurückgehalten werden, wenn auch hohe Vertreter des Außenministeriums ihn zu verwässern suchten, indem sie jede Namensnennung vermieden. Als der Bericht Anfang des Jahres 1904 schließlich veröffentlicht wurde, fanden die Leser darin Aussagen von Augenzeugen mit folgendem Wortlaut: «Ich bin N. N. Die beiden hier neben mir sind O. O. und P. P.» Oder: «Der Weiße, der sagte, dies sei der weiße Häuptling in F. F. … Sein Name war A. B.»[36] Dies verlieh dem Bericht einen merkwürdig substanzlosen Zug, als ob diese schrecklichen Dinge gar nicht wirklichen Menschen angetan oder von wirklichen Menschen verübt worden seien. Zugleich wurde es damit Casement unmöglich gemacht, sich mit Verweis auf bestimmte Personen und Orte zu verteidigen, als Leopolds Mitarbeiterstab eine ausführliche Erwiderung erscheinen ließ. Belgische Zeitungen, die den Interessen von im Kongo tätigen Unternehmen nahe standen, schlossen sich den Angriffen an; in einer Zeitung, *La Tribune Congolaise,* hieß es zum Beispiel, dass die Menschen, die Casement ohne Hände angetroffen habe, «unglückliche Geschöpfe waren, die an ihren Händen unter Krebs zu leiden hatten, sodass die Hände in einer einfachen chirurgischen Operation abgetrennt werden mussten».[37]

Casement war zugleich wütend und enttäuscht. Sprunghaft (er selbst hatte zunächst seine Zeugen durch Weglassen ihrer Namen schützen wollen, sich dann aber anders besonnen) und schnell gekränkt, schickte er dem *Foreign Office* einen achtzehnseitigen Protestbrief ins Haus und drohte mit der Niederlegung seines Amtes. In sein Tagebuch schrieb er, seine Vorgesetzten seien «eine Clique von Dummköpfen»;[38] einer vor allem sei «ein jämmerlicher Quatschkopf».[39] In einem Brief nannte er sie einen «erbärmlichen Haufen inkompetenter Trottel».[40]

Dann aber fand Casement doch noch jemanden, der seine Einstellung teilte. Noch während seines Aufenthalts im Kongo hatte er begierig Morels Artikel gelesen, und die beiden Männer wollten sich unbedingt kennen lernen. «Der Mann ist durch und durch anständig», schrieb Casement nach ihrer von beiden lange erwarteten Unterredung in sein Tagebuch. «Wir haben im Comedy [ein Restaurant] noch spät zu Abend gegessen und dann bis 2 Uhr nachts geschwatzt. M. hat im Arbeitszimmer geschlafen.»[41] Casement wohnte bei diesem Aufenthalt im Hause eines Freundes am Chester Square; Morel blieb am nächsten Morgen bis nach dem Frühstück.

Man kann sich leicht vorstellen, worüber die beiden Männer in jener Nacht gesprochen haben: der hoch gewachsene, schwarzbärtige Casement, außer sich vor Wut über das, was er im Kongo mit ansehen musste, und Morel, mit seinem Schnauzbart, fast ein Jahrzehnt jünger, auch groß, aber stämmiger, auch er erfüllt von ehrlichem Zorn angesichts der Beweise, die er auf dem Kontinent entdeckt hatte. Man kann sagen, dass jeder von ihnen eine Hälfte von dem durchschaut hatte, woraus Leopolds «Freistaat» letztlich bestand. Zusammengenommen ergab sich eine Fassung der Geschichte, die so vollständig war, wie man sie überhaupt nur erzählen konnte. Sein Leben lang bewahrte Morel die Erinnerung an ihre Unterredung:

> «Vor mir stand ein Mann, ungefähr meine Größe, sehr geschmeidig und kräftig, die Brust herausgedrückt, mit erhobenem Kopf – das Bild von jemandem, der ein Leben in weiten, offenen Räumen gelebt hatte. Schwarzes Haar und ein schwarzer Bart, der seine durch die Tropensonne hohl gewordenen Wangen bedeckte. Sehr ausgeprägte Gesichtszüge. Dunkelblaue, durchdringende Augen, die tief in den Augenhöhlen lagen. Ein langes, schmales, dunkelhäutiges Gesicht wie auf Bildern von Van Dyke, das Tatkraft ausstrahlte und obendrein eine immense Freundlichkeit. Ein außerordentlich schönes und fesselndes Gesicht. Von dem Augenblick an, wo wir uns die Hand schüttelten und unsere Blicke sich begegneten, entstand zwischen uns Vertrauen und Zuversicht, und das Gefühl des Isoliertseins fiel von mir ab wie eine Hülle. Vor mir stand ein wirklicher Kerl. Jemand, der die Leute höheren Orts von der Abscheulichkeit des Verbre-

chens überzeugen würde, das an einer Rasse verübt wird, die sich nicht wehren kann … Auch heute noch sehe ich ihn in meiner Vorstellung, wie ich ihn bei unserem denkwürdigen Gespräch sah, in einem ansonsten unbeleuchteten Raum am Kaminfeuer hockend … breitet er mit einer singenden, sanften, nahezu ruhigen Stimme und in einer Sprache, die getragen wird von Würde und Pathos eigentümlicher Art, die Geschichte einer niederträchtigen Verschwörung aus … Ab und zu richtete er sich auf und durchmaß mit schnellen, leisen Schritten den Raum; dann nahm er wieder seine Hockstellung am Kamin ein, und das Licht der Flammen ließ markant sein großartiges Profil hervortreten.
Die meiste Zeit hörte ich wortlos zu und hatte dabei meine Hände in die Armlehnen meines Stuhls gekrallt. Während er mit dem Monolog des Schreckens fortfuhr …, *sah* ich, das glaube ich wahrhaftig, die verjagten Frauen, die ihre Kinder an sich klammerten und voller Panik in den Busch flohen, tatsächlich. Das Blut entströmte den zitternden schwarzen Körpern, wenn die Nilpferdpeitsche immer wieder auf sie niedersauste; die entmenschten Soldaten rannten zwischen den brennenden Dörfern hin und her; das grässliche Zählen abgehauener Hände …
Casement las mir Abschnitte aus seinem Bericht vor, den er damals gerade abfasste und dessen Aussagen fast identisch waren mit meinen eigenen, oft genug geschriebenen Sätzen. Er sagte mir, dass er verblüfft gewesen sei, als er feststellen musste, dass ich, der doch 5000 Meilen entfernt war, zu Schlussfolgerungen gelangt war, die in jeder Hinsicht mit den seinen identisch sind … Ein ungeheures Gewicht fiel von mir.
Es war lange nach Mitternacht, als wir unsere Unterhaltung beendeten. Die Blätter seines umfangreichen Berichts lagen verstreut auf Tisch, Stühlen und Fußboden.

> Und inmitten dieser Fragmente des Berichts, eines Berichts, der … den Schleier vor dem ungeheuerlichsten Schwindel und der schändlichsten Abgefeimtheit, die unser Zeitalter erlebt hat, beiseite ziehen sollte, schlief ich in meinen Kleidern auf dem Sofa ein; währenddessen suchte sein Verfasser sein Schlafzimmer im ersten Stock auf.»[42]

Ein paar Wochen später besuchte Casement Morel in dessen Haus in Hawarden, einem kleinen walisischen Dorf nahe der englischen Grenze; in seinem Tagebuch notierte er: «Sprachen fast die ganze Nacht miteinander, seine Frau ist eine treu sorgende Gattin.»[43] Er bemühte sich, Morel davon zu überzeugen, wie notwendig die Gründung einer Organisation sei, die ausschließlich für die Gerechtigkeit im Kongo kämpfte, aber Morel war zunächst zurückhaltend. Die *Gesellschaft zum Schutze der Aborigines* argwöhnte, eine neue Organisation, die sich auf ihrem Terrain breit machte, werde womöglich ein Loch in den Unterstützungsfonds reißen. Morels Frau Mary dagegen stimmte Casements Ansicht zu, und vermutlich auf ihr Drängen hin fuhr Morel zu weiteren Gesprächen mit Casement nach Irland. Morel schreibt dazu:

> «Casements Plan fand die energische Unterstützung meiner Frau, und wenn ich die Irische See überquert habe …, um mit ihm zu sprechen …, dann ist das weitgehend [ihrem] Einfluss geschuldet … Und so kam es, dass Casement und ich … auf jenem irischen Boden …, der von den Tränen so vieler Menschen genetzt worden ist, weitere Absprachen trafen und Mittel und Wege erörterten und einen ungefähren Plan für unsere Kampagne aufstellten.»[44]

Die beiden Männer unterhielten sich während eines Abendessens im Slieve Donard Hotel in Newcastle, wo Morel die Überzeugung gewann, dass «das Übel des Kongo ein besonderes und außerordentliches Übel ist, das auch besonderer Wege der Kritik bedarf ... Wenn das britische Volk tatsächlich wachgerüttelt werden könnte, dann könnte das vielleicht auch die ganze Welt wachrütteln ... Großbritannien hatte diese Rolle ja schon einmal gespielt [im Kampf gegen die Sklaverei] ... Sollte es uns gelingen, Großbritanniens großes Herz auch jetzt heftig schlagen zu lassen?»[45]

Casement wartete zwar auf die Versetzung auf einen neuen Posten, aber er war immer noch Angehöriger des konsularischen Dienstes. Morel würde sich daher um die neue Organisation zu kümmern haben. «Aber wie sollten wir mit den banalen Alltäglichkeiten fertig werden? Ich erklärte Casement, dass ich kein Geld zur Verfügung hätte ... Er hatte auch keins ... Aber ohne einen Augenblick zu zögern, stellte er einen Scheck über £ 100 aus.»[46] Für Casement war das mehr als ein Monatsgehalt. Kurz danach schrieb Casement in einem Brief an Morel: «Wir werden Tag um Tag mehr Mitglieder zählen, bis aus ganz England ein donnerndes Nein ertönt!»[47]

Ein paar Wochen nach ihrem Abendessen in Irland gründete Morel die *Congo Reform Association*. Von einem Teil des Geldes, das Casement gespendet hatte, kaufte er die ersten Arbeitsmittel, einschließlich einer Schreibmaschine. Ihm gelang es, der neuen Organisation die öffentliche Unterstützung einer beeindruckenden Zahl von Lords, Earls, Geschäftsleuten, Kirchenmännern, Unterhausabgeordneten und, in Erinnerung an die Tradition des Kampfes gegen die Sklaverei, die des Urenkels des berühmten englischen Abolitionisten William Wilberforce zu sichern. Bei ihrer ersten Veranstaltung am 23. März 1904 lockte die C. R. A. mehr als 1000 Menschen in die Philharmonic Hall in Liverpool.

Obwohl beide, Casement wie Morel, auch ihre heiklen Seiten hatten, entstand zwischen ihnen auf Anhieb eine dauerhafte Freundschaft. «Ich glaube, dass Casement so dicht daran ist, ein Heiliger zu werden, wie es einem Mann nur irgend möglich ist», schrieb Morel einem Freund.[48] Beide hatten sie jetzt einen idealen Bundesgenossen gefunden. Im Laufe der Jahre vertiefte sich ihre Beziehung; in den vielen Briefen, die sie austauschten, wurde Casement «Lieber Tiger» und Morel «Liebe Bulldogge» genannt. Leopold war «der König des Bestien».

Wenn Casement auch nur ein stiller Teilhaber beim Kampf des Reformvereins sein konnte, so bedrängte er doch die Bulldogge mit überschwänglichen Ratschlägen zur politischen Strategie, zu den Personen, die man bearbeiten sollte, und sogar zur Art und Weise, wie sich Morel kleiden solle. Ohne Wissen des *Foreign Office* half er, Geld für ihre Kampagne aufzutreiben. Morel ermutigte Casement seinerseits, in den Kongo zurückzugehen und weitere Nachforschungen anzustellen. Der Konsul erwiderte darauf, dass es nicht unwahrscheinlich sei, dass das Ministerium «mich hängt, wie sie Stokes gehängt haben – und man kann sich gar nichts Besseres wünschen, als gehängt zu werden, wenn nur die Mördergrube ausgehoben wird.»[49] Dies ist nicht das letzte Mal, dass wir bei Casement andeutungsweise von einem Wunsch nach Märtyrertum hören.

Das Treffen zwischen der Bulldogge und dem Tiger, bei dem sie die Pläne für ihren Kampf gegen den König der Bestien schmiedeten, sollte von ihren späteren Bewunderern mit der legendären Unterhaltung zwischen William Wilberforce und William Pitt dem Jüngeren verglichen werden, die mehr als hundert Jahre früher unter einem breitkronigen Baum stattgefunden und den Beginn der englischen Anti-Sklaverei-Bewegung markiert hatte. Wie schon die britischen Abolitionisten saßen indessen auch Morel und Casement erst einmal sicher in England; ihren guten Willen in allen Ehren, aber sie waren selbst nicht den Hieben der *chicotte* ausgeliefert und brachen nicht unter dem Gewicht der Fußketten zusammen. Sie waren Weiße, die andere Weiße daran zu hindern suchten, Schwarze zu peinigen. Die meisten der Schwarzen dagegen, die diese Schlacht im Kongo auszufechten hatten, mussten dabei ihr Leben lassen; ihre Namen sind nirgendwo verzeichnet. So gesehen, ehren wir in Morel und Casement die vielen namenlosen Opfer.

Die beiden Männer waren allerdings alles andere als bloße

Weltverbesserer am grünen Tisch. Sie waren Menschen, die aus Überzeugung handelten – und beide mussten am Ende einen hohen Preis bezahlen. Zu jenem Zeitpunkt, im Dezember 1903, als sie sich zum ersten Mal trafen und sich über ihr Engagement für die Menschen im Kongo verständigten, konnten sie noch nicht wissen, dass sie mehr als ein Dutzend Jahre später wiederum etwas gemeinsam haben würden: Beide sollten unter Bewachung ins Londoner Pentonville-Gefängnis eingeliefert werden. Der eine sollte es allerdings nie wieder verlassen.

14

Seine Taten seien in hellstes Licht getaucht!

Der Kreuzzug, den E. D. Morel nunmehr mit Hilfe der *Congo Reform Association* inszenierte, übte auf die Regierungen Belgiens, Englands und der Vereinigten Staaten einen unablässigen und wachsenden Druck aus. Kaum je hat ein Mann ohne Vermögen, Titel oder Amt den Regierungen verschiedener, politisch bedeutender Länder so viele Unannehmlichkeiten bereitet. Morel wusste, dass ein Beamter wie Außenminister Sir Edward Grey erst tätig wurde, «wenn man ihn tritt, und wenn man aufhört, ihn zu treten, dann tut er auch nichts mehr».[1] Mit derlei Tretereien brachte Morel denn auch ein Jahrzehnt seines Lebens zu.

Außer der *Congo Reform Association* widmete Morel weiterhin einen großen Teil seines Arbeitstages, der zuweilen 16 bis 18 Stunden lang sein konnte, der Herausgabe seiner *West African Mail*.

> «Den Leuten scheint überhaupt nicht klar zu sein, dass ich – abgesehen von allem Übrigen – auch noch eine Wochenzeitung mache», schrieb er einem Mitstreiter, «und dazu noch eine Monatsschrift für die C. R. A., deren Umfang manchmal sehr groß war, sodass ein normaler Mensch einen ganzen Monat tüchtig damit zu tun gehabt hätte. Nur weil ich ein ausnehmend *schneller Arbeiter* bin, konnte ich das alles schaffen.»[2]

Ein weiterer Grund dafür, dass er mit all diesen Aufgaben fertig wurde, lag darin, dass ihm eine aufopferungswillige Ehefrau zur Seite stand, die ihm den Haushalt besorgte. Tatsächlich war

Morel als einer von wenigen in dieser ganzen Geschichte glücklich verheiratet. Seine Frau, Mary Richardson Morel, zog ihre gemeinsamen fünf Kinder auf und förderte die Sache ihres Mannes auf jede erdenkliche Weise. Wie bei so vielen Ehepaaren jener Zeit wissen wir auch in diesem Falle nicht, wie viele von Morels denkwürdigen Großtaten ebenso gut auch auf das Konto seiner Frau gegangen sind. «An sie denke ich immer als ein Teil von Ihnen», schrieb ihm einmal sein langjähriger getreuer Bundesgenosse und Vertrauter John Holt, «Sie beide sind die Morel und damit die Moral der Reform des Kongo.»[3]

Aber auch Morel hatte seine Schwachpunkte. Er konnte zum Beispiel dickköpfig sein, Fehler räumte er nur selten ein, und in seiner Zeitung veröffentlichte er ab und zu ein Foto von sich oder auch begeisterte Besprechungen seiner Bücher sowie Resolutionen, in denen ihm für seine gute Arbeit gedankt wurde, Interviews, die er selbst anderen Zeitungen gegeben hatte, und einen Leitartikel, in dem «Mr. Morel ‹Glückliche Reise› gewünscht» wurde, wenn er für die Reform des Kongo wieder einmal eine Propagandakampagne ins Ausland unternahm.[4] Gelegentlich rasselte er mit Kollegen zusammen, die für seine Begriffe ein bisschen zu sehr im Rampenlicht standen; mit Casement, den er verehrte, geriet er indessen nur selten aneinander. Wie viele ungemein produktive Menschen war auch er Anfällen von Niedergeschlagenheit und Selbstmitleid ausgeliefert. «Mein Familienleben ist auf mikroskopisch kleine Dimensionen geschrumpft … Ich persönlich bin am Ende meiner Kräfte», schrieb er 1906 an Mark Twain, bekräftigte aber, dass er mit seiner Arbeit für den Kongo gleichwohl weitermachen werde, da «jene unglücklichen Menschen da unten ja niemanden sonst haben außer uns, der für sie spricht. Und schließlich haben ja auch sie ein Recht auf Leben.»[5]

Auch seine politischen Ansichten hatten ihre Grenzen. In manchem teilte er die Vorurteile der meisten Europäer seiner Zeit, von seinem Glauben an die Wunderwirkung des Freihandels bis zu seiner Überzeugung, dass afrikanische Männer einen stärkeren Sexualtrieb hätten als weiße Männer und deswegen eine

Gefahr für weiße Frauen darstellen könnten. Andere Eigenheiten hatten ihren Grund in seinem aufrichtigen Bemühen, die Gräuel in König Leopolds Kongo zu beenden. Das Bild, das uns Morel in seinen Schriften von den Afrikanern vor Ankunft der Weißen im Kongo ausmalt, ähnelt der Idealvorstellung, die seit Rousseaus Figur des edlen Wilden bekannt ist: In seiner Darstellung der traditionellen afrikanischen Gesellschaften hebt er das Friedfertige und Freundliche hervor und lässt die grausamen Seiten einfach weg, zu denen ja zum Beispiel auch gehörte, dass den toten Feinden die Hände abgehackt wurden, und zwar lange bevor die *Force Publique* dies zur gängigen Praxis erhob.[6]

Gravierender war, dass Morel so aufgebracht über Leopolds Schandtaten war, dass er schlicht übersah, in welchem Umfang, wenn auch weitaus weniger blutrünstig, das eigene Land in seinen afrikanischen Besitzungen, zumal im Osten und Süden des Kontinents, ebenfalls auf Zwangsarbeit zurückgriff. Nach seinem Dafürhalten war der Kolonialismus an sich nichts Falsches, solange die Kolonialverwaltung untadelig und gerecht war. Er war der Überzeugung, dass dies in den britischen Kolonien Westafrikas der Fall sei, wo es mit Sicherheit keinen Kautschukterror gab und keine massive Beschlagnahme angeblich unbebauten Landes. In einer späteren Phase seiner Kongo-Kampagne fand er sogar die Zeit, nach Nigeria zu reisen und ein größtenteils zustimmendes Buch über das dortige britische Herrschaftssystem zu schreiben.

Welche Mängel er indessen auch gehabt haben mag: Sobald es darum ging, gegen die Ungerechtigkeiten im Kongo zu Felde zu ziehen, hatte Morel ein unbeirrbares, mitreißendes Gefühl für Richtig und Falsch. Er war ein glänzender Redner, der sich regelmäßig in freier Rede an eine Zuhörerschaft von mehreren tausend Menschen wandte. Allein zwischen 1907 und 1909 sprach er auf etwa 50 Massenveranstaltungen in ganz Großbritannien. «Manchmal», so schrieb er, «hatte ich regelrechte Wutausbrüche … wenn mich etwa eine bestimmte Geschichte, die noch schrecklicher war als alles Vorhergehende, ganz besonders mitnahm, dann wäre ich vor wenig zurückgeschreckt, hätte sich irgendjemand von Leopolds Bande in der Nähe befunden … Aufmunterung [habe ich erfahren], wenn ich einen positiven Anstoß mit nach Hause nahm oder wenn dies oder etwas anderes, das schwer zu benennen ist, mich auf der Rednertribüne festhielt und ich spürte, dass ich ein großes Auditorium in Bann geschlagen hatte.»[7]

Morel sah in seiner Bewegung eine Fortführung jener großen Tradition britischer humanitärer Kreuzzüge, vergleichbar der gerechten Empörung aus Anlass der türkischen Massaker an den Bulgaren im Jahre 1876 oder an den Armeniern in den neunziger Jahren des 19. Jahrhunderts. Vor allem empfand er sich als den geistigen Erben der Bewegung gegen die Sklaverei. Seinem scharfzüngigen Buch *Red Rubber: The Story of the Rubber Slave Trade Flourishing on the Congo in the Year of Grace 1906* stellte er als Motto einige Zeilen William Lloyd Garrisons voran, des großen amerikanischen Gegners der Sklaverei:

«Das Banner der Emanzipation ist nunmehr entfaltet …
Ich werde nicht drum herumreden,
Ich werde nicht rechtfertigen,
Ich werde keinen Zoll weichen:
Und man wird meine Stimme hören:
Die Nachwelt wird bezeugen, dass ich Recht hatte.»[8]

Die Tradition des Radikalismus in England, in die man auch Morel einordnen kann, hatte ihre Wurzeln in den nichtkonformistischen, das heißt protestantisch-dissidentischen Kirchen – und gerade nicht in der englischen Staatskirche – sowie in der Clapham-Sekte, jener philanthropischen evangelischen Gemeinschaft, zu der auch der Führer der Bewegung gegen die Sklaverei, William Wilberforce, gehört hatte. Zu Beginn des 19. Jahrhunderts hatten sich diese Philanthropen mit besonderem Eifer der Verbesserung der Lebensbedingungen verschiedener unterdrückter Bevölkerungsgruppen angenommen: Häftlinge,

Fabrikarbeiter, zur Arbeit gezwungene Kinder, Geisteskranke. Allerdings machten sie dabei keine Politik von unten, wie sie später von Marxisten und Gewerkschaftern betrieben werden sollte; kennzeichnend für diesen relativ wohl situierten Kreis von Personen war vielmehr ein Reformismus von oben. Ihr Ziel war die Abschaffung der Todesstrafe, der Prügelstrafe und der Tierquälerei. Als sie sich für die Zustände in Übersee zu interessieren begannen, machten sie sich für ein Ende des Sklavenhandels stark und drängten auf die Entsendung von Missionaren, die die «Eingeborenen» jener fernen Weltgegenden moralisch erbauen sollten. So waren es denn auch die dissidentischen Kirchen, speziell die Baptisten, die von England aus Missionare in den Kongo schickten.

Es war bezeichnend, dass Morels politische Ahnherren in Sachen Philanthropie im Unterschied zu seinen sozialistischen Zeitgenossen der festen Überzeugung waren, dass jedwede Verbesserung des Schicksals eines unterdrückten Volks, gleich in welchem Land, nützlich fürs Geschäft sei. Eine bessere Behandlung der Untertanen in den Kolonien würde, so ließ sich ein Sonderausschuss des britischen Parlaments in den dreißiger Jahren des 19. Jahrhunderts vernehmen, «den Interessen des Staates und dem Handel Großbritanniens förderlich sein. Wilde sind gefährliche Nachbarn und unrentable Kunden, und wenn sie fürderhin als Bewohner unserer Kolonien erniedrigt bleiben, dann werden sie alsbald dem Staat zur Last fallen.»[9]

Diese Menschenfreunde sahen nie irgendeinen Widerspruch zwischen ihrer eigenen Einstellung und den Machenschaften des Imperialismus, solange es sich um den britischen Imperialismus handelte. «Moralische Emanzipation bewirkt, dass die Briten einer besonderen Kategorie angehören (...)», heißt es etwa in James Morris' Zusammenfassung der Geschichte des Britischen Empire. «Wenn schon im Mutterland durch Aufklärung so viel bewirkt wird, was könnte nicht alles erreicht werden, wenn Englands moralische Autorität überall auf der Erde verbreitet wäre, um dem Übelstand der Sklaverei, der Unwissenheit und des Aberglaubens an Ort und Stelle abzuhelfen, den einfältigeren Völkerschaften die Wohltaten der Dampfkraft, des Freihandels und der Offenbarungsreligion nahe zu bringen, nicht um ein Weltimperium im schlechten napoleonischen Sinne, sondern um zu höherem Zwecke ein moralisches Weltreich zu errichten! Auf diese Weise entfaltete sich die Chemie des evangelischen Imperialismus.»[10]

Und in dieser Tradition, die seinem Organisationstalent außerordentlich entgegenkam, fühlte sich Morel zu Hause. Auch ohne von seiner Herkunft her in ihrer Welt heimisch zu sein, besaß er doch das Geschick, die Reichen, Mächtigen und Berühmten davon zu überzeugen, dass es ihnen zur Ehre gereiche, wenn sie den Kreuzzug im Kongo unterstützten. Jeden Monat zierte die Titelseite der von der *Congo Reform Association* herausgegebenen Zeitschrift ein ganzseitiges Porträtfoto irgendeines prominenten Befürworters, eines Lords, eines Grafen, eines Parlamentsabgeordneten oder eines schnurrbärtigen Kolonialgouverneurs im Ruhestand. Hatte die Gründung der *Reform Association* noch in Liverpool stattgefunden, so sorgte Morel dafür, dass die erste Sitzung ihres geschäftsführenden Vorstands in einem von einem sympathisierenden Abgeordneten beschafften Raum des Unterhauses abgehalten werden konnte. Von da an stand bei nahezu jeder größeren öffentlichen Veranstaltung der C. R. A. mindestens ein Bischof auf der Rednertribüne. Da Morel so sichtlich des Segens von Kirche und Staat teilhaftig war, gewann er die Überzeugung, dass sich einflussreiche Briten kaum noch seinem Ersuchen würden entziehen können, ihren Namen für die gute Sache der Kongo-Reform zur Verfügung zu stellen.

Dabei war eine seiner politischen Beschränkungen geradezu die Ursache für seinen immensen Erfolg als Organisationstalent: Hätte er nämlich die Ansicht vertreten, wie wir heute vielleicht annehmen mögen, dass Leopolds Schändung des Kongo in gewisser Hinsicht zwingend aus dem Grundprinzip des Imperialismus, aus der Überzeugung folgte, dass es schon in Ordnung sei, wenn ein Land nicht von den Einwohnern, sondern von Fremden beherrscht werde, dann wäre Morel rasch als Randerscheinung abgetan worden. Niemand in England hätte ihm große Aufmerksamkeit geschenkt. Aber so dachte er nicht; vielmehr war er der ehrlichen Überzeugung, dass Leopolds Herrschaftssystem eine einzigartige Schande sei. In den herrschenden Kreisen Englands konnte man daher getrost seinen Kreuzzug unterstützen, ohne die eigenen Interessen bedroht zu sehen.

Und so wurde Morel, ungeachtet einiger blinder Flecken, zur «Speerspitze» einer philanthropischen Tradition. Implizit waren seine Ansichten subversiver, als er selbst es sich hätte eingestehen mögen. Er sah in den Grausamkeiten, die im Kongo begangen wurden, nicht eine einzelne Unzulänglichkeit, die man hätte beheben können – wie etwa die Kinderarbeit oder die Todesstrafe, gegen die man ein entsprechendes Gesetz verabschieden konnte –, sondern er sah sie als Teil eines komplexen, tief verwurzelten «Systems», wie er es nannte: Zwangsarbeit plus eine massive Aneignung von afrikanischem Land durch die Europäer. Ein solcher Blickwinkel ist dem Marxismus weitaus näher als einem Philanthropismus, der sich die Aufrichtung der Unterdrückten angelegen sein lässt – wobei Morel vermutlich nie in seinem Leben auch nur eine Zeile von Marx gelesen hat. Den Konflikt zwischen diesen beiden Ansichten von der Welt vermochte er nie aufzulösen, und das Drama seines späteren Lebens beruhte zu nicht unerheblichen Teilen auf deren fortdauerndem Widerspruch.

«Morel hat als Organisator und Führer einer Dissidentenbewegung nicht seinesgleichen gehabt», schreibt der Historiker A. J. P. Taylor. «Er wusste ganz genau, wo er nach wohlhabenden Sympathisanten zu suchen hatte; und er nahm deren Geld, ohne dass dies dem demokratischen Charakter [seiner Bewegung] abträglich gewesen wäre. Seine Führungsrolle wurde von Millionären und Fabrikarbeitern gleichermaßen anerkannt.»[11] Unter den Millionären befanden sich Quäker wie etwa der reiche, aber bescheiden lebende Schokoladenfabrikant William Cadbury. Zuwendungen vonseiten solcher Förderer sicherten das Erscheinen der *West African Mail,* und es war die Zeitung und keineswegs die *Congo Reform Association,* von der Morel sein Gehalt ausgezahlt bekam. Sonderbarerweise investierte auch Sir Alfred Jones von der Reederei Elder Dempster etwas Geld in die Zeitung, offenbar in der Hoffnung, die Haltung seines früheren Angestellten zu besänftigen. Seine Hoffnung erfüllte sich indessen nicht: Morel griff Jones mehrfach schonungslos an und entlarvte seine Machenschaften als Leopolds Hauptverbündeter in England. Als Jones zu der Einsicht kam, dass er keinerlei Einwirkungsmöglichkeit hatte, zog er seine Anzeigen aus der Zeitung zurück.

Morel wusste genau, wie er seine Botschaft an den Mann zu bringen hatte. Britische Geschäftsleute erinnerte er daran, dass sie durch Leopolds Monopolsystem, dem dann auch die Franzosen nacheiferten, weitgehend vom Handel mit dem Kongo ausgeschlossen waren. Geistlichen erzählte er von der Verantwortung des Christenmenschen und zitierte aus den Schreckensberichten der Missionare. Und an die Adresse der Briten im Allgemeinen und ihrer Parlamentsabgeordneten gerichtet beschwor er jene weit verbreitete, wenn auch unausgesprochene Überzeugung, dass England die besondere Verantwortung trage, Anstand und gutes Benehmen in allen Weltteilen durchzusetzen.

Erstaunlich bei seinem Kongo-Kreuzzug war die Tatsache, dass Morel, abgesehen von Ausflügen, die ihn auf öffentlichen Veranstaltungen ans Rednerpult führten, alles von seinem Arbeitszimmer aus erledigte. Von den neun Jahren, die die *Congo Reform Association* Bestand hatte, lebte er gut vier Jahre nicht einmal in London. Bis Dezember 1908 befand sich das Hauptbüro der C.R.A. in Liverpool. Von dort und von seiner Wohnung im nahe gelegenen Hawarden aus unterhielt Morel eine umfangreiche Korrespondenz. So verfasste er in den ersten sechs Monaten des Jahres 1906 an die 3 700 Briefe. Noch wichtiger war, dass sein gewaltiger Ausstoß an Büchern, Broschüren und Zeitungsartikeln über den Kongo die Menschen dazu brachte, sich brieflich an ihn zu wenden. Sorgfältig prüfte er neu hereinkommende Nachrichten auf ihre Richtigkeit, analysierte Zeitungen und Dokumente aus Belgien und korrespondierte mit Regierungsbeamten, Journalisten und Kaufleuten in Europa und Afrika. Nach eigener Schätzung hatte er im Jahre 1908 an die 20 000 Briefe über den Kongo zusammengetragen, die ihm als Grundlage für zahlreiche seiner Veröffentlichungen dienten.

Obwohl er die Amtsreligion verachtete, sprach er selbst im Tonfall eines evangelischen Predigers. Für ihn waren Leopold und seine Helfershelfer wie etwa die «kriecherische, kongofreundliche Presse in Brüssel und Antwerpen» der Teufel in Person[12]; die Kongo-Kolonialverwaltung war ein «böses und gottloses System, das den eingeborenen Völkern schreckliches Unrecht zufügt».[13] Morel traf genau die Stimmung der damaligen Zeit, weil auch er sie teilte: Optimismus, grenzenloses Vertrauen in eine Gesellschaft, die die Weltkriege weder kannte noch sich vorstellen konnte, und der Glaube, dass die Menschheit alle Hindernisse auf dem Wege des Fortschritts umgehend werde beseitigen können. «Unsere Vorfahren haben den überseeischen Sklavenhandel zerschlagen», heißt es in seinem Buch *King Leopold's Rule in Africa*, «und wir werden dem heutigen Sklavenhandel im Inneren des Kongo ein Ende machen.»[14]

Er war sehr bemüht, die Kongo-Reformbewegung aus der Parteipolitik und den religiösen Konflikten herauszuhalten. So achtete er darauf, dass bei wichtigen Veranstaltungen stets Unterhausabgeordnete aus den drei großen Parteien, Geistliche der Staatskirche und der dissidentischen Kirchen, eine Auswahl von Honoratioren, Bürgermeistern und sonstigen Notabeln auf der Rednertribüne versammelt waren. Er besaß ein hervorragendes Gefühl dafür, wie eine Veranstaltung propagandistisch vorzubereiten war: Nicht selten gab es am Nachmittag vor einer großen regionalen Protestversammlung zum Kongo im Rathaus ein Treffen mit dem örtlichen Bürgermeister und den Würdenträgern. Anschließend pflegte dann der Bürgermeister den ganzen Abend über auf dem Podium zu sitzen. Noch vor Ablauf des Jahres 1905 war nach diesem Schema auf über 60 Massenveranstaltungen eine Resolution verabschiedet worden, in der Leopolds Herrschaft als eine Neuauflage des Sklavenhandels in Afrika verurteilt wurde und die einen Appell enthielt «an die Regierung Seiner Majestät, eine Versammlung der christlichen Staaten einzuberufen ..., um einen Plan für eine ordentliche Verwaltung der Länder am Kongo zu erarbeiten und in die Tat umzusetzen».[15] In Liverpool konnte ein Saal mit annähernd 3000 Plätzen längst nicht alle Zuhörer aufnehmen, sodass auch noch zwei angrenzende Säle gefüllt wurden. Auf vergleichbaren Massenveranstaltungen überall in England und Schottland hörte man laut den Ruf «Schande! Schande!».

Als Meister in der Behandlung der Massenmedien seiner Zeit setzte Morel zumal die Fotografie besonders wirksam ein. Herzstück fast jeder Kongo-Protestveranstaltung war ein Lichtbildvortrag mit etwa 60 anschaulichen Fotos über das Leben unter Leopolds Regiment. Ein halbes Dutzend dieser Bilder zeigte verstümmelte Afrikaner beziehungsweise abgehackte Hände. Diese Fotos, die auf den Veranstaltungen und über die Presse alles in allem von Millionen Menschen gesehen wurden, hatten eine Beweiskraft, die von keiner Propaganda widerlegt werden konnte.

Auf anderen Lichtbildern waren Schaubilder und Diagramme mit den Profiten zu sehen, die Leopold schätzungsweise aus dem Kongo herauszog. Sogar Gedichte wurden gezeigt, die durch Engagement wettmachten, was ihnen an künstlerischer Qualität fehlte:

> Kein Ideal und auch kein Glaube führt' jenen Leopold
> auf seinen Weg,
> Auch keine Raserei, weil halb nur glanzvoll die Geburt,
> bracht' ihn dorthin,
> Mit kühlem Blick ließ er die Hunde von der Kette, zu
> stückeln und zu reißen,

> Nur um mit schierem Gold zum Bersten voll die Schatzkammer zu stopfen.
> Gedenke seiner, Zeit! O Erde, lass nicht Vergessen kommen über ihn,
> Preis seinen Namen mit Fanfarenstoß und tauch die Taten in das hellste Licht.[16]

Um Leopolds Taten nun wirklich «in hellstes Licht zu tauchen», musste Morel seine Zeitungskollegen mobilisieren. Er kannte die Chefredakteure der meisten Zeitschriften und Zeitungen Englands, und für viele, zu denen sogar die renommierteste von allen, die *Times*, gehörte, schrieb er regelmäßig Beiträge. Suchte ein Chefredakteur einen Reporter, den er nach Belgien oder in den Kongo schicken konnte, dann war Morel stets in der Lage, einen Kandidaten zu nennen. Er fädelte den «Sturz» eines Brüsseler Korrespondenten der *Times* ein, wie er mit Genugtuung geltend machte, weil er ihn für zu wohlwollend gegenüber Leopold hielt.[17] Er versorgte sympathisierende Zeitungen in Belgien mit Informationen und war über seine Verbindungen zum Press-Association-Nachrichtendienst in der Lage, sein Material über die ganze Welt zu verbreiten. Als der berühmte amerikanische Korrespondent Richard Harding Davis von der Zeitschrift *Collier's* nach Afrika geschickt wurde, hatte er Morels neueste Erkenntnisse im Gepäck und betete sie in seinen Artikeln nach.

Dank der wertvollen Unterstützung durch Casements Bericht erreichte die von Morel auf die Beine gestellte internationale Kampagne die Presse auf der ganzen Welt. Sein sorgfältig geführtes Archiv enthält, für den Zeitraum von zehn Jahren seit 1902, 4194 Zeitungsausschnitte, in denen es um die Kampagne für die Kongo-Reform geht.[18] Auch kümmerte er sich nicht nur um die Zeitungen: So dankt etwa der Verfasser eines 1906 erschienenen Abenteuerbuchs für Jungen mit dem Titel *Samba: Die Geschichte der Kautschuk-Sklaven im Kongo* in seinem Vorwort den Funktionären der C. R. A. «für ihr Entgegenkommen bei der Lektüre des Manuskripts und der Durchsicht der Fahnen des vorliegenden Buches sowie für die vielen hilfreichen Anregungen und kritischen Bemerkungen».[19] Sich selbst beschrieb Morel als «vom Kongo Besessenen». Ein Brief an seinen Förderer, den Quäker William Cadbury, aus dem Jahre 1906 veranschaulicht diese Besessenheit:

> «*Buch.* Diese Woche erschienen … [gemeint ist *Red Rubber]*
> *Glasgow.* Der Bürgermeister hat eine Ratssitzung einberufen. Muss wahrscheinlich hin.
> Bemühe mich um die Bildung einer Ortsgruppe der C.R.A. Haben Sie in Glasgow irgendwelche prominenten Freunde, die Sie anschreiben könnten?
> *Frankreich.* Noch diesen Monat wird eine französische C.R.A. gegründet …
> *Die Flut steigt immer mehr.* Bitten um Unterlagen gehen in wahren *Schwärmen* ein …
> Zwölf bis zwanzig Briefe täglich wegen Unterlagen, Informationen usw.»[20]

Morel hatte, wie schon vor ihm die Gegner des Sklavenhandels, begriffen, dass jede auf nationaler Ebene tätige Organisation Ortsvertretungen brauchte, und dementsprechend hatte auch die C.R.A. überall in England und Schottland ihre «Nebenstellen». Diese Gruppen veranlassten ihre Mitglieder, Gelder locker zu machen, Briefe an ihre Unterhausabgeordneten zu schreiben und ihre Lokalzeitungen in einem fort mit Zuschriften einzudecken. Eine Frauensektion entsandte zwei Vertreterinnen in den Exekutivausschuss der C. R. A. Auf diese Weise übte Morel ständigen Druck auf die britische Regierung aus. Er und seine Helfer zogen keinen Augenblick in Zweifel, dass Großbritannien König Leopold zwingen konnte, seine Methoden zu ändern, oder den Kongo seinem Zugriff sogar vollständig entreißen konnte, wenn es sich denn zum Handeln entschließen würde.

Am wirksamsten aber waren, wie Morel sehr wohl wusste,

jene Fürsprecher, die mit einem Wissen aus erster Hand aufwarten konnten. Ab 1906 begannen zurückgekehrte Baptistenmissionare wie der Reverend John Harris und seine Frau Alice Seeley Harris – sie hatte fast alle von Morel benutzten Fotos gemacht – ganztägig für den Verein zu arbeiten. Der Eifer, den die Harris an den Tag legten, nahm es mit dem von Morel auf. In den beiden ersten Jahren ihrer Zusammenarbeit mit der C.R.A. traten sie, allein oder zu zweit, bei 600 Veranstaltungen in der Öffentlichkeit auf. In Wales passierte es, dass eine Dame aus einem zahlreich anwesenden Publikum Alice Harris vor Rührung ihren Schmuck aushändigte, damit diese ihn zum Besten der Bewegung verkaufe.[21] Die Harris zeigten *chicottes* und Beinfesseln vor, und überall in England brachten sie Kirchengemeinden spezielle Hymnen für «Kongo-Sonntage» bei. Vor entsetzten Zuhörern schilderten sie ihre persönlichen Erlebnisse, wie etwa das folgende, das später von John Harris zu Papier gebracht wurde:

> «Da stehen 40 ausgemergelte Söhne eines afrikanischen Dorfs in einer Reihe, ein jeder trägt sein Körbchen mit Kautschuk. Der Tribut an Kautschuk wird gewogen und angenommen, aber … vier Körbe erreichen nicht das geforderte Gewicht. Der Befehl ist unmenschlich knapp und scharf. Unverzüglich wird der erste Delinquent von vier sehnigen ‹Bütteln› ergriffen, auf den nackten Boden geworfen, an Händen und Füßen gefesselt, während ein Fünfter hinzutritt, der eine lange Peitsche aus geflochtener Nilpferdhaut in der Hand hält. Rasch und ohne Unterlass saust die Peitsche herunter, und ihre scharfen, gerippten Enden schneiden tief ins Fleisch ein, an Rücken, Schultern und Gesäß spritzt das Blut aus einem Dutzend Wunden. Vergeblich windet sich das Opfer im Griff des Büttels, und dann schneidet die Peitsche in andere Körperteile des wehrlos Zitternden – und bei einem der vier in das empfindlichste Teil des mensch-

lichen Körpers. ‹Hundert Hiebe für jeden›, und zurück bleiben vier leblose Körper mit blutenden Wunden und bebenden Leibern auf dem glitzernden Sand der Kautschuksammelstation.

Auf diesen entscheidenden Vorfall folgte gleich noch ein anderer. Wir hatten gerade das Frühstück beendet, als ein afrikanischer Vater die Stufen zur Veranda unseres Lehmhauses hinaufstürzte und auf dem Fußboden Hand und Fuß seiner kleinen Tochter niederlegte, die nicht älter als fünf Jahre sein mochte.»[22]

Während Morels Kampagne durch Europa wogte, wurden in einem fort wütende Botschaften von Brüssel nach Boma, der Hauptstadt des Kongo, depeschiert und von dort zu den abgelegensten Vorposten. In der Nähe der englischen Missionsstation, auf der das Ehepaar Harris gearbeitet hatte, stationierte der Staat einen stellvertretenden Staatsanwalt, dem der Generalgouverneur folgendes Schreiben schickte:

«Der Hauptgrund für Ihre Versetzung nach Baringa ist der, dass die Regierung von Ihnen einen regelmäßigen Bericht über alle Vorfälle zu erhalten wünscht, die mit der Wühlarbeit der Missionare in Zusammenhang stehen ... Für Sie wird sich wahrscheinlich die Notwendigkeit ergeben, mehrere Schwarze mit dem Sammeln nützlicher Informationen in den Dörfern der Region zu beauftragen, insbesondere wenn die Missionare über Land reisen.

Ich ermächtige Sie hiermit, zu diesem Zwecke fünf Personen einzustellen; ich habe dem Generalkommissar des Äquatordistrikts Anweisung erteilt, Ihnen die erforderlichen Mittel zur Verfügung zu stellen. Sie werden diese Mittel nach Ihrem Ermessen verwenden, ob Sie damit schwarze Beschäftigte einstellen ... oder Geschenke ver-

> teilen an bestimmte Eingeborene in den Dörfern, die Sie auf dem Laufenden halten können …
> Es versteht sich von selbst, dass dies mit der größten Diskretion zu geschehen hat.»[23]

In den folgenden Monaten wandte sich der Staatsanwalt in Boma mehrfach mit der Bitte an seinen Vertreter in Baringa, die Pläne in Erfahrung zu bringen, die auf einer bevorstehenden Versammlung protestantischer Missionare erörtert werden sollten. Einige Wochen später folgte eine Sammlung von Ausgaben der Morel'schen *West African Mail* aus den zurückliegenden sieben Monaten sowie die Mitteilung, dass weitere Exemplare der Zeitung nachgesendet würden, sobald sie in der Hauptstadt eingetroffen seien:

> «Vor allem möchte ich Sie darauf hinweisen, welche Bedeutung es für die Regierung hat, dass alle Unrichtigkeiten in den Beschuldigungen der Missionare festgehalten werden, um die Böswilligkeit zu erweisen, die hinter ihren Attacken gegen den Staat steckt. Es ist von Wichtigkeit, dass Sie jede einzelne Ausgabe einer äußerst sorgfältigen Prüfung unterziehen und mir einen entsprechenden Bericht über die darin festgestellten Unrichtigkeiten zukommen lassen …»[24]

Je mehr die Kritik an Leopold an Schärfe zunahm, umso strikter wurde die Überwachung, die die Regierung gegenüber Morels Informanten im Kongo veranlasste. Von diesen war keiner in größerer Gefahr als Hezekiah Andrew Shanu.[25]

Großbritannien hatte seine afrikanischen Kolonien bereits lange vor Leopold gegründet, und der Kongo-Staat wendete sich in der ersten Zeit dorthin, um erfahrene Arbeiter, Soldaten oder sonstige Beschäftigte zu rekrutieren. Shanu wurde im heutigen Nigeria geboren und erhielt dort auch eine Ausbildung als Lehrer. Im Jahre 1884 begann er, für Leopolds Regierung zu arbeiten; eine seiner Aufgaben bestand darin, in seinem Herkunftsland

Soldaten für die Zentralgewalt auszuheben. Nachdem er als Schreiber und französisch-englischer Dolmetscher beim Stab des Gouverneurs in Boma eingestellt wurde, holte er seine Frau, seinen Schwager und andere Familienmitglieder von Lagos in den Kongo. Im Jahre 1893 quittierte er den Staatsdienst, um auf eigene Rechnung Geschäfte zu machen. Ein Jahr später reiste er nach Belgien, kaufte für sich ein Klavier und ein Dampfboot und schickte seinen Sohn dort auf die Schule. In allen Ländern mit Kolonien gibt es ein aufnahmebereites Publikum für dankbare Untertanen, und Shanu wurde mit großer Begeisterung aufgenommen, als er Vorträge über den Kongo hielt und den Belgiern für ihre Wohltaten dankte. In einer Zeitung hieß es anerkennend, dass Shanu «sich völlig korrekt auf Französisch ausdrückt»,[26] und eine andere beschrieb ihn gönnerhaft als «ein bemerkenswertes Beispiel für die Verbesserungsfähigkeit der Neger-Rasse».[27] Shanu war ein hoheitsvoll dreinblickender Mann, der bei offiziellen Gelegenheiten einen gestärkten weißen Hemdkragen trug und ein Ordensband des Kongo-Freistaats am Revers hatte.

Nach Aufenthalten in England, Frankreich und Deutschland kehrte Shanu in den Kongo zurück und wurde – ein bemerkenswerter Vorgang in diesem von Europäern zu ihrem eigenen Vorteil gegründeten Staat – ein erfolgreicher Geschäftsmann. Er eröffnete in Boma einen gut sortierten Laden mit Konserven und sonstigem Proviant aus Europa. Des Weiteren betrieb er eine Schneiderei und eine Wäscherei und besaß in Boma und in der Eisenbahnendstation Matadi einige kleine Pensionen. Er fotografierte für sein Leben gern, und einige seiner Bilder ließ er in der Brüsseler Zeitschrift *Le Congo Illustré* veröffentlichen. Als er ein Haus, das ihm gehörte, an einen der ersten britischen Vizekonsuln vermietete, machte er auf diesen einen so starken Eindruck, dass er ihn für die Zeit seines Heimaturlaubs dem *Foreign Office* als seinen Vertreter empfahl. Shanu war auch bei seinen früheren Dienstherren geachtet. Als im Jahre 1900 in Boma ein Aufstand der *Force Publique* ausbrach, dankten ihm Regierungsbeamte für seine Hilfe bei ihrem Bemühen, ein Übergreifen der Rebellion auf die westafrikanischen Arbeiter der Stadt zu verhindern. Er bot sogar an, gegen die Aufständischen Waffengewalt anzuwenden. «Monsieur Shanu hat in diesen unruhigen Tagen seine lauterste Treue zum Staat unter Beweis gestellt», schrieb ein hoher Beamter des Freistaats.[28]

Bis zu diesem Zeitpunkt hatte Shanu sein Schicksal ganz und gar an das der Herrscher des Kongo gebunden. Irgendetwas – wir wissen nicht, was – löste dann allerdings einen Gefühlsumschwung in ihm aus, und er schlug sich ins Lager der Feinde Leopolds. Für einen Schwarzen, der in der Hauptstadt des Kongo lebte, war dies ein gefährlicher Schritt. Ein Indiz für seine gewandelte Haltung war, dass er eines Tages Roger Casement mit Informationen über die schlechte Behandlung der westafrikanischen Arbeiter im Kongo versorgte. Es scheint, dass ihn Casement im Gegenzug von der Kampagne in Kenntnis setzte, die Morel derweil in Europa aufzog. Als Casement im Jahre 1903 im Rahmen seiner Untersuchungen das Landesinnere bereiste, übersandte Shanu Morel einen Scheck mit der Bitte um Kopien seiner Schriften. Hocherfreut, direkt in der Hauptstadt seines Gegners über einen afrikanischen Bundesgenossen zu verfügen, schickte Morel auf der Stelle einen Antwortbrief samt einem Abonnement für seine Zeitung, einem Buch und einigen Broschüren. «Ich kenne Ihre Ansichten zur Kongo-Frage nicht», schrieb er, «sollten sie sich allerdings mit den meinen decken, so würde ich mich freuen, wenn Sie mir von Zeit zu Zeit Informationen zukommen ließen.»[29] Einige Wochen später schrieb Morel erneut und machte dabei deutlich, dass Shanu vermeiden könne, die Aufmerksamkeit der Postzensur in Boma auf sich zu ziehen, wenn er seine Briefe an Morels Schwiegervater in Devon adressiere. Wenig später schon hatte Shanu interessante Nachrichten mitzuteilen.

Seit in Europa Proteste gegen Leopolds Herrschaft laut geworden waren, hatte der Kongo-Staat regelmäßig mit großem propagandistischem Aufwand gegen niedere Chargen der weißen

Beamtenschaft Prozesse wegen begangener Grausamkeiten gegen Schwarze eingeleitet. Gelegentlich wurden die überführten Täter zu Gefängnisstrafen verurteilt, die sie allerdings nur zu einem geringen Teil absitzen mussten, bevor sie wieder auf freien Fuß gesetzt wurden. Gerichtsverfahren können allerdings für eine autokratische Regierung mit Risiken verbunden sein, insofern dabei abträgliche Fakten ans Licht der Öffentlichkeit kommen. Wie andere zweitrangige Sündenböcke in Diktaturen auch sonst auf der Welt, so brachten auch diejenigen, die brutaler Massaker im Kongo beschuldigt wurden, in der Regel vor, dass sie lediglich Befehle ausgeführt hätten, und oft konnten sie zum Beleg ihrer Einlassungen Zeugen oder Dokumente aufbieten. Dem Staat war daher daran gelegen, die Mitschriften dieser Verfahren geheim zu halten, und etliche Jahre sickerte praktisch auch nichts durch. Morel, der wusste, dass die vor Gericht verwendeten Beweise für die Kongo-Reformkampagne eine wertvolle Schützenhilfe waren, forderte Shanu auf, alles ausfindig zu machen, dessen er habhaft werden konnte.

Ein besonders aufschlussreicher Fall erlebte Anfang 1904 seinen Höhepunkt.[30] Dem Hauptangeklagten, einem schießwütigen Agenten der Kautschukgesellschaft namens Charles Caudron, wurden zahlreiche Verbrechen zur Last gelegt, darunter der Mord an mindestens 122 Afrikanern. Zum Teil wurde ihm der Prozess gemacht, damit der Staat geltend machen konnte, ihm lägen die Menschenrechte am Herzen; allerdings spielten für die Behörden auch andere Beweggründe eine Rolle. Caudron hatte nämlich den Befehlshaber der *Force Publique* in seinem Distrikt gegen sich aufgebracht, weil er meinte, nur er habe das Recht, in dieser Gegend Militäraktionen durchzuführen. Und er weitete seine Terrorherrschaft so vehement aus, dass infolgedessen an diesem äußerst profitträchtigen Standort die Produktion zum Erliegen kam.

Das Verfahren brachte etliches über Anordnungen der Regierung zutage, die verfügt hatte, das Festhalten von Geiseln zu dulden. Überdies setzte das Berufungsgericht das gegen Caudron verhängte Urteil wegen «mildernder Umstände» herab. Die Richter bemühten den gängigen Topos vom faulen Eingeborenen und verwiesen auf die «großen Schwierigkeiten, vor denen [Caudron] stand, als er seine Aufgabe inmitten einer Bevölkerung wahrnahm, der jeglicher Gedanke an Arbeit absolut widerstrebte, die kein anderes Gesetz anerkennt als die Gewalt und gegen die auch kein anderes Mittel der Überredung hilft als der Terror».[31]

Shanu gelangte an einige Dokumente des Gerichts und übersandte sie heimlich Morel, der sie sogleich mit dem Argument an die Öffentlichkeit brachte, dass sie der «vernichtendste Schlag sind, den der Kongo-Staat je zu verzeichnen hatte».[32] Das war eine Übertreibung, aber das Informationsmaterial war tatsächlich schädigend. Das Unangenehmste daran war aber, dass es direkt von höheren Beamten des Kongo-Staates stammte. Es erregte die Aufmerksamkeit des britischen Außenministeriums und fand Eingang in einen offiziellen Bericht.

Shanus zweiter Beitrag zur Kampagne gegen den Kongo nahm indessen einen tragischen Verlauf. Shanu betätigte sich als Verbindungsmann zwischen Morel und einem Beamten der Kongo-Administration, dem Polizeichef von Boma, der behauptete, er besäße Informationen, die er den Reform-Leuten übergeben oder verkaufen wollte. Der Mann erwies sich allerdings als hinterhältig; er attackierte Morel in der belgischen Presse und stellte Shanu als dessen Komplizen bloß. Morel sah in Shanu einen Mann «von untadeligem Ansehen und großem Mut»;[33] er fürchtete um dessen Leben und bedrängte den britischen Konsul in Boma, alles zum Schutze Shanus zu tun, was in seiner Macht stand. Er übermittelte Shanu Hilfsangebote und erbat voller Besorgnis weitere Nachrichten. Was kam, waren keine guten Nachrichten. Da Shanu britischer Staatsbürger war, wollten die Behörden des Kongo durch seine Verhaftung keinesfalls das Risiko eingehen, einen internationalen Zwischenfall zu provozieren. Stattdessen schikanierten sie ihn in einem fort und gingen sogar so weit, ihm die Medaille wieder abzuerkennen, die ihm für seine Verdienste um den Staat verliehen worden war. Sodann wurde allen Staatsbediensteten verboten, Shanus Geschäfte in irgendeiner Form zu fördern. Das war das sichere Aus. Im Juli 1905 beging Hezekiah Andrew Shanu Selbstmord.

Um die Jahrhundertwende war das Hôtel du Palais de l'Élysée in der Nähe des Arc de Triomphe eines der elegantesten in Paris. Eines Tages fiel einem Gast zufällig eine junge Frau ins Auge, die ebenfalls in dem Hotel wohnte: Es war Caroline oder vielleicht auch Blanche Delacroix oder vielleicht auch Lacroix. Obwohl noch nicht einmal 20 Jahre alt, war Caroline die Geliebte von Antoine-Emmanuel Durrieux, einem ehemaligen Offizier der französischen Armee. Durch Pferdewetten suchte er ihrer beider Lebensunterhalt zu sichern. Wenn ihn zuzeiten sein Wettglück verließ, scheint sich Durrieux auch als Carolines Zuhälter betätigt zu haben. Ihre Zimmer im Élysée-Hotel schienen dafür eine nützliche Ausgangsbasis zu sein, aber oftmals verließen sie die Stätte, ohne ihre Rechnungen bezahlt zu haben. Für die Kalamität tat sich eine unerwartete Lösung auf, als eine Frau mit den Worten an Caroline herantrat: «Madame, mich schickt ein Gentleman, dem Sie aufgefallen sind. Er ist eine sehr hoch gestellte Persönlichkeit, aber seines hohen Ranges wegen muss ich seinen Namen verschweigen.»[34]

Für den nächsten Tag wurde ein Treffen vereinbart. Nach Carolines nicht immer verlässlichen Memoiren habe Durrieux, angetan mit Zylinderhut und perlgrauen Handschuhen, einen Feldstecher um den Hals gehängt, ahnungslos das Haus Richtung Rennplatz verlassen. (Wahrscheinlicher ist, dass er ganz und gar im Bilde war und im Voraus sein Geld bekommen hatte.) Caroline begab sich zu einem Gebäude in der benachbarten Rue Lord Byron und suchte darin ein abgelegenes Zimmer auf. Die hoch gestellte Persönlichkeit traf in Begleitung von zwei Adlaten ein, die jeweils an Carolines Seite Platz nahmen und ihr sogleich Fragen stellten. «Es war nicht wirklich eine Unterhaltung», schreibt sie, «vielmehr war es eine Reihe belangloser Fragen, die abwechselnd erst der eine und dann der andere mir vorlegten … Durch dieses Fragen war ich gezwungen, meinen Kopf zuerst nach rechts und sodann nach links zu wenden. Ich musste bei meinen Antworten gar nicht groß nachdenken, ihr einziges Ziel war, wie ich später erfuhr, dem schweigsamen Herrn mein Profil von beiden Seiten zu präsentieren.»[35] Nachdem er solcherart seinen «Neuerwerb» geprüft hatte, lächelte er hinter seinem Bart und brachte seine Genugtuung zum Ausdruck. Er lud Caroline ein, ihn bei einer Reise nach Österreich zu begleiten; anderntags ging ein großer Geldbetrag ein mitsamt einigen leeren Reisekoffern, die Caroline mit neuen Kleidern ihrer Wahl voll packen sollte. Ihr Bewunderer hatte den Schlüssel zu ihrem Herzen gefunden, denn nichts in aller Welt liebte sie mehr, als sich neue Kleider zu kaufen. Caroline war 16 Jahre alt, König Leopold II. 65.

Damals wie heute blieb alles, was das Königshaus betraf, nicht lange geheim. Die Höflinge klatschten, die Lakaien flüsterten, und bald schon waren die Zeitungen ganz Europas voll mit Neuigkeiten über diese skandalöse Liebesaffäre. Leopolds Vorliebe für überaus junge Frauen war seit langem bekannt, aber seinen Kopf wegen einer 16-jährigen Kokotte zu verlieren, das war nun wirklich etwas ganz anderes. Seine neue Geliebte hätte vom Alter her leicht seine Enkelin sein können. Leopolds chaotisches Familienleben und seine sexuellen Vorlieben sind alles andere als belanglos für die Kongo-Geschichte. Es entbehrt nicht einer gewissen Pikanterie, dass ihn diese Eskapaden vermutlich in Belgien mehr Popularität kosteten[35] als irgendeine der Grausamkeiten, die er in Afrika verübte. Dies wiederum bedeutete, dass nur wenige seiner Landsleute gewillt waren, sich hinter ihn zu stellen, sobald er zur Zielscheibe einer weltweiten Protestbewegung wurde.

Und dank seiner persönlichen Schwächen bot er sich als Zielscheibe der von Morel aufgerüttelten internationalen Presse geradezu an. Der mittlerweile weiß gewordene, starke Bart machte ihn zur Idealfigur der Karikaturisten. Seine massige, in einen Umhang gehüllte Person stolzierte über die Seiten der europäischen Zeitungen: sein bluttriefender Bart, seine Hände, mit denen er Schrumpfköpfe vom Kongo umklammert, seine Augen, die gierig die Tänzerinnen eines *Corps de Ballet* verschlingen. Zum Mittagessen verspeist er den abgetrennten und mit Bajonetten garnierten Kopf eines Afrikaners. Zar Nikolaus II. beklagt sich, dass seine Knute keine Wirkung mehr zeigt, sein Vetter Leopold, in ein Tigerfell gekleidet, empfiehlt ihm daraufhin die *chicotte*. Leopolds verstoßene Töchter betteln mit bekümmerter Miene ihren Vater um Carolines abgelegte Kleider an. Leopold und der türkische Sultan stimmen beide ein kräftiges Gelächter an und prosten sich zu, als sie die Massaker an den Kongolesen und an den Armeniern miteinander vergleichen.

Die Liaison des Königs mit seiner neuen Geliebten bestand schon einige Jahre, als seine Gemahlin Marie-Henriette – sie war schon längere Zeit leidend gewesen – starb; ihre ganze Liebe hatte den Pferden und der Musik gegolten. Mit diesem Augenblick wurde seine Liebesleidenschaft für Caroline in skandalöser Weise für alle sichtbar. Er quartierte sie in einem prachtvollen Landsitz ein, der Villa Vanderborght, die dem königlichen Anwesen in Laeken geradewegs gegenüberlag, und ließ eine Fußgängerbrücke über die Straße bauen, sodass er sie jederzeit unbemerkt besuchen konnte, wenn ihm danach war.

Er war unbändig eifersüchtig auf Caroline, wie es scheint, mit Recht. Einmal überraschte er sie in der Brüsseler Villa mit Durrieux, jenem Exoffizier, dem er sie weggenommen zu haben glaubte. Caroline versuchte, ihn als ihren Bruder auszugeben, aber er scheint auch bei anderen Gelegenheiten in Erscheinung getreten zu sein. Eine Zeitung teilte ihren Lesern mit, dass Caroline und Durrieux in alle ihre Wohnsitze geheime elektrische Glocken hätten einbauen lassen, damit die Dienerschaft sie bei Annäherung Leopolds warnen konnte.

Nach ihrem Umzug nach Brüssel machte Caroline nach wie vor häufige Reisen nach Paris, um ihre Schneiderin und ihre Putzmacherin aufzusuchen. (In dieser Zeit, so rühmte sie sich einmal, habe sie in einem einzigen Geschäft, bei Callot, Kleider im

Wert von drei Millionen Francs gekauft.) Als sie sich beim König darüber beklagte, dass der Abendschnellzug zurück nach Brüssel zu früh abfahre, sodass ihr zu wenig Zeit zum Einkaufen bleibe, redete Leopold, der nicht das Risiko eingehen wollte, Caroline über Nacht in Paris und außerhalb seiner Aufsicht zu wissen, mit dem Präsidenten der Eisenbahngesellschaft. Seitdem fuhr der Zug eine Stunde später ab.[37]

Caroline lernte rasch, sich Leopolds Eigenheiten zunutze zu machen, zum Beispiel seine Hypochondrie. «Eines Tages, als ich ein paar freie Stunden für mich selbst brauchte, nieste ich einfach und erhielt sie. Wie oft habe ich Intrigantinnen vom König fern gehalten, indem ich ihm einfach sagte, dass sie eine Erkältung hätten!»[38]

Leopold nahm Caroline überallhin mit. Angeblich reiste sie inkognito, aber mit einem ständig wachsenden Gefolge an Dienern wurde dies immer schwieriger. Die Öffentlichkeit war schockiert, dass sie den König auch begleitete, als er im Jahre 1901 zum Begräbnis seiner Cousine, Königin Victoria, nach London fuhr. Leopold verlor indessen auch nicht völlig das Interesse an anderen jungen Frauen – in Brüssel, Paris und anderswo schickte er regelmäßig seinen Kammerdiener oder einen sonstigen Mittelsmann aus, um nach Anwärterinnen Ausschau zu halten, die seinen detaillierten körperlichen Angaben entsprachen –, Caroline dagegen gehörte einer anderen Kategorie an. Beide schienen sie ihren Altersunterschied noch betonen statt kaschieren zu wollen: sie nannte ihn den Très Vieux, und er bezeichnete sie als seine Très Belle. Insoweit ein Mensch wie Leopold überhaupt fähig war zu lieben, erwies sich diese halbwüchsige Prostituierte als die Liebe seines Lebens.

Aber nicht nur infolge seiner Liaison mit Caroline büßte Leopold bei seinen belgischen Untertanen an Popularität ein. Es dämmerte der Bevölkerung allmählich, dass das Land aus dem Kongo nur geringen Gewinn zog: Die Masse der Gewinne ging schnurstracks in Carolines Kleider und Villen und in weitaus größerem Umfang in die Bauvorhaben des Königs. Da Leopold künstlerischen Werken wie etwa der Literatur oder dem Theater nur wenig abgewinnen konnte und eine offenkundige Abneigung gegen die Musik hatte, steckte er sein Geld zumeist in Bauten, und je größer diese waren, desto besser.

Jahrelang hatte der König Armut vorgeschützt, als aber im ganzen Land die Triumphbögen, Museen und Denkmäler nur so aus dem Boden schossen, konnte er diesen Vorwand nicht länger aufrechterhalten. Die Empörung der Belgier wuchs noch, als herauskam, dass ihr König einen Großteil seines neu erworbenen Reichtums im Ausland ausgab. Schon bald war er einer der größten Grundstücksbesitzer an der französischen Riviera, wo er zugleich ein Dock für seine Fünfzehnhundert-Tonnen-Yacht *Alberta* errichtete und von Architekten aus Nizza eine ganze Serie prachtvoller Villen entwerfen und bauen ließ. Zu seinem Grundbesitz gehörte der größte Teil des Landes am Ende des malerischen Halbinselchens Cap Ferrat, das damals wie heute zu den teuersten Seegrundstücken der ganzen Welt zählte.

Leopold überschüttete seine junge Geliebte mit Schlössern und Schlösschen. Als sie schwanger war, teilten sich der König und die französische Regierung die Kosten für den Bau einer neuen Straße nahe ihrer Villa auf Cap Ferrat, um ihrer Kutsche ein sanfteres Fahren zu ermöglichen. Als ihr Sohn geboren wurde, erhielt er den Titel eines Herzogs von Tervuren, und sie durfte sich Baronin von Vaughan nennen. Der König unternahm mit ihr eine Kreuzfahrt durchs Mittelmeer, aber die belgische Öffentlichkeit konnte sie nicht ausstehen; ihre Kutsche wurde auf den Straßen Brüssels sogar einmal mit Steinen beworfen. Für das europäische Publikum war Leopolds öffentliches und privates Leben fortan ein und dasselbe. Carolines zweiter Sohn wurde mit einer missgebildeten Hand geboren. Daraufhin zeigte eine Karikatur im *Punch* den König mit seinem Neugeborenen auf dem Arm, drum herum die Leichen von Kongolesen, deren Hände abgeschlagen waren. Die Unterschrift dazu lautete: RACHE VON OBEN.

Wie fühlte sich Leopold, wenn er zur Zielscheibe derart wütender Angriffe wurde? Er reagierte unübersehbar mit Entrüstung; in einem Brief an einen Berater schrieb er einmal: »Ich werde nicht zulassen, dass man mich mit Blut oder Schlamm beschmutzt.»[39] Dabei zeugte der Ton, den er anklingen ließ, stets von Verärgerung oder Selbstmitleid, nie war so etwas wie Scham oder ein Schuldgefühl zu spüren. Nach Aussagen eines Militärberaters soll er einmal, als ihm eine Karikatur in einer deutschen Zeitung unter die Augen kam, in der dargestellt wurde, wie er mit seinem Schwert Hände abhackte, ausgerufen haben: «Hände abhacken, das ist idiotisch! Ich würde eher alles Übrige abschneiden, aber doch nicht die Hände. Genau die brauche ich doch im Kongo!»[40] So verwundert es denn auch kaum, dass Premierminister Auguste Beernaert, den er einmal einer Versammlung als den «größten Zyniker im Lande» vorstellte, mit unbewegtem Gesicht erwiderte, dass er sich nicht erdreisten würde, Seiner Majestät den Rang abzulaufen.[41]

15

Eine Bilanz

Als E. D. Morel, Roger Casement und ihre Bundesgenossen mit den Berichten über einen in Zentralafrika stattfindenden Holocaust endlich die Aufmerksamkeit der europäischen Öffentlichkeit erregten, brachten mehrere Zeitungen und Zeitschriften Bilder von niedergebrannten Dörfern und verstümmelten Leichen, und Missionare berichteten als Augenzeugen von der Entvölkerung ganzer Regionen. Von heute aus stellt sich beim Blick auf diese schriftlichen und fotografischen Quellen sofort eine zentrale Frage: Wie hoch war die Zahl der Todesopfer in Leopolds Kongo? Wir sind in unserer Erzählung an einem Punkt angelangt, wo wir einen Moment innehalten und versuchen können, eine Antwort zu finden.

Die Frage zu beantworten ist nicht ganz einfach. Zunächst einmal ist es hier unmöglich, den historischen Zeitraum klar und deutlich abzugrenzen, etwa wie bei der Frage, wie viele Juden die Nationalsozialisten zwischen 1933 und 1945 umgebracht haben. Der Kongo-Freistaat, den König Leopold II. wie sein persönliches Eigentum behandelte, bestand – angefangen von 1885 – offiziell 23 Jahre lang; aber schon vor seiner Gründung starben viele Kongolesen eines unnatürlichen Todes, während erhebliche Teile des königlichen Ausbeutungssystems auch nach dem förmlichen Ende dieses Staates jahrelang weiterexistierten. Der Kautschukboom, der das schlimmste Blutvergießen im Kongo verursacht hatte, begann Mitte der neunziger Jahre unter Leopolds Herrschaft; doch er setzte sich noch etliche Jahre nach Beendigung des Ein-Mann-Regimes fort.

Überdies war der Massenmord im Kongo trotz seiner völkermordartigen Ausmaße streng genommen kein Völkermord. Der Kongo-Staat hat nicht planmäßig versucht, eine bestimmte ethnische Gruppe vom Erdboden zu tilgen. Leopolds Männer waren vielmehr – nicht anders als die Sklavenhändler, die Afrika Jahrhunderte zuvor überfallen hatten – auf der Suche nach Arbeitskräften. Dass beim Herbeischaffen und beim Einsatz der Arbeiter Millionen Menschen starben, war für sie bloß ein Nebeneffekt. Nur wenige Regierungsbeamte führten Statistiken über etwas so Unwesentliches wie afrikanische Menschenleben. Und deshalb erfordert die heutige Schätzung der Opferzahlen allerhand historische Detektivarbeit.

Ein Massensterben dieser Größenordnung geht in aller Regel auf mindestens eine von vier miteinander verquickten Ursachen zurück: 1. Mord; 2. Verhungern, Erschöpfung, Obdachlosigkeit; 3. Krankheit; 4. eine drastisch fallende Geburtenrate. Während der schlimmsten Zeit im Kongo, in den langen Jahren des Kautschukbooms, kamen alle vier Ursachen zusammen.

1. Mord. Regelrechte Mordaktionen waren in Leopolds Kongo zwar nicht die Haupttodesursache, aber sie sind eindeutig belegt. Gelang es einem Dorf oder Bezirk nicht, die Kautschukquoten einzuhalten, oder wehrten sie sich gegen die Zwangseintreibung, dann brachten die Soldaten der *Force Publique* oder die «Wachleute» der Kautschukgesellschaften vielfach jeden um, dessen sie habhaft werden konnten. Natürlich bilden die Fälle, in denen Augenzeugen auf einen Berg von Skeletten oder abgehackten Händen gestoßen sind und ihre Berichte überliefert wurden, nur einen Bruchteil der tatsächlich verübten Massaker; sie ähneln wenigen vereinzelten Funken aus einem riesigen Feuersturm. Aber ein paar dieser «Funken» glimmen unübersehbar:

- Im Jahre 1896 veröffentlichte die *Kölnische Zeitung* – unter Berufung auf einen «geachteten» belgischen Bürger – die Nachricht, dem berüchtigten Bezirkskommissar Léon Fiévez seien an einem einzigen Tag 1308 abgeschlagene Hände übergeben worden. Dieselbe Meldung brachte die Zeitung noch zweimal, ohne dass der Kongo-Freistaat sich dagegen verwahrt hätte.[1] Mehrere andere Berichte über die Ereignisse des betreffenden Tages, darunter einige von protestantischen und katholischen Missionaren, nennen sogar eine noch höhere Zahl.[2] Bei späterer Gelegenheit räumte Fiévez ein, es komme vor, dass den Leichen die Hände abgeschnitten würden; vehement aber bestritt er, er habe den Befehl erteilt, lebenden Menschen die Hände abzuschlagen.[3]

- Im Jahr 1899 brüstete sich der Offizier Simon Roi, der offenbar nicht bemerkt hatte, dass sich unter seinen Gesprächspartnern auch ein amerikanischer Missionar befand, mit den von ihm befehligten Mordkommandos. Der Missionar Ellsworth Faris schrieb die Unterhaltung in sein Tagebuch:

> «Jedes Mal wenn der Feldwebel loszieht, um Kautschuk einzutreiben, gibt man ihm Patronen. Alle muss er unbenutzt zurückbringen und für jede benutzte eine rechte Hand! ... Was die Größenordnung des Ganzen angeht, so teilte [Roi] mir mit, sie (der Staat) hätten an den Ufern des Momboyo 6000 Patronen verbraucht, das heißt 6000 Menschen getötet oder verstümmelt. Das heißt also mehr als 6000, denn man hat mir wiederholt gesagt, die Soldaten töteten Kinder mit dem Gewehrkolben.»[4]

- Die Strafexpeditionen gegen die Budja-Rebellen (vgl. das 12. Kapitel «David und Goliath») kosteten insgesamt mehr als 1300 von ihnen das Leben. Berichte darüber erschienen im Jahr 1900 in diversen belgischen Zeitungen, von denen eine vom Kongo-Freistaat finanziert wurde. Zu Dutzenden anderer Erhebungen gegen die Kautschukeintreiber kam es im Laufe des darauf folgenden Jahrzehnts auf dem gesamten Staatsgebiet. Es ist unmöglich zu schätzen, wie viele Menschenleben die Unterdrückung dieser Aufstände gekostet hat, aber selbst eine vereinzelte Statistik kann Furchtbares aussagen, wenn wir bedenken, dass Soldaten, die Gewehrkugeln für nichtmenschliche Ziele «vergeudet» hatten, aufs Strengste bestraft wurden: Unter den zahllosen von Morel sichergestellten aufschlussreichen Dokumenten der Konzessionsgesellschaft A. B. I. R. befindet sich ein Register, aus dem hervorgeht, dass im Jahr 1903 schon eine einzige von 35 Kautschuksammelstellen auf dem Gebiet der A. B. I. R. insgesamt 159 Feuerwaffen und 40 355 Schuss Munition erhielt.[5]

Die Liste einzelner, aktenkundig gewordener Massaker lässt sich lange fortsetzen. Das Land war, bisweilen fast buchstäblich, mit Leichen bedeckt. An einer Flussmündung am Tumba-See, so schreibt der schwedische Missionar E. V. Sjöblom, «sah ich ... Leichen in den See treiben, denen die rechte Hand abgehackt worden war, und als ich zurückkam, erzählte mir der Offizier, warum man sie getötet hatte. Wegen des Kautschuks ... Beim Überqueren des Flusses sah ich, wie von den Ästen mancher Bäume Leichen ins Wasser hingen. Als ich das Gesicht von dem grausigen Anblick abwandte, sagte einer der schwarzen Unteroffiziere, der uns folgte: ‹Das ist gar nichts, vor ein paar Tagen kam ich von einem Gefecht zurück und brachte dem weißen Mann 160 Hände, die wurden dann in den Fluss geworfen.›»[6]

Nicht nur Missionare und Reisende berichteten von den Massenmorden. Viele Offiziere der *Force Publique* erzählen in ihren Tagebüchern erstaunlich offen von Tod und Zerstörung, die sie hinterließen.

– Ein schwedischer Offizier, Leutnant Knut Svensson, könnte in Bikoro am Tumba-See einige jener verstümmelten Leichen hinterlassen haben, die später sein Landsmann Sjöblom sah. Svenssons Tagebuch zufolge sind 1894 und 1895 im Laufe von viereinhalb Monaten nach Einführung des Kautschuksammelsystems 527 Menschen ermordet worden.[7] (Svensson habe – so wird heute in der Gegend mündlich überliefert – unter dem Vorwand, er wolle einen Vertrag unterzeichnen oder Träger rekrutieren, die Bewohner eines unbotmäßigen Dorfes zusammengeholt und darin einfach das Feuer eröffnet.[8])

– Das Tagebuch eines anderen Offiziers, Charles Lemaire, ist erschreckend in seiner Beiläufigkeit:

«28. März 1891: … Das Dorf Bokanga niedergebrannt … 4. April 1891: Halt in Bolébo … Da sie uns nur mit Lanzen und Gewehren empfangen wollten, wurde das Dorf niedergebrannt. Ein Eingeborener getötet … 12. April 1891: Angriff auf die Ikengo-Dörfer … Der große Häuptling Ekélé aus Etchimanjindou wurde getötet und ins Wasser geworfen … 14. Juni 1891: Expedition gegen die Loliva, die sich weigern, zum Stützpunkt zu kommen. Scheußliches Wetter; Angriff im strömenden Regen. Große Gruppe von Dörfern; konnten sie nicht alle zerstören. Etwa 15 Schwarze getötet … 14. Juni 1891: Um 5 Uhr morgens den Sansibarer Metchoudi mit etwa 40 Mann losgeschickt … um Nkolé niederzubrennen … Die Operation war erfolgreich, und alles brannte ab … 4. September 1891: Um 4 Uhr morgens Vorbereitungen für den Angriff auf Ipéko … Das ganze Dorf niedergebrannt, Bananenstauden gefällt … 13. Juli 1892: Am 7. Juli greift Leutnant Sarrazijn die Bompopo-Dörfer an; 20 Eingeborene getötet; 13 Frauen und Kinder gefangen genommen.»[9]

– Und aus dem Tagebuch von Louis Leclercq, gleichfalls Offizier der *Force Publique*:

«21. Juni 1895: … Ankunft in Yambisi um 10 Uhr 20 am Morgen. Dorf verlassen … Wir beauftragten mehrere Gruppen von Soldaten mit der Säuberung des Gebiets; einige Stunden später kamen sie mit 11 Köpfen und 9 Gefangenen zurück. Ein Boot, das abends auf die Jagd geschickt wurde, brachte auch noch etliche Köpfe mit. 22. Juni 1895: Sie brachten drei Gefangene am Morgen, drei weitere gegen Abend und drei Köpfe. Ein Mann aus

> Baumaneh, der durch den Wald lief und nach seiner Frau und seinem Kind rief, kam zu nah an unser Lager heran und bekam von einer unserer Wachen eine Kugel in den Leib. Sie brachten seinen Kopf. Noch nie habe ich eine solche Verzweiflung, eine solche Angst auf einem Gesicht gesehen … Wir brannten das Dorf nieder.»[10]

In diesem Stil gehen die Tagebücher Lemaires und Leclercqs (und anderer) über Tage und Wochen weiter. Widerstand jeglicher Art, sogar Zeit- und Kräftesparen bei der Arbeit, war tödlich. Bei E. D. Morel findet sich eine Notiz, die ein Bezirkskommissar namens Jules Jacques[11] an einen seiner Untergebenen sandte, nachdem er entdeckt hatte, dass einige Dörfler die Ranken abgehackt – und damit abgetötet – hatten, um an den Kautschuk zu kommen, statt sie, wie von ihnen verlangt, nur anzuzapfen:

> «M. le Chef de Poste. Diese Kerle [in Inongo] sind eine üble Bande. Sie waren gerade im Wald und haben Kautschukranken abgehackt … Wir müssen sie bekämpfen bis zur totalen Unterwerfung oder vollständigen Ausrottung … Sagen Sie den Eingeborenen, wenn sie noch eine einzige Ranke abschneiden, rotte ich sie bis auf den letzten Mann aus.»[12]

Conrad hat nicht sehr übertrieben, als er Mr. Kurtz den infamen Satz hinkritzeln ließ: «Schlagt diese Bestien alle tot!»[13]

2. Verhungern, Erschöpfung, Obdachlosigkeit. Als sich die Nachricht von Gräueltaten verbreitete, flohen Hunderttausende Menschen aus ihren Dörfern. Um sich für ihre Flucht zu rächen, stahlen die Soldaten oftmals das Vieh, verbrannten Hütten und Ernte und nahmen den Dorfbewohnern damit die Nahrungsgrundlage. Diese Praxis setzte sich noch vor dem Kautschukboom durch, zu einer Zeit, als Leopolds Soldaten hauptsächlich nach Elfenbein sowie Trägern und Nahrungsmitteln für sich selbst suchten. Ein schwedischer Leutnant schildert einen solchen Überfall im Gebiet der unteren Kongo-Katarakte:

> «Als wir uns näherten, entstand im Dorf ein unglaublicher Tumult. Die Eingeborenen … waren völlig überrascht worden. Wir konnten sehen, wie sie von ihren Habseligkeiten zusammenrafften, was sie gerade in die Hände bekamen, und in den dichten Wald hinein flohen … Bevor ich den Ort verließ, befahl ich den Männern, die vielen Ziegen, Hühner und Enten mitzunehmen … Dann zogen wir uns zurück, um einen besseren Platz für die Mittagsrast zu finden.»[14]

Bei ihrer Flucht vor diesen Expeditionen ließen die Dorfbewohner mitunter kleine Kinder zurück, weil sie fürchteten, diese würden durch ihr Geschrei das Versteck verraten. So sind viele Kinder verhungert. Ein kleiner Teil der Bevölkerung, der das Glück hatte, in der Nähe des Kongoflusses zu leben, floh aus dem Land. Bis zum Jahr 1900 sind nach Schätzungen des französischen Gouverneurs etwa 30 000 Flüchtlinge auf französischem Kongo-Territorium angekommen.[15] Andere retteten sich auf britisches Gebiet, wobei nicht wenige im Luapula ertranken, dem Grenzfluss zu dem in britischem Besitz befindlichen Nordrhodesien. Aber für die meisten Menschen gab es keine Fluchtmöglichkeiten, ausgenommen das Innere des Regenwalds oder die Sümpfe, wo sie kein Dach über dem Kopf und kaum Nahrungsmittel hatten. Der amerikanische Söldner Edgar Canisius sah, wie die Menschen, die vor seinen Verbrannte-Erde-Aktionen geflohen waren, «im Wald wie wilde Tiere lebten und sich von Wurzeln, Ameisen und anderen Insekten ernährten».[16] Ein presbyterianischer Missionarskollege von William Sheppard schrieb 1899:

> «Alle Dorfbewohner laufen in die Wälder, sobald sie die Soldaten kommen hören. Heute Nacht, mitten in der Regenzeit, schlafen im Umkreis von 75 Meilen um

Luebo, vorsichtig geschätzt, an die 40000 Menschen, Männer, Frauen und Kinder, Kranke eingeschlossen, ohne jeden Schutz in den Wäldern.»[17]

Um dieselbe Zeit durchquerte ein junger englischer Forschungsreisender namens Edward S. Grogan Afrika von Süden nach Norden und war schockiert über das, was er im äußersten Nordosten des Kongo in einem gut 8000 Quadratkilometer großen «entvölkerten und verwüsteten» Gebiet zu sehen bekam: «Alle Dörfer sind völlig niedergebrannt, und als ich die Gegend fluchtartig verließ, sah ich Skelette, überall Skelette; und wie sie lagen – von welchem Grauen erzählten sie!»[18]

Hunger litten auch Dorfbewohner, die nicht in die Wälder flohen, denn wenn sie in der Nähe eines Kautschukstützpunkts lebten, mussten sie einen Großteil Bananen, Maniok, Fisch und Fleisch an die Soldaten abgeben. Das Dorf Bumba im Konzessionsgebiet der A. B. I. R. bestand nur aus hundert Familien, musste aber jeden Monat 15 Kilo Süßkartoffeln oder ähnliche Gemüsesorten abliefern, zusätzlich zu fünf Schweinen oder 50 Hühnern.[19] Dörfer wie dieses mussten außerdem für die gesamte Nahrungsbeschaffung sorgen, während die arbeitsfähigen Männer im Wald verzweifelt nach Kautschuk suchten. Ohne die männlichen Arbeitskräfte, die die für die Bebauung des empfindlichen Regenwaldbodens so wichtigen neuen Landparzellen roden konnten, bepflanzten die Frauen oftmals längst ausgelaugte Felder. Der Ernteertrag ging zurück; im ehemaligen A. B. I. R.-Gebiet ist diese Zeit als *lonkali,* die Zeit der Hungersnot, in Erinnerung geblieben.

Viele, viele Tausende von Menschen, Frauen, Kinder und Alte, starben als Geiseln. Die Soldaten hielten sie, häufig angekettet, in Gefängnissen fest, wo es nur den nackten Erdboden und wenig oder gar nichts zu essen gab, bis die Männer des Dorfes die geforderte Kautschukmenge gebracht hatten – was manchmal Wochen dauerte. In einem dieser Gefängnisse starben im Jahr 1899 zwischen drei und zehn Gefangene pro Tag.[20]

3. Krankheit. Wie bei der Dezimierung der Indianer kamen auch mehr Kongolesen durch Krankheit als durch Gewehrkugeln ums Leben. Europäer und afroarabische Sklavenhändler schleppten viele Krankheiten in den Kongo ein, die bislang dort unbekannt waren. Die Einheimischen hatten keine Zeit, Abwehrkräfte dagegen zu entwickeln und so weit immun zu werden wie etwa gegen die Malaria. Sowohl die neuen als auch die alten Krankheiten verbreiteten sich mit großer Geschwindigkeit, weil viele Kongolesen von nun an weite Entfernungen zurücklegen mussten: Viele wurden als Langzeitträger oder für die Mannschaften auf den Flussdampfern eingezogen (ein großes Schiff brauchte zwischen 20 und 60 Holzfäller) oder als Soldaten der *Force Publique* rekrutiert. Die bekanntesten tödlichen Erkrankungen waren Pocken und Schlafkrankheit, aber auch den weniger dramatischen Lungen- und Darminfektionen fielen zahlreiche Menschen zum Opfer.

Jahrhundertelang waren die Pocken auf bestimmte Küstenregionen beschränkt gewesen; mit der stärkeren Bevölkerungsbewegung, wie sie die Epoche des Imperialismus mit sich brachte, verbreitete sich die Krankheit im gesamten Landesinneren, und in einem Dorf nach dem anderen forderte sie Todesopfer. Auch ein Kuba-König – der Nachfolger jenes Herrschers, der William Sheppard im Königreich willkommen geheißen hatte – starb an den Pocken. Diese Krankheit flößte besonderen Schrecken ein. Die Afrikaner nannten sie «Krankheit von oben» oder «Krankheit des Himmels», denn das grausige Leiden schien keine bekannte Ursache zu haben. Ein Kongoreisender stieß in einer der verlassenen Ortschaften auf eine fünf Meter lange Boa constrictor, die sich am Fleisch von Pockenopfern labte, und in einer anderen auf Geier, die so voll gefressen waren, dass sie vor lauter Schwere nicht mehr fliegen konnten.[21]

Auch die Schlafkrankheit zog todbringend die Flussläufe entlang. Allein im Jahr 1901 sind Schätzungen zufolge eine halbe Million Kongolesen daran gestorben.[22] Verantwortlich für die Krankheit ist ein Parasit, der durch den Stich der rosa gestreiften

Tsetsefliege verbreitet wird, eines Insekts von der Größe der Bremse, das mit einem unverkennbaren, hohen Surren heranfliegt. Hat die Schlafkrankheit erst einmal Menschen befallen, so ist sie hoch ansteckend. Sie führt zu Fieber, zum Anschwellen der Lymphdrüsen, zu einem sonderbaren Heißhunger nach Fleisch und zu Kälteempfindlichkeit. Als Letztes stellt sich die ungeheure Lethargie ein, die der Krankheit ihren Namen gegeben hat.

Für den unbestreitbaren massiven Bevölkerungsschwund machen die Apologeten König Leopolds, damals wie heute, die Schlafkrankheit verantwortlich.[23] Richtig daran ist, dass die Schlafkrankheit und andere Erkrankungen mit Sicherheit auch dann viele Menschenleben gekostet hätten, wenn der Kongo zu Beginn des 20. Jahrhunderts nicht unter Leopolds Herrschaft gestanden hätte. Aber die Sache ist komplizierter, denn Krankheiten entfalten ihre Wirkung selten isoliert. Seuchen fordern fast immer einen drastisch höheren und rascheren Blutzoll bei unterernährten und traumatisierten Menschen: Für den Tod vieler, die in den Lagern der Nazis und Sowjets umgekommen sind, brauchten diese weder Giftgas noch Erschießungskommandos. Nicht zuletzt dem 20. Jahrhundert mit seinen Hungersnöten und Stacheldrahtzäunen verdanken die Epidemiologen heute einen nur allzu guten Begriff von den genauen einschlägigen Mechanismen. Selbst im Kongo brauchte man nicht Arzt zu sein, um zu sehen, dass diejenigen, die an der Krankheit starben, nicht nur ihr zum Opfer fielen. Charles Gréban de Saint-Germain, Richter am Stützpunkt Stanley Falls, schrieb im Jahr 1905:

> «Die Krankheit rafft eine ausgezehrte Bevölkerung dahin, und meiner Ansicht nach liegt es an der Auszehrung, wenn sich die Schlafkrankheit in der Region unaufhörlich ausbreitet; zusammen mit dem Trägerdienst und dem Mangel an Nahrungsmitteln wird sie die Menschen in diesem Land rasch dezimieren. Nirgendwo im Kongo habe ich etwas so Trostloses gesehen wie das, was sich an der Straße von Kasongo nach Kabambare abspielt. In den

meisten Dörfern leben nur noch wenige Menschen; viele Hütten sind verfallen; Männer, Frauen und Kinder sind abgemagert, schwach, antriebslos, schwer krank, liegen bewegungslos hingestreckt; und vor allem gibt es nichts zu essen.»[24]

4. Drastisch fallende Geburtenrate. Als man die Männer Jahr für Jahr wochenlang zum Kautschuksammeln in den Wald trieb und die Frauen als halb verhungerte Geiseln festhielt, wurden selbstverständlich weniger Kinder geboren. Erkannt hat diesen Zusammenhang ein katholischer Missionar, der jahrelang im Gebiet des Mai-Ndombe-Sees, einem wichtigen Kautschukdistrikt, gearbeitet hat.[25] Als er 1910 dorthin kam, war er überrascht, dass es kaum Kinder im Alter zwischen sieben und vierzehn gab, während die anderen Altersstufen gut vertreten waren. Diese Lücke verweist exakt auf die Jahre von 1896 bis 1903 – die Hochzeit der dortigen Kautschukgewinnung. Zeuge dieser Entwicklung war damals Roger Casement, der sich im Nachbargebiet auf seiner Ermittlungsreise befand. Er schätzte, dass die Bevölkerungszahlen um 60 Prozent gesunken seien, und schrieb:

> «Die wenigen überlebenden Einwohner kehren in vielen Fällen erst jetzt in ihre zerstörten und verlassenen Dörfer zurück … Zum weiteren Bevölkerungsschwund trägt die geringere Geburtenrate bei … Die Frauen weigern sich, schwanger zu werden, und ergreifen Maßnahmen dagegen. Als Grund geben sie an, wenn der ‹Krieg› eine Frau antreffe, die ‹einen dicken Bauch hat› oder ein kleines Kind tragen muss, dann könne ‹sie› nicht schnell genug weglaufen und sich vor den Soldaten verstecken.»[26]

Ein Teil des Bevölkerungsschwunds ging also darauf zurück, dass die terrorisierten und durch die Kautschukoffensive auseinander gerissenen Familien einfach keine Kinder mehr bekamen.

Eine landesweite Volkszählung hat es im Kongo erst lange nach dem Ende des Kautschukterrors gegeben. Aber der belgische Anthropologe Daniel Vangroenweghe, der in den siebziger Jahren in einem ehemaligen Kautschukgebiet gearbeitet hat, fand überzeugende demographische Beweise dafür, dass viele Männer durch die Arbeit als Kautschuksklaven umgebracht oder bei Strafexpeditionen ermordet wurden – und er fand sie in den Statistiken des Regimes. Es gibt keine andere Erklärung für das eigenartige Muster in den Zählungen, die lange vor dem ersten landesweiten Zensus in jedem einzelnen Dorf vorgenommen wurden. Sie weisen nämlich durchgängig weit mehr Frauen als Männer auf.

So lebten zum Beispiel 1907 in Inongo 309 Kinder und 402 erwachsene Frauen, aber nur 275 erwachsene Männer. (Es handelt sich um jene Ortschaft, bei der zehn Jahre zuvor der Bezirkskommissar die «totale Unterwerfung oder vollständige Ausrottung» gefordert hatte.) Im benachbarten Iboko lebten im Folgejahr 322 Kinder und 543 erwachsene Frauen, aber nur 262 erwachsene Männer. Die Statistiken zahlreicher anderer Dörfer weisen dasselbe Verhältnis auf.[27] Die heutige Betrachtung dieser Daten erinnert an die Betrachtung der Ruinen eines Krematoriums in Auschwitz. Sie sagen nichts über die genaue Zahl der Todesopfer, aber sie strömen den Geruch des Massenmords aus.

Wie hoch war unter Leopolds Herrschaft im Kongo der Bevölkerungsschwund insgesamt, das heißt aufgrund aller vier Ursachen? Ähnlich wie bei den Versuchen, aufzulisten, wie viele Menschenleben der schwarze Tod im Europa des 14. Jahrhunderts gekostet hat, können die Historiker auch im Fall des Kongo eher Angaben in Prozentzahlen machen als in absoluten Ziffern; sie haben ja keine Zensusdaten. Interessanterweise stimmen einige der Schätzwerte, die unmittelbare Augenzeugen hinterlassen haben, mit manchen der Zahlen überein, zu denen man heute auf wissenschaftlichem Wege gelangt.

Eine offizielle belgische Regierungskommission berechnete im Jahr 1919, dass seit der Zeit, als Stanley die Fundamente für

Leopolds Staat legte, die dortige Bevölkerung «um die Hälfte geschrumpft ist».[28] Major Charles C. Liebrechts, Spitzenbeamter des Kongo-Staates in fast allen Jahren seines Bestehens, kam 1920 zu derselben Einschätzung. Das derzeit kompetenteste Urteil stammt von Jan Vansina, Emeritus für Geschichte und Anthropologie an der Universität Wisconsin und vielleicht der bedeutendste lebende Ethnograph der Völker im Kongobecken. Seine Berechnungen stützt er auf «zahllose einheimische Quellen aus den verschiedensten Bereichen: Geistliche, die das Schrumpfen ihrer Gemeinde registrierten, mündliche Überlieferung, Genealogien und vieles andere mehr».[29] Auch seine Schätzung lautet: Zwischen 1880 und 1920 wurde die Bevölkerung «um mindestens die Hälfte» reduziert.[30]

Die Hälfte wovon? Erst in den zwanziger Jahren wurden die ersten Ansätze zu landesweiten Volkszählungen gemacht. Im Jahr 1924 wurden zehn Millionen Einwohner gezählt,[31] und diese Zahl wurde durch spätere Erhebungen bestätigt. Entsprechend den genannten Schätzwerten hieße das, dass unter Leopolds Herrschaft und in den Jahren danach die Gesamtbevölkerung des Landes um etwa zehn Millionen Menschen geschrumpft wäre.

Niedergebrannte Dörfer, verhungernde Geiseln, zu Tode geängstigte, in den Sümpfen sterbende Flüchtlinge, «Ausrottungs»befehle – sind das nicht selbst unter kruden Geldgesichtspunkten eher ineffektive Mittel des Geschäftemachens? Wer viele Menschen hinschlachtet, mag zwar die überlebenden zum Kautschuksammeln zwingen können, weil sie Angst haben, aber vernichtet er nicht seine eigenen Arbeitskräfte? Selbstverständlich. Die belgische Kolonialverwaltung ordnete 1924 die Volkszählung allein deshalb an, weil sie zutiefst besorgt über den Mangel an Arbeitskräften war. «Die Gefahr besteht, dass unsere Eingeborenenbevölkerung eines Tages kollabiert und verschwindet», erklärte damals der ständige Ausschuss des Congrès National Colonial gereizt, «wir stehen dann vor einer Art Wüste.»[32]

Warum ging das Morden dann so lange weiter? Auch anderen Massenmorden wohnt diese Irrationalität inne. In der Sowjetunion zum Beispiel diente die Erschießung oder Inhaftierung politischer Oppositioneller zunächst dazu, der Kommunistischen Partei und Stalin die absolute Macht zu verschaffen. Aber als weit und breit keine Opposition mehr zu sehen war, wurden noch sieben Millionen Menschen umgebracht, und viele Millionen starben in den ausgedehnten Lagern des Gulag. Man verhaftete so viele Ingenieure, dass Fabriken lahm gelegt wurden; es starben so viele Eisenbahner, dass manche Züge nicht fuhren; man erschoss so viele Offiziere und Generäle, dass die nahezu führerlose Rote Armee beim Überfall der Deutschen 1941 um ein Haar vernichtet worden wäre.

Im Kongo hatte, nicht anders als in Russland, der Massenmord eine Eigendynamik. Macht ist verführerisch, und in gewissem Sinn gibt es keine größere Macht, als wenn man jemandem das Leben nehmen kann. Ist das Morden erst einmal in Gang gekommen, so ist es schwer aufzuhalten; es wird zu einer Art Sport, wie die Jagd. In den Annalen des Kongo wimmelt es von Männern wie René de Permentier, der in den letzten Jahren des 19. Jahrhunderts als Offizier im Äquatorgebiet war. Die Afrikaner nannten ihn Bajunu (für *bas genoux*, auf die Knie), weil er andere immer vor sich niederknien ließ. Um sein Haus in Bokatola ließ er sämtliche Büsche und Bäume ausreißen, sodass er von seiner Veranda aus Passanten als Zielscheibe aufs Korn nehmen konnte. Fand er in seinem Hof, der von weiblichen Gefangenen gefegt wurde, ein einziges Blatt, so ließ er ein Dutzend von ihnen köpfen. Meinte er, ein Weg durch den Wald sei nicht gut in Ordnung gehalten, so ließ er im nächstliegenden Dorf ein Kind töten.[33]

Zwei Offiziere der *Force Publique*, Clément Brasseur und Léon Cerckel, ließen an einer Palme einen Mann an den Füßen aufhängen, während unter ihm ein Feuer gemacht und er zu Tode geröstet wurde.[34] Zwei Missionare entdeckten einen Stützpunkt, an dem Gefangene getötet wurden, indem man ihnen

Harz über den Kopf goss und dann anzündete.[35] Die Liste ließe sich noch erheblich verlängern.

Michael Herr, der beste und klügste Reporter des Vietnamkrieges, hört dieselbe Besessenheit in der Stimme eines amerikanischen Soldaten, dem er begegnete: «Wir haben dann die Büsche ausgerissen und die Strohhütten verbrannt und die Brunnen gesprengt und alle Hühner, Schweine und Kühe im ganzen Scheißladen umgebracht. Also, wenn wir diese Leute nicht erschießen können, was zum Teufel sollen wir dann eigentlich hier?»[36] Als ein anderer Amerikaner, Francis Ford Coppola, über den Blutrausch dieses Krieges einen Film machen wollte, wo suchte er nach der Handlung für *Apocalypse Now*? Bei Joseph Conrad, der alles schon ein Jahrhundert zuvor im Kongo gesehen hatte.

16

«Die Journalisten werden Ihnen keine Quittung geben»

Zu demselben Zeitpunkt, als die Kampagne für eine Reform des Kongo auf Hochtouren lief, trat jener Engländer, dessen Name unlöslich mit diesem Land verbunden war, von der Bühne der Geschichte ab. Nach seiner Wahl ins Parlament fand Sir Henry Morton Stanley die dortige Arbeit stinklangweilig. Die mitreißenden Abenteuergeschichten, die er auf seinen Vortragsreisen zum Besten gab, waren kein Ausgleich für den gepflegten Diskussionsstil, wie er im *House of Commons* herrschte. Und noch etwas, das man im Parlament gut brauchen kann, fehlte ihm: der Sinn für Humor. Schon bald zog er sich zurück.

Die Jahre des Kampfes gegen Malaria, Ruhr und andere Tropenkrankheiten hatten ihren Preis gefordert. Als er Anfang sechzig war, begann dieser überraschend kleine Mann mit seinem kurz geschnittenen weißen Haar und Schnurrbart und dem rötlichen, wettergegerbten Gesicht gemächlicher zu leben. Begierig verfolgte er die Nachrichten über den Burenkrieg und wetterte gegen die Aufständischen, die es wagten, die britische Herrschaft infrage zu stellen. Erfüllt von Selbstmitleid – er bezeichnete sich als «einen Menschen, der seinem Land und Afrika sein Leben geopfert hat»[1] –, arbeitete er unermüdlich an seiner Autobiographie. Obgleich er immer schnell und viel geschrieben hatte, ließ er das Buch unvollendet zurück, vielleicht aus Angst, sich im Netz der widersprüchlichen Geschichten zu verfangen, die er um seine Kindheit und Jugend gesponnen hatte. Zusammen mit seiner Frau Dorothy und einem Adoptivsohn pendelte er zwischen einer Londoner Wohnung und einem in Surrey gelegenen eleganten Landhaus im Pseudo-Tudorstil hin und her.

Einen Teich, einen Bach und ein Fichtenwäldchen auf dem Grundstück machte er zu Zeugen seiner Ruhmesgeschichte und nannte sie Stanley-Pool, Kongo und Ituri-Wald.

Gerüchten zufolge soll Stanley ganz unglücklich darüber gewesen sein, zu welcher Schreckenskammer der Kongo geworden war, aber in seinen wenigen öffentlichen Äußerungen sprang er immer nur König Leopold zur Seite. Sein Gesundheitszustand verschlechterte sich, wahrscheinlich nicht zuletzt dank der zahllosen Ärzte, die ihn umschwirrten und sich darum rissen, ihrem berühmten Patienten die neueste Behandlung zuteil werden zu lassen: Strychninspritzen, Ammoniak, Äther und Stromstöße. In der Nacht des 10. Mai 1904 hörte Stanley die große Turmuhr von Big Ben schlagen und murmelte: «Wie seltsam! – Zeit! – seltsam!»[2] Das waren seine letzten Worte.

Stanley gehörte zu den am meisten gefeierten Engländern seiner Zeit, und solange er lebte, waren seine Treuebekundungen gegenüber Leopold weit mehr wert als jede Werbekampagne, die der König hätte kaufen können. Aber als Stanley tot war, der Casement-Bericht erschien und Morels Angriffe heftiger wurden, brauchte Leopold neue Verteidigungsstrategien. Die ersten Ansätze dazu machte er an unerwartetem Ort.

In der ersten Dekade des 20. Jahrhunderts gab es einen Boom bei den Luxusreisen mit der Eisenbahn. Großstädte in ganz Europa wurden durch die bequemen Schlafwagen der *Compagnie Internationale de Wagons-Lits* miteinander verbunden. Wenn die betuchten Reisenden einen Nachtexpress bestiegen, so hieß das zischende Dampfwolken auf der Plattform, ein Träger, der die Koffer schleppte, und ein Schlafwagenschaffner, der das Bett herunterklappte. Ab Mitte des Jahrzehnts konnte diese Elite mit einem kleinen Zusatz zum gewohnten Ritual rechnen. Auf dem Tisch ihres Abteils lag eine Monatsschrift mit drei Textkolonnen in Englisch, Französisch und Deutsch. Titel: *Die Wahrheit über den Kongo*. Die kostenlose Verteilung an ein ausgewähltes, unfreiwilliges Leserpublikum aus reichen Europäern: ein Journalistentraum. Einer der Großaktionäre der *Compagnie Internationale de*

Wagons-Lits war König Leopold II. Er hatte mit seiner Gegenoffensive begonnen.

Morel hatte mittlerweile erreicht, dass Leopold von allen Seiten angegriffen wurde. In diesem Jahrzehnt entstanden viele neue Zweig- oder Tochterverbände der *Congo Reform Association*: in Deutschland, Frankreich, Norwegen, der Schweiz und anderen Ländern. Acht Mitglieder des schwedischen Parlaments unterzeichneten eine Solidaritätserklärung für die C. R. A. Zu seinen Unterstützern zählte Morel auch Fürst Boris Czetwertynski aus vornehmer polnischer Adelsfamilie, den berühmten Romancier Anatole France und den norwegischen Literaturnobelpreisträger Bjørnstjerne Bjørnson. In der Schweiz, so heißt es im Bericht eines Zeugen,[3] wurden die Männer blass, und die Augen der Frauen füllten sich mit Tränen, als bei einer Kongo-Protestveranstaltung die Fotos gezeigt wurden, die Alice Harris von verstümmelten Kindern gemacht hatte. In Australien richtete ein Redner auf einer großen Kundgebung scharfe Angriffe gegen die Regierung im Kongo; in Neuseeland gab es eine Vortragsreihe zu dem Thema. In Italien äußerte jemand so lautstarke Kritik an Leopold, dass der kongolesische Konsul in Genua, Giovanni Elia, ihn zum Duell forderte. (Beide Kontrahenten wurden dabei leicht verwundet, der Konsul an der Nase, sein Gegner am Arm.[4]) Morel und seine Parteigänger erschienen dem König als eine internationale Verschwörung. Deshalb schlug er in internationalem Maßstab zurück.

Da Belgien keine Großmacht war, konnte Leopold nur mit List etwas ausrichten und verließ sich zumal auf seine Fähigkeit, die Presse zu manipulieren. Bei der Planung seiner Gegenkampagne erwies sich der König als ein ebenso großer Meister der Massenmedien wie sein Erzfeind Morel. Er sandte einen Beauftragten in geheimer Mission ins britische Afrika, um dort Gewaltakte ausfindig zu machen, die sich mit den von Casement im Kongo entdeckten[5] messen konnten. Er sorgte dafür, dass in *Die Wahrheit über den Kongo* häufig Artikel à la «Opium in Britisch-Indien»[6] und diffamierende Meldungen aus dem gesamten Empire erschienen: Auspeitschungen in Südafrika, Menschenopfer in Nigeria, Misshandlungen in Sierra Leone und Australien. Dann, nach Durchsicht seiner Unterlagen, drohte er seinem Freund Sir Alfred Jones, er werde ihm die lukrative Kongoschifffahrt entziehen, wenn es ihm nicht gelänge, die Kritik in England zum Schweigen zu bringen.

Jones machte sich sofort ans Werk. Er zahlte 3000 englische Pfund und schickte damit zwei Landsleute auf lange Reisen durch den Kongo. Der eine war sein Freund Viscount William Mountmorres, ein junger Mann, der Jones indirekt seine berufliche Stellung verdankte. Mountmorres war ihm gefällig und publizierte 1906 ein positives Buch über den Kongo: «Es ist erstaunlich, wenn man sieht, wie sich die staatlichen Beamten mit ganzer Seele ihrer Arbeit widmen.» Mountmorres räumte zwar einige Exzesse ein, aber den Großteil des Kongo fand er «ordentlich und nach humanen Maßstäben verwaltet».[7] Diese Schrift erinnert an die berühmte, von Beatrice und Sidney Webb mit Sympathisantenblick verfasste Darstellung der jungen Sowjetunion. Nicht anders als die Webbs geht Mountmorres einfach davon aus, dass alle Gesetze und schriftlich niedergelegten Verordnungen genauestens befolgt würden. Die *chicotte*, so betont er, dürfe nur eingesetzt werden, wenn zuvor eine förmliche Untersuchung stattgefunden habe, zu der der Angeklagte Zeugen holen könne, und Schläge dürften nur auf das Gesäß verabreicht werden. «Keine Verurteilung darf 20 Hiebe überschreiten – ausgenommen Gewohnheitsdiebe; bei ihnen können es maximal 50 sein, aber diese Bestrafung muss über mehrere Tage verteilt sein, und an ein und demselben Tag sind nicht mehr als 20 Hiebe zulässig.»[8] (In Wirklichkeit wurden diese Vorschriften genauso strikt befolgt wie das Verbot der Todesstrafe in der Frühzeit der Sowjetunion.)

Die zweite Reisende war Mary French Sheldon, eine Londoner Verlegerin und Reiseschriftstellerin. Durch den Kongo fuhr sie auf den Dampfschiffen des Staates und der mit ihm verbündeten Gesellschaften (was Casement tunlichst vermieden hatte), und die Beamten scheuten keine Mühe, um ihr die Herrlichkeiten des Landes zu zeigen. Wo immer sie hinkam, wurden zuvor die Geiseln freigelassen, sodass sie niemanden in Gewahrsam sah. Dem Bericht eines Missionars zufolge ließ der Staatsvertreter in dem am Kongo gelegenen Bangala sogar «ein altes Gefängnis abreißen, die Stelle einebnen und schön herrichten, bevor sie kam».[9] Ernsthaft daneben ging die Sache nur einmal, als der Leiter einer Station die Anordnungen durcheinander brachte. Er verwechselte Mrs. Sheldon mit einem anderen hohen Tier – vom Liverpooler Institut für Tropenmedizin – und die Vorbereitungen für den einen mit denen für den anderen Besuch, sodass er auf einer Lichtung die schwersten Behinderungs- und Krankheitsfälle zusammenholte, die er finden konnte.[10] Aber kein Problem; Mrs. Sheldon verliebte sich in den Dampferkapitän und ließ es sich gut gehen. Auf ihrem Heimweg gewährte Leopold ihr eine Audienz, und Jones sorgte dafür, dass ihre begeisterten Artikel in den Zeitungen erschienen. «Auf den Londoner Straßen habe ich mehr Gräuel miterlebt, als ich je im Kongo sah»,[11] schrieb sie 1905 in der *Times*. Nach ihrer Rückkehr hielt sie im Londoner Hotel Savoy einen Lichtbildervortrag vor 500 Zuschauern; die Rechnung bezahlte Leopold.[12] Dann setzte der König sie mit 1500 Francs (etwa 7500 Dollar nach heutigem Kurs) auf seine Gehaltsliste; dafür sollte sie englische Abgeordnete beeinflussen.

Während Leopold öffentlich Gegenangriffe auf seine britischen Kritiker startete, versuchte er zugleich hinter den Kulissen, sie auf seine Seite zu ziehen, freilich immer über Mittelsmänner, um seine Spuren zu verwischen. Ein Pariser Anwalt wandte sich an ein Vorstandsmitglied der *Congo Reform Association* mit dem Vorschlag, wenn die C.R.A. einen Reformplan samt Budgetansatz für den Kongo vorlege, könne er garantieren, dass Seine Majestät ihn mit großem Interesse lesen werde. Morel lehnte das Ansinnen als «unglaubliche Unverschämtheit»[13] ab. Ein ähnliches Angebot machte Leopolds britischer Baptistenfreund Sir Hugh Gilzean Reid der englischen *Gesellschaft zum Schutze der Aborigines;* auch dies wurde zurückgewiesen.

An einem Gegner jedoch, dem einflussreichen französischen Journalisten Pierre Mille, der als Morels Verbündeter in der Presse wiederholt scharfe Angriffe gegen den König gerichtet hatte, konnte Leopold sich auf exquisite Weise rächen. Ein Höfling überbrachte eines Tages die Nachricht, Mille werde in aller Stille mit einer Frau, die nicht seine Ehefrau sei, nach Brüssel kommen. Leopold machte ausfindig, wo sie wohnten, und schickte beiden eine Einladung zum Besuch der großen Gewächshäuser in Schloss Laeken. Mille und seine Geliebte nahmen an und schienen so entzückt von allem, dass Leopold den Eindruck gewann, er hätte einen Hauptkritiker für sich eingenommen. Wenig später jedoch nahm Mille seine Angriffe wieder auf. Nun beauftragte der König die belgische Botschaft in Paris, Milles Privatadresse herauszufinden. Dorthin sandte er einen riesigen Blumenstrauß samt einer Karte mit dem königlichen Wappen und den Worten: «An Monsieur und Madame Pierre Mille, zur Erinnerung an ihren Besuch in Laeken».[14]

Leopolds Öffentlichkeitskampagne wurde von hochkompetentem Personal betrieben. Im September 1904 hatte er mehrere seiner Spitzenberater zusammengerufen und Pläne für ein «Pressebüro» geschmiedet. Untergebracht werden sollte es weitab vom kritischen Auge der Öffentlichkeit hinter der Fassade harmloser Deckorganisationen: beim Komitee für den Schutz von Afrikainteressen (mit Sitz in Deutschland), bei dem Büro für Vergleichende Gesetzgebung (Brüssel) und der Vereinigung für den Schutz der belgischen Auslandsinteressen, die in vielen Ländern vertreten war.[15]

Nach ein oder zwei Jahren erschienen neue Pro-Leopold-Bücher. In aller Heimlichkeit gab das Pressebüro Gelder an mehrere belgische Zeitungen und eine in Edinburgh publizierte Zeitschrift namens *New Africa – The Truth on the Congo Free State*. Leopold gab mehr als zwei Dutzend Broschüren in Auftrag, jede mit Bezug auf ein Stichwort von Morel. Eine davon verfasste sein britischer Propagandist Demetrius C. Boulger (der monatlich ein Honorar von 1250 Francs plus Prämien erhielt) unter dem vielleicht zu defensiven Titel *The Congo State is NOT a Slavestate.*[16] Eine andere, *A Complete Congo Controversy, illustrating the controversial methods of Mr. Morel, Hon. Sec. Congo Reform Association,* erschien unter dem Namen eines Oberstleutnants James Harrison, der als «absolut unabhängig denkender Gutsbesitzer, Sportler und Reisender, eine bekannte Persönlichkeit der Londoner Gesellschaft und Politik» angepriesen wurde. Was Harrison vor allem zum Kongo-Experten qualifizierte, war seine Teilnahme an einer Großwildjagd, bei der er die Entdeckung machte, «dass die Eingeborenen vergnügt und zufrieden» seien.[17]

Die Hauptarbeit des Pressebüros spielte sich jedoch im Verborgenen ab. In ganz Europa steckten seine Agenten den Verlegern und Reportern heimlich Geld zu; im Jahr 1907 ließen sich die Brüsseler Korrespondenten zweier Zeitungen, der *Times of London* und der *Kölnischen Zeitung,* von Leopold bestechen. Zwei Redakteure einer großen Wiener Zeitung erhielten Summen in Höhe von mehr als 70 000 Dollar nach heutigem Kurs. In Italien zahlte der duellierfreudige Konsul Elia Schmiergelder an zwei Zeitungen, brachte anderswo positive Artikel unter, gewann Autoren für eine Flugschrift und ein Buch im Sinne Leopolds und bestach mindestens einen Abgeordneten.[18] Die Zeitung *Corriere della Sera* schlug eine hohe Bestechungssumme aus und stellte stattdessen Ermittlungen an.[19]

Großes Interesse hatte das Büro an Deutschland, das mittlerweile zu den Hauptmächten in Afrika gehörte. Das Land war ein besonderes Problem, weil Kaiser Wilhelm II. einen persönlichen Hass gegen Leopold hegte; er nannte ihn einmal «Satan und Mammon in eins».[20] Das Pressebüro organisierte die übliche Reihe deutschsprachiger Vorträge und Broschüren, die für Leopold Partei ergriffen, aber das war erst der Anfang. Als einer der deutschen Schmiergeldverteiler fungierte Ludwig von Steub, ein Bankier, der zugleich den Posten eines belgischen Honorarkonsuls in München bekleidete. Noch 1903 schrieb die Berliner *National-Zeitung* in scharfen Worten über den «skrupellosen Geschäftsmann im Brüsseler Königsschlosse»,[21] aber von Steub, der wusste, dass das Blatt in finanziellen Schwierigkeiten steckte, handelte entsprechend. Im Jahr 1905 ging die Zeitung zu neutraler Berichterstattung über: «Es ist wahrlich für den Deutschen nicht leicht, ein klares Bild über diese Fragen zu bekommen, da gar zu viele private Interessenkämpfe, die namentlich von den englischen Kautschukinteressenten mit größtem Eifer betrieben werden, mit hineinspielen.»[22] Gegen Ende desselben Jahres erschien auf einer halben Seite das überschwängliche Porträt eines prosperierenden Kongo, der von einer Clique ausländischer Kaufleute und Missionare mit «Ammenmärchen» im Stil von «Kolportageromanen» schmählich verleumdet werde.[23] Im Jahr 1908 veröffentlichte die Zeitung Leopolds Dekrete; 1907 erhielt der Chefredakteur vom König einen Orden.

Ähnlich mysteriöse Veränderungen beobachteten die Leser auch in anderen deutschen Zeitungen. Die *Münchener Allgemeine Zeitung* zum Beispiel, zuerst unerbittliche Gegnerin von Leopolds Herrschaft, begann mit einem Mal, aus dem Kongo Leopold-freundliche Nachrichten zu bringen: «von kongostaatlicher Seite» oder «von unterrichteter Seite». Der Brüsseler Korrespondent, der nicht bestochen wurde, schickte kritischere Berichte, darunter einen längeren Text, der offenbar in eine Ausgabe hineingeriet, ohne dass der Chefredakteur ihn zuvor gelesen hatte. In der nächsten Nummer hieß es dann: «Im Gegensatz hierzu [zu der betreffenden Mitteilung] wird uns von anderer, über die kongostaatlichen Verhältnisse wohl unterrichteter Seite geschrieben …»[24]

Die Spur der Bestechungsgelder lässt sich in der Regel schwer zurückverfolgen, aber über Leopolds Vorstöße in Deutschland wissen wir einiges, und zwar aufgrund einer amüsanten Verkettung von Ereignissen. Durch diverse Enthüllungen wurde die Arbeit des Pressebüros sehr beeinträchtigt, und im Jahr 1908 erging die Order, die deutschen Schmiergeldaktionen einzustellen. Der arme von Steub in München verstand entweder diese Mitteilung nicht, oder er konnte einfach nicht aufhören, etwas so Interessantes zu tun. Er zahlte seine Gelder weiter – und war außer sich, als er die ausgelegten Summen nicht zurückerhielt. Bald schon bombardierte er die Brüsseler Beamten mit unterwürfigen Klagebriefen, die irgendwie der Vernichtung entgangen sind und nach mehr als 50 Jahren im Archiv entdeckt wurden. Darin schildert von Steub seine Arbeit immer detaillierter und wendet sich an immer höhere Beamte. «Nach Meinung aller Kolonialexperten ist das Wohlwollen der deutschen Regierung [gegenüber dem Kongo] in erster Linie meiner Tätigkeit geschuldet»,[25] schreibt er an den belgischen Außenminister. «In einem so wichtigen Augenblick die Fahne im Stich und dem Feind das Feld zu überlassen, erschien mir als Verbrechen ... Am 1. Januar und 1. April machte ich alle üblichen Zahlungen, und ich wage zu hoffen, dass ich wenigstens meine Auslagen zurückerhalte.»[26] Später schildert er, nun immer verzweifelter, seine «Zahlungen an Presseorgane»[27] und erklärt, warum er keine Belege für seine Forderungen beifügt: «Als M. Liebrechts [Staatssekretär im Innenministerium des Kongostaats] mir den Auftrag erteilte, sagte er: ‹Journalisten und Autoren werden Ihnen keine Quittung geben, also fragen Sie nicht danach.›»[28]

Trotz aller Bemühungen des Königs, die Kritik einzudämmen, verbreitete sie sich sehr rasch. Sobald in England die Kampagne für die Kongo-Reform gut angelaufen war, fasste E. D. Morel die Vereinigten Staaten ins Auge. Jedem Amerikaner, der es wissen wollte, sagte er, sein Land trage eine besondere Verantwortung für das Ende von Leopolds blutigem Regime, denn es habe als erster Staat den Kongo anerkannt.

Im September 1904 reiste Morel auf Einladung einer Gruppe von amerikanischen Kongo-Missionaren, die die Herrschaft des Königs bereits öffentlich anprangerten, über den Atlantik. Kurz nach seiner Ankunft in New York wurde er von Präsident Theodore Roosevelt im Weißen Haus empfangen. Dann sprach er bei einer Menschenrechtskonferenz in Boston, wo er seine Verbündeten zur Gründung der amerikanischen *Congo Reform*

Association aufrief. Ihr erster Vorsitzender wurde Dr. Stanley Hall, Präsident der Clark University, an den man sich heute vor allem erinnert, weil er in späteren Jahren Sigmund Freud in die Vereinigten Staaten einlud. Zu den Vizepräsidenten der Vereinigung gehörten bald mehrere Geistliche, der Präsident der Stanford University David Starr Jordan, Booker T. Washington und Mark Twain.[29] Washington reiste mit einer Delegation schwarzer Baptisten zum Weißen Haus, um Präsident Roosevelt dringend aufzufordern, Leopold unter Druck zu setzen; er nahm Einfluss auf Mitglieder des außenpolitischen Senatsausschusses, und zusammen mit Mark Twain sprach er, ermutigt durch Morel, auf öffentlichen Kundgebungen in verschiedenen Städten über den Kongo. «Dr. Washington ist als Feind nicht zu unterschätzen», schrieb einer von Leopolds amerikanischen Agenten an den König.[30] Leopold versuchte erfolglos, Washington von der Sache abzubringen, indem er ihm eine kostenlose Reise in den Kongo und, als das nicht verfing, eine Reise nach Belgien anbot.[31]

Zutiefst beeindruckt von seiner Begegnung mit Morel in New York, fuhr Mark Twain dreimal in die amerikanische Hauptstadt, um Einfluss auf die Regierung zu nehmen. «Ich glaube», schrieb Washington über Mark Twain, «seit ich ihn kenne, hat ihn kein Problem so aufgewühlt wie die grausame Behandlung der Eingeborenen im Kongo-Freistaat ... Ich traf ihn mehrfach im Zusammenhang mit seinen Bemühungen, im Kongo Reformen herbeizuführen, und nie schien er müde zu werden, über das Thema zu sprechen.»[32] Mark Twain dinierte mit Roosevelt – diese Nachricht gab Morel unverzüglich ans britische Außenministerium weiter –, traf sich mit dem Außenminister und schrieb Morel, die Kongo-Reform sei in den Vereinigten Staaten «ein gigantisches Unternehmen ... [das] eine Organisation à la U. S. Steel braucht».[33] Im Jahre 1905 verfasste er eine Broschüre, *King Leopold's Soliloquy*, fiktive Selbstgespräche des Königs. Sie erlebte viele Auflagen und brachte Tantiemen ein, die der Autor der *Congo Reform Association* spendete.[34] Über weite Strecken geht es in dem Monolog um Leopolds Medienkampagne. «Zwanzig Jahre lang habe ich nun Millionen dafür ausgegeben, die Presse beider Hemisphären zum Schweigen zu bringen, und immer noch gibt es undichte Stellen»,[35] lässt Mark Twain seinen aufgebrachten König sagen; und dann echauffiert sich Leopold über «die unbestechliche Kodakkamera ... Der einzige Augenzeuge in diesen vielen Jahren, den ich nicht bestechen konnte.»[36] Außerdem greift er William Sheppard persönlich an und zieht über das «aufdringliche missionarische Spionieren»[37] des Schwarzen her. Obgleich diese Schrift zu dick aufträgt und alles andere als Mark Twains bester Text ist, provozierte sie den König so, dass seine Propagandamaschine sofort ein anonymes Pamphlet von 47 Seiten Länge ausspuckte: *An Answer to Mark Twain*.

Genau wie in England passte Morel seine Botschaft auch in Amerika den Bedürfnissen verschiedener Zielgruppen an. Die meisten seiner Bundesgenossen waren progressive Intellektuelle wie Mark Twain, aber er war bereit, sich auch mit dem Teufel einzulassen, wenn es seiner Sache diente. Senator John Tyler Morgan zum Beispiel, jenen General der Konföderierten, der 20 Jahre zuvor die amerikanische Anerkennung von Leopolds Kongo mit auf den Weg gebracht hatte, verstand er geschickt für seine Zwecke einzusetzen. Morgan, der immer noch lautstark dafür warb, die Schwarzen nach Afrika zurückzuschicken, damit der Süden der USA allein von Weißen bewohnt werden könne, wollte nichts lieber als ein unverzügliches Ende der Gewalt im Kongo. Wie sollte man sonst die schwarzen Amerikaner überreden, dorthin zu ziehen? Er hoffte (wie er Morel sagte) darauf, dass man zehn Millionen von ihnen in den Kongo würde «verpflanzen» können.[38] Mit Morels Nachhilfe sorgte Morgan dafür, dass das Thema *Gräuel im Kongo* auf der Tagesordnung des Senats blieb.

Die kampferprobten britischen Baptistenmissionare John und Alice Harris, die Morel nach Amerika folgten, sprachen auf mehr als 200 Veranstaltungen in 49 Städten.[39] Bei einer dieser Kundgebungen in Chicago wollte eine alte Frau, die noch als Sklavin geboren war, ihre gesamten Ersparnisse für die Sache der

Kongoreform spenden; die Reformer nahmen nur einen Dollar an.[40] Vortragsreisen anderer Aktivisten folgten. John Harris berichtete Morel begeistert aus Washington: «Telegramme, Petitionen, Privatbriefe gehen hier zu Tausenden ein ... Der Präsident wird ... wenn sich der Druck noch verstärkt, mit Sicherheit handeln.»[41] Außenminister Elihu Root, dem dieser Druck letzten Endes galt, erinnert sich später mit einiger Empörung:

> «Genau die Leute, die am heftigsten dagegen votieren, sich in Bündnisse verwickeln zu lassen, bestehen besonders fanatisch darauf, dass wir hundert Dinge pro Jahr aus rein humanitären Gründen tun ... Die protestantische Kirche und viele brave Frauen waren ganz versessen darauf, dass wir die Gräuel im Kongo zu einem Ende bringen ... Ständig drängten sich die Menschen vor dem State Department und forderten, dass etwas getan wird.»[42]

Unter den Unterzeichnern von Petitionen befanden sich auch der Gouverneur von Massachusetts sowie alle Mitglieder des dortigen Senats, eine Gruppe von Professoren und Angestellten der Yale University, mehrere Universitätspräsidenten, Dekane theologischer Fakultäten, Bischöfe und Zeitungsherausgeber. Eine Kongo-Resolution verabschiedete ferner die amerikanische *Union Christlicher Frauen gegen den Alkohol.*

In ganz Europa gab es zwar Einzelne, die Morel unüberhörbar unterstützten, aber nur in den Vereinigten Staaten wurde die Kongo-Reform zu der groß angelegten Kampagne, die sie auch in England war. Entsetzt darüber, dass die gegen ihn gerichtete Bewegung auf einen neuen Kontinent übergriff, entschloss sich Leopold zu handeln. Als Morel 1904 in Boston sprach, traten nicht weniger als sechs Sprecher des Königs auf den Plan und forderten gleich lange Redezeit. Als der einflussreiche Senator Henry Cabot Lodge aus Massachusetts im Jahr darauf zu Besuch nach Paris kam, sandte der König umgehend einen Boten mit einer

Einladung zum Abendessen in Brüssel. «Er schlug sechs verschiedene Tage vor, sodass es keinen Ausweg gab», schrieb Cabot Lodge an Präsident Roosevelt. Er war von Leopold beeindruckt und schilderte ihn als «geschickten, tatkräftigen Geschäftsmann – eine Kreuzung zwischen [den Eisenbahnbaronen] Jim Hill & Harriman, zwischen großem Organisator & Promotor & Spekulant. Er kennt jeden & weiß über jeden Bescheid.[43]

Mit Hilfe dieses Wissens «über jeden» nahm Leopold einen noch mächtigeren Senator, nämlich Nelson W. Aldrich aus Rhode Island, aufs Korn. Aldrich, Multimillionär, Kartenspielpartner von J. Pierpont Morgan (der zugleich Schwiegervater von John D. Rockefeller jun. war) und Vorsitzender des Senatsausschusses für Finanzen, war der eigentliche Drahtzieher im Washingtoner Machtgeschäft. «Ich bin nur Präsident», sagte Roosevelt einmal zu dem Journalisten Lincoln Steffens, «er aber hat viele Präsidenten gesehen.»[44]

Leopold umwarb Aldrich und andere einflussreiche Amerikaner, indem er ihnen einen Anteil an der Beute in Aussicht stellte. Wichtige Konzessionsrechte im Kongo vergab er an Aldrich, die Guggenheim-Gruppe, Bernard Baruch, John D. Rockefeller jun. und den Finanzmann Thomas Ryan, einen guten Freund und früheren Mandanten des Außenministers Root. Ein Brief, in dem einer der amerikanischen Agenten dem König Ratschläge erteilt, macht die von ihm verfolgte Strategie ganz deutlich:

> «Geben Sie einen Ost-West-Streifen vom Staatsgebiet des Kongo frei für amerikanisches Kapital. Nehmen Sie die derzeitigen Konzessionäre wenn nötig an der Gurgel und zwingen Sie sie, ihre Privilegien mit den Amerikanern zu teilen. Damit werden Sie eine einflussreiche amerikanische Interessengruppe im Kongo schaffen, die das Gekläffe der englischen Agitatoren und der belgischen Sozialisten wirkungslos machen wird.»[45]

Leopold verschenkte auch mehr als 3000 kongolesische Artefakte an das amerikanische *Museum für Naturgeschichte*, weil er wusste, dass J. P. Morgan im Direktorium saß.

Bei Senator Aldrich hatte Leopold Erfolg mit seiner Freigebigkeit. Beständig drängten die Reformer das State Department, einen amerikanischen Generalkonsul für den Kongo zu ernennen, der die Nachfolge von Roger Casement antreten und eigene Untersuchungen anstellen sollte. Um sich diesen Druck vom Hals zu schaffen, ernannte Außenminister Root schließlich den von ihnen vorgeschlagenen Generalkonsul; aber als Aldrich wissen ließ, er werde diese Entscheidung im Senat blockieren, zog Root die Ernennung zurück.

Mit Blick auf wichtige amerikanische Wählergruppen spielte Leopold auch die Rolle des verfemten Katholiken. Seine Vertreter in Rom konnten den Vatikan davon überzeugen, dass dieser katholische König von skrupellosen protestantischen Missionaren an den Pranger gestellt werde. Es folgte eine Flut von lateinischen Botschaften,[46] die der Heilige Stuhl über den Atlantik an den von Leopold angegebenen Adressaten in den Vereinigten Staaten, den Kardinal James Gibbons von Baltimore, schickte – der übrigens rein zufällig ebenfalls mit Senator Aldrich Karten spielte. Kardinal Gibbons war der Ansicht, die Reformkampagne sei das Werk «einer Hand voll Unzufriedener ... die sich im Großen und Ganzen auf unzuverlässige, von den Eingeborenen weitergegebene Gerüchte berufen».[47] Er ergriff öffentlich Partei für Leopold, der sich mit dem Großkreuz des Kronordens revanchierte.

Ein ganzes Bataillon von Lobbyisten hatte der König in den Vereinigten Staaten. Professor Alfred Nerincx von der George Washington University brachte zusammen mit anderen eine neue englischsprachige Zeitschrift über den Kongo heraus, hielt Vorträge und sorgte dafür, dass positive Artikel in anspruchsvollen Zeitschriften erscheinen konnten. Frederick Starr, ein überspannter Anthropologe an der Universität Chicago, der hartnäckig an die Minderwertigkeit der «Primitiven» glaubte, erhielt eine von Leopolds zahlreichen Medaillen und eine ganzjährige kostenlose Reise durch den Kongo. Zum Dank dafür schrieb er – unter dem Obertitel «Truth about the Congo Free State» – 15 enthusiastische Artikel in der *Chicago Daily Tribune*, die später noch einmal in Buchform erschienen.* Henry Wellington Wack, Anwalt bei einer pharmazeutischen Firma für nicht rezeptpflichtige Markenpräparate, veröffentlichte einen dicken Wälzer, der bald in Tausenden amerikanischer Büchereien auftauchte. Laut Anweisung aus Brüssel sollte Wack «sich so verhalten, dass es aussieht, als arbeite er nicht für den Staat, sondern lediglich als ein unparteiischer Autor».[48]

Ein anderer amerikanischer Agent hingegen erwies sich als weniger zuverlässig. Als der König ihn als Lobbyisten für die USA einsetzte, tat er einen seltenen und katastrophalen Missgriff.

Hätte man O. J. Simpson 1904 den Prozess gemacht, hätte der Mann an der Spitze des Verteidigerteams damals vielleicht Oberst Henry I. Kowalsky aus San Francisco geheißen. Kowalsky war eine Figur des klassischen Amerika: der Staranwalt, der sich selbst am Rand des Gesetzes bewegt und als effektvoller Blender eine große Zahl berühmter Freunde und Bekannter anzieht. Bonvivant, unterhaltsamer Erzähler und großer Verschwender, der es auf astronomische Hotelrechnungen brachte, gewann sich der gesellige Kowalsky mit seiner überlebensgroßen Person und seinem anwaltlichen Geschick eine Vielzahl verschiedener Klienten. Manche waren Boxer und Vertreter der Unterwelt; andere waren bis dato unbekannte Verwandte oder Lebensgefährtinnen, die er mit viel Spürsinn ausfindig machte, wenn ein Testament angefochten werden konnte. Wie so mancher damalige Oberst

* Hier zum Beispiel, was Starr über die *chicotte* zu sagen hat: «Mehrfach … habe ich gesehen, wie ein Mann, der gerade ausgepeitscht worden war, mit seinen Gefährten lachte und spielte, als sei nicht das Geringste geschehen.» (Starr, S. 91)

war Kowalsky nie beim Militär gewesen, obgleich er die Europäer glauben machte, er habe tatsächlich gedient.

«Überlebensgroß» war nicht eigentlich Kowalskys Persönlichkeit. Als renommierter Amateurkoch konsumierte er riesige Mengen seiner eigenen sowie anderer Leute Gerichte. «Verglichen mit ihm», bemerkte später ein Reporter, als der korpulente William Howard Taft im Weißen Haus residierte, «ist Präsident Taft der Spitzenmann einer Akrobatentruppe.»[49] Kowalskys enormer Hals schwappte über seinen Hemdkragen; seine Stimme keuchte heiser; und als eine Zeitung in San Francisco einmal zu Weihnachten lokale Berühmtheiten nach ihrem Lieblingsrezept fragte, sandte er mit selbstironischem Unterton ein Rezept für geröstete Kinnbacken ein.

Außerdem war er Narkoleptiker, das heißt, er hatte unkontrollierbare kurze Schlafanfälle. «Kaum jemand, der das Leben in San Francisco kennt, hat nicht schon einmal gesehen, wie Kowalsky mitten auf der Straße oder in der Lobby eines Hotels, in einer Gerichtsverhandlung oder in einer Theaterloge eingeschlafen ist», stellte ein Reporter fest.[50] In Wirklichkeit kontrollierte er dieses Leiden vielleicht mehr, als er eingestand; einem Journalisten, der über einen Prozess berichtete, fiel auf, dass er «gerade rechtzeitig aufwacht, um äußerst passende juristische Einwände gegen bestimmte Fragen zu erheben».

«Und eben dieses plötzliche Aufwachen», so fährt der Artikel fort, «hat für allerhand Zerstörung beim Mobiliar von Richter Grahams Gerichtssaal gesorgt. Wenn ein Mann von – vorsichtig geschätzt – etwa 300 Pfund mit einem Ruck erwacht, lässt das den stärksten Stuhl erzittern ... Noch ein paar Mal, und es gibt ein bedrohliches Knacken, dann ein Krachen und Schmettern. ‹Wieder einer hin›, murmelt der Gerichtsdiener McGenity, wenn der Oberst seinen kaputten Stuhl beiseite stellt und sich einen heilen nimmt.»[51] Am Ende dieses Prozesses schenkte Kowalsky dem Gericht mit grandioser Geste einen Spezialstuhl, den er sich hatte bauen lassen – aus harter Eiche, zusammengehalten von eisernen Bolzen, die Beine mit Eisenstützen versteift.

Als Kowalsky einmal in einem erbitterten Rechtsstreit die Gegenseite des berühmten Revolverhelden Wyatt Earp vertrat, drohte der jähzornige Earp ihm, er werde ihn erschießen, sobald er ihn zu Gesicht bekomme. In einer Kneipe in San Francisco trafen die beiden aufeinander. Earp drängte Kowalsky in ein Hinterzimmer, zog den Revolver und sagte, er solle sich für die Heimkehr zu seinem Schöpfer bereitmachen. Da fiel Kowalsky mit einem Mal das Gesicht mit den dicken Backen auf die Brust, und er nickte ein. Wütend stürzte Earp aus dem Zimmer und fluchte: «Was soll man mit einem Mann anfangen, der einschläft, wenn man ihn gerade umbringen will!»[52]

Kowalsky hatte einen unbeirrbaren Blick für den Weg zu einem lukrativen Mandanten, und er sah auch einen, als Prinz Albert, rechtmäßiger belgischer Thronfolger, nach Kalifornien kam. Albert reiste inkognito, aber Kowalsky erkannte ihn und freundete sich mit ihm an; Albert belohnte ihn 1904 mit einer Einladung nach Belgien. Dort wurde er an Bord der königlichen Yacht in Ostende empfangen und Leopold vorgestellt.

In Kowalsky sah Leopold einen Amerikaner, der aktives Mitglied der damals regierenden Republikanischen Partei war, sich selbst als außerordentlichen Lobbyisten empfahl und versprach, er werde den lästigen Weltverbesserern, die Seiner Majestät nur Schwierigkeiten zu machen gedächten, schon ihre Pläne vereiteln. Da Morel gerade begonnen hatte, die amerikanische Öffentlichkeit aufzurütteln, war natürlich keine Zeit zu verlieren. Der König nahm Kowalsky in seine Dienste, gab ihm detaillierte Anweisungen und stellte genügend Geld für ein luxuriöses Büro in der Wall Street zur Verfügung. Als Kowalsky vor dem Umzug nach New York stand, gaben ihm seine Freunde in San Francisco – Richter, Geschäftsleute, ein Admiral sowie konkurrierende Rechtsanwälte, die froh gewesen sein mögen, dass er der Stadt den Rücken kehrte – ein Abschiedsbankett, das seinen ohnehin schon gigantischen Körper bestimmt noch um einige Pfunde beschwerte. «Ich halte mich nicht völlig an den Text des Toasts, den man mir in die Hand gedrückt hat», sagte der Bürgermeister von San Francisco, «genau wie unser Gast ist er zu umfangreich.»[53] Ein anderer Redner bemerkte, es sei ein Glück, dass König Leopold Kowalsky nicht gleich in den Kongo geschickt habe, wo «die afrikanischen Kannibalen sich über einen so erlesenen Bissen gefreut hätten».[54]

Kowalsky antwortete auf die Toastsprüche: «Ich verlasse Sie allein deshalb, weil ich dem Ruf der Pflicht folge, im Interesse der Menschheit und der Zivilisation.»[55] Zum Ruf der Pflicht gehörte ein Jahreshonorar von 100 000 Francs (heute etwa 500 000 Dollar). In seiner neuen Funktion wurde Kowalsky von Präsident Roosevelt empfangen, dem er ein silbern gerahmtes Foto von Leopold, ein Fotoalbum vom Kongo und ein Memorandum überreichte, in dem er gebeten wurde, sich nicht von missgünstigen Missionaren und Liverpooler Kaufleuten täuschen zu lassen.

Völlig überrascht von der ganzen Sache war Baron Ludovic Moncheur, der belgische Gesandte in den Vereinigten Staaten, der gerade für die einflussreiche *North American Review* einen begeisterten Artikel über die «Verhältnisse im Kongo-Freistaat» zu Papier gebracht hatte und der Überzeugung war, *er* sei der führende Kopf in Leopolds amerikanischem Propagandaunternehmen. Als plötzlich Kowalsky auftauchte, der unverkennbar wie ein Winkeladvokat aussah, war er entsetzt. Noch am Tag von Kowalskys Abschiedsbankett in San Francisco erfuhr Moncheur mit Bestürzung, dass der Anwalt sich im Gericht mit einem Gläubiger geprügelt hatte. Hektisch schickten er und seine Mitarbeiter nun eine Mitteilung nach der anderen in Richtung Brüssel.

Im königlichen Schloss wagte es kein Untergebener, offen gegen einen neuen Favoriten des Königs Stellung zu beziehen, aber Moncheur erhielt schließlich von einem Spitzenbeamten des Kongo-Staats ein Telegramm folgenden Inhalts: «Ich habe Ihre Information über Kowalsky erhalten. Schätzen Sie die Situation so ein, dass wir seine Mission fallen lassen sollten? – was uns allerdings nicht leicht fiele. Wäre es nicht besser, wir geben ihm einen anderen Auftrag in Afrika oder China?»[56] «Es wäre mehr als nutzlos, ihn in den Kongo zu schicken», antwortete einer von Moncheurs Mitarbeitern, «es sei denn, man hätte die Hoffnung, dass er nicht zurückkehrt.»[57] Wenig später ließ Moncheur eine prophetische Warnung folgen: «Wenn er mich dafür verantwortlich macht, dass er in Ungnade gefallen ist, könnte er sich durchaus so aufführen, dass es einen Presseskandal gibt.»[58]

Behutsam baten die Beamten des Kongo-Freistaats Kowalsky zu einem Besuch nach Brüssel, wo sie ihm eine dringende Mission in Nigeria antrugen. Kowalsky war immerhin so interessiert, dass er sich einen Tropenhelm und ein Gewehr für die Elefantenjagd kaufte; aber dann lehnte er den Auftrag ab, wahrscheinlich weil er ahnte, dass man ihn aus dem Verkehr ziehen wollte. Da er zu viel wusste, wagten es Leopolds besorgte Kongoberater nicht, ihn vor die Tür zu setzen; daher schickten sie ihn mit weiteren Lobbyaufträgen in die Vereinigten Staaten zurück, aber das konnte ihre zunehmenden Befürchtungen nur notdürftig kaschieren: «Die Mission von Oberst Kowalsky besteht darin, Senatoren und Kongressabgeordnete über unsere gerechte Sache aufzuklären und die Verabschiedung negativer Resolutionen zu verhindern.» Allerdings: «An das Weiße Haus wird er sich nicht wenden oder nur, wenn es absolut notwendig ist … Öffentlich äußern wird er sich erst nach Absprache mit dem belgischen Gesandten.»[59]

Kowalsky war nun ruhig gestellt, und ein Jahr nachdem Leopold ihn in Dienst genommen hatte, ließ der König seinen Vertrag auslaufen. Vergeblich bombardierte der Anwalt ihn mit Briefen (alle beginnend mit «Meine sehr verehrte Majestät»), in denen er seine Arbeit für die Sache des Kongo rühmte, über seine Rivalen unter Leopolds amerikanischen Lobbyisten herzog (einen von ihnen nannte er «einen charakterlosen, unwürdigen und prinzipienlosen Undankbaren» mit «niederträchtigen Methoden») und die eigenen Verdienste maßlos übertrieb. «Es war eine gigantische Aufgabe, und ich habe Tag und Nacht gearbeitet … Tausende von Meilen habe ich für diese Sache zurückgelegt.» Auch mit Schmeicheleien versuchte er den König zu seiner Wiedereinstellung zu bewegen: «Ich gestehe, dass ich für Eure Majestät dieselbe Zuneigung empfunden habe wie für meinen geliebten und tief betrauerten Vater.»[60] Leopold aber versprach Kowalsky zusätzlich zu seinem Jahreshonorar noch die stattliche Summe von 125 000 Francs,[61] wenn er sich in aller Stille zurückziehe, während er ihn zugleich mit der Andeutung zu beschwichtigen suchte, irgendwann in der Zukunft werde er seine Dienste vielleicht noch einmal benötigen.

Zu guter Letzt jedoch tat der verschmähte Kowalsky genau das, was Moncheur und seine Mitarbeiter in der belgischen Botschaft befürchtet hatten. Am 10. Dezember 1906 konnten die Leser, die William Randolph Hearsts Zeitung *New York American* in die Hand nahmen, gleich auf der Titelseite alles über die Machenschaften der amerikanischen Kongo-Lobby erfahren. AUFGEDECKT: KÖNIG LEOPOLDS UNGLAUBLICHER VERSUCH, DEN KONGRESS ZU BEEINFLUSSEN ... VOLLSTÄNDIGER TEXT DER VEREINBARUNGEN ZWISCHEN KÖNIG LEOPOLD VON BELGIEN UND SEINEN BEZAHLTEN AGENTEN IN WASHINGTON. Obgleich Kowalsky wütend versicherte, jemand habe sein Büro ausgeraubt, spricht viel dafür, dass er Hearst seine gesamte Kongo-Korrespondenz verkauft hat.

Eine Woche lang quetschte Hearst täglich aus der Geschichte heraus, was nur irgend Wert hatte, füllte die Seiten des *American* und der vielen anderen Zeitungen, die er besaß, mit Zehntausenden Wörtern und Dutzenden von Fotos in großer Aufmachung. Eine schlimmere Katastrophe hätte es für Leopold nicht geben können, denn um seinen Exklusivbericht noch zu unterstreichen, führte der *American* die Niedertracht des Königs anschaulich vor, indem er Morels Fotos von abgehackten Händen brachte und alle Gräuelvorwürfe der Kongo-Reformer ausposaunte: INFAME GRAUSAMKEITEN ... FOLTERUNGEN VON FRAUEN UND KINDERN[62] ... USA ÜBERRASCHT VON VERBRECHEN IM KONGO.[63]

Aus den Dokumenten ging hervor, dass Leopold Kowalsky

zusätzlich zu Honorar und Schweigegeld eine Beteiligung von 100 000 Francs an den königlichen Kongo-Obligationen in Aussicht gestellt hatte, «wenn die amerikanische Regierung keine für den Kongo schädliche Erklärung abgibt und der Kongress bis zum Ende der nächsten Legislaturperiode keine negativen Resolutionen verabschiedet».[64] In einem Brief an den König rühmte sich Kowalsky, einem nicht genannten prominenten Journalisten ein Schmiergeld in Höhe von 1000 Dollar gezahlt zu haben, einem, wie er schrieb, «persönlichen Freund des Präsidenten», der «uns mit der Werbung für unsere Sache gewiss Hunderttausende wieder eingebracht hat». Er behauptete auch, er habe einen entlarvenden Artikel in *Munsey's Magazine* verhindert, weil er zum «Chefredakteur, meinem persönlichen Freund» gegangen sei, «der den Artikel vernichtete und stattdessen einen anderen drucken ließ, der dem Interesse Eurer Majestät außerordentlich gefällig war».[65]

Die pikanteste Enthüllung lautete, dass Kowalsky mit Leopolds Geld einen Mitarbeiter im außenpolitischen Senatsausschuss, Thomas G. Garrett, bestochen hatte, um Protestresolutionen gegen den Kongo zu Fall zu bringen. Garrett, so Kowalskys überspannte Schilderung an den König, «stand an der Tür des Sitzungsraums und hielt die fordernden, brüllenden Missionare, Geistlichen und religiösen Querulanten sowie ein paar Vertreter der Liverpoolbande zurück. Die ganze Zeit über stand ich auf dem Beobachtungsposten, und erst nach der Schließung des Kongresses konnte ich aufatmen.»[66] Auf der ersten Seite des *American* war ein handschriftlicher Brief abgebildet, in dem Garrett – auf dem Briefpapier des US-Senats – Kowalsky um einen Teil der versprochenen Zahlung bat.

Garrett wurde umgehend entlassen. Wenige Stunden nachdem die Affäre ans Licht gekommen war, brachte Senator Cabot Lodge aus Massachusetts, wo die amerikanische *Congo Reform Association* ihren Hauptsitz hatte, einen Entschließungsantrag ein, in dem eine internationale Untersuchung des Kongo-Skandals gefordert wurde. Geschicktes Intrigieren vonseiten Moncheurs und die Hinterzimmerdiplomatie des Senators Aldrich führten dazu, dass die Resolution vor ihrer Verabschiedung erheblich abgeschwächt wurde, aber die ganze Geschichte sorgte für eine drastische Klimaveränderung in Washington. Außenminister Root kehrte der früheren Nichteinmischungspolitik den Rücken und beschloss, gemeinsam mit den Briten Druck auf Leopold auszuüben und ihn zur Beendigung seiner Herrschaft in dem afrikanischen Land zu drängen. Die Kowalsky-Enthüllungen – die Morel rasch und frohlockend nachdrucken ließ, sowohl für englische als auch in französischer Sprache für belgische Leser – bedeuteten für Leopold einen entscheidenden Rückschlag. Das Blatt wendete sich – gegen den König.

Etwa um die Zeit, als Leopold Kowalsky in seine Dienste nahm, war er auch an einer ganz anderen Front tätig geworden. In Erinnerung daran, wie seine Pseudo-Kommission für den Schutz der Eingeborenen die Kritiker in den neunziger Jahren zum Schweigen gebracht hatte, fand er, es sei nun Zeit für eine weitere Kommission. Diese sollte selbst in den Kongo reisen, die Situation untersuchen und seinen Namen reinwaschen.

Für die neue Untersuchungskommission[67] ernannte er drei Richter: einen Belgier, einen Schweizer und einen Italiener. Dieser Ausschuss war freilich nicht so neutral, wie es den Anschein hatte. Der Italiener, Giacomo Nisco, arbeitete nicht in Italien, sondern als Vorsitzender Richter im Kongo. Er war es gewesen, der im berüchtigten Fall Caudron (vgl. das 14. Kapitel) das Urteil gegen den Häftling mit der Begründung abgeschwächt hatte, ein gewisses Maß an «Zwang» und «Terror» sei unvermeidlich. Überdies beherrschte keiner der drei Richter eine afrikanische Sprache, ja nicht einmal genug Englisch, um mit den englischen und amerikanischen Missionaren, die Leopold so scharf kritisierten, direkt zu sprechen. Die Kommission hatte die Aufgabe, Anhörungen zu veranstalten, Zeugen zu vernehmen und einen Bericht zu erstellen. Auf der langen Reise in den Kongo würde, so des Königs Hoffnung, der alte Afrikakenner Baron Nisco seine Kollegen gewiss darüber aufklären, dass die Eingeborenen harte Disziplin einfach brauchten.

Mehrere Monate lang nahm die Kommission 370 Zeugenaussagen auf. Die Sitzungen fanden überall statt, auf den Veranden der Kautschuksammelstellen ebenso wie auf dem Deck ihres Dampfers, der *Archiduchesse Stéphanie*, benannt nach einer der Töchter, mit denen Leopold nicht mehr redete. Es war alles sehr förmlich: scharlachrote und schwarze Richterroben, Dolmetscher, Schriftführer, Wachposten mit Gewehr und aufgepflanztem Bajonett. Eine lange Reihe von Zeugen machte Grauen erregende Aussagen. Zu den beeindruckendsten gehörte die des Häuptlings Lontulu aus Bolima, der mit der *chicotte* ausgepeitscht, als Geisel festgehalten und in Ketten zur Arbeit geschickt worden war. Als er an der Reihe war, legte er 110 kleine Ästchen auf den Tisch der Kommission, jedes für einen seiner Leute, die alle der Gier nach dem Kautschuk zum Opfer gefallen waren. Er teilte die Zweige in vier Häufchen: Stammeselite, Männer, Frauen und Kinder. Zweig für Zweig nannte er die Namen der Toten.

Die Nachricht über diese Zeugenaussage gelangte rasch nach Brüssel, aber Leopold wusste nicht recht, welche Wirkung sie auf die Kommission hatte. Im März 1905 kam dann aus der kongolesischen Hauptstadt Boma ein merkwürdiges Warnsignal, ein Hinweis darauf, dass die ganze Sache womöglich nicht gut für den König ausgehen werde. Paul Costermans, der amtierende Generalgouverneur des Landes, ein – soweit das bei einer so exponierten Stellung in diesem System überhaupt möglich war – persönlich integrer Mann, wurde von den Ermittlungen der Kommission unterrichtet. Darauf verfiel er in eine für seine Mitarbeiter alarmierende Depression. Etwa zwei Wochen später schrieb er mehrere Abschiedsbriefe und schlitzte sich mit einem Rasiermesser die Kehle auf.

Ein weiteres schlimmes Omen für Leopold war die Meldung, dass einer der Richter völlig am Ende gewesen und in Tränen ausgebrochen sei, nachdem er eine Reihe von Zeugen mit ihren

Gräuelberichten gehört hatte.[68] Dem König wurde nun klar, dass der Schuss nach hinten losgegangen war: Was als Pseudountersuchung gedacht war, geriet zu seinem großen Entsetzen außer Kontrolle und wurde zur echten Untersuchung. Obgleich Morel nicht über die offiziellen Aussageprotokolle verfügte, publizierte er in aller Eile eine Flugschrift mit den Informationen, die seine Missionarsfreunde und deren afrikanische Gemeindemitglieder der Kommission gegeben hatten, und schickte jedem Mitglied des belgischen Parlaments ein Exemplar davon.

Als die Kommissionsmitglieder wieder in Europa waren, setzten sie sich zur Beratung zusammen und schrieben einen 150 Seiten langen Bericht. Obgleich er in kühler und bürokratischer Sprache abgefasst war, sah Leopold sofort, dass er beinahe jeden Hauptkritikpunkt wiederholte, den Casement und Morel vorgebracht hatten. Er war außer sich. Im Herbst 1905 konnte er das Erscheinen des Berichts, auf den ganz Europa wartete, nicht länger hinauszögern. Politiker und Journalisten ergingen sich bereits in Spekulationen über den Inhalt. Aber Leopold hatte noch einen Trick auf Lager, und der war in seiner langen Karriere vielleicht das Verblüffendste, was er je an Propagandakunst geliefert hat.

Mit seinem modernen Gespür für Public Relations begriff der König meisterhaft, dass es häufig weniger auf die Substanz eines politischen Ereignisses ankommt als vielmehr darauf, wie die Öffentlichkeit es wahrnimmt. Wer die Wahrnehmung kontrolliert, kontrolliert das Ereignis. Außerdem wusste er, dass Journalisten einen Horror davor haben, unter Termindruck einen langen offiziellen Bericht durcharbeiten zu müssen – umso mehr, wenn er in einer Fremdsprache geschrieben ist. Am 3. November 1905, einen Tag bevor die Arbeit der Untersuchungskommission erscheinen sollte, erhielten alle großen Zeitungen in England ein Dokument mitsamt einem Anschreiben, in dem es hieß, es handele sich um ein «vollständiges und authentisches Resümee des Berichts».[69] Absender dieser nützlichen und gerade im rechten Augenblick eintreffenden Zusammenfassung war der *Westafrika-*

nische Missionarsverband, und das klang durchaus vertrauenswürdig. Die Missionare gehörten ja zu den hartnäckigsten Kritikern des Kongo. Und das Bequemste daran: Das Resümee war auf Englisch geschrieben.

Hocherfreut veröffentlichten fast alle englischen Zeitungen die Zusammenfassung, in der Annahme, so hätten sie bei der großen Meldung der Woche einen Tag Vorsprung gewonnen. Associated Press übermittelte das Resümee in die Vereinigten Staaten, wo es gleichfalls in die großen Blätter kam. Erst in den darauf folgenden Tagen, als Reporter und Redakteure Zeit hatten, den vollständigen Text des Berichtes auf Französisch zu lesen, wurde ihnen klar, dass die so genannte Kurzfassung mit dem Bericht selbst wenig zu tun hatte. Immer wieder griff sie zentrale Punkte heraus und «resümierte» sie bis zur Unkenntlichkeit. Wenn es zum Beispiel im Bericht hieß: «Wir haben die katastrophalen Auswirkungen des Trägerdienstes geschildert und gezeigt, dass die viel zu harte Arbeit, die den Eingeborenen in der Nähe bestimmter wichtiger Stützpunkte aufgezwungen wurde, zur Entvölkerung des Landes führte», so wurde daraus im Resümee: «Um die bedauerlichen Folgen [des Trägerdienstes] zu vermeiden, schlägt die Kommission vor, bis zur Fertigstellung von Eisenbahnlinien die Wasserwege zu benutzen».[70]

Und was eigentlich, so fragten sich die Journalisten nun, ist der Westafrikanische Missionarsverband?[71] Es gelang ihnen, seine Spur bis in die Kanzlei eines Londoner Rechtsanwalts zurückzuverfolgen, aber der weigerte sich, die Adresse seines Mandanten herauszurücken. Einen oder zwei Tage später ließ er sich erweichen und zeigte den Fragern ein Büro auf der gegenüberliegenden Straßenseite; es bestand aus einem einzigen Raum, hatte ein frisch gemaltes Schild an der Tür und war nur mit einem Wachmann besetzt. Hierauf zauberte der Anwalt eine Liste der Vorstandsmitglieder herbei, aber keiner von denen, die die Reporter erreichen konnten, hatte je an einer Vorstandssitzung teilgenommen. Weitere Nachforschungen ergaben, dass das «Resümee» von einem belgischen Geistlichen, dessen Kirche kurz zuvor eine große Schenkung von Leopold erhalten hatte, nach England gebracht worden war. Vom Westafrikanischen Missionarsverband, von dem man vor der Veröffentlichung seines folgenreichen Resümees nie etwas gehört hatte, hörte man auch in Zukunft nie wieder etwas.

17

Kein Mensch ist ein wildfremder Ausländer

In den unmittelbaren, unredigierten Aussagen vor der Untersuchungskommission wird König Leopolds Herrschaft nackt und unverhüllt dargestellt. Niemand konnte sich mit dem Argument herausreden, die Informationen seien von den Feinden des Königs zusammengetragen, denn alle drei Kommissionsmitglieder waren von Leopold selbst geschickt worden; auch nicht mit der Behauptung, die Zeugen erzählten nur Märchen, denn manchmal schilderten mehrere dieselbe Gräueltat. Und ebenso wenig mit dem Vorwurf, die Zeugen seien bloß faul und unzufrieden, denn viele setzten durch ihre Aussage ihr Leben aufs Spiel. Als Raoul Van Calcken, Angestellter der A. B. I. R., den Afrikanern Lilongo und Ifomi auf ihrem Weg zur Kommission begegnete, ließ er sie festnehmen. Lilongo berichtete einem englischen Missionar:

> «Dann befahl er seinen Wachleuten, uns mit dem Rücken an zwei Bäume zu binden, sodass unsere Füße nicht den Boden berührten und unsere Arme nach oben ausgestreckt waren … Sehen Sie die Narben an meinem Körper. In dieser Stellung hingen wir mehrere Tage und Nächte … Die ganze Zeit bekamen wir weder zu essen noch zu trinken, manchmal regnete es, und dann wieder schien die Sonne auf uns … Wir weinten, bis keine Tränen mehr kamen – es waren Todesqualen. Während wir dort hingen, schlugen uns drei Wachleute und der weiße Mann mit dicken Stöcken auf die Geschlechtsteile, auf den Hals und andere Körperteile, bis wir ohnmächtig wurden.»[1]

Ifomi starb, und Van Calcken ließ seine Leiche in einen Fluss werfen. Lilongo überlebte, sagte als Zeuge vor der Kommission aus und wurde von seinem jüngeren Bruder nach Hause getragen.

Die Aussagen, die Lilongo und andere Zeugen vor der Kommission machten, stehen auf Formblättern mit einer Kopfzeile, die den vollen Titel der Kommission – «Untersuchungskommission, eingesetzt durch Erlass des Königlichen Souveräns vom 23. Juli 1904» – sowie die Namen und Titel der drei Kommissionsmitglieder nennt, darunter Leerstellen für die Namen des Schriftführers, des Zeugen (der schwören musste, er sage die ganze Wahrheit und nichts als die Wahrheit) und des Dolmetschers. Dann folgt das Erzählte.

Zeuge Ilange Kunda aus M'Bongo:

> «Ich kannte Malu Malu [Schnell Schnell – so nannten die Afrikaner Leutnant Charles Massard von der *Force Publique*]. Er war äußerst grausam; er zwang uns, Kautschuk zu sammeln. Eines Tages sah ich mit meinen eigenen Augen, wie er einen Einheimischen namens Bongiyangwa tötete, nur weil er unter den 50 Körben voll Kautschuk, die man ihm gebracht hatte, einen gefunden hatte, der nicht voll genug war. Malu Malu befahl dem Soldaten Tshumpa, [Bongiyangwa] zu ergreifen und an eine Palme zu fesseln. Er wurde dreifach gefesselt: in Kniehöhe, in Höhe des Magens und um die Arme, sodass sie ganz zusammengequetscht wurden. Malu Malu trug am Gürtel seine Patronentasche; er nahm sein Gewehr und tötete Bongiyangwa aus einer Entfernung von etwa 20 Metern mit einer einzigen Kugel … Ich habe die Wunde gesehen. Der Unglückliche stieß einen Schrei aus und war tot.»[2]

Zeuge M'Putila aus Bokote:

«Wie Sie sehen, ist meine rechte Hand abgeschlagen ... Als ich noch klein war, kamen die Soldaten in mein Dorf und griffen uns an wegen des Kautschuks ... Als ich weglief, streifte eine Kugel meinen Hals; sie hinterließ die Narbe, die Sie noch sehen können. Ich fiel hin und stellte mich tot. Ein Soldat schlug mir mit seinem Messer die rechte Hand ab und nahm sie mit. Ich sah, dass er noch andere abgeschlagene Hände mitnahm ... Am selben Tag wurden mein Vater und meine Mutter umgebracht, und ich weiß, dass man auch ihnen die Hände abgeschnitten hat.»[3]

Zeuge Ekuku, oberster Häuptling von Boiéka:

«Ich kannte Jungi gut. Vor ungefähr zwei Monaten ist er an der Auspeitschung gestorben. Ich sah, wie er geschlagen wurde, und ich sah, wie er starb. Es war etwa drei oder vier Meter von der Veranda des Weißen entfernt, an der Stelle, die ich Ihnen gezeigt habe, zwischen den beiden Kakteen. Sie legten ihn auf den Boden. Der Weiße Ekotolongo [Molle] hielt seinen Kopf, während Nkoi [Ablay] zu seinen Füßen stand und ihn mit dem Rohrstock schlug. Bei dieser Bestrafung gingen drei Stöcke zu Bruch. Zuletzt trat Nkoi ihn mehrere Male mit dem Fuß und befahl ihm, aufzustehen. Als er sich nicht rührte, sagte Ekate zu dem Weißen: ‹Dieser Mann ist tot. Sie haben ihn getötet ...› Darauf erwiderte der Weiße: ‹Das schert mich nicht. Die Richter sind Weiße wie ich.› ... Am nächsten Tag wurde Jungi begraben ... Jungi war ein alter Mann, aber ganz gesund.»[4]

Zeugin Mingo aus Mampoko:

«Als ich in der Ziegelei in Mampoko gearbeitet habe, haben die Wachleute Nkusu Lomboto und Itokwa mich

> zweimal bestraft; sie zogen meinen Rock hoch und steckten Lehm in meine Scheide, was mir schreckliche Schmerzen machte. Der Weiße Likwama [ein Beauftragter der Gesellschaft namens Henri Spelier] sah mich mit dem Lehm in meiner Scheide. Er sagte nur: ‹Wenn du bei der Arbeit hier stirbst, werden sie dich in den Fluss werfen.›»[5]

Und so gehen die Aussagen weiter, eine Erzählung nach der anderen, zu Hunderten. Hier wurde endlich etwas vernehmbar, was die übrige Welt bislang aus dem Kongo kaum gehört hatte: die Stimmen der Kongolesen selbst. Während der ganzen Zeit, in der die Europäer sich um die afrikanische Beute rauften, wurden nur in wenigen Fällen so viele entlarvende Aussagen von Afrikanern zusammengetragen. Jeder Leser dieser Berichte musste zwangsläufig von unvorstellbarem Entsetzen gepackt werden.

Aber niemand las sie.

Trotz der kritischen Schlussfolgerungen wurden die Aussagen der Afrikaner nirgendwo wörtlich zitiert. Der Bericht der Kommission blieb bei allgemeinen Feststellungen stehen. Das Erzählte wurde nicht separat publiziert, es durfte auch nicht eingesehen werden. Die Aussagen landeten in einer geschlossenen Abteilung des Brüsseler Staatsarchivs. Erst in den achtziger Jahren des 20. Jahrhunderts durfte man sie schließlich lesen und ungehindert kopieren.

Als Leopold die Eigendynamik, welche die Veröffentlichung des Kommissionsberichts zu entfalten drohte, so trickreich abbremste, war er 70 Jahre alt. Mit zunehmendem Alter war er immer häufiger unterwegs. Er mied Brüssel, so gut er irgend konnte, und selbst wenn er dort war, zeigte er seine Verachtung für alles Belgische, indem er sich das Fleisch für seine Mahlzeiten aus Paris kommen ließ. Am liebsten war er im Ausland. Für Caroline kaufte er ein französisches Schloss, wo er sich oft mit ihr aufhielt.

Paris besuchte er gern, und einmal lud er das gesamte französische Kabinett zum Essen ein. Jeden Winter reiste er in seinem privaten Eisenbahnwagen, dessen grüne Ledersessel er mit Gold hatte verzieren lassen, an die Riviera. Während die Belgier wutschnaubend im tiefen Schnee saßen und Kuriere zwischen Brüssel und der Riviera hin- und hereilten, lebte und arbeitete er monatelang auf seiner Yacht, der langen, eleganten *Alberta,* die sowohl mit Segeln als auch mit Dampf fahren konnte.

Während dieser Winter an der Riviera brachte Leopold Caroline in einem luxuriösen Wohnsitz an der Küste, der Villa des Cèdres, unter. «Jeden Abend», schreibt sie, «kam der König mit einer Dampfbarkasse … zu einer Anlegestelle, die durch einen unterirdischen Gang direkt mit meiner Villa verbunden war. Bei dieser Gelegenheit muss ich unbedingt erwähnen, dass der König außerordentlichen Gefallen … an geheimen und mysteriösen Dingen hatte. Man konnte ihm jedes beliebige Haus verkaufen, wenn es nur neben einem verlassenen Steinbruch lag oder irgendwelche Geheimtreppen besaß.»[6]

Selbst wenn Leopold es über sich brachte, in seinem eigenen, so deprimierend kleinen Land zu bleiben, pendelte er zwischen Schloss Laeken, dem Chalet Royal am Strand von Ostende sowie zwei weiteren Schlössern hin und her. Ganze Handwerkerbataillone waren ständig mit der Renovierung dieser Gebäude beschäftigt, bauten neue Räume, Nebengebäude und Fassaden. In Laeken installierten Arbeiter einen Aufzug in italienischem Renaissancestil und errichteten einen für das Publikum zugänglichen «Chinesischen Pavillon» (kurioserweise ausgestattet mit einem französischen Restaurant). Gedacht war er als Erster von mehreren Bauten, die die einzelnen Weltgegenden repräsentieren sollten. Leopolds pausenloses architektonisches Herumbasteln beschränkte sich nicht bloß auf die Gebäude, in denen er lebte, sondern erstreckte sich auch auf die, die er sah. So wollte er zum Beispiel «den Stadtkern von Ostende mit attraktiven *gleichförmigen* Fassaden verschönern».[7] Einem Nachbarn bot er 25 000 Francs, damit er eine von seinem Lieblingsarchitekten, dem Franzosen Charles Girault, entworfene Fassade vor sein Haus setzte. Als der Grundbesitzer ablehnte, wurde er enteignet.

Der König besuchte Girault häufig in Paris, setzte sich im Atelier des Architekten an einen Tisch und vertiefte sich in ganze Stöße von Skizzen. Mit größtem Vergnügen besuchte er Baustellen. «Bitten Sie den Minister für Bauwesen am Mittwoch um neun ins Brüsseler Stadtschloss», teilte er einmal im Jahr 1908 seinem Privatsekretär mit, «ich möchte mit ihm zum Park St. Gilles fahren und dort um neun Uhr dreißig eintreffen. Dann um elf zum Triumphbogen. Dann um etwa zwölf Uhr dreißig Mittagessen im Schloss. Dann um zwei nach Laeken. Halt an der Brücke über den Kanal, gegenüber der Avenue Verte. Um drei Avenue Van Praet und Japanischer Turm. Um vier an den Landstraßen nach Meise und Heysel.»[8] Gab er Bauarbeiten an einem Gebäude in der Nähe des Brüsseler Schlosses in Auftrag, ließ er einen hölzernen Gerüstturm errichten, von dem aus er den Fortschritt der Arbeiten beobachten konnte.

Mit seinen Besuchern feilschte der König stets sehr geschickt um jede Möglichkeit, seine Macht auszudehnen. Der französische Außenminister Théophile Delcassé stellte einmal fest: Leopolds «einziger Fehler besteht darin, dass er nicht verhehlen kann, wie schlau er ist: Man wird argwöhnisch und fürchtet, hinters Licht geführt zu werden.»[9] Und der südafrikanische Diamantenkönig Cecil Rhodes, jener einzige andere Weiße, dessen endloser Machtbereich sich mit dem von Leopold messen konnte, sagte im Scherz, er habe eine Einladung zum Essen im Schloss abgelehnt, denn «jede Zusage zum Essen kostet eine Provinz».[10]

In Laeken war es für die Diener ein vertrauter Anblick, wenn der hoch gewachsene, bärtige, kahlköpfige König mit seinen strengen braunen Augen und der großen Nase stundenlang in der Uniform eines Generalleutnants und gestützt auf seinen Eichenstock spazieren ging – entweder zwischen den Palmen und anderen tropischen Pflanzen seiner Gewächshäuser oder auf den Wegen des riesigen Schlossparks. Seine überspannten Einfälle wurden immer häufiger. Zum Rendezvous mit Caroline fuhr er mitunter auf einem großen Dreirad, das er *«mon animal»* nannte. Wie immer schon fürchtete er sich vor Krankheitskeimen und gewann die Überzeugung, es sei gut für seine Gesundheit, wenn er täglich Unmengen heißes Wasser tränke; die Diener hielten stets eine Karaffe bereit. Das Hofprotokoll blieb so förmlich wie eh und je; den Ton gab Leopold an, der langsam und majestätisch sprach, «ganz als ob er» – wie es in dem nur notdürftig verfremdeten Porträt heißt, das Joseph Conrad und Ford Madox Ford in ihrem Roman *The Inheritors* von ihm angefertigt haben – «beständig Toasts auf seine Gesundheit zu beantworten hätte».[11] Nach und nach sprach er auch von sich in der dritten Person. «Bringen Sie Ihm heißes Wasser!» «Rufen Sie Ihm einen Arzt!» «Geben Sie Ihm den Spazierstock!»[12]

Der Befehl, der ihm eigentlich am Herzen lag, hieß: «Nehmen Sie Ihm den Kongo nicht weg!» Denn Morels Kampagne und der Bericht seiner eigenen Untersuchungskommission verstärkten den von allen Seiten auf ihn einwirkenden Druck, sich von dem Land zu trennen, das er als seinen Privatbesitz betrachtete. Als Alternative zu Leopolds Verfügungsgewalt über den Kongo wurde freilich immer nur eines ernsthaft erwogen: die Verwandlung des Staates in eine belgische Kolonie. Selbst Morel, enttäuscht darüber, dass es keine anderen politisch gangbaren Wege gab, plädierte widerwillig für die – wie man damals sagte – «belgische Lösung». Wäre ein solcher Schritt von den geeigneten Reformen begleitet – und auf ihnen bestand Morel immer wieder –, könnten die Rechte der Kongolesen nach seiner Überzeugung in einer für Nachprüfungen offenen und rechtsstaatlich verfassten belgischen Kolonie immerhin besser geschützt werden als in einem unzugänglichen Kronland des Königs. Dass nur wenige Reformer überhaupt etwas anderes als die «belgische Lösung» ins Auge fassten, mag uns heute überraschen; aber wir vergessen dabei, dass sich zu Anfang des 20. Jahrhunderts fast niemand für die Idee der Unabhängigkeit und Selbstverwaltung

Afrikas aussprach – abgesehen von wenigen verfolgten Rebellen tief im Innern des kongolesischen Regenwaldes. Im Jahr 1890 hatte George Washington Williams gefordert, der Kongo müsse «afrikanisch, nicht europäisch; international, nicht national»[13] regiert werden. Aber es dauerte mehr als drei Jahrzehnte, bis Intellektuelle in Europa, Afrika oder Nord- und Südamerika, selbst glühende Antikolonialisten, wieder annähernd vergleichbare Forderungen stellten.[14]

Für Leopold war der durch das Kowalsky-Debakel ausgelöste internationale Ausbruch öffentlicher Kritik ein Wendepunkt:[15] Anstatt wie geplant den Kongo erst kurz vor seinem Tod mit großartiger Geste an sein Land zu verschenken, musste er, wie er nun einsah, die Übergabe schon vorher vollziehen. Mit seinem außerordentlichen Geschick, aus einer sichtlich schwierigen Situation das Beste zu machen, begann er seine Intrige zu spinnen. Diese Weltverbesserer mochten ihn zwar zwingen, seine geliebte Kolonie aufzugeben, aber er wollte sie nicht einfach weggeben. Er wollte sie *verkaufen*. Und Belgien, der Käufer, sollte teuer bezahlen.

Leopold schaffte es, die belgische Regierung in die Enge zu treiben. Die Reformbewegung war so sehr in Fahrt gekommen, dass Belgiens internationaler Ruf auf dem Spiel stand. Und in England war die Empörungsbereitschaft der Öffentlichkeit zu einem eigenen Machtfaktor neben dem Staat geworden (etwa um dieselbe Zeit organisierten ein paar humanitär gesonnene Briten unter Hinweis auf Portugals Einsatz von Zwangsarbeitern in Afrika einen Boykott portugiesischer Produkte). Überdies fürchtete man, wenn Belgien die Kolonie nicht bald übernehme, könne es passieren, dass ein anderes mächtiges Land dies tat; Frankreich und Deutschland, die seit langem neidvoll auf die fetten Kautschukprofite des Königs blickten, hatten es auf Teile des kongolesischen Territoriums abgesehen. Präsident Roosevelt gab zu verstehen, dass er bereit sei, zusammen mit den Briten eine internationale Konferenz über das weitere Schicksal des Kongo einzuberufen. Dreimal sprachen der englische und der amerikanische Gesandte in Brüssel beim belgischen Außenminister vor, um auf eine Annexion durch Belgien zu drängen.[16] Aber so scharf eingegrenzt Leopolds Macht in Belgien selber war, so wenig gesetzliche Handhabe besaß der belgische Staat ihm gegenüber, wenn es um den von ihm beherrschten Kongo ging. Der König hatte die entscheidenden Karten in der Hand, und er wusste es.

Wie viel also konnte er der Regierung für seine Kolonie abknöpfen? Ende 1906 begannen die Verhandlungen, gerieten aber bald ins Stocken, weil die Regierung keinerlei Unterlagen über die geheimen Staatsfinanzen des Kongo bekommen konnte. Wer ein Unternehmen kauft, will schließlich die Bilanzen sehen. Leopold saß in seinem Winterquartier in der Sonne von Cap Ferrat, und die Regierung schickte den Staatssekretär im Außenministerium, Baron Léon van der Elst, zu ihm. Der König empfing den Baron auf seiner Yacht, überhäufte ihn mehrere Tage lang mit Beweisen seiner Gastfreundschaft und zeigte ihm sämtliche Parks seiner immer zahlreicheren Besitzungen an der Küste. Als der Baron aber nach Finanzunterlagen fragte, erwiderte Leopold, der Kongo-Staat sei «niemandem Rechenschaft schuldig, nur seinem Gründer … Niemand hat das Recht, nach seinen Geschäftsbüchern zu fragen.»[17] Ein Grund für diese Halsstarrigkeit – so zeigte sich, als die Buchprüfer schließlich ein paar Zahlen zu sehen bekamen – bestand darin, dass die 25 Millionen Francs, die der belgische Staat ihm 1890 geliehen, sowie fast sieben Millionen, die er ihm einige Jahre später geborgt hatte, schlicht fehlten. Eine Antwerpener Zeitung meinte, das Geld sei an Caroline gegangen. Wutschnaubend lehnte der König jede weitere Auskunft ab.

Die Verhandlungen zogen sich durch das ganze Jahr 1907 bis Anfang 1908 hin. Leopold nörgelte und wütete gegen die Beamten, die mit ihm sprechen wollten. Einmal schlug er seinem Sekretär die Tür vor der Nase zu und bezichtigte ihn, er stecke mit den Kräften, die ihm den Kongo wegnehmen wollten, unter einer Decke.[18] Aber die Wutanfälle des Königs waren ebenso kalkuliert wie sein Charme. Die Zeit, die er damit gewinnen konnte, nutzte er, um in aller Heimlichkeit möglichst viel von seinen unvorstellbaren, aus dem Kongo stammenden Reichtümern zu verstecken, während er beständig lauthals verkündete, er besitze gar nichts dergleichen: «Ich bin Herrscher über den Kongo», teilte er einem amerikanischen Korrespondenten mit, «aber der Wohlstand des Landes hat finanziell auf mich ebenso wenig Auswirkung wie der Wohlstand Amerikas auf das Vermögen von Präsident Roosevelt. Ich habe nicht einen einzigen Pfennig in die dortige Industrie investiert und als Oberhaupt des Kongo kein Gehalt bekommen.»[19]

Schließlich gab der König zu verstehen, dass er nachgeben wolle. Er nannte seinen Preis. Ein wenig ging er noch runter, aber nicht viel, und im März 1908 wurde der Handel abgeschlossen. Dafür, dass der belgische Staat den Kongo erhielt, erklärte er sich zunächst einmal bereit, dessen Schulden im Gesamtwert von 110 Millionen Francs zu übernehmen, viele davon in Form von Staatsobligationen, die Leopold im Laufe der Jahre hemmungslos an Günstlinge wie etwa Caroline verteilt hatte. Einige der Schulden, die der ausgetrickste belgische Staat übernahm, waren Schulden bei sich selbst – jene Anleihen im Wert von annähernd 32 Millionen Francs, die Leopold nie zurückgezahlt hatte.

Zu dem Abkommen gehörte ferner, dass Belgien sich bereit erklärte, 45,5 Millionen Francs für die Fertigstellung von Bauvorhaben auszugeben, die Leopold besonders am Herzen lagen. Ein gutes Drittel davon war für die damals laufenden umfangreichen Renovierungsarbeiten in Laeken vorgesehen, das ohnehin schon zu den luxuriösesten Königsschlössern Europas gehörte; auf dem Höhepunkt des Umbaus arbeiteten dort 700 Steinmetze, 150 Pferde und sieben Dampfkräne an der Errichtung eines nach den phantastischen Plänen König Leopolds entworfenen Weltkongresszentrums.

Zur Krönung des Ganzen konnte Leopold schließlich noch mit weiteren, in Raten zu zahlenden 50 Millionen Francs rechnen, «als Zeichen der Dankbarkeit für die großen Opfer, die er für den Kongo gebracht hat».[20] Diese Mittel sollten nicht vom belgischen Steuerzahler aufgebracht, sondern aus dem Kongo selbst herausgepresst werden.

Im November 1908, als in Boma mit einer feierlichen Zeremonie der förmliche Besitzerwechsel vollzogen wurde, spielte sich tief im Innern des Kongo ein ungewöhnliches Geschehen ab. Schon die Tatsache, dass es noch unter Leopolds Herrschaft begann und sich ohne Unterbrechung in die neue belgische Kolonie fortsetzte, weist darauf hin, dass der Unterschied zwischen den beiden Regimen nicht so groß war, wie es die Reformer sich erhofft hatten. Im Zentrum der Ereignisse stand der afroamerikanische Missionar William Sheppard.

Der Artikel, in dem Sheppard ein Jahrzehnt zuvor geschildert hatte, wie er 81 abgeschlagene Hände entdeckt hatte, die über einem Feuer gebraten wurden, war zu einem der meistzitierten Augenzeugenberichte über den Kongo geworden. «Seine Schilderung», heißt es bei einer Historikerin, «wurde von fast allen amerikanischen Reformern zitiert, gleichgültig ob es Schwarze oder Weiße waren.»[21] Seit mehreren Jahren hatte Sheppard einen starken Verbündeten in seinem Vorgesetzten William Morrison,[22] einem Geistlichen, der seit 1897 an der Spitze der für die Presbyterianische Kirche der Südstaaten arbeitenden Kongo-Mission stand. Morrison war ein furchtloser Gegner des Regimes und ein Freund Morels; als führender Kopf erwies er sich nicht zuletzt dadurch, dass er seine amerikanischen, britischen und schwedischen Missionarskollegen durch sein Beispiel ermutigte, sich offen zu äußern. Die Behörden in Boma hatte er mit Protestbriefen bombardiert, außerdem einen offenen Brief an Leopold verfasst und bei der Durchreise durch London eine wirkungsvolle Rede gehalten. In den Vereinigten Staaten war er an der Spitze einer Presbyterianerdelegation in Sachen Kongo bei Präsident Theodore Roosevelt gewesen. Das Regime hasste ihn dafür genauso wie Sheppard.

Unter den amerikanischen Kongo-Missionaren waren Sheppard und Morrison diejenigen, die sich am offensten äußerten und deren Proteste dem König seit langem auf die Nerven gingen. Wegen ihrer kritischen Artikel hatte er sich Missionarszeitschriften bestellt, es gibt noch einige Ausgaben, in denen Hilfskräfte des Königs mit Blaustift eine Menge Unter- und Anstreichungen hinterlassen haben. An sein eigentliches «Zielobjekt» kam Leopold nicht heran, denn Morel saß sicher in England; aber er hatte hartnäckig versucht, diejenigen einzuschüchtern, die Morel Informationen gaben: Im Jahr 1906 bestimmte er in einem Erlass, dass jede Verunglimpfung eines kongolesischen Staatsbeamten mit Bußgeld oder fünf Jahren Haft zu ahnden sei. Ein britischer Baptistenmissionar, der Informationen an Morel weitergab, wurde schon bald vor Gericht gestellt. Er wurde zu einem Bußgeld von 1000 Francs plus Gerichtskosten verurteilt, und da er weniger militant war als Sheppard oder Morrison, verließ er das Land.[23] Die kleine Truppe amerikanischer Presbyterianer erkannte, dass es von nun an gefährlicher sein würde, sich offen zu äußern; die Behörden hielten sie unter genauester Beobachtung, sowohl in Afrika als auch im Ausland. Ohne dass sie davon wussten, hatte Moncheur, der belgische Gesandte in Washington, in Virginia eine jener schlagzeilenträchtigen Reden mit angehört, in denen Sheppard während seines Heimaturlaubs die Gräuel im Kongo anprangerte und die er, weil er im Ruf stand, ein packender Redner zu sein, meist in brechend vollen Kirchen oder Sälen hielt.[24]

Als das Ende von Leopolds Herrschaft näher rückte, versuchte die Compagnie du Kasai, die zur neuen Generation von Konzessionsunternehmen gehörte und in dem Missionarsgebiet der Presbyterianer die De-facto-Regierung bildete, noch möglichst viel Kautschuk zu gewinnen, solange der Boom anhielt. Das Kasai-Becken, in dem die Kautschukproduktion etwas später begonnen hatte als anderswo, war zur ergiebigsten Kautschukquelle des gesamten Kongo geworden. Und wer tritt da plötzlich erneut auf den Plan – diesmal als Generalinspektor der Compagnie du Kasai auf mehrmonatiger Inspektionsreise in dem betroffenen Gebiet und mittlerweile, seit wir ihm das letzte Mal begegnet sind, ganz sichtlich arriviert? Léon Rom, jener Mann, der abgeschlagene Köpfe gesammelt hatte. Seine Verwandlung in den Angestellten eines Kongo-Unternehmens war für Exoffiziere der *Force Publique* damals nichts Ungewöhnliches.

Im Kasai-Gebiet hatten sich die eigentlich unkriegerischen Kuba gegen den Terror der Kautschukgesellschaften erhoben und waren – wie bei ähnlich schlimm ausgegangenen Aufständen in anderen Teilen Südafrikas – dabei von Stammesältesten mit einem Fetisch angefeuert worden, der die Gewehrkugeln des weißen Mannes angeblich in Wasser verwandeln sollte. Die Rebellen brannten Handelsstützpunkte und eine Missionsstation nieder; und als die Kugeln sich nicht in Wasser verwandelten, wurden etwa 180 von ihnen getötet.[25] In einem Artikel für den *Kassai Herald*, das jährlich erscheinende Mitteilungsblatt der amerikanischen Presbyterianer für ihre Unterstützer in der Heimat, schilderte William Sheppard, wie viele Kuba umgebracht worden waren. Nicht zufällig sang er zuerst einmal das Hohelied der Stammesgeschichte und schrieb, wie es sonst kein weißer Missionar getan hätte:

> «Diese großen, kräftigen Männer und Frauen, die seit undenklichen Zeiten frei sind, die auf riesigen Feldern Mais, Erbsen, Tabak und Kartoffeln anbauen, die Elefanten jagen, um die Elfenbeinzähne zu bekommen, und Leoparden, um die Felle zu verarbeiten; die immer ihren eigenen König und einen nicht zu verachtenden Regierungsapparat und in jeder Stadt des Königreichs Justizbeamte hatten; diese großartigen Menschen, vielleicht 400 000 an der Zahl, sind in ein neues Kapitel ihrer Stammesgeschichte eingetreten. Noch vor wenigen Jahren fanden Reisende sie in großen Häusern (mit ein bis vier Zimmern), in denen sie glücklich und in Liebe mit ihren Frauen und Kindern lebten – als einer der

wohlhabendsten und intelligentesten Stämme in ganz Afrika …

Aber wie haben sie sich in den letzten drei Jahren verändert! Ihre Felder versinken unter Unkraut und im Dschungel, ihr König ist praktisch ein Sklave, ihre Häuser sind meist nur noch halb fertig gebaut, bestehen aus einem einzigen Raum und werden vernachlässigt. Die Straßen der Ortschaften sind nicht sauber und gefegt wie früher. Und die Kinder schreien nach Brot.

Warum diese Veränderung? In wenigen Worten ist es gesagt. Die Konzessionsunternehmen schicken bewaffnete Wachleute und zwingen Männer und Frauen, fast alle Tage und Nächte im Wald zu verbringen, wo sie Kautschuk sammeln müssen; und dafür bekommen sie so wenig bezahlt, dass sie davon nicht leben können. In den meisten dieser Ortschaften haben die Menschen nicht einmal Zeit, das Evangelium zu hören oder etwas über ihr Seelenheil zu sagen.»[26]

Sheppards Artikel erschien im Januar 1908, im selben Monat, als Léon Rom nach einer sechsmonatigen Geschäftsreise durch das Kasai-Gebiet nach Belgien zurückkehrte. Wenig später begannen Roms Kollegen von der Compagnie du Kasai zu drohen und zu toben und forderten einen Widerruf, den Morrison und Sheppard ablehnten. Morrison schrieb energische Briefe an die Verantwortlichen der Gesellschaft, in denen er genauere Vorwürfe auflistete, was die Adressaten noch mehr aufbrachte. Juristisch waren beide Missionare angreifbar, weil sie de facto den Artikel im Kongo publiziert hatten. In England wurde Sheppards Artikel von Morel abgedruckt, samt einem Foto, das die Missionare ihm geschickt hatten und auf dem man Zwangsarbeiter sah, die an den Hälsen mit Seilen zusammengebunden waren.

Während das Unternehmen sich noch lauthals über den beleidigenden Artikel beschwerte, unternahm der britische Vizekonsul im Kongo, Wilfred Thesiger, eine dreimonatige Reise durch das Stromgebiet des Kasai mit dem Ziel, einen Bericht über die dortigen Verhältnisse zu schreiben. Nervöse Beamte überwachten seine Fahrt, weil sie sich noch allzu gut erinnern konnten, welche internationale Empörung vier Jahre zuvor der Bericht von Roger Casement ausgelöst hatte. Zum Entsetzen der Behörden wohnte Thesiger in der Mission der amerikanischen Presbyterianer und reiste auf ihrem Dampfboot *Lapsley*. Sheppard, der die Sprachen der Einheimischen sprach und sich in dem Bezirk auskannte, fungierte als Thesigers Führer und begleitete ihn in 31 Kuba-Dörfer. Nach ihrer Abreise aus einem der Dörfer nahm ein argwöhnischer Stationskommandant Dorfbewohner, mit denen die beiden Männer gesprochen hatten, scharf ins Verhör und berichtete seinen Vorgesetzten voll Besorgnis:

> «Sheppard zeigte auf den Konsul und sagte: ‹Seht ihr diesen weißen Mann, wenn er nach Europa zurückfährt, wird er den Staatsbeamten dort alles erzählen, was ihr ihm sagt, denn er hat viel Macht.› In den Bakuba-Dörfern stellte [Thesiger] … alle Fragen, die Sheppard vorschlug.»[27]

Thesiger legte dem britischen Parlament schon bald einen entlarvenden Bericht über Hunger und Gewalt in der Kasai-Region vor. Ein Absatz, in dem beschrieben wird, wie die Häuser der Kuba verfallen, während die Menschen als Kautschuksklaven zur Arbeit gezwungen werden, erinnerte stark an Sheppards Artikel. Die Aktien der Compagnie du Kasai erlitten einen drastischen Kursverlust. Die Gesellschaft und der kongolesische Staat machten Sheppard dafür verantwortlich.

Wegen der Hilfe für Thesiger konnte die Compagnie die Presbyterianer juristisch nicht belangen; aber sie konnte es wegen der Veröffentlichung von Sheppards Artikel vom Januar. Im Februar 1909 beantragte sie gegen Sheppard als Autor und Morrison als Herausgeber des Artikels ein Ermittlungsverfahren und forderte 80 000 Francs Entschädigung.[28] Die beiden Männer, die zu ihren Überzeugungen standen, beschlossen, wie Morrison nach Hause schrieb, im Fall einer Verurteilung «lieber ins Gefängnis zu gehen, als das Strafgeld zu zahlen».[29] Im Ausland taten sich ihre Unterstützer zu einer Solidaritätsbewegung zusammen. «Morrison auf der Anklagebank», schrieb Sir Arthur Conan Doyle (ohne von dem schwarzen Angeklagten Sheppard Notiz zu nehmen), «ist eine schönere Freiheitsstatue als Bartholdis Skulptur im New Yorker Hafen.»[30] In Washington wurde die Angelegenheit auf einer Kabinettssitzung besprochen. Die amerikanische Vertretung in Brüssel informierte die belgische Regierung, dass die Vereinigten Staaten den Prozess «mit großem Interesse und nicht wenig Sorge»[31] betrachteten, und ließ durchblicken, dass von seinem Ausgang die amerikanische Anerkennung des neuen belgischen Anspruchs auf den Kongo abhängen könnte.

Das Gerichtsverfahren fand in Leopoldville statt, also etwa 1000 Kilometer von der presbyterianischen Mission entfernt, und das bedeutete eine lange Schiffsreise den Kasai und den Kongo hinunter. Ein Foto zeigt Morrison und Sheppard vor dem Prozess; sie stehen unter Palmen, zu beiden Seiten einer Gruppe von zwölf Kuba, die bereit waren, zu ihrer Entlastung auszusagen. Die Kuba sind oberhalb der Taille nackt. Morrison, der Weiße, blickt ergeben über seinen gewaltigen Bart hinweg, als wolle er sich auf die nächste schwere Prüfung in einem Heiligenleben vorbereiten, das ihm zwar später im Himmel, aber gewiss nicht vorher gelohnt wird. Er trägt einen schwarzen Hut, einen schwarzen Anzug und ausgetretene Schuhe. Sheppard, der Schwarze, ist mit weißem Anzug und weißem Hut bekleidet. Seine Schuhe glänzen; die Brust streckt er heraus; er überragt die anderen um Kopfeslänge und scheint den Augenblick sehr zu genießen. Seine Haltung gegenüber den Kuba hat etwas Stolzes und Zugewandtes, als wären sie jüngere Verwandte.

Der Beginn des Verfahrens wurde – mit Absicht, so schien es den Missionaren – auf einen Tag in der Trockenzeit festgesetzt. Als der Dampfer, auf dem die beiden Angeklagten und ihre Kuba-

Zeugen fuhren, auf niedrigen Wasserstand stieß, weigerte sich der Kapitän weiterzufahren. Ein neues Datum wurde festgelegt.

Morel telegraphierte seinem Freund und Verbündeten Émile Vandervelde, dem Parteivorsitzenden der belgischen Sozialisten, und bat ihn, ihm einen «anständigen jungen belgischen Anwalt»[32] für die beiden Missionare zu empfehlen. Vandervelde, einer der führenden Köpfe im demokratischen Sozialismus Europas, war gleichfalls Anwalt. Zur allgemeinen Überraschung erklärte er, er werde den Fall selbst übernehmen, *pro bono*. Das Verfahren wurde noch einmal verschoben, sodass Vandervelde in den Kongo reisen konnte. Als er schon bei den Reisevorbereitungen war, sagte jemand missbilligend zu ihm, da fahre er weit hinunter nach Afrika, nur um dort zwei «wildfremde Ausländer» zu verteidigen. Unausgesprochen blieb vielleicht, dass der eine dieser Fremden ein Schwarzer war.

Vandervelde erwiderte: «Vor Gericht ist kein Mensch ein wildfremder Ausländer.»[33]

Im Kongo angekommen, sah sich der antiklerikale Vandervelde, Vorsitzender der Zweiten Internationale und befreundet oder bekannt mit allen großen Persönlichkeiten der damaligen Linken, nicht nur als Gast einer Missionsstation, sondern auch als Passagier eines Missionsdampfers, an dem die amerikanische Flagge wehte, auf dem Stanley Pool. Belustigt erlebte er mit, wie Missionare eine Taufe vornahmen, indem sie den Täufling ganz unter Wasser tauchten, und für ein günstiges Urteil beteten.[34]

Schließlich begann der Prozess in einem aus Backstein und Holz gebauten Gerichtssaal in Leopoldville, dessen Fenster weit offen standen, um frische Luft hereinzulassen. Wegen eines Formfehlers hatte das Gericht die Anklage gegen Morrison fallen lassen, und Sheppard blieb als einziger Angeklagter übrig. An diesem an der Grenze zum französischen Kongo gelegenen Stützpunkt mit seinen vielen Palmen, Mango- und Affenbrotbäumen, mit seinen Zwangsarbeitertrupps, Kasernen und einem Schießplatz, auf dem Europäer jeden Sonntag Schießübungen veranstalteten, war das Gerichtsverfahren die große Attraktion. Mehr als 30 ausländische protestantische Missionare füllten den Gerichtssaal, um ihre Solidarität zu bekunden. Sie und andere Unterstützer von Sheppard saßen auf der einen Seite des Saales, während sich auf der anderen katholische Missionare, kongolesische Staatsbeamte und andere Parteigänger der Compagnie du Kasai befanden. Zuschauer, die nicht mehr in den Saal hineinpassten, blickten durch die offene Tür und die Fenster herein. Die Verantwortlichen des Unternehmens trugen weiße Anzüge und weiße Tropenhelme; Sheppard sah elegant aus in seiner dunklen Jacke, aus deren Brusttasche ein Taschentuch schaute.

Der Richter läutete eine kleine Glocke, um die Verhandlung zu eröffnen, und zunächst sprach der Anwalt der Compagnie du Kasai; dann erhob sich Vandervelde und nutzte sein ungewohntes Forum, so gut er irgend konnte. Sheppard, so wandte er sich an den Richter, sei «nicht mehr Einwohner Englands oder Amerikas, sondern des Kasai ... Wenn er die Verhältnisse der Eingeborenen enthüllt, unter denen er lebt, so hat er nur einen einzigen Beweggrund: den humanitären.»[35] Vandervelde «hielt ein glänzendes Plädoyer», so berichtete Morrison, «seine Rede war ein Wunderwerk an Eloquenz, unwiderleglicher Logik und beißendem Sarkasmus und ein eindringlicher Appell, nicht nur uns Missionaren, sondern vor allem den Eingeborenenvölkern Gerechtigkeit widerfahren zu lassen. Über zwei Stunden lang zog er die Zuhörer im Gerichtssaal in seinen Bann.»[36] Auch der angeklagte Sheppard war sehr gerührt. «Der Prozess ist im ganzen Land Tagesgespräch», schrieb er, und die Zuschauer «waren so bewegt, dass sie hemmungslos die Taschentücher zückten.» Sheppard zufolge weinten sogar die katholischen Geistlichen (die in der Regel fest hinter dem Staat standen), und einer von ihnen ging nach Vanderveldes Rede zu ihm und gratulierte ihm. «Man sagt, nie sei im Kongo eine solche Rede gehalten worden.»[37]

Der Prozess brachte Sheppard auch in der Heimat einige Aufmerksamkeit. Unter der Schlagzeile AMERIKANISCHER NEGER HELD DES KONGO und ALS ERSTER DIE WELT

ÜBER GEWALT IM KONGO UNTERRICHTET schrieb der *Boston Herald*: «Dr. Sheppard hat nicht nur vor Königen, er hat auch gegen Könige gestanden. Bei seiner selbst gesetzten Mission, etwas für seine Rasse in ihrer Heimat zu tun, hat dieser Sohn eines Sklaven … den Mut gehabt, der geballten Macht Leopolds zu widerstehen.»[38]

Nach den Schlussplädoyers verkündete der Richter, er werde das Urteil in zwei Wochen sprechen. Entschieden wurde der Prozessausgang am Ende weder durch Vanderveldes Eloquenz noch durch die Gebete der Missionare, sondern durch politische Taktik. Die Anwesenheit des amerikanischen Generalkonsuls und des Vizekonsuls im Gerichtssaal war ein mahnender Hinweis auf die Probleme, auf die Belgien im Fall einer Verurteilung von Sheppard stoßen würde. Ebenso gut aber wusste der Richter, dass aus seiner Karriere im Kongo nicht viel werden würde, wenn er sich hinter Sheppards Anschuldigungen gegen das Unternehmen stellte. Daher steuerte er einen vorsichtigen Mittelkurs und nutzte geschickt die Tatsache, dass Sheppards Artikel (obgleich es keine andere vergleichbare Gesellschaft in dem Gebiet gab) die Compagnie du Kasai nicht beim Namen genannt, sondern den Angriff nur gegen «bewaffnete Wachleute» der «Konzessionsunternehmen» gerichtet hatte. Daher, so die äußerst unglaubwürdige Begründung des Richters, «hat der Angeklagte Sheppard nicht die Absicht gehabt, die genannte Gesellschaft anzugreifen … Der Artikel galt nicht der Compagnie du Kasai und konnte ihr nicht gelten.»[39] Das heißt, Sheppard wurde freigesprochen, ohne dass die Gesellschaft verurteilt wurde. Sie musste allerdings die Gerichtskosten zahlen.

Weit weg, am Oberlauf des Kasai, warteten die Ehefrauen der Missionare, die wussten, dass ihre Männer geschworen hatten, sie würden lieber ins Gefängnis gehen, als die Entschädigung zu zahlen, wenn der Prozess zu ihren Ungunsten ausgehen würde. In diesem Fall wären sie nicht an Bord des Presbyterianer-Dampfers gewesen, wenn er aus Leopoldville zurückkam. Während des ängstlichen Wartens in der Missionsstation scheint unter den schwarzen und weißen Amerikanern eine Herzlichkeit und Vertraulichkeit geherrscht zu haben, die in der Heimat gar nicht denkbar gewesen wäre. «Mrs. Morrison und ich warteten fast atemlos auf die Rückkehr unserer Lieben», schrieb Lucy Gantt Sheppard, «als die *Lapsley* dann herandampfte, begannen Hunderte von Christen, Kirchenlieder zu singen und zu winken und vor Freude zu schreien. Es war ein wundervoller Augenblick – ein Augenblick, um Dank zu sagen.»[40]

In Europa gab es für Leopold kein Danksagen. Im Dezember 1909, knapp zwei Monate nach dem Sheppard-Prozess, erkrankte der 74-jährige König schwer an einem «Darmverschluss» – vermutlich eine euphemistische Umschreibung für Krebs. Aus seinem Schloss verdrängt wegen der endlosen Renovierungsarbeiten, wie immer umgeben von Stapeln architektonischer Skizzen, lebte der König in einem Nebengebäude, dem Palmenhaus, das mitten zwischen den großen Gewächshäusern lag. Caroline und ihre beiden Söhne eilten an Leopolds Seite, und der königliche Privatkaplan vollzog eine hastige Trauung. Nachdem der König mit der Kirche im Reinen war, konnte er die Letzte Ölung erhalten. Dennoch musste Caroline, die bei ihm blieb, jedes Mal den Raum verlassen, wenn ein Besucher kam.

Die von Leopold verleugneten Töchter Louise und Stéphanie kamen nach Brüssel, weil sie auf eine Aussöhnung und auf eine Änderung des königlichen Testaments zu ihren Gunsten hofften. Starrsinnig bis zum letzten Augenblick, wies ihr Vater sie ab. Der Leibarzt Dr. Jules Thiriar, der auch den königlichen Strohmann in mehreren Kongo-Unternehmen spielte, ordnete eine Operation an, die aber keinen Erfolg hatte. Im Parlament war gerade ein Gesetz verabschiedet worden, das Leopold besonders am Herzen lag: die Einführung der allgemeinen Wehrpflicht. Als er nach der Operation aus der Narkose erwachte, unterzeichnete er das Gesetz mit zitternder Hand. Am folgenden Tag schien er sich zu erholen, verlangte nach Zeitungen und gab

Anweisungen für die Abreise an die Riviera. Wenige Stunden später war er tot. Einer der zahllosen in der Nähe befindlichen Beamten führte die weinende Caroline aus dem Schlafzimmer.

Wenn wir Carolines Bericht glauben dürfen, dann wandte sich Leopold unmittelbar nach der heimlichen Trauung an Baron Auguste Goffinet, einen der rundlichen, bärtigen, leicht schielenden Zwillinge, die mehr als 30 Jahre lang zu seinen engsten Vertrauten gehört hatten, und erklärte: «Dies ist meine Witwe. Für die wenigen Tage, die sie nach meinem Tod noch in Belgien sein wird, stelle ich sie unter Ihren Schutz.»[41] Vermutlich hat der König tatsächlich etwas Derartiges gesagt, denn er wusste, dass seine drei Töchter und die belgische Öffentlichkeit Caroline hassten – und dass sie das noch mehr tun würden, wenn sie erführen, dass er ihr in seinen letzten Lebenstagen, zusätzlich zu den etwa sechs Millionen Francs, die er ihr bereits geschenkt hatte, in Form von Kongo-Papieren ein ganzes Vermögen übertragen hatte.

Die Anwälte von Prinzessin Louise kamen diesen Wertpapieren jedoch auf die Spur, sodass Caroline ihre Brüsseler Villa verschlossen und bewacht und die Fenster mit Brettern vernagelt vorfand, desgleichen das französische Schloss, das Leopold ihr geschenkt hatte. Aber mit Hilfe der königlichen Getreuen, die nach Augenzeugenberichten noch in den letzten Stunden allerhand Papiere von seinem Schreibtisch entfernt hatten, konnte Caroline sich und einen Großteil ihres Geldes nach Paris retten.

Ein knappes Jahr später heiratete sie wieder – ihr Ehemann war niemand anders als der französische Exoffizier Durrieux, ihr früherer Liebhaber und Zuhälter. Sollte sie einiges von ihrem Vermögen mit ihm geteilt haben, dann hat er zweifellos eine der größten Zuhälter-Glanzleistungen aller Zeiten vollbracht. Von den beiden Söhnen, die Caroline mit Leopold hatte, starb der eine wenige Jahre nach seinem Vater. Der andere lebte lang und geruhsam von dem Kapital, das einst aus den Kautschuksklaven des Kongo herausgepresst worden war; er starb 1984. Die interessanteste Nachfahrin Leopolds ist vielleicht seine Enkelin Elisabeth, das einzige Kind Stéphanies und des österreichischen Thronfolgers Rudolf. Sie heiratete einen sozialistischen Politiker und wurde bekannt als die Rote Erzherzogin.

Als Leopold starb, wurde er von seinem Volk wenig betrauert. Viel mehr Sympathien genoss sein Neffe und Thronfolger Albert I., der bescheiden und liebenswürdig war und – eine Seltenheit bei einem europäischen Monarchen – seine Frau sichtlich liebte. Die Welt jenseits der belgischen Grenzen verband dank Morel und seinen Verbündeten mit Leopolds Namen ohnehin nicht mehr die großen Denkmäler und Gebäude, auf die er so stolz war, sondern abgeschlagene Hände. So heißt es theatralisch bei dem amerikanischen Dichter Vachel Lindsay:

Wie Leopolds Geist im Höllenfeuer brennt
Für all die Hände, die er abgetrennt
Wie die Dämonen gellend schrein und johlen
Wenn sie sich seine eignen Hände holen.[42]

Aber die Auseinandersetzung darum, in welcher Erinnerung man Leopold und seine Werke behalten sollte, hatte erst begonnen.

Für Roger Casement, eine der Hauptfiguren im Frühstadium dieser Auseinandersetzung, hielt das Leben mittlerweile neue Perspektiven bereit. Nach der Veröffentlichung seines Berichts war er von Zeitungen interviewt, von Londons Literatenwelt zu Wein und Essen eingeladen und vom englischen König mit einer Medaille ausgezeichnet, vom belgischen König angegriffen, von Morel und der Reformbewegung verteidigt und schließlich durch Leopolds eigene Untersuchungskommission triumphal rehabilitiert worden.

Aber Casement musste seinen Lebensunterhalt verdienen. Im Jahr 1906 arbeitete er erneut als britischer Konsul in einem abgelegenen Winkel der Welt, dieses Mal in der brasilianischen Stadt Santos, wo das Konsulat ein leerer, weiß getünchter Raum in einem Kaffee-Depot war. Zu feierlichen Anlässen trug er eine Galauniform (weiße Handschuhe, Goldbesatz an Kragen und Manschetten sowie Hut mit Kokarde), aber seine tägliche Arbeit war alles andere als glanzvoll. Bei späterer Gelegenheit fasste Casement einmal wütend seine Konsulkarriere so zusammen:

> «Mein Vorgänger in Santos hatte sich ein Drahtgitter, das bis an die Decke reichte, anbringen lassen, um zu verhindern … dass verzweifelte britische Staatsbürger ihn mit Gegenständen bewarfen … An der Delagoabucht [Mosambik] konnte ich mir keinen Sekretär oder Bürogehilfen leisten. Zwei Jahre lang saß ich in meinem Büro und musste jedem, der kam, selbst die Tür aufmachen. Ich reinigte Flaschen und machte alles Mögliche … Ich habe erlebt, dass eine Dame hereinkam und mich um Taxigeld bat. Einmal sollte ich eine Scheidung aussprechen und wurde beschimpft, weil ich es nicht tat. Ein anderes Mal kam eine Frau in mein Büro an der Delagoabucht und wurde auf dem Sofa ohnmächtig, und dann blieb sie eine Woche lang im Haus.»[43]

Wenn Casement nicht gerade betrunkene Matrosen aus der Haft freikaufen oder andere konsularische Pflichten erfüllen musste, engagierte er sich mehr und mehr für sein irisches Vaterland. Auf seinen Heimaturlauben traf er sich mit Mitgliedern eines Verbandes, der die – wie er sagte – «schöne, erhabene Sprache»[44] des Gälischen und damit die Ursprünge der irischen Kultur zu neuem Leben erwecken wollte. Er besuchte die Sprachschule dieses Verbandes in Cloghaneely; dort zeigt ihn ein Foto, auf dem er die Arme krampfhaft über dem Bauch kreuzt, als hielte er sich ängstlich daran fest, und mit seinem großen Körper unbeholfen zwischen den in lange viktorianische Cutaways und Westen gekleideten Mitgliedern der Gälischen Liga sitzt.

«In den einsamen Wäldern des Kongo, wo ich Leopold entdeckte», schrieb er einer Freundin, «habe ich auch mich selbst entdeckt, den unverbesserlichen Iren.»[45] Und im Brief an einen Freund heißt es: «Nur weil ich Ire bin, konnte ich, so scheint mir, so gut verstehen, wie das verbrecherische System am Kongo funktioniert.»[46] Er war zu der Überzeugung gelangt, dass Irland eine Kolonie sei wie der Kongo: Auch dort bestehe das Hauptunrecht in der Art, wie die Eroberer sich Land angeeignet hatten. «Ich begriff, dass ich diese Tragödie [im Kongo] mit den Augen eines anderen Volkes sah, das früher einmal genauso gejagt wurde.»[47]

Ganz richtig, aber meinte er mit dem «Volk, das früher einmal genauso gejagt wurde», nur die Iren? Als homosexueller Mann in einer gnadenlosen Zeit fühlte sich Casement mit Sicherheit an jedem Tag seines Lebens gejagt. Sich in *dieser* Sache öffentlich zu engagieren war zu gefährlich; dagegen war es durchaus möglich, sich den irischen Nationalismus auf die Fahnen zu schreiben, und Casement tat es mit der für ihn typischen Leidenschaftlichkeit. Obgleich er die Sprache nie ganz beherrschte, benutzte er manchmal die gälische Form seines Namens, Ruari MacAsmund, und schrieb ein wenig Gälisch in seinen Briefen. Auf dem Weg nach Brasilien, die Koffer voller Bücher über Irland, schrieb er an eine Freundin: «Denk daran, meine Adresse lautet: Konsulat von Großbritannien und *Irland*, Santos – nicht Britisches Konsulat!!»[48] Er ließ sich sogar eigens Briefpapier drucken. Aus Brasilien schrieb er nach Hause: «Schickt mir Nachrichten vom Kongo und von Irland – nur das ist wichtig.»[49]

Auf einer Heimreise legte sein Schiff im Hafen von Rio de Janeiro an. «Casement kam an Land», erinnerte sich der britische Vizekonsul später, «und wir unterhielten uns eine Weile, bevor wir uns zum Essen wieder auf sein Schiff begaben. Als wir die halbe Strecke zum Schiff zurückgelegt hatten, hielten die brasilianischen Gauner, die uns hinausruderten, plötzlich an und versuchten, wie sie das oft machten, uns mehr Geld abzupressen, als sie mit uns vereinbart hatten. Aber Casement war bereits mitten in einem gewaltigen Monolog über Irland und Homerule, und nichts konnte seinen Redeschwall aufhalten. Eine Zeit lang versuchten die Ruderer ihn niederzubrüllen, aber es ging nicht. Schließlich gaben sie wutentbrannt auf, und wir setzten die Fahrt fort, während Casement einfach über Irland weiterredete.»[50]

Freigebig wie immer (mehrere Jahre lang unterstützte er einen missratenen Bruder) und trotz seiner häufigen Schulden brachte Casement es fertig, von seinem Gehalt mehr als 85 englische Pfund als «Zahlungen im Jahr 1907 für die irische Sache» abzuzweigen. Immer stärker sah er die Welt im Gegensatz von Kolonialherren und Kolonisierten. In seinen Briefen schrieb er ständig, wie unwohl er sich fühle, weil er für die größte aller Kolonialmächte arbeitete, und seinen Freund E. D. Morel tadelte er sanft wegen dessen Ansicht, England sei den anderen Kolonialmächten moralisch überlegen:

> «Ich kann mit deinem britischen Staat nichts anfangen … du bist einer der wenigen, meine liebe Bulldogge, dem die nationalen Eigenschaften fehlen – und gerade deswegen mag ich dich ja. Wenn ich bedenke, was J. B. [John Bull] Irland angetan hat, könnte ich regelrecht heulen, dass ich noch immer Dienst tun muss – statt zu kämpfen … Anders als du glaube ich nicht, dass England und Amerika die beiden großen humanitären Mächte sind … [Sie sind] zunächst einmal materialistisch und erst hundert Jahre später humanitär.»[51]

Morel riet Casement, seine Pensionsansprüche nicht durch ein vorzeitiges Ausscheiden aus dem diplomatischen Dienst aufs Spiel zu setzen. Er verstand Casements Enttäuschung sehr gut, war aber klug genug zu erkennen, dass sie ihren Ursprung in seiner Person und nicht in seinem Beruf hatte. «Dir kann man nur schwer helfen», schrieb er ihm einmal, «du bist sehr stolz, und deshalb bewundere ich dich ja überhaupt. Aber – verzeih, wenn ich das so sage – manchmal ist es etwas schwierig, genau herauszubekommen, was man eigentlich tun kann, damit es genau deinen Wünschen entspricht.»[52]

Casement sorgte sich um Morels Wohlergehen genauso wie dieser um das seine. Er wusste, dass Morel, der all seine Energie in die Kongo-Reform steckte, nichts für sein Alter hatte zurücklegen können. Bei einem Urlaub in London begann Casement zu diesem Zweck Geld zu sammeln und steuerte selbst 50 englische Pfund bei. «Meine Hoffnung ist», schrieb er an den Schokoladenfabrikanten und Quäker William A. Cadbury, «dass wir vielleicht sogar zwischen 10 000 und 15 000 Pfund zusammenkriegen, & mit dieser Summe ... die wir für seine Frau und Kinder anlegen, könnten wir ihn für immer von der ihn ständig bedrückenden Furcht und Bedrohung befreien, sodass er innerlich entlastet wird und noch mehr Gutes und Wichtiges für Afrika tun kann – oder für andere Ziele, bei denen eine so furchtlose Seele wie er gebraucht wird.»[53] Viele Unterstützer der Kongoreform bombardierte er mit Briefen oder rückte ihnen mit persönlichen Besuchen auf den Leib. Von seinem Ziel blieb er weit entfernt, aber es gelang ihm, mehrere tausend Pfund zusammenzubekommen. Er war sehr geschickt – Morel sogar noch geschickter – in dieser für politische Kampagnen so wichtigen Tätigkeit: Geldsammeln.

Dann plötzlich ergab sich für Casement die Gelegenheit, seine berühmte Ermittlungsreise in den Kongo noch einmal zu machen – jetzt in einem anderen Teil der Welt. Nach England sickerten Nachrichten durch, aus denen hervorging, dass Angestellte der peruanischen Amazonas-Kautschukgesellschaft für Gräueltaten gegenüber den Indios im abgelegenen Putumayo-Gebiet des Amazonasbeckens verantwortlich waren. Britische Menschenrechtler, Gewerkschaften und kirchliche Gruppen forderten, dass etwas unternommen werden müsse. Die Firma war in London eingetragen, und einige der misshandelten Arbeiter waren britische Staatsangehörige, Vertragsarbeiter aus Barbados. Das Außenministerium schickte Casement ins Land, um Untersuchungen anzustellen.

Für Casement war die Reise in den Putumayo-Distrikt eine getreuliche Wiederholung der Kongo-Reise: von den langwierigen, eintönigen Fahrten auf überfüllten Flussdampfern über die

Moskitoschwärme bis zu den Erschießungen, Fesselungen, Enthauptungen, Verstümmelungen und Entführungen, wie sie auch dieses System der Sklavenarbeit kennzeichneten, dessen Triebkraft die unersättliche Gier Europas nach wild wachsendem Kautschuk war. Casement wog die Kautschuklasten der Indios und versuchte sie selbst zu heben. Er vermaß die Gestelle, in die man die Menschen (wie früher in den Stock) zu schließen pflegte, um sie dann mit einer Tapirpeitsche, die sehr an die *chicotte* erinnerte, auszupeitschen.

In seinem Bericht an das Außenministerium musste, das war Casement klar, alles genau dargestellt und präzise nachgewiesen sein. Doch was er sonst damals schrieb, zeigt eine romantische Idealisierung der Unterdrückten. Die Iren waren nach seiner Überzeugung «weiße Indios»; das von Armut gebeutelte Galway war der «irische Putumayo».[54] In einem Zeitschriftenartikel vertrat er die These, die Putumayo-Indios seien ihren weißen Herren moralisch überlegen; der Indio sei «durch Charakter, Gewohnheit und vielleicht auch eine weit zurückreichende Erinnerung an Maximen der Inka und ihrer Vorgänger ein Sozialist».[55] (Einige der kleineren Völker, die von den Armeen der Inka unterworfen wurden, hätten wohl kein so freundliches Bild von ihnen gehabt.)

Obgleich Casement dem Mythos vom edlen Wilden (in seiner eigenen Version) aufsaß, erledigte er seinen Auftrag mit Erfolg. Wie beim Kongo begnügte er sich nicht damit, zu tun, was das Außenministerium von ihm verlangte; er schrieb dicke Briefe an einflussreiche Männer, sammelte Geld und übermittelte sympathisierenden Abgeordneten seitenweise Entwürfe zu parlamentarischen Anfragen. Mitten in seiner Arbeit erhielt er eine aufregende Nachricht: Auf Empfehlung des Außenministers sollte er zum Ritter geschlagen werden. Tagelang quälte er sich mit der Frage, ob er den Ritterschlag ablehnen solle, denn eigentlich, so schrieb er einer Freundin, «dürfte kein Ire Ehrungen entgegennehmen, bevor Irland nicht sicher und glücklich in die Zukunft blickt».[56] Zu guter Letzt sagte er ja, aber als der Tag der

Zeremonie da war – an dem er vor dem König von England hätte niederknien müssen –, schützte er lieber eine Erkrankung vor.

Im Putumayo-Distrikt bestand Casements Leben, genau wie im Kongo, nur aus Arbeit, und er konnte kaum einen anderen Gedanken fassen. Aber auf der langen Reise nach Südamerika und zurück füllte er sein Tagebuch wieder mit der Aufzählung von heimlichen Rendezvous. Auf dem Schiff: «Steward des Kapitäns, ein junger 19-jähriger Indio, breites Gesicht.»[57] Im brasilianischen Pará: «Ob ich João, den lieben alten Kerl, wiedersehe? Ich werde früh aufstehen … Hin zum Friedhof, und siehe da! Da kommt João und errötet vor Freude bis an die Haarwurzeln.»[58] Bei seinen Treffen schien er unachtsamer zu werden. Noch einmal auf der Durchreise durch Pará: «Abendessen um acht, und raus zum Friedhof, Freund getroffen … Hinter dem Zaun kam Polizei vorbei – aber er lachte … 10 Dollar.»[59] Noch war er unentdeckt, aber die Lunte an der Zeitbombe brannte.

Eines Abends im Dezember 1910, ein Jahr nach König Leopolds Tod, konnten Londoner Theaterbesucher, die sich ein neues, nach der Sherlock-Holmes-Geschichte *Das gefleckte Band* inszeniertes Stück ansahen, im Publikum ein Männertrio ausmachen: den berühmten Journalisten E. D. Morel (mit seinem Schnurrbart als Markenzeichen); den schwarzbärtigen Sir Roger Casement (sonnengebräunt nach seinem Aufenthalt im Putumayo); und den Schöpfer von Sherlock Holmes, Sir Arthur Conan Doyle, der als Gastgeber der beiden anderen fungierte.

Conan Doyle war Morels wichtigster neuer Mitstreiter für die Sache der Kongo-Reform. Seine Hilfe war sehr willkommen, denn nach der Übernahme des Kongo durch den belgischen Staat und nach Leopolds Tod im Folgejahr hatte sich Morels Aufgabe kompliziert. Damals erlitt er den schlimmsten Rückschlag, der bei einer Kampagne eintreten kann: Er verlor seinen Schurken. Es ist immer verlockend anzunehmen, ein schlechtes System sei die Schuld eines schlechten Menschen. Morel selbst gab dieser

Versuchung nie nach, aber er befürchtete, dass seine Anhänger es tun würden. Für die Kongo-Reformer war die Möglichkeit der Dämonisierung Leopolds ein zweischneidiges Schwert. Nach dem Tod des Königs konnte die Bewegung leicht ins Stocken geraten; daher kam Conan Doyles wirkungsvolle Unterstützung gerade zur rechten Zeit.

Im Jahr 1909 sprach der Romancier zusammen mit Morel vor großen Menschenmengen: 2800 in Edinburgh, 3000 in Plymouth, 5000 in Liverpool. Er schrieb ein Vorwort für Morels neuestes Buch und veröffentlichte selbst eines, *The Crime of the Congo,* das sich auf Morels riesige Materialsammlung stützte; von ihm wurden nach seinem Erscheinen binnen einer Woche 25 000 Exemplare verkauft, und es wurde sofort in mehrere Sprachen übersetzt. Mit der ganzen Emphase des Spätbekehrten äußerte Conan Doyle als einer von ganz wenigen Autoren noch leidenschaftlichere Kritik als Morel selbst. Die Ausbeutung des Kongo nannte er «das größte Verbrechen, das je in der Geschichte der Menschheit begangen wurde».[60]

Morel betrachtete die Übernahme des Kongo durch Belgien nur als «Teilsieg».[61] Er wusste, dass das von Leopold aufgebaute System nicht so schnell aufgelöst werden würde; es war zu profitträchtig. Dieselben Männer, die als Bezirkskommissare und Stationskommandanten für Leopold gearbeitet hatten, erhielten nun ihr Gehalt lediglich aus anderer Quelle. Die *Force Publique* machte sich nicht einmal die Mühe, ihren Namen zu ändern. Der neue belgische Kolonialminister war früher Angestellter einer Gesellschaft gewesen, die mit Hilfe Tausender von Zwangsarbeitern im Osten des Kongo Eisenbahnlinien baute. Der Vorsitzende des belgischen Senatsausschusses, der das neue Kolonialbudget billigte – wie Morel gleich herausstrich, *erhöhte* er die den Afrikanern auferlegten «Naturalsteuern» noch –, war Aktionär der berüchtigten Kautschukgesellschaft A. B. I. R. Solange man mit Kautschuk viel Geld machen konnte, würden die Weißen mit ihren Gewehren und Peitschen die Schwarzen zum Sammeln zwingen. Als Morels Schüler schrieb Conan Doyle denn auch in einem der vielen Leserbriefe, die er an verschiedene englische Zeitungen schickte: «Solange in einem Bericht über Kongo-Reformen noch ein Satz steht wie ‹Erwachsene Eingeborene werden zur Arbeit gezwungen›, gibt es keine echte Reform.»[62]

Morel konzentrierte sich nun darauf, das Außenministerium dazu zu bewegen, Druck auf den belgischen Staat auszuüben, damit dieser endlich das verhasste Leopold'sche «System» der Zwangsarbeit und Konfiszierung einheimischer Produkte aufgab. Die letzte Aufnahme im Lichtbildervortrag der *Congo Reform Association* zeigte ein britisches Kriegsschiff, das – so Morels Forderung – nach Boma geschickt werden sollte, um den Fluss zu sperren. Der Außenminister Earl Grey lehnte ab und beschränkte sich auf das Druckmittel, die britische Anerkennung des Belgisch-Kongo zu verschieben. Morel warf sich heftiger denn je auf seine Organisationsarbeit und brachte ein weiteres Buch sowie eine unerschöpfliche Folge von Flugschriften, Artikeln und Zeitschriftennummern der *Congo Reform Association* heraus. Bei einer riesigen Kongo-Protestveranstaltung, die von 20 Bischöfen und 140 Parlamentariern unterstützt wurde, füllte er die Royal Albert Hall bis zum letzten Rang.

Mittlerweile schien sich im Kongo einiges zu ändern. Der neue belgische König Albert I., der vor seiner Thronbesteigung das Territorium bereist und die Menschen gesehen hatte, denen die Hände abgehackt worden waren, ließ wissen, dass er Zwangsarbeit für einen Skandal halte, und setzte sich für grundlegende Reformen ein. (Leider verlor er seinen jugendlichen Idealismus in späteren Jahren wieder.) Morel war hocherfreut, aber solche Nachrichten machten es schwer, seine Anhänger bei der Stange zu halten. Im Jahr 1910 war die amerikanische *Congo Reform Association* sanft entschlafen. «Die Amerikaner …», schrieb Morel einem unter seinen Hunderten Briefpartnern, «haben nicht viel Durchhaltevermögen.»[63]

Morel versuchte tapfer, das Augenmerk seiner Mitstreiter weiterhin auf das Problem des Landbesitzes zu richten, das so viel wichtiger, aber weniger dramatisch war als Leopolds persönliche Niedertracht. Seit langem war er überzeugt, dass «die Wurzel des Übels unberührt bleibt, solange die Einwohner des Kongo nicht ihr Land sowie das, was es abwirft, als ihr Eigentum zurückerhalten».[64]

Obgleich Morel nie derlei Absichten hegte, verstanden viele Engländer – zumal im Außenministerium – sein lautstarkes Insistieren auf dem Besitzrecht der Afrikaner als implizite Drohung nicht nur gegen das belgische, sondern auch gegen das britische Vorgehen in Afrika. «Die Eingeborenenfrage ist nicht so einfach, wie er meint», schrieb der Außenminister an Lord Cromer, der Morel unterstützte, «in unseren eigenen Kolonien sagen wir keineswegs, dass alles Land und dessen Erzeugnisse den Eingeborenen gehören.»[65] Mit seiner Überzeugung, dass das kongolesische Land sehr wohl den Afrikanern gehöre, war Morel letztlich radikaler als fast alle, mit denen er arbeitete. Auch hier gab es ein unausgesprochenes Spannungsverhältnis zwischen Morel, dem Kämpfer für Gerechtigkeit, und Morel, dem britischen Patrioten, dessen neuester prominenter Verbündeter, Conan Doyle, in früheren Jahren Vorsitzender der *Boys' Empire League* gewesen war. In Morels Schriften aus dieser Zeit können wir erstmals ansatzweise erkennen, wie sehr sein Engagement für den Kongo ihn verändert und seinen Blick geschärft hatte. Im Jahr 1909 schrieb er, seiner Zeit um Jahrzehnte voraus und in krassem Gegensatz zu der ihn umgebenden Selbstgefälligkeit, den eindringlich warnenden Satz nieder, die Tatsache, dass England die neue unabhängige Südafrikanische Union mit einem rein weißen Parlament gegründet habe, werde «weit reichende Folgen für das allgemeine Schicksal nicht nur Südafrikas, sondern des gesamten Schwarzafrika»[66] haben.

Doch für Morel sah nicht alles bloß trostlos aus. Im Herbst 1909 kündigte der belgische Kolonialminister wichtige Reformen an, die nach und nach, im Laufe von mehr als drei Jahren, umgesetzt werden sollten. Morel protestierte zwar heftig und kritisierte die Übergangszeit als zu lang. Aber die Briefe seiner Missionarsfreunde klangen schon etwas hoffnungsvoller. Ähnlich ermutigende Nachrichten kamen nach Inspektionsfahrten der britischen Konsuln. Die Berichte über Gräueltaten gegenüber Kautschukarbeitern flossen nur noch als dünnes Rinnsal. Im Jahr 1912 kamen Alice und John Harris – die nunmehr der soeben durch Zusammenschluss gegründeten *Gesellschaft gegen die Sklaverei und zum Schutz der Aborigines* vorstanden – von einer Reise in den Kongo zurück und berichteten über «gewaltige Verbesserungen».[67]

Morel befand sich in einem doppelten Wettlauf gegen die Zeit: gegen die unvermeidliche britische Anerkennung des Kongo als belgische Kolonie, die schließlich 1913 erfolgte, und gegen das nachlassende Engagement seiner Unterstützer. Selbst Casement meinte, «die Festung des Piraten [sei] praktisch zerstört»,[68] und drängte Morel, die Kampagne für beendet zu erklären. Trotz mancher Zweifel, die er in seiner privaten Korrespondenz ausspricht, beschloss Morel, in der Öffentlichkeit den Sieg auszurufen.

> «Ich will die Gegenwart nicht in rosigen Farben malen. Es wird noch Generationen dauern, bis die Wunden des Kongo verheilt sind. Aber … die Gräuel sind verschwunden … Die Erträge stammen nicht mehr aus Zwangs- oder Sklavenarbeit. Die Kautschuksteuer ist abgeschafft … Eine verantwortliche Regierung hat den unverantwortlichen Despotismus abgelöst.»[69]

Das eine große Ziel, so räumte er ein, sei freilich nicht erreicht: der Übergang des Landes in den Besitz der Afrikaner.

Am 16. Juni 1913 veranstaltete die *Congo Reform Association* ihre Abschlusssitzung im Londoner Westminster Palace Hotel. Viele der wichtigsten britischen Unterstützer der Reform kamen das letzte Mal zusammen: John und Alice Harris, der Erzbischof von Canterbury, Forschungsreisende, Missionare, Chefredakteure, Abgeordnete. Sir Roger Casement, William Cadbury, John Holt, Émile Vandervelde, Pierre Mille und der Schriftsteller John Galsworthy schickten Solidaritätsbriefe oder -telegramme, die laut verlesen wurden. Als die von ihm gegründete Organisation, die fast ein Jahrzehnt lang in mehreren Ländern politische Unruhe gestiftet hatte, ihre Tätigkeit offiziell beendete, war E. D. Morel erst 39 Jahre alt.

Eine Reihe prominenter Redner sangen sein Loblied. Morel hatte das Rampenlicht selten gern mit einem anderen geteilt, aber als er bei dieser Gelegenheit das Wort ergriff, sprach er das größte Verdienst einem anderen zu:

> «Als ich mir all das bisher Gesagte anhörte, trat mir ein Bild vor Augen. Das Bild eines kleinen Flussdampfers, der sich vor genau zehn Jahren im selben Monat den Kongo hinaufkämpfte und auf dessen Deck ein Mann stand, den Sie alle kennen; ein Mann mit einem großen Herzen … Roger Casement.»[70]

Mit dieser Versammlung ging die erste große internationale Menschenrechtsbewegung des 20. Jahrhunderts zu Ende. «Wir haben», sagte Morel zu den anwesenden Würdenträgern, «einen Kampf für die menschliche Gerechtigkeit geführt, der nicht einfach ungeschehen gemacht werden kann und wird.»[71] Das Urteil über den Wahrheitsgehalt dieser Aussage sollte erst eine spätere Generation fällen.

18

Sieg?

Sowohl in Afrika als auch in Europa verband sich mit Leopolds Tod die Verheißung eines Epochenendes. Viele Belgier empfanden Erleichterung. Endlich waren sie das alles los: die zahlreichen Peinlichkeiten mit seiner jungen Mätresse, die schamlosen Streitereien mit seinen Töchtern und die unverhüllte Geldgier. Aber bald wurde deutlich, dass Leopolds Geist nicht so rasch verschwinden würde. Der König, der als Besitzer eines der größten Vermögen in ganz Europa gestorben war, hatte versucht, es mitzunehmen. Und zum Teil war ihm das auch gelungen.

Nicht lange vor seinem Tod hatte Leopold, wie sich nun herausstellte, insgeheim die Gründung einer Stiftung mit Sitz in Deutschland veranlasst, der er Gemälde, Tafelsilber, Kristallwaren, Möbel und dergleichen im Wert von 25 Millionen Francs sowie weitere 20 Millionen Francs an Wertpapieren übertragen hatte. Ein Teil der Stiftungseinnahmen sollte, so hieß es in den Statuten, neu angelegt und das Übrige «entsprechend den Anweisungen des Stifters» für die großen prunkvollen Projekte verwendet werden, die er so liebte: Paläste, Denkmäler und öffentliche Gebäude. Er befürchtete nämlich, künftige, kleinlich denkende Regierungen würden das Geld nicht auf diese Weise ausgeben; außerdem versuchte er wie immer zu verhindern, dass sein Reichtum an Louise, Stéphanie und Clémentine überging. «Der König», so soll einer der ehemaligen Minister in Leopolds letzten Lebensjahren gesagt haben, «träumt nur von zwei Dingen: als Milliardär zu sterben und seine Töchter zu enterben».[1]

Die deutsche Stiftung war nicht der einzige Ort, an dem Leopold sein Vermögen zu verstecken suchte. Es zeigte sich, dass 85 Brüsseler Immobilien, die sein getreuer Adlatus Baron Auguste Goffinet für ihn gekauft hatte, einer weiteren Geheimfirma gehörten. Ein drittes Schattenunternehmen, die so genannte *Haus- und Garten-Immobiliengesellschaft der Côte d'Azur*, war im Besitz des gesamten königlichen Arsenals an Riviera-Grundstücken. Einige dieser Villen waren als ständige Urlaubssitze für künftige belgische Könige ausgewiesen, andere als Bestandteile eines gigantischen Erholungszentrums vorgesehen,[2] das mit seinen Parks und Gärten, Sportanlagen und Ferienhäuschen den von ihrer schweren Arbeit im Kongo heimkehrenden weißen Beamten einen kostenlosen Urlaub gewähren sollte. Überdies besaßen diese als Versteck dienenden Unternehmen auch noch Leopolds Kongo-Obligationen im Wert von mehr als 25 Millionen Francs.[3]

Die Versuche der belgischen Regierung, den Sumpf der königlichen Finanzen trockenzulegen, zogen sich jahrelang hin. Da die involvierten Firmen sowohl in Belgien als auch in Frankreich und Deutschland eingetragen waren, wurde die restlose Aufklärung durch den Ersten Weltkrieg zunichte gemacht. Die Erholungsstätte wurde nie gebaut. Das von Leopold euphorisch geplante grandiose Welt-Bildungszentrum des Kolonialismus blieb unvollendet und kam nicht über die groß angelegten Grundmauern außerhalb von Brüssel hinaus. Somerset Maugham kaufte schließlich eine der vielen Riviera-Villen des Königs. Die Parkanlagen einer anderen wurden in einen Zoo verwandelt, der heute für seine dressierten Schimpansen bekannt ist.

Erst 1923, also 14 Jahre nach Leopolds Tod, war das letzte Finanzdickicht durchforstet. Die Ermittler, die seinen Geldverhältnissen auf der Spur waren, entdeckten unter anderem, dass manche der Reichtümer, über die er verfügte, in Wirklichkeit seiner noch immer lebenden geistesgestörten Schwester Carlota gehörten. Als ihr Vormund hatte Leopold sich einige ihrer Besitzungen, die ihm ins Auge stachen, unter den Nagel gerissen und sie widerrechtlich durch Kongo-Obligationen ersetzt.[4]

Die Exkaiserin von Mexiko überlebte ihren Bruder um viele

Jahre. Besucher empfing sie für gewöhnlich in einem Raum, in dem 20 oder mehr Stühle aufgereiht standen. Sie kam herein, begrüßte feierlich auf jedem der Stühle einen fiktiven Gast und wandte sich dann erst an den Besucher. In späteren Jahren verbrachte sie endlose Stunden mit Umkleiden und Frisieren. Eines Tages soll sie sich plötzlich in einem Spiegel gesehen und begriffen haben, dass sie keine jugendliche Schönheit mehr war; darauf ließ sie alle Spiegel im Schloss zerschlagen. Bei einer Abendgesellschaft 45 Jahre nach der Hinrichtung ihres Mannes rief sie aus: «Und Maximilian ist nicht hier!» Wahrscheinlich gehörte sie zu den wenigen Menschen in Belgien, die von der vier Jahre dauernden deutschen Besatzung im Ersten Weltkrieg kaum etwas wahrnahmen. Sie starb 1927 im Alter von 86 Jahren, und bis zuletzt murmelte sie immer wieder wirre Sätze über fiktive Königreiche und Dynastien vor sich hin.[5]

Selbst heute sind sich die Wissenschaftler nicht ganz sicher, welche von Leopolds Spielereien aus welcher der geheimen Taschen bezahlt worden ist.[6] Auch eine allgemeinere Frage lässt sich nicht erschöpfend beantworten: Wie viel Profit hat der König in seinem Leben insgesamt aus dem Kongo herausgepresst? Der Belgier Jules Marchal, von dem die wichtigsten Studien zu dieser Epoche stammen, hat dazu eine «vorsichtige» Schätzung vorgelegt, in der geringfügigere oder schwer nachweisbare Geldquellen gar nicht erst berücksichtigt sind; er kommt auf 220 Millionen damalige Francs oder 1,1 Milliarden heutige Dollar.[7]

Eines der durch Leopolds finanzielle Verstrickungen ausgelösten Ermittlungsverfahren wurde von Stéphanie und Louise beantragt. Sie machten geltend, dass der in den geheimen Stiftungen und Gesellschaften untergebrachte Reichtum ihrem Vater gehört habe und folglich jetzt zum Teil ihnen zustehe. Dennoch erhielt der belgische Staat letzten Endes die meisten dieser Summen.

Dafür, dass das Geld den Einwohnern des Kongo zurückerstattet werden müsste, plädierte keiner der Anwälte.

Die Abschlussversammlung der *Congo Reform Association* im Jahr 1913 markierte das Ende der bedeutendsten und nachhaltigsten Kampagne ihrer Art in der Zeit zwischen dem Kampf für die Abschaffung der Todesstrafe Anfang und Mitte des 19. Jahrhunderts einerseits und dem weltweiten Boykott und Embargo gegen den Apartheidstaat Südafrika in den siebziger und achtziger Jahren des 20. Jahrhunderts andererseits. Aber so unerschrocken die Reformbewegung für den Kongo gewesen ist, sie hinterlässt doch beunruhigende Fragen. Die wichtigste: Hat sie auf Dauer Gutes bewirkt?

Jahrelang lautete die einhellige Antwort: «Ja.» Die Tatsache, dass Casements Ermittlungen und der Bericht der Untersuchungskommission so im Scheinwerferlicht der Öffentlichkeit standen, hatte in einigen Gebieten eine neue Welle von Aufständen ausgelöst, die zu einer merklichen, wenn auch nur vorübergehenden Drosselung des Kautschuksammelns führten. E. D. Morel und seine Bundesgenossen konnten darauf verweisen, dass die Berichte über Gräueltaten nach der Übergabe an Belgien deutlich abgenommen hatten. Wie wichtig es gewesen war, Leopold den Kongo zu entreißen, bestätigt indirekt sogar ein skrupelloser Kapitalist wie Alexandre Delcommune, der jahrelang im Kongo Geschäfte gemacht hatte und in der Verwaltung tätig gewesen war. (Der Dampfer, auf dem Joseph Conrad als Kapitän anheuerte, gehörte der Gesellschaft von Delcommune.) Dieser Mann schrieb einmal, wenn Leopolds Herrschaft noch zehn Jahre länger gedauert hätte, «hätte man nicht eine einzige Kautschukranke und vielleicht nicht einen einzigen Eingeborenen mehr vorgefunden».[8] Retteten die Kongo-Reformer also Millionen von Menschenleben?

Es wäre sicherlich ein Höhepunkt, der zur hier erzählten Geschichte passt, denn eine großartige Bewegung verdient ein großartiges Resultat. Die Organisationsarbeit von E. D. Morel, die Berichte von George Washington Williams, William Sheppard und Roger Casement und der Tod von Andrew Shanu und Rebellenführern wie Nzansu, Mulume Niama und Kandolo dürfen doch nicht vergeblich gewesen sein. Aber die Wahrheit sieht düsterer aus.

Die Nachrichten über Misshandlungen von Kautschuksammlern im Kongo gingen nach der Übernahme durch Belgien im Jahr 1908 deutlich zurück. In den folgenden Jahren gab es weit weniger Meldungen, in denen von niedergebrannten Dörfern oder der Geiselnahme von Frauen und Kindern die Rede war. Niemandem wurden mehr mit offizieller Duldung die Hände abgeschlagen. Hinter solchen Fortschritten stand jedoch nicht etwa ein von den Reformern durchgesetztes freundlicheres und behutsameres System, sondern etwas anderes. Was nicht zuletzt dazu beitrug, war der allmähliche Übergang vom wild wachsenden zum Plantagen-Kautschuk. Eine weitere Ursache war die Einführung einer neuen, von Missionaren und Menschenrechtlern weit weniger kritisierten Methode, um die Menschen zur Arbeit zu zwingen: Steuern.

Die belgischen Verantwortlichen, die die Nachfolge Leopolds antraten, erkannten, dass sie dringend Kautschukplantagen brauchten; denn wenn der gesamte Kautschuk aus wild wachsenden Ranken gewonnen werden sollte, würden die Afrikaner im verzweifelten Versuch, ihre Sammelquoten zu erreichen, sie alle abhacken; in Teilen des Landes wurden die Kautschukranken bereits knapp. Man sehe sich noch einmal die Feststellung von Alexandre Delcommune an. Was ihm nicht minder Sorge bereitet als das Verschwinden der Kongolesen, ist das Verschwinden des wilden Kautschuks.

Die neu auferlegte hohe Kopfsteuer zwang die Menschen, sich auf Plantagen oder bei der Ernte von Baumwolle, Palmöl und anderen Produkten zu verdingen – und erwies sich zugleich als wirksames Mittel zur Gewinnung von wild wachsendem Kautschuk. Bis in die zwanziger Jahre hinein kauften weiße Händler den gegen ihren Willen zum Steuerzahlen gezwungenen Dorfbewohnern wilden Kautschuk ab.

Das Herzstück dessen, was Morel das «System» genannt hatte, nämlich die Zwangsarbeit, blieb erhalten, und zwar in allen

Arbeitsbereichen. Besonders brutal wurde sie während des Ersten Weltkriegs. Im Jahr 1916 überfiel eine mittlerweile ausgebaute *Force Publique* Deutsch-Ostafrika, das heutige Tansania. Ganz wie die übrigen alliierten Mächte war auch Belgien erpicht darauf, bei der Verteilung der Beute nach dem Krieg etwas vom deutschen «Kuchenstück» in Afrika abzubekommen. Zehntausende Kongolesen wurden als Soldaten und Träger eingezogen. Nach Berechnungen der Kolonialbehörden lieferte eins der ostkongolesischen Gebiete mit einer Bevölkerung von 83 518 erwachsenen Männern im Jahr 1916 mehr als drei Millionen Mann-Tage Trägerdienst; 1359 dieser Träger kamen durch die Arbeit oder durch Krankheit ums Leben.[9] Hungersnöte wüteten. Ein katholischer Missionar berichtete: «Der Vater ist an der Front, die Mutter mahlt Mehl für die Soldaten, und die Kinder tragen die Nahrungsmittel!»[10]

In den Jahren nach dem Krieg entstanden Kupfer-, Gold- und Zinnbergwerke. Wie immer flossen die Gewinne aus dem Land heraus. Die Bergwerksverwaltung hatte das Recht, die *chicotte* einzusetzen, und in den Goldminen von Moto am Oberlauf des Uele wurden, wie aus den Unterlagen hervorgeht, allein in der ersten Hälfte des Jahres 1920 genau 26 579 Hiebe ausgeteilt.[11] Im Durchschnitt entspricht das acht Hieben für jeden afrikanischen Vollzeitarbeiter. Die Methoden, mit denen man Zwangsarbeiter für die Bergwerke rekrutierte, unterschieden sich kaum von denen zu Leopolds Zeiten. Nach den Worten des Historikers David Northrup:

> «… ein Werber der Mine ging in Begleitung von Soldaten oder unternehmenseigenen Polizeitruppen zu jedem Dorfhäuptling, legte ihm Geschenke vor und gab ihm die Quote bekannt (in der Regel lag sie doppelt so hoch wie die benötigte Arbeitskräftezahl, weil die Hälfte der Arbeiter so bald wie möglich desertierte). Der Häuptling trommelte dann diejenigen zusammen, die er am wenigsten leiden konnte, die er fürchtete oder die sich am

wenigsten zu wehren wussten, und schickte sie, an den Hälsen mit Stricken zusammengebunden, zur nächsten Verwaltungsstelle. Von dort wurden sie in Ketten zur Bezirkszentrale gebracht … Den Häuptlingen zahlte man pro Mann zehn Francs.»[12]

Wenn ein Arbeiter floh, konnte ein Mitglied seiner Familie inhaftiert werden – kaum anders als beim alten Geiselsystem.

Wie überall in Afrika waren die Arbeitsbedingungen in den Bergwerken katastrophal: In den Kupferminen und Hüttenwerken von Katanga starben zwischen 1911 und 1918 etwa 5000 Arbeiter. Als die viel gepriesene Eisenbahnstrecke zwischen Matadi und Leopoldville zwischen 1921 und 1931 durch Zwangsarbeiter mit größerer Spurweite und teilweise neuer Streckenführung versehen wurde, starben mehr Arbeiter als beim Neubau der Strecke in den neunziger Jahren des 19. Jahrhunderts.[13] Den Afrikanern im Kongo, die zu diesen und ähnlichen neuen Projekten eingezogen wurden, brachte die Weltwirtschaftskrise paradoxerweise eine lebensrettende Atempause.

Mit Beginn des Zweiten Weltkriegs wurde die gesetzliche Höchstgrenze für Zwangsarbeit auf 120 Tage pro Mann und Jahr heraufgesetzt. Mehr als 80 Prozent des für die Bomben von Hiroshima und Nagasaki verbrauchten Urans stammte aus dem schwer bewachten kongolesischen Bergwerk Shinkolobwe.[14] Außerdem verlangten die Alliierten für die Reifen von Hunderttausenden Militärlastwagen, Jeeps und Flugzeugen immer mehr Kautschuk. Ein Teil davon stammte aus den neu angelegten Kautschukplantagen des Kongo. Aber in den Dörfern wurden die Männer von neuem gezwungen, in den Regenwald zu gehen und – manchmal wochenlang ohne Unterbrechung – wilde Ranken abzuernten.[15]

Der Zwangsarbeit ein Ende zu bereiten gelang den Kongo-Reformern also nicht; allerdings sorgten sie mit durchschlagendem Erfolg dafür, dass etwa ein Jahrzehnt lang das Scheinwerferlicht der Öffentlichkeit auf den Kongo gerichtet blieb. Selten wurde so lange mit so viel Einpörung auf einen so weit entfernten Anlass reagiert. Damit erhebt sich eine zweite wichtige Frage, die Bewegung betreffend: Warum der Kongo?

Einem alten englischen Gesetz zufolge war es ein Verbrechen, wenn jemand einen Mord mit ansah oder eine Leiche entdeckte und dann nicht ein «lautes Geschrei» erhob. Wir dagegen leben in einer Welt von Leichen, und nur über einige wenige gibt es lautes Geschrei. Bei einer geschätzten Dezimierung der Bevölkerung um zehn Millionen konnte man damals das Geschehen im Kongo durchaus als das mörderischste Kapitel des europäischen Kampfs um die afrikanische Beute bezeichnen. Haltbar ist dies aber nur, wenn man das Afrika südlich der Sahara in seiner willkürlichen Einteilung durch die Kolonialgrenzen betrachtet. Zieht man andere Grenzen – zum Beispiel um den gesamten äquatorialafrikanischen Regenwald mit seinem wilden Kautschuk –, dann ist das, was im Kongo passierte, leider nicht schlimmer als das, was in den Nachbarkolonien geschah. Leopold besaß nur weit mehr von dem Kautschukgebiet als irgendjemand sonst. Ein Jahrzehnt nach seinem einsamen Start gab es anderswo zur Kautschukgewinnung ganz ähnliche Zwangsarbeitssysteme: in den französischen Gebieten westlich und nördlich des Kongo, im portugiesisch beherrschten Angola und im nahe gelegenen Kamerun, wo die Deutschen das Sagen hatten. Den Konzessionsgesellschaften in Kamerun, so heißt es bei einem Historiker, «dienten als ‹Vorbild›, an dem sie sich nach eigenem Bekunden orientierten … die Unternehmen Leopolds II. im Kongo-Freistaat, deren Dividenden in den Börsenkreisen allgemeine Bewunderung erregten».[16]

In den französischen Gebieten Äquatorialafrikas, wo die Geschichte der Region am besten dokumentiert ist, stand erheblich weniger Kautschukland zur Verfügung als in Leopolds Kongo, aber der Raub war nicht minder brutal.[17] Fast das gesamte ausbeutbare Land war unter Konzessionsgesellschaften aufgeteilt.

Zwangsarbeit, Geiselnahme, Sklavenketten, hungernde Träger, niedergebrannte Dörfer, paramilitärischer Firmen-«Wachschutz» und die *chicotte* – all das war an der Tagesordnung. Tausende von Flüchtlingen, die über den Kongofluss geflohen waren, um Leopolds Regime zu entkommen, flohen am Ende wieder zurück, um den Franzosen zu entkommen. Der Rückgang der Bevölkerungszahlen in dem von Frankreich ausgebeuteten kautschukreichen Regenwald am Äquator wird, genau wie in Leopolds Kongo, auf etwa 50 Prozent geschätzt.[18] Und ebenso wie der Kongo wurden auch die französischen Territorien und das deutsche Kamerun von anhaltenden heftigen Aufständen gegen das System der Kautschukeintreibung erschüttert.[19] Die französische Wissenschaftlerin Catherine Coquéry-Vidrovitch hat ein Diagramm publiziert, bei dem es einem eiskalt über den Rücken laufen kann: Es zeigt, dass in Salanga, einem der französischen Kongostützpunkte, zwischen 1904 und 1907 die monatlichen Schwankungen der Kautschukproduktion fast exakt den Schwankungen in der Zahl der von den «Wachleuten» verschossenen Kugeln entsprachen – in einem arbeitsreichen Monat beinahe 400.[20]

In dieser Zeit kam es in Frankreich zu einem Skandal: Zwei Weiße wurden wegen einer besonders grausamen Reihe von Morden im französischen Kongo vor Gericht gestellt; so hatte einer von ihnen zur Feier des 14. Juli einen Dynamitstab im Rektum eines schwarzen Gefangenen zur Explosion gebracht. Ganz nach dem Vorbild Leopolds versuchte die Regierung im Jahr 1905, die Situation zu entschärfen, indem sie eine Untersuchungskommission nach Afrika schickte. Für den Vorsitz wurde der berühmte Afrikaforscher de Brazza aus dem Ruhestand geholt. Man hoffte, er werde über das Land, das er selbst für Frankreich gewonnen hatte und dessen Hauptstadt Brazzaville seinen Namen trug, nichts Peinliches aussagen.

Doch das Vorhaben scheiterte. Die Anordnung, während Brazzas Reise für kosmetische Verbesserungen zu sorgen, drang vor seiner Ankunft nicht ganz bis ins Innere des Landes. Entsetzt über das, was er sah, begann er einen Bericht anzufertigen, der vernichtende Kritik enthielt; aber zur großen Erleichterung der Regierung starb er auf der Heimreise. Er erhielt ein beeindruckendes Staatsbegräbnis, und der Kolonialminister persönlich hielt an seinem Grab auf dem Pariser Friedhof Père Lachaise eine hymnische Lobrede: «Brazza ist nicht tot ... seine Begeisterung lebt fort ... Und ist er auch nicht mehr der Anführer, so lebt er doch als ein Vorbild weiter ... das uns gebietet, niemals an den ewigen Werten der Gerechtigkeit und der Menschlichkeit zu zweifeln, die den Ruhm Frankreichs begründen.»[21] Die «ewigen Werte der Gerechtigkeit und der Menschlichkeit» verboten leider die Veröffentlichung von Brazzas Bericht. Er wurde umgehend und mit Zustimmung des Parlaments von demselben Minister beiseite geschafft und nie publiziert. Das lukrative System der Konzessionsunternehmen ging weiter – mit einigen wenigen Veränderungen. In den zwanziger Jahren kostete der Bau einer neuen, als Umgehung der großen Kongo-Katarakte gedachten Eisenbahnlinie durch französisches Territorium schätzungsweise 20 000 Zwangsarbeiter das Leben;[22] das waren weit mehr als beim Bau und späteren Umbau der nahe gelegenen Leopold'schen Eisenbahnlinie.

(Zur Geschichte des französischen Kongo gibt es noch eine pikante Fußnote. Wer nämlich erwies sich, versteckt hinter Strohmännern und Scheinfirmen, am Ende als Großaktionär in fünf der dortigen Konzessionsgesellschaften[23] und als Mehrheitsaktionär in drei von ihnen? König Leopold II.! Entdeckt haben dies die Ermittler der belgischen Regierung, als sie versuchten, nach dem Tod des Königs Klarheit in seine Finanzen zu bringen. Da die Belgier fürchteten, die Franzosen würden außer sich sein, wenn sie erführen, dass ihr Kongo sich zum Teil im Besitz des Nachbarlandes befand, hielten sie die Nachricht einige Jahre lang mit Erfolg unter der Decke und verkauften die Anteile erst in den zwanziger Jahren. Leopold besaß auch große Aktienpakete an mehreren Konzessionsunternehmen im deutsch verwalteten Kamerun.)

Noch unverständlicher erscheint die ausschließliche Konzentration der Reformbewegung auf Leopolds Kongo, wenn man die Massenmorde in Prozent der Bevölkerung errechnet. Nach solchen Maßstäben lag der Blutzoll bei den Hereros in Deutsch-Südwestafrika, dem heutigen Namibia, sogar höher. Die dortige Vernichtung versteckte sich hinter keiner Nebelwand, keinem philanthropischen Gerede. Sie war schlicht und einfach ein Genozid und wurde in dürren Worten angekündigt.

Die Hereros erhoben sich 1904, nachdem sie einen Großteil ihres Landes an die Deutschen verloren hatten. Daraufhin schickte Deutschland schwer bewaffnete Truppen unter Generalleutnant Lothar von Trotha, der einen *Vernichtungsbefehl* erließ:[24]

> «Innerhalb der deutschen Grenzen wird jeder Herero, mit oder ohne Gewehr, mit oder ohne Vieh erschossen ...
> Gezeichnet: Der Große General des Mächtigen Kaisers, von Trotha.»

Um alle noch verbleibenden Unklarheiten zu beseitigen, erläuterte ein Zusatz, dass keine männlichen Gefangenen gemacht werden sollten.

Von schätzungsweise 80 000 Hereros, die im Jahr 1903 auf dem Territorium lebten, blieben 1906 weniger als 20 000 landlose Flüchtlinge. Die anderen waren in die Wüste getrieben worden und dort verdurstet (die Deutschen vergifteten die Brunnen), sie waren erschossen oder – um Kugeln zu sparen – mit dem Bajonett aufgespießt oder mit dem Gewehrkolben totgeschlagen worden.

Von Trothas Vernichtungsbefehl führte in Deutschland selbst zu einigen Protesten, aber international wurde er mit Schweigen aufgenommen, obgleich die Reformbewegung für den Kongo damals auf Hochtouren lief. Morel und andere Reformer schenkten ihm so wenig Aufmerksamkeit, dass fünf Jahre später der Unternehmer John Holt, der zu den zwei Hauptgeldgebern von Morel gehörte, ihn fragen konnte: «Stimmt das, dass die Deutschen die Hereros abgeschlachtet haben – Männer, Frauen und Kinder? ... Ich habe nie davon gehört.»[25]

Ebenso wenig wie von den durch die Deutschen abgeschlachteten Hereros wollte die Weltöffentlichkeit damals von Amerikas brutalem Antiguerillakrieg auf den Philippinen wissen, obwohl die US-Truppen Gefangene folterten, Dörfer niederbrannten, 20 000 Aufständische umbrachten und zusahen, wie weitere 200 000 Filipinos infolge des Krieges an Hunger und Krankheiten starben. England kam gleichfalls ohne internationale Kritik davon, als es – mit Vernichtungsbefehlen, die nicht minder erbarmungslos waren als der von Trothas – die australischen Aborigines ermorden ließ. Und natürlich gab es weder in Europa noch in den USA größere Proteste gegen die Dezimierung der indianischen Bevölkerung Nordamerikas.

Warum erhob sich, während von diesen Massenmorden außer den Opfern fast niemand Notiz nahm, ein solcher Sturm der Entrüstung und des gerechten Zorns gegen den Kongo? Die Politik des Mitgefühls ist launenhaft. Einer der Gründe für die Konzentration der Engländer und Amerikaner auf den Kongo bestand natürlich darin, dass er ein für sie gefahrloses Zielobjekt war. Die Empörung über den Kongo galt weder britischen und amerikanischen Verbrechen, noch hatte sie all die diplomatischen, ökonomischen und militärischen Folgen, wie sie ein Protest gegen Großmächte à la Frankreich und Deutschland nach sich gezogen hätte. Was das Letztere betraf, so hatte Morel einfach eine Art blinden Fleck; immerhin richtete er, obgleich er mit Leopold mehr als genug zu tun hatte, dankenswerterweise wiederholte und lautstarke Angriffe gegen Frankreich, weil es in seinen äquatorialafrikanischen Kolonien das Leopold'sche System unbesehen übernehme und die tödliche Bilanz seiner Kautschukgewinnung nur noch von der in Leopolds Kongo übertroffen werde. Seine Worte führten kaum zu Reaktionen unter seinen Landsleuten, die am Horizont schon den Ersten Weltkrieg heraufziehen sahen und wussten, dass Frankreich der Hauptverbündete sein würde.

Natürlich war das, was im Kongo geschah, ein Massenmord im großen Stil, aber die traurige Wahrheit ist, dass die Männer, die ihn für Leopold durchführten, nicht mörderischer waren als viele Europäer, die damals anderswo in Afrika arbeiteten oder Krieg führten. Joseph Conrad hat es am besten ausgedrückt: «Ganz Europa war daran beteiligt gewesen, Kurtz zustande zu bringen.»[26]

In den Jahren nach Leopolds Tod traten diejenigen, die im Kongo-Drama mitgewirkt hatten, nach und nach von der Bühne ab. William Sheppard kehrte 1910 endgültig in die Vereinigten Staaten zurück. Gleich nach seinem Freispruch in dem von der Compagnie du Kasai angestrengten Verfahren musste er seinen Posten als Missionar aufgeben, weil man ihm außereheliche Beziehungen zu afrikanischen Frauen nachgewiesen hatte. Die Kirche verpflichtete ihn zu einer kurzen Bewährungszeit; dann durfte er seine Arbeit als Geistlicher in den Vereinigten Staaten wieder aufnehmen, wo der Skandal nie öffentlich gemacht wurde.[27] Nach Dutzenden Fieberattacken, die er in seinen 20 Jahren in Afrika erlitten hatte, war seine Gesundheit angegriffen, und die meisten ihm verbleibenden Jahre lebte er als Pfarrer der Grace Presbyterian Church in Louisville im Staat Kentucky, wo seine Frau Lucy die Sonntagsschule und den Kirchenchor leitete.

Sheppard äußerte sich weiterhin – schriftlich und mündlich – zu Afrika, auch wenn er seine Reden in der Presbyterianischen Kirche der Südstaaten vor einer nach Rassen getrennten Gemeinde halten musste. Mehrmals luden ihn die zwei großen Erzrivalen Booker T. Washington und W. E. B. du Bois jeweils zu sich aufs Rednerpodium, und Sheppard tat ihnen den Gefallen.[28] Aber dieser Mann, der unter den Schwarzen so verehrt wurde, der als erster ausländischer Besucher vom König der Kuba und dann sogar im Weißen Haus empfangen wurde, lebte wie früher in einem amerikanischen Süden, in dem er als Bürger zweiter Klasse galt. Jahre später sagte eine Weiße in Sheppards Heimatstadt Waynesboro in Virginia über ihn: «Er war ein so braver Nigger. Als er aus Afrika zurückkehrte, wusste er noch, wo sein Platz war, und stand immer an der Hintertür.»[29] Als Sheppard 1927 im

Alter von 62 Jahren in Louisville starb, kamen mehr als 1000 Menschen zu seiner Beerdigung.

Im Westen der Vereinigten Staaten fand der Anwalt Henry Kowalsky wegen seiner gewaltigen Körperfülle ein frühes Ende. Mit 56 Jahren wurde er 1914 auf dem Fußboden seines Apartments im Palace Hotel in San Francisco tot aufgefunden. In Belgien erlitt Léon Rom 1924, lange Jahre nach den Zeiten des Köpfesammelns, in seinem Büro der Compagnie du Kasai einen Kollaps. Im selben Jahr starb in England auch Joseph Conrad, der in seinem Roman *Herz der Finsternis* die Wesensmerkmale von Glücksrittern à la Rom so scharfsichtig geschildert hat. Die einzige durch die Kongo-Kontroverse bekannt gewordene Persönlichkeit, die bis in unsere Zeit gelebt hat, ist die Missionarin, Reformerin und Fotografin Alice Harris, die 1974 im Alter von 100 Jahren starb.

Eine andere zentrale Figur des Kongodramas erlebte kein so friedliches Ende.

Im Jahr 1913 ließ sich Sir Roger Casement als britischer Konsul pensionieren und konnte sich endlich ganz ungehindert auf das werfen, was ihn von nun an völlig in Anspruch nahm: die Befreiung seiner Heimat. Er kehrte nach Irland zurück, wurde Mitbegründer der Irish Volunteers, einer bewaffneten Miliz, und sprach auf Massenkundgebungen im ganzen Land. Einer seiner Mitstreiter beschrieb ihn 1914 in Dublin so:

> «Am Vorhang stand, nach draußen blickend, Roger Casement … [mit] jenem niedergeschlagenen Gesichtsausdruck, den er stets so stolz zur Schau trug, als habe er die Sorgen der Welt auf sich genommen. Ich sah ihn im Profil, und sein schöner Kopf und edler Körper hoben sich gegen die Gardine und den grauen Himmel deutlich ab. Sein hoher Wuchs schien eindrucksvoller als sonst, das schwarze Haar und der schwarze Bart länger als gewöhnlich. Das rechte Bein hatte er nach vorn geworfen, und der Stiefel zeigte ein großes Loch – immer verschenkte er, was er an Geld hatte, und behielt selbst zu wenig zurück.»[30]

«Jedem Iren ist klar», schrieb Casement damals, «dass John Bull nur vor einem Respekt hat: vor der Flinte.»[31] Er fuhr über den Atlantik, um bei Amerikanern irischer Abstammung Geld für illegale Waffenkäufe zu sammeln, aber kurz nach seiner Ankunft in den Vereinigten Staaten begann der Erste Weltkrieg. Alle Verhandlungen über Homerule, so die Briten, müssten nun erst einmal hintanstehen. Casement antwortete mit einem offenen Brief, in dem er erklärte, niemals dürften die Iren «Blut, Ehre und Manneskraft für einen Krieg opfern, der sie in keiner Weise etwas angeht … Für ein anderes Land, für eine andere Sache als die irische hat Irland kein Blut zu verschenken … Unser Grab soll in jener vaterländischen Erde sein, aus der allein die tote irische Nation zu neuem Leben erwachen kann.»[32]

Er rasierte sich den Bart ab und eilte von New York aus mit einem gefälschten Pass nach Deutschland. Die militanten irischen Nationalisten suchten damals die Zusicherung der Deutschen zu erhalten, dass Irland im Fall ihres Sieges die Unabhängigkeit bekommen werde. Revanchieren wollten sie sich mit der Bewaffnung und Ausbildung einer irischen Brigade von Freiheitskämpfern aus den Reihen der in Deutschland festgehaltenen irischen Kriegsgefangenen. Und sollte diese Brigade nicht in Irland selber kämpfen können, würde sie sich Casement zufolge an die Seite der Ägypter stellen, also eines anderen kolonisierten Volkes, das sich nach Befreiung vom britischen Joch sehnte. Sein Plan sei es, so schrieb er in sein Tagebuch, «die grüne Flagge Irlands mit der grünen des Propheten zu verbünden & … die Alliierten ins Meer zu treiben».[33]

Casements Träume stießen bei den irischen Kriegsgefangenen auf wenig Gegenliebe. Sie waren Berufssoldaten, deren Vorfahren häufig im selben britischen Regiment gedient hatten. Von etwa 2200 irisch-katholischen Kriegsgefangenen schlossen sich weniger als 60 der Irischen Brigade an, in der sie deutsche Uniformen mit Harfe und Kleeblatt am Kragen erhielten. Hin und wieder nahm Casement an Übungsmärschen der Brigade teil, aber da sie kaum größer als ein Zug war, wurde sie nie im Krieg eingesetzt.

Den Deutschen schmeckte Casements Antikolonialismus überhaupt nicht, und sie wollten diesen rastlosen Romantiker gern wieder loswerden; er selbst brannte darauf, nach Irland zurückzukehren und sich seinen Kameraden im Untergrund anzuschließen. Am 21. April 1916 ließ ein deutscher U-Boot-Kapitän vor der Westküste Irlands Casement mit zwei Gefährten und ihrer Ausrüstung in einem kleinen Boot zu Wasser. Als er Casement fragte, ob er noch mehr Kleidung benötige, antwortete dieser: «Nur mein Leichentuch.»[34]

Eigentlich hatte Casement sein ganzes Leben auf diesen Augenblick der Heimkehr und des Märtyrertums gewartet.

> «Als ich an jenem Morgen (etwa um 3 Uhr früh) irischen Boden betrat – das Boot war gesunken, und nun schwammen wir an einen unbekannten Strand – … war ich für einen kurzen Augenblick noch einmal glücklich und zufrieden … und um mich herum waren Schlüsselblumen und wilde Veilchen und der Gesang der Lerche in den Lüften, und ich war daheim in Irland.»[35]

Wenige Stunden später wurde er verhaftet. Im Kopf hatte er nur Schlüsselblumen und Lerchen, aber in seinen Taschen befand sich der Kontrollabschnitt einer Bahnkarte von Berlin nach Wilhelmshaven, einem deutschen U-Boot-Hafen, sowie ein Tagebuch mit dem wahrscheinlich verschlüsselten Eintrag: «12. April: Verlasse Wicklow auf Willies Yacht.»[36] Unter den Dingen, die man dort, wo er an Land gegangen war, vergraben fand, waren drei Mauserpistolen, Munition, ein Feldstecher, Landkarten und eine englische Ausgabe der *Vierzeiler von Omar Chajjam*.

Zwei Tage später wurde gegen Casement Anklage wegen Hochverrats erhoben – seit Jahrhunderten das erste Mal bei einem Mann, der vom König in den Ritterstand erhoben worden war. Im Londoner Tower wurde er in Einzelhaft gehalten, und die Briten warteten nicht lange, um ihm den Prozess zu machen. Wachmänner brachten ihn in Handschellen zum Gerichtssaal und zurück in die Zelle. Wie fast alle seiner Freunde aus der Reformbewegung war auch Sir Arthur Conan Doyle überhaupt nicht einverstanden mit dem, was er getan hatte, aber er spendete 700 Pfund für seine Verteidigung. Zusammen mit vielen anderen berühmten Schriftstellern unterschrieb er Petitionen, in denen der Verzicht auf die Todesstrafe gefordert wurde. Joseph Conrad, 1890 sein Zimmergenosse in Matadi, verweigerte die Unterschrift; als Patriot stand er ebenso eisern *hinter* seiner Wahlheimat England wie Casement als Gegner *gegen* sie.

Aus aller Welt trafen Gelder und Solidaritätsbekundungen ein. Aus den Vereinigten Staaten schickte die Negro Fellowship League einen Appell an König Georg V., in dem sie um Begnadigung bat. «Wir sind diesem Mann zu tiefstem Dank verpflichtet, weil er als britischer Konsul in Afrika die Behandlung der Kongolesen aufdeckte. Ohne ihn hätte die Welt vielleicht nie von den barbarischen Grausamkeiten erfahren.»[37] George Bernard Shaw entwarf eine Rede, die Casement beim Prozess halten sollte, aber dieser lehnte ab und hielt seine Rede selbst. Dort erklärte er:

> «Eine eigene Regierung zu haben ist unser angestammtes Recht. Etwas, das uns von Geburt an zukommt; etwas, das uns von einem anderen Volk nicht wie ein Almosen gewährt oder vorenthalten werden kann, genauso wenig wie das Recht auf Leben – wie das Recht, die Sonnenwärme zu spüren, den Duft der Blumen zu riechen oder andere Menschen zu lieben … Wo immer Menschen mit angehaltenem Atem um die Erlaubnis bitten müssen, in ihrem Land zu leben, ihre eigenen Gedanken zu denken, ihre Lieder zu singen, die Früchte ihrer Arbeit zu genießen … da ist es mit Sicherheit tapferer, vernünftiger und wahrhaftiger, ein Rebell zu sein … als alles folgsam als natürliches Los der Menschen hinzunehmen.»[38]

Was bei viel zu wenigen Nationalisten der Fall ist: Casements leidenschaftlicher Freiheitsdrang galt für alle Völker, nicht nur für sein eigenes. In der damaligen Zeit war es selten, vielleicht gar einmalig, zwischen dem Freiheitskampf von Europäern wie den Iren und von Afrikanern wie den Ägyptern und den Kongolesen etwas Gemeinsames zu sehen. Seine Rede ging rasch in die Annalen des Antikolonialismus ein, wo sie tiefen Eindruck bei einem Mann hinterließ, der später selbst seinem Land zur Unabhängigkeit verhalf: Jawaharlal Nehru. «Es war, als zeigte sie ganz genau», sagte er, «was eine unterworfene Nation empfinden müsste.»[39]

Nach seiner Verurteilung wurde Casement in das Londoner Pentonville-Gefängnis überstellt, ein gewaltiges, abschreckendes Bauwerk, errichtet im Jahr 1842 für Häftlinge, die in Isolationshaft mit striktem Schweigegebot gehalten wurden. In seinem möblierten Zimmer in London hatte Scotland Yard schon einige seiner Tagebücher gefunden. Sofort wurden Fotos von seinen Einträgen über homosexuelle Erlebnisse gemacht und überall herumgezeigt: beim König, in den Klubs der einflussreichen Londoner Bürger, bei Abgeordneten. Journalisten wurden zur Einsichtnahme gebeten, und eine Sammlung von Abzügen ging sogar nach Washington. Die Regierung wollte Casement diskreditieren und weitere bekannte Persönlichkeiten daran hindern, sich für seine Begnadigung einzusetzen. Nicht zuletzt die Tagebücher haben sein Schicksal besiegelt.

Ein inhaftierter Pazifist sah Casement, als er durch sein Zellenfenster in Pentonville den Sonnenuntergang betrachtete. Er wirkte «erstaunlich ruhig … er schien bereits in einer anderen Welt zu leben; auf seinem Gesicht lag nicht die geringste Spur von Sorge oder Angst.»[40] Am Morgen des 3. August 1916 banden ihm Wachen die Hände auf den Rücken. «Er ging zum Galgen», schrieb ein Geistlicher, der ihn begleitete, «mit der Würde eines Fürsten und stand turmhoch über uns allen.»[41] Der Henker nannte ihn «den mutigsten Mann, den hinzurichten ich das Unglück hatte».[42] In einem der letzten Briefe aus seiner Zelle blickte Casement – knapp eine Woche bevor er gehängt wurde – auf sein Leben zurück: «Ich habe schreckliche Fehler gemacht und haufenweise Falsches und viel Misslungenes – aber ... das Beste war der Kongo.»[43]

Wie sein Freund Casement war auch E. D. Morel durch die lange Auseinandersetzung über den Kongo verändert worden. Im letzten Lebensjahrzehnt kämpfte er den mutigsten, einsamsten Kampf von allen. Und dieses Mal wurde er nicht von Lords und Bischöfen angefeuert.

In den letzten Jahren der Reformbewegung erkannte Morel, wie sehr seine Sache durch die Entente Cordiale zwischen Paris und London, durch die vielen Geheimklauseln, in denen beide Länder ihren Vorbereitungen auf einen kommenden Krieg alles andere unterordneten, behindert wurde. Anfang August 1914 war er mit seiner Tochter zu einem seltenen Urlaub am Meer ins französische Dieppe gefahren. Als die beiden ihre Ferien wegen des drohenden Konflikts abbrechen mussten und ein überfülltes Schiff nach England nahmen, wimmelte es in den Straßen von frisch eingezogenen Reservisten. In London gingen Morel und sein Abgeordnetenfreund Charles Trevelyan, den Kopf voller böser Vorahnungen, durch das leere House of Commons, während draußen auf der Straße die Menge ihre Kriegsunterstützung herausbrüllte.

Morel gehörte zu den wenigen auf beiden Seiten, die offen aussprachen, dass dieser Krieg Wahnsinn war. England sei, so seine These, über eine Reihe von Verträgen, die man vor der Öffentlichkeit und dem Parlament geheim gehalten habe, in eine sinnlose Katastrophe verwickelt worden. Er war kein Pazifist; griffe man England an, so würde er kämpfen, aber niemand hatte es angegriffen. Er wurde aufgefordert, seine Kandidatur für einen Parlamentssitz der Liberalen zurückzuziehen. Mit einer kleinen, heftig angefeindeten Gruppe gleich gesinnter Männer und Frauen gründete Morel die *Union of Democratic Control*, die schnell zum Hauptsprachrohr der englischen Kriegsgegner wurde. UDC-Aktivisten entdeckten, dass Scotland Yard ihre Post öffnete und ihr Telefon abhörte. Störtrupps überfielen ihre Versammlungen, rissen Fahnen herunter, warfen Stinkbomben und verprügelten Redner und Zuhörer. Binnen kurzem wollte niemand mehr in London der UDC einen Raum vermieten. Allenthalben wandten sich frühere Bewunderer von Morel ab. Als einer der alten Journalistenfreunde, nunmehr in Uniform, sich herabließ, ihn auf der Straße zu begrüßen, war er so gerührt, dass er unter Tränen sagte: «Ich dachte nicht, dass heute noch jemand mit mir reden würde.»[44]

Ebenso wie in der Reformbewegung für den Kongo wurde Morel auch in der UDC die beherrschende Figur. «In diesem Mann spürte ich so etwas wie einen Vulkan», schrieb ein Mitarbeiter. Ständig «schwelte ein Feuer in seinem Innern».[45] Wie immer stand seine Frau Mary rückhaltlos hinter ihm und arbeitete im Beirat der Union mit. In ganz England gründete er Ortsverbände der UDC, gab die Monatszeitschrift der Vereinigung heraus und schrieb seine übliche Masse von Artikeln und Flugschriften plus zwei Bücher. Aber die jetzige Arbeit war schwerer, denn England befand sich fest im Griff der Kriegsbegeisterung, der Zensor verbot einen Teil des Geschriebenen, und sein Briefkasten füllte sich mit Drohbriefen. Die Polizei durchsuchte das Büro der UDC und Morels Privatwohnung,[46] wo sie im Arbeitszimmer Artikel und Korrespondenz beschlagnahmte. Über eines der Werke, die Morel trotz der Verfolgung veröffentlichen konnte, *Ten Years of Secret Diplomacy*, schreibt der Historiker A. J. P. Taylor:

> «Alle späteren Studien über die ‹Kriegsursachen› gehen von [dieser Arbeit] aus … die Historiker der Zwischenkriegszeit … standen in seiner Nachfolge … Morel hat mehr als die Methode verändert; er veränderte den Blickwinkel.»[47]

Heute sehen wir nur allzu deutlich, dass die 8,5 Millionen Toten und 21 Millionen Verwundeten des Ersten Weltkriegs eine sinnlose, vermeidbare Tragödie waren, und deshalb vergessen wir, wie wenige Menschen damals den Mut gehabt haben, ihn auch als solche zu bezeichnen. Je länger der Krieg andauerte, desto schärfer wurden die Attacken gegen Morel. In einem üblen Hetzartikel gegen die englische Antikriegsbewegung im *Daily Sketch* hieß es: «Wer in der Diskussion mit Pazifisten ihre Tatsachenbehauptungen infrage stellt, wird auf immer dieselbe Autorität verwiesen – Morel ... Um der ganzen Verschwörung die Luft abzudrehen, müssen wir diesen Erzkonspirator zu fassen kriegen.»[48] Sein Büro wurde ständig von der Polizei überwacht. WER IST MR. E. D. MOREL?, lautete eine Schlagzeile im *Daily Express*, UND WER BEZAHLT SEINE DEUTSCHEN-FREUNDLICHE UNION?[49] Der *Evening Standard* nannte ihn «Deutschlands Agent in diesem Land».[50]

Zur selben Zeit, als Morel Ziel solcher Angriffe wurde, kam die Nachricht von Casements Verhaftung. Morels Mitstreiter in der UDC machten geltend, sie hätten ohnehin schon genug Probleme, und drängten ihn, seinem Freund, der anders als sie tatsächlich mit den Deutschen kollaboriert hatte, nicht zu Hilfe zu eilen. Obgleich Morel deshalb Qualen gelitten haben muss, besuchte er Casement während der wenigen Monate, die dieser noch zu leben hatte, nicht im Gefängnis. Casement, großherzig wie immer, schickte eine Nachricht, dass er volles Verständnis habe. Eine Freundin, die ihn besucht hatte, schrieb Morel: «Er sagte, Sie hätten ganz Recht, sich an die Entscheidung Ihrer Mitarbeiter zu halten, das stehe außer Frage.»[51]

Den ganzen Krieg hindurch blieb Morel seinen Überzeugungen treu, und zwar nun, wo alle gegen ihn waren, ebenso leidenschaftlich und unerschütterlich wie zur Zeit der Kongo-Reform, als ein Großteil des britischen Establishments auf seiner Seite gestanden hatte. Er forderte einen Verhandlungsfrieden und ein Ende der Geheimverträge. Und er wandte sich mit vorausschauendem Blick gegen die harten Friedensbedingungen, die man nach seiner Überzeugung Deutschland auferlegen würde. Da das zaristische Russland auf der Seite der Alliierten stehe, sei es zudem lächerlich zu behaupten, es handele sich um einen Krieg zwischen Demokratie und Autokratie. Er forderte Abrüstung, ferner ein Abkommen, das festlegen sollte, dass kein Teilgebiet ohne das Votum der jeweiligen Einwohner einem anderen Staat zugeschlagen werden darf, sowie die Einrichtung eines Internationalen Rats der Nationen.

«Der Krieg von 1914–1918 änderte alles für mich», schreibt Bertrand Russell, der sich gleichfalls beherzt dem chauvinistischen Wahn entgegenstellte:

> «Ich verlor alte Freunde und erwarb mir neue. Ich lernte einige wenige Leute kennen, die ich zutiefst bewundern konnte, wobei ich an erster Stelle E. D. Morel nennen möchte. (…) Trotz aller Schwierigkeiten der Propaganda und der Zensur tat er mit unermüdlicher Energie und unendlichem Geschick, was er nur konnte, um die britische Nation über das wahre Ziel aufzuklären, für das die Regierung die jungen Männer auf die Schlachtfelder trieb. Mehr als irgendeinen anderen Kriegsgegner griffen die Politiker und die Presse ihn an (…) Trotz alledem verließ ihn sein Mut nie.»[52]

Und sein Urteil: «Ich kenne keinen zweiten Menschen, der sich mit gleichem schlichtem Heldenmut für die Erforschung und Verkündung der Wahrheit in der Politik eingesetzt hätte.»[53]

Aus den Akten der britischen Regierung geht hervor, dass hohe Beamte in vielen Ressorts damals lange darüber berieten, wie sie Morel – so formulierte es ein Mitarbeiter des Außenministeriums – «in sicheren Gewahrsam bringen»[54] könnten, ohne ihm das politische Forum eines Gerichtsverfahrens zur Verfügung zu stellen, in dem er seine Überzeugungskraft als Redner und seinen gewaltigen Schatz an Informationen hätte einsetzen können. Im Jahr 1917 fanden sie einen geeigneten Weg und ließen ihn wegen Verstoßes gegen ein völlig unbekanntes Gesetz, das den Versand von Antikriegsliteratur in neutrale Länder verbot, festnehmen. Eine Haftentlassung gegen Kaution wurde abgelehnt, und im Eilverfahren verurteilte man ihn zu sechs Monaten Zwangsarbeit.

Morel schildert einen seltsamen Zwischenfall, der sich bei seiner Verurteilung im Jahr 1917 ereignete:

> «Etwas Abwechslung kam in die ansonsten öde juristische Landschaft durch einen Mann, der, während mein Rechtsbeistand sein Plädoyer hielt, von irgendwoher hinter mir durch den Gerichtssaal zum Staatsanwalt ging und ihm eine Notiz überreichte; der entfaltete sie, las und nickte dann, worauf der Mann wieder zu seinem Platz ging; dabei erkannte ich in ihm jenen Redner, der … im Auftrag von König Leopold II. während meiner USA-Reise öffentlich Stellung gegen mich bezogen hatte.»[55]

Leopold war acht Jahre zuvor gestorben, und Morels Reise in die Vereinigten Staaten hatte weitere fünf Jahre früher stattgefunden. Etwa ein halbes Dutzend bezahlter Lobbyisten waren damals gegen ihn angetreten; welcher von ihnen diesen mysteriösen Auftritt im Gerichtssaal hatte, ganz als gebe Leopold noch aus dem Grab seine Befehle, hat Morel freilich nicht verraten.

Ein Jahr nachdem Casement im Pentonville-Gefängnis hingerichtet worden war, wurde Morel von Gefängniswärtern durch das Tor geführt. Der Mann in der einen Nachbarzelle hatte drei Flaschen Whiskey gestohlen, der auf der anderen Seite ein Kind vergewaltigt. In einem der monatlichen Briefe, die er seiner Frau schreiben durfte, erwähnt er, dies sei «das erste Mal in den letzten 20 Jahren, dass wir uns nicht täglich schreiben, wenn wir nicht beisammen sind.»[56]

Die Tage verbrachte er in einem staubigen Raum, in dem er Posttaschen aus Segeltuch nähen sowie Hänge- und Bodenmatten aus Schnur flechten musste, alles bei absolutem Stillschweigen: Während der Arbeit durften sich die Häftlinge nicht unterhalten. Von vier Uhr nachmittags bis morgens um acht war er in der Zelle eingeschlossen. Das Abendessen, das er dort allein zu sich nahm, sah so aus: «ein Stück Brot, knapp 300 Gramm lauwarmer Haferbrei auf dem Boden eines Blechtellers, der am selben Tag vielleicht schon Bückling aufgenommen und noch Spuren davon an sich hat, und ein halber Liter heißer, fettiger Kakao, den man als wahren Göttertrank schätzen lernt, besonders bei kalter Witterung.»[57] Ein- oder zweimal in der Nacht hörte man klickende Geräusche, wenn der Wärter durch das Guckloch jeder Zelle einen prüfenden Blick auf die Häftlinge warf. Nachts gab es nur noch «die Kälte einer kalten Zelle – mit nichts auf der Welt vergleichbar. Nichts scheint dagegen zu schützen».[58]

In der Gefängniskapelle saßen die Gefangenen wieder schweigend unter dem wachsamen Blick des etwas erhöht stehenden Gefängnispersonals, und Beamte verkündeten die militärischen Siege in ebendem Krieg, gegen den Morel opponierte. Bei der Arbeit musste er manchmal große Jutepakete zur Gefängniswerkstatt schleppen, jedes von ihnen, so schätzte er, etwa 100 Pfund schwer. Mit bitterem Lächeln dachte er an die afrikanischen Träger, die vor mehreren Jahren sein Gepäck durch das Innere Nigerias getragen hatten. «Aber die Erinnerung bleibt, die Erfahrung ist ein großer Lehrmeister, auch hier gibt es viel zu lernen, und schließlich muss man beide Rollen spielen.»[59] Ein Mann, der wegen Einbruch saß, bemerkte, dass Morel eine bedeutende Persönlichkeit war, und sprach ihn mit «Sir» an.

Zwei Monate nach seiner Entlassung, Anfang 1918, schrieb Bertrand Russell, der wenig später selbst ins Gefängnis kam, besorgt an Gilbert Murray:

> «Ich sah E. D. Morel gestern zum ersten Mal, seit er heraus ist, und war von der Härte seiner sechsmonatigen Strafe beeindruckt. Sein Haar ist völlig weiß (er hatte vorher kaum eine Spur von Weiß); als er zuerst heraus-

kam, brach er völlig zusammen, physisch und psychisch, vor allem infolge ungenügender Ernährung.»[60]

Morel nahm seine Vortrags- und Schreibtätigkeit wieder auf, aber sein kräftiger Körper war schrecklich abgemagert. Nicht lange nach seiner Entlassung hatte er die erste von mehreren Herzattacken. Doch in den Folgejahren konnte er mit Genugtuung erleben, dass er öffentlich rehabilitiert wurde. Wie sich herausstellte, gab es tatsächlich Geheimverträge zwischen den Alliierten. Und ein Großteil des Vierzehn-Punkte-Programms, das Präsident Woodrow Wilson für den Friedensschluss vorlegte, klang, als sei es aus Morels Broschüren abgeschrieben. Da die UDC während des Krieges hauptsächlich von Gewerkschaftern unterstützt worden war, wurde Morel – zu seiner Überraschung, denn dieser ehemalige Angestellte einer Schifffahrtgesellschaft hatte sich niemals zuvor als Sozialisten gesehen – von der Labour Party als Held gefeiert. Im Jahr 1922, als er als Labour-Kandidat für einen Sitz im Unterhaus antrat, konnte er zu seinem großen Vergnügen gegen einen ehemaligen Minister gewinnen, der ihn zu Kriegszeiten ins Gefängnis geschickt hatte: gegen den Abgeordneten Winston Churchill.

Bei seinen Wählern im schottischen Dundee war Morel überaus beliebt. Sie wählten ihn 1923 und im Jahr darauf noch einmal, und damals verabschiedeten ihn 20 000 Menschen am Bahnhof, als er nach London fuhr.[61] Im Parlament wurde er rasch zum prominentesten und angesehensten Sprecher der Labour Party in Sachen Außenpolitik. Als Anfang 1924 der Parteivorsitzende Ramsay MacDonald zu Englands erstem Labour-Premier gewählt wurde, rechneten viele damit, dass er Morel zum Außenminister ernennen würde. Aber es kam anders. Als Kopf einer unsicheren Koalitionsregierung sah MacDonald in Morel einen allzu dezidiert auf Unabhängigkeit pochenden Moralisten und Kämpfer – und vielleicht auch einen möglichen Rivalen. Das Außenressort übernahm er selbst. Zum Trost schlug er Morel als britischen Kandidaten für den Friedensnobelpreis vor.

Obgleich Morel erst 51 Jahre alt war, forderten Haft und Verfolgung während des Krieges, die Enttäuschung über den ausgebliebenen Ministerposten und seine aufreibende Arbeit über mehrere Jahrzehnte hinweg allmählich ihren Tribut. Er musste sich regelmäßig ausruhen und lag dann auf der Terrasse des Unterhauses, und zusammen mit seiner Frau fuhr er oft zur Erholung in das Haus ihrer Familie in Devonshire. Am 12. November 1924, auf einem Waldspaziergang mit seiner Schwägerin, sagte Morel mit einem Mal, er fühle sich müde, setzte sich auf den Boden und lehnte sich gegen einen Baum. Er stand nicht wieder auf.

In großen Gedenkgottesdiensten wurde in Dundee, London und New York seiner gedacht. «Morel», sagte der französische Schriftsteller Romain Rolland einmal, «wird irgendwann turmhoch über seiner Zeit stehen.»[62]

19

Das große Vergessen

Zu den eher gespenstischen Erfahrungen eines Besuchers der alten Sowjetunion gehörte ein Gang durch die riesigen Hallen des Revolutionsmuseums in der Moskauer Gorkistraße. Dort sah man Hunderte von Fotos und Gemälden, die Revolutionäre mit Pelzmützen hinter verschneiten Barrikaden zeigten, unzählige Flinten und Maschinengewehre, Flaggen und Standarten sowie eine gewaltige Sammlung anderer Gegenstände und Dokumente – aber nicht einen einzigen Hinweis darauf, dass etwa 20 Millionen Sowjetbürger in Folterkellern, durch von Menschen verschuldete Hungersnöte und im Gulag umgekommen sind.

Heute hat sich dieses Moskauer Museum in einem Maße verändert, das seine Gründer nie vorausgeahnt hätten. Auf der anderen Seite Europas hingegen steht eines, das sich nicht im mindesten verändert hat. Wer es besuchen will, gehe den kurzen Weg vom Brüsseler Verwaltungssitz der Europäischen Union zur Endstation der Straßenbahnlinie 44. Mit der Tram fährt man durch den am Stadtrand gelegenen schattigen, lieblichen Forêt de Soignes zum alten Herzogssitz Tervuren. Im 7./8. Jahrhundert lebte hier Sankt Hubertus, der Schutzheilige der Jäger, und soll in den Wäldern gejagt haben. Heute steht dort, mit prachtvollem Blick auf einen Park, ein von Leopold II. erbautes riesiges Schloss im Louis-quinze-Stil, worin sich das Königliche Museum für Zentralafrika befindet. An einem normalen Tag wimmelt es hier von Hunderten Besuchern – von Schülern, die Leerstellen auf Arbeitsbögen ausfüllen, bis zu betagten Touristen, die mit vollklimatisierten Bussen anreisen.

Das Museum beherbergt eine der weltweit größten Sammlungen von Africana. Man braucht einen ganzen Tag, um alle Exponate zu sehen, von Stanleys Mütze bis zu Leopolds Spazierstock, von Sklaven-Handschellen bis zu einem Einbaum, der annähernd 100 Mann fassen kann. In einer Halle voller Waffen und Uniformen werden die «Kreuzzüge gegen die Sklaverei» verherrlicht – natürlich die vom Ende des 19. Jahrhunderts gegen die «arabischen» Sklavenhändler. Auf einer Gedenktafel stehen die Namen von mehreren Dutzend Offizieren der *Force Publique,* die «in afrikanischer Erde ruhen». Andere Tafeln in dieser «Gedenkhalle» feiern weitere Hunderte weißer Pioniere, die im Kongo gestorben sind. In einer dritten Halle sind ausgestopfte Tiere zu sehen: Elefanten, Schimpansen, Gorillas. Auf einem Bildschirm läuft pausenlos ein alter Schwarzweißfilm über Maskentänze der Pende, den König der Kuba an seinem Hof und Bestattungsriten der Ntomba – über ein Afrika, das gänzlich aus exotischen Kostümen und dröhnenden Trommeln besteht. Überall sieht man in Glasvitrinen Gegenstände aus den verschiedenen Kulturen des Kongo: Speere, Pfeile und Bogen, Pfeifen, Masken, Schalen, Körbe, Paddel, Zepter, Fischreusen, Musikinstrumente.

Eine der wechselnden Ausstellungen zeigt erstaunliche Skulpturen ans dem Gebiet des unteren Kongo: knapp ein Meter große Holzstatuen, deren Hals und Brust gespickt ist mit Hunderten von Nägeln, Metallspitzen und winzigen, rasierklingenähnlichen Metallplättchen. Die Figuren sehen wie borstige, misshandelte Zwerge aus. Ein Schild erläutert, jede von ihnen sei ein *nkondi,* ein Fetisch gegen Hexen und andere Unholde. Jeder Nagel, jede Klinge steht für einen Racheschwur oder -aufruf gegen ein Unrecht. Aber von einem größeren Unrecht im Kongo ist weit und breit nichts zu sehen. Denn in keiner der 20 großen Ausstellungshallen gibt es auch nur den leisesten Hinweis darauf, dass Millionen Kongolesen eines unnatürlichen Todes gestorben sind.

Einen solchen Hinweis findet man nirgendwo in Brüssel. Die Rue Bréderode, an der die Regierung des Kongo-Staats und die meisten Kongo-Unternehmen einst ihren Sitz hatten, verläuft noch heute im Rücken des königlichen Schlosses. Aber dort, wo Joseph Conrad sein Einstellungsgespräch hatte, befindet sich jetzt ein Finanzamt. Auf einer anderen Seite des Schlosses steht eine überlebensgroße Statue von Leopold zu Pferde; er starrt mit kaltem Blick auf eine Schnellstraßenunterführung. Und doch verbirgt sich hinter vielem, worauf das Auge stößt, das im Kongo geschehene Unrecht: das vergossene Blut, das geraubte Land, die abgeschlagenen Hände, die auseinander gerissenen Familien und verwaisten Kinder. Das prunkvolle, säulengeschmückte königliche Schloss wurde mit Profiten aus dem Kongo in seinen derzeitigen prachtvollen Zustand versetzt, ebenso das noch prächtiger gelegene, von der königlichen Familie bewohnte Schloss Laeken mit seinem Kuppeldach und den überwältigenden Gewächshäusern, an denen mehr als 24 000 Quadratmeter Glas verbaut sind. In jedem Frühjahr sind die Gewächshäuser für kurze Zeit öffentlich zugänglich, und Tausende von Besuchern strömen an einer mit Kamelien und Azaleen geschmückten Büste Leopolds vorbei. In Laeken steht auch der fünfstöckige japanische Turm, ein architektonisches Kuriosum, das Leopold auf einer Pariser Weltausstellung gesehen, ins Herz geschlossen und mit seinem Kongogeld gekauft hat. Einen Teil der Brüsseler Skyline beherrscht das bei weitem großspurigste, verstiegenste Bauwerk, das aus Kongomitteln finanziert wurde: der riesige, mit heroischen Bildwerken gespickte Triumphbogen im Parc du Cinquantenaire; er sieht aus wie eine aufgedunsene Mischung aus Arc de Triomphe und Brandenburger Tor – erweitert um beidseitig ausschwingende Kolonnaden. Beim Anblick der Stein- und Betonmasse denkt man an Conrads Beschreibung der namenlosen europäischen Hauptstadt in *Herz der Finsternis,* die er mit einer «Totengruft»[1] vergleicht. Aber auf die Millionen Afrikaner, die das alles mit ihrer Fron bezahlt haben und nun in anonymen Erdgräbern liegen, gibt es keinen Hinweis.

Brüssel ist kein Einzelfall. In Berlin findet man keine Museen oder Denkmäler für die erschlagenen Hereros und in Paris und Lissabon kein Zeichen der Erinnerung an den Terror der

Kautschukgewinnung, der in Teilen des französischen und portugiesischen Afrika die Hälfte der Bevölkerung hinwegraffte. Im amerikanischen Süden gibt es Hunderte von Bürgerkriegsdenkmälern und eigens restaurierten Plantagenbesitzervillen, in denen jedes Exponat im Grunde irgendwie auf die Existenz der Sklaverei verweist. Und doch wird die Welt, in der wir leben – mit ihrer Aufteilung und ihren Konflikten, ihrer immer größeren Kluft zwischen Arm und Reich, ihren scheinbar unerklärlichen Ausbrüchen der Gewalt –, weit weniger geprägt von dem, was wir feiern und mythologisieren, als von den schmerzlichen Ereignissen, die wir zu vergessen suchen. Leopolds Kongo bildet nur einen der vielen Fälle, in denen Geschichte totgeschwiegen wird.

Freilich ist er ein schlagendes Beispiel für die Politik des Vergessens. Leopold und die belgischen Kolonialbeamten, die auf ihn folgten, haben alles Erdenkliche getan, um potenziell belastendes Beweismaterial aus den historischen Unterlagen zu entfernen. An einem Augusttag im Jahr 1908, kurz bevor die Kolonie offiziell an Belgien übergeben wurde, ging der junge Adjutant des Königs, Gustave Stinglhamber, vom Schloss in eins der nahe gelegenen Gebäude, wo die Verwaltung des Kongo-Staats untergebracht war, um dort einen Freund zu besuchen. Es war ein besonders warmer Sommertag, und die beiden Männer traten ans offene Fenster, um sich dort zu unterhalten. Stinglhamber setzte sich auf einen Heizkörper und sprang sofort wieder hoch: Die Heizung war kochend heiß. Als die Freunde den Hausmeister um eine Erklärung baten, erwiderte er: «Entschuldigung, aber sie verbrennen die Staatsarchive.» Die Heizöfen brannten acht Tage lang und verwandelten den größten Teil der Kongo-Akten in Asche und Rauch am Brüsseler Himmel. «Ich werde ihnen meinen Kongo geben», sagte Leopold zu Stinglhamber, «aber sie haben kein Recht zu erfahren, was ich dort getan habe.»[2]

Zur selben Zeit, als in den Brüsseler Heizöfen das Feuer prasselte, gingen vom Schloss auch Anweisungen in den Kongo, in denen auch die Vernichtung der dortigen Akten befohlen wurde. Oberst Maximilien Strauch, langjähriger *consigliere* des Königs in Sachen Kongo, schrieb später: «Alle Stimmen, die für die vernichteten Archive, in ihrem Namen, hätten sprechen können, sind im Interesse einer höheren Ordnung systematisch zum Schweigen gebracht worden.»[3] Selten hat ein totalitäres Regime so viel unternommen, um die Dokumente seines Wirkens so gründlich zu vernichten. (Hitler und Stalin hinterließen bei ihrem späteren Drang nach einer «höheren Ordnung» in mancher Hinsicht eine viel breitere Papierspur.)

Dasselbe planmäßige Vergessen fand auch in den Köpfen derer statt, die das Personal des Regimes gestellt hatten. Wer die eigene Beteiligung am Massenmord vergessen will, bleibt nicht passiv; er muss selbst tätig werden. Beim Blick auf die Lebensberichte der ersten weißen Konquistadoren in Afrika können wir den Akt des Vergessens bisweilen mit Händen greifen – im Augenblick seines Vollzugs. Dieser Vollzug besteht nicht im Bemühen, etwas zu entfernen, sondern im Versuch, die Dinge auf den Kopf zu stellen, auf seltsame Weise zu verkehren, indem der Täter sich in Gedanken zum Opfer macht. Man betrachte einen solchen Augenblick etwa in den Memoiren von Raoul de Premorel, der von 1896 bis 1901 verantwortlicher Leiter mehrerer Kautschuksammelstellen in der Kasai-Region war. Hier seine Schilderung, wie er mit dem vermeintlichen Rädelsführer einer Meuterei verfuhr:

> «Ich befahl zwei Wachleuten, ihn vor den Lagerraum zu schleppen, wo sie ihm die Handgelenke zusammenbanden. Dann stellten sie ihn aufrecht an einen Pfahl, die Arme hoch über den Kopf gestreckt, und fesselten ihn an einen Querbalken. Nun befahl ich, ihn durch Straffen des Seils so weit hochzuziehen, bis seine Zehen gerade noch den Boden berührten … So ließ ich den Unglücklichen zurück. Die ganze Nacht über hing er dort, mal wimmerte er um Gnade, mal fiel er in eine Art Ohnmacht. Die ganze Nacht über tat seine treue Frau ihr Möglichstes, um seine Leiden zu lindern … Als schließ-

lich der Morgen anbrach und meine Männer ihn losschnitten, fiel er als bewusstloser Klumpen zu Boden. ‹Bringt ihn weg›, befahl ich … Ob er noch lebte oder nicht, weiß ich nicht … Nachts träume ich jetzt mitunter, ich wäre selbst der arme Teufel und eine halbe Hundertschaft schwarzer Unholde tanzte … um mich herum. Dann wache ich mit einem Ruck auf und bin in kalten Angstschweiß gebadet. Manchmal scheint mir, in den Jahren, die seit jener Nacht vergangen sind, hätte ich am allermeisten gelitten.»[4]

Manchmal scheint mir, ich hätte am allermeisten gelitten … In der gesamten Geschichte haben Menschen, die Blut an den Händen hatten, immer wieder zu solchen Rationalisierungen gegriffen. Was die Morde in Leopolds Kongo betrifft, so erhielt das Bemühen, sie zu vergessen, unerwarteten Auftrieb dadurch, dass Belgien mit einem Mal nicht mehr als Eroberer, sondern als Opfer wahrgenommen wurde. Mit Entsetzen blickte die Welt auf die durch nichts provozierte deutsche Invasion des Landes im August 1914 und auf die Morde der Deutschen an belgischen Zivilisten in den ersten Kriegswochen.

In den folgenden vier Jahren setzten erst die britische, dann die amerikanische Regierung die Leiden des «mutigen, kleinen Belgien» geschickt ein, um die Kriegsbegeisterung in Staaten anzuheizen, die selbst gar nicht angegriffen worden waren. Zeitungsartikel, Karikaturen, Plakate und patriotische Reden ergingen sich in Schauergeschichten von Massenvergewaltigungen belgischer Frauen durch deutsche Soldaten. An Haustüren, so hieß es ferner, kreuzigten die Deutschen belgische Babys. Und in auffälliger, wenngleich unbewusster Wiederholung der von den Kongo-Reformern publizierten Bilder berichtete die Presse der alliierten Länder, deutsche Soldaten schlügen den belgischen Kindern Hände und Füße ab. Ein aus Belgien geflohener Lyriker schrieb sogar ein Gedicht darüber.[5]

Diese schockierenden Berichte über abgeschlagene Hände

und Füße waren so verbreitet, dass ein reicher Amerikaner versuchte, verstümmelte belgische Kinder zu adoptieren; aber selbst als eine Belohnung ausgesetzt wurde, konnten keine gefunden werden. Am Ende erwiesen sich die erhobenen Vorwürfe – Massenvergewaltigung ebenso wie Verstümmelung und Kreuzigung – als gegenstandslos.[6] Aber während des ganzen Krieges und danach wollte niemand in den alliierten Ländern daran erinnert werden, dass es ein bis zwei Jahrzehnte zuvor der belgische König war, dessen Männer in Afrika Hände abgeschlagen hatten. Und so konnte die Geschichte, wie sie wirklich gewesen war, die Geschichte von Leopolds Herrschaft im Kongo und von der gegen sie gerichteten Protestbewegung, einfach aus dem Gedächtnis Europas verschwinden – vielleicht sogar schneller und gründlicher als die anderen Massenmorde, die sich im Laufe der Kolonisierung Afrikas ereigneten.

In dem stillen Dörfchen Hoepertingen, eine Zugstunde von Brüssel entfernt im Osten der Hauptstadt gelegen, leben Jules Marchal und seine Frau in einem bescheidenen, verwinkelten Haus mit einem kleinen Kirschgarten. Einmal im Jahr stehen sie mehrere Wochen lang mit Körben auf Leitern und ernten die Kirschen, die sie über eine bäuerliche Kooperative vor Ort verkaufen. Marchal ist hier geboren, und mit seinen 73 Jahren wirkt er ganz wie ein Dorfältester: Goldzahn, Hosenträger, ein frisches, freundliches Gesicht, weißes Haar. Sein weißer Schnurrbart verleiht ihm entfernte Ähnlichkeit mit Stanley in dessen letzten Lebensjahren. Aber da hört die Übereinstimmung auch schon auf.

Marchal ist Diplomat im Ruhestand. Anfang der siebziger Jahre war er belgischer Botschafter in drei westafrikanischen Ländern: Ghana, Liberia und Sierra Leone. Eines Tages fiel ihm ein Artikel in einer liberianischen Zeitung ins Auge, in dem ganz nebenbei von zehn Millionen Toten in Leopolds Kongo die Rede war. Marchal erzählt:[7]

«Ich bekam einen Riesenschreck, dann schrieb ich einen Brief an den Außenminister in Brüssel. Der lautete etwa: ‹Ich muss der Zeitung einen Leserbrief schicken, in dem ich diese Meldung, diese befremdliche Verunglimpfung unseres Landes richtig stelle. Aber ich kenne die Geschichte der damaligen Epoche nicht. Könnten Sie bitte veranlassen, dass mir Informationen zugesandt werden?› Ich wartete. Aber ich erhielt keine Antwort. Da wurde ich zum ersten Mal neugierig.»

Marchal ist ein behutsamer, systematisch arbeitender Mensch; er gehört zu denen, die ein Buch lieber im Original lesen, eine Information bis zu ihrer Quelle zurückverfolgen und das, was sie berichten, nicht aus der Zusammenfassung eines anderen, sondern aus den Originaldokumenten entnehmen. Als sein Interesse erst einmal erwacht war, las er genügend Bücher über die Frühgeschichte des Kongo-Staats, um bald zu entdecken, dass er angesichts von Leopolds wochenlangen «Freudenfeuern» nur mit großen Schwierigkeiten an offizielle Dokumente kommen würde. Doch manche wichtigen Papiere waren 1908 dem Heizkessel entgangen, nicht zuletzt die noch unveröffentlichten Zeugenaussagen, die die Untersuchungskommission in den Jahren 1904 und 1905 aufgezeichnet hatte. Besonderes Glück war für ihn, dass diese wichtige Quellensammlung, wie er herausfand, säuberlich geordnet im Archiv des belgischen Außenministeriums, seines Arbeitgebers, gelandet war. Er freute sich schon darauf, sie einsehen zu können.

Marchal wechselte dann auf einen anderen Posten in Afrika:

«… aber der Kongo ging mir immer im Kopf herum. Irgendetwas war faul daran. Ich erfuhr, dass es in der internationalen Presse zwischen 1900 und 1910 eine große Kampagne gegeben hatte; Millionen Menschen waren umgekommen, aber wir Belgier hatten keine Ahnung davon. Als ich dann 1975 auf eine Stelle im Brüsseler

Außenministerium versetzt wurde, bin ich zuerst einmal ins Archiv des Ministeriums gegangen und habe um Einsicht in die Zeugenaussagen der Untersuchungskommission gebeten.»

Ausgeschlossen, hieß es. Die gesammelten Aussagen trugen den Stempel *Ne pas à communiquer aux chercheurs* – für Wissenschaftler gesperrt. Marchal machte geltend, seit dem Bericht der Kommission seien 70 Jahre vergangen und er bekleide den Rang eines Botschafters. Das änderte aber gar nichts. Er erhielt keine Erlaubnis zur Akteneinsicht.

«Für das Archiv des Außenministeriums gab es eine allgemeine Richtlinie. Wissenschaftlern durfte kein Material gezeigt werden, das dem Ruf Belgiens schadete. Und was diese Epoche betraf, so war *alles* schädlich! Also zeigten sie nichts.» Marchal, den das Thema nun nicht mehr losließ, hatte noch 15 Dienstjahre bis zur Pensionierung vor sich. Er blieb im Auswärtigen Dienst, war zeitweise als Botschafter in Afrika, dann wieder in verschiedenen Büros in Brüssel tätig. Seine gesamte knappe Freizeit widmete er den Forschungen und Schriften über Leopolds Kongo. Nach seiner Pensionierung im Jahr 1989 arbeitete er ganztägig an seinem Projekt. Vier Jahrzehnte im Staatsdienst hatten ihm eine ungewöhnliche Fähigkeit beschert, in staatlichen Akten aufschlussreiche Informationen auszumachen; überdies besuchte er alle Archive in Europa und den Vereinigten Staaten, die Unterlagen über die betreffende Epoche besaßen. In Belgien entdeckte er private Sammlungen, an die Leopolds Feuer nicht herangekommen war. Häufig fand er das aufschlussreichste Material in Briefen und Berichten mittlerer Kolonialbeamter,[8] die als idealistische junge Männer in den Kongo kamen und entsetzt darüber waren, dass die afrikanische Wirklichkeit so wenig mit der hochtrabenden Rhetorik zu tun hatte, die sie aus Europa kannten. Er studierte die Akten von Missionsverbänden und von Unternehmen, die in Afrika Geschäfte gemacht hatten. Er fuhr nach Irland, wo er die Casement-Papiere einsah und zu dem Strand fuhr, an dem der Ire bei seiner letzten, verhängnisvollen Mission an Land gegangen war.

Solange Marchal noch als belgischer Diplomat arbeitete, schrieb er unter einem Pseudonym; er nannte sich Delathuy, nach dem Mädchennamen seiner Urgroßmutter. «Eine bemerkenswerte Frau. Aber sie ist aus der Familiengeschichte gestrichen worden, weil sie ein uneheliches Kind hatte. Ihr Name wurde nie genannt. Er war tabu. Wie die Geschichte der Millionen Ermordeten.» Sein Werk über Leopolds Kongo schrieb Marchal zunächst in seiner flämischen Muttersprache, dann überarbeitete und übersetzte er es und publizierte eine vierbändige französische Ausgabe. In Belgien kennt zwar fast niemand diese Bücher, aber sie stellen die maßgebliche wissenschaftliche Arbeit zum Thema dar, eine meisterhafte, minuziös dokumentierte Untersuchung, die international einzigartig und unübertroffen ist. Sie wäre wohl nie geschrieben worden, hätte Marchal nicht den liberianischen Zeitungsartikel gelesen.

Wenn Marchal seine Arbeit schildert, wirkt er wie besessen. Seine Stimme wird lauter, er gestikuliert. Er zieht Bücher und Papiere aus den Regalen und wühlt in Schubladen auf der Suche nach Fotos. Es sind Bilder von jedem der englischen Häuser, in denen E. D. Morel gelebt hat. «In Belgien ist Morel als Verräter und Schurke behandelt worden. Ich möchte ihn auf den Platz stellen, der ihm zusteht.»

Marchal war außer sich darüber, dass er viele Jahre lang sein Land vertreten hatte, ohne das Geringste über dieses Stück seiner Vergangenheit zu wissen, und noch mehr wurmte ihn, dass man ihm den Zugang zu den Archiven des eigenen Ministeriums verwehrte. Ein Vorgesetzter sagte einmal zu ihm: «Sie können die Akten einsehen, aber nur wenn Sie versprechen, nichts zu schreiben, was auf sie Bezug nimmt.» Marchal lehnte diesen Deal ab. Erst als er den Ministerialbeamten acht Jahre lang zugesetzt hatte, wurde ihm die Einsicht in die Unterlagen der Untersuchungskommission gestattet. Mit Anmerkungen versehen, hat er sie als Buch veröffentlicht.

Es gab noch einen Grund, weswegen Marchal so verzweifelt war über das, was er erfuhr. Bevor er mit Anfang vierzig in den diplomatischen Dienst Belgiens eintrat, hatte er fast 20 Jahre lang im Kongo – in dessen letzter Zeit als belgische Kolonie und seinen Anfängen als unabhängiges Land – gearbeitet und war zunächst als junger stellvertretender Bezirksverwalter für das Kolonialregime tätig gewesen. Als Marchal Jahre später zum ersten Mal auf die Geschichte der Jahrhundertwende stieß, gingen er und seine Frau Paula sorgfältig ihre Erinnerungen durch, auf der Suche nach irgendwelchen Indizien, irgendwelchen Bemerkungen, die sich in neuem Licht betrachten ließen. Einer dieser Vorfälle war ihm noch präsent:

> «Als ich 1948 im Kongo ankam, bestand meine erste Aufgabe darin, umherzureisen und den Dorfhäuptlingen, die im Zweiten Weltkrieg für den Staat Kautschuk gesammelt hatten, Medaillen zu verleihen. Damals hatten sie wieder alle Männer zum Kautschukzapfen in den Wald geschickt. Die Auszeichnungen musste ich an etwa 100 Häuptlinge verteilen. In die Dörfer begleiteten mich ein Feldwebel und sechs oder sieben Soldaten. Und der Feldwebel sagte zu mir: ‹*Dieses* Mal war das gar nichts, mit dem Kautschuk. Aber das erste Mal, *das* war grauenhaft.› Erst 30 Jahre später habe ich verstanden, was er meinte.»

In ganz Afrika wurden die Schulbücher von den Kolonialherren geschrieben; zusammen mit dem allgemein praktizierten Verbot von Literatur und der Pressezensur hat dies dazu beigetragen, die Dokumente und Aufzeichnungen endgültig vergessen zu machen. In dem halben Jahrhundert belgischer Herrschaft nach Leopolds Tod haben die kongolesischen Lehrbücher für Afrikaner König Leopold und seine Werke genauso überschwänglich gelobt wie die sowjetischen Bücher Lenin. So hieß es beispielsweise in einem Text für junge kongolesische Soldaten, die Unteroffiziere in der *Force Publique* werden wollten: die Geschichte zeige, «dass die Belgier dieses riesige Territorium nur schaffen konnten, weil sie sich heroisch dafür eingesetzt haben». Im Kampf gegen die «arabischen» Sklavenhändler und «in drei Jahren der Aufopferung, Beharrlichkeit und Standfestigkeit vollbrachten sie das große humanitäre Werk des Jahrhunderts und brachten den dezimierten und ausgebeuteten Völkern dieses Teils von Afrika die Freiheit».[9] Zu den Kritikern, deren Namen nicht genannt wurden, hieß es lediglich: «Die im Laufe einer Verleumdungskampagne von missgünstigen Ausländern geäußerte Kritik … erwies sich als gegenstandslos.»[10]

Dieses staatlich verordnete Vergessen reichte natürlich nicht bis in die Dörfer, in denen die Erinnerung an den Terror der Kautschukeintreibung mündlich weitergegeben wird. Aber selbst dieses kollektive Gedächtnis ist heutzutage spärlicher, als man erwarten sollte. Einige wenige engagierte Anthropologen[11] haben mitgeholfen, solche Erinnerungen ausfindig zu machen und zu sammeln – vielfach nichts anderes als die bruchstückhafte, örtlich begrenzte Geschichte von einem besonders grausamen Menschen aus jener Zeit, die nur noch *la guerre du Blanc* [der Krieg des Weißen Mannes] oder in der Sprache der Mongos *lokeli*, «das Übermächtige», genannt wird.[12] Hin und wieder lässt sich, wenn man die Aussagen von Zeugen wie Casement oder den Missionaren hinzunimmt, ein Bösewicht aus mündlichen Erzählungen als Bezirkskommissar oder Agent einer Kautschukgesellschaft oder als ein mit den Eroberern kollaborierender Häuptling identifizieren. Und manchmal hat sich die Schreckenszeit der Sprache selbst eingeprägt. Im Mongo-Dialekt ist «jemanden zur Kautschukernte schicken» eine idiomatische Wendung für «jemanden tyrannisieren».[13]

Dass im ländlichen Afrika so vergleichsweise wenig kollektive Erinnerung an die Kautschukzeit fortlebt, liegt einfach daran, dass in der mündlichen Überlieferung für gewöhnlich eher Könige, Dynastien und militärische Siege aufbewahrt werden. Und die Dynastien, die überlebt haben, konnten dies fast nur durch Kollaboration mit den Kolonialherren. So stellt Jan Vansina in seiner Geschichte der Kuba fest: «In der dynastischen Überlieferung tauchte keine Spur der damaligen Ereignisse [der Kautschuksklaverei zu Leopolds Zeiten] auf. Die Herrscher, die von dem System profitiert hatten, waren nicht bereit, dies zum Gegenstand offizieller Erinnerung zu machen.»[14] Überdies hat in den Städten, in denen heute viele Kongolesen leben, die rapide Urbanisierung drastische Umwälzungen mit sich gebracht. Wo etwa vor mehr als 100 Jahren das kleine Dorf Kinshasa lag, steht heute eine wild wuchernde, unübersichtliche Metropole mit ungefähr fünf Millionen Einwohnern, von denen viele – auf der verzweifelten Suche nach Arbeit – erst in jüngster Zeit aus ländlichen Gegenden gekommen sind. Solche Veränderungen haben die Bindungen, dank derer das kollektive Wissen von einer Generation zur nächsten weitergegeben wird, bis zum Zerreißen gedehnt und gelockert. Die traditionellen Kulturen sind zurückgedrängt worden, und mit ihnen verschwindet die Erinnerung an eben jene Kräfte, die ihnen den ersten Schlag versetzt haben.

Jahrzehnte nach Leopolds Tod entstand im Kongo eine seltsame Legende.[15] Der König, so glaubte man, sei gar nicht gestorben, sondern lebe in seiner früheren Kolonie. Und zwar als der belgische Priester Jean de Hemptinne, der politisch mächtige und dogmatische katholische Erzbischof von Elisabethville. (Befördert wurde diese Legendenbildung zweifellos durch den weißen Bart und die Gestalt des Geistlichen, die beide Leopold'sche Ausmaße hatten.) Der Bischof, so hieß es, sei entweder die Reinkarnation Leopolds oder vielleicht sein unehelicher Sohn und stehe in entscheidenden Momenten als Schemen hinter den Kulissen, von wo aus er mal der Polizei befehle, auf streikende Arbeiter zu schießen, mal einen Richter anweise, gegenüber einem inhaftierten Angeklagten unerbittlich zu bleiben.

Freilich, Leopold bedurfte keiner Reinkarnation, um seine

Spuren zu hinterlassen. Schwer lastet die Geschichte auf Afrika: die langen Jahrzehnte des Kolonialismus, mehrere Jahrhunderte atlantischen und arabischen Sklavenhandels und – was allzu oft übersehen wird – zahllose frühere Jahrhunderte der einheimischen Sklaverei. Das Hauptvermächtnis, das die Kolonialzeit Afrika hinterlassen hat, war nicht die Demokratie, wie sie heute in Ländern wie England, Frankreich und Belgien praktizert wird; es waren autoritäre Herrschaft und Ausplünderung. Auf dem ganzen Kontinent hat es vielleicht kein Land so schwer gehabt, aus dem Schatten der Vergangenheit herauszutreten, wie gerade der Kongo.

Als dieser schließlich die Unabhängigkeit erlangte, erging es ihm gar nicht gut. Wie viele andere Kolonialmächte in Afrika wurde auch Belgien völlig überrascht von der Forderung nach Selbständigkeit, die sich in den fünfziger Jahren über den ganzen Kontinent verbreitete und in Leopoldville 1959 zu großen, von der *Force Publique* blutig unterdrückten Massendemonstrationen führte. Bis dahin hatten Leopolds Erben noch angenommen, die Unabhängigkeit werde wohl irgendwann fällig sein, aber erst in einigen Jahrzehnten. Für dieses weit entfernte Datum wurden einige Afrikaner ausgebildet; aber als der Druck sich verstärkte und das Land 1960 unabhängig wurde, gab es auf dem gesamten Territorium weniger als 30 Afrikaner mit Hochschulabschluss. Weder kongolesische Offiziere noch Ingenieure, Agronomen oder Ärzte standen bereit. Auch sonstige Schritte zur Förderung eines vom eigenen Volk regierten Kongo hatte die Kolonialregierung kaum unternommen: So waren von etwa 5000 leitenden Angestellten im öffentlichen Dienst nur ganze drei Afrikaner.[16]

König Baudouin kam nach Leopoldville, um den Kongo hochoffiziell und mit leutseliger Geste in die Freiheit zu entlassen. «Jetzt liegt es bei Ihnen, meine Herren», sagte er, «sich unseres Vertrauens würdig zu erweisen.»[17] Eine wütende Stegreifrede, mit der Patrice Lumumba ihm antwortete, ließ die Weltöffentlichkeit aufhorchen. Kaum einen Monat zuvor war Lumumba zum Premierminister einer Koalitionsregierung gewählt worden.

Es war die erste landesweite demokratische Wahl, die der Kongo je erlebt hatte. Dem Gehalt, wenn auch nicht der Form nach blieb es mehr als 35 Jahre lang die letzte. Lumumba war der Ansicht, die politische Unabhängigkeit allein reiche nicht aus, um Afrika von seiner kolonialen Vergangenheit zu befreien; der Kontinent dürfe auch keine wirtschaftliche Kolonie Europas mehr sein. Seine Reden lösten sofort Alarmsignale in den westlichen Hauptstädten ans. Belgische, britische und amerikanische Unternehmen hatten mittlerweile riesige Summen im Kongo investiert, denn er war reich an Kupfer, Kobalt, Diamanten, Gold, Zinn, Mangan und Zink. Der begnadete Redner Lumumba, dessen Stimme sehr schnell auch jenseits der Landesgrenzen gehört wurde, war eine allzu unzuverlässige und charismatische Figur. Seine Botschaft, so fürchteten die westlichen Regierungen, könnte ansteckend sein. Außerdem war er nicht käuflich. Da er im Westen auf keine Gegenliebe stieß, bat er die Sowjetunion um Hilfe. Als ein vom amerikanischen und europäischen Kapital Geächteter fand er sich bald unter den politischen Führern wieder, deren Tage gezählt waren. Weniger als zwei Monate nach seiner Ernennung zum ersten demokratisch gewählten Premierminister des Kongo gab ein mit verdeckten Operationen befasster Unterausschuss des amerikanischen Sicherheitsrats, in dem auch CIA-Chef Allen Dulles saß, grünes Licht für seine Ermordung.[18] Richard Bissell, der damalige Operationsleiter der CIA, sagte später aus: «Der Präsident [Dwight D. Eisenhower] hätte es sehr viel lieber gesehen, wenn man ihn anders hätte behandeln können, ohne ihn umzubringen; aber er betrachtete Lumumba genau wie ich und wie viele andere: als armen Irren … und er wollte, dass das Problem in Angriff genommen wird.»[19]

Man zog damals mehrere Alternativen zur Lösung «des Problems» in Betracht, darunter Gift (ein Vorrat wurde an den CIA-Chef in Leopoldville geschickt), ein Hochleistungsgewehr und bezahlte Killer. Es erwies sich jedoch als schwierig, so nahe an Lumumba heranzukommen, dass man einen dieser Wege einschlagen konnte; stattdessen unterstützte die CIA Lumumbafeindliche Kräfte innerhalb der Regierungsfraktionen, im Vertrauen darauf, dass sie über kurz oder lang die Sache erledigen würden. Das taten sie denn auch. Der Premierminister wurde verhaftet und mehrfach misshandelt, dann im Januar 1961 in Elisabethville heimlich erschossen. Ein CIA-Agent musste schließlich mit Lumumbas Leiche im Kofferraum in der Stadt herumfahren, um sie irgendwo loszuwerden.[20] Ob Lumumba, hätte er weitergelebt, seinen Worten treu geblieben wäre und die Hoffnungen, die so viele Menschen in Afrika und anderswo auf ihn richteten, erfüllt hätte, entzieht sich unserer Kenntnis. Aber die Vereinigten Staaten sorgten dafür, dass er nie eine Chance bekam. Wie Millionen von Kongolesen vor ihm endete er verscharrt in einem anonymen Grab.

Die Schlüsselfigur unter jenen, die Lumumbas Ermordung durchführten, war ein junger Mann namens Joseph Désiré Mobutu, damals Stabschef in der Armee und Exunteroffizier der alten kolonialen *Force Publique*. Schon früh hatten die Westmächte Mobutu als den Mann ausgemacht, der ihre Interessen mitvertreten würde. Während Lumumbas Ermordung geplant wurde, erhielt er Gelder vom dortigen CIA-Mann und von westlichen Militärattachés.[21] Stets trug er eine dunkle Brille, eine Generalsuniform mit Goldbesatz und einen Säbel; 1963 wurde er von Präsident Kennedy im Weißen Haus empfangen. Kennedy schenkte ihm ein Privatflugzeug – samt einer Besatzung der amerikanischen Luftwaffe. Mit Unterstützung der USA putschte sich Mobutu 1965 zum Diktator seines Landes empor. Und das blieb er mehr als 30 Jahre lang.

Mit weiterer amerikanischer Militärhilfe konnte Mobutu mehrere Umsturzversuche niederschlagen.[22] Manche seiner politischen Gegner ließ er foltern und ermorden; andere holte er in seine Regierung; wieder andere trieb er ins Exil. In den drei Jahrzehnten seiner Herrschaft gewährten die Vereinigten Staaten ihm wohl mehr als eine Milliarde Dollar an ziviler und militärischer Hilfe; europäische Länder – allen voran Frankreich – gaben noch mehr. Zum Dank für diese Investitionen bekamen die USA und ihre Verbündeten ein Regime, das sich als zuverlässiger Feind des Kommunismus und als sichere Basis für CIA- und französische Militäroperationen bewährte; seinem Land aber brachte Mobutu kaum etwas außer 1971 einen Namenswechsel zu Zaire.

In den staatseigenen Medien wurde Mobutu wahlweise als Führer, Vater der Nation, Großer Steuermann und Messias bezeichnet. Mit Zustimmung der Amerikaner und Europäer floss der Reichtum des Landes hauptsächlich in die Taschen des «Messias» und der ausländischen Minengesellschaften. Mobutus Loyalität gegenüber seinen westlichen Helfern machte ihn zum gern gesehenen Besucher in Washington, wo er klugerweise seine Militäruniform ablegte; stattdessen trug er einen zivilen Anzug, einen geschnitzten Elfenbeinstock und als Markenzeichen eine afrikanisch aussehende, in Wirklichkeit aber von einem feinen Pariser Hutmacher angefertigte Leopardenmütze. Ronald Reagan empfing ihn mehrfach im Weißen Haus und lobte ihn als «eine Stimme der Vernunft und des guten Willens».[23] George Bush begrüßte ihn als «einen unserer geschätztesten Freunde». Und fügte hinzu: «Es war mir eine Ehre, Präsident Mobutu als erstes afrikanisches Staatsoberhaupt in meiner Amtszeit zum offiziellen Besuch in die Vereinigten Staaten einzuladen.»[24]

Mobutu und seine Umgebung bedienten sich so hemmungslos aus der Staatskasse, dass die kongolesische Regierung gar nicht mehr arbeiten konnte. Als er 1993 kein Geld mehr hatte, um die Armee und andere Staatsbedienstete zu bezahlen, ließ er einfach eine neue Währung drucken. Als die Einzelhändler sie nicht akzeptieren wollten, fingen die Soldaten an zu randalieren und plünderten Geschäfte, Regierungsgebäude und Privatwohnungen. Hunderte von Menschen kamen ums Leben. Jahrelang stapelte sich der Abfall, weil er zu selten abgeholt wurde. Einige ausländische Fluglinien landeten zwar weiter in Zaire, aber die Crew blieb nachts in der Maschine; die Versicherung drohte sonst nicht zu zahlen. Die staatlichen Gelder für Schulen und Krankenhäuser schrumpften zu fast nichts zusammen. Die US-

Botschaft in der Hauptstadt riet ihren Mitarbeitern, an Kontrollstellen der Polizei weder die Autotüren zu öffnen noch die Fenster herunterzulassen, sie sollten ihre Papiere nur durch die geschlossene Scheibe zeigen, sonst riskierten sie, dass ihnen die Brieftasche gestohlen würde.

Als Mobutu 1997 gestürzt wurde, hatten die 32 Jahre, die er an der Macht war, ihn zu einem der reichsten Männer der Welt gemacht; sein persönliches Vermögen wurde auf bis zu vier Milliarden Dollar geschätzt.[25] Einen Großteil seiner Zeit verbrachte er auf seiner Yacht, die bei Kinshasa, dem früheren Leopoldville, auf dem Fluss lag. Einen der großen Seen nannte er Mobutu-Sese-Seko-See. In Frankreich, Belgien, Portugal, Spanien, der Schweiz und anderswo kaufte er prächtige Villen. Er machte keinen Unterschied zwischen Staatsvermögen und seinem eigenen; so schickte er in einem einzigen Jahr ein staatseigenes Flugzeug 32-mal nach Venezuela, um 5000 Langhaarschafe auf seine Ranch in Gbadolite zu bringen;[26] als 1987 seine Yacht renoviert wurde, nahm er sich einfach das bequemste der wenigen Passagierschiffe, die noch auf den Flüssen verkehrten. Und er forderte – und erhielt – ein Aktienpaket in fast jeder großen Gesellschaft, die im Land arbeitete.

Es wäre zu einfach, dem europäischen Kolonialismus alle heutigen Probleme Afrikas anzulasten; die Geschichte ist weit komplizierter. Und doch sollte man noch einen Blick auf Mobutu werfen. Abgesehen von seiner Hautfarbe gab es weniges, worin er dem Monarchen, der dasselbe Land 100 Jahre zuvor beherrschte, nicht ähnelte. Das Ein-Mann-Regime. Der große Reichtum, den er seinem Land gestohlen hat. Die Benennung eines Sees nach ihm selbst. Die Yacht. Die Selbstbedienung aus der Staatskasse. Die riesigen Anteile an Privatunternehmen, die auf seinem Territorium Geschäfte machten. Leopold brauchte dank eines privat kontrollierten Staates seine Kautschukprofite mit niemandem zu teilen; Mobutu kaufte sich seine eigenen Goldminen – und eine Kautschukplantage. Mobutus Angewohnheit, einfach Geld zu drucken, wenn er es brauchte, erinnert an nichts so sehr wie an Leopolds neu gedruckte Kongo-Obligationen.

«Die Besiegten», so schrieb der Philosoph Ibn Khaldun im 14. Jahrhundert, «möchten stets den Sieger in seinen hervorstechenden Merkmalen imitieren, in seiner Kleidung, seinem Beruf und in allen seinen anderen Lebensbedingungen und Bräuchen.»[27] Mobutus luxuriöse Villa del Mare in Roquebrune-Cap-Martin an der französischen Riviera, ein säulengeschmücktes Schloss aus weißem und rosa Marmor mit allen Schikanen – wie Hallen- und Freibad, Badezimmer in Gold und Hubschrauberlandeplatz –, lag nicht einmal 20 Kilometer von Leopolds ehemaligen Besitzungen am Cap Ferrat entfernt. Vom einen Kap aus kann man das andere sehen.

Welches Gedenkwort können wir jener Bewegung schreiben, die vor 100 Jahren so heftig um Gerechtigkeit für den Kongo gerungen hat?

Die damalige Reformbewegung hat zwei Dinge geleistet, die ihre Zeit weit überdauert haben. Erstens hat sie, dank der Bemühungen E. D. Morels, Roger Casements und gleichermaßen mutiger, aber weniger bekannter Männer wie George Washington Williams, William Sheppard und Hezekiah Andrew Shanu, eine beeindruckende Menge an Informationen aktenkundig gemacht. Und in den Akten finden sie sich auch heute noch, trotz der angestrengten Versuche von Leopold und seinen damaligen und heutigen Bewunderern, sie zu verbrennen, zu ignorieren, durch Mythisierung zu entstellen. Was zählt, sind diese historischen Belege der Wahrheit, und sie sind umso wichtiger für einen Kontinent, von dessen Geschichte sonst so viel totgeschwiegen wird.

Die andere große Leistung der Bewegung ist diese: Mit ihren Unterstützern hat sie eine Tradition am Leben gehalten, eine bestimmte Weltsicht, eine Fähigkeit, sich zu empören, wenn anderen Menschen Schmerz zugefügt wird, unabhängig davon, ob diese eine andere Hautfarbe haben oder in einem anderen Land, einem anderen Winkel der Welt leben. Bei ihren Ansprachen auf Hunderten von Massenveranstaltungen in England und den Vereinigten Staaten zeigten die Reformer immer Lichtbilder: Fotos von Erwachsenen und Kindern mit abgeschlagenen Händen, von Zwangsarbeitern beim Lastentragen, von einem verwüsteten Dorf

LICHTBILDERVORTRAG ÜBER DIE GRAUSAMKEITEN IM KONGO steht auf einem Veranstaltungsplakat. «60 hervorragende Lichtbilder, aufgenommen von Mrs. Harris beim jüngsten Aufenthalt in Baringa, Kongo-Freistaat. Erläuternder Vortrag, überarbeitet von Rev. J. H. Harris & Mr. E. D. Morel». Diese Lichtbilder waren schwarzweiß, annähernd acht Zentimeter im Quadrat, angefertigt für «Laterna magica»-Projektoren. Wer sich heute auf die Suche nach diesen Bildern macht, kann sie finden. Sie ruhen in zwei staubigen Holzkästen auf einem Regalbrett im Erdgeschoss eines kleinen, für eine geringe Summe gemieteten Gebäudes im Londoner Süden. Das Gebäude ist das Büro von *Anti-Slavery International*, Nachfolgeorganisation der *Gesellschaft gegen die Sklaverei*, deren eigene Ahnenreihe über die *Gesellschaft gegen die Sklaverei und zum Schutz der Aborigines* bis zur *Britischen und Internationalen Gesellschaft gegen die Sklaverei* zurückreicht. Dieser Organisation haben John und Alice Harris nach der Zusammenarbeit mit Morel jahrelang vorgestanden. Sie besteht ohne Unterbrechung seit 1839 und ist damit weltweit die älteste Menschenrechtsorganisation. In dem Raum mit den Lichtbilderkästen wimmelt es heute von jungen Männern und Frauen in den Zwanzigern, die eilig kommen und gehen und Plakate, Videokassetten und Stapel von Flugschriften auf dem Arm tragen: über Kinderarbeit in Bangladesh, Nepal und Malaysia, über Frauen als Haushaltssklaven im Nahen Osten, über Schuldknechtschaft in Brasilien und Kinderprostitution in Thailand, über Genitalverstümmelung bei Frauen in Afrika und die Ausbeutung der Immigrantinnen als Haushaltshilfen in England.

Die Tradition, die in diesem Londoner Büro weiterlebt, ist

in den letzten 200 Jahren groß – und größer – geworden. Heute sprechen wir nicht mehr von humanitären Zielen (mit den damit verbundenen gönnerhaften Nebentönen), sondern von Menschenrechten. Die Grundfreiheiten des Lebens werden nicht als Geschenk betrachtet, das von gütigen Wohltätern huldvoll vergeben wird, sondern – wie Casement es bei seinem Prozess formuliert hat – als Rechte, auf die alle Menschen von Geburt an Anspruch haben. In diesem Geist arbeiten mehrere Organisationen: zum Beispiel *Amnesty International* mit seiner Überzeugung, dass es ein Verbrechen ist, jemanden wegen seiner Meinung ins Gefängnis zu werfen, gleichgültig ob das in China, der Türkei oder Argentinien geschieht, oder auch *Ärzte ohne Grenzen* mit ihrer Überzeugung, dass ein krankes Kind Anspruch auf medizinische Versorgung hat, gleichgültig ob in Ruanda, Honduras oder in der South Bronx.

Die Reformbewegung für den Kongo hat in ihren besten Momenten nicht bloß diese Überzeugungen mitgeprägt und -gefestigt; sie ist über sie hinausgegangen. Menschenrechtsgruppen haben heute im Allgemeinen mit den Folgen zu tun – mit einem Menschen im Gefängnis, einer Frau in Sklaverei, einem Kind ohne Medizin. Morel hat auch von den Ursachen gesprochen: in erster Linie vom damaligen Raub afrikanischen Landes und afrikanischer Arbeitskraft, der das ganze Ausbeutungssystem von Leopold erst möglich machte. Eben dieser Radikalismus im besten und tiefsten Wortsinn stand hinter dem leidenschaftlichen Engagement der führenden Kongo-Reformer, und er brachte Morel und Casement nach ihrem Kampf für Gerechtigkeit im Kongo schließlich ins Londoner Pentonville-Gefängnis.

Die große Tradition, der sie zugehören, geht zurück auf die Französische Revolution und darüber hinaus; sie lebt vom Beispiel jener Männer und Frauen, die gegen übermächtige Gegner für ihre Freiheit kämpften: angefangen bei den Sklavenaufständen in Nord- und Südamerika bis zu dem (ein halbes Jahrhundert andauernden) Widerstand in Südafrika, der Nelson Mandela an die Macht brachte. Mit ihrem zehnjährigen Auftritt auf der

Weltbühne ist die Kongo-Reformbewegung ein lebendiges Glied in dieser Kette, und eine ehrenvollere Tradition gibt es nicht. Zur Zeit der Kongo-Kontroverse vor 100 Jahren war die Idee uneingeschränkter – politischer, sozialer und ökonomischer – Menschenrechte für die herrschende Ordnung der meisten Länder der Erde zutiefst bedrohlich. Sie ist es noch heute.

Dank

Mein Dank gilt zunächst den Mitarbeitern folgender Institutionen: *Royal Geographical Society* und *Anti-Slavery International,* beide in London, *Musée Royal de l'Afrique Centrale* in Tervuren (Belgien), *Musée Royal de l'Armée et d'Histoire Militaire* in Brüssel, *Svenska Missionsförbundet* in Stockholm, *American Baptist Historical Society* in Rochester/NY, *Sanford Museum* in Sanford/FL sowie *Department of History* der *Presbyterian Church* (USA) in Montreat/NC; alle haben mir freundlich geantwortet, wenn ich um Informationen, Fotos oder andere Unterlagen bat. Dank auch an Enid Schildkrout am *American Museum of Natural History* in New York, an die Archivare der *Hampton University* (Hampton/VA), die mir die *Sheppard Papers* zugänglich machten, an Ebba Segerberg für Übersetzungen aus dem Schwedischen und an David Raymond und Fritz Stern für nützliche bibliographische Hinweise.

Bei der Niederschrift des Buches habe ich begriffen, welch entscheidende Rolle die Bibliotheken spielen, die historische Quellen aufbewahren, obwohl mächtige Interessengruppen diese am liebsten vergessen machen möchten oder niemand sie mehr beachtet. Mit Dankbarkeit habe ich ein Buch ausgeliehen, für das ich, wie ich darin sah, seit 1937 der erste Entleiher war. Zweimal bestellte ich ein vor Jahrzehnten erschienenes Buch, dessen Seiten noch nicht aufgeschnitten waren. Sehr verbunden bin ich ferner den vielen hilfsbereiten Mitarbeitern der Institutionen, an denen ich arbeiten konnte: der drei Universitätsbibliotheken der *Northwestern University,* der *Yale University* und des *Bates College;* der *New York Public Library;* der Bibliothek des *Union Theological Seminary* in New York; der *Hoover-* und der *Green-Bibliothek* an der Stanford University; und vor allem den Bibliotheken der *Universität Kalifornien* in Berkeley (Doe-, Moffitt- und Bancroft-Bibliothek), wo ich die meiste Arbeit erledigt habe. Die dortigen zahllosen Quellentexte von vor einem Jahrhundert sind ein beredtes Zeugnis dafür, wie viel Material es noch gab, bevor kleinliche Politiker und Steuersenkungs-Fanatiker die Haushalte der öffentlichen und staatsuniversitären Bibliotheken in Amerika radikal zusammengestrichen haben.

Meine Frau Arlie, die selbst mit dem Abschluss eines wichtigen Buches beschäftigt war, hat dieses Projekt in jeder Phase mit mir durchgesprochen, durchlitten und durchlebt. Als das Manuskript so weit fertig war, dass sie es mit kompetentem Blick lesen konnte, kannte sie die Figuren der Kongo-Geschichte fast so gut, als wären es Freunde von uns. Außerdem hatte ich das Glück, *wirkliche* Freunde zu besitzen, die das Manuskript gleichfalls lasen und – oft aufgrund ihrer Erfahrung als Autoren, Journalisten oder Historiker – nützliche Anmerkungen dazu machten. Es sind Ayi Kwei Armah, Harriet Barlow, Mary Felstiner, Laurie Flynn, David Hochschild, Patricia Labalme, Paul Solman, Allen Wheelis, Francis Wilson sowie Blaikie, Monty und Robert F. Worth. Für kritische Lektüre und sonstige Unterstützung danke ich ferner meinen Agenten Denise Shannon und Georges Borchardt sowie meinem früheren Lektor Dawn Seferian beim Verlag Houghton Mifflin.

Unermesslichen Gewinn hat dieses Buch auf fast jeder Seite aus der intensiven redaktionellen Beratung durch Tom Englehardt gezogen. Unter amerikanischen Autoren, die auf handwerkliches Können achten, ist Toms Name ein wohl gehütetes Geheimnis. Es gibt heute wenige Menschen, denen das kritische Lesen, Ordnen und Ausfeilen eines Satzes, eines Passus, eines ganzen Buches in solchem Maße als höchste Kunst gilt. Gäbe es Oscars fürs Lektorieren, Tom hätte schon längst einen bekommen.

Als Neuling auf dem Gebiet des hier behandelten tragischen Stücks Geschichte ließ ich mir bei meinen Nachforschungen von

Leuten helfen, die weit mehr darüber wissen als ich. Daniel Vangroenweghe las das Manuskript und stellte mir einige Dokumente aus der eigenen Arbeit zur Verfügung. Besonders verpflichtet bin ich den zwei größten Kennern dieser Epoche: dem Anthropologen Jan Vansina und dem Historiker Jules Marchal. Beide antworteten bereitwillig auf zahlreiche Anrufe und Briefe mit der Bitte um Informationen, und beide lasen das Manuskript mit peinlicher Aufmerksamkeit – Marchal sogar zwei Fassungen hintereinander – und bewahrten mich vor zahllosen Irrtümern. Sie sind nicht verantwortlich für die Fehler, die sich in die Endfassung eingeschlichen haben mögen, auch nicht für die wenigen Punkte, an denen meine Interpretation vielleicht von der ihren abweicht. Ich kann ihnen nicht genug danken.

Anmerkungen

Einleitung

1 Zu Morel in Antwerpen siehe Morel 1968, Kapitel 4 und 5.
2 Zum Beispiel im Jahre 1907; vgl. *Official Organ* ... April 1908, S. 24.
3 23. Dezember 1908; Morel 1968, S. 208.
4 Morel 1968, S. xiv.
5 «Geography and Some Explorers», *Last Essays*, hrsg. von Richard Curle (Dent & Sons, London 1926), S. 17, auszugsweise in Conrad 1988, S. 187.

Prolog:

«Die Händler schnappen und entführen Leute aus unserem Volk»

1 Zu frühen europäischen Karten und Bildern von Afrika siehe Klemp.
2 Forbath, S. 41.
3 Ebd., S. 73.
4 Ebd.
5 Vgl. Balandier, S. 30 ff.
6 Vgl. Vansina 1966, S. 41–45.
7 Siehe Balandier; Cuvelier; Hilton, Kapitel 1–3; Vansina 1966, Kapitel 2.
8 *Relations sur le Congo du père Laurent de Lucques (1700–1717)*, hrsg. von Jean Cuvelier (Institut Royal Colonial Belge, Brüssel 1953), S. 338, zit. nach Balandier, S. 81.
9 Vansina 1966, S. 149.
10 Miller, S. xiii. Diese Liste von Sklaven stammt aus dem Jahr 1736.
11 Zum Thema «Atlantischer Sklavenhandel und Kongoreich» ist Miller die beste Quelle, auch wenn sein Schwerpunkt auf einem späteren Zeitraum liegt.
12 Zit. nach Davidson 1955, S. 138.
13 Rui de Aguiar an König Manuel I., 25. Mai 1516, zit. nach Affonso, S. 117.

14 Vansina 1966, S. 45–58.

15 Albert S. Gérard, *African Language Literature: An Introduction to the Literary History of Sub-Saharan Africa* (Longman, Harlow/Essex 1981), S. 287.

16 Affonso I. an João III., 6. Juli 1526; Affonso, S. 156.

17 Affonso I. an João III., 18. Oktober 1526; ebd., S. 167.

18 Affonso I. an João III., 25. August 1526; ebd., S. 159.

19 Affonso I. an João III., 6. Juli 1526; ebd., S. 155 f.

20 João III. an Affonso I., 1529 (o. D.); ebd., S. 175.

21 Affonso I. an Manuel I., 31. Mai 1515; ebd., S. 103.

22 Affonso I. an João III., 25. März 1539; ebd., S. 210.

23 Siehe zum Beispiel Harms 1981, S. 210.

24 Haveaux, S. 47.

25 Vgl. Miller, S. 4 f.

26 Weeks, S. 294 f.

27 Anweisungen an Mr. Tudor, 7. Februar 1816; zit. nach Anstey 1962, S. 5.

28 Forbath, S. 177.

29 *Narrative of the Expedition to Explore the River Zaire, usually called the Congo …* (London 1818), S. 342, zit. nach Anstey 1962, S. 9.

Teil I

Der Weg ins Verderben

zu Kapitel 1: «Ich werde die Jagd nicht aufgeben»

1 Die besten Quellen zum Leben Stanleys bieten die sorgfältigen, gründlichen Biographien von Bierman und McLynn 1989 und 1991. Hall war ein bahnbrechender biographischer Entlarver, bietet aber keine spezifischen Quellen. Stanley 1911, seine Autobiographie, die einzige Quelle für den größten Teil seiner Jugend, beseitigt und beschönigt sehr viel, was aber häufig aufschlussreich ist.

2 Stanley 1911, Bd. I, S. 10.

3 Ebd., S. 14.

4 Bierman, S. 8.

5 Stanley 1911, Bd. I, S. 43 f.

6 Ebd., S. 108.

7 Ebd., S. 147.

8 *Daily States,* New Orleans, 16. April 1891; zit. nach Bierman, S. 29.

9 Stanley 1911, Bd. I, S. 49 f.

10 Ebd., S. 189.

11 Ebd., S. 207.

12 Ebd., S. 199.

13 Skizze für Stanleys unvollendete Autobiographie; zit. nach McLynn 1989, S. 37 f.

14 Stanley 1911, Bd. I, S. 180–87.

15 Bierman, S. 48.

16 Zeitungsdepesche vom 25. Mai 1867; zit. nach Bierman, S. 47.

17 Dr. Hastings Banda von Malawi zugeschrieben; zit. nach McLynn 1992, S. ix.

18 West, S. 22 f.

19 Honour, S. 264.

20 Die europäischen Zivilisationsapostel wussten allerdings nicht und auch Stanley und die meisten anderen weißen Forschungsreisenden nahmen keine Notiz davon, dass die erste historisch überlieferte Durchquerung des Kontinents ein halbes Jahrhundert zuvor zwei mulattischen Sklavenhändlern, Pedro Baptista und Anastasio José, gelungen war. Die beiden waren auch die Ersten, die es hin und zurück schafften.

21 Stanley 1872, S. xvi–xvii; zit. aus der 1986 von H. Pleticha herausgegebenen gekürzten deutschen Ausgabe, *Wie ich Livingstone fand,* 3. Aufl., Stuttgart 1995, S. 19 f.

22 George Martelli, *Leopold to Lumumba: A History of the Belgian Congo 1877–1960* (London: Chapman & Hall, 1962), S. 10.

23 *Stanley's Despatches to the New York Herald 1871–72, 1874–77,* hrsg. von Norman R. Bennett (Boston: Boston University Press, 1970), S. 23; zit. nach Bierman, S. 101.

24 Stanley 1872, S. 6.

25 Slade 1962, S. 23.

26 Bierman, S. 97.

27 Stanley 1872, S. 318.

28 *Stanley's Despatches to the New York Herald,* S. 76; zit. nach Bierman, S. 101.

29 Stanley 1872, S. 112 f.

30 McLynn 1989, S. 204.

31 Hall, S. 99.

1 Emerson schrieb die maßgebende wissenschaftliche Biographie über Leopold II. Ascherson erfasst die Persönlichkeit des Mannes besser, bietet aber nur einen spärlichen wissenschaftlichen Apparat.
2 Königin Marie-Louise an Leopold, 28. Juni 1849; nachgedruckt in Freddy, S. 27.
3 Emerson, S. 23.
4 Aronson, S. 35.
5 Madame de Metternich; zitiert in Ascherson, S. 34.
6 Joanna Richardson, *My Dearest Uncle. Leopold I. of the Belgians* (Jonathan Cape, London 1961), S. 188; zit. nach Ascherson, S. 34.
7 Leopold an Albert, 19. November 1857; zit. nach Emerson, S. 56.
8 Emerson, S. 19.
9 Leopold an Brialmont; zit. nach Ascherson, S. 46.
10 L. Le Febvre de Vivy, *Documents d'histoire précoloniale belge* (Académie Royale des Sciences Coloniales, Brüssel 1955), S. 20; zit. nach Stengers 1989, S. 19. Zu Money siehe auch Stengers 1957, S. 145 Anm., und Marchal 1996, S. 40 f.
11 Leopold an Lambermont, 11. Juni 1861, zit. nach Roeykens, S. 413 f. Anm.
12 Leopold an Brialmont, 16. Mai 1861, zit. nach Stengers 1989, S. 21.
13 L. Le Febvre de Vivy, *Documents d'histoire précoloniale belge*, S. 23; zit. nach Ascherson, S. 58.
14 Daye, S. 438 f.
15 Marschall Canrobert; zit. nach Daye, S. 92.
16 Aronson, S. 34 f.
17 Louise, S. 34.
18 Ebd., S. 29.
19 Vgl. Goedleven, S. 69–75.
20 Stinglhamber und Dresse, S. 256.
21 Hyde, S. 291.
22 Hyde, S. 226. Siehe auch O'Connor, S. 271–73.
23 Leopold an Lambermont, 22. August 1875; zit. nach Roeykens, S. 95 f.
24 Roeykens, S. 73.
25 Vandewoude, S. 434.
26 Rawlinson an Lady Rawlinson, 11. September 1876; zit. nach Pakenham, S. 21.
27 Nachgedruckt in P. A. Roeykens, *Léopold II. et la Conférence géographique de*

Bruxelles (1876) (Académie Royale des Sciences Coloniales, Brüssel 1956), S. 197–99. Die Konferenz findet sich in Bederman kurz abgehandelt.

28 Pakenham, S. 47.

zu Kapitel 3: Der grandiose Kuchen

1 Und an viel Schlimmeres; siehe Marchal 1996, *L' Etat Libre*, Bd. 1, S. 28–32.
2 Stanley 1878, Bd. II, S. 496 f.
3 Stanley 1911, Bd. II, S. 169.
4 Stanley 1961, S. 199.
5 Stanley 1961, S. 125.
6 Bierman, S. 182.
7 McLynn 1991, S. 11.
8 *New York Herald*, 17. September 1877; zit. nach McLynn 1991, S. 11.
9 McLynn 1989, S. 257.
10 Stanley 1961, S. 87.
11 Ebd., S. 195.
12 Stanley an Alice Pike, 25. Dezember 1874; zit. nach Bierman, S. 163.
13 Alice Pike an Stanley, 13. Oktober 1874; zit. nach McLynn 1989, S. 248.
14 Stanley 1878, Bd. II, S. 209–215.
15 Ebd., Bd. I, S. 266.
16 Ebd., S. 124.
17 Stanley 1961, S. 130.
18 Ward, S. 110.
19 Vgl. Hulstaert, S. 52.
20 *Daily Telegraph*, 12. November 1877; zit. nach Stanley 1885, Bd. I, S. xvi.
21 Stanley 1878, Bd. II, S. 372 f.
22 Stanley an Alice Pike, 14. August 1876; zit, nach Bierman, S. 189.
23 Stanley 1878, Bd. II, S. 83.
24 Ebd., S. 139.
25 Stanley 1961, S. 40.
26 Leopold an Greindl, 30. Mai 1877, zit. nach Roeykens, S. 235.
27 Leopold an Solvyns, 17. November 1877; zum Teil zit. nach Pakenham, S. 65, und zum Teil in Ascherson, S. 104.
28 Sanford, Florida, brachte es ein Dreivierteljahrhundert später zu einem kurzen Augenblick der Berühmtheit, als sich der Polizeichef der Stadt auf eine Verordnung berief, die gemischtrassigen Sport auf städtischem Gelände un-

tersagte, und mitten aus einem Schaukampf im Rahmen des Frühjahrstrainings Jackie Robinson vom Platz entfernen ließ.

29 Zu Sanfords geschäftlichen Schwierigkeiten siehe Fry 1982, bes. S. 78–89.

30 Greindl an Sanford, 28. November 1877; zit. ebd., S. 133.

31 Hall, S. 245.

zu Kapitel 4: «Durch die Verträge müssen wir unbeschränkte Verfügungsgewalt erlangen»

1 Marchal 1996, *L'Etat Libre*, Bd. 1, S. 49.

2 Stanley 1911, Bd. II, S. 207.

3 Marchal, S. 49.

4 «The Whitehall Review and the King of the Belgians», in: *The Whitehall Review*, 2. August 1879, S. 269. Zit. nach Stengers 3, S. 122.

5 Leopold an Strauch, 8. Januar 1884; zit. nach Stanley 1955, S. 20 f.

6 Anstey 1962, S. 75.

7 Rede vom 6. März 1879; abgedruckt in Bontinck, S. 74.

8 Stengers 1971, S. 144.

9 William T. Hornaday, Free Rum on the Congo (Women's Temperance Publication Association, Chicago 1887), S. 44 f.; zit. nach Stengers 1972, S. 260.

10 Oberst Maximilien Strauch, zit. nach Bierman, S. 225.

11 Eugène Beyens an Léon Lambert, 3. November 1882; zit. nach Stengers 1971, S. 142.

12 Strauch an Stanley, ohne Datum, Stanley 1955, S. 22 f.

13 Stanley an Strauch, 12. Juni 1881, ebd., S. 49.

14 Ebd., S. 44.

15 Stanley 1885, Bd. II, S. 95.

16 Ebd., Bd. I, S. 161, 237. Siehe auch Marchal, *L'Etat Libre*, Bd. 1, S. 52, um ein Korrektiv zu haben.

17 Stanley 1885, Bd. II, S. 390.

18 Ebd., S. 101 f.

19 Ebd., Bd. I, S. 144.

20 Pakenham, S. 190.

21 Stanley 1885, Bd. I, S. 486 f.

22 Frank Hird, *H. M. Stanley: The Authorized Life* (S. Paul & Co., London 1935), S. 186; zit. nach Bierman, S. 235.

23 Leopold an Stanley, 31. Dezember 1881; zit. nach Emerson, S. 96.

24 FO 84/1802, 15. November 1882; zit. nach Stengers 1971, S. 133.

25 Leopold an Stanley, 31. Dezember 1881; zit. nach Emerson, S. 96.

26 Stanley 1885, Bd. I, S. 494.

27 Leopold an Strauch, 16. Oktober 1882; nachgedruckt in Stanley 1955, S. 161.

28 Stanley 1885, Bd. I, S. 203.

29 Stanley 1885, Bd. II, S. 197 f.

30 Es gibt eine umfängliche ethnologische Literatur über das Kongobecken. Siehe insbesondere Vansina 1966 und 1990; eine äußerst lesbare Abhandlung über die *Pygmäen* bietet Turnbull.

31 Vellut, S. 701; Vansina 1978, S. 144, 343.

32 Vansina 1966, S. 100.

33 Stanley an Sanford, 4. März 1885; nachgedruckt in Bontinck, S. 300.

zu Kapitel 5: Von Florida bis Berlin

1 *New York Times,* 6. April 1883, 13. April 1883.

2 Zu Präsident Arthurs Reise nach Florida siehe *New York Times,* 5.–15. April 1883. Über Arthur allgemein vgl. Reeves.

3 Zu Sanfords geschäftlichen Problemen in Florida siehe Fry 1982, S. 100–106.

4 Vgl. Bontinck, S. 139 f.

5 Leopold an Arthur, 3. (?) November 1883; zit. nach Bontinck, S. 135 f.

6 Stengers 1971, S. 128 Anm. und 130 Anm.

7 Sanford an Frelinghuysen, 30. Dezember 1882; zit. nach Carroll, S. 115.

8 Präsident Arthurs Botschaft an den Kongress, 4. Dezember 1883; zit. nach Bontinck, S. 144.

9 Strauch an Sanford, 6. Dezember 1883; zit. ebd., S. 146.

10 Anonymer Leserbrief an die *Times* in Philadelphia, 31. Januar 1885; zit. ebd., S. 160.

11 Latrobe an Sanford, 18. März 1884; zit. ebd., S. 189.

12 Fry 1992, S. 56 f.

13 Ebd., S. 56.

14 Ebd., S. 185.

15 Kongressprotokoll, 7. Januar 1890; zit. nach Carroll, S. 332 f. Morgan hielt seine Rede zur Unterstützung eines Gesetzes, durch das für Schwarze aus dem Süden, die auswandern wollten, bundesstaatliche Mittel zur Bezahlung der Transportkosten zur Verfügung gestellt werden sollten. Daraufhin verabschiedete ein afrikanisch-amerikanischer Kongress in Chicago eine Resolu-

tion, in der Bundesmittel für die Emigration von Weißen aus dem Süden gefordert wurden, wobei Senator Morgan namentlich Erwähnung fand. Siehe Carroll, S. 337.

16 Sanford an Evarts, 21. Januar 1878; zit. nach Bontinck, S. 29.

17 «American Interests in Africa», *The Forum* 9 (1890), S. 428; zit. nach Roark 1977, S. 169.

18 Ebd., S. 428; zit. nach Meyer, S. 28 Anm.

19 Bontinck, S. 171.

20 US-Senat, *Occupation of Congo in Africa,* S. Rept. 393, 48. Legislaturperiode, 1. Sitzung, 1884, S. 9; zit. nach Normandy, S. 171.

21 Gertrude Sanford an Henry Sanford, April 1884; zit. nach Fry 1982, S. 148.

22 Bontinck, S. 201.

23 Stanley 1885, Bd. II, S. 439.

24 Ebd., S. 399.

25 Es betrug 1000 Francs. Stengers 1989, S. 48.

26 Leopold an Strauch, 26. September 1883; zit. nach Pakenham, S. 298.

27 Emerson, S. 108.

28 Ebd., S. 108.

29 Ebd., S. 109.

30 Zur Rolle von Bleichröder siehe Stern, S. 403–409.

31 Hall, S. 265.

32 J. S. Mill, *«On Liberty»* in *Focus,* hrsg. von John Gray und G. W. Smith (Routledge, London 1991), S. 31.

33 Anstey 1962, S. 68.

34 Stanleys Tagebuch, 24. November 1884; zit. nach McLynn 1991, S. 86 f.

35 John A. Kasson, ein amerikanischer Delegierter, im US-Senat, *Report of the Secretary of State Relative to Affairs of the Independent State of the Congo,* S. 42; zit. nach: Clarence Clendenen, Robert Collins und Peter Duignan, *Americans in Africa 1865–1900* (The Hoover Institution on War, Revolution, and Peace, Stanford 1966), S. 57.

36 H. L. Wesseling, *Divide and Rule: The Partition of Africa, 1880–1914* (Praeger, Westport/CT 1996).

37 Stengers 1969, S. 262. Siehe auch Jean Stengers in *La Nouvelle Clio* IX (1950), S. 515.

zu Kapitel 6: Unter der Flagge des Yachtklubs

1 *Pall Mall Gazette*, 10. April 1885, S. 9, und 11. April 1885, S. 3.
2 *New York Times*, 5. und 15. Juni 1917.
3 Louise von Belgien, S. 32.
4 Hilaire Belloc, *The Modern Traveller* (1898).
5 Statistik vom 31. Dezember 1889, wiedergegeben in *Le Mouvement Géographique*, 23. März 1890.
6 Henry Sanford an Gertrude Sanford, 30. August 1881; zit. nach Fry 1982, S. 150.
7 Ebd., S. 157–163; White.
8 Van der Smissen, Bd. I, S. 127.
9 Stinglhamber und Dresse, S. 142.
10 Lagergren, S. 198 Anm.
11 Kirk an Wylde, 24. April 1890; zit. nach Miers, S. 102.
12 Liebrechts, S. 29 f.
13 Meyer, S. 37; Fry 1982, S. 168.
14 Emerson, S. 149.
15 Mutamba-Makombo, S. 32.
16 Auguste Beernaert in Jean Stengers, *Belgique et Congo: L'élaboration de la charte coloniale* (La Renaissance du Livre, Brüssel 1963), S. 98; zit. nach Emerson, S. 64.
17 Stanley an Mackinnon, 23. September 1886; zit. nach Bierman, S. 256.
18 Hall, S. 274.
19 Stanley an Mackinnon, 23. September 1886; zit. nach Bierman, S. 256.
20 Stengers 1969, S. 287.
21 *Times*, 14. Januar 1887; zit. nach Emerson, S. 157.
22 *Globe*, 19. Januar 1887; zit. nach McLynn 1991, S. 146.
23 *The Diary of A. J. Mounteney Jephson*, hrsg. von Dorothy Middleton (Cambridge University Press, Cambridge 1969), S. 203 (10. Dezember 1887); zit. nach Bierman, S. 286.
24 James S. Jameson, *The Story of the Rear Column of the Emin Pasha Relief Expedition*, hrsg. von Mrs. J. A. Jameson (R. H. Porter, London 1890), S. 92. (21. Juli 1887); zit. nach Bierman, S. 297.
25 *The Diary of A. J. Mounteney Jephson, S.* 203 (10. Dezember 1887); zit. nach Bierman, S. 286.
26 Stairs Tagebuch, 28. September 1887; zit, nach Bierman, S. 281.
27 Ebd., S. 298.
28 Stanley 1891, Bd. I, S. 369.

29 *Die Tagebücher von Dr. Emin Pascha,* hrsg. von Franz Stuhlmann (G. Westermann, Hamburg 1916–27), Bd. IV, S. 202, 14. Januar 1889, zit. nach McLynn 1991, S. 262 f.

30 Stanley 1891, Bd. II, S. 458.

31 *Funny Folks;* zit. nach Bierman, S. 340.

zu Kapitel 7: Der erste Abtrünnige

1 Wenn nicht anders nachgewiesen, stützen sich die biographischen Angaben zum Leben von George Washington Williams auf Franklin.

2 Vgl. Marchal 1996, *L'Etat Libre,* Bd. 1, S. 176.

3 Franklin, S. 10 f.

4 *New York Times,* 22. Januar 1883; zit. nach Franklin, S. 116.

5 W. E. B. du Bois, «The Negro in Literature and Art», in: *Annals of the American Academy of Political and Social Science,* Bd. 49 (September 1913), S. 235; zit. nach Franklin, S. 133.

6 Vgl. Bontinck, S. 221, 442.

7 Vgl. Marchal 1996, *L'Etat Libre,* Bd. 1, S. 178.

8 *L'Indépendance Belge,* 1. November 1889; zit. nach Marchal 1996, *L'Etat Libre,* Bd. 1, S. 180.

9 *Boston Herald,* 17. November 1889; zit. nach Franklin, S. 181 f.

10 Williams, *A Report on the Congo-State,* S. 265.

11 J. Rose Troup, *With Stanley's Rear Column,* London 1890, S. 124; zit. nach Sherry, S. 59. De Premorel, S. 42–44, gibt eine weitere Schilderung einer Fahrt mit dem Dampfer.

12 Williams an Huntington, 14. April 1890; zit. nach Franklin, S. 191.

13 Zitate aus dem *Offenen Brief* nach Franklin, S. 243–254.

14 Williams, *A Report on the Congo-State,* S. 277–279.

15 Williams an Blaine, 15. September 1890; zit. nach Bontinck, S. 449.

16 *New York Herald,* 14. April 1891.

17 Huntington an Mackinnon, 20. September 1890; zit. nach Franklin, S. 208.

18 Vivian an Salisbury, 4. April 1891; zit. nach Franklin, S. 210.

19 Émile Banning, *Mémoires politiques et diplomatiques: comment fut fondé le Congo belge,* Paris 1927, S. 295; zit. nach Bontinck, S. 448.

20 *Journal de Bruxelles,* 12., 13. und 14. Juni 1891; zit. nach Franklin, S. 211 f.

21 *La Réforme,* 15. Juni 1891; zit. nach Marchal 1996, *L'Etat Libre,* Bd. 1, S. 195.

22 Vgl. Franklin, S. 213.

23 Gosselin an Salisbury, 19. Juli 1891; zit. in Franklin.

24 Cookey, S. 36.

25 Grenfell an Beynes, 23. Juni 1890; zit. nach Franklin, S. 194.

zu Kapitel 8: Wo es keine Zehn Gebote gibt

1 Vgl. die zahlreichen Artikel in *La Belgique Coloniale*, besonders vom 18. Dezember 1897, S. 607, und vom 28. August 1898, S. 411.

2 Aronson, S. 141 f.

3 Gann und Duignan 1979, S. 106.

4 Vgl. Leclercq, S. 284 f.

5 Obdeijn, S. 202.

6 Leopold an Beernaert, 19. Juni 1891, abgedruckt in Van der Smissen, Bd. 2, S. 212.

7 Interview mit Publisher's Press; in: *New York American*, 11. Dezember 1906.

8 Marchal 1996, *L'Etat Libre*, Bd. 1, S. 212.

9 Constant De Deken, *Deux Ans au Congo*, Antwerpen 1902, S. 72, Anm.; Zit. nach Samarin, S. 118.

10 Courouble, S. 77, 83.

11 Samarin, S. 120.

12 Picard, S. 96 f.

13 Marchal 1996, *L'Etat Libre*, Bd. 1, S. 202.

14 Marchal 1996, *E. D. Morel*, Bd. 2, S. 317.

15 Ebd., S. 325 f. Lefrancs Bericht, den er für die belgische Zeitung *L'Express de Liège* vom 1. Juni 1908 verfasste, wurde als Flugschrift auch von der *Congo Reform Association* nachgedruckt.

16 Marchal 1996, *E. D. Morel*, Bd. 2, S. 318.

17 Bei Katz als Motto zitiert.

18 Sereny, S. 235.

19 *KL Auschwitz Seen by the* SS: *Hoess, Broad, Kremer*, hrsg. von Jadwiga Bezwinska und Danuta Czech (Oświęcim: Panstwowe Museum 1978 [Auschwitz: Staatl. Museum]); dt.: KL *Auschwitz in den Augen der SS. Höss, Broad, Kremer*, Katowice 1981; zit. nach Katz, S. 54 f.

20 De Premorel, S. 63.

21 Bricusse, S. 85.

22 Gann und Duignan 1979, S. 79.

23 Marchal 1996, *L'Etat Libre, Bd.* 1, S. 354.

24 Der beste kurze Überblick findet sich bei Isaacman und Vansina.
25 Marchal 1996, *E. D. Morel*, Bd. 2, S. 27 f.; Flamant, S. 182 f.
26 Marchal 1996, *L'Etat Libre*, Bd. 1, S. 323.
27 Karl Teodor Andersson, 28. Dezember 1893; in: *Missionsförbundet* 1894, S. 83.
28 C. N. Börrisson, 2. Februar 1894, *Missionsförbundet* 1894, S. 132–134.
29 Axelson, S. 259 f.; Marchal 1996, *L'Etat Libre*, Bd. 1, S. 320 f.
30 Casement 1959, *Congo-Report, S*. 166.
31 Marchal 1996, *L'Etat Libre*, Bd. 1, S. 373.
32 Der voreilige Historiker kann leicht in die Irre gehen, weil in der Geschichte des Kongo jener Epoche drei verschiedene Männer namens Kandolo auftreten, von denen einer ebenfalls Anführer einer Meuterei war, die 1897 im Nordosten des Landes ausbrach.
33 Van Zandijcke, S. 182.
34 De Boeck, S. 104, 125. Vgl. weitere ausführliche Darstellungen dieses Aufstands in *La Force Publique* … und Van Zandijcke sowie eine Zusammenfassung bei Marchal 1996, *L'Etat Libre*, Bd. 1, S. 372–376.
35 Flamant et al., S. 417. Die beste Darstellung dieses Aufstands findet sich bei De Boeck.
36 De Boeck, S. 224–228. De Boeck war es, der dieses wertvolle Zeugnis, das bislang immer nur in verstümmelten Fassungen zugänglich gewesen war, der Nachwelt erhalten hat.
37 De Boecks Buch beruht auf dieser Prämisse.
38 Vgl. Vangroenweghe, S. 43.
39 Vgl. Marchal 1996, *L'Etat Libre*, Bd. 1, S. 216.
40 Ebd., S. 224.
41 Vgl. ebd., S. 227.
42 Ebd., S. 231.
43 Vgl. ebd., Kap. 14.
44 Vgl. Canisius, S. 250–256.
45 Vgl. Marchal 1996, *L'Etat Libre*, Bd. 2, Teil 5: die bislang beste Darstellung zur Rolle der katholischen Missionare.
46 Leopold an Van Eetvelde, 27. April 1890; zit. nach ebd., S. 209.
47 Rundschreiben des Generalgouverneurs, 4. Juni 1890, zit. nach ebd., S. 177.
48 *Tijdschrift van de Nobertijner Missiën* 1899, S. 226; zit. nach ebd., S. 298.
49 Ebd., S. 181 f.
50 Ebd., S. 179.
51 Ebd., S. 221.
52 Bauer, S. 216.

53 Daye, S. 399.

54 O'Connor, S. 346.

55 Gann und Duignan 1979, S. 62 f.

56 Lagergren, S. 195.

57 Slade 1962, S. 116.

58 *Léon Roms Laufbahn:* Die wesentlichen Quellen (alle mehr oder weniger hagiographisch) sind die *Biographie coloniale belge,* Bd. 2, Sp. 822–826; Janssens und Cateaux, Bd. 1, S. 125–132 und Bd. 2, S. 197–200; Lejeune-Choquet, S. 114–126; das *Bulletin de l'Association des Vétérans coloniaux,* Juni 1946, S. 3–5; Sidney Langford Hinde, *The Fall of the Congo Arabs,* New York 1969 (Nachdruck der Ausgabe von 1897), S. 232, 235, 244–45; und Roms eigene, unveröffentlichte *Notes. Mes services au Congo de 1886 à 1908.* Die ersten drei geben ebenso wie Arnold nützliche Hinweise auf, freilich aufpolierte, Details der Laufbahn vieler anderer Verwaltungsbeamter des Kongo-Staates aus Europa in jener Zeit.

59 Janssens und Cateaux, Bd. 2, S. 199 f.

60 Lejeune-Choquet, S. 123 f.

61 Chapaux, S. 470.

62 Ship me somewheres east of Suez, / where the best is like the worst, Where there aren't no Ten Commandements, / an' a man can raise a thirst; aus dem Gedicht *Mandalay* in: *Barrack Room Ballads,* London 1892.

63 Marchal 1996, *L'Etat Libre,* Bd. 1, S. 210; vgl. Gann und Duignan 1979, S. 68, die für die Zeit vor 1906 eine ähnlich hohe Zahl ausschließlich unter Militärs nennen.

64 *Y en a qui font la mauvais' tête / A leurs parents; / Qui font les dett', / qui font la bête, / Inutil'ment: / Qui, un beau soir, de leur maîtresse / Ont plein le dos. / ‹Ils fich› le camp, / plein de tristesse / Pour le Congo* … Picard, S. 145 f.

65 L. Dieu, *Dans la brousse congolaise,* Lüttich 1946, S. 59 f; zit. nach Slade 1962, S. 72.

zu Kapitel 9: Begegnung mit Mr. Kurtz

1 Joseph Conrad, *A Personal Record,* London 1912, S. 13; auszugsweise in der im Literaturverzeichnis unter *Conrad* vermerkten engl. Ausgabe der Erzählung, S. 148.

2 Wenn nicht anders vermerkt, sind die biographischen Fakten zu Conrads Kongo-Aufenthalt Najder entnommen, der, was diesen Lebensabschnitt Conrads betrifft, am sorgfältigsten recherchiert hat.

3 Joseph Conrad, «Geography and Some Explorers», in: *Last Essays,* hrsg. von Richard Curle, London 1926, S. 17, auszugsweise in: Conrad, S. 186–87.

4 Lapsley, S, 83. Conrads diverse Biographen sind hierauf nicht eingegangen.

5 Edward Garnetts Einleitung in *Letters from Conrad 1895–1924,* S. xii, London 1928, auszugsweise in: Conrad, S. 195.

6 Joseph Conrad, *Congo Diary and Other Uncollected Pieces,* hrsg. von Zdzislaw Najder, New York 1978, Wiederabdruck in: Conrad, S. 182; dt. in: Conrad, *Herz der Finsternis,* München 1998, dort Anhang 2 (= *Up-river Book),* S. 184 (für die Zwecke des vorliegenden Textes leicht verändert; im Übrigen stammen alle folgenden deutschen Zitate aus *Heart of Darkness* aus dieser Übersetzung; d. Ü.).

7 Ebd., S. 35; dt. S. 65 f.

8 Ebd. S. 12; dt. S. 16.

9 Ebd., S. 57; dt. S. 112 [Übersetzung leicht verändert; d. Ü.].

10 Joseph Conrad, «Author's Note» zu *Youth: A Narrative: and Two Other Stories,* London 1921; Wiederabdruck in: Conrad, S. 4.

11 Ebd., S. 19; dt. S. 30.

12 Ebd., S. 23; dt. S. 39.

13 Joseph Conrad, *Congo Diary and Other Collected Pieces,* hrsg. von Zdzislaw Najder, New York 1978, Wiederabdruck in: Conrad, S. 160, 161, 165; dt. in Anhang 1 *(= Das Kongo-Tagebuch)* der in Anm. 6 genannten Übersetzung, S. 154, 155, 159.

14 Ebd., S. 23; dt. S. 38 f.

15 Ebd., S. 21; dt. S. 36.

16 Ebd., S. 26 f, dt. S. 45, 47 f.

17 Marchal 1996, *L'Etat Libre,* Bd. 1, S. 284.

18 *Times,* London, 8. Dezember 1892; zit. nach Sherry, S. 110 f.

19 Vgl. die biographischen Hinweise in Anm. 58 von Kapitel 8.

20 Glave, S. 706.

21 Ein etwaiges Treffen zwischen Conrad und Rom müsste Anfang August stattgefunden haben, als Conrad durch Leopoldville kam, oder an den folgenden ein oder zwei Tagen, bevor sein Schiff das benachbarte Kinshasa verließ. Conrad war noch einmal von Ende September bis Ende Oktober in Leopoldville/Kinshasa und hätte dann reichlich Gelegenheit gehabt, Geschichten über Rom zu erfahren. Rom seinerseits war bereits am 2. September 1890 zu seinem nächsten Standort aufgebrochen, während sich Conrad noch flussaufwärts befand. (Diese Mitteilung verdanke ich Jules Marchal, der sie einer Kurzfassung von Roms Laufbahn in den Personalakten des

staatlichen Archivs entnommen hat. Die *Biographie coloniale belge* legt fälschlicherweise einen späteren Abreisetermin nahe.) Zu anderen Weißen, die sich als Sammler von Köpfen der Kongolesen hervorgetan haben und mit ihrer Angeberei womöglich bei der Schaffung von Conrads Kunstfigur Mr. Kurtz mitgewirkt haben, vgl. S. 143, 237 und 279 ff.

22 Conrad, S. 68; dt. S. 134.

23 Ebd., S. 10; dt. S. 14.

24 Ebd., S. 13; dt. S. 20.

25 Ebd., S. 8; dt. S. 10.

26 Frances B. Singh, «The Colonialistic Bias of *Heart of Darkness*», in: *Conradiana,* Bd. 10 (1978); abgedruckt in: Conrad, S. 278.

27 Mark Twain, *More Tramps Abroad,* London 1897, S. 137 f., zit. nach C. P. Sarvan, «Racism and the *Heart of Darkness*», in: *International Fiction Review,* Bd. 7 (1980); abgedruckt in: Conrad, S. 284.

28 Ebd., S. 65; dt. S. 127.

29 Ebd., S. 38; dt. S. 70.

30 Ebd., S. 66; dt. S. 130.

31 Chinua Achebe, «An Image of Africa: Racism in Conrad's *Heart of Darkness*», abgedruckt in: Conrad, S. 261.

32 Ebd., S. 16; dt. S. 24. König Leopold II., der größte Profiteur, taucht in *Herz der Finsternis* nicht auf, allerdings in *The Inheritors,* dem weniger bedeutenden Roman, den Conrad später zusammen mit Ford Madox Ford verfasste. Eine der zentralen Figuren darin ist der bärtige Duc de Mersch, der das Grönland-Protektorat kontrolliert. Seine *Gesellschaft für die Umgestaltung der Arktis* hatte es sich zur Aufgabe gemacht, die unbedarften Eskimos moralisch aufzurichten und ihnen die Eisenbahn, saubere Kleidung und andere Segnungen der Zivilisation zu bringen. Der Herzog selbst hat Geld in eine englische Zeitung investiert, um seinen «philanthropischen» Aktivitäten eine günstige Presse zu verschaffen. «Wir haben», so lässt er sich vernehmen, «die Eingeborenen stets beschützt, haben ihre höheren Interessen stets vor Augen gehabt.» Das Grönland dieses Romans hat reiche Öl- und Goldvorkommen. Vgl. Conrad und Hueffer, S. 165.

33 Conrad, S. 12; dt. S. 18.

34 Ebd., S. 28; dt. S. 49.

35 Ebd., S. 27; dt. S. 49.

36 Ebd., S. 50 f.; dt. S. 96 f.

37 Im *Musée Royal de l'Afrique Centrale* in Tervuren bei Brüssel.

38 Rom, S. 5 f.

39 Ebd., S. 84.
40 Conrad, S. 56; dt. S. 110.
41 Leclercq, S. 264.
42 Wahis an Van Eetvelde, 2. November 1896; zit. nach Marchal 1996, *L' Etat Libre*, Bd. 1, S. 298.

zu Kapitel 10: Das Holz, das Tränen vergießt

1 Tennant an Stanley, 6. Mai 1890 und 9. Mai 1890; zit. nach McLynn 1991, S. 328 f.
2 Stanleys Tagebuch, 9. September 1890; zit. nach McLynn 2, S. 334.
3 Ebd., S. 334.
4 Ebd., S. 376.
5 Stanley an Mackinnon, 25. Dezember 1890; zit. nach McLynn 1991, S. 237.
6 Die gründlichste Untersuchung zu Sheppard hat Phipps vorgelegt. Vgl. auch Schall, Shaloff, Roth, Walter Williams, Sheppard 1916 sowie zahlreiche Artikel von und über Sheppard in *Southern Workman*.
7 Shaloff, S. 15.
8 Vgl. *The Missionary*, Bd. 26, Heft 6, S. 219 f.
9 Lapsley, S. 44.
10 Lapsley an seine «Aunt Elsie»; in: Lapsley, S. 83. Durch einen Druckfehler ist dieser Brief fälschlich auf 1891 datiert.
11 Lapsley an «Aunt Elsie»; in: Lapsley, S. 83.
12 Lapsley an seine Mutter, 22. Dezember 1890; in: Lapsley, S. 94.
13 Lapsley, S. 108.
14 William Sheppard, in: *Southern Workman*, Bd. 44 (1915), S. 166, 169, zit. nach Schall, S. 114 f.
15 Sheppard an Dr. S. H. Henkel, 5. Januar 1892; zit. nach Shaloff, S. 29.
16 Sheppard, «Yesterday, To-day and To-morrow in Africa», in: *Southern Workman*, August 1910, S. 445.
17 Walter Williams, S. 138.
18 Brief von Sheppard an *The Missionary*, September 1890, zit. nach Walter Williams, S. 138.
19 S. C. Gordon an Sheppard, zit. nach Shaloff, S. 30.
20 Ernest Stache an den Ausschuss für die Weltmission der Presbyterianischen Kirche, 7. August 1892; zit. nach Shaloff, S. 32.
21 Phipps, S. 118; Benedetto, S. 30, 423–425.

22 Sheppard in: *Southern Workman,* Dezember 1893, S. 184–87, zit. nach Walter Williams, S. 143.

23 Sheppard, «African Handicrafts and Superstitions», in: *Southern Workman,* September 1921, S. 403 f.

24 Vansina 1978, S. 3.

25 *ein einstiger König:* Normalerweise erzählte Sheppard die Geschichte in dieser Fassung, zum Beispiel, als er am 14. November 1893 in Hampton sprach (abgedruckt in *Southern Workman,* April 1895, «Into the Heart of Africa», S. 65): «Ihr seid Bo-pe Mekabé, der vor meinem Vater herrschte und starb.» Bei mehreren Gelegenheiten (*Southern Workman,* April 1905, S. 218, und September 1921, S. 403) erzählte er, er sei für den toten Sohn des aktuellen Königs gehalten worden.

26 Vansina 1978 ist die maßgebliche wissenschaftliche Abhandlung über die Kuba. Um jedoch bei Zitaten aus Sheppard und anderen Schriften Verwechslungen zu vermeiden, habe ich in der Regel Sheppards Schreibung der afrikanischen Namen übernommen.

27 Sheppard 1916, S. 137.

28 Eine spätere Ausgabe trägt den Titel: *Pioneers in Congo.*

29 Sheppard 1916, S. 119.

30 Vgl. Liebrechts, S. 37 f.

31 Vgl. Harms 1983, S. 132.

32 Vgl. ebd., S. 130 f.

33 Vgl. Nelson, S. 82.

34 *Official Organ,* September 1907, S. 10.

35 Louis Chaltin, Tagebuch, 16. Juli 1892; zit. nach Northrup, S. 51.

36 Pulteney an Außenministerium, 15. September 1899, FO 10/731, Nr. 5; zit. nach Cookey, S. 50 f., Anm.

37 Bricusse, S. 81.

38 Donny et al., Bd. 1, S. 139 f.

39 Harms 1983, S. 132.

40 Daniel Vangroenweghe, «Le *Red Rubber* de l'Anversoise, 1899–1900, Documents inédits», in: *Annales Aequatoria,* Bd. 6 (1985), S. 57.

41 Harms 1975, S. 81.

42 Ebd., S. 79.

43 Harms 1983, S. 134.

44 Canisius, S. 267.

45 Marchal 1996, *E. D. Morel,* Bd. 2, S. 106 f.

46 Sheppard, Tagebuch, 14. September 1899; Sheppard Papers.

47 Sheppard in: *The Missionary,* Februar 1900, S. 61.
48 Charles Lemaire, *Belgique et Congo,* Gent 1908, S. 64; zit. nach Vangroenweghe, S. 46.
49 Ellsworth E. Faris, Tagebuch, 23. August 1899; zit. nach Morel 1968, S. 248.
50 Vangroenweghe, S. 234.
51 Parlamentsdebatte vom 28. Februar 1905; zit. nach Vangroenweghe, S. 288.
52 Boelaert, S. 58 f.
53 Bricusse, S. 56 (11. Juni 1894).
54 Guy Burrows, *The Curse of Central Africa,* London 1903, S. xviii–xix.
55 De Premorel, S. 64.
56 Marchal 1996, *E. D. Morel,* Bd. 2, S. 85.
57 Marchal 1996, *L'Etat Libre,* Bd. 1, S. 391.
58 Breman 1990, S. 119 f.

zu Kapitel 11: Eine Geheimgesellschaft von Mördern

1 Bauer, S. 169.
2 Gespräch vom 30. August 1892, in: Auguste Roeykens, *Le baron Léon de Béthune au service de Léopold II,* Brüssel 1964 (Académie Royale des Sciences d'Outre-Mer), S. 56, zit. nach Stengers 1969, Bd. 1, S. 286.
3 Emerson, S. 193 f.
4 Vgl. Marchal 1996, *L'Etat Libre,* Bd. 1, S. 353.
5 Vgl. Vangroenweghe, S. 87.
6 Über Leopolds Tagesablauf: Augenzeugenberichte in Stinglhamber und Dresse, insbesondere S. 38–50, sowie Carton de Wiart, insbesondere S. 44 und 123–130.
7 Stinglhamber und Dresse, S. 88.
8 Emerson, S. 221.
9 C. Vauthier, «Le chemin de fer du Congo de Matadi à Léopoldville. Les environs de Matadi et le massif de Palabala», in: *Bulletin de la Société Géographique d'Anvers,* Heft 13 [1887?], S. 377 f.; zit. nach Kivilu, S. 324.
10 Vgl. Cornet, S. 376.
11 Leopold an Thys, 31. Mai 1888; zit. nach Cornet, S. 236.
12 Vgl. Cornet, S. 236.
13 Vgl. Axelson, S. 204.
14 Vgl. Marchal 1996, *E. D. Morel,* Bd. 1, S. 143, 153.
15 Vgl. Cornet, S. 209.

16 in: *Regions Beyond,* April 1897; zit. nach Slade 1959, S. 251.

17 Axelson, S. 259 f.

18 J. De Witte, *Monseigneur Augouard,* Paris 1924, S. 71; zit. nach Slade 1959, S. 255.

19 Morel 1919, S. 43 f.

20 Vgl. Fox Bourne an Morel, 21. November 1903; zit. nach Louis 1964, S. 99, Anm.

21 Lionel Deccle in der *Pall Mall Gazette,* 11. Juni 1896; zit. nach Louis 1965, *The Stokes Affair,* S. 575.

22 21. September 1896; zit. nach Lagergren, S. 197 Anm.

23 *Sur les plages où les entraîne / La voix d'un sage Souverain,*
Nos soldats vont l'âme sereine, / Affrontant un climat d'airain,
De l'Africain briser la chaîne / En domptant l'Arabe inhumain.
Louis Graide, Les Belges au Congo, in: F. Alexis-M., *Soldats et Missionnaires au Congo de 1891 à 1894,* Lille 1896.

24 Vgl. Marchal 1996, *L'Etat Libre,* Bd. 2, S. 78–80; Gerard, S. 181; Debrunner, S. 340–342; *Le Mouvement Géographique,* 27. Juni und 18. Juli 1897, und *La Belgique Coloniale,* 4. Juli und 5. September 1897.

25 *La Belgique Coloniale,* 4. Juli 1897, S. 314.

26 Ebd.

27 *Bruxelles-Exposition,* o. J.; zit. nach *La Belgique Coloniale,* 5. September 1897, S. 423.

28 «The Belgians in Africa», 22. Februar 1897. (Der Titel der Zeitschrift fehlt auf dem Mikrofilm der Morel-Akte.)

29 Morel 1968, S. 27.

30 Ebd., S. 28 f.

31 Ebd., S. 36.

32 Ebd., S. 39 f.

33 Ebd., S. 36.

34 Gann und Duignan 1979, S. 149.

35 Morel 1968, S. 41 f.

Teil II

Ein König in Bedrängnis

zu Kapitel 12: David und Goliath

1 Morel 1968, S. 47 f.
2 Ebd.
3 Ebd., S. 5.
4 Ebd., S. 49.
5 Ebd., S. 30.
6 Morel 1919, S. 8 Anm.
7 *West African Mail*, 13. Januar 1905, S. 996.
8 *Sonderbeilage Kongo zur West African Mail*, Januar 1905.
9 A. und J. Stengers, «Rapport sur une mission dans les archives anglaises», in: *Bulletin de la Commission Royale d'Histoire* Bd. 124 (1959), S. ciii f.
10 Morel 1904, S. 31.
11 In *Official Organ*, September–November 1908.
12 Morel 1919, S. 24.
13 Ebd., S. 25.
14 Ebd., S. 56.
15 Ebd., S. 47.
16 Ebd., S. 57.
17 *Official Organ*, Januar 1906, S. 15.
18 Morel 1968, S. 115.
19 Ebd., S. 128.
20 Ebd., S. 129.
21 Canisius, S. 75–80.
22 Ebd., S. 99.
23 Ebd., S. 92 f.
24 Ebd., S. 113.
25 Ebd., S. 142.
26 Ebd.
27 Resolution vom 20. Mai 1903; zit. nach Cline, S. 37.
28 Georges Lorand, in: *La Réforme*, 14. September 1896; zit. nach Lagergren, S. 199 Anm.

1 PRO HO 161, zit. nach Reid, S. 42. Vgl. auch PRO FO 629/10, 11, 12.

2 Die besten Casement-Biographien sind die von Reid und Inglis. Inglis gibt seinen Afrikaerfahrungen mehr Raum, es fehlen aber ausreichende Quellenangaben.

3 Stephen Gwynn, *Experiences of a Literary Man,* London 1926, S. 258, zit. nach Reid, S. 63.

4 W. Holman Bentley; zit. nach Vangroenweghe, S. 276.

5 Stanleys Tagebuch, 15. April 1887; zit. nach McLynn 1991, S. 171.

6 Ebd., S. 174 f.

7 Camille Janssen, in: *Bulletin de la Société Belge d'Etudes Coloniales* (1912), S. 717.

8 Casement an das Foreign Office, 14. Januar 1904, PRO FO 10/807; zit. nach Casement 1985, S. i.

9 Joseph Conrad, *Congo Diary and Other Uncollected Pieces,* hrsg. von Zdzislaw Najder, New York 1978, Wiederabdruck in Conrad, S. 159; dt. Conrad, *Das Kongo-Tagebuch* (Anhang 1), in: *Herz der Finsternis,* München 1998, S. 153.

10 Ernest Hambloch, *British Consul; Memories of Thirty Years' Service in Europe and Brazil,* London 1938, S. 71; zit. nach Reid, S. 5 Anm.

11 Dies folgt eindeutig aus Conrads Brief an Cunninghame Graham vom 26. Dezember 1903 («Ich sah, wie er in die entsetzliche Wildnis aufbrach ... Ein paar Monate später sah ich dann, wie er da wieder herauskam»); zit. bei Reid, S. 14.

12 Conrad an John Quinn, 24. Mai 1916; zit. nach Frederick Karl, *Joseph Conrad: The Three Lives,* New York 1979, S. 286. Conrad ist gelegentlich vage, was Daten betrifft – und manch ein nachlässiger Biograph eifert ihm darin nach; so hat er dieses Treffen mit Casement 1896 stattfinden lassen. Aber das kann nicht sein, denn Casement war in jenem Jahr in Afrika. Jane Ford (An African Encounter. A British Traitor and *Heart of Darkness*», in: *Conradiana,* Bd. 27, Heft 2 [1995], S. 125) ist der Ansicht, dass die Begegnung in das Jahr 1898 fällt, also stattfand, kurz bevor Conrad mit der Niederschrift von *Herz der Finsternis* begann.

13 Conrad an Cunninghame Graham, 26. Dezember 1903; zit. nach Reid, S. 14.

14 Casement an Fox Bourne, 2. Juli 1894; zit. nach Reid, S. 20.

15 Die Namensliste derer, die bei Tische saßen, gibt Auskunft über den damaligen Stand von Leopolds Familienleben. Dass die Königin anwesend war, bedeutete, dass sie vermutlich am Abend in Brüssel in die Oper oder in ein Konzert gehen würde, da sie ansonsten, aufgebracht über die Kaltschnäu-

zigkeit ihres Gatten und seine in aller Öffentlichkeit betriebene Schürzenjägerei, nicht mehr mit ihm zusammenlebte. Sie war streng schwarz gekleidet und trug zuweilen einen Zylinder; die meiste Zeit des Jahres brachte sie in dem eleganten Badeort Spa zu, wo sie in der Gesellschaft einer eigenartigen Menagerie, zu der einige Papageien und ein Lama gehörten, über ihren Kummer nachsann.

Clémentine, die jüngste der drei Töchter, war die Einzige, mit der Leopold derzeit sprach. Prinz Victor Napoléon, der immer kahler werdende Prätendent auf den entschwundenen französischen Kaiserthron aus der Familie Bonaparte, war zwar ihre wahre Liebe, fand aber keine Zustimmung bei Leopold. Wegen seiner Afrikaabenteuer benötigte der König das Wohlwollen von Frankreichs republikanischer Regierung, die ja die Bonapartes abgesetzt hatte. Leopold verweigerte daher sein Einverständnis mit der Heirat. Die ängstliche Clémentine fügte sich und diente dem König als Hofdame. Erst nach dem Tode ihres Vaters sollte sie ihren Victor Napoléon heiraten.

16 Singleton-Gates u. Girodias, S. 91.

17 Louis 1964, S. 103.

18 Inglis, S. 41.

19 Marchal 1996, *E. D. Morel*, Bd. 1, S. 187.

20 *I sought by love alone to go / Where God had writ an awful no …*
I only know I cannot die / And leave this love God made, not I.
Inglis, S. 382 f.

21 Casement 1959, «The 1903 Diary», S. 121, 123, 125 (17., 19. und 30. April 1903).

22 Ebd., S. 111, 115, 119, 129 (13., 20. März; 6. April, 12. Mai 1903).

23 Marchal 1996, *E. D. Morel*, Bd. 1, S. 189 f.

24 Ebd., S. 192; Inglis, S. 69.

25 Casement an Poultney Bigelow, 13. Dezember 1903; zit. nach Reid, S. 53.

26 Casement 1959, «The 1903 Diary», S. 145 (2. Juli 1903).

27 Ebd. S. 147, 149 (8., 9., 10., 13. Juli 1903).

28 Ebd., S. 137 (11. Juni 1903).

29 Casement an Fuchs, 15. September 1903; zit. nach Casement 1985, S. v.

30 Casement an Lansdowne, Nr. 34 Afrika, 15.–16. September 1903, FO 10/805; zit. nach Louis 1964, S. 107.

31 Lagergren, S. 323–329.

32 Tagebucheintragungen, 5. Juni – 9. September, in: Casement 1959, «The 1903 Diary», S. 135, 153, 155, 159, 163, 165.

33 Casement 1959, «The Congo Report», S. 114.

34 Phipps an Lansdowne, 27. Februar 1904; zit. nach Louis 1964, S. 112 f.

35 Phipps an Barrington, 5. Februar 1904; zit. nach Louis 1964, S. 111 Anm.
36 Casement 1959, «The Congo Report», S. 112.
37 *Sonderbeilage «Kongo»* zur *West African Mail,* Juni 1904.
38 Casement 1959, «The 1903 Diary», S. 183 (1. Dezember 1903).
39 Ebd., S. 185 (16. Dezember 1903).
40 Casement an Nightingale, 8. September 1904; zit. nach Reid, S. 65.
41 Casement 1959, «The 1903 Diary», S. 183 (10. Dezember 1903).
42 Morel 1968, S. 160–162.
43 Casement 1959, «The 1903 Diary», S. 189 (5. Januar 1904).
44 Morel 1968, S. 163 f.
45 Ebd., S. 164 f.
46 Ebd., S. 165.
47 Inglis, S. 92.
48 Morel an Holt, 12. Juli 1910; zit. nach Porter, S. 267.
49 Casement an Morel, 4. Juli 1906; zit. nach Louis 1964, S. 119.

zu Kapitel 14: Seine Taten seien in hellstes Licht getaucht!

1 Morel an Guthrie, 25. Februar 1910; zit. nach Morel 1968, S. 195 Anm.
2 Morel an Brabner, 14. September 1908; zit. ebd., S. 211.
3 Holt an Morel; zit. nach Adams, S. 179.
4 *West African Mail,* 23. September 1904, S. 601.
5 Morel an Mark Twain; zit. nach Hawkins 1978, S. 167.
6 Vgl. Vansina 1978, S. 144, 343; Vellut, S. 701.
7 Morel an Holt, 1910; zit. nach Morel 1968, S. 217.
8 *The standard of emancipation is now unfurled … / I will not equivocate, / I will not excuse, / I will not retreat a single inch; / And I will be heard, / Posterity will bear testimony that I was right.*
9 Furley, S. 141 f.
10 James Morris, *Heaven's Command: An Imperial Progress,* New York 1973, S. 39.
11 Taylor, S. 133.
12 Morel 1904, S. 261.
13 Ebd., S. x.
14 Ebd., S. xvii.
15 Cookey, S. 149.
16 *No zeal, no Faith, inspired this Leopold / Nor any madness of half-splendid birth. / Cool-eyed, he loosed the hounds that rend and slay, / Just that his coffers might be gorged*

with gold. / Embalm him, Time! Forget him not, O Earth, / Trumpet his name, and flood his deeds with day.
William Watson, «Leopold of Belgium», Teil des Lichtbildervortrags der *Congo Reform Association*. Das Gedicht erschien außerdem in der *West African Mail,* 21. September 1906, S. 608, sowie in leicht veränderter Fassung, deren Herkunft aus Watsons *New Poems* (Lane) nachgewiesen wurde, in der *African Mail,* 26. November 1909, S. 80.

17 Persönliche Notiz, 14. Juni 1907; zit. nach Cline, S. 58.

18 Die Summe aus verschiedenen Zwischensummen laut *Inventaire des microfilms des Papiers Morel, séries A, B, E, F, G, H, I, se rapportant à l'histoire du Congo et conservés à la British Library of Political und Economic Science, London School of Economics,* Brüssel (Fonds National de le Recherche Scientifique) 1961.

19 *Samba: A Story of the Rubber Slaves of the Congo,* von Herbert Strang, London 1906, S. vi.

20 Morel an Cadbury, Oktober 1906; zit. nach Cline, S. 54.

21 *West African Mail,* 24. August 1906, S. 520.

22 John Harris, unveröff., handschriftl. Ms.; zit. nach Louis 1968, S. 833.

23 Wahis an Charles Smets, 26. Januar 1906, De Ryck.

24 Weber an Naur, 16. August 1906, ebd.

25 Falls nicht anders nachgewiesen, stammen sämtliche Informationen zu Shanu aus Marchal 1996, *E. D. Morel,* Bd. 1, S. 142, 167 f., 191, 231, 330–332, sowie einige Einzelheiten aus Lemaire 1895, S. 42–44, und aus der *Biographie Coloniale Belge,* Bd. 4, Sp. 838 f.

26 *Le Mouvement Géographique,* 30. September 1894, S. 85.

27 *La Chronique Coloniale et Financière,* 11. Dezember 1904, S. 1.

28 Memorandum von Albrecht Gohr, Justizdirektor, 27. Juli 1900; zit. nach Marchal 1996, *E. D. Morel,* Bd. 1, S. 297.

29 Morel an Shanu, 4. September 1903; zit. nach Morel 1968, S. 157.

30 Zum Fall Caudron vgl. Morel 1904, S. 135–53.

31 Marchal 1996, *E. D. Morel,* Bd. 1, S. 231.

32 Morel 1904, S. 135.

33 Morel 1968, S. 156.

34 De Vaughan, S. 48.

35 Ebd., S. 51.

36 Sie trugen ihm auch anderswo keine Freunde ein: Nach einem Staatsbesuch in Berlin beauftragte die puritanische Kaiserin Augusta, Wilhelms II. Ehefrau, ihren Hausgeistlichen mit der Exorzierung der Schlossräumlichkeiten, die Leopold bewohnt hatte. Vgl. Stinglhamber und Dresse, S. 306.

37 De Vaughan, S. 123.
38 Ebd., S. 67.
39 Leopold an Liebrechts, 31. Januar 1899; zit. nach Marchal 1996, *L'Etat Libre,* Bd. 2, S. 96.
40 Stinglhamber und Dresse, S. 136.
41 Ascherson, S. 142.

zu Kapitel 15: Eine Bilanz

1 Marchal 1996, *L'Etat Libre,* Bd. 1, S. 339.
2 Ebd.
3 Lagergren, S. 297.
4 Zitiert wurde diese Aussage erstmals in Casements Bericht, dann bei Morel, später bei Lagergren, S. 288, und Marchal 1996, *E. D. Morel,* Bd. 1, S. 197f.
5 *West African Mail,* 17. Februar 1905, S. 111.
6 Rede von Sjöblom am 12. Mai 1897 in London; zit. nach Morel 1919, S. 43.
7 Lagergren, S. 121.
8 Vangroenweghe, S. 59.
9 Lemaire 1986, S. 18, 20, 23, 30, 36, 48.
10 Leclercq, S. 244–45.
11 Im Ersten Weltkrieg erwarb Jacques sich einigen Ruhm, und heute steht auf dem Zentralplatz der belgischen Ortschaft Diksmuide eine Statue von ihm (Marchal 1996, *L'Etat Libre,* Bd. 1, S. 362).
12 *West African Mail,* 16. März 1906, S. 1219.
13 Conrad 1998, S. 97.
14 P. Möller. *Tre Ar i Kongo,* Stockholm 1887, S. 234f.; zit. nach Kivilu, S. 338.
15 Morel 1919, S. 63.
16 Canisius, S. 170.
17 William Morrison, Brief aus Luebo, 15. Oktober 1899, in: *The Missionary,* Februar 1900, S. 67.
18 *From Cape to Cairo: the First Traverse of Africa from South to North,* London 1900; zit. nach Morel 1919, S. 58.
19 Nelson, S. 100.
20 Harms 1983, S. 134.
21 McLynn 1992, S. 245.
22 Ebd., S. 238.
23 Ein aktuelles Beispiel beschreibt Jean Stengers, in: Morel 1968, S. 255.

24 Marchal 1996, *E. D. Morel*, Bd. 2, S. 49.
25 Vangroenweghe, S. 233.
26 Casement 1959, «The Congo Report», S. 140.
27 Vangroenweghe, S. 233, 237.
28 L. Guebels, *Relation complète des travaux de la Commission Permanente pour la Protection des Indigènes*, Elisabethville 1954, S. 196 f.
29 Persönliches Gespräch, September 1995.
30 Jan Vansina, Vorwort zu Vangroenweghe, S. 10.
31 *La question sociale au Congo: Rapport au comité du congrès colonial national*, Brüssel 1924, S. 7.
32 Ebd., S. 101.
33 Vangroenweghe, S. 60.
34 Marchal 1996, *E. D. Morel*, Bd. 2, S. 26.
35 Vangroenweghe, S. 115.
36 Michael Herr, *Dispatches*, New York 1977, S. 29.

zu Kapitel 16: «Die Journalisten werden Ihnen keine Quittung geben»

1 McLynn 1991, S. 405.
2 Stanley 1911, Bd. II, S. 481.
3 Daniel Bersot, Vorwort zu *Sous la chicotte*, Genf 1909.
4 Liane Ranieri, *Les relations entre L'Etat Indépendant du Congo et l'Italie*, Brüssel 1959, S. 195.
5 Marchal 1996, *E. D. Morel*, Bd. 2, S. 12.
6 *La vérité sur le Congo*, Januar 1905, S. 8.
7 Mountmorres, S. 99 f., 159.
8 Ebd., S. 105 f.
9 John Weeks an Morel, 7. November 1904, in: *West African Mail*, 10. März 1905, S. 1186.
10 Marchal 1996, *E. D. Morel*, Bd. 1, S. 304.
11 *Times*, 3. Februar 1905; zit. nach Bontinck, S. 456.
12 Marchal 1996, *E. D. Morel*, Bd. 1, S. 316.
13 Morel an Fox, 18. Oktober 1905; zit. nach Cookey, S. 143.
14 Stinglhamber und Dresse, S. 334 f.
15 Vgl. Willequet, S. 109–113.
16 Darin benutzte er zur Rechtfertigung von Leopolds Methoden auch das Vorurteil vom faulen Eingeborenen: «Ein System zu ersinnen, mit dem man die

schwarze Rasse ohne einen wie immer gearteten Druck oder Zwang zum Arbeiten bringt, ist wohl menschenunmöglich.» (Demetrius C. Boulger, *The Congo State is* NOT *a Slave State: A Reply to Mr. E. D. Morels Pamphlet Entitled «The Congo Slave State»*, London 1903, S. 3).

17 Interview mit Harrison im *Journal of Commerce*, 23. Juni 1904.

18 Marchal 1996, *E. D. Morel*, Bd. 2, S. 12–21.

19 *Official Organ*, Nr. 1, 1909, S. 64.

20 Willequet, Brief-Faksimile, Abbildungsseiten hinter S. 36.

21 *National-Zeitung*, 22. Mai 1903.

22 *National-Zeitung*, 4. März 1905.

23 *National-Zeitung*, 30. Mai 1906.

24 *Münchener Allgemeine Zeitung*, 28. November 1904, 18. August 1905, 1. März 1906.

25 Von Steub an Davignon, 21. Mai 1909, Willequet, S. 114 Anm.

26 Von Steub an Davignon, 21. Mai 1909, ebd., S. 128.

27 Von Steub an Davignon, 14. September 1909, ebd., S. 130.

28 Von Steub an Denyn, 8. Oktober 1910, ebd., S. 130.

29 Zu Mark Twain und seinem Verhältnis zur Kongo-Reform siehe Hawkins 1978.

30 Kowalsky an Leopold, ohne Datum, in: *New York American*, 11. Dezember 1906.

31 Zu Booker T. Washington und seinem Verhältnis zur Kongoreform siehe Harlan 1983, S. 270 f.; Harlan 1988, S. 75–77.

32 Booker T. Washington in «Tributes to Mark Twain», *North American Review* 191, Nr. 655 (Juni 1910), S. 829; zit. nach Shelley Fisher Fishkin, *Was Huck Black? Mark Twain and African-American Voices*, New York 1993, S. 106.

33 Twain an Morel, ca. 12. Januar 1906, abgedruckt in Wuliger, S. 236.

34 Maxwell Geismar, *Mark Twain: An American Prophet*, Boston 1970, S. 222.

35 Twain, S. 1.

36 Ebd., S. 66.

37 Ebd., S. 36.

38 Morgan an Morel, 6. Oktober 1904; zit. nach Baylen, S. 129.

39 Vgl. *Congo News Letter*, April 1906 und April 1907.

40 *Official Organ*, April 1906, S. 10.

41 Harris an Morel, 14. Februar 1906; zit. nach Cookey, S. 174.

42 Philip C. Jessup, *Elihu Root, 1905–1937*, Bd. 2, New York 1938, S. 61 f.; zit. nach Shaloff, S. 90.

43 Lodge an Roosevelt, 6. Juli 1905; zit. nach Sternstein, S. 192.

44 *The Autobiography of Lincoln Steffens*, New York 1931, S. 506; zit. nach Sternstein, S. 193.

45 Wack an Leopold, ohne Datum; zit. nach *New York American*, 13. Dezember 1906.

46 «*Probe novit summus Pontifex ea omnia, quae exagitata fuerunt contra Gubernium Status Congi Independentis seu Belgici, per aliquos missionarios protestantes anglicos ...*» Kardinal Gotti an Gibbons, 24. November 1904; zit. nach Slade 1959, S. 310 Anm.

47 Gibbons an Morel, 21. Oktober 1904; zit. nach Morel 1968, S. 183.

48 *New York American*, 12. Dezember 1906.

49 *San Francisco Call*, 15. Januar 1911.

50 *San Francisco Examiner*, 29. November 1914.

51 *San Francisco Call*, 15. Januar 1911.

52 *San Francisco Bulletin*, 18. November 1914.

53 Bürgermeister E. E. Schmits, in: *Speeches Made*, S. 10.

54 A. Reuf, ebd., S. 26.

55 Ebd., S. 40.

56 De Cuvelier an Moncheur, 4. Februar 1905; zit. nach Marchal 1996, *E. D. Morel*, Bd. 2, S. 270.

57 Alfred Nerincx an de Cuvelier, 11. Februar 1905, ebd.

58 Moncheur an de Cuvelier, 19. Februar 1905, ebd., S. 271.

59 *New York American*, 10. Dezember 1906.

60 Kowalsky an Leopold, ohne Datum, abgedruckt in: *New York American*, 11. Dezember 1906.

61 Marchal 1996, *E. D. Morel*, Bd. 2, S. 272.

62 *New York American*, 10. Dezember 1906.

63 Ebd., 11. Dezember 1906.

64 Ebd., 10. Dezember 1906.

65 Kowalsky an Leopold, ohne Datum, ebd., 11. Dezember 1906.

66 Kowalsky an Leopold, ohne Datum, ebd., 11. Dezember 1906.

67 Zur Untersuchungskommission siehe: Congo Reform Association; Vangroenweghe; Marchal 1996, *E. D. Morel*, Bd. 2, S. 111–122; Cookey, S. 132–151.

68 Conan Doyle 1909, S. 75; Morel in *Penny Pictorial*, Oktober 1907, Artikel in vier Folgen.

69 *Daily Chronicle*, 7. November 1905.

70 Ebd.

71 *Daily Chronicle*, 7., 11., 14. und 15. November 1905; *Daily News*, 15. November 1905.

zu Kapitel 17: Kein Mensch ist ein wildfremder Ausländer

1 *Regions Beyond*, Januar/Februar 1906, S. 46; ferner *Official Organ*, Januar 1906, S. 5.

2 *Procès-Verbaux*, 2. November 1904.

3 Ebd., 21. November 1904.

4 Ebd., 5. Januar 1905.

5 Ebd., 2. Januar 1905.

6 De Vaughan, S. 99 f.

7 Leopold an Goffinet, 23. Januar 1906; zit. nach Ranieri, S. 247.

8 Carton de Wiart, S. 177.

9 Ascherson, S. 219.

10 Stinglhamber und Dresse, S. 59.

11 Conrad und Hueffer, S. 120.

12 Bauer, S. 163; de Lichtervelde, S. 323.

13 Williams 1985, A *Report on the Congo-State,* S. 279.

14 Noch im Jahr 1919, als sich in Paris unter der Leitung von W. E. B. du Bois politische Führer Schwarz-Amerikas, der Karibik und Afrikas zum Zweiten Panafrikanischen Kongress versammelten, setzte man sich nicht für die volle Unabhängigkeit der afrikanischen Kolonien ein. (Vgl. *Pan-Africanism,* hrsg. von Robert Chrisman und Nathan Hare, New York 1974, S. 302).

15 Stengers 1989, S. 176.

16 Cookey, S. 210.

17 Baron Léon van der Elst, «Souvenirs sur Léopold II», in: *Revue Générale,* 1923; zit. nach Emerson, S. 259.

18 Carton de Wiart, S. 188.

19 Interview mit Publisher's Press, *New York American,* 11. Dezember 1906.

20 Marchal 1996, *E. D. Morel,* Bd. 2, S. 349.

21 Normandy, S. 300.

22 Zu William Morrison siehe Marchal 1996, *E. D. Morel,* Bd. 1, S. 75–91; Shaloff, S. 84–94; Vinson. Bei Benedetto sind Dutzende von Morrisons Briefen abgedruckt.

23 Slade 1959, S. 317.

24 Vgl. Phipps, S. 95 f.

25 Marchal 1996, *E. D. Morel,* Bd. 2, S. 225.

26 W. H. Sheppard, «From the Bakuba Country», in: *The Kassai Herald,* 1. Januar 1908, S. 12 f., Sheppard Papers.

27 Kocher an den Staatsanwalt, 31. Juli 1908; zit. nach Martens, S. 398.

28 Der amerikanische Konsul General Handley an den Stellvertretenden Außenminister, 21. September 1909, Sheppard Papers.

29 Morrison an Chester, 9. August 1909; abgedruckt in Benedetto, S. 383.

30 Conan Doyle, S. iv.

31 State Department an H. L. Wilson, 2. Juli 1909; zit. nach Shaloff, S. 119.

32 Morel an Vandervelde, Juli 1909; zit. nach Slade 1959, S. 371 Anm.

33 Vinson, S. 99.

34 Vandervelde, S. 90 f.

35 *Official Organ*, Nr. 5, Januar 1910, S. 465.

36 Morrison an Conan Doyle, ohne Datum; abgedruckt in: *Official Organ*, Nr. 5, Januar 1910.

37 William Sheppard, «The Days Preceding the Trial», in: *Christian Observer*, 10. November 1909.

38 Phipps, S. 106.

39 Shaloff, S. 125.

40 Phipps, S. 106.

41 De Vaughan, S. 201.

42 Vachel Lindsay, «The Congo», in: *The Congo and Other Poems*, New York 1916. *Listen to the yell of Leopold's ghost / Burning in Hell for his hand-maimed host. / Hear how the demons chuckle and yell / Cutting his hands off, down in Hell.*

43 Casement (1913?); zit. nach Singleton-Gates und Girodias, S. 317

44 Casement an Gertrude Bannister, März 1904; zit. nach Inglis, S. 113.

45 Casement an Alice Green, Frühjahr 1907; zit. nach Inglis, S. 152.

46 Casement an Cadbury, 7. Juli 1905; zit. nach Porter, S. 267.

47 Casement an Alice Green; zit. nach Inglis, S. 125.

48 Casement an Alice Green, 21. September 1906; zit. nach Reid, S, 78.

49 Casement an Parry, 9. Oktober 1906; zit. nach Reid, S. 80 f.

50 Interview mit Sir Gerald Campbell, in: MacColl, S. 73 Anm.

51 Zit. nach Adams, S. 203.

52 Morel an Casement, 12. Juni 1913; zit. nach Reid, S. 173.

53 Casement an Cadbury, 4. Juli 1910; zit. nach Reid, S. 97.

54 Handschriftliche Anmerkungen, die Casement auf einem Brief von Charles Roberts vom 6. Juni 1913 hinterlassen hat; zit. nach Reid, S. 172.

55 Casement, «The Putumayo Indians», in: *Contemporary Review*, September 1912; zit. nach Inglis, S. 206.

56 Casement an Alice Green, 21. Juni 1911; zit. nach Reid, S. 137.

57 Casement 1959, «The 1910 Diary», S. 289 (20. November).

58 Ebd., S. 221 (9. August).

59 Casements Tagebucheintrag vom 16. August 1911; zit. nach Inglis, S. 194.
60 Conan Doyle an die *Times*, 18. August 1909; abgedruckt in Conan Doyle 1986, S. 138.
61 Morel an Weeks, 9. November 1908; zit. nach Cline, S. 64.
62 Conan Doyle an den *Daily Express*, 13. April 1910, abgedruckt in Conan Doyle 1986, S. 152.
63 Morel an Claparède, 23. März 1910; zit. nach Morel 1968, S. 202.
64 Morel in der *Morning Post* vom 4. Juni 1907; zit. nach Louis 1966, S. 280.
65 Grey an Cromer, 13. März 1908; zit. nach Morel 1968, S. 199 Anm.
66 *African Mail*, 27. August 1909, S. 463.
67 *Official Organ*, Nr. 10, August 1912, S. 799.
68 Casement an Morel, 13. Juni 1912; zit. nach Louis 1964, S. 119.
69 Morels Rede vor dem Exekutivausschuss der C. R. A. am 25. April 1913, in: *Official Organ*, Juli 1913, S. 986 f.
70 Beilage der *African Mail*, 27. Juni 1913, S. 12.
71 Ebd., S. 6.

zu Kapitel 18: Sieg?

1 Robert E. Park, «A King in Business: Leopold II of Belgium, Autocrat of the Congo and International Broker»; abgedruckt in Stanford M. Lyman, *Militarism, Imperialism, and Racial Accomodation: An Analysis and Interpretation of the Early Writings of Robert E. Park*, Fayetteville 1992, S. 214.
2 Vgl. Stinglhamber und Dresse, S. 131.
3 Marchal 1996, *E. D. Morel*, Bd. 2, S. 432.
4 Stengers 1957, S. 172, 275.
5 Hyde, S. 321–324; Ridley, S. 290; Gene Smith, S. 290; Foussemagne, S. 378. Allerdings stammen die meisten Berichte über die letzten Jahrzehnte von Carlotas Leben aus zweiter oder dritter Hand, denn die königliche Familie schottete sie völlig gegen die Öffentlichkeit ab.
6 Die gründlichste Untersuchung zu Leopolds Finanzen ist Stengers 1957, aber selbst dieser Autor findet auf manche Fragen keine Antwort.
7 Zusammengefasst sehen Marchals Berechnungen (die er dem Autor auf eine Nachfrage hin am 30. Juli 1997 in einem Brief schickte) folgendermaßen aus:
– Anleihen an den Kongo-Staat, die aber nicht dort investiert, sondern von Leopold in Europa verbraucht wurden: 110 Millionen Francs (Jean Stengers, «La dette publique de l'Etat Indépendant du Congo (1879–1908)», in: *La*

dette publique aux XVIIIe et XIXe siècles: son développement sur le plan local, régional et national, Brüssel 1980, S. 309).

– Geschätzte nicht ausgewiesene Kautschukprofite während der Jahre des Spitzenbooms (1898–1908), hauptsächlich erzielt durch den auf staatseigenem Land gesammelten Kautschuk, plus die Profite, die aus Staatsanteilen an den großen Kautschukgesellschaften (A.B.I.R., Compagnie du Kasai, Société Anversoise du Commerce au Congo) hereinflossen: 110 Millionen Francs.

Nicht mitgezählt sind Profite aus früheren Kautschukernten oder aus den Staatsanteilen an mehr als einem halben Dutzend kleinerer Gesellschaften.

8 Alexandre Delcommune, *L'avenir du Congo belge menacé* (1919); zit. nach Michel Massoz, *Le Congo de Léopold II (1878–1908),* Lüttich 1989, S. 576.

9 Northrup, S. 109.

10 René-Jules Cornet, *Bwana Muganga (Hommes en blanc en Afrique noire),* Brüssel 1971, S. 238; zit. nach Northrup, S. 107.

11 Ebd., S. 161.

12 Ebd., S. 99.

13 Jules Marchal, unveröffentlichtes Manuskript.

14 Cornevin 1989, S. 286–288.

15 Anstey 1989, S. 144–152.

16 Suret-Canale, S. 21.

17 Ebd., S. 20–28; West, S. 165–181; Coquéry-Vidrovitch 1972, S. 171–197.

18 Vansina 1990, S. 239.

19 Ebd., S. 242.

20 Coquéry-Vidrovitch 1972, S. 181.

21 Etienne Clémentel; zit. nach Pakenham, S. 712.

22 Coquéry-Vidrovitch 1972, S. 195.

23 Stengers 1957, S. 278 f.; Marchal 1996, *E. D. Morel,* Bd. 1, S. 45.

24 Swan, S. 51; Pakenham, S. 675.

25 Holt an Morel, 5. Oktober 1909; zit. nach Louis 1967, S. 34.

26 Conrad, S. 96.

27 Benedetto, S. 30, 423–425.

28 Roth, S. 283.

29 Phipps, Vorwort.

30 Darrell Figgis, *Recollections of the Irish War,* New York 1927, S. 11; zit. nach Reid, S. 190.

31 Casement an Morton, 1. Mai 1914; zit. nach Sawyer, S. 114.

32 Roger Casement im *Irish Independant,* 5. Oktober 1914; zit. nach Singleton-Gates und Girodias, S. 357–58.

33 Casement am 28. September 1915; zit. nach Reid, S. 309.

34 Basil Thompson [der Beamte bei Scotland Yard, der Casement verhörte], *Queer People*, London 1922, S. 87.

35 Casement an seine Schwester Nina, 15. Juli 1916; zit. nach Reid, S. 351.

36 Inglis, S. 313.

37 Ebd., S. 364.

38 Singleton-Gates und Girodias, S. 498.

39 Inglis, S. 346.

40 A. Fenner Brockway; zit. nach Inglis, S. 368.

41 Pater Thomas Carey, 5. August 1916; zit. nach Reid, S. 448.

42 Ellis [der Henker] in: *The Catholic Bulletin*, August 1928; zit. nach Reid, S. 448.

43 Casement an Morten, 28. Juli 1916; zit. nach Reid, S. 436.

44 Adams, S. 212.

45 Swanwick, S. 187.

46 Swartz, S. 105; Swanwick, S. 98.

47 Taylor, S. 120.

48 *Daily Sketch*, 1. Dezember 1915; zit. nach Cline, S. 103, und Swartz, S. 111.

49 *Daily Express*, 4. April 1915; zit. nach Cline, S. 110.

50 *Evening Standard*, 7. Juli 1917; zit. nach Adams, S. 210.

51 Alice Green an Morel; zit. nach MacColl, S. 273 f.

52 Bertrand Russell, *Autobiographie 1914–1944*, Frankfurt/M. 1970, S. 43 f.

53 Bertrand Russell, *Freiheit und Organisation, 1814–1914*, Berlin 1948, S. 473.

54 Protokoll von M. N. Kearney, 10. Oktober 1916, FO 371/2828/202398, PRO; zit. nach Cline, S. 111.

55 *The Persecution of E. D. Morel: The Story of his Trial and Imprisonment.* Mit einer Einleitung von Sir D. M. Stevenson und einer Vorbemerkung von Thomas Johnston, Glasgow 1918, S. 11.

56 Adams, S. 180.

57 Morel 1920, S. 60.

58 Ebd., S. 62.

59 Ebd., S. 66.

60 Russell an Murray, 27. März 1918, in: Bertrand Russell, *Autobiographie 1914–1944*, Frankfurt/M. 1970, S. 112.

61 F. Seymour Cocks, «E. D. Morel», in: *Foreign Affairs: A Journal of International Understanding*, Bd. VI, Nr. 6, Dezember 1924, S. 118.

62 Morel Papers F 1, 7; zit. nach Marchal 1996, *E. D. Morel*, Bd. 1, S. 10.

1 Conrad, S. 19.
2 Stinglhamber und Dresse, S. 52 f.
3 Strauch an Wauters, 1911; zit. nach Stanley 1955, S. xi.
4 De Premorel, S. 97.
5 Es endet: *Et quand ils rencontraient quelque Teuton frappé / Par une balle adroite, au bord d'un chemin proche, / Souvent ils découvraient, dans le creux de ses poches, / Avec des colliers d'or et des satins fripés, / Deux petits pieds d'enfant atrocement coupés.* (Und wenn sie [die Belgier] an einer nahen Straße auf einen Teutonen stießen, den eine gezielte Kugel niedergestreckt hatte, so fanden sie oftmals tief in seinen Taschen, zusammen mit Goldringen und zerknitterter Seide, zwei grausam abgeschlagene Kinderfüße.) Emile Verhaeren, «La Belgique sanglante»; zit. nach Read, S. 35.
6 Ebd., S. 78–96.
7 Das Gespräch mit Jules Marchal fand im September 1995 statt.
8 Zum Beispiel Lefranc (vgl. im 8. Kapitel) oder Gréban de Saint-Germain (vgl. im 15. Kapitel).
9 Etat Major de la Force Publique, *L'Afrique et la Congo jusqu' à la création de l'Etat Indépendant du Congo,* Leopoldville, 1. Juni 1959, S. 10 f.; zit. nach Stengers 1979, S. 165.
10 Etat Major de la Force Publique, *L'Etat Indépendant du Congo (1885-1908),* Leopoldville, 1. Oktober 1959, S. 145; zit. nach Stengers 1979, S. 165.
11 Eigens erwähnt werden sollte die Pionierarbeit von zwei belgischen Geistlichen, Pater Edmond Boelaert und Pater Gustave Hulstaert. Siehe auch Vangroenweghe und Anstey 1971.
12 Nelson, S. 104.
13 Vangroenweghe, S. 234.
14 Vansina 1978, S. 230.
15 Fabian, S. 27 f., 55, 60, 261.
16 Stengers 1989, S. 271.
17 Breman 1990, «The Civilization», S. 145.
18 Kelly, S. 57–60. Kellys sorgfältige Arbeit basiert auf Interviews und Dokumenten und stützt sich insbesondere auf den entscheidenden Bericht, den die Untersuchungskommission des US-Senats unter Vorsitz von Senator Frank Church am 20. November 1975 erstellt hat: *Alleged Assassination Plots Involving Foreign Leaders: An Interim Report of the Select Committee to Study Governmental Operations With Respect to Intelligence Activities.*

19 John Ranelagh, *The Agency: The Rise and Decline of the CIA*, New York 1986, S. 342; zit. nach Kelly, S. 59.

20 John Stockwell, *In Search of Enemies*, New York 1978, S. 105; zit. nach Kelly, S. 71.

21 Young, S. 325; Kelly, S. 52, 170.

22 Kelly, S. 178.

23 Winternitz, S. 270.

24 George Bush am 29. Juni 1989; zit. nach Kelly, S. 1.

25 *The Guardian*, 13. Mai 1997.

26 Blaine Harden, *Africa: Dispatches from a Fragile Continent*, New York 1990, S. 38.

27 Zit. nach Pascal Bruckner, *Das Schluchzen des weißen Mannes. Europa und die Dritte Welt – eine Polemik*, Berlin 1984, S. 104.

Literaturverzeichnis

Wer die umfassendste bibliographische Auflistung der Forschungsarbeiten zum Kongo der Kolonialzeit sucht, sei auf den folgenden Titel verwiesen: *Bibliographie historique du Zaïre à l'époque coloniale (1880-1960): travaux publiés en 1960 –1996* (Löwen 1996), hrsg. von Jean-Luc Vellut. Das folgende Literaturverzeichnis enthält nur die Werke, die ich selbst benutzt habe.

In diesem Verzeichnis, das natürlich unter der Fuchtel der alphabetischen Reihenfolge steht, geht leider völlig verloren, welche Bücher mir bei der Niederschrift meines eigenen besonders geholfen haben. Ich möchte daher zu allererst denjenigen Werken meine Reverenz erweisen, mit denen ich am meisten gearbeitet habe.

Zu den von einigen Hauptfiguren unserer Geschichte selbst verfassten Quellentexten gehören die unten aufgeführten Titel von König Affonso I., Roger Casement, Joseph Conrad, William Sheppard, Henry Morton Stanley, George Washington Williams und E. D. Morel. Die ebenso umfang- wie aufschlussreiche Brief- und Notizensammlung Leopolds II. ist nie als Ganze herausgegeben worden; aber bei Edouard Van der Smissen, *Léopold II et Beernaert: d'après leur correspondance inédite de 1884 à 1894*, findet man Hunderte von Briefen und Aufzeichnungen. Manche sind auch abgedruckt in François Bontinck, *Aux origines de l'Etat Indépendant du Congo*, einem wichtigen Band, der Korrespondenz und Dokumente zur Frühzeit des Kongo-Staats enthält. Robert Benedetto hat in seiner neuen Anthologie reichlich Quellenmaterial über die Menschenrechtsarbeit der presbyterianischen Missionare gesammelt und damit zum ersten Mal leicht zugänglich gemacht.

Über die meisten Europäer und Amerikaner, die damals eine Rolle gespielt haben, gibt es Biographien – aber nicht über die Afrikaner. Gestützt habe ich mich insbesondere auf folgende Studien: über Stanley von John Bierman und Frank McLynn, über Casement von Brian Inglis und B. L. Reid sowie über E. D. Morel von Catherine Cline, A. J. P. Taylor, F. Seymour Cocks und W. S. Adams. John Hope Franklins Biographie von George Washington Williams hat diesen Mann vor dem Vergessen gerettet und liefert das Hauptmaterial für mein Kapitel 8. Von den Biographien über Leopold II. waren für mich die von Barbara Emerson und Neal Ascherson besonders wichtig; die meisten Informationen über die Privatsphäre des Königs stammen aus den Memoiren seiner Adjutanten Gustave Stinglhamber und Baron Carton de Wiart.

Thomas Pakenhams Buch *The Scramble for Africa* (dt.: *Der kauernde Löwe)* ist eine Gesamtdarstellung der damaligen internationalen Politik; aus der Vielzahl der von ihm mit dem Auge des Romanciers wahrgenommenen Einzelheiten habe ich dankbar manches stibitzt. In meinem Prolog ließ ich mich anregen durch Peter Forbaths *The River Congo;* Forbath hat als einer der wenigen Autoren gesehen, welche Dramatik und Tragik dem Leben von König Affonso I. innewohnte. Etliche der in den letzten Jahrzehnten verfassten Bücher sind eine wahre Goldgrube an Informationen. Besonders nützlich waren mir die von Ruth Slade, Robert Harms, Stanley Shaloff, S. J. S. Cookey, David Lagergren und die verschiedenen Schriften von Jean Stengers. Jacques Willequets *Le Congo Belge et la Weltpolitik (1894–1914)* enthält all die pikanten Details über Leopolds Schmiergeldzahlungen an die Presse.

In jüngster Zeit haben sich mehrere Belgier mit wohltuender Entschiedenheit von der jahrzehntelangen beschönigenden Kongo-Historiographie ihres Landes verabschiedet. Daniel Vangroenweghe hat mit *Du sang sur les lianes* ein streitbares und äußerst nützliches Buch geschrieben. Guy De Boeck zeigt in seiner Arbeit über die Meutereien der Force Publique, dass sie die Vorläufer der mehr als ein halbes Jahrhundert später folgenden antikolonialen Guerillakriege bilden. Und Jules Marchal hat mit seiner auf Französisch erschienenen vierbändigen Geschichte des Kongo die bei weitem beste wissenschaftliche Gesamtdarstellung dieser historisch entscheidenden Epoche vorgelegt – eine wahre Enzyklopädie. An unzähligen Stellen meines Buches habe ich dankbar Anleihen bei ihm gemacht, und auf Jahre hinaus wird das jeder tun, der über diese Zeit schreiben will.

(Unveröffentlichtes und Archivmaterial ist im Folgenden mit einem Sternchen gekennzeichnet.)

Adams, W. S., *Edwardian Portraits,* London 1957.

Affonso I., *Correspondance de Dom Afonso, roi du Congo 1506–1543,* Hrsg. Louis Jadin und Mireille Decorato, Brüssel (Académie Royale des Sciences d'Outre-Mer) 1974.

Annexe aux Annales du Musée du Congo, Ethnographie et Anthropologie, Série IV – Fascicule 1. *L' Etat Indépendant du Congo – Documents sur le pays et ses habitants,* Brüssel 1903

Anstey, Roger, *Britain and the Congo in the Nineteenth Century,* Oxford 1962.

–, King Leopold's Legacy: The Congo Under Belgian Rule 1908–1960, London 1966.
–, «The Congo Rubber Atrocities – A Case Study», in: *African Historical Studies* 4, Nr. 1 (1971), S. 59–76.
Arnold, Nicolas, et al., *À nos héros coloniaux morts pour la civilisation 1876–1908*, Brüssel (La Ligue du Souvenir Congolais) 1931.
Aronson, Theo, *Defiant Dynasty: The Coburgs of Belgium*, New York 1968.
Ascherson, Neal, *The King Incorporated: Leopold II in the Age of Trusts*, London 1963.
Axelson, Sigbert, *Culture Confrontation in the Lower Congo: From the Old Congo Kingdom to the Congo Independent State with Special Reference to the Swedish Missionaries in the 1880s and 1890s*, Falköping 1970.
Balandier, Georges, *La Vie quotidienne au royaume du Congo du XVI*e *au XVII*e *siécle*, Paris 1992.
Bauer, Ludwig, *Leopold the Unloved: King of the Belgians and of Wealth*, Boston 1935.
Bawele, Mumbanza Mwa, «Afro-European Relations in the Western Congo Basin c. 1884–1885», in: Förster, Mommsen und Robinson 1988.
Baylen, Joseph O., «Senator John Tyler Morgan, E. D. Morel, and the Congo Reform Association», in: *The Alabama Review* (April 1962), S. 117–132.
Bederman, Sanford H., «The 1876 Brussels Geographical Conference and the Charade of European Cooperation in African Exploration», in: *Terrae Incognitae* 21 (1989), S. 63–73.
Benedetto, Robert (Hrsg.), *Presbyterian Reformers in Central Africa: A Documentary Account of the American Presbyterian Congo Mission and the Human Rights Struggle in the Congo*, 1890–1918, Leiden 1996.
Bierman, John, *Dark Safari: The Life behind the Legend of Henry Morton Stanley*, New York 1990.
Biographie Coloniale Belge, Bd. I–VI (Bd. VI: *Biographie Belge d'Outre-Mer)*, Brüssel (Académie Royale des Sciences Coloniales/Académie Royale des Sciences d'Outre-Mer) 1948–1968.
Birmingham, David und Phyllis M. Martin (Hrsg.), *History of Central Africa*, Bd. 2. New York 1983.
Boahen, A. Adu (Hrsg.), *General History of Africa*, Bd. 7, Paris (UNESCO) 1985.
Bobb, F. Scott, *Historical Dictionary of Zaire*, Metuchen (NJ) 1988.
Boelaert, E., «Ntange», in: *Aequatoria* 15, Nr. 2: S. 58–62, und Nr. 3: S. 96–100, Coquilhatville, Belgisch-Kongo 1952.
Bontinck, François, *Aux origines de l'Etat Indépendant du Congo. Documents tirés d'Archives Américaines* [Dokumente in frz. und engl. Sprache], Publications de l'Université Lovanium de Léopoldville, Löwen 1966.

Breman, Jan, «Primitive Racism in a Colonial Setting», in: *Imperial Monkey Business: Racial Supremacy in Social Darwinist Theory und Colonial Practice*, Hrsg. Jan Breman, Amsterdam 1990.

–, «The Civilization of Racism: Colonial and Postcolonial Development Policies», in: *Imperial Monkey Business.*

Bricusse, Georges, *Les carnets de campagne de Georges Bricusse (6 février 1894–18 juillet 1896)*, Hrsg. Pierre Salmon, Brüssel 1966.

Buell, Raymond Leslie, *The Native Problem in Africa*, New York 1928.

Canisius, Edgar, *A Campaign Amongst Cannibals*, London 1903. (Erschienen in einem Band mit Captain Guy Burrows, *The Curse of Central Africa*, unter letztgenanntem Titel.)

Carroll, Murray Lee*, *Open Door Imperialism in Africa: The United States and the Congo, 1876 to 1892*, Phil. Diss., University of Connecticut 1971.

Carton de Wiart, Baron E., *Léopold II: Souvenirs des dernières années 1901–1909*, Brüssel 1944.

Casement, Roger, *The Crime Against Europe: The Writings and Poetry of Roger Casement*, Hrsg. Herbert O. Mackey, Dublin 1958.

–, «The 1903 Diary», in: Singleton-Gates und Girodias 1959.

–, «The Congo Report», in: Singleton-Gates und Girodias 1959.

–, «The 1910 Diary», in: Singleton-Gates und Girodias 1959.

–, *Le Rapport Casement* (kommentierte Fassung), Hrsg. Daniel Vangroenweghe und Jean-Luc Vellut, Löwen (Université Catholique de Louvain) 1985.

Chanaiwa, D., «African Initiatives and Resistance in Southern Africa», in: Boahen 1985.

Chapaux, Albert, *Le Congo*, Brüssel 1894.

Cline, Catherine Ann, *E. D. Morel 1873–1924: The Strategies of Protest*, Belfast 1980.

Cocks, F. Seymour, *E. D. Morel: The Man and His Work*, London 1920.

Conan Doyle, Sir Arthur, *The Crime of the Congo*, New York 1909 [dt. *Das Congo-Verbrechen*, Berlin 1909; zit. n. amerik. Ausgabe].

–, *Letters to the Press.* Hrsg. John Michael Gibson und Richard Lancelyn Green. London 1986.

Le Congo Belge en Images, Brüssel 1914.

Congo Reform Association, *Evidence Laid Before the Congo Commission of Inquiry at Bwembu, Bolobo, Lulanga, Baringa, Bongandanga, Ikau, Bonginda, and Monsembe.* Liverpool 1905.

Conrad, Joseph, *Heart of Darkness: An Authoritative Text; Backgrounds and Sources; Criticism.* Hrsg. Robert Kimbrough, (Norton Critical Edition) 3. Aufl. New York

1988; dt.: *Herz der Finsternis (mit dem «Kongo-Tagebuch» und dem «Up-river-Book»)*, München 1998.
–, Ford M. Hueffer [Ford Madox Ford], *The Inheritors.* Garden City (NY) 1914.
Cookey, S. J. S., *Britain and the Congo Question: 1885–1913*, London 1968.
Coquéry-Vidrovitch, Catherine, *Le Congo au temps des grandes compagnies concessionnaires 1898–1930.* Paris 1972.
–, «The Colonial Economy of the Former French, Belgian and Portuguese Zones 1914–35», in: Boahen 1985.
Cornet, René J., *La Bataille du Rail*, Brüssel 1958.
Cornevin, Robert, «The Germans in Africa before 1918», in: Gann und Duignan 1969, Bd. 1.
–, *Histoire du Zaïre:* Des Origines à nos Jours, 4. Aufl. Paris 1989.
Courouble, Léopold, *En Plein Soleil: Les Maisons du Juge – Le Voyage à Bankana*, Brüssel 1930.
Cuvelier, Jean, *L'Ancien royaume du Congo: Fondation, découverte, première évangélisation de l'ancien Royaume du Congo. Règne du Grand Roi Affonso Mvemba Nzinga († 1541)*, Brügge 1946.
Davidson, Basil, *The African Awakening*, London 1955.
–, *The African Slave Trade*, Revidierte u. erweiterte Fassung, Boston 1980.
–, *African Civilization Revisited: From Antiquity to Modern Times*, Trenton (NJ) 1991.
–, *Africa in History: Themes and Outlines*, Revidierte u. erweiterte Fassung, New York 1991.
Daye, Pierre, *Léopold II*, Paris 1934.
De Boeck, Guy, *Baoni: Les Révoltés de la Force Publique sous Léopold II, Congo 1895–1908*, Brüssel 1987.
Debrunner, Hans Werner, *Presence and Prestige: Africans in Europe. A History of Africans in Europe before 1918*, Basel 1979.
De Lichtervelde, Comte Louis, *Léopold of the Belgians*, New York 1929.
Depelchin, Jacques, *From the Congo Free State to Zaire: How Belgium Privatized the Economy. A History of Belgian Stock Companies in Congo-Zaire from 1885 to 1974*, Oxford 1992.
De Premorel, Raoul, *Kassai: The Story of Raoul de Premorel, African Trader*, Hrsg. Reginald Ray Stuart, Stockton (CA) (Pacific Center for Western Historical Studies) 1975.
De Ryck, Maurice Martin*, Zaire Colonial Documents Collection, University of Wisconsin.
De Vaughan, Baroness, mit Paul Faure, *A Commoner Married a King*, New York 1937.

Donny, Albert, et al., *Manuel du voyageur et du résident au Congo*, 5 Bde., Brüssel 1897–1901.

Duignan, Peter, «The USA, the Berlin Conference, and its Aftermath 1884–1885», in: Förster, Mommsen und Robinson 1988.

Dumont, Georges-Henri, *Léopold II*, Paris 1990.

Emerson, Barbara, *Leopold II of the Belgians: King of Colonialism*, London 1979.

Fabian, Johannes, *Remembering the Present: Painting and Popular History in Zaire*, Berkeley (CA) 1996.

Fetter, Bruce, *Colonial Rule and Regional Imbalance in Central Africa*. Boulder (CO) 1983.

– (Hrsg.), *Demography from Scanty Evidence: Central Africa in the Colonial Era*, Boulder (CO) 1990.

Forbath, Peter, *The River Congo: The Discovery, Exploration and Exploitation of the World's Most Dramatic River*, New York 1977.

La Force Publique de sa naissance à 1914: Participation des militaires à l'histoire des prèmières années du Congo, Ouvrage réalisé par la Deuxième Section d'Etat-Major de la Force Publique, Leitung und Vorwort: A. Gilliaert, Verfasser: F. Flament et al.; Brüssel (Institut Royal Colonial Belge) 1952.

Förster, Stig, Wolfgang J. Mommsen und Ronald Robinson, *Bismarck, Europe, and Africa: The Berlin Africa Conference 1884–1885 and the Onset of Partition*, London 1988.

Foussemagne, H. de Reinach, *Charlotte de Belgique: Impératrice du Mexique*, Paris 1925.

Franklin, John Hope, *George Washington Williams: A Biography*, Chicago (IL) 1985.

Freddy, G, *Léopold II intime*, Paris 1905.

Fry, Joseph A., *Henry S. Sanford: Diplomacy and Business in Nineteenth-Century America*, Reno (NV) 1982.

–, *John Tyler Morgan and the Search for Southern Autonomy*, Knoxville (TN) 1992.

Furley, Oliver, «The Humanitarian Impact», in: *Britain Pre-eminent: Studies of British World Influence in the Nineteenth Century*, Hrsg. C. J. Bartlett, London 1969.

Gann, L. H. und Peter Duignan (Hrsg.), *Colonialism in Africa 1870–1960*, 5 Bde., Cambridge (MA) 1969.

–, *The Rulers of Belgian Africa 1884–1914*, Princeton (NJ) 1979.

Gérard, Jo, *Le Pharaon des Belges: Léopold II*, Brüssel 1984.

Gifford, Prosper und William Roger Louis (Hrsg.), *Britain and Germany in Africa: Imperial Rivalry and Colonial Rule*, New Haven (CT) 1967.

–, (Hrsg.), *France and Britain in Africa: Imperial Rivalry and Colonial Rule*. New Haven (CT) 1971.

Glave, E. J., «Cruelty in the Congo Free State», in: *The Century Magazine* (September 1897), S. 699–715.

Goedleven, Edgard, *The Royal Greenhouses of Laeken*, Brüssel 1989.

Grand-Carteret, John, *Popold II, Roi des Belges et des Belles: Devant l'Objectif Caricatural*, Paris 1908.

Gründer, Horst, «Christian Missionary Activities in Africa in the Age of Imperialism and the Berlin Conference of 1884–1885», in: Förster, Mommsen und Robinson 1988.

Halen, Pierre und János Riesz (Hrsg.), *Images de l'Afrique et du Congo/Zaïre dans les lettres françaises de Belgique et alentour: Actes du colloque international de Louvain-la-Neuve (4–6 février 1993)*, Brüssel 1993.

Hall, Richard, *Stanley: An Adventurer Explored*, London 1974.

Harlan, Louis R., *Booker T. Washington: The Wizard of Tuskogee 1901–1915*, New York 1983.

–, *Booker T. Washington in Perspective: Essays of Louis R. Harlan*, Hrsg. Raymond W. Smock, Jackson (MS) 1988.

Harms, Robert, «The End of Red Rubber: A Reassessment», in: *Journal of African History* 16, Nr. 1 (1975) S. 73–88.

–, *River of Wealth, River of Sorrow: The Central Zaire Basin in the Era of the Slave and Ivory Trade*, 1500–1891, New Haven (CT) 1981.

–, «The World ABIR Made: The Maringa-Lopori Basin, 1885–1903», in: *African Economic History* 22 (1983), S. 125–139.

Haveaux, G. L., *La Tradition Historique des Bapende Orientaux*, Brüssel 1954.

Hawkins, Hunt, «Mark Twain's Involvement with the Congo Reform Movement: ‹A Fury of Generous Indignation›», in: *The New England Quarterly* (Juni 1978), S. 147–175.

–, «Joseph Conrad, Roger Casement and the Congo Reform Movement», in: *Journal of Modern Literature* 9, Nr. 1 (1981–82), S. 65–80.

Headrick, Daniel R., *The Tools of Empire: Technology and European Imperialism in the Nineteenth Century*, New York 1981.

Hilton, Anne, *The Kingdom of Kongo*, Oxford 1985.

Honour, Hugh, *The Image of the Black in Western Art*, Bd. 4, Teil I, Cambridge 1989.

Hulstaert, G., «Documents africains sur la pénétration européenne dans l'Equateur», in: *Enquêtes et Documents d'Histoire africaine* 2 (1977), [Löwen].

Hyde, H. Montgomery, *Mexican Empire: The History of Maximilian and Carlota of Mexico*, London 1916.

Hyland, Paul, *The Black Heart: A Voyage into Central Africa*, New York 1989.

Inglis, Brian, *Roger Casement*, London 1973.

Isaacman, A. und Jan Vansina, «African Initiatives and Resistance in Central Africa, 1880–1914», in: Boahen 1985.

Janssens, Edouard und Albert Cateaux, *Les Belges au Congo,* 3 Bde., Antwerpen 1907–1912.

Katz, Fred E., *Ordinary People and Extraordinary Evil: A Report on the Beguilings of Evil,* Albany 1993.

Kelly, Sean, *America's Tyrant: The CIA and Mobutu of Zaire,* Washington, D. C., 1993.

Kivilu, Sabakinu, «La région de Matadi dans les années 1880», in: *Le Centenaire de l'Etat Indépendant du Congo: Recueil d'études,* Brüssel (Académie Royale des Sciences d'Outre-Mer) 1988.

Kiwanuka, M. Semakula, «Colonial Policies and Administrations in Africa: The Myths of the Contrasts», in: *The Colonial Epoch in Africa,* Hrsg. Gregory Maddox, New York 1993.

Klemp, Egon Hrsg., *Africa on Maps Dating from the Twelfth to the Eighteenth Century,* New York 1970.

Lagergren, David, *Mission and State in the Congo: A Study of the Relations Between Protestant Missions and the Congo Independent State Authorities with Special Reference to the Equator District, 1885–1903,* Uppsala 1970.

Lapsley, Samuel, *Life and Letters of Samuel Norvell Lapsley: Missionary to the Congo Valley, West Africa 1866–1892,* Richmond (VA) 1893. (Die Zitate sind der vollständigen, 242 Seiten langen Ausgabe entnommen, nicht der Kurzfassung.)

Lederer, A., «L' Impact de l'arrivée des Européens sur les transports en Afrique Centrale», in: *Le Centenaire de l'Etat Indépendant du Congo: Recueil d'études,* Brüssel (Académie Royale des Sciences d'Outre-Mer) 1988.

Leclercq, Louis, «Les carnets de campagne de Louis Leclercq. Étude de mentalité d'un colonial belge», Hrsg. Pierre Salmon, in: *Revue de l'Université de Bruxelles,* N. S. 3 (Februar–April 1970), S. 233–302.

Lejeune-Choquet, Adolphe, *Histoire militaire du Congo: explorations, expéditions, opérations de guerre, combats et faits militaires,* Brüssel 1906.

Lemaire, Charles, *Au Congo: Comment les noirs travaillent,* Brüssel 1895.

–, «Charles Lemaire à l'Equateur: Son journal inédit. 1891–1895», Hrsg. Daniel Vangroenweghe, in: *Annales Aequatoria* 7 (1986), S. 7–73.

Liebrechts, Charles, *Congo: Suite à mes souvenirs d'Afrique,* Brüssel (Office de Publicité) 1920.

Lindqvist, Sven, *«Exterminate All the Brutes»: One Man's Odyssey into the Heart of Darkness and the Origins of Eurapean Genocide,* New York 1996.

Louis, William Roger, «Roger Casement and the Congo», in: *Journal of African History* 5, Nr. 1 (1964), S. 99–120.

–, «The Philosophical Diplomatist: Sir Arthur Hardinge and King Leopold's Congo, 1906–1911», in: *Bulletin des Séances de l'Académie Royale des Sciences d'Outre-Mer* (1965), S. 1402–1430.

–, «The Stokes Affair and the Origins of the Anti-Congo Campaign, 1895–1896», in: Revue Belge de Philologie et d'Histoire, 43 (1965), S. 572–584.

–, «The Triumph of the Congo Reform Movement, 1905–1908», in: *Boston University Papers on Africa,* Bd. 2, Hrsg. Jeffrey Butler, Boston 1966.

–, Great Britain and Germany's Lost Colonies 1914–1919, Oxford 1967.

–, «Sir John Harris and ‹Colonial Trusteeship›», in: *Bulletin des Séances de l'Académie Royale des Sciences d'Outre-Mer* 3 (1968), S. 832–856.

Louise von Belgien, Prinzessin, *My Own Affairs,* London 1921.

Luwel, Marcel, «Roger Casement à Henry Morton Stanley: Un rapport sur la situation au Congo en 1890», in: *Africa-Tervuren* 14, Nr. 4 (1968), S. 85–92.

Lyons, Maryinez, *The Colonial Disease: A Social History of Sleeping Sickness in Northern Zaire, 1900–1940,* Cambridge 1992.

MacColl, René, *Roger Casement: A New Judgement,* New York 1957.

Marchal, Jules, *L' Etat Libre du Congo: Paradis Perdu. L' Histoire du Congo 1876–1900,* Bd. 1, Borgloon (Belgien) 1996.

–, *L' Etat Libre du Congo: Paradis Perdu. L' Histoire du Congo 1876–1900,* Bd. 2, Borgloon (Belgien) 1996.

–, *E. D. Morel contre Léopold II: L' Histoire du Congo 1900–1910,* Bd. 1, Paris 1996.

–, *E. D. Morel contre Léopold II: L' Histoire du Congo 1900–1910,* Bd. 2, Paris 1996.

Mark Twain, *King Leopold's Soliloquy: A Defence of His Congo Rule,* Hrsg. E. D. Morel, London 1907 [zitiert n. der engl. Ausgabe].

Martens, Daisy S.*, *A History of European Penetration and African Reaction in the Kasai Region of Zaire, 1880–1908,* Phil. Diss., Simon Fraser University 1980.

Martin, Phyllis M., «The Violence of Empire», in: Birmingham und Martin 1983.

McLynn, Frank, *Stanley: The Making of an African Explorer,* London 1989.

–, *Stanley: Sorcerer's Apprentice,* London 1991.

–, *Hearts of Darkness: The European Exploration of Africa,* New York 1992.

McStallworth, Paul*, *The United States and The Congo Question, 1884–1914,* Phil. Diss., Ohio State University 1954.

Meyer, Lysle E., «Henry S. Sanford and the Congo: a Reassessment», in: *African Historical Studies* 4, Nr. 1, (1971), S. 19–39.

Miers, Suzanne, «The Brussels Conference of 1889–1890: The Place of the Slave Trade in the Policies of Great Britain and Germany», in: Gifford und Louis 1967.

Miller, Joseph C., *Way of Death: Merchant Capitalism and the Angolan Slave Trade 1730–1830,* Madison (WI) 1988.

Money, J. W. B., *Java; or, How to Manage a Colony. Showing a Practical Solution of the Questions Now Affecting British India*, London 1861.

Morel, E. D., *King Leopold's Rule in Africa*, London 1904.

–, *Great Britain and the Congo: The Pillage of the Congo Basin*, London 1909.

–, *Red Rubber: The Story of the Rubber Slave Trade Which Flourished on the Congo for Twenty Years, 1890–1910*, überarbeitete Neuauflage, Manchester 1919.

–, «At Pentonville: September, 1917–January, 1918», in: *Thoughts on the War: The Peace – and Prison*, Hrsg. Robert Smillie, London 1920.

–, *E. D. Morel's History of the Congo Reform Movement*, Hrsg. William Roger Louis und Jean Stengers, Oxford 1968.

Mountmorres, Viscount William Geoffrey Bouchard de Montmorency, *The Congo Independent State: A Report on a Voyage of Enquiry*, London 1906.

Mutamba-Makombo, *L' histoire du Zaïre par les textes: Tome 2 – 1885–1955*, Kinshasa 1987.

Mwembu, Dibwe Dia, «La Peine du Fouet au Congo Belge (1885–1960)», in: *Les Cahiers de Tunisie*, Nr. 135–136 (1986), S. 127–153.

Najder, Zdzislaw, *Joseph Conrad: A Chronicle*, New Brunswick (NJ) 1983.

Nelson, Samuel H., *Colonialism in the Congo Basin 1880–1940*, Athens (OH) (Ohio University Center for International Studies) 1994.

Normandy, Elizabeth L.*, *Black Americans and U. S. Policy Toward Africa: Two Case Studies from the pre-World War II Period*. Phil. Diss., University of South Carolina 1987.

Northrup, David, *Beyond the Bend in the River: African Labor in Eastern Zaire, 1865–1940*, Athens (OH) (Ohio University Center for International Studies) 1988.

Obdeijn, Herman, «The New Africa Trading Company and the Struggle for Import Duties in the Congo Free State 1886–1894», in: *African Economic History* 12 (1983), S. 193–212.

O'Connor, Richard, *The Cactus Throne: The Tragedy of Maximilian and Carlotta*. New York 1971.

Oliver, Roland und Caroline Oliver (Hrsg.), *Africa in the Days of Exploration*, Englewood Cliffs (NJ) 1965.

Pakenham, Thomas, *Der kauernde Löwe. Die Kolonialisierung Afrikas: 1876–1912*, Düsseldorf/Wien u. a. 1993 [amerik. Original: *The Scramble for Africa: The White Man's Conquest of the Dark Continent from 1876 to 1912*, New York 1991; Zitate nach dieser Ausgabe].

Phipps, Wiliam E., *The Sheppards and Lapsley: Pioneer Presbyterians in the Congo*, Louisville (KY) (Presbyterian Church) 1991.

Picard, Edmond, *En Congolie*, Brüssel 1896.

Porter, Bernard, *Critics of Empire: British Radical Attitudes to Colonialism in Africa 1895–1914*, New York 1968.

*Procès-Verbaux de la Commission d' Enquête instituée par décret du 23 juillet 1904**, Archives Africaines, Ministère des Affaires Etrangères (Außenministerium), Brüssel (IRCB 717–718).

Ranieri, Liane, *Léopold II Urbaniste*, Brüssel 1973.

Read, James Morgan, *Atrocity Propaganda 1914–1919*, New Haven (CT) 1941.

Reeves, Thomas C., *Gentleman Boss: The Life of Chester Alan Arthur*, New York 1975.

Reid, B. L., *The Lives of Roger Casement*, New Haven (CT) 1976.

Renoy, Georges, *Nous, Léopold II*, Zaltbommel 1989.

Ridley, Jasper, *Maximilian and Juárez*, New York 1992.

Roark, James L., *Masters Without Slaves: Southern Planters in the Civil War and Reconstruction*, New York 1977.

–, «American Expansionism vs. European Imperialism: Henry S. Sanford and the Congo Episode, 1883–1885», in: *Mid-America: An Historical Review* 60 (1978), S. 21–33.

Roeykens, P. A., *Les débuts de l'uvre africaine de Léopold II (1875–1879)*, Brüssel (Académie Royale des Sciences Coloniales) 1955.

Rom, Léon, *Le Nègre du Congo*, Brüssel 1899.

–*, Notes. Mes services au Congo de 1886 à 1908, Musée Royal de l'Afrique Centrale (Document MRAC-Hist-56. 28).

Roth, Donald Franklin*, *«Grace Not Race»: Southern Negro Church Leaders, Black, Identity, and Missions to West Africa, 1865–1919*, Phil. Diss., University of Texas in Austin 1975.

Rothstein, Andrew, *British Foreign Policy and Its Critics 1830–1950*, London 1969.

Rubin, William (Hrsg.), *«Primitivism» in 20th Century Art: Affinity of the Tribal and the Modern*, Bd. 1, New York (Museum of Modern Art) 1984.

Samarin, William J., The *Black Man's Burden: African Colonial Labor on the Congo and Ubangi Rivers, 1880–1900*, Boulder (CO) 1989.

Sawyer, Roger, *Casement: The Flawed Hero*, London 1984.

Schall, Larryetta M., «William H. Sheppard: Fighter for African Rights», in: *Stony the Road: Chapters in the History of Hampton Institute*, Hrsg. Keith L. Schall, Charlottesville (VA) 1977.

Sereny, Gitta, *Am Abgrund. Gespräche mit dem Henker: Franz Stangl und die Morde von Treblinka*, München 1995 [engl.: *Into That Darkness: From Mercy Killing to Mass Murder*, New York 1974].

Severin, Timothy, *The African Adventure*, London 1973.

Shaloff, Stanley, *Reform in Leopold's Congo*, Richmond (VA) 1970.

Shannon, R., *T. Gladstone and the Bulgarian Agitation 1876.* London 1963.
Sheppard, William H., *Presbyterian Pioneers in Congo,* Richmond (VA) (Presbyterian Committee of Publication) 1916.
–*, Papers, Hampton University, Hampton (VA).
Shepperson, George, «Aspects of American Interest in the Berlin Conference», in: Förster, Mommsen und Robinson 1988.
Sherry, Norman, *Conrad's Western World,* London 1971.
Singleton-Gates, Peter und Maurice Girodias, *The Black Diaries: An Account Of Roger Casement's Life and Times with a Collection of his Diaries and Public Writings,* New York 1959.
Slade, Ruth, *English-Speaking Missions in the Congo Independent State (1878–1908),* Brüssel (Académie Royale des Sciences Coloniales) 1959.
–, *King Leopold's Congo: Aspects of the Development of Race Relations in the Congo Independent State,* London 1962.
Smith, Gene, *Maximilian and Carlota: A Tale of Romance and Tragedy,* New York 1973.
Smith, Iain R., *The Emin Pasha Relief Expedition,* Oxford 1972.
Speeches Made at Banquet Tendered to Col. Henry I. Kowalsky by his Friends. January five, Nineteen-five, San Francisco 1905.
Stanley, Henry M., *Wie ich Livingstone fand,* gekürzte Ausg. (Hrsg. H. Pleticha), Stuttgart (3. Aufl.) 1995.
–, *Durch den dunklen Welttheil oder Die Quellen des Nils, Reise um die Großen Seen des Aequatorialen Afrika und den Livingstone-Fluß abwärts nach dem Atlantischen Ozean,* 2 Bde., Leipzig 1878.
–, *Der Kongo und die Gründung des Kongostaates,* 2 Bde., Leipzig 1885.
–, *Im dunkelsten Afrika – Aufsuchung, Rettung und Rückzug Emin Pascha's,* 2 Bde., Leipzig 1891.
–, *Mein Leben,* 2. Bde., München 1911.
–, *Unpublished Letters,* Hrsg. Albert Maurice, London 1955.
–, *The Exploration Diaries of H. M. Stanley,* Hrsg. Richard Stanley und Alan Neame, New York 1961.
Starr, Frederick, *The Truth About the Congo: The Chicago Tribune Articles,* Chicago 1907.
Stengers, Jean, *Combien le Congo a-t-il coûté à la Belgique?,* Brüssel (Académie Royale des Sciences Coloniales) 1957.
–, «The Congo Free State and the Belgian Congo before 1914», in: Gann und Duignan 1969, Bd. 1.
–, «King Leopold and Anglo-French Rivalry, 1882–1884», in: Gifford und Louis 1971.
–, «King Leopold's Imperialism», in: *Studies in the Theory of Imperialism,* Hrsg. Roger Owen und Bob Sutcliffe, London 1972.

–, «Belgian Historiography since 1945», in: *Reappraisals in Overseas History*, Hrsg. P. C. Emmer und H. L. Wesseling, Den Haag 1979.

–, «Leopold II and the *Association du Congo*», in: Förster, Mommsen und Robinson 1988.

–, *Congo: Mythes et Réalités:* 100 Ans d'Histoire, Paris 1989.

Stengers, Jean und Jan Vansina, «King Leopold's Congo, 1886–1908», in: *The Cambridge History of Africa*, Bd. 6: *From 1870 to 1905*, Hrsg. Roland Oliver und G. N. Sanderson, Cambridge 1985.

Stephanie von Belgien, Ihre Kgl. Hoheit Prinzessin, *I Was to Be Empress*, London 1937.

Stern, Fritz, *Gold and Iron: Bismarck, Bleichröder, and the Building of the German Empire*, New York 1977.

Sternstein, Jerome L., «King Leopold II, Senator Nelson W. Aldrich, and the Strange Beginnings of American Economic Penetration of the Congo», in: *African Historical Studies* 2, Nr. 2 (1969), S. 189–204.

Stinglhamber, Gustave und Paul Dresse, «*Léopold II au Travail*, Brüssel 1945.

Suret-Canale, Jean, *French Colonialism in Tropical Africa 1900–1945*, New York 1971.

Swan, Jon, «The Final Solution in South West Africa», in: *MHQ: The Quarterly Journal of Military History* 3, Nr. 4 (1991), S. 36–55.

Swanwick, H. M., *Builders of Peace. Being Ten Years History of the Union of Democratic Control*, London 1924.

Swartz, Marvin, *The Union of Democratic Control in British Politics During the First World War*, Oxford 1971.

Taylor, A. J. P., *The Trouble Makers: Dissent over Foreign Policy 1792–1939*, London 1957.

Thompson, Robert S., «Leopold II et Henry S. Sanford: Papiers inédits concernant le Rôle joué par un Diplomate Americain dans la Création de l'E. I. du Congo», in: *Congo – Revue Générale de la Colonie Belge* 2 (1930), S. 295–329.

Turnbull, Colin M., *The Forest People*, New York 1962.

Usoigwe, G. N., «European Partition and Conquest of Africa: An Overview», in: Boahen 1985.

Van der Smissen, Edouard (Hrsg.), *Léopold II et Beernaert d'après leur correspondance inédite de 1884 à 1894*, 2 Bde., [Bd. 1: Fondation de l'Etat du Congo. Défense de la Meuse], Brüssel 1920.

Vandervelde, Emile, *Souvenirs d'un Militant Socialiste*, Paris 1939.

Vandewoude, Emile, «De Aardrijkskundige Conferentie (1976) vanuit het koninklijk Paleis genzien», in: *La Conférence de Géographie de 1876: Recueil d'études*, Brüssel (Académie Royale des Sciences d'Outre-Mer) 1976.

Vangroenweghe, Daniel, *Du sang sur les lianes*, Brüssel 1986.

Vansina, Jan, *Kingdoms of the Savanna,* Madison (WI) 1966.
–, *The Children of Woot: A History of the Kuba Peoples,* Madison (WI) 1978.
–, *Paths in the Rainforest,* Madison (WI) 1990.
Van Zandijcke, A., *Pages d'Histoire du Kasayi,* Namur 1953.
Vellut, Jean-Luc, «La Violence Armée dans l'Etat Indépendant du Congo», in: *Cultures et Développement* 16, Nr. 3–4 (1984), S. 671–707.
Vinson, Rev. T. C., *William McCutchan Morrison: Twenty Years in Central Africa,* Richmond (VA) (Presbyterian Committee of Publication) 1921.
Ward, Herbert, *A Voice from the Congo: Comprising Stories, Anecdotes, and Descriptive Notes,* London 1910.
Weeks, John H., *Among the Primitive Bakongo,* London 1914.
West, Richard, *Congo,* New York 1972.
White, James P., «The Sanford Exploring Expedition», in: *Journal of African History* 8, Nr. 2 (1967), S. 291–302.
Willequet, Jacques, *Le Congo Belge et la Weltpolitik (1894–1914),* Brüssel 1962.
Williams, George Washington, *An Open Letter to His Serene Majesty Leopold II, King of the Belgians and Sovereign of the Independent State of Congo,* in: Franklin 1985.
–, A Report on the Proposed Congo Railway, in: Franklin 1985.
–, A Report on the Congo-State and Country to the President of the Republic of the United States of America, in: Franklin 1985.
Williams, Walter L., «William Henry Sheppard, Afro-American Missionary in the Congo, 1890–1910», in: *Black Americans and the Missionary Movement in Africa,* Hrsg. Sylvia M. Jacobs. Westport (CT) 1982.
Winternitz, Helen, *East along the Equator: A Journey up the Congo and into Zaire,* New York 1987.
Wuliger, Robert, «Mark Twain on *King Leopold's Soliloquy*», in: *American Literature* (Mai 1953), S. 234–237.
Young, Crawford, «The Northern Republics 1960–1980», in: Birmingham und Martin 1983.

Zeitungen und Zeitschriften

La Belgique Coloniale (Brüssel)
Le Congo Illustré (Brüssel)
The Congo News Letter (Boston)
Missionsförbundet (Stockholm)
Le Mouvement Géographique (Brüssel)
Official Organ of the Congo Reform Association (Liverpool, London)
Regions Beyond (London)
Southern Workman (Hampton, VA)
West African Mail, später *African Mail* (Liverpool)

Abbildungsnachweise

Der junge Leopold: Corbis-Bettmann. *Stanley:* Royal Geographical Society, London. *Sanford:* Sanford Museum, City of Sanford. *Telegramm:* Sanford Museum, City of Sanford. *König Leopold:* Corbis-Bettmann. *Twa Mwe:* Royal Geographical Society. *Williams:* Archive Photos. *Elfenbein:* Sanford Museum, City of Sanford. *Conrad:* New York Times Co./Archive Photos. *Rom:* Sammlung des Musée Royal de l'Armée, Brüssel. *Rom mit Gewehr: Les Vétérans Coloniaux 1876–1908: Revue Coloniale Illustrée. Van Kerkhoven:* Sammlung des Musée Royal de l'Armée, Brüssel. *Morel:* Anti-Slavery International. *Antwerpen:* Hulton-Getty. *Casement:* Archive Photos. *Shanu:* Charles Lemaire, *Au Congo: Comment les noirs travaillent*. *Sheppard:* Presbyterian Church (USA), Department of History, Montreat/NC. *Nsala, abgeschlagene Hände, zwei Jugendliche:* alle Anti-Slavery International. *Chicotte, weibliche Geiseln, das Dorf Baringa, Baringa nach der Zerstörung, Veranstaltungsplakat:* alle *Regions Beyond*. Karikatur, *Leopold mit Köpfen:* Stock Montage, Inc. *The Appeal: Regions Beyond*. *Expert Opinion:* Stock Montage, Inc. *In the Rubber Coils:* Stock Montage, Inc. *The Guilt of Delay:* Stock Montage, Inc.

Register

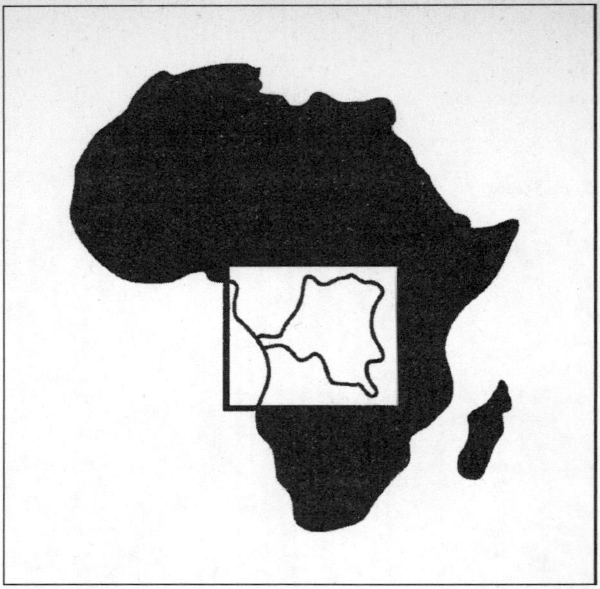

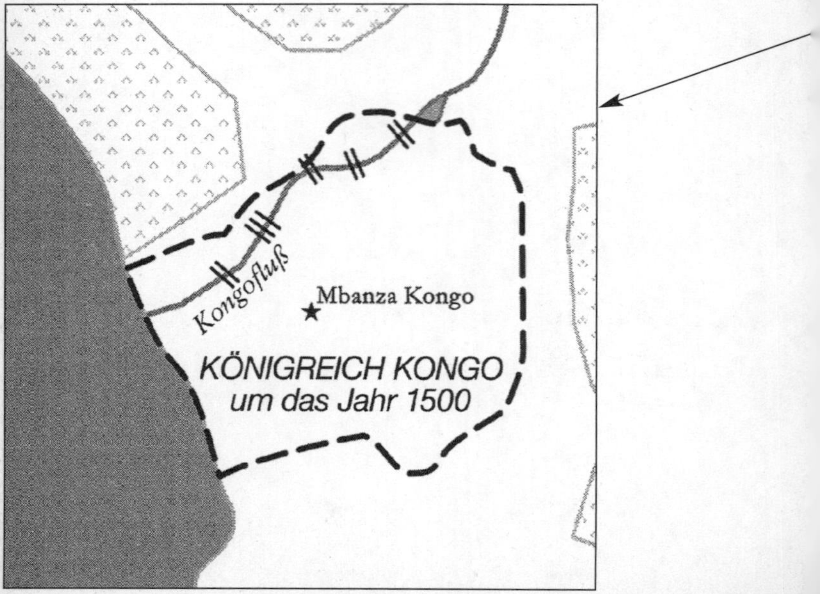
Kongofluß
Mbanza Kongo
KÖNIGREICH KONGO
um das Jahr 1500

Der Kongo
im Jahr 1900
ENGLISCH-ÄGYPTISCHER
SUDAN
FRANZÖSISCH-ÄQUATORIALAFRIKA
KAMERUN
Ubangi
Nil
Uele
Weißer
Gbadolite
Mongala
Buta
Engwettra
Moto
Akula
Upoto
Bangala
Bongandanga
Basoko
Ituri
Albertsee
UGANDA
Mampoko
Malinda
Stanleyville
Stanley Falls
Edwardsee
Momboyo
Bikoro
Baringa
Tumbasee
Iboko
Leopold II.-See
Inongo
Kongofluß
(Lualaba)
Kivusee
Victoriasee
Stanley Pool
Kasai
KONGO-
FREISTAAT
Isangila
Kasi
Kongofluß
Leopoldville
Nyangwe
Kasongo
DEUTSCH-
OSTAFRIKA
Boma
Mukimbungu
Luebo
Kabambare
Matadi
São Salvador
(Mbanza Kongo)
Luluabourg
Tanganjikasee
Mwerusee
ANGOLA
Shinkolobwe
RHODESIEN
Sambesi
MOSAMBIK
BETSCHUANALAND
0
200
400 Kilometer
Regenwald